Tonio Hölscher

**Klassische Archäologie
Grundwissen**

Tonio Hölscher

Klassische Archäologie Grundwissen

Mit Beiträgen von
Barbara Borg
Heide Frielinghaus
Daniel Graepler
Susanne Muth
Wolf-Dietrich Niemeier
Monika Trümper

Einbandgestaltung: Schreiber VIS, Seeheim
Einbandmotiv: Paestum, Hera-Tempel II (sog. Poseidon-Tempel),
um 450 v. Chr. (Photo: W.-D. Niemeier).
Heidelberg, Archäologisches Museum der Universität, Protokorinthische Kanne; um 630 v. Chr. (Photo: P. Schalk).

Das Werk ist in allen seinen Teilen urheberrechtlich geschützt.
Jede Verwertung ist ohne Zustimmung des Verlages unzulässig.
Das gilt insbesondere für Vervielfältigungen, Übersetzungen,
Mikroverfilmungen und die Einspeicherung in und Verarbeitung
durch elektronische Systeme.

2., überarbeitete Auflage 2006
© 2006 by WBG (Wissenschaftliche Buchgesellschaft), Darmstadt
1. Auflage 2002
Die Herausgabe des Werkes wurde durch die Vereinsmitglieder
der WBG ermöglicht.
Gedruckt auf säurefreiem und alterungsbeständigem Papier
Printed in Germany
Layout & Prepress: Schreiber VIS, Seeheim
in Zusammenarbeit mit Elke Göpfert, Mörlenbach-Weiher
Printed in Germany

Besuchen Sie uns im Internet: www.wbg-darmstadt.de

ISBN-13: 978-3-534-15751-8
ISBN-10: 3-534-15751-6

Inhalt

Vorwort 7
Vorwort zur zweiten Auflage 10
1. Klassische Archäologie im Rahmen der Kulturwissenschaften 11
2. Geschichte und Forschungsrichtungen der Klassischen Archäologie 19
3. Institutionen der archäologischen Forschung 27
4. Epochen der griechischen und römischen Kultur 31
   4.1   Zum Begriff der Epoche 31
   4.2   Epochen der griechischen Kultur 32
   4.3   Epochen der römischen Kultur 38
5. Chronologie 47
6. Geographie der griechischen und römischen Kultur 55
   6.1   Griechenland und hellenistische Welt 55
   6.2   Imperium Romanum 61
7. Schriftzeugnisse zur griechischen und römischen Archäologie 73
8. Methoden der archäologischen Feldforschung: Ausgrabung und Survey ... 77
9. Grundbegriffe der kunstgeschichtlichen Klassifizierung und Analyse 85
10. Die ägäische Bronzezeit 93
11. Städte 109
12. Heiligtümer 119
13. Gräber 129
14. Architektur 141
15. Historische Topographie 159
   15.1   Athen 159
   15.2   Rom 165
16. Skulptur 175
   16.1   Einleitung 175
   16.2   Geometrische und archaische Zeit 181
   16.3   Klassische Zeit I: 5. Jahrhundert v. Chr. 189
   16.4   Klassische Zeit II: 4. Jahrhundert v. Chr. 204

    16.5 Hellenismus 214
    16.6 Römische Republik und Kaiserzeit 228

17. Porträts 235
    17.1 Einleitung: Definition und Situation der Forschung 235
    17.2 Griechische Porträts 239
    17.3 Römische Porträts 246

18. Römische Staatsreliefs 259

19. Römische Sarkophage 269

20. Malerei 277
    20.1 Griechische Malerei 278
    20.2 Römische Malerei 282

21. Mosaiken 293

22. Keramik 299
    22.1 Herstellung und Funktion 299
    22.2 Feinkeramik: Epochen und Zentren – Dekoration und Formen 304

23. Götter: Aspekte, Ikonographie, Heiligtümer 317

24. Mythen 325

25. Menschen: Tracht 331
    25.1 Griechische Tracht 331
    25.2 Römische Tracht 334

Einführende Bibliographie 337

Register 349

Abbildungsnachweise 359

Vorwort

Diese einführende Darstellung der Klassischen Archäologie richtet sich sowohl an Studierende, die in das Fach ein- oder von außen an das Fach herantreten, als auch an andere Leser, die an der archäologischen Erforschung der griechischen und römischen Kultur interessiert sind.

Für die Studierenden an den Universitäten ist das Studium heute von zwei einander widerstrebenden Notwendigkeiten geprägt: Einerseits müssen die Studiengänge straffer organisiert werden, um die Absolventen in jüngerem Alter in verantwortliche Tätigkeiten und Berufe zu führen; andererseits muß die wissenschaftliche Ausbildung in Inhalten und Methoden dringend erweitert werden, um der Komplexität gegenwärtiger Fragestellungen gerecht zu werden. Das bedeutet in der Praxis der Lehre für Studierende wie für Dozenten einen zunehmend weiten Spagat, der die Kapazität der einzelnen Person zu übersteigen droht. Auf diese Herausforderung reagieren die Studienfächer vielfach mit konzentrierten einführenden Darstellungen der Studiengänge und Fachmethoden. In der Klassischen Archäologie sind in neuerer Zeit eine Reihe von Einführungen erschienen, drei deutschsprachige allein im vergangenen Jahr, die vor allem die Geschichte, Methoden und Fragestellungen sowie das Studium des Faches betreffen (s. Bibliographie, unten S. 337).

Die hier vorgelegte Einführung hat eine andere Ausrichtung. Ihr Ziel ist nicht, einen Überblick über Aufbau und Organisation des Studiums, noch über die verschiedenen theoretischen Konzepte des Faches zu geben. Sie will vielmehr eine einführende Beschreibung der wichtigsten Sachgebiete der Klassischen Archäologie leisten und so eine weitere Orientierung darin erleichtern. Entsprechend steht die Darstellung von sachlichen Grundlagen und anerkannten Forschungsergebnissen der griechischen und römischen Archäologie im Zentrum dieser Einführung. Sie soll dem raschen Erwerb von Grundwissen dienen, als Voraussetzung für eine weitere, vertiefende Beschäftigung mit einzelnen Themen und Fragen.

Eine solche pragmatische Grundlegung erweist sich heute, neben theoretisch orientierten Einführungen, zunehmend als notwendig. Sachkenntnis ist die Grundlage für ein produktives Studium, auf der dann die theoretischen Perspektiven erst gewinnbringend angewandt und ausgeweitet werden können – und müssen: Wer mehr weiß, dem fällt auch mehr ein. Ein realistisches Bildnis des Themistokles aus der 1. Hälfte des 5. Jh. v. Chr. führt nur dann zu einer wissenschaftlichen Erkenntnis, wenn man sich vor Augen hält, daß die Bildnisse athenischer Staatsmänner sonst erst viel später individuelle Züge zeigen. Ausgrabungen von frühen Siedlungen mit regelmäßigem oder unregelmäßigem Straßennetz im griechischen Mutterland werden erst dann interessant, wenn man bedenkt, daß die Forschung vielfach den Impuls für regelmäßige Stadtanlagen in den Neugründungen griechischer 'Kolonie'-Städte in Sizilien und Süditalien sieht. Und die Ausrüstung römischer Legionssoldaten auf den Reliefs der Traianssäule wird in ihrer Aussage erst deutlich, wenn man erkennt, daß ihre Helme nicht den zeitgenössischen Helmtypen entsprechen, sondern z. T. eine Form aus dem klassischen Griechenland aufnehmen. Erst die breite Kenntnis von Denkmälern und Forschungsdiskussionen erlaubt es also, wichtige Probleme zu erkennen und weiterführende Fragen zu entwickeln. Vor allem aber sind reiche Sachkenntnisse auch nötig, um sich gegen vorschnelle Bildung von Hypothesen zu versichern: Wer die Zeugnisse der historischen Kulturen erst im Hinblick auf bereits aufgestellte Hypothesen prüft, wird leicht (und gerne) jene widerständigen Befunde übersehen, die nicht in das Bild passen.

Leser außerhalb der (angehenden) Fachwelt finden in den Kapiteln dieses Buches Darstellungen der grundlegenden Kenntnisse, die die Klassische Archäologie seit ihrer Entstehung im 17. und 18. Jahrhundert gewonnen hat, und der wichtigsten Themen und Sachfragen, mit denen sie sich gegenwärtig beschäftigt. Damit soll zugleich eine Grundlage für produktive Besuche von Museen, Ausstellungen und Ausgrabungen sowie für die Lektüre weiterführender Literatur geschaffen werden. Wenn dabei auch ein allgemeineres Bild von den Zielen – und auch den Begrenztheiten – archäologischer Forschung entsteht, so wäre das ein zusätzlicher Gewinn.

Diese Darstellung von Grundlagen der griechischen und römischen Archäologie umfaßt verschiedene Themenbereiche und Aspekte. Dazu gehören zum einen die Voraussetzungen der politischen, sozialen und kulturellen Geschichte, der historischen Geographie sowie der Gliederung der historischen Epochen; zum zweiten die Grundkenntnisse über die materielle und bildkünstlerische Kultur der Antike; zum dritten die wichtigsten Begriffe, Arbeitsweisen und Fragestellungen, die in der wissenschaftlichen Arbeit zur Geltung und zur Anwendung kommen; schließlich die Defizite der bisherigen Forschung und die Aufgaben und Perspektiven, die sich für die nähere Zukunft ergeben – soweit sie den heutigen Autoren erkennbar sind. Allgemeinere Perspektiven zu den wissenschaftlichen Fragestellungen, zur Methodologie, zur Kultur- und Kunsttheorie, die für die Klassische Archäologie von Bedeutung sind, werden in dieser Einführung dagegen bewußt nur sporadisch und andeutend zur Sprache gebracht. Das bedeutet nicht, daß sie für sekundär gehalten werden. Im Gegenteil: Es ist mit Nachdruck zu hoffen, daß theoretische Reflexionen in Zukunft an Bedeutung gewinnen. Zum Ausgleich des in dieser Einführung vorgenommenen Verzichtes sei jedoch auf andere Werke hingewiesen, in denen entsprechende weiterführende Aspekte des Faches dargestellt werden (s. unten Bibliographie S. 337 f.).

Jede zusammenfassende Darstellung erfordert Selektion, und jede Selektion bedeutet Akzeptanz von Defiziten. Bedingt durch das Ziel dieser Einführung, eine Orientierung für Studierende und interessierte Leser im deutschsprachigen Raum zu geben, sind die Schwerpunkte von der gegenwärtigen Situation des Faches in diesen Ländern geprägt. Hier war der Status quo zu berücksichtigen, gegebenenfalls in kritischer Beleuchtung und mit Ausblicken auf neue Wege, nicht aber ein utopischer Entwurf zu propagieren. Dabei werden jedoch zugleich spezifisch deutsche Defizite deutlich: So schien etwa, um für den ersten Einstieg in das Fach eine gewisse Übersichtlichkeit zu gewähren, Konzentration auf eine begrenzte Zahl von Sachgebieten notwendig, die im Zentrum vor allem der deutschen Forschung stehen. Daß diese Selektion jedoch die Gefahr problematischer Kanonisierung 'wichtiger' Themen mit sich bringt, sei ausdrücklich betont. Desiderate dieses Buches sind z. B. bedeutende Gattungen wie Kleinplastik aus Bronze und Terrakotta, Toreutik, Numismatik, Gebrauchskeramik. Weiterhin fehlen große Kulturkreise, etwa die Etruskologie, die in Deutschland nur noch sehr schwach vertreten ist, und andere sogenannte 'Randgebiete', wie die phönikische, die zyprische oder die iberische Archäologie, die wegen einer problematischen Konzentrierung des Faches auf die 'klassischen' Zentren Griechenland und Rom viel zu wenig Beachtung finden; die Provinzialrömische Archäologie des nördlichen Europa, die zumeist als eigenes, prähistorisch orientiertes Fach betrieben wird und den Zusammenhang mit der römischen Archäologie stark gelockert hat; die Archäometrie, die weitgehend als Spezialdisziplin in die Naturwissenschaften ausgelagert wird. Hinzu kommt, daß die Klassische Archäologie in Deutschland einen traditionellen Schwerpunkt im Bereich der antiken Kunstgeschichte und Bildwissenschaft (Ikonographie) bewahrt hat und dabei andere Forschungsgebiete wie die historische Geographie und Anthropologie weit weniger beachtet, als dies in anderen Ländern geschieht. Diese Einführung verleugnet die gewachsenen Schwerpunkte der Archäologie im deutschsprachigen Raum nicht, in dem Bewußtsein, daß sie teils eine Begrenztheit, teils auch eine Stärke bedeuten. Sie erweitert diesen Rahmen in verschiedenen, aber nicht in allen von der internationalen Forschung eingeschlagenen Richtungen, in der Hoffnung, daß in absehbarer Zeit der Kreis der Themen auch hierzulande noch größer werden wird.

Dies Studienbuch hat eine längere Vorgeschichte – und diese prägt auch seinen Charakter. Es ist zunächst als Lehr- und Lesetext zu einem Einführungskurs für Studienanfänger an der Universität Heidelberg entstanden (in einer ersten Version im Wintersemester 1995). An eine Veröffentlichung war damals nicht gedacht. Doch dann kamen zunehmend Anfragen, die nicht mehr durch

Vervielfältigung erfüllt werden konnten: von Studenten anderer Universitäten, die die Einführung nützlich fanden, und von Kollegen, die sie für eigene Kurse verwenden wollten. Um dem breiteren Interesse Rechnung tragen zu können, wurde das Manuskript schließlich zur Veröffentlichung überarbeitet, wobei das Spektrum der Themen erweitert und die Darstellung der Forschungsdiskussion aktualisiert wurde. Bei der Bearbeitung erwies es sich aber als unumgänglich, den ursprünglichen Charakter beizubehalten.

Die Ausstattung des Buches mit Abbildungen konnte nur einen kleinen Teil der besprochenen Befunde und Objekte erfassen. Für ein eingehenderes Studium werden zu Beginn der meisten Kapitel weitere, möglichst leicht zugängliche Bücher angegeben, auf deren Abbildungen im Text verwiesen wird; sie zur Hand zu haben, wird die Lektüre erleichtern. Dabei wird, um die Zahl der heranzuziehenden Bücher klein zu halten, in Kauf genommen, daß nicht immer optimale Abbildungen zitiert werden; nur vereinzelt werden im Text zusätzliche Verweise auf Abbildungen gegeben, die nur in Spezialbibliotheken auffindbar sein dürften. Darüber hinaus werden schließlich für die weitergehende Beschäftigung mit den einzelnen Themenbereichen und Forschungsrichtungen in einer gesonderten Bibliographie am Ende des Buches Hinweise auf einschlägige Literatur gegeben.

Die Universität Heidelberg hat diese Einführung durch Sondermittel für didaktische Projekte großzügig gefördert. Bei der Organisation, Redaktion und Formatierung waren Heide Frielinghaus, Annette Haug, Katharina Lorenz und Susanne Muth mit mehr Engagement, Selbständigkeit und Verantwortung beteiligt, als ein Herausgeber erwarten kann.

Darüber hinaus hat Susanne Muth den ganzen Text mehrmals durchgearbeitet, sachlich sehr wesentlich verbessert und die Hauptlast der Redaktionsarbeit übernommen; ohne ihre außerordentliche Sachkundigkeit, Sorgfalt, Umsicht und Einsatzbereitschaft wäre das Buch wohl kaum jemals in dieser Form zu einem Ende gekommen. Viele Kolleginnen und Kollegen haben durch Kritik und Anregungen geholfen, in besonderem Maß Helmut Prückner. Museen und Fotoarchive, Kolleginnen und Kollegen haben, z. T. kostenlos oder zu sehr günstigen Bedingungen, Fotos zur Verfügung gestellt und Erlaubnis zur Veröffentlichung erteilt. Das Institut für Klassische Archäologie der Universität München ist bei der Beschaffung vieler Fotos hilfreich gewesen. Hubert Vögele hat mit großem Einfühlungsvermögen Vorlagen für Abbildungen hergestellt und viele Pläne elektronisch bearbeitet. Klaus Messmer hat eine Zeichnung erstellt. Ihnen allen sei herzlich gedankt.

Soweit die Texte nicht vom Herausgeber stammen, sind sie mit Initialen gekennzeichnet:
B.B.: Barbara Borg
H.F.: Heide Frielinghaus
D.G.: Daniel Graepler
S.M.: Susanne Muth
W.-D.N.: Wolf-Dietrich Niemeier
M.T.: Monika Trümper

Ich danke den Autoren vor allem, daß sie ihre verständlichen Ambitionen auf ausführlichere und detailliertere Darstellung ihrer Themen hintangestellt und das selektive Konzept dieser Einführung übernommen haben.

Heidelberg, im August 2001
Tonio Hölscher

Vorwort zur zweiten Auflage

Da der Verlag die zweite Auflage ohne umfangreiche Veränderungen herausbringen wollte, wurden nur punktuelle Fehler verbessert. Darüber hinaus wurde die Bibliographie um einige wichtige Titel ergänzt. Für Anregungen zu weiterreichenden Änderungen, die in einigen Rezensionen geäußert wurden, sind wir dankbar. Sofern es in Zukunft die Möglichkeit zu einer vollständig überarbeiteten Auflage gibt, werden wir sie gerne berücksichtigen.

Heidelberg, im Februar 2006
Tonio Hölscher

1. Klassische Archäologie im Rahmen der Kulturwissenschaften

a. Definition

Klassische Archäologie, das heißt: die Archäologie der griechischen und römischen Kultur, hat in der Theorie unterschiedliche Definitionen und in der Praxis sehr verschiedene Ausprägungen erfahren. Im Begriff der 'Archäologie' ist eine breite Bedeutung angelegt: Griechisch '*archaiologia*' heißt 'Kunde von den alten Dingen'. Das Spektrum des Faches Klassische Archäologie reicht von der Erfassung, Ausgrabung und Auswertung der Befunde über die Sammlung und Erforschung der Zeugnisse aus der Lebenswelt der Griechen und Römer bis hin zur Geschichte der antiken Kunst. Jede Epoche der archäologischen Forschung hat andere Grundfragen in den Vordergrund gestellt, und auch innerhalb einzelner Epochen haben sich viele Richtungen nebeneinander ausgebildet: Jede Generation und jeder Einzelne muß nach den eigenen Lebenserfahrungen neu entscheiden, welche Fragen ihnen wichtig sind.

Dabei muß auch darüber entschieden werden, ob 'Archäologie' überhaupt eine sinnvolle Abgrenzung eines Wissensgebietes ist, das zu erforschen und zu kennen sich lohnt. Denn man muß sich immer darüber klar sein, daß unsere Einteilungen wissenschaftlicher Disziplinen, und insbesondere unsere akademischen 'Fächer', nicht objektiv, 'in der Sache' vorgegeben sind, sondern eine Schöpfung der Wissenschaft selbst darstellen, um bestimmten Fragen nachzugehen: Grundsätzlich könnten die Fächer auch anders definiert werden. Die bestehenden Grenzen können sich für neue Fragestellungen als förderlich, ebenso aber auch als hinderlich erweisen. Man wird daher immer wieder fragen, wodurch sie berechtigt sind und was sie leisten.

'Klassische Archäologie' kann in einem weiten Sinn beschrieben werden als: die Wissenschaft von den gegenständlichen, visuell erfaßbaren Zeugnissen der griechischen und römischen Kultur, einschließlich ihrer Vorstufen und Nachwirkungen, ihrer Randgebiete und ihrer Beziehungen zu benachbarten Kulturen. Der geographische und zeitliche Raum des Faches entspricht der Ausbreitung der griechischen und römischen Kultur. Seine Grenzen sind grundsätzlich offen, da Griechen und Römer in den verschiedenen Epochen mit unterschiedlichen benachbarten mediterranen Kulturen in engem Austausch standen. Der somit flexible Rahmen umfaßt in erster Linie Griechenland, Kleinasien und Italien, darüber hinaus für die römische Kaiserzeit die Provinzen des Römischen Reiches.

Zunehmende Spezialisierung der Forschung hat im Lauf der Zeit zu einer Ausdifferenzierung verschiedener 'archäologischer' Disziplinen geführt: Epigraphik für die archäologischen Gegenstände mit Inschriften, Numismatik für die Münzen, beide in enger Verbindung mit der Alten Geschichte; ferner Papyrologie für die Schriftzeugnisse auf Papyrus (meist aus Ägypten erhalten), in Verbindung mit der Klassischen Philologie. Architekturgeschichte ist in Deutschland besonders stark von der Archäologie abgetrennt und an die technischen Universitäten ausgelagert worden. Als chronologische bzw. regionale Teilfächer haben sich die Ägäische Archäologie für die minoische und mykenische Kultur der Bronzezeit, die Etruskologie für die Kultur von Etrurien sowie die Provinzialrömische Archäologie für die römische Kultur auf germanischem Boden, alle mit engen Verbindungen zur Prähistorie, ausgebildet. Bei all dieser Differenzierung ergibt sich jedoch aus der Beschäftigung mit materiellen Hinterlassenschaften ein klar definierter Charakter 'archäologischer' Forschung.

Ist das eine sinnvolle Eingrenzung eines in sich konsistenten Wissensgebietes? Kritik an einer derart definierten Wissenschaft kann vor allem aus zwei Richtungen kommen:

▪ Zum einen umfaßt Archäologie nur einen Teil der griechischen und römischen Kultur, und es ist eine sinnvolle Frage, ob die Isolierung eines solchen Teilaspektes nicht eine – gewissermaßen horizontale, synchrone – historische Einheit künstlich zertrümmert. Wir wollen etwas über die Menschen und die Gesellschaft der Antike erfahren, nicht über einen theoretisch ausgegrenzten Teilaspekt.

Diese Einheit, die noch in dem deutschen Begriff der 'Klassischen Altertumswissenschaft' und dem englischen Äquivalent der 'Classics' fortlebt, ist de facto spätestens im 19. Jh. in die Einzeldisziplinen der Klassischen Philologie, der Klassischen Archäologie und der Alten Geschichte aufgespalten worden. Der Grund war fortschreitende Professionalisierung und Spezialisierung, insbesondere nachdem die Altertumswissenschaft an den Universitäten und in den Forschungsinstituten fest eingerichtet war. Welche Gefahr darin aber lag, zeigt die Entwicklung insbesondere seit dem frühen 20. Jh., wo die Geschichte der antiken Kunst, der antiken Literatur oder der politischen Institutionen so kategorisch als autonome Phänomene betrachtet wurden, daß sie den Zusammenhang mit der antiken Gesellschaft und ihrer komplexen Kultur oft weitgehend verloren. Später hat die Binnendifferenzierung der Archäologie oft dazu geführt, daß die Erforschung etwa der Architektur, der Münzen oder des römischen Germanien als autonomes Spiel nach selbstgesetzten Regeln betrieben wurde und der Zusammenhang mit der gesamten Kultur der Antike mehr oder minder verloren ging. Andere Disziplinen haben sich nicht so stark aufgegliedert und sind bis heute für die gesamte Kultur zuständig, etwa die Ägyptologie, die Altorientalistik, die Ethnologien. Auch dort geht der Trend scheinbar unaufhaltsam zur Spezialisierung – aber wiederum zumeist um den Preis der übergreifenden Fragen, und es wird selten eine Rechnung aufgestellt, ob der Gewinn der Spezialisierung diesen Preis wert ist. Wer die Realität antiker Gesellschaften kennenlernen will, muß die einzelnen Disziplinen der Altertumswissenschaften, zumindest im Horizont der Fragestellungen, doch wieder zusammenführen.

■ Zum anderen ist die Klassische Archäologie nur ein Ausschnitt aus der langen Geschichte der materiellen Kultur und der Bildenden Kunst der Menschheit. Man muß sich fragen, ob hier nicht eine – gewissermaßen vertikale, diachrone – Einheit aufgespalten wird, die von der Prähistorie bis in die Christliche oder Mittelalterliche Archäologie und die Neuere Kunstgeschichte reicht. Wer sich allgemein für materielle Kultur oder für Bildende Kunst interessiert, wird sein Verständnis stark verengen, wenn er den Gesichtskreis auf die sehr speziellen Lebens- und Kunstformen der Antike eingrenzt und andere Möglichkeiten der Weltgeschichte nicht wahrnimmt. Man entwickelt dann leicht eine allzu starke Nahsicht auf die Antike, nimmt die Phänomene der antiken Kultur als selbstverständlich und einzig denkbar hin und verliert dadurch den Blick für ihre Eigenarten. Manches spricht also dafür, die Nahsicht durch eine distanzierte Sicht zu ergänzen, das heißt: die Klassische Archäologie in die historische Perspektive der Archäologien und Kunstgeschichten von der Vorzeit bis in die Gegenwart zu stellen.

Freilich: Spezialisierung – besser: Konzentrierung – ist nötig, rein aus Gründen der Arbeitsökonomie. Die Menge der erfaßbaren Daten wie der wissenschaftlichen Literatur über die Antike ist für den Einzelnen nicht mehr beherrschbar. Und an den Ergebnissen der Spezialforschung kommt man nicht vorbei, ohne in Stümperei zu verfallen. Dabei sollten aber zwei Voraussetzungen gelten:

■ Spezialisierung sollte nicht dazu führen, Grundphänomene aus den Augen zu verlieren. Tatsächlich weichen Fachleute in zunehmendem Maß zentralen Fragen der antiken Kultur aus, weil spezielle Vorarbeiten dazu fehlen oder exakte Methoden (noch) nicht verfügbar sind. Das ist wenig überzeugend: Die Fragen stellen sich trotzdem. Wir müssen zu wenigstens vorläufigen Synthesen kommen und Antworten geben – anderenfalls übernehmen andere die Sinnstiftung, denen die Kompetenz fehlt. Was nötig ist, ist beim Einzelnen: die Bereitschaft, die eigene Kompetenz durch Kooperation zu ergänzen, und der Mut zu einem vertretbaren Maß an Dilettantismus – verbunden mit dem Bewußtsein der Vorläufigkeit; und bei dem wissenschaftlichen Umfeld: die Bereitschaft, dies Maß an Dilettantismus nicht nur zu tolerieren, sondern um der Sache willen als notwendig anzuerkennen.

■ Die Grenzen der Spezialdisziplinen müssen flexibel bleiben. Die traditionelle Aufteilung der Altertumswissenschaft ist nach der Art der Zeugnisse vorgenommen worden: Philologie für die sprachlichen, Archäologie für die bildlichen und materiellen Zeugnisse, dazu Geschichte für die Bereiche von Politik und Gesellschaft (oft in einem engen Sinn). Ebenso sind Architekturgeschichte, Epigraphik, Numismatik und Papyrologie nach Materialgruppen definiert. Jeweils wird diese Verselbständigung mit spezifischen Methoden begründet, die durch die Art der Zeugnisse vorgegeben seien.

■ Es sind aber auch ganz andere, nämlich thematische Schwerpunkte und Spezialisierungen denkbar, die quer zu den materiellen Gruppen von Zeugnissen liegen: Religion, Mythologie, Lebensformen, Mentalitäten, allgemeine Ästhetik etc. Solche Gebiete sind gleichermaßen in schriftlichen wie archäologischen Zeugnissen überliefert und reichen in die 'Geschichte', d.h. die Gesellschaftsformen und die Politik hinein. Die Beschäftigung mit dieser Art von definierten Themenkreisen wird, vor allem in Deutschland, durch die Grenzen der heute gültigen Disziplinen eher verhindert. Es ist sehr zu hoffen, daß in Zukunft die mechanischen und unergiebigen Material-Disziplinen durch thematisch definierte Fachgebiete ergänzt oder ersetzt werden.

Beim Status quo: Welchen Sinn macht Klassische Archäologie als wissenschaftliches Fachgebiet? Was kann diese Definition leisten? Eine Wissenschaft von gegenständlichen Zeugnissen einer Kultur hat die Rekonstruktion und Kenntnis der konkreten historischen Welt zum Ziel. Das Spektrum umfaßt die Räume des öffentlichen Lebens, des Wohnens und der Produktion: Städte und Dörfer, Kulturland mit Äckern und Weiden, Straßen, Brücken und Wasserversorgung, dazu die Nekropolen; die gestalteten Formen der Architektur: Tempel und Heiligtümer, öffentliche Plätze und Funktionsbauten, Wohnhäuser; die Gegenstände der Arbeit und der Lebenskultur: Geräte und Gefäße, Nahrung und Kleidung; schließlich die gegenständlichen Symbole kollektiver und individueller Sinnstiftung: Objekte des Götterkults und Werke der Kunst. Das ist immerhin ein Aspekt des menschlichen Lebens, der eine thematische Kohärenz hat – und der zugleich so umfassend und zentral ist, daß er in wichtige Bereiche der antiken Gesellschaften hineinführt. Wenn man die Grenzen des Faches Archäologie nicht dogmatisch nach außen abschottet und wenn man auch ganz andere Grenzziehungen als Möglichkeiten konzediert, so ist 'Klassische Archäologie' ein Terrain, auf dem man sich eine Weile sinnvoll wissenschaftlich einrichten kann. Dazu sind zwei Erläuterungen nötig: zum Begriff 'Archäologie' und zum Begriff 'klassisch'.

Der Begriff 'Archäologie' in der hier zugrunde gelegten Bedeutung enthält insofern eine inhärente Dichotomie, als die 'gegenständlichen Zeugnisse' gleichermaßen die allgemeine materielle Kultur wie die Werke der Bildenden Kunst umfassen. Diese Verbindung in einer gemeinsamen wissenschaftlichen Disziplin kann zunächst irritierend wirken: Hier die Befriedigung primärer Bedürfnisse der Lebensführung durch Bauwerke und Gerätschaften, dort die kreativen Schöpfungen der Kunst – was hat das miteinander zu tun? Der Gegensatz erscheint zugespitzt in den deutschen Begriffen 'Zivilisation' und 'Kultur'. In der Klassischen Archäologie hat lange Zeit die Erforschung der Bildkunst den höchsten Rang gegenüber anderen archäologischen Zeugnissen beansprucht; in manchen Ländern wurde sogar an den Universitäten eine Trennung von 'Kunstgeschichte der Antike' und 'Klassischer Archäologie' vollzogen. Entsprechend hat die Neuere Kunstgeschichte sich von Anbeginn vorwiegend mit Werken der 'Kunst' befaßt.

Diese Trennung von 'Kunst' und materieller Kultur ist aber eine Erscheinung der Neuzeit, die für die Antike nicht gilt. Antike 'Kunstwerke' waren nicht museale Objekte des Kunstgenusses, sondern hatten Funktionen im Leben: als Tempelkultbilder in religiösen Riten, als Votive in den Heiligtümern, als Träger von politischer und gesellschaftlicher Repräsentation in öffentlichen Denkmälern oder Grabmälern. Dieselben Funktionen wurden z.T. von Gegenständen erfüllt, die heute kaum unter den Begriff der 'Kunst' fallen: Bilder des Götterkultes konnten auch aus Pfählen mit darübergezogenen Gewändern und maskenartigen Köpfen bestehen; Votivgaben konnten verschiedenartige Formen haben, etwa Gefäße oder Stoffe; öffentliche Monumente konnten in Form von Waffenmälern, Grabmonumente in Form von Grabbauten oder Inschriftenstelen mit Ornamenten errichtet werden. Es gab keine grundsätzliche, auch keine sprachliche Grenze zwischen Kunstwerk und (kunst-)handwerklichem Produkt. Das entspricht im Grund weitgehend unseren gegenwärtigen Erfahrungen: Auch heute fällt es zunehmend schwer, eine Grenze eines autonomen Bereichs von 'Kunst' plausibel zu definieren. Das 20. Jh. hat die neuzeitliche Abgrenzung eigentlicher 'Kunstwerke' von geformten Objekten in allen

Lebensbereichen mehr und mehr verwischt. Das erleichtert den Zugang zu den Phänomenen der Antike.

In der Tat liegt in der Verbindung von 'Kunstwerken' und allgemeiner materieller Kultur eine große Chance der Archäologie: Erst auf diese Weise wird der Blick darauf gelenkt, daß alle menschliche Kultur, bis zur Gestalt eines Wohnhauses und zum Typus einer Pfeilspitze, spezifisch geformt ist und in dieser visuellen Form ihren spezifischen Charakter hat; und daß umgekehrt die Werke der 'Kunst' ein Teil dieser gesellschaftlichen Lebenswirklichkeit sind.

Erläuterungsbedürftig ist weiterhin die Bezeichnung 'klassisch', die durch eine lange geistesgeschichtliche Tradition belastet ist. Schon in der römischen Antike, programmatisch aber im neuzeitlichen Humanismus, enthielt das Wort ein Werturteil im Sinne des Vorbildlichen und Normativen: Die griechische und römische Kultur galten als 'klassische' Norm von überzeitlichen, allgemein menschlichen Werten, an denen alle anderen geschichtlichen Kulturen gemessen wurden und auf die die Gegenwart sich wieder orientieren konnte und sollte. Diese humanistischen Ideale sind in den Erfahrungen der europäischen Moderne und der Diktaturen des 20. Jh. zerbrochen. Sie haben zudem, wenn wir außereuropäische Kulturen ernst zu nehmen bereit sind, ihren Anspruch auf Allgemeingültigkeit verloren. Zweifellos ist unsere 'Bildung', mehr oder minder bewußt, noch stark europazentriert und insofern auf die griechisch-römische Antike bezogen; aber diese Traditionen wird man zum kritischen Gegenstand der Wissenschaft machen, nicht als Norm in die Definition hineinnehmen. Wenn dennoch an dem Begriff des 'klassischen' Altertums festgehalten wird, so kann das heute nur noch als zeitliche Benennung einer Epoche gemeint werden. Ebenso treffend ist '(alt-)griechisch und römisch' – nur ist diese Bezeichnung umständlich und schließt zudem zugehörige Kulturkreise wie etwa den der Etrusker nicht mit ein. Die zusammenfassende Bezeichnung 'klassisch' hat zumindest den Vorteil, daß sie die Einheit dieses Kulturkreises betont und Tendenzen zur Spaltung entgegenwirkt. In der Tat sind die beiden Kulturen nur in wechselseitigem Verhältnis zu verstehen: Die griechische ist sehr weitgehend in der Rezeption und Vermittlung durch Rom überliefert; und die römische ist im wesentlichen auf der Grundlage der griechischen errichtet.

Der Verzicht auf die normative Gültigkeit der Antike bedeutet zugleich, daß uns diese Kultur ferner gerückt ist. Das ist wohl kein Verlust, sondern ein Gewinn. Solange man die Griechen und Römer zu Vorbildern für die Gegenwart erhob, fand man in ihnen vor allem die Ideale der eigenen Identität wieder: Sie wurden zum Spiegel einer idealen Gegenwart. Mit größerer Entfernung sind sie uns auch in vielem fremder geworden. Aus dem Begreifen von Fremdheit sind in neuerer Zeit aufregende Erkenntnisse entstanden.

Unter den vielen fremden Kulturen dieser Welt aber hat die der Griechen und Römer einige sehr attraktive Aspekte. Gegenüber den meisten Kulturen anderer Kontinente ist sie uns doch wieder nicht so fern, daß nur noch Unterschiede sichtbar werden. Jenseits aller humanistischen Verklärung: Die Kultur Europas hat sich seit dem Mittelalter immer wieder im Rückgriff auf und in Auseinandersetzung mit der griechischen und römischen Antike entwickelt, und diese Genese hat Nachwirkungen bis in die Gegenwart. Daher ist die Welt der Griechen und Römer uns zwar fremd, aber in einer besonderen Weise kommensurabel. Darüber hinaus kann sie exemplarisch einige Grundsituationen kulturellen Lebens deutlich machen: Die griechische Kultur hat zwar stets im Kontext der benachbarten Kulturen gestanden – und das wird die Forschung in Zukunft weit stärker beachten müssen! –, aber sie hat dabei eine so starke Eigendynamik entwickelt, daß sie in vieler Hinsicht einen anfänglichen Charakter hat. Anders als alle späteren Kulturen Europas hatten die Griechen nicht schon die Griechen als prägende Vorgabe vor sich; ihre kulturelle Entwicklung ist daher in relativ hohem Maß aus den eigenen Voraussetzungen erklärbar. Die römische Kultur andererseits repräsentiert die Situation der Nachfolge, d.h. der Übernahme einer fremden, eben der griechischen Kultur unter ganz anderen politischen und gesellschaftlichen Voraussetzungen; die Mechanismen kultureller Rezeption, das Verhältnis von aktuellen (römischen) Ansprüchen und ideellem (griechischem) Traditionsangebot sind hier besonders klar zu studieren. Schließlich ist die griechische und römische Kultur, als Beginn abendländischer Traditionen, für uns besser als etwa außereuropäische Kulturen in ihren Folgen – und Folgekosten – zu überschauen und zu beurteilen: von der befreienden Wirkung in Renaissance und Aufklärung, über die Verwässerung und Pervertierung im Schul-Humanismus, bis zum Mißbrauch im Faschismus und Nationalsozialismus. Geschichte also nicht als Vorbild, auch nicht als verpflichtende oder unentrinnbare Tradition, sondern als Erfahrungsraum und Experimentierfeld für andere und doch nicht ganz inkommensurable Möglichkeiten kultureller Existenz. Insofern auch als Ferment kritischer und kreativer Phantasie für die Gegenwart.

b. Wissenschaftliches Umfeld

Das Umfeld der Klassischen Archäologie erstreckt sich in drei Dimensionen: synchron, zu den anderen Klassischen Altertumswissenschaften, die ebenfalls die griechisch-römische Kultur zum Gegenstand haben; diachron, zu den übrigen Archäologien und Kunstwissenschaften, die ebenfalls materielle und künstlerische Zeugnisse umfassen; systematisch, zu anderen Kulturwissenschaften, die allgemeine theoretische Aspekte, Methoden und Fragestellungen zum Thema kulturhistorischer Forschung machen.

Klassische Altertumswissenschaften
KLASSISCHE PHILOLOGIE. Das Fach ist die 'Mutter' der Klassischen Altertumswissenschaften, von der sich Archäologie und Alte Geschichte erst im 18. und 19. Jh. abgesetzt haben. Die interdisziplinäre Verträglichkeit leidet etwas darunter, daß in der Philologie vielfach sprachliche und werkimmanente Fragen stark im Vordergrund stehen und weiterreichende kulturanalytische Ansätze nur zögernd aufgenommen werden. Für das Fach Klassische Archäologie ist die Einbeziehung der Schriftzeugnisse jedoch konstitutiv. Erst dadurch unterscheidet es sich von der Prähistorie (s. unten).
ALTE GESCHICHTE. Zunächst war das Fach stark auf Ereignisgeschichte, politische Verfassungen und Institutionen, dann auch auf Sozial- und Wirtschaftsgeschichte ausgerichtet. In diesem Sinn bereitet es den unerläßlichen Rahmen für die materielle und künstlerische Kultur auf. In neuerer Zeit öffnet es sich stärker Fragen der Kultur- und Mentalitätsgeschichte, zunehmend auch der Kulturanthropologie. Hier beginnen die Grenzen zwischen Alter Geschichte und Archäologie sich von beiden Seiten zu öffnen. Archäologie ist ein Teil der Geschichte.

Hinzu kommen die früher so genannten 'Hilfswissenschaften', die spezifische Material-Gruppen zum Gegenstand haben, sowie zwei Fachgebiete, die sich aus der Klassischen Archäologie ausdifferenziert haben:
EPIGRAPHIK. Die Erforschung der Inschriften ist für die Archäologie zunächst von Bedeutung, weil diese durchweg auf materiellen Bildträgern aufgeschrieben sind, vielfach zu Bau- oder Bildwerken gehören und insofern ein genuin archäologischer Gegenstand sind. Inhaltlich enthalten Inschriften, im Gegensatz zur hohen Literatur mit ihren spezifischen Funktionen und Ansprüchen, sehr viel breiter gestreute Aussagen über Gesellschaft und Staat, die sich oft mit den Aussagen der Bau- und Bildkunst sehr gut ergänzen.
NUMISMATIK. Die Münzkunde enthält mehrere Aspekte, die zu den Disziplinen der Alten Geschichte und der Archäologie führen: Die Geschichte des Geldes gehört in den Bereich der Wirtschaft; die Bildtypen dienten der politischen Selbstdarstellung der prägenden Staaten und ihrer Repräsentanten. Wegen ihrer hohen formalen Qualitäten sind Münzen für die Kunstgeschichte von Bedeutung; darüber hinaus werden vor allem in der römischen Kaiserzeit berühmte ältere Kunstwerke – die heute zumeist verloren sind – auf Münzen wiedergegeben.
PAPYROLOGIE. Die Erforschung der Schriftzeugnisse, die sich auf Papyrus, fast ausschließlich in der klimatischen Situation der ägyptschen Wüste, erhalten haben, liefert viele Kenntnisse, die aus den Werken der hohen Literatur nicht zu gewinnen sind: Urkunden und Verträge führen in die Wirtschaftsgeschichte, Briefe in die Sozialgeschichte; auch die Literaturgeschichte wird durch Fragmente von Werken bereichert, die nicht in den Bildungskanon der Spätantike aufgenommen und dadurch in die europäische Tradition eingeführt wurden.

BAUFORSCHUNG. Architektur, d. h. einzelne Bauten und ganze Siedlungen, bildet den Rahmen des kulturellen Lebens der Antike und den hauptsächlichen Gegenstand archäologischer Grabungen. Die Erforschung der antiken Architektur hat sich vor allem in Deutschland weitgehend an die Technischen Universitäten/Hochschulen ausgelagert, wo sie im Rahmen der Forschung und Lehre zum aktiven Bauen betrieben wird. Diese institutionelle Verankerung hat einerseits wichtige Impulse vermittelt, insbesondere für die Erforschung von Bautechniken und Statik. Sie hat andererseits vielfach zu einer perfektionistischen Konzentration auf die Analyse einzelner Bauwerke und insgesamt zu einer problematischen Herauslösung der Architekturgeschichte aus der allgemeinen Archäologie und den von ihr untersuchten, weiteren historischen Kontexten geführt.

PROVINZIALRÖMISCHE ARCHÄOLOGIE. Die Erforschung des römischen Germanien war im 19. Jh. ein genuiner Teil der Römischen Archäologie. Im 20. Jh. wurde dieses Fachgebiet, unter dem Einfluß der dominierenden kunstgeschichtlichen Ausrichtung, aus der 'Klassischen' Archäologie mehr und mehr abgedrängt. Das dadurch entstandene Fach 'Provinzialrömische Archäologie' schloß sich eng an die Prähistorie an, von deren Methoden es profitierte. Die Institutionalisierung der Provinzialrömischen Archäologie, vorwiegend an den Landesdenkmalämtern und in Provinzialrömischen Museen, selten dagegen an Universitäten, verstärkt die Verbindungen zur Prähistorie und läßt dagegen die Zugehörigkeit zum gesamten Römischen Reich leicht in den Hintergrund treten. In anderen Ländern, etwa England und Italien, ist diese Gefahr im Rahmen eines Faches 'Archäologie der römischen Provinzen' aufgehoben. Eine stärkere Wiederannäherung zwischen Klassischer und Provinzialrömischer Archäologie ist dringend nötig.

Insgesamt streben immer mehr Teildisziplinen zu akademischer Autonomie. Sofern es um die Erkenntnis einer gesamten Kultur geht und nicht nur um perfekte Arbeitstechniken, muß einer solchen Fraktionierung vehement entgegengewirkt werden.

Archäologien und Kunstwissenschaften

UR- UND FRÜHGESCHICHTE (PRÄHISTORIE). Gegenstand des Faches sind alle Kulturen der Welt, soweit sie nicht in wesentlichen Aspekten aus Schriftquellen bekannt sind. Die entscheidende untere Begrenzung ist die Schriftlichkeit; daher findet der Übergang von der 'Prä-Historie' zu den späteren geschichtlichen Epochen in verschiedenen Regionen zu verschiedenen Zeiten statt: im Vorderen Orient und Ägypten im 4./3. Jt., in Griechenland im 2. Jt. v. Chr., in Mittel- und Nordeuropa z. T. erst im Mittelalter.

Die Grenzen sind vielfach fließend, weil die Schrift meist nur langsam und für partielle Funktionen eingeführt wurde. Wenige kurze Texte oder Inschriften machen noch keine volle Schriftkultur aus, weite Lebensbereiche können noch lange 'prähistorisch' bleiben. In Griechenland und Italien reicht das Fach der Prähistorie bis in die Eisenzeit (d. h. bis 700 bzw. 600 v. Chr.) hinein, andererseits setzt die Klassische Archäologie unter anderen Perspektiven in Griechenland mit der minoischen und mykenischen Hochkultur des 2. Jt., in Italien mit den Frühstufen der Kulturen von Etrurien und Latium zu Beginn des 1. Jt. v. Chr. ein.

Die Prähistorie ist in mehrfacher Hinsicht für die Klassische Archäologie von hoher Bedeutung. Zum einen hat sie die Vorstufen der klassischen Kulturen zum Gegenstand, die noch bis in die historischen Epochen hinein wirksam bleiben. Zum zweiten sind dort Methoden der Ausgrabung und des Surveys von großer Genauigkeit und Komplexität entwickelt worden, die einen hohen Standard setzen. Vor allem aber ist die Vorgeschichte, neben der Ethnologie und Anthropologie, die einzige Disziplin, die grundsätzliche Fragestellungen und Methoden zur Analyse von Kulturen ohne Schrift, allein aus den materiellen Zeugnissen, entwickelt hat. Das ist eine dringende Forderung auch an die Erforschung von Kulturen mit Schrift. Denn da der Diskurs der Wissenschaft sich im Medium der Sprache abspielt, erhalten traditionell bei der Erforschung fremder Kulturen die sprachlichen Zeugnisse eine hohe Priorität. Bauten, Bilder und materielle Spuren werden vielfach als 'Ergänzung', d. h. in primärer Orientierung auf sprachlich erfaßbare Phänomene gedeutet. Ihre eigentliche historische Zeugniskraft wird aber erst entfaltet, wenn man sie als architektonische Lebensräume, als Bilder und als materielle Faktoren des Lebens für sich selbst ernst nimmt. Hier gewinnen die Modelle der Prähistorie hohe Aktualität.

AUSSEREUROPÄISCHE ARCHÄOLOGIEN. Die Kulturen im Umkreis der Klassischen Antike, besonders der Völker Vorderasiens und Ägyptens, sind als Partner der Griechen und Römer von unmittelbarer Bedeutung, fernere Kulturen sind vor allem für den strukturellen Kulturvergleich von systematischem und methodischem Interesse. Allgemein sind die Archäologien anderer Hochkulturen in Deutschland, unter dem Einfluß eines klassizistischen und eurozentrischen Weltbildes, unzureichend vertreten. Vorderasiatische Archäologie war lange Zeit im Rahmen der allgemeinen Vorderasiatischen Altertumswissenschaften (Assyriologie o.ä.) nur ein Nebengebiet neben der dominierenden Erforschung der Keilschrift-Texte; erst neuerdings entwickelt sie sich zum eigenen Fach. Ägyptische Archäologie ist bis heute in der Regel ein Teil der allgemeinen Ägyptologie, in der zumeist Texte im Vordergrund stehen. Spezialisierung auf archäologische Arbeiten findet z. T. außerhalb der Universität, an reinen Forschungsinstituten statt.

CHRISTLICHE ARCHÄOLOGIE UND BYZANTINISCHE KUNSTGESCHICHTE. Die zeitlich an die Klassische Archäologie anschließende Disziplin umfaßt im wesentlichen die christlich geprägten Kulturen von Constantin d. Gr. (312 n. Chr.) bis zum Fall von Byzanz (1453 n. Chr.). Die Grenze zur Klassischen Archäologie ist fließend: Einerseits reichen die Wurzeln christlicher Kunst in die hohe römische Kaiserzeit zurück, andererseits leben die Traditionen der 'klassischen' Kultur in der Spätantike und im Mittelalter fort. Die Entstehung des Faches Christliche Archäologie aus der Kirchengeschichte, d.h. im Rahmen der Theologie, hat vielfach zu Einseitigkeiten geführt, die bis heute die Entwicklung zu einer umfassenden Kulturwissenschaft erschweren. Sinnvoller ist eine allgemeine Spätantike und Byzantinische Archäologie und Kunstgeschichte, mit konsequenter Orientierung an den Maßstäben anderer Archäologien und Kunstwissenschaften, wobei das Christentum als kultureller Faktor durchaus eine zentrale Stellung behielte.

KUNSTGESCHICHTE. Gegenüber der Klassischen Archäologie ist die neuzeitliche Kunstgeschichte insofern stärker eingegrenzt, als sie auf 'Kunst' und 'Kunsthandwerk' konzentriert ist und die materielle Kultur im weiteren Sinn nicht einschließt. Die Kunst vom Mittelalter bis in die Gegenwart ist das Feld, auf dem sich zunächst der Begriff von 'Kunst' ausgebildet hat, den wir heute bewußt oder unbewußt zugrunde legen. 'Archäologie' nachantiker Epochen wird für das Mittelalter nur in begrenztem Umfang von den Geschichtswissenschaften und den regionalen Denkmalämtern, für die Neuzeit nur in marginaler Weise erforscht. Die Kunstgeschichte ist in Deutschland stark auf Europa beschränkt, außereuropäische Kunst ist selten ausreichend vertreten. Dieser Eurozentrismus stellt eine empfindliche Einschränkung des Blickwinkels dar.

Die europäische Kunstgeschichte vom Mittelalter bis heute ist die Tradition, die umgekehrt den Blick von heute rückwärts zur Antike lenkt. Für die archäologische Forschung sind drei Stufen von Bedeutung:

■ Viele Bau- und Bildwerke der Antike sind seit dem Mittelalter, besonders in der Renaissance und später, gezeichnet und dokumentiert worden, seither aber zerstört und daher nur in diesen Dokumenten bekannt. Die Erforschung und Benutzung dieser Quellen durch die Archäologie setzt die Kenntnis ihres eigenen (kunst-)historischen Kontextes, der damals herrschenden Interessen und Betrachtungsweisen voraus.

■ Die antiken Bau- und Bildwerke haben Aufnahme in die Kultur späterer Epochen gefunden und erhielten dabei neue Bedeutungen: Das Pantheon ist durch die Verwendung als christliche Kirche erhalten geblieben, für das Grab Raffaels wurde ein antiker Sarkophag benutzt. Diese Rezeption, bis in die Kunst der Gegenwart, enthält die wechselnden Bewertungen antiker Kunst im Lauf der neueren Geschichte. Der heutige Umgang mit der Kunst der Antike, in der Wissenschaft wie in der aktiven Kunstproduktion, ist die neueste Stufe dieser Rezeptionskette. Deren Kenntnis ist die Voraussetzung für die Reflexion der Standpunkte heutiger Forschung.

■ In der Kunstgeschichte wurden allgemeine Fragestellungen und Methoden ausgebildet, die auch für die Archäologie von Bedeutung sind. Die Neubewertung der römischen Kunst als eigenständiger Leistung wurde um die

Wende zum 20. Jh. von zwei Kunsthistorikern der sogenannten 'Wiener Schule', Franz Wickhoff und Alois Riegl, eingeleitet. Die „Kunstgeschichtlichen Grundbegriffe" von Heinrich Wölfflin und die „Ikonologie" von Erwin Panofsky haben breiten Eingang in die Klassische Archäologie gefunden. Wegen der ungleich besseren Quellenlage der Neueren Kunstgeschichte werden die dort entwickelten methodischen Ansätze auch weiterhin für die Archäologie eine wichtige Anregung und Herausforderung darstellen.

Systematische Ergänzungen

Verbindungen in Fragestellungen, theoretischen Ansätzen und Methoden ergeben sich zu allen Kulturwissenschaften. Unter theoretischen Gesichtspunkten sind insbesondere die folgenden zu nennen:

GESCHICHTS- UND SOZIALWISSENSCHAFTEN. Sozialgeschichtliche Fragestellungen haben in der Archäologie in neuerer Zeit stark an Bedeutung gewonnen. Die heutigen Methoden der empirischen Sozialwissenschaft haben sich allerdings bisher für die Archäologie kaum nutzbar machen lassen. Aber kultursoziologische Arbeiten, insbesondere von Max Weber, enthalten ein wichtiges Potential. Zunehmende Bedeutung kommt der Mentalitätsgeschichte in der Tradition der Pariser Schule der 'Annales' zu.

ETHNOLOGIE/ANTHROPOLOGIE. Die Erforschung gegenwärtiger Fremdkulturen hat zu wichtigen methodischen Ansätzen geführt, die (teils auf dem Weg über die Prähistorie) auch in die Klassische Archäologie Eingang finden. Ethnologie als Wissenschaft von 'Alterität' gewinnt an Aktualität für die Klassische Altertumswissenschaft, je mehr die griechische und römische Antike nicht nur als Beginn der eigenen kulturellen Tradition und Orientierungspunkt der kulturellen Identität, sondern in der Perspektive der 'Fremdheit' betrachtet wird.

PHILOSOPHIE. Ein kontrollierter Zugang zu historischen Kulturen ist nur auf der Grundlage philosophischer Reflexion möglich. Die entscheidenden Einsichten und Positionen der Altertumswissenschaften entstanden in engem Kontakt mit der philosophischen Ästhetik und der Geschichtsphilosophie des 18. und 19. Jh., später mit den Umwertungen durch Friedrich Nietzsche. Diese Fundierung ist der Archäologie heute weitgehend verloren gegangen. Eine Neuorientierung des Faches könnte durch eine grundsätzliche Auseinandersetzung mit gegenwärtigen Positionen der Philosophie stark gefördert werden.

2. Geschichte und Forschungsrichtungen der klassischen Archäologie*

Die Klassische Archäologie, wie jede historische Wissenschaft, schlägt eine Brücke zwischen zwei historischen Epochen: Die Gegenstände der Forschung gehören einer vergangenen Zeit an, die Forscher selbst stehen in ihrer jeweiligen Gegenwart. Dieser Blick des Historikers in die Vergangenheit hat eine objektive und eine subjektive Seite:

Zum einen ist das Ziel die objektive *Rekonstruktion* der Vergangenheit, „wie sie tatsächlich gewesen ist". Bei einzelnen Objekten, etwa der Statuengruppe der Tyrannenmörder (Abb. 57), stellte sich die Aufgabe, die Figuren als Darstellungen der politischen Helden Aristogeiton und Harmodios zu bestimmen, die römischen Werke als Kopien des schriftlich überlieferten Denkmals in Athen zu erkennen, die Datierung und den genauen Aufstellungsort des Originals zu ermitteln. In Zukunft wird man sich auch den Kopien und ihren räumlichen und zeitlichen Aufstellungskontexten stärker zuwenden. Dies alles sind 'objektive' Ziele, die Ergebnisse sind entweder richtig oder falsch. Erst auf dieser Grundlage kann die historische *Interpretation* einsetzen. Damit aber ist eine andere Ebene der Reflexion erreicht.

Denn jede historische Forschung enthält zugleich ein subjektives Moment: Jeder Forscher, jede Generation oder Epoche von Forschern hat eigene Interessen und Grundanschauungen, nach denen sie Forschung betreiben. Dementsprechend ändern sich die Themen: In der Epoche des Impressionismus und Expressionismus war die Forschung auf Bild- und Raumstrukturen in der antiken Kunst konzentriert, nach 1968 beschäftigte man sich mit Zusammenhängen von Kunst, Politik und Gesellschaft, mit Darstellungen von Unterschichten und Sklaven, heute sind die Rollen der Geschlechter, insbesondere der Frauen aktuell geworden. Und selbst denselben Themen gewinnt man immer wieder neue Aspekte ab. Die Statuengruppe der Tyrannenmörder kann als politisches Denkmal und Leitbild für die demokratische Bürgerschaft von Athen, als gesellschaftliches und anthropologisches Muster eines homoerotischen Paares, als künstlerisches Hauptwerk des Strengen Stils und unter manchen weiteren Gesichtspunkten verstanden werden. Die Forschung muß über ihre Optionen entscheiden, und sie folgt dabei oft aktuellen Fragen ihrer eigenen Zeit: Die Traianssäule (Abb. 147), deren Reliefs die Kriege Traians gegen die Daker (Rumänien) schildern, wurde im 19. Jh. als Dokument nationaler Traditionen, später als Zeugnis einer eigenständigen römischen Kunstform, und schließlich in der letzten Generation einerseits als Strategie eines Bildberichts nach dem Muster des Films, andererseits als ideologische Inszenierung von Herrschermacht gelesen.

Jede dieser Fragestellungen hat ihre Berechtigung. Denn jede/r Forscher/in stellt seine/ihre eigenen Fragen an die Vergangenheit. Und dafür werden immer wieder neue Methoden und Vorgehensweisen entwickelt. Jede/r ist dabei eingebunden in die Erfahrungen und den gesellschaftlichen Diskurs der eigenen Zeit. Diese Zeitgebundenheit kann eine schwere Einschränkung und Belastung für die Forschung werden: nämlich dann, wenn die *Ergebnisse* auf eine ideologisch vorgegebene Aktualität hin entwickelt werden, etwa auf die Rassentheorien des Nationalsozialismus. Sie kann aber auch durchaus produktiv sein: wenn aufgrund neuer eigener Lebenserfahrungen neue *Fragen* an die Vergangenheit gestellt und neue *Aspekte* entdeckt werden. Wissenschaft erhält nur dann Vitalität, wenn sie Fragen aus der eigenen Zeit heraus stellt und Orientierung in der Gegenwart sucht – gerade deshalb wird sie sich aber kritisch hüten müssen, zeitgeistigen Moden und Ideologien zu verfallen.

Jedenfalls aber steht jede historische Forschung unausweichlich im Horizont der eigenen Zeit: Dies ist die Grundsituation jeder Hermeneutik. Darum ist alle frühere For-

---

*Abbildungen:

Andreae   B. Andreae, Römische Kunst (1973).

schung auch in diesem Horizont zu sehen. Hier liegt die Begründung für die Beschäftigung mit der Geschichte der Forschung. Dabei sind zwei Aspekte von Bedeutung:

▪ Das Verständnis der Zeitgebundenheit von Forschung öffnet den Blick für die Voraussetzungen und Bedingtheiten, die Stärken und Schwächen früherer Forschungen. Es fördert zugleich auch die Einsicht in die Bedingtheit des eigenen wissenschaftlichen Standpunkts. Insofern führt Forschungsgeschichte zu einem bewußteren und reflektierteren Umgang mit dem historischen Gegenstand.

▪ Die Geschichte der Forschung, ihrer wechselnden Interessen und Schwerpunkte, ist aber auch ein Teil der neueren Geistes- und Sozialgeschichte. Insofern ist sie zugleich ein Gegenstand, zu dem das Fach der Neueren Geschichte Wesentliches beiträgt.

Mittelalter, Renaissance. Die Beschäftigung mit antiken Denkmälern ist weit älter als die wissenschaftliche Forschung. Lange Zeit, seit der Antike selbst, wurden die Denkmäler nicht erforscht, sondern wahrgenommen, benutzt, bewundert. Einzelne Werke sind nie unter die Erde gekommen, wurden in die neue Kultur integriert, oft neu gedeutet: Das Reiterstandbild des Marc Aurel wurde als Bildnis Constantins d. Gr. verstanden und ist aus diesem Grund in den christlichen Jahrhunderten erhalten geblieben. Neuere Forschungen haben immer deutlicher gezeigt, daß schon das Mittelalter eine enge Beziehung zu Monumenten der Antike hatte.

Ein neuer Zugang zu den Denkmälern der Antike wurde seit dem 15. Jh. entwickelt: Das Zeitalter der Renaissance brachte sowohl die ästhetische Entdeckung der Antike als der großen, wiederzubelebenden Vergangenheit als auch die archäologisch historische Wendung zur Bewahrung und Dokumentation ihrer künstlerischen Zeugnisse. Antikenstudium und aktive Kunst standen in enger Verbindung: Raffael wurde 1515 von Papst Leo X. zum Konservator der antiken Denkmäler von Rom ernannt, und die Auffindung des Laokoon war ein hochaktuelles Ereignis für die bedeutendsten Künstler der Zeit. Für die Archäologie sind die Zeichnungen der Renaissance und des Barock nach Antiken, die heute oft nicht mehr oder nicht mehr so gut erhalten sind, von größter Bedeutung.

Barock. Das 17. und 18. Jh. war eine Epoche großer Gelehrsamkeit, auch für die Antike. Bedeutendster Vertreter dieser Epoche der 'Antiquare' war der Benediktiner-Mönch Bernard de Montfaucon (1655–1741). Sein Hauptwerk „L'antiquité expliquée et représentée en figures", in 10 Bänden (1719) und 5 Supplement-Bänden (1724), ist ein umfassendes Inventar des gesamten erreichbaren Schatzes an Bildern aus der Antike, mit Sacherklärungen, als Ergänzung zu den schriftlichen Quellen. Es enthält insgesamt ca. 40 000 Abbildungen in Kupferstichen, aus zweiter und dritter Hand zusammengetragen und systematisch geordnet: eine Enzyklopädie bildlicher Darstellungen, gegliedert nach Sachgebieten, von der Religion über die Architektur bis hin zu den Realien des Lebens. Die Bildwerke machen in eindrucksvoller Weise eine Weltordnung sichtbar. Kunst und künstlerische Form spielen dabei keine Rolle. Dies war die Epoche jener 'Antiquare', gegen die Winckelmann sich polemisch absetzte.

Idealismus. Johann Joachim Winckelmann (1717–1768) wird bis heute als der Begründer zwar nicht der Archäologie als solcher, aber zumindest der archäologischen Kunstwissenschaft angesehen. Er knüpfte in vieler Hinsicht an die Bewertungen antiker Kunst seit der Renaissance an, hat aber eine neue Epoche eingeleitet. Seit 1755 war er in Rom, wo er eine glänzende Laufbahn fand: als Bibliothekar am Vatikan und als Präsident der Altertümerverwaltung von Rom. Eine prägende Erfahrung waren für ihn die kurz zuvor begonnenen Ausgrabungen in Herculaneum (seit 1738) und Pompeii (seit 1748). Winckelmann stand in Verbindung mit den Malern seiner Zeit, besonders Anton Raphael Mengs, und hatte größten Einfluß auf Lessing, Herder, Goethe und viele andere. In Deutschland wird seine Rolle als Archeget der Klassischen Archäologie an vielen Universitäten mit jährlichen Winckelmann-Feiern zum Ausdruck gebracht.

Sein erstes Hauptwerk „Gedanken über die Nachahmung der griechischen Werke in der Malerei und Bildhauerei" (1755) ist eine Grundschrift der bürgerlichen Aufklärung, aktuell im damaligen gesellschaftlichen Kontext. Es geht um die Abkehr von der Kunst des Barock, die als überladen und als Ausdruck des absolutistischen Despotismus angesehen wird. Dagegen setzt Winckelmann das Vorbild der

Antike, als Ideal der Natürlichkeit und Menschlichkeit, der wahren Größe und der Freiheit. Dies macht die große Sprengkraft dieses 'Klassizismus' aus.

Winckelmanns Hauptwerk „Geschichte der Kunst des Altertums" (1764) ist in wesentlicher Hinsicht ein neuartiges Konzept: Zum ersten Mal wird die antike Kunst insgesamt in einer übergreifenden historischen Bewegung begriffen. Dabei sind zwei Grundpositionen bestimmend:

■ Die Bewertung der Kunst ist an einem Ideal der absoluten Schönheit orientiert, das in der griechischen Kunst verwirklicht gesehen wird: „Edle Einfalt und stille Größe". Dies Ideal der Kunst wird als identisch mit der idealen Natur-Schönheit verstanden.

■ Das Ideal der Schönheit wird als in sukzessiven historischen Epochen gewachsen, erreicht und wieder verfallen gesehen. Das Schema der Epochen, wie Winckelmann es konzipierte, wird zwar heute nicht mehr in dieser Weise übernommen, lebt aber mehr oder minder unbewußt in vielen Aspekten noch nach:

– Der „ältere Stil": nach heutigen Begriffen Archaik und Strenger Stil, vor Phidias. Die Formen sind „nachdrücklich, aber hart; mächtig, aber ohne Grazie, und der starke Ausdruck verminderte die Schönheit".

– Der „hohe Stil": Hochklassik mit Phidias, Polyklet usw. Hier hat die Kunst ihren Höhepunkt erreicht, der in den allgemeinen politischen Umständen begründet ist: „Endlich, da die Zeiten der völligen Erleuchtung und Freiheit in Griechenland erschienen, wurde auch die Kunst freier und erhabener".

– Der „schöne Stil": Spätklassik mit Praxiteles, Lysipp, Apelles usw. Ein zweiter Höhepunkt, der sich von dem „hohen Stil" durch die „Grazie", größere Naturnähe und Mannigfaltigkeit unterscheidet.

– Der „Stil der Nachahmer und die Abnahme und der Fall der Kunst": Hellenismus und Römerzeit, die unter Winckelmanns Prämissen keine Schätzung fanden.

Selbstverständlich enthält Winckelmanns „Geschichte der Kunst" viele Fehler und Fehlurteile: Ein Schlüsselwerk seines Konzepts, die Gruppe des Laokoon, hat er um Jahrhunderte falsch datiert. Aber allgemein ist sein Werk von größtem Einfluß gewesen, der z. T. bis heute reicht: Zum einen hat er als erster Kunst als solche zum Gegenstand von Geschichte gemacht. Zum zweiten hat er dafür als erster ein großes, zusammenhängendes Konzept einer einheitlichen historischen Entwicklung aufgestellt. Die 'biologische' Bewertung dieser Entwicklung als Wachstum, Höhe und Fall wird heute kaum mehr aufrechterhalten. Aber das allgemeine Konzept geschichtlicher 'Entwicklung' der Kunst steht bis heute in der Tradition Winckelmanns. Eine grundsätzliche Diskussion dieses Konzepts wäre dringend geboten.

Romantik, 1. Hälfte des 19. Jh. Die Rückwendung der Romantik in die Vorzeit ist von großer Bedeutung für die Begründung der historischen Wissenschaften geworden. Dabei wurden auch viele höchst spekulative Vorstellungen entwickelt, die bei strengen Historikern auf harsche Ablehnung stießen, aber geistesgeschichtlich heute von großem Interesse sind. Ein brillanter Exponent romantischer Altertumswissenschaft war Georg Friedrich Creuzer (1771–1858), dessen Hauptwerk „Symbolik und Mythologie der alten Völker, besonders der Griechen" zwar im eigenen Fach auf heftige Kritik stieß, in der gebildeten Gesellschaft aber eine große Wirkung entfaltete.

Für die Archäologie wurde Rom das wichtigste Zentrum. Hier hatte Ennio Quirino Visconti (1751–1818) mit monumentalen Werken über römische Antikensammlungen, insbesondere über das Museo Pio Clementino (1784–1807) und später über das Musée Royal von Paris (1817), die Kenntnis der griechischen und römischen Skulptur außergewöhnlich vermehrt. Seine Werke über „Iconographie grecque" (1811) und „Iconographie romaine" (1817) waren Meilensteine der Erforschung des antiken Porträts. Seit Beginn des 19. Jh. fanden sich in Rom internationale Kreise von Diplomaten (Wilhelm von Humboldt), Künstlern (Bertel Thorvaldsen) und Gelehrten zusammen. Die Aktivitäten führten 1829 zur Gründung des 'Instituto di corrispondenza archeologica', dessen treibende Gestalt Eduard Gerhard (1795–1864) war. Ziel war die Sammlung und Bekanntmachung jeder Art von archäologischen Denkmälern. Zunächst war es eine internationale Vereinigung; später verschob das Gewicht sich immer mehr zur deutschen Seite (weil nur Preußen regelmäßig zahlte). Schließlich wurde das Institut 1859 von Preußen übernommen und mit einer Zentrale in Berlin, der die Abteilung in Rom untergeordnet wurde, neu eingerichtet. Diese Struktur, die 1871 in eine Staatsanstalt und 1874 in ein Reichsinstitut überführt wurde, bildet bis heute die Grundlage des Deutschen Archäologischen Instituts mit seinen Unterabteilungen (s. unten Kapitel 3).

Historismus, Gründerzeit. Aus den romantischen Anfängen gingen durch immer stärkere Ansammlung von historischem Wissen, zugleich mit einem allmählichen Verlust der klassizistischen Ideale, die wissenschaftlichen Positionen des Historismus und des Positivismus hervor. Vorherrschend war die Zuversicht, daß durch Akkumulation von faktischen Kenntnissen ein 'objektiv' richtiges Bild von der Vergangenheit gewonnen werden könne; Ideale exakter naturwissenschaftlicher Erkenntnis wurden in die historischen Wissenschaften übertragen. Die Archäologen des 19. Jh. hatten ihre Ausbildung in der Regel in der Klassischen Philologie erhalten und waren zumeist noch stark auf die antiken Texte orientiert. In Deutschland hatte auch der Althistoriker Theodor Mommsen einen prägenden Einfluß auf die Archäologie.

Es war eine Zeit großer, aufwendig geführter Grabungsunternehmungen im Geist der Gründerzeit. Bezeichnend ist die Gestalt des selfmade-man Heinrich Schliemann (1822–1890), der aufgrund der Lektüre Homers Troia entdeckte (seit 1871) und danach in Mykene (seit 1874) und an anderen Stätten der griechischen Frühzeit ausgrub. Von der archäologischen Fachwissenschaft wurden bald darauf Grabungen in großem Maßstab begonnen, die z.T. bis heute fortgesetzt werden: Olympia (deutsch, seit 1875), Delos (französisch, seit 1877), Akropolis von Athen (griechisch, seit 1885), Delphi (französisch, seit 1893).

In Rom, seit 1871 Hauptstadt Italiens, führten die expansiven Bauaktivitäten zur Entdeckung unermeßlicher Bau- und Bildwerke, die in Rudolfo Lanciani (1847–1927) einen Topographen von größter Meisterschaft fanden. Seine „Forma urbis Romae" (1893–1901) und seine „Storia degli scavi di Roma" (1902–1912) sind bis heute die Grundlage der Stadtgeschichte Roms.

Zugleich wurden monumentale Enzyklopädien in Angriff genommen, an denen Generationen arbeiten sollten: in Frankreich Daremberg-Saglio, „Dictionnaire des Antiquités" (ab 1877), in Deutschland Pauly-Wissowa, „Real-Encyclopädie der classischen Altertumswissenschaften" (ab 1893). Hinzu kamen gewaltige Publikationen von Einzelmonumenten, z.B. E. Petersen – A. v. Domaszewski – G. Calderini, „Die Marcus-Säule" (1896) mit Widmung an Kaiser Wilhelm II.

Exponent dieser Epoche war Adolf Furtwängler (1853–1907), ein ungemein dynamischer Forscher und Organisator auf den verschiedensten Gebieten. Seine Bearbeitung der Kleinbronzen aus der Grabung von Olympia, „Die Bronzen und die übrigen kleineren Funde von Olympia" (1890) ist eine bewundernswerte Pionierleistung, die „Meisterwerke der griechischen Plastik" (1893) sind die Grundlage der späteren Erforschung griechischer Bildhauer geworden, die „Griechische Vasenmalerei", herausgegeben zusammen mit dem Zeichner Karl Reichhold (ab 1904), wurde die wichtigste Voraussetzung der späteren Vasenforschung, „Die antiken Gemmen" (1900) sind nicht nur die erste wissenschaftliche Erschließung und Erforschung dieser Gattung, sondern zugleich ein erster Schritt zu einer Kunstgeschichte des Hellenismus.

Bei aller Veränderung der wissenschaftlichen Fragestellungen zehrt die Forschung noch heute von den Leistungen dieser Epoche.

Wiener Schule. Neue Impulse, die rasch zu einer völligen Neuorientierung der Klassischen Archäologie führten, kamen zu Ende des 19. Jh. aus der Kunstgeschichte in Wien. Alois Riegl mit seinen Hauptwerken „Stilfragen" (1893) und „Die spätrömische Kunstindustrie" (1901) sowie Franz Wickhoff mit der Monographie „Die Wiener Genesis" (1895) bedeuteten einen radikalen Bruch mit der Archäologie des 19. Jh., die sie im Grund noch als 'antiquarisch' betrachteten. Sie setzten dem eine neue Art der kunstwissenschaftlichen Analyse entgegen, die auf künstlerische Grundphänomene ausgerichtet war: auf die „Erscheinung der Dinge als Form und Farbe in Ebene und Raum". Damit hatte das Verständnis von Kunstformen einen Abstraktionsgrad erreicht, der eine Revolution bedeutete. Diese Positionen standen in deutlicher Verbindung mit der Entwicklung der zeitgenössischen Kunst des Impressionismus und des Expressionismus. Grundsätzlich bedeutete das:

- Konzentration auf die 'reine' Form, unabhängig vom Bildthema. Dadurch ist eine Vorliebe für ungegenständliche Ornamente bedingt.
- Absage an einen Klassizismus, der alle Kunst an der Norm der 'Klassik' mißt: unklassische Epochen als 'noch nicht' oder 'nicht mehr'. Jede Kunstform wird nach ihren eigenen Absichten und Gesetzen begriffen. Dafür prägte Riegl den Begriff des 'Kunstwollens'.
- Aufwertung 'unklassischer' Epochen. Riegls und Wickhoffs Hauptwerke gelten der Spätantike. Sie haben zu einer ersten grundsätzlichen Aufwertung der römischen Kunst geführt. Beides war für Winckelmann und seine Nachfolger eine Kunst des Verfalls gewesen. Gegenüber dem Parthenon-Fries (Abb. 73) wird am Titus-Bogen (Abb. 146) barocke Form und räumliche Tiefe hervorgehoben, an der Traianssäule (Abb. 147; Andreae Abb. 429–432) die kontinuierende Darstellung, beides als eigenständige Leistungen der römischen Kunst interpretiert.

20. Jahrhundert, Stilforschung und Strukturanalyse. Seit Beginn des 20. Jh. standen in der Klassischen Archäologie, besonders in Deutschland, Fragen des künstlerischen Stils im Vordergrund. Der Kunsthistoriker Heinrich Wölfflin hatte mit seinem Werk „Kunstgeschichtliche Grundbegriffe" (1915) ein methodisches Fundament aus oppositionellen Kategorien der Formanalyse geschaffen: 'flächig' und 'räumlich', 'linear' und 'malerisch', 'haptisch' und 'optisch', 'geschlossene' und 'offene' Form. Diese Begriffe fanden bald auch über Wölfflins spezielles Thema, Renaissance und Barock, hinaus Anwendung und sind bis heute allgemein für die Analyse von Kunstwerken auch anderer Epochen einflußreich geblieben. Hauptthemen der Klassischen Archäologie waren einerseits zeitliche Stilentwicklungen, andererseits Regionalstile, schließlich die Œuvres der großen Künstler. In Deutschland waren Ernst Buschor, Ernst Langlotz, Bernhard Schweitzer, in Frankreich Charles Picard, in den USA Gisela M. A. Richter in der Stilanalyse führend. In der Erforschung griechischer Vasenmalerei hat Sir John Beazley ein großes System der Klassifikation attischer und etruskischer Vasen nach Malern, Werkstätten und Werkstattgruppen geschaffen.

Die wichtigsten Leistungen dieser Epoche war die 'Entdeckung', d.h. erstmalige angemessene Würdigung der archaischen Kunst durch Ernst Buschor und der hellenistischen Kunst durch Gerhard Krahmer. Als bedeutendste Grundlagenarbeit auf dieser Basis sind die Publikationen der archaischen Plastik der Akropolis von Athen durch Humphrey Payne sowie durch Hans Schrader, Ernst Langlotz und Walter-Herwig Schuchhardt zu werten. Für die römische Kunst gewann Gerhart Rodenwaldt eine entsprechende Bedeutung; seine Arbeiten über den Stilwandel in der antoninischen Kunst und über römische 'Volkskunst' prägen die Forschung bis heute.

Eine Sonderform dieser Richtung war die sog. Strukturforschung, die vor allem aus dem Ansatz von Alois Riegl entwickelt wurde. Dabei wurde ein Unterschied gemacht zwischen dem 'äußeren Stilcharakter', d.h. der Stilisierung von Gewand und Haaren oder der Modellierung von Körpern einerseits, und dem 'tieferen Stilprinzip', d.h. der formalen 'Struktur' andererseits. Man versuchte damit hinter der äußeren Erscheinung den inneren Zusammenhang der Formen zu erfassen.

Beispiele:
- Kouros von New York (archaisch; Abb. 43): Die Teile des Körpers sind additiv zusammengefügt; dabei werden signifikante Details hervorgehoben, wie vornehm perlende Haare, bewegliche Gelenke; die Figur ist von den vier Seiten des Steinblocks aus konzipiert.
- Doryphoros (Lanzenträger) des Polyklet (hochklassisch; Abb. 59): Die Teile des Körpers sind durch Stand- und Spielbein, Anspannung und Entspannung der Kräfte dynamisch aufeinander bezogen; Einzelformen sind in den Organismus integriert; der Körper entwickelt sich organisch in allen Dimensionen.
- Apoxyomenos (sich reinigender Athlet) des Lysipp (spätklassisch; Abb. 83): Körper, Gliedmaßen und Blick weisen über sich selbst in den Umraum hinaus.

Die Grundprinzipien der Plastik werden insbesondere durch das jeweils verschiedene Verhältnis des Körpers zum Raum bestimmt.

Die Strukturanalyse wurde zunächst vor allem in der Kunstgeschichte vorangetrieben. In der Klassischen Archäologie waren die wichtigsten Vertreter Guido v. Kaschnitz-Weinberg, Friedrich Matz, Gerhard Krahmer, in mancher Hinsicht auch Bernhard Schweitzer.

Die reine Formanalyse insbesondere deutscher Prägung hat die Archäologie schließlich in eine Richtung geleitet, die zuletzt als Sackgasse betrachtet wurde: Sie hat weit weg von den konkreten Funktionen und Bedeutungen der Bildwerke geführt und hat eine starke Vernachlässigung all der archäologischen Zeugnisse und Befunde zur Folge gehabt, die nicht unter dem Begriff der 'Kunst' betrachtet werden konnten. Hinzu kam, daß die deutsche Archäologie durch die Vertreibung herausragender jüdischer Gelehrter entscheidend geschwächt worden war: Otto Brendel schrieb seine vorzügliche kritische Bilanz „Prolegomena to the Study of Roman Art" (1953) in Amerika.

Sozialgeschichtliche und politische Interpretation, Ikonologie. Eine Gegenreaktion setzte erst seit den 60er Jahren ein. In Italien wurden im Kreis um Ranuccio Bianchi Bandinelli Untersuchungen zur Bildkunst und Architektur im Zusammenhang der Politik und Sozialgeschichte begonnen, z.B. zu Tempelbauten im republikanischen Rom als Ausdruck konkurrierender Staatsmänner oder zu Grabbauten mit Reliefs aus Mittelitalien als Selbstdarstellung lokaler Eliten. In Deutschland wurde vor allem die Repräsentation der Herrscher und der Oberschichten in Porträts und öffentlichen Monumenten zum Thema gemacht, insbesondere in Forschungen zu Augustus. In diesen Arbeiten wurden Bildwerke entschieden in ihren Kontexten, auf öffentlichen Plätzen, in Heiligtümern, Theatern und Thermen, Privathäusern und Nekropolen untersucht. Das hat vielfach zu einer dezidierten Abwendung von formalen Fragen und zu einer differenzierten Analyse von Bildwerken und Architekturen in Hinblick auf ihre ideologischen Aussagen geführt. Eine theoretische Grundlage bildete das Konzept des Kunsthistorikers Erwin Panofsky, „Studies in Iconology" (1939), der eine neue Wissenschaft der 'Ikonologie' begründet hatte: Während die traditionelle 'Ikonographie' die sachliche Bestimmung der Bildthemen zu leisten hatte, sollte die 'Ikonologie' die 'wesensmäßigen', ideellen Bedeutungen der Bilder untersuchen. Die terminologische Unterscheidung zwischen 'Ikonographie' und 'Ikonologie' wird heute nur noch selten im strengen Sinn aufrecht erhalten, doch die darin implizierten Fragestellungen sind vielfach aktuell geblieben.

Semiotik und Kommunikationswissenschaft. Als Methode der Analyse von visuellen Botschaften wird z.T. der theoretische Ansatz der Semiotik (Zeichentheorie) herangezogen. Er war zunächst in der Linguistik entwickelt worden, ist dann aber auch auf die Bildkunst und Architektur übertragen worden. Dabei werden Texte und Bilder als Systeme von Zeichen gesehen, die von einem 'Sender' zu einem 'Empfänger'/'Adressaten' übermittelt werden und von diesem entschlüsselt werden müssen. Die Übertragung des Ansatzes von der Linguistik auf visuelle Phänomene der Bildkunst bringt eine Reihe von Problemen mit sich, die noch nicht befriedigend gelöst sind. Aber in vieler Hinsicht bietet die Semiotik ein klärendes Instrumentarium, mit dem die Funktionen und 'Benutzungen' von Bild- und Bauwerken im Kontext der Gesellschaft vorurteilsfreier erfaßt werden können.

Anthropologische Ansätze. Kräftige Neuorientierungen sind in neuerer Zeit in Frankreich und in den angelsächsischen Ländern entstanden.

In Frankreich hat ein Kreis um Jean-Pierre Vernant und Pierre Vidal-Naquet aus den Wurzeln der Soziologie (Èmile Durkheim) und des Strukturalismus (Claude Lévi-Strauss) eine anthropologische Altertumswissenschaft ausgebildet, die auch im Bereich der Archäologie eine starke Ausprägung gefunden hat. Einen Schwerpunkt bilden Bildwerke, vor allem auf Vasen, die nicht als abbildende Wiedergaben der Realität, sondern als Entwürfe und Konstruktionen gesellschaftlicher und religiöser Strukturen, mentaler Einstellungen und mythischer Projektionen betrachtet werden. Der Nachdruck der Forschung liegt auf anthropologischen Phänomenen, auf den Lebensaltern mit ihren Grenzen und rituellen Übergängen, Geburt, Pubertät, Hochzeit und Tod als 'rites de passage'; auf den Grundsituationen des kulturellen Lebens, wie Herdenhaltung und Agrikultur, Jagd und Krieg; auf den Oppositionen der Geschlechter und den Strukturen von Familie und Gemeinschaft, auf dem Gegensatz von Kultur und Natur. Entscheidend für dies Konzept sind strukturelle Zusammenhänge zwischen den einzelnen Bereichen der Kultur, Religion und Politik, Denken und Handeln usw. Historische Veränderungen und Einbindungen in die Ereignisgeschichte treten dem gegenüber in den Hintergrund. Die Welt der Griechen erscheint aus dieser Sicht, in den Texten wie in den Bildern, als eine dezidert fremde Kultur, frei von humanistischer Aneignung.

Die neuen Ansätze in England und Amerika haben ihren Ursprung in der Prähistorie, der Ethnologie und der historischen Anthropologie. Im Gegensatz zur traditionellen Konzentration der Forschung auf Werke der Bildkunst und der Architektur steht hier die materielle Kultur mit ihrem gesamten Spektrum im Vordergrund. Das bedeutet eine grundsätzliche Erweiterung des Blickes, die auch methodische Konsequenzen hat. Die traditionelle Archäologie war vor allem auf große 'Werke' und 'Monumente' gerichtet, wie Homer oder den Parthenon, die eine bewußte, intentionale 'Botschaft' zum Ausdruck bringen und darum bereits reflektierte Aussagen der betreffenden Gesellschaften über sich selbst sind. Daneben werden jetzt mit programmatischer Emphase die kulturellen 'Spuren', die mehr oder minder intentionslosen Hinterlassenschaften betrachtet, Wohnquartiere, Hirtenplätze und Gebrauchskeramik, in denen die weniger bewußten Formen und Strukturen des Lebensvollzugs erkennbar werden. Dem entsprechen verschiedene Formen und Methoden der wissenschaftlichen Erkenntnis: Bei den 'Werken' und 'Monumenten' richtet sich die Forschung auf die Interpretation des einzelnen Objekts, das nach seiner Gestalt und seinen Intentionen befragt, in Gattungen klassifiziert und erst auf dieser Grundlage nach allgemeineren Aussagen befragt wird. Dagegen stehen in der Archäologie der materiellen Kultur die gesellschaftlichen, kulturellen und anthropologischen Kontexte, wie Siedlungsformen und Demographie, Heiligtümer und Nekropolen, Produktion und Wirtschaft im Vordergrund, die aus der Konfiguration (im Fachjargon 'Vergesellschaftung') verschiedener materieller Zeugnisse, unter starker Verwendung statistischer Methoden, rekonstruiert werden. In der archäologischen Praxis entspricht dem auf der Seite der traditionellen Archäologie die punktuelle Ausgrabung eines einzelnen Platzes, als einer 'natürlichen' Einheit der Forschung, in den neuen Ansätzen dagegen der großräumige Survey, der größere Lebensräume als Netze gesellschaftlichen Lebens erfaßt.

Der erste, bedeutende und folgenreiche Schritt war die in den USA von Lewis R. Binford begründete 'New Archaeology' und die in England parallel dazu von David L. Clarke und Colin Renfrew entwickelte 'Processual Archaeology'. Ausgehend von Konzepten der Ethnologie und der Kulturanthropologie, sahen diese Richtungen den wichtigsten Impuls kultureller Veränderungen in der immer besseren Anpassung des Menschen an seine natürliche und soziale Umwelt. Entsprechend gelten ihre Fragen vor allem allgemeineren Grundgesetzen menschlichen Handelns und Strukturen kultureller Entwicklung von Gesellschaften, unter denen sie die spezifischen Kulturen der Antike zu erschließen versuchen. Sie wollen in einem emphatischen Sinn die Vergangenheit nicht nur beschreiben, sondern erklären. Unter der Prämisse anthropologischer Konstanten gewinnt dabei der methodische Ansatz des Vergleichs mit anderen, z. T. auch zeitfernen Kulturen an Bedeutung: Beobachtungen und Interpretationen im Bereich von besser bekannten Gesellschaften werden als Hypothesen auf die Befunde der antiken Kulturen übertragen und auf ihre Anwendbarkeit überprüft. Bezeichnend ist dabei ein starkes Bemühen um 'objektivere' Methoden der Datenerfassung und Analyse, denen die New bzw. Processual Archaeology großes Vertrauen entgegenbringt.

Die Gegenposition, häufig unter dem Oberbegriff 'Post-Processual Archaeology' subsumiert, umfaßt verschiedene Ansätze. Sie sind von verschiedenen äußeren Einflüssen geprägt: strukturalistisch und post-strukturalistisch, hermeneutisch-philosophisch, (neo-)marxistisch, feministisch etc. Führende Vertreter kommen vor allem aus England: Ian Hodder, Michael Shanks, Christopher Tilley. Den im einzelnen sehr heterogenen Ansätzen ist zunächst ihre Kritik an der 'Processual Archaeology' gemeinsam, in der sie ihre grundsätzlichen Ziele definieren.

In Abkehr von der Frage der Processual Archaeology nach anthropologischen Grundkonstanten lenkt die Post-Processual Archaeology den Blick wieder stärker auf das Individuum, das sie in seinem kulturellen Handeln nicht nur von der Umwelt determiniert sieht, sondern als aktiven Faktor bei der Formung von Kulturen begreift. Entsprechend wird die spezifische historische Eigenart und Vielschichtigkeit der Kulturen, die in den übergreifenden Perspektiven der Processual Archaeology weniger im Vordergrund gestanden hatten, als primärer Schlüssel für das Verständnis der antiken Gesellschaften gesehen und ins Zentrum der Forschung gestellt. Dabei geraten auch kulturelle Phänomene wie Ideologien und Mentalitäten wieder stärker in den Blick, die in der Processual Archaeology, mit ihrer Konzentration auf die funktionalen Seiten von Kulturen, an Bedeutung verloren hatten. Insgesamt strebt die Post-Processual Archaeology ein weitergreifendes Verständnis von 'Kultur' in ihren spezifischen Funktionen und ihren historischen Dimensionen an, denen sie mit einer Öffnung für vielfältige methodische Ansätze gerecht zu werden sucht.

Allen diesen Richtungen ist eine starke Konzentration auf Theoriebildung und Methodologie eigen. Deutschland hat an dieser Entwicklung bisher wenig teilgenommen. Hier liegt aber sicher eine wichtige Perspektive für die Zukunft. Dabei wird es eine zentrale Aufgabe sein, die Archäologie der 'Monumente', der reflektierten Selbstaussagen, mit der Archäologie der 'Spuren', des allgemeinen Lebensvollzugs, in einem übergreifenden Konzept zu vereinen.

3. Institutionen der archäologischen Forschung

Archäologie ist unter den Geisteswissenschaften eine Disziplin mit hohem materiellen Aufwand. Sie bedarf mehr als viele andere Wissenschaften der Verankerung und Stützung durch öffentliche Institutionen. Die folgende Darstellung betrifft im wesentlichen die Klassische Archäologie in Deutschland.

Universitäten. Traditionelle Zentren archäologischer Forschung sind die Universitäten. Klassische Archäologie ist in Deutschland fast an allen alten sowie einer Reihe von neu (nach dem 2. Weltkrieg) gegründeten Universitäten mit eigenem Institut, 1 bis 2 Professoren- sowie weiteren Dauer- oder Zeitstellen eingerichtet. Sie ist dort in den Fakultäten, je nach der vorherrschenden Auffassung des Faches, entweder synchron (d.h. im Sinn einer integrierten Gesellschafts- und Kulturwissenschaft) mit den anderen klassischen Altertumswissenschaften, oder diachron (d.h. im Sinn einer durch Materialgruppen und Methoden definierten Wissenschaft) mit anderen Archäologien und Kunstwissenschaften zusammengeschlossen.

Die Einrichtung solcher Klein-Institute an möglichst vielen Universitäten hat Vor- und Nachteile. Sie ist sinnvoll, sofern Klassische Archäologie überall dort präsent sein soll, wo Kulturwissenschaften in ihren wesentlichen Aspekten für Studenten, für den interdisziplinären Diskurs und für die Gesellschaft eingerichtet sind. Probleme ergeben sich jedoch dadurch, daß bei dem Vorrang, den an den Universitäten die Lehre beansprucht, in kleineren Instituten vor allem sog. 'zentrale' Gebiete des Faches bevorzugt werden. Dadurch entsteht eine Hierarchie von 'zentralen' Epochen, Regionen und Gattungen etc., auf die nirgends verzichtet wird, während andere 'Randgebiete' eher entbehrlich scheinen. Die Folge ist, daß an deutschen Universitäten manche Teilgebiete der Klassischen Archäologie fast ausgestorben sind. Insbesondere folgende Gebiete sind nur sehr schwach vertreten:

- Minoisches und mykenisches Griechenland: 2 Professuren (Freiburg, Heidelberg).
- Etrurien und vorrömisches Italien: 1 Professur (Tübingen).
- Numismatik: 1 Wissenschaftlicher Mitarbeiter (Tübingen).
- Bauforschung: 1 Professur an der Universität (FU Berlin), sonst an Technischen Hochschulen.
- Provinzialrömische Archäologie: 4 Professuren (Frankfurt/Main, Freiburg, Köln, München).

Eine weitere Folge der Universitätsstrukturen ist, daß sie Grabungen in größerem Umfang nur sehr schwer möglich machen. Verantwortungsvolles Ausgraben erfordert heutzutage eine so starke Konzentration der Kräfte, daß es mit einer breiten Vertretung des Faches in der Lehre kaum mehr zu vereinbaren ist. Gleichwohl gelingt es an mehreren Instituten, mehr oder minder große Grabungen durchzuführen.

Einige Universitäten besitzen Archäologische Museen und Lehrsammlungen mit Originalen und Gipsabgüssen: am bedeutendsten Würzburg, Martin-von-Wagner-Museum, weiter Berlin (HU), Bochum, Bonn, Erlangen, Frankfurt/Main, Freiburg, Gießen, Göttingen, Greifswald, Heidelberg, Jena, Kiel, Leipzig, Mainz, München, Münster, Rostock, Trier, Tübingen.

Deutsches Archäologisches Institut (DAI). Diese größte Institution der deutschen Archäologie ist aus dem internationalen 'Instituto di corrispondenza archeologica' in Rom hervorgegangen, das dann von Deutschland übernommen wurde (s. oben Kapitel 2). 1859 wurde ein Zentralinstitut in Berlin gegründet, dem das Institut in Rom und bald darauf ein weiteres Institut in Athen unterstellt wurden. Im Lauf der Zeit folgten weitere Gründungen von Instituten im Ausland, ferner wurden Forschungsinstitute im Inland unter das Dach des DAI aufgenommen. Das DAI untersteht dem Auswärtigen Amt.

Zentrale Berlin: Die Gesamtleitung, mit allen Instituten, liegt bei dem Präsidenten. Für das Institut in Berlin haben ein 1. und ein 2. Direktor spezielle Zuständigkeiten. Hinzu kommt als Leitungsgremium die Zentraldirektion, die ihre Mitglieder selbst wählt, in folgender Zusammensetzung: Der Präsident; 10 Professoren der Klassischen Archäologie als Vertreter der Bundesländer; 8 Vertreter archäologischer und altertumswissenschaftlicher Nachbardisziplinen sowie der Museen; 2 Wissenschaftler in nichtleitender Stellung; 11 Direktoren der DAI-Forschungsinstitute im Aus- und Inland; 1 Vertreter des Auswärtigen Amtes.

Die Zentraldirektion ist zuständig für die übergeordneten Aufgaben des DAI: Haushalt, DAI-Grabungen, Publikationen, Wahl von Direktoren, Nachwuchsförderung durch Stipendien u. ä. Seit 1859 verleiht das DAI insbesondere das 'Reisestipendium' für 1 Jahr an hervorragende junge Wissenschaftler/innen, das ohne Bindung an ein Forschungsprojekt das Studium von Antikenstätten und Museen im ganzen Bereich archäologischer Forschung ermöglichen soll.

An der Zentrale Berlin ist ein Referat für Bauforschung eingerichtet. Weitere Aufgaben sind Publikationen mit Hilfe einer großen Redaktion, sowie Auslandsbeziehungen mit Hilfe von Stipendien für Gastwissenschaftler.

Weitere Institute sind: DAI Rom, DAI Athen, DAI Istanbul, DAI Kairo, DAI Madrid, Orient-Institut Berlin mit Stationen Bagdad, Damaskus und Sanaa, Eurasien-Institut Berlin, Römisch-Germanische Kommission Frankfurt (RGK), Römisch-Germanisches Zentralmuseum Mainz (RGZM), Kommission für Alte Geschichte und Epigraphik München, Kommission für Allgemeine und Vergleichende Archäologie Bonn (KAVA).

Andere Institutionen der Forschungsförderung. Eine Reihe von Langzeitprojekten ist an verschiedenen Akademien der Wissenschaften eingerichtet, z. B. Corpus Vasorum Antiquorum, Antikes Städtewesen (beide München), Corpus der minoischen und mykenischen Siegel (Mainz), Thesaurus Cultus et Rituum Antiquorum (Heidelberg). Daneben fördern weitere Stiftungen, z. B. Gerda Henkel Stiftung, Fritz Thyssen Stiftung usw., archäologische Forschungen.

Landesdenkmalämter. Zuständig für Denkmalschutz, Grabungen, insbesondere Notgrabungen, lokale Forschungen innerhalb Deutschlands. Die spezifische Aufgabenstellung der Denkmalämter führt für die Erforschung des römischen Germanien zu engen diachronen Verbindungen mit den vorausgehenden prähistorischen und den nachfolgenden spätantiken und mittelalterlichen Kulturen sowie zu den Denkmälern der neueren Kunstgeschichte derselben Region. Die hier notwendige ortsgebundene und auf praktische Arbeiten orientierte Konzentration auf die lokale Archäologie in Deutschland wird nur durch wenige Forschungsinstitute mit übergeordneten Aufgaben an Universitäten und im Rahmen des Deutschen Archäologischen Instituts ergänzt.

Museen. Wichtigste Aufgabe ist die didaktische Ausstellung der eigenen Bestände für ein breiteres Publikum. Sie wird ergänzt durch die wissenschaftliche Erschließung der Bestände in Katalogen. Hinzu kommen Sonderausstellungen über spezielle Themen mit kurzfristigen Leihgaben von anderen Museen; hierfür werden oft umfangreiche wissenschaftliche Vorbereitungen vorgenommen, die der Forschung starke Impulse vermitteln können; die Kataloge weiten sich oft zu wissenschaftlichen Monographien aus – sind dann allerdings gewöhnlich für das breitere Publikum schwer bekömmlich.

Folgende Museen in Deutschland bewahren bedeutende Bestände griechischer und römischer Kunst und Kultur auf: Berlin, Staatliche Museen (Skulpturen, Pergamon-Altar, Architektur, Keramik und andere Kleinkunst); Dresden, Staatliche Kunstsammlungen (Skulptur); Frankfurt/Main, Liebieghaus (Skulptur); Hamburg, Museum für Kunst und Gewerbe (Skulptur, Keramik); Hannover, Kestner-Museum (Skulptur, Keramik); Karlsruhe, Badisches Landesmuseum (Skulptur, Keramik und andere Kleinkunst); Kassel, Staatliche Kunstsammlungen (Skulptur); München, Glyptothek und Antikensammlungen (Skulptur, Aigineten, Keramik und andere Kleinkunst); Stuttgart, Württembergisches Landesmuseum (Skulptur); Würzburg, Martin-von-Wagner-Museum (Skulptur, Keramik).

Bedeutende Museen der Provinzialrömischen Kultur sind: Bonn, Rheinisches Landesmuseum; Karlsruhe, Badisches Landesmuseum; Köln, Römisch-Germanisches Museum; Mainz, Römisch-Germanisches Museum; Rottweil, Limes-Museum; Trier, Rheinisches Landesmuseum; Xanten, Archäologischer Park/Regionalmuseum.

Deutsche Forschungsgemeinschaft (DFG). Die DFG ist die wichtigste deutsche Institution der allgemeinen Forschungsförderung. Sie finanziert Projekte sowohl des DAI und anderer Institutionen wie auch einzelner Forscher. Die Entscheidungen werden für jedes Fach von Fachgutachtern vorbereitet, die von der Gesamtheit der in der Forschung tätigen Vertreter des betreffenden Faches gewählt sind. Auf diese Weise soll für Entscheidungen gesorgt werden, die innerhalb des Faches konsensfähig sind.

4. Epochen der griechischen und römischen Kultur*

4.1 Zum Begriff der Epoche

Der Begriff der Epoche ist ein wichtiges Mittel zur Gliederung der historischen Zeit. Wissenschaftler wie Laien können Geschichte kaum anders als in Epochen denken – aber nur selten macht man sich die Probleme klar, die mit diesem Begriff zusammenhängen. Epochen sind kein historischer Tatbestand wie ein Krieg oder eine Herrscherdynastie; Geschichte wird nicht vollzogen, indem Menschen Epochen realisieren. Über lange Zeiträume hat man weder den Begriff der Epoche in unserem Sinn gekannt noch die Vergangenheit oder Gegenwart als epochale Einheiten verstanden: Kein Zeitgenosse wußte, daß er in der 'Spätantike' oder der 'Völkerwanderungszeit' lebt. Epochen sind vielmehr Einteilungen der Geschichte durch das Urteil distanzierter Betrachter: Die Vergangenheit wird von der Geschichtswissenschaft in Epochen gegliedert, die Gegenwart wird vielfach von Zeitgenossen als neue Epoche proklamiert. In jedem Fall handelt es sich nicht um Tatbestände, sondern um deren Beurteilung. Darum kann die Geschichtsbetrachtung die Gliederung vergangener Epochen unter veränderten Gesichtspunkten revidieren.

Das Vorgehen bei der Definition von Epochen scheint zunächst einfach zu sein: Es werden bestimmte Zeiträume definiert, für die bestimmte Merkmale charakteristisch sind. Diese Merkmale werden zu Epochennamen verwendet: Völkerwanderungszeit, Gegenreformation, Deutsches Kaiserreich. Die Ergebnisse solcher Einteilungen sind allerdings in mancher Hinsicht problematisch: Die Geschichtswissenschaft ist vielfach weder in den Abgrenzungen noch in den Benennungen von Epochen zu einhellig akzeptierten Definitionen gekommen. Das liegt in der Natur der Sache: Geschichte vollzieht sich nicht 'objektiv' in Form von Epochen.

■ Bei der Bestimmung von Merkmalen, die für einzelne Epochen als konstitutiv angesetzt werden, ist immer eine Selektion aus einer unendlichen Zahl von Faktoren nötig. Diese Wahl liegt ganz bei dem urteilenden Historiker: In den betreffenden Epochen fand auch vieles andere statt neben Wanderungen von Völkern, Gegenreformation bzw. der Herrschaft von Kaisern. In manchen Epochen gibt es einen einzelnen Faktor, der alle Lebensbereiche stark prägt, etwa eine Person wie Augustus am Beginn der römischen Kaiserzeit; hier fällt die Definition leicht. In anderen Epochen aber stehen verschiedene Faktoren nebeneinander; dann ist die Wahl der Merkmale stärker von der Wertung des Historikers abhängig. Man hätte auch ganz andere Merkmale wählen können.

■ Andere Merkmale hätten zumeist auch andere Laufzeiten gehabt. Das bedeutet, daß sich je nach Selektion der konstitutiven Merkmale kürzere Teilepochen, längere Zeitalter oder ganz anders begrenzte Epochen ergeben.

■ Die Merkmale, die von der Wissenschaft als signifikant für einzelne Epochen betrachtet werden, liegen auf sehr verschiedenen inhaltlichen Ebenen. Die Völkerwanderung ist ein langfristiger Vorgang der Ereignisgeschichte, die Gegenreformation ein religions- und geistesgeschichtlicher Konflikt, das Deutsche Kaiserreich ein Abschnitt der deutschen Verfassungsgeschichte. Andere Epochen werden nach wieder anderen Lebensbereichen definiert: Die Zeit der Aufklärung, die Französische Revolution, das industrielle Zeitalter. Entsprechend sind die Grenzen manchmal scharf, manchmal diffus: Die augusteische Epoche begann mit dem Sieg bei Actium 31 v. Chr., mit dem Augustus die Herrschaft im Römischen Reich errang, und endete mit seinem Tod 14 n. Chr. Dagegen ist die Zeit des Barock eine Epoche mit fließenden Grenzen, die nicht vom Anfang und Ende, sondern von ihren zentralen kunstgeschichtlichen Phänomenen her definiert werden muß.

Erstaunlich ist, wie viele Epochenbegriffe aus der Kunstgeschichte kommen: Renais-

---

*Abbildungen:

Andreae   B. Andreae, Römische Kunst (1973).

sance, Barock, Rokoko, Biedermeier; alles nicht nur für Entwicklungsphasen der Kunst, sondern vielfach als umfassende Begriffe historischer Zeitalter verwendet. Offensichtlich bietet die Kunst mit ihren Stilphasen ein besonders verlockendes Modell zur Definition von Epochen, im Gegensatz zu der verwirrenden Vielfalt der Ereignisgeschichte, die oft wenig einleuchtende Einheiten und Zäsuren enthält.

Hier wird deutlich, daß der Begriff der Epoche zugleich eine Herausforderung und eine Gefahr darstellt. Einerseits führt er auf die Einsicht, daß jede Zeit von bestimmten Grunderfahrungen geprägt ist, die nicht nur in abgegrenzten Sektoren – Religion, Staatsordnung oder Kunst – gemacht wurden, sondern Wirkungen auf weite Bereiche des gesamten Lebens gehabt haben: Zweifellos ist es notwendig, solche übergreifenden Erfahrungen zu thematisieren. Andererseits ist es höchst problematisch, Epochen nach einem einzigen hierarchischen Oberbegriff zu definieren und dadurch die Vielfalt und Komplexität der geschichtlichen Wirklichkeit zu verschleiern. Dieser Gefahr ist nur durch ein neues Grundmodell zu begegnen.

Sinnvoller als einheitliche Epochenstrukturen ist ein Modell partieller epochaler Phänomene in verschiedenen Sektoren des Lebens. Die Rhythmen der Veränderung brauchen in der politischen und der Sozialgeschichte, in Kunst und Literatur, Philosophie und Technik, Ereignis- und Mentalitätsgeschichte nicht zu koinzidieren. Eine Reihe von Neuerungen, die wesentlich zur Kultur des 5. Jh. v. Chr. gehören, verteilen sich auf einen Zeitraum von über 100 Jahren: Die Staatsreformen des Kleisthenes um 510 v. Chr., die Abwehr der Perser mit der Entwicklung einer neuen Freund-Feind-Identität um 490 – 480 v. Chr., die rotfigurige Vasentechnik um 530 v. Chr., die Ponderation in der Skulptur (s. unten Kapitel 16.3) um 490 v. Chr., die Rhetorik und die Philosophie des Menschen in der 2. Hälfte des 5. Jh. v. Chr. Viele dieser Phänomene übten Wirkungen auch auf andere Lebensbereiche aus, aber insgesamt steht viel Heterogenes und z. T. sogar Widersprüchliches nebeneinander.

Die epochalen Phänomene in den verschiedenen Sektoren des gesellschaftlichen Lebens haben vielfach differierende, kürzer- oder längerfristige Laufzeiten und unterschiedliche Epochenschwellen. Die einzelnen Phänomene – ein Stil der Bildkunst, eine Struktur der Gesellschaft oder der Wirtschaft, eine kollektive Mentalität, eine folgenreiche technische Entwicklung oder ein wirkungsmächtiges Ereignis – müssen je für sich in ihrer zeitlichen Dimension definiert und daraufhin befragt werden, wie weit sie das gesellschaftliche Leben in anderen Bereichen beeinflußt, Situationen stabilisiert oder Veränderungen beschleunigt haben. Erst ein solches Modell kann helfen, die Dynamik historischer Prozesse deutlich zu machen.

Im Folgenden werden dennoch gebräuchliche Epochengliederungen der griechischen und römischen Kultur erläutert, um zunächst eine einheitliche Grundlage für weitere Überlegungen zu gewährleisten. Dabei liegt der Schwerpunkt auf Phänomenen, die den Rahmen der materiellen Kultur bilden.

4.2 Epochen der griechischen Kultur

(s. Epochen-Tabelle S. 34 – 35)

Als erste Hochkulturen im Bereich des späteren Griechenland entwickelten sich im 2. Jt. v. Chr., der sog. Bronzezeit, die minoische Kultur auf Kreta und die mykenische Kultur auf dem griechischen Festland zu hoher Blüte. Sie standen in großräumigen Verbindungen zu anderen Hochkulturen im östlichen Mittelmeerraum und in Mesopotamien. Die minoische und die mykenische Kultur, letztere bereits von Griechen getragen, sind eine erste bedeutende Phase der griechischen Geschichte. Ihre Zentren, wie Mykene, Theben, Athen usf., waren die Stätten der griechischen Mythen, die von den späteren Griechen als ihre große Vorzeit betrachtet wurden. Trotz dieser Verbindungen zu den späteren Epochen werden die bronzezeitlichen Kulturen, die in vieler Hinsicht einen eigenen Charakter mit spezifischen wissenschaftlichen Problemen haben, für sich dargestellt (s. unten Kapitel 10). Im späten 2. Jt. v. Chr. kamen sie zu einem Ende; danach, um 1050 v. Chr., beginnt eine neue Folge historischer Epochen, die von der Entstehung und Entwicklung der griechischen Polis geprägt sind.

Die gebräuchliche Epochengliederung der griechischen Archäologie ist in erster Linie an den Formen der Bildkunst orientiert. Wie weit sie sich auf die materielle Kultur im weiteren Sinn anwenden läßt, bedarf noch der Klärung. Beziehungen zu den zeitlichen Gliederungen anderer Lebensbereiche sind erkennbar und von der Forschung oft in den Vordergrund gestellt worden; daneben sollten aber widersprüchliche Faktoren nicht übersehen werden.

'Dunkles Zeitalter', Protogeometrische und geometrische Epoche (ca. 1050–700 v. Chr.)
Die Zeit des frühen 1. Jt. v. Chr. ist nicht eindeutig als Epoche abzugrenzen und zu definieren. Historisch handelt es sich um die sog. 'dunkle' Zeit nach dem Zusammenbruch der mykenischen Hochkultur, der beherrschenden Wirtschaft der 'Paläste' und der weitgespannten Handelsverbindungen. Ethnische Bewegungen, die als 'dorische Wanderung' in mythischer Erinnerung blieben, führten zum Eindringen neuer griechischer Volksgruppen von Norden und zum Ausweichen älterer Gruppen nach Kleinasien. Offenbar handelte es sich nicht um einen einmaligen 'Wanderungs'-Schub, sondern um längerfristige, diffuse Bewegungen. Innerhalb Griechenlands verloren die zentralen Städte um die alten Paläste ihre beherrschende Stellung, nach außen gingen die Kontakte der griechischen Welt zu den Nachbarkulturen stark zurück. Die griechischen Volksstämme konsolidierten sich langsam zu neuen Einheiten in zerstreuter, dörflicher Form des Siedelns, mit lokalen Oberhäuptern, sog. Königen, und einem starken Adel, basierend auf Herdenbesitz und schwacher Agrarwirtschaft. Im Großen und Ganzen war es eine Zeit mit reduzierter Kultur, ohne komplexe materielle Hinterlassenschaft, darum vielfach als 'Dark Ages' bezeichnet. Die Neuformierung der Gesellschaft und Kultur in der anschließenden archaischen Zeit war wohl nur auf der Grundlage eines gewissen kulturellen Vakuums möglich. Grabungen der letzten Jahrzehnte haben allerdings gezeigt, daß diese Neuformierung an einigen Stellen früher begann als bisher angenommen. Der Adel in Siedlungen wie Lefkandi auf Euböa, Knossos auf Kreta und Athen unterhielt bereits seit dem 10. bzw. 9. Jh. v. Chr. wieder Beziehungen zum Vorderen Orient, nahm von dort Anregungen auf und importierte prestigehaltige Luxusgüter.

Im 8. Jh. v. Chr., vor allem seit dessen Mitte, trat eine starke Veränderung ein. Ausgreifender Handel, nun in allen Regionen Griechenlands, führte zu engen Kontakten mit den Hochkulturen des Vorderen Orients und Ägyptens, sowie zur Gründung von Tochterstädten ('Kolonien') vor allem in Unteritalien, Sizilien und um das Schwarze Meer (s. unten Kapitel 6.1). Die Siedlungen, im Mutterland wie in der Ferne, konzentrierten sich vielfach zu frühen städtischen Formen (*polis*, Pl. *poleis*), die materielle und künstlerische Kultur erreichte eine neue Blüte. Heiligtümer wie Olympia, Delphi, Delos, Samos wurden zu Zentren der überregionalen Zusammenkunft und der Schaustellung von Votivgaben als Zeugnisse aristokratischen Reichtums. Aus dem Orient wurde die Schrift eingeführt, auf den Vasen setzten figürliche Darstellungen ein. Die Dichtung des Epos erfuhr in der „Ilias" und der „Odyssee", beide dem Homer zugeschrieben, und in den Werken des Hesiod, besonders seiner „Theogonie", einen frühen Höhepunkt. Damit erhielten Mythen überregionale Verbreitung und Bedeutung für die Ausbildung kultureller Identität der Griechen.

Traditionell wird der Zeitraum von ca. 1000–700 v. Chr. als Epoche der 'geometrischen' Kunst zusammengefaßt. Der Begriff 'geometrisch' bezeichnet zunächst den neuen Stil der Keramik, für die nach dem freieren Dekor der mykenischen Zeit ein strenger Stil der Bemalung entwickelt wurde. Die Unterteilungen in proto- (1000–900), früh- (900–850), mittel- (850–760) und spätgeometrische (760–700 v. Chr.) Zeit sind von mehr oder minder deutlichen Veränderungen insbesondere der attischen Keramik abgeleitet, die damals in Griechenland führend war (s. unten Kapitel 22.2; Abb. 166). Auf die allgemeinere Geschichte angewandt, erschließt der Begriff 'geometrisch' jedoch nicht viele Aspekte dieses Zeitraums. Mehr kulturelle Substanz scheint zunächst der prähistorische Begriff der 'Eisenzeit', nach dem neuen, technisch erst jetzt bewältigten Metall, zu besitzen. Doch zum einen erlaubt das langsame Eindringen der neuen Technik keine klare chronologische Abgrenzung gegen die vorangehende 'Bronzezeit', zum anderen ist die Bedeutung des Eisens wohl nicht so zentral, um die ganze Epoche unter diesen Namen zu stellen.

4. Epochen der griechischen und römischen Kultur

Epochen	Daten	Literatur	Ereignisgeschichte
Frühe Ägäische Bronzezeit I-III frühminoisch, -helladisch, -kykladisch	3200 – 2100	schriftlos	
Mittlere Ägäische Bronzezeit mittelminoisch, -helladisch, -kykladisch	2100 – 1700		
MM / MH I-II	2100 – 1800	*Hieroglyphen* *Linear A*	Alte Paläste, Kreta
MM / MH III	1800 – 1700		Neue Paläste, Kreta
Späte Ägäische Bronzezeit spätminoisch, -helladisch, -kykladisch	1700 – 1050		
SM I A / SH I	1700 – 1600		Schachtgräber Mykene, Eruption Thera
SM I B / SH II A	1600 – 1500 (außer Knossos)		Zerstörung der Neuen Paläste
SM II / SH II B	1500 – 1450		
SM III A1 / SH III A1	1450 – 1400		
SM III A2 / SH III A2	1400 – 1350		Zerstörung u. Wiederaufbau von Knossos
SM III B / SH III B	1350 – 1200	*Linear B*	myken. Burgen um 1200 zerstört
SM III C / SH III C	1200 – 1050	*schriftlos*	Ende der myken. Kultur
Subminoische/ -mykenische Epoche	1050 – 1000		'Dark Ages'
Protogeometrische Epoche	1000 – 900		'Dark Ages'
Geometrische Epoche	900 – 700		
frühgeometrisch	900 – 850		
mittelgeometrisch	850 – 760		
spätgeometrisch (protoarchaisch)	760 – 700	*Epos* *Homer, Hesiod*	Entstehung der Polis-Kultur, Erste Gründungen von 'Kolonie'-Städten
Archaische Epoche	700 – 490/80	*Lyrik*	
frührarchaisch (orientalisierend)	700 – 620	*Archilochos, Alkaios, Sappho, Solon*	
mittelarchaisch	620 – 560	*Vorsokratiker*	
spätarchaisch	560 – 490/80	*Thales, Anaximander, Parmenides, Heraklit*	561 – 510 Tyrannis der Peisistratiden in Athen 508/7 Reformen des Kleisthenes

Epochen	Daten	Literatur	Ereignisgeschichte
Klassische Epoche	**490/80 – 330/20**	*Tragödie*	
Strenger Stil	490/80-450	Aischylos, Sophokles, Euripides	490 – 480/79 Perserkriege 478/77 Delisch-Attischer Seebund
Hochklassik	450 – 430	*Alte Komödie* Aristophanes *Historie*	Kimon, Perikles
Reicher Stil	430 – 400	Herodot, Thukydides *Philosophie* Sophisten, Sokrates,	431 – 404 Peloponnes. Krieg
Spätklassik	400 – 330/20	Platon, Aristoteles	Lykurg von Athen
Hellenistische Epoche	**330/20 – 30**	*Neue Komödie* Menander	336 – 323 Alexander d.Gr.; Reiche/Monarchien:
frühhellenistisch	330/20 – 230	*Philosophie* Stoiker, Epikureer,	– Makedonien / Pella *Antigoniden*
hochhellenistisch	230 – 150	Kyniker *Dichtung*	– Asien/Antiochia *Seleukiden*
späthellenistisch	150 – 30	Theokrit, Kallimachos	– Ägypten / Alexandria *Ptolemäer* – Kleinasien / Pergamon *Attaliden*

Epochengliederung der Griechischen Kultur

Problematisch ist aber überhaupt die Zusammenfassung des 10.–8. Jh. v. Chr. zu einer einzigen Epoche allein aufgrund künstlerischer Stilformen. Wenn man das eigentliche 'dunkle' Zeitalter, definiert als Zeitraum zwischen dem Fall der mykenischen Paläste und der Entstehung der neuen Kultur der Polis, als Epoche ansieht, muß man darin einerseits die submykenischen Ausläufer der mykenischen Kultur bis zur Phase der mittelgeometrischen Keramik zusammenfassen (ca. 1050–750 v. Chr.) und andererseits den Aufschwung des 8. Jh. v. Chr. mit der spätgeometrischen Keramik als Beginn der archaischen Zeit ('proto-archaisch') abtrennen. Wenn man dagegen das ganze 8. Jh. v. Chr. einbezieht, so muß man den Begriff der 'geometrischen' Epoche oder der 'Eisenzeit' stark dynamisch fassen und die Entwicklung neuer kultureller Strukturen in diesen Begriff hineinnehmen.

Archaische Epoche (ca. 700 – 490/80 v. Chr.)
Politisch und kulturell konzentrierte sich das Leben in ausgeprägten Städten (*polis*: autonome städtische Siedlung mit Territorium), unter der Herrschaft des Adels, aus dem verschiedentlich Tyrannen die Macht an sich rissen (Korinth: Kypseliden; Athen: Peisistratiden 561–510 v. Chr.). Lebenskultur und Kunst waren stark von den Idealen der Aristokratie bestimmt. Prägend war die Teilnahme am internationalen Handel von der Levante und Ägypten bis Spanien, glänzend der Aufschwung der Pflanzstädte ('Kolonien') vor allem in Unteritalien und Sizilien. Von den Hochkulturen des Orients wurden viele Impulse rezipiert und dann stark im Sinn griechischer Wertvorstellungen integriert und umgeformt. Wichtigste Kulturformen sind: orthogonale Stadtplanung; monumentale Architektur, besonders Tempel; monumentale Plastik, besonders Kouroi und Korai; schwarzfigurige Vasenmalerei. In der Literatur trat die Lyrik in den Vordergrund, vielfach als Ausdruck ausgeprägter Einzelpersönlichkeiten: Archilochos, Alkaios, Sappho, Solon. Im 6. Jh. v. Chr. entstand von Ionien aus die Naturphilosophie: Thales, Anaximander, Parmenides, Heraklit.

Abgrenzung und Gliederung der archaischen Zeit sind von der Forschung unterschiedlich vorgenommen worden. Unter kulturhistorischen Gesichtspunkten kann das 8. Jh. mit den Anfängen der städtischen Kultur, dem Beginn der Überseefahrt und der Koloniegründungen, dem Aufblühen der überregionalen Heiligtümer, der Entwicklung der Schrift und dem Entstehen der homerischen Epen als Anfang der archaischen Epoche betrachtet werden ('proto-archaisch', s. oben). Die frühharchaische Epoche des 7. Jh. v. Chr. ist in der Bildkunst besonders stark durch die Rezeption von Motiven und Formen aus dem Vorderen Orient und Ägypten geprägt, die seit ca. 700 v. Chr. eine wesentliche Rolle bei der Ausbildung eines neuen Stils figürlicher und ornamentaler Kunst gespielt haben (Abb. 167). Führend wurde die Handelsmacht Korinth. Davon ist die Bezeichnung als 'orientalisierende Epoche' (700–620 v. Chr.) abgeleitet.

Die folgende hoch- und spätarchaische Epoche (620–490/80 v. Chr.) ist in ihrem Beginn dadurch gekennzeichnet, daß die Bildkunst in Techniken und Formen (z. B. Kouros, Kore; Abb. 43–49) eine gewisse Konsolidierung entwickelte; kulturhistorisch übernahm Athen von Korinth die Rolle des führenden Zentrums, insbesondere für den Export der Vasen nach Italien.

Eine weitergehende Untergliederung ist nicht leicht zu begründen, Bildtypen und Stilformen verändern sich kontinuierlich. Eine neue Stufe der archaischen Kultur scheint aber in der glanzvollen Ausstattung großer städtischer Heiligtümer mit Votiven (Athen, Samos) seit dem 2. Viertel des 6. Jh. v. Chr. erreicht worden zu sein, die eine Unterteilung in hoch- (620–560 v. Chr.) und spätarchaische (560–490/80 v. Chr.) Zeit rechtfertigt. Die untere Grenze der Epoche wäre in Athen politisch mit dem Ende der Tyrannis der Peisistratiden (510 v. Chr.) und den Reformen des Kleisthenes (508/7 v. Chr.) anzusetzen. Kulturhistorisch liegt die Schwelle zur 'klassischen' Epoche tiefer, im Jahrzehnt 490/80 v. Chr.

Klassische Epoche (490/80–330 v. Chr.) Der entscheidende Faktor dieser Epoche ist die Entwicklung Athens zu einer ausgeprägten Demokratie, beginnend mit den Reformen des Kleisthenes (508/7 v. Chr.). Auch für Städte mit anderen Verfassungen wurde damit das gesamte gesellschaftliche Wertesystem verändert. Ein Kristallisationspunkt der ganzen Epoche waren die Perserkriege mit den siegreichen Schlachten Athens bei Marathon (490 v. Chr., Feldherr Miltiades), sowie der verbündeten Griechen bei Salamis (480 v. Chr., Feldherr Themistokles aus Athen) und Plataiai (479 v. Chr., Feldherr Pausanias aus Sparta), in denen ein neues Bewußtsein griechischer Identität gegenüber der Gefährdung durch Fremde ('Barbaren') ausgebildet wurde. Die politische, soziale und künstlerische Kultur Athens wurde in den folgenden Jahrzehnten durch das Machtinstrument des Delisch-Attischen Seebundes (seit 478/77 v. Chr.) getragen, der die weitere Bekämpfung der Perser zum Ziel hatte. Wichtigster Feldherr war zunächst Kimon. Der entschiedene Ausbau der Demokratie wurde danach in der Zeit des Perikles (461–429 v. Chr.) vorgenommen. Durch eine immer radikalere Machtpolitik kam Athen in Konflikt mit Sparta, der zum Peloponnesischen Krieg (431–404 v. Chr.) und schließlich zum Sieg Spartas führte.

Das 4. Jh. v. Chr. war politisch geprägt durch Rivalität der Städte Athen, Sparta und Theben. Das Perserreich gewann wieder stärkeren Einfluß auf die griechischen Angelegenheiten; schließlich erhoben sich die Makedonen-Könige Philipp II. und Alexander d. Gr. durch den Sieg bei Chaironeia (338 v. Chr.) zur Führungsmacht in Griechenland. Dennoch ist die oft vertretene Diagnose eines politischen Niedergangs kaum aufrecht zu erhalten: Innerhalb der Städte führte das 4. Jh. v. Chr. vielfach zu politischer und institutioneller Stabilisierung. Neben der Politik traten in dieser Zeit der Lebensbereich der Familie und der private Wohlstand immer mehr in den Vordergrund.

Kulturell war im 5. Jh. v. Chr. die Tragödie die zentrale literarische Gattung, in der von Aischylos, Sophokles, Euripides und vielen anderen Dichtern die großen Fragen der kollektiven Normen auf der Ebene des Mythos durchgespielt wurden. Stark politischen Charakter hatte auch die Komödie des Aristophanes. Neu entstand damals die Geschichtsschreibung, mit der Herodot die Perserkriege, Thukydides den Peloponnesischen Krieg als Maßstab für die Gegenwart darstellten. In der Philosophie wurde durch die Wendung der Sophisten und des Sokrates zu den Fragen der menschlichen Erkenntnis und der Ethik der Weg zu den großen Philosophen des 4. Jh. v. Chr., Platon und Aristoteles, geöffnet.

Die Bildkunst wurde in dieser Zeit z. T. entschieden in den Dienst der Politik gestellt. Es entstanden die ersten politischen Denkmäler wie die Statuengruppe der Tyrannenmörder auf der Agora von Athen (Abb. 57) und die ersten Bildnisse von Staatsmännern wie das des Themistokles (Abb. 111). Der Tempelbau des Parthenon (Abb. 35. 72–73) ist nicht nur ein Höhepunkt 'klassischer' Kunst, sondern auch der politischen Selbstdarstellung der Stadt Athen.

Kultur- und kunstgeschichtlich beginnt die 'klassische' Epoche nicht mit den Reformen des Kleisthenes, sondern erst eine Generation später. In der Skulptur wurde der höchst folgenreiche Schritt zur 'ponderierten' Figur um 490/80 v. Chr. vollzogen (sog. Kritios-Knabe, Abb. 53), und auf den Vasenbildern wurden die Themen der archaischen Adelsgesellschaft nach 480 v. Chr. von Bildern der Einzelperson und der Kleinfamilie abgelöst. Die Untergliederung in Strengen Stil (490/80–450), Hochklassik (450–430), Reichen Stil (430–400) und Spätklassik (400–330 v. Chr.) bezeichnet vor allem Phasen der Stilgeschichte, die sich aber auch mit anderen kulturellen Phänomenen verbinden. Die untere Grenze der Epoche wird durch das Ende der Selbstbestimmung griechischer Städte nach der Unterwerfung durch Philipp II. und Alexander d. Gr. markiert. Eine Reihe gesellschaftlicher und kultureller Veränderungen führte allerdings schon seit der Mitte des 4. Jh. v. Chr. in die Richtung auf die hellenistische Epoche.

Hellenistische Epoche (336–30 v. Chr.) Das Zeitalter des Hellenismus beruht auf der Gestalt Alexanders d. Gr. (336–323 v. Chr.), der in einem weiträumigen Kriegszug das Perserreich und Ägypten unterworfen hatte. Nach seinem Tod führten die Kämpfe seiner Generäle zur Teilung seines Reiches unter mehrere 'Diadochen', von denen schließlich einige ihre Herrschaft in Dynastien sichern konnten: Makedonien mit der Hauptstadt Pella unter den Antigoniden; Syrien, Mesopotamien und der weitere Osten mit der Hauptstadt Antiochia unter den Seleukiden; Ägypten mit der Hauptstadt Alexandria unter den Ptolemäern. Später kam das westliche Kleinasien mit der Hauptstadt Pergamon unter den Attaliden hinzu. In Griechenland blieben die alten Städte weitgehend nominell frei; hier bildeten sich aber größere Bünde (Achaiischer Bund, Aitolischer Bund). Seit dem Ende des 3. Jh. v. Chr. griff Rom zunehmend in die Welt der hellenistischen Staaten ein und machte ihnen sukzessive ein Ende.

In der literarischen Kultur des Hellenismus brachte die Neue Komödie des Menander die bürgerliche Atmosphäre Athens zum Ausdruck, während sich in Alexandria unter der Förderung der ptolemäischen Herrscher die 'höfische' Dichtung des Theokrit und des Kallimachos entwickelte. Großen Einfluß gewannen die verschiedenen Philosophenschulen des Peripatos (Gründer Aristoteles, Theophrast), der Stoa (Gründer Zenon), des Kepos (Gründer Epikur) und der Kyniker (Diogenes).

Die Kunst und materielle Kultur des Hellenismus ist zum einen von den Herrschersitzen geprägt, wo monumentale Architekturen (Abb. 93–95), Staatsdenkmäler (Abb. 87. 88. 103–104), Bildnisstatuen und luxuriöse Kleinkunst für die politische Repräsentation entwickelt wurden. Zum anderen bildete das Bürgertum der Städte neue Formen der Selbstdarstellung in öffentlichen Standbildern und Grabmälern sowie in reicher Skulpturenausstattung von Heiligtümern und privaten Wohnhäusern aus. Allgemein führte die gesellschaftliche Entwicklung des Hellenismus dazu, daß in den Bildwerken nicht nur die herrschenden Schichten mit ihren Idealen (Abb. 100–101), sondern auch die soziale Realität der Unterschichten als 'Gegenwelt' kraß zur Darstellung kam (Abb. 102).

Der Begriff 'Hellenismus' ist von Johann Gustav Droysen für die Zeit zwischen Alexanders Tod (323 v. Chr.) und dem Ende des letzten Staates in seiner Nachfolge, des Ptolemäerreiches (30 v. Chr.), geprägt worden. Das Grundphänomen war für ihn die Verschmelzung von Griechenland und Orient. Alexander selbst als Archegeten der Epoche wird man allerdings schon zum Hellenismus rechnen. Die Untergliederung in Früh- (330–230), Mittel- (230–150) und Späthellenismus (150–30 v. Chr.) ist von Gerhard Krahmer nach der – freilich noch in vieler Hinsicht unklaren – Stilentwicklung der Plastik vorgenommen worden; wie weit sie auf andere Bereiche der hellenistischen Kultur übertragbar ist, steht noch offen. Das Ende wurde gelegentlich schon mit dem Eingreifen Roms angesetzt. Das ist politisch verständlich; andererseits war Rom im 2. und 1. Jh. v. Chr. kulturell ein Teil der hellenistischen Welt. Das Ende des griechischen Hellenismus als dominierender kultureller Kraft war der Fall von Alexandria (30 v. Chr.).

4.3 Epochen der römischen Kultur

(s. Epochen-Tabelle S. 40–41)
Die Epochengliederung der römischen Archäologie ist, im Gegensatz zur griechischen, fast ausschließlich an den Daten der politischen Geschichte orientiert. Dies ist eine Folge einer alten wissenschaftlichen Tradition, nach der Griechenland als kulturelle, Rom als politische Macht verstanden wurde. Wenn die Forschung für die römische Archäologie noch heute die Gliederungen und Bezeichnungen der Epochen aus der Politik übernimmt, so sollte damit nicht mehr die Vorstellung einer einseitigen Abhängigkeit der kulturellen Verhältnisse von den politischen Situationen verbunden werden. Auch hier ist von wechselseitiger Interferenz verschiedener Lebensbereiche auszugehen.

Früheisenzeit (ca. 1000–620 v. Chr.) Rom ist nicht seit Anbeginn Ort einer spezifisch 'römischen' Kultur gewesen, sondern ist erst im Lauf einer langen Geschichte zu einem Zentrum von eigenem politischem und kulturellem Gewicht geworden. Kontinuierliche Besiedlung auf dem Gebiet der späteren Stadt Rom findet sich seit dem 10. Jh. v. Chr. Den Beginn bildete ein Hüttendorf auf dem Palatin mit einer Nekropole in der Senke des späteren Forum. Etwas später entstanden Siedlungen auch auf dem Quirinal und anderen Hügeln; diese Dörfer vereinigten sich sukzessive zur Stadt Rom. Die legendäre Gründung 753 v. Chr. durch Romulus beruht auf einer späten fiktiven Berechnung. Seinem ebenso legendären Nachfolger Numa Pompilius wurde die Gründung wichtiger religiöser Institutionen zugeschrieben. (Zur Geschichte der Stadt Rom s. unten Kapitel 15.2).

Vom 10. bis 8. Jh. v. Chr. gehörte Rom zur Früheisenzeit-Kultur von Latium, parallel zur sog. Villanova-Kultur des nördlich angrenzenden Etrurien. Seit dem späteren 8. und im 7. Jh. v. Chr. führten zunehmende Kontakte mit Etrurien und griechischen Händlern aus Unteritalien zu einer ersten Hellenisierung der Stadt.

Zeit der etruskischen Könige (ca. 620–509 v. Chr.) Nach der späteren Überlieferung herrschten seit dem späten 7. Jh. etruskische Könige in Rom: Tarquinius Priscus, Servius Tullius, Tarquinius Superbus. Das Ende der Königsherrschaft wird für 509 v. Chr. berichtet. Die althistorische Forschung hat die legendären Schriftquellen zur Frühzeit Roms vielfach sehr kritisch beurteilt; archäologische Befunde sprechen dafür, daß sie zumindest teilweise einen wahren Kern enthalten. Die Tarquinier und Servius Tullius scheinen historische Personen zu sein: Offenbar waren es 'Condottieri' mit einem Heer aus bewaffneten Anhängern, die die Herrschaft in Rom an sich rissen. Deutlich ist jedenfalls, daß Rom in dieser Epoche zu einer bedeutenden Stadt von etruskisch-griechischer Kultur heranwuchs: mit einem zentralen Kult der Göttertrias Iuppiter, Iuno und Minerva auf dem Kapitol, mit weiteren Tempeln von etruskischem Typus, Königspalast, Forum und einem ausgedehnten Befestigungsring.

Republik (509–31 v. Chr.) Nach der Vertreibung des Tarquinius Superbus wurde eine republikanische Staatsform unter Führung eines starken Adels begründet. Sie entwickelte sich in vielen Stufen zu einem differenzierten System mit einer ausgeprägten Hierarchie von Ämtern: 2 Consuln (oberste militärische und zivile Leitung), Praetoren (bes. Rechtsprechung), Aedilen (Verwaltung von Stadt, Getreide, Spielen etc.), Quaestoren (Verwaltung von Finanzen etc.); hinzu kamen die Volkstribunen als Vertreter der Rechte der Plebs. Zur Aufstellung der Bürger- und Heereslisten wurden in der Regel alle 5 Jahre 2 Censoren gewählt. Die Ämter wurden in aufsteigender Reihenfolge vom Quaestor bis zum Consul und Censor durchlaufen (*cursus honorum*). Der Rat des Senats wurde aus gewesenen Beamten zusammengesetzt. Die Volksversammlung entschied über Krieg und Frieden, wählte die höchsten Beamten, beschloß Gesetze etc.

Frühe Republik (509–367 v. Chr.) Die erste Phase der römischen Republik, die zur Formierung von Gesellschaft und Staat führte, ist vom Vorrang der Innenpolitik geprägt. Der entscheidende langfristige Vorgang waren die Ständekämpfe zwischen den adligen Patriziern und den Plebeiern, die politische Gleichberechtigung forderten. Ergebnis war zunächst 450 v. Chr. die Aufzeichnung der Zwölf-Tafel-Gesetze; ein Abschluß des Konflikts wurde seit 367 v. Chr. durch die licinisch-sextischen Gesetze und weitere, daran anschließende gesetzliche Regelungen erreicht. Die führenden plebeischen Familien erlangten die Zulassung zu den Ämtern und zum Senat, zusammen mit den führenden patrizischen Familien bildeten sie eine neue politische Führungsschicht, die Senats-Aristokratie mit ihrer kleinen Spitzengruppe, der Nobilität.

Außenpolitisch hatte eine schwere Niederlage der Etrusker gegen Hieron von Syrakus bei Kyme (474 v. Chr.) einen starken Rückgang der Beziehungen Mittelitaliens zu den griechischen Kulturzentren zur Folge. Die daraus entstandene kulturelle Isolation und Stagnation betraf auch Rom. Hinzu kam von Norden eine Invasion der Gallier, die 387 v. Chr. die Stadt für kurze Zeit eroberten. Dennoch bewies Rom eine beträchtliche materielle Macht: Die unmittelbar danach errichtete sog. 'servianische' Stadtmauer war mit 11 km Umfang damals der weitaus größte Mauerring nördlich der Griechenstädte Siziliens und Unteritaliens.

Mittlere Republik (367–202 v. Chr.) Nach der inneren Konsolidierung folgte eine erste Phase der Expansion in Mittelitalien: Die Unterwerfung von Latium, Samnium und Etrurien war bis zur Mitte des 3. Jh. v. Chr. weitgehend abgeschlossen. Rom wurde dadurch von einem Stadtstaat zu einem Territorialstaat und trat damit in eine ganz neue Dimension politischen Handelns ein. Die Folge war der Konflikt mit Karthago um die wirtschaftliche Vormacht im westlichen Mittelmeer. Mit den Siegen im 1. und 2. Punischen Krieg (264–241 und 218–201 v. Chr.) errang Rom eine unvergleichliche Machtstellung bis Sizilien, Sardinien und Spanien. Im Inneren konnte die Nobilität ihre Macht durch diese Erfolge festigen.

In dieser Phase errang Rom auch kulturell rasch ein Gleich- und Übergewicht gegenüber den bisher führenden etruskischen Städten. Hinzu kamen neue direkte Verbindungen zur Kultur Unteritaliens, Siziliens und Griechenlands. Sie wurden getragen von den führenden Familien, die jetzt eine anspruchsvolle Repräsentation in öffentlichen Denkmälern entwickelten: in Ehrenbildnissen wie dem sog. 'Brutus' (Andreae Abb. 15; in Wirklichkeit ein unbekannter Römer der Zeit um 300 v. Chr.) oder in Familiengräbern wie dem Scipionengrab mit einer monumentalen Grabkammer und z. T. aufwendigen Sarkophagen (Andreae Abb. 17).

Späte Republik (202–31 v. Chr.) Seit dem späten 3. Jh. v. Chr. griff Rom in die Politik der östlichen Mittelmeerländer ein und unterwarf nach und nach die wichtigsten Staaten der hellenistischen Welt. Die entscheidenden Etappen sind:

197 v. Chr.:
Sieg bei Kynoskephalai gegen Philipp V. von Makedonien;

191 v. Chr.:
Sieg bei Magnesia gegen Antiochos III. von Syrien;

168 v. Chr.:
Sieg bei Pydna gegen Perseus von Makedonien. Ende des Antigoniden-Reiches;

146 v. Chr.:
Eroberung von Korinth. Anschließend Einrichtung der Provinz Achaia;

146 v. Chr.:
Eroberung von Karthago. Ende des punischen Reiches;

133 v. Chr.:
'Schenkung' des pergamenischen Reiches durch den letzten König von Pergamon an Rom. Einrichtung der Provinz Asia;

86/67 v. Chr.:
Siege des Sulla und des Pompeius über Mithridates VI. von Pontos;

63 v. Chr.:
Ende des Seleukiden-Reiches durch Pompeius;

30 v. Chr.:
Einnahme von Alexandria durch Octavian/Augustus. Ende des Ptolemäer-Reiches.

Hinzu kamen Abwehr und Ausgreifen im Norden:

102/101 v. Chr.:
Abwehr der Kimbern und Teutonen bei Aquae Sextiae und Vercellae durch Marius;

56–51 v. Chr.:
Eroberung ganz Galliens durch Caesar, nachdem schon im 2. Jh. v. Chr. in Südfrankreich die Provinz Gallia Narbonensis eingerichtet worden war.

Durch diese Expansion und die Ausschaltung aller nennenswerten äußeren Gegner kam es dazu, daß die politischen Energien der Oberschicht sich immer mehr von der Kriegs- und Außenpolitik auf die politischen Rivalitäten im Inneren verlagerten. Seit dem späteren 2. Jh. verschärfte die Situation sich zu einer schweren politischen und sozialen Krise, die letzten Endes durch die nicht bewältigte Umstellung von einem Stadtstaat zu einem Groß-

4. Epochen der griechischen und römischen Kultur

Epochen	Daten	Literatur	Ereignisgeschichte
Früheisenzeit	1000 – 620		
Archaische Zeit Königszeit	620 – 509		Etruskische Könige in Rom
Republikanische Zeit frührepublikanisch mittelrepublikanisch	509 – 31 509 – 367 367 – 202	Ständekämpfe Fabius Pictor	264 – 241 1. punischer Krieg 218 – 201 2. punischer Krieg
spätrepublikanisch	202 – 31	Plautus, Terenz, Ennius Cato, Polybios Cicero, Varro Lucrez, Catull Sallust	149 – 146 3. punischer Krieg 146 Eroberung Korinths 133 'Schenkung' von Pergamon an Rom Marius, Sulla; Pompeius, Caesar
Frühe Kaiserzeit Iulisch-claudisch Augustus	31 v. Chr. – 68 n. Chr. 31 v. Chr. – 14 n. Chr.	Vergil, Horaz, Ovid, Vitruv, Livius	31 v.Chr. Schlacht bei Actium 27 v.Chr. Begründung des Prinzipats
Tiberius Caligula Claudius	14 – 37 37 – 41 41 – 54		43 – 44 n. Chr. Eroberung Britanniens
Nero	54 – 68	Seneca, Petron	Partherkriege. 66 n. Chr. Armenien Vasallenstaat 64 n.Chr. Brand Roms
Vierkaiserjahr Galba, Otho, Vitellius, Vespasian	68 – 69		
Mittlere Kaiserzeit Flavische Dynastie Vespasian	69 – 96 69 – 79	Plinius d. Ä.	70 n.Chr. Einnahme von Jerusalem
Titus	79 – 81		79 n.Chr. Ausbruch des Vesuv
Domitian	81 – 96	Martial, Statius, Quintilian	81 – 89 n.Chr. Germanenkriege
'Adoptivkaiser' Nerva Traian	96 – 192 96 – 98 98 – 117	Tacitus, Plinius d. J.	101– 102, 105 – 106 n.Chr. Dakerkrieg
Hadrian	117 – 138	Sueton	113 – 117 n. Chr. Dakerkrieg Aufgabe der Expansionspolitik. Reisen Hadrians durch Provinzen 132 – 135 n. Chr. Jüdischer Krieg
Antoninus Pius Marc Aurel / Lucius Verus	138 – 161 161–180 (161–169)	Arrian, Pausanias	161 – 166 n. Chr. Partherkrieg 169 – 180 Markomannenkriege
Commodus	180 – 192		

4. Epochen der griechischen und römischen Kultur

Späte Kaiserzeit			
Pertinax	193		
Severer	**193 – 235**	Tertullian, Cassius Dio	
Septimius Severus	193 – 211		194 – 199 n. Chr. Partherkriege
(Söhne Caracalla u. Geta)			208 – 211 n.Chr. Krieg in
Gegner: Didius Iulianus,	193 – 197		Britannien
Pescennius Niger,			
Clodius Albinus			
Caracalla	211 – 217		212 n. Chr. Constitutio
			Antoniniana
Macrinus	217 – 218		
Elagabal	218 – 222		
Severus Alexander	222 – 235		
Soldatenkaiser	**235 – 284**		
Maximinus Thrax	235 – 238		238 n. Chr. Beginn neuer Einfälle von
Gordian I u. II	238		nördlichen Feinden (Balkan)
Balbinus, Pupienus	238		
Gordian III	238 – 244	Herodian	
Philippus Arabs	244 – 249		
Decius	249 – 251		Große Christenverfolgung
Trebonianus Gallus,	251 – 253		
Volusianus			
Aemilianus	253		
Valerian	253 – 261		Partherkrieg. 259 n.Chr.
			Gefangennahme Valerians
Gallien	261 – 268	Plotinos	
Claudius Gothicus,	268 – 270		
Quintillus			
Aurelian	270 – 275		
Tacitus, Florianus	275 – 276		
Probus	276 – 282		
Carus, Carinus, Numerian	283 – 284		
Tetrarchen (Auswahl)	**284 – 312/324**		284 n.Chr. Einrichtung der Tetrarchie,
Diocletian	284 – 305		Teilung des Reichs,
Maximinian	286 – 305		Kaiserresidenzen in Mailand,
Galerius	293/305 – 311		Trier, Thessalonike, Nikomedia
Constantius Chlorus	293/305 – 306		
Constantin	306 – 337		
Maxentius	306 – 312		
Licinius	308 – 324		
Spätantike			
(Auswahl)	ab 306		
Constantin d.Gr.	306 – 337		312 n. Chr. Sieg Constantins an der
			Milvischen Brücke; 313 Toleranz-
			edikt von Mailand, 324 Allein-
			herrschaft; Verlegung der Haupt-
			stadt nach Byzanz/Konstantinopel
Constantin II, Constans,	337 – 361		
Constantius II			
Iulianus Apostata	(355)361 – 363		Kurzfristige Restauration der
			antiken Kulte
Valentinian I	364 – 375		
Valentinian II	375 – 392		
Theodosius I	379 – 395	Ammianus Marcellinus	Systematische Bekämpfung
		Claudian,	des Heidentums
		Augustin	

Epochengliederung der römischen Kultur

reich hervorgerufen war. Die Oberschicht gewann aus den Eroberungen große Reichtümer und erweiterte ihren Landbesitz in Italien zu ertragreichen Latifundien mit Sklavenbewirtschaftung. Neben der Senatsaristokratie erlangte der Ritterstand große Bedeutung, dessen Angehörige vor allem im Handel unter rücksichtsloser Ausbeutung der Provinzen zu Reichtum kamen. Die verarmte Bauernschaft Italiens wurde als Proletariat in die Städte, vor allem nach Rom, abgedrängt; die Verleihung des Bürgerrechts an die Bewohner der italischen Städte (90 v. Chr.) löste die Spannungen nur partiell. Die führenden Feldherren Marius und Sulla, Pompeius und Caesar, Octavian und Antonius gewannen mit den ihnen persönlich ergebenen siegreichen Heeren ein Machtpotential, das sie in Bürgerkriegen gegen die politischen Rivalen einsetzten. Eine Lösung wurde erst durch die Monarchie des Octavian/Augustus erreicht.

Kulturell war die späte Republik eine Phase der massiven und raschen Hellenisierung durch die engen Kontakte mit dem eroberten Osten. Griechische Literatur und Philosophie wurden begierig rezipiert; der wichtigste Zeuge dafür ist der Redner, Philosoph und Literat Cicero, der auch politisch eine bedeutende Rolle in der ausgehenden Republik spielte. Vor allem aber änderte die Oberschicht ihren ganzen Lebensstil in seinen materiellen Formen. Die siegreichen Feldherren hatten die Verpflichtung, einen Teil der Beute zur Verschönerung der Stadt einzusetzen; dafür brachten sie Architekten aus den eroberten Kulturländern mit. Es entstanden Heiligtümer und Tempel in rein griechischem Stil (s. unten Kapitel 15.2): Die Porticus Metelli war ein Platz mit axialsymmetrischen Hallen und zwei zentralen Tempeln, ähnlich wie etwa das Asklepios-Heiligtum in Messene. Der Rundtempel am Tiber (Andreae Abb. 643) ist ein rein griechischer Bautypus in der Tradition der Tholos von Epidauros. Am Forum wurden große Marktbasiliken wie die Basilica Aemilia errichtet, die schon im Namen (*basilica*: 'königliche' Halle) die griechische Herkunft anzeigen (Andreae Abb. 652/12). Ebenso wurden private Wohnsitze, vor allem die Villen auf dem Land, nach dem Vorbild hellenistischer Fürstensitze angelegt und mit den neuesten Produkten des privaten Luxus eingerichtet. Berühmte Kunstwerke wurden massenweise aus Griechenland und Kleinasien nach Rom abtransportiert, um öffentliche und private Bauten zu schmücken. Griechische Künstler und Werkstätten wurden nach Rom gerufen, um die Kultbilder für die neuen Tempel herzustellen, z. B. Timarchides, der Bildhauer eines berühmten Standbildes des Apollo (Abb. 105). Die öffentlichen Ehrenstatuen der Führungsschicht wurden in den Formen der neuesten hellenistischen Porträtkunst gestaltet, z. B. das Bildnis des Pompeius (Abb. 127). Für die Ausstattung der luxuriösen Wohnsitze entwickelten Werkstätten zunächst in Griechenland, dann zunehmend in Rom eine reiche Produktion von Statuen, Reliefs und dekorativen Kandelabern, Krateren usw., die den Besitzern und ihren Standesgenossen einen 'griechischen' Lebensstil suggerierten. Rom wurde in der späten Republik zu einer hellenistischen Metropole.

Octavian/Augustus und die iulisch–claudische Dynastie (31 v. Chr.–68 n. Chr.) Die Herrschaft des Augustus hat zu einer völligen Neuordnung des Staates und einer starken Neuorientierung der Kultur geführt. Nach der Ermordung Caesars (44 v. Chr.) wurde ein Triumvirat aus seinem Adoptivsohn Octavian, Antonius und Lepidus zur Wiederherstellung der Staatsordnung eingesetzt, in dem sich immer mehr ein Konflikt zwischen Octavian (Westen) und Antonius (Osten, mit der ägyptischen Königin Kleopatra) zuspitzte. Octavian, mit Hilfe seines Feldherrn Agrippa, errang mit dem Sieg bei Actium (31 v. Chr.) und der Einnahme von Alexandria (30 v. Chr.) die Herrschaft und feierte 29 v. Chr. einen großen Triumph. Im Jahr 27 v. Chr. gab er in einer kalkulierten Aktion seine Sondervollmachten als Triumvir an den Senat zurück – um daraufhin um die Übernahme einer umfassenden Verantwortung für den ganzen Staat gebeten zu werden.

Die Verfassung, die er einrichtete, war eine Herrschaft, die allen äußeren Anschein der Monarchie vermied, an dem Caesar gescheitert war. Es war eine persönliche Machtstellung ('Principat') unter Beibehaltung der Fassade der republikanischen Staatsformen. Für den neuen Princeps wurde kein neues Herrscheramt eingerichtet, die traditionelle Hierarchie von Staatsämtern und das Gremium des Senats wurden beibehalten. Augustus übernahm selbst solche Ämter, erst vor allem das Consulat, später das Volks-Tribunat. Von größerer Bedeutung war, daß er den wichtigsten Teil der Provinzen, die 'kaiserlichen' im Gegensatz zu den verbleibenden 'senatorischen' Provinzen, in seine eigene Verwaltung übernahm und dadurch zum Oberbefehlshaber fast des gesamten römischen Heeres wurde. Darüber hinaus konnte er seine Macht auf das bei weitem größte Privatvermögen und eine ebenfalls unvergleichlich große Anhängerschaft von Klienten stützen, beide von Caesar ererbt. Dies alles sicherte seiner Herrschaft eine allgemeine Zustimmung, deren ideelle Grundlage in seiner '*auctoritas*' bestand. Sie kommt in dem Beinamen 'Augustus' zum Ausdruck, der ihm 27 v. Chr. verliehen wurde.

Ein wichtiges Selbstzeugnis des Augustus ist sein Tatenbericht (*res gestae*), der nach seinem Tod auf Bronzetafeln vor seinem Mausoleum aufgestellt und in Abschriften im Reich verbreitet wurde. Die vollständigste Kopie ist an einem Tempel für den verstorbenen Kaiser in Ancyra (Ankara) erhalten (sog. Monumentum Ancyranum).

Die Herrschaft des Augustus hat zu einer reichsweiten politischen Beruhigung und dadurch zu einer großen wirtschaftlichen und kulturellen Blüte geführt. Unter seiner Herrschaft und Planung wurde die Stadt Rom in ihren öffentlichen Bereichen völlig erneuert bzw. neu gebaut; nach seinen eigenen Worten hat er „eine Stadt aus Ziegeln übernommen und eine Stadt aus Marmor hinterlassen" (s. unten Kapitel 15.2).

Diese kulturelle Neugestaltung reichte bis in die Formen des künstlerischen Stils. Vom Kaiser wurde ein normativer Klassizismus propagiert, der sich an den Stilformen der griechischen 'Klassik' des 5. und 4. Jh. v. Chr. orientierte. Bestes Beispiel ist das offizielle Bildnis des Herrschers selbst, erhalten in der Statue des Augustus von Prima Porta (Abb. 129; s. unten Kapitel 17.3). In den klar gegliederten, alterslosen Zügen wird die feierliche Erhabenheit und Würde, die *auctoritas* und *dignitas* des Herrschers zum Ausdruck gebracht, wie er idealiter gesehen werden wollte. In entsprechender Weise wurde das ganze öffentliche Leben von Augustus zu hoher Würde und Feierlichkeit stilisiert. Im übrigen wurde die Kultur der augusteischen Zeit stark von bedeutenden Dichtern geprägt, von denen einige dem Kaiserhaus nahestanden: Vergil, Horaz und Ovid, der allerdings später in Ungnade fiel und verbannt wurde.

Die Nachfolge des Augustus gestaltete sich schwierig, da aus seiner eigenen Nachkommenschaft, der Familie der Iulier, die möglichen Thronerben frühzeitig starben. Mit Tiberius folgte ihm ein Sohn seiner Gemahlin Livia aus erster Ehe, ein Angehöriger der Familie der Claudier. Die Nachfolger dieser Dynastie stützten ihre Herrschaft ausdrücklich auf die Verwandtschaft mit dem ersten Herrscher. Das kommt nicht zuletzt in einem ähnlichen Typus des Herrscherporträts, etwa bei Claudius, zum Ausdruck (Abb. 133; s. unten Kapitel 17.3). Mit Nero, der eine stärker autokratische Herrschaftsform vertrat und dadurch in Konflikt mit dem Senat geriet, fand die Dynastie 68 n. Chr. ein gewaltsames Ende.

Insgesamt führte die iulisch-claudische Epoche in fast allen Teilen des Reiches zu einer starken Ausbreitung der römischen Stadtkultur. Die öffentlichen Zentren der Städte, vor allem in Italien und den westlichen Provinzen, wurden mit repräsentativen Marmorgebäuden geschmückt, oft in enger Nachahmung der Hauptstadt. Der Kaiserkult stellte ein festes Band zwischen der Bevölkerung des Reiches und dem politischen Zentrum her. Mit dem steigenden Wohlstand entwickelte sich eine breite private Lebenskultur, die einerseits von lokalen Eliten, andererseits von reich gewordenen Freigelassenen getragen wurde.

Flavische Dynastie (69–96 n. Chr.) Nach dem Ende Neros und blutigen Konflikten mehrerer Prätendenten um den Thron (sog. Vierkaiserjahr 68–69 n. Chr.) etablierte die neue Dynastie der Flavier ihre Legitimation erstmals ohne genealogische Verbindung zu Augustus. Das bedeutete eine Stärkung der Institution der Herrschaft als solcher. Wieder war die Macht durch militärische Stärke begründet: Der neue Princeps stützte sich auf eine Armee, mit der er zuvor den Krieg gegen die Juden geführt hatte (Einnahme Jerusalems 70 n. Chr. durch seinen Sohn Titus, dargestellt am Titus-Bogen, Abb. 146; s. unten Kapitel 18). Wichtig ist, daß hier erstmals ein Herrscher nicht aus der alten Aristokratie Roms zur Macht kam, sondern ein Angehöriger einer erst kürzlich aufgestiegenen Familie aus Mittelitalien. Das

Porträt des Vespasian zeigt mit seinem unprätentiösen Realismus, daß der neue Herrscher nicht mehr auf die feierliche Selbststilisierung des Augustus setzte, sondern sich als effizienten, energischen Leiter des Staates begriff (Abb. 135; s. unten Kapitel 17.3). Unter den Dichtern der flavischen Zeit standen Martial und Statius dem Hof nahe. Für die Archäologie und allgemeine Kunstgeschichte ist Plinius d.Ä. in dieser Epoche von höchster Bedeutung (s. unten Kapitel 7).

Adoptiv-Kaiser, Antoninische Kaiser (96–192 n. Chr.) Die Epoche des 2. Jh. n.Chr. war von einer Reihe von Herrschern bestimmt, die keine Söhne als potentielle Nachfolger hatten. Diese Situation wurde mit einer Ideologie der 'Auswahl des Besten' kompensiert: Die Kaiser wählten und adoptierten zu Lebzeiten einen oder mehrere geeignete Nachfolger, so daß nicht der Zufall der Genealogie, sondern die Eignung für die Aufgabe Vorrang erhielt. Daß dies nur eine Überbrückung einer Notlage war, zeigte sich bei dem ersten Kaiser, der selbst wieder einen eigenen Sohn hatte: Marc Aurel setzte selbstverständlich seinen Sohn Commodus als Nachfolger ein.

Das 2. Jh. n. Chr. war zunächst eine Periode der Ruhe und Sicherheit, der wirtschaftlichen und kulturellen Prosperität. Das Reich wuchs immer mehr zu einer Einheit zusammen. Mit Traian und Hadrian kamen erstmals Herrscher aus einer Provinz, aus Spanien, auf den Thron. Traian hat als Kriegsherr mit seinen Feldzügen gegen die Daker (101–102, 105–106 n. Chr.) und die Parther (113–117 n. Chr.) das Reich zu seiner größten Ausdehnung gebracht. Sein Nachfolger Hadrian hat dann diese traditionelle Expansionspolitik abrupt beendet und sich der kulturellen und ideellen Konsolidierung der Provinzen gewidmet; eine programmatische Reisepolitik führte erstmals den Kaiser in weite Teile des Reiches. Vor allem die östlichen Provinzen sind damals zu großem Wohlstand gelangt und die Führungsschicht stieg in die Senatsaristokratie auf. Seit Hadrian trugen die Herrscher das neue Image durch einen griechischen Bart als Zeichen klassischer Bildung zur Schau (Abb. 137; s. unten Kapitel 17.3). Unter den Historikern des frühen 2. Jh. n. Chr. nimmt Tacitus den ersten Rang ein; wichtige Quellen sind ferner die Kaiserviten des Sueton.

Erst unter Marc Aurel kam diese stabile Situation durch die ersten großen Angriffe auf die Reichsgrenzen ins Wanken. Im Osten mußten die Parther (161–166 n. Chr.), im Norden die Markomannen, die bis nach Oberitalien eingefallen waren (169–180 n. Chr.), zurückgeschlagen werden. Seither wurden römische Kriege im wesentlichen zur Verteidigung geführt. Für die kollektive Psychologie muß das eine völlig neue Erfahrung gewesen sein.

Die 'mittlere Kaiserzeit' des 2. Jh. n. Chr. war im ganzen Reich eine Epoche der höchsten öffentlichen 'Freizeit'-Kultur. Teilnahme an der Politik trat mehr und mehr in den Hintergrund. Als neue Zentren entwickelten sich die immer reicher ausgestatteten Theater und Amphitheater, Circus- und Thermenanlagen, die kollektive Erlebnisse von Bildung, Spektakel und Körpergenuß vermittelten. Gleichzeitig bildete diese entpolitisierte Gesellschaft eine neuartige sepulkrale Kunst mit reliefgeschmückten Sarkophagen als Leitform aus, um die die Gemeinschaft der Angehörigen sich im abgeschlossenen Raum großer Grabbauten versammelte (s. unten Kapitel 19).

Severische Dynastie (193–235 n. Chr.) und Soldatenkaiser (235–283 n. Chr.) Das 3. Jh. n. Chr. war eine Epoche einer schweren politischen Krise. Seit Septimius Severus stützten sich die Kaiser immer weniger auf das Einvernehmen mit dem Senat und immer ausschließlicher auf das Heer. Nach dem Ende der severischen Dynastie war die Politik von den rivalisierenden Armeen geprägt, die immer neue Kaiser und Gegenkaiser auf den Thron hoben und wieder absetzten. Die Grenzen des Reiches gerieten von allen Seiten her in Gefahr. Wirtschaft und Lebenskultur dagegen blieben, entgegen verbreiteten Diagnosen der Forschung, in vieler Hinsicht einigermaßen stabil.

Unter den Historikern des frühen 3. Jh. n. Chr. ist Cassius Dio mit seiner „Römischen Geschichte" von großer Bedeutung. Für die geistige Kultur bedeutete die Regierung des gebildeten Kaisers Gallienus eine kurzfristige Blüte. Bezeichnend für die Strömungen dieser Epoche ist der Neoplatonismus des mit ihm verbundenen Philosophen Plotinos. Die politische Krise des Reiches wurde erst unter Diocletian und Constantin d.Gr. beendet.

Diocletian, Tetrarchie (284–305 / 312 n.Chr.) Die Festigung der Herrschaft gelang Diocletian durch Teilung: Zwei Hauptkaiser (Augusti) und zwei jüngere Mitkaiser (Caesares) wurden mit geteilten Aufgabenbereichen im Osten und Westen des Reiches etabliert (Tetrarchie: Viererherrschaft). Die Ausübung der Herrschaft wurde von Rom weg in verschiedene Residenzen verlegt, die den Grenzen des Reiches näher waren: Mailand, Trier, Thessalonike, Nikomedia (Izmit). Eine straffe Reform der Verwaltung, der Finanzen, der Wirtschaft und des Heeres stellte den Staat ganz auf die Basis von herrscherlicher Macht und Gewalt.

Constantin d. Gr. (306–337 n.Chr.) Im Rahmen der diocletianischen Tetrarchie war Constantin zunächst als Teilherrscher an die Macht gekommen, bis er 312 n.Chr. durch den Sieg gegen seinen Mitkaiser Maxentius an der Milvischen Brücke bei Rom die Alleinherrschaft im Westen errang und 324 n. Chr. auch Licinius, den Herrscher im Osten, besiegte. Weltgeschichtliche Bedeutung hatte unter Constantin die Anerkennung des Christentums (Toleranzedikt von Mailand 313 n.Chr.) und die Verlegung der Hauptstadt nach Constantinopel.

5. Chronologie*

a. Methode

Chronologie, d.h. Zeitbestimmung, ist eines der wichtigsten Werkzeuge der Archäologie. Wie alt ein Befund oder Objekt ist: Das ist nicht nur eine Sache der Neugier oder des Interesses an spektakulärer Urtümlichkeit, sondern es ist die Frage nach der geschichtlichen Einordnung. Dabei geht es nicht um das Einzelphänomen, sondern um die Bestimmung des Kontextes, also der konkreten Lebenssituation. Zwei Beispiele können das erläutern.

In Athen wurden auf der Akropolis die Skulpturen eines monumentalen Tempels (Boardman, GParchZ Abb. 190–193) aus dem früheren 6. Jh. v. Chr. gefunden. Die Frage nach seiner Entstehungszeit gilt nicht einer isolierten Jahreszahl, sondern den historischen Umständen, in denen die Stadt die Fähigkeit zu einem so großen Bauprojekt gewann: Setzt es die Machtmittel des Tyrannen Peisistratos voraus (seit 561 v. Chr.)? Oder hat schon davor die aristokratische Bürgerschaft so viel gemeinschaftliche Impulse aufgebracht? – Ebenfalls in archaischer Zeit wurde eine raffinierte neue Gefäßform zum Kühlen von Wein, der sog. Psykter, erfunden (Boardman, RVarchZ Abb. 58): Die Frage stellt sich, wann die Oberschicht eine so hochgezüchtete Trinkkultur ausgebildet hat, zu der dies Gerät gehört? Erst mit der Einordnung in den Kontext der Geschichte werden die Objekte konkret verständlich.

Nahezu alle archäologischen Objekte sind als solche ohne festes Datum: Kaum je enthalten sie eine explizite Angabe über ihre Entstehung. Die Forschung hat daher viel Mühe auf die Gewinnung von Anhaltspunkten und die Ausbildung von Methoden zur Zeitbestimmung verwendet. Grundsätzliche Voraussetzung aller Vorgehensweisen sind die Begriffe der 'absoluten' und der 'relativen' Chronologie.

Absolute Chronologie. Mit diesem Begriff bezeichnet man solche Datierungen, die in der Zeitskala der historischen Jahreszahlen fest verankert sind: sei es zu präzisen Zeitpunkten, sei es innerhalb eines einigermaßen klar begrenzten Zeitraumes. Die Zeitrechnung der Antike beruhte auf verschiedenen, oft lokal begrenzten Systemen: Jahreszählung ab der (meist nachträglich 'errechneten') Gründung einzelner Städte (sog. 'Ära'), Folgen von Priestern, Herrschern, jährlichen Amtsträgern, schließlich auf der Zählung der Olympiaden ab der (ebenfalls 'errechneten') Gründung der olympischen Spiele 776 v. Chr. Erst seit dem 6. Jh. n. Chr. wurden diese Zählungen in die Zeitrechnung nach der (annäherungsweise bestimmten) Geburt Christi überführt; erst im 18. Jh. wurde diese Rechnung auch auf die Zeit vor Christus übertragen.

Innerhalb dieses chronologischen Systems können Objekte durch folgende Faktoren mehr oder minder präzise datiert sein:

■ Angaben auf den Objekten selbst. Wichtig sind vor allem Inschriften: Das Grabrelief des Dexileos (Boardman, GPspätklassZ Abb. 120) wird durch eine Inschrift erläutert, nach der der Grabherr 394 v. Chr. in einer Schlacht ge-

*Abbildungen:	
Andreae	B. Andreae, Römische Kunst (1973).
Boardman, GParchZ	J. Boardman, Griechische Plastik. Die archaische Zeit (1981).
Boardman, GPklassZ	J. Boardman, Griechische Plastik. Die klassische Zeit (1987).
Boardman, GPspätklassZ	J. Boardman, Griechische Plastik. Die spätklassische Zeit und die Plastik in Kolonien und Sammlungen (1998).
Boardman, RVarchZ	J. Boardman, Rotfigurige Vasen aus Athen. Die archaische Zeit (1981).
Boardman, RVklassZ	J. Boardman, Rotfigurige Vasen aus Athen. Die klassische Zeit (1987).
Boardman, SV	J. Boardman, Schwarzfigurige Vasen aus Athen (1977).
Gruben	G. Gruben, Griechische Tempel und Heiligtümer (5., erw. Aufl. 2001).
Kleiner	D.E.E. Kleiner, Roman Sculpture (1992).
Koch – Sichtermann	G. Koch – H. Sichtermann, Römische Sarkophage (1982).
Richter, Kouroi	G.M.A. Richter, Kouroi (1960).

fallen ist. Der Traiansbogen von Benevent (Abb. 143) ist nach seiner Inschrift 114 n.Chr. eingeweiht worden. In anderen Fällen, vor allem auf Münzen, sind Porträts historischer Persönlichkeiten bestimmbar, meist wieder mit Inschriften: Münzen mit Bildnissen hellenistischer Herrscher sind meist zumindest in deren Regierungszeit datierbar, solche mit Bildnissen römischer Kaiser durch die Beischrift sogar meist in ein bestimmtes Jahr.

■ Verbindung mit Schriftzeugnissen. Durch literarische und epigraphische Quellen ist bekannt, daß der Parthenon in Athen (Gruben Abb. 135–148) 447–432 v. Chr., das Colosseum in Rom unter dem Kaiser Vespasian ab 70 n. Chr. erbaut worden ist. Ebenso können Grabungsbefunde mit Schriftzeugnissen verbunden werden: etwa eine überlieferte Zerstörung mit einem entsprechend bestimmbaren Zerstörungsbefund (z.B. der sog. Perserschutt, s. unten).

■ Naturwissenschaftliche Messungen. Diese Methoden sind eine wichtige Ergänzung zu den historisch gewonnenen Datierungen, sie bringen aber ihre eigenen Probleme mit sich. Die Dendrochronologie, die auf den unterschiedlichen Jahresringen von Bäumen beruht und daher genaue Jahreszahlen ergibt, ist nur für Holz anwendbar, das sehr selten erhalten ist. Das C_{14}-Verfahren, mit dem der Zerfall von Radioaktivität gemessen wird, ist breiter, d. h. für alle organischen Substanzen anwendbar, impliziert aber eine relativ große Unsicherheitsspanne. Hier sind andere Methoden im Bereich der historischen Kulturen oft genauer. Wichtig ist die C_{14}-Methode vor allem für die Ur- und Frühgeschichte. Auch für die ägäische Bronzezeit hat sie kürzlich zu einer beträchtlichen Korrektur der Chronologie geführt (s. unten Kapitel 10). Vor allem im Bereich der Keramik ist die Thermolumineszenz-Methode anwendbar. Sie beruht darauf, daß Keramik nach dem Brand kontinuierlich radioaktive Strahlung aufnimmt, die durch künstliches Erhitzen wieder zur Abstrahlung gebracht wird und als Licht gemessen werden kann. Die Ungenauigkeit ist auch hier so groß, daß differenziert dekorierte Gefäße über den Stil gewöhnlich feiner datiert werden können. Für Gebrauchskeramik und zur Bestimmung von Echtheit ist die Methode aber auch in der Klassischen Archäologie nützlich.

Für die absolute Chronologie sind zwei weitere Begriffe von Bedeutung. Oft sind die Objekte und Befunde nicht selbst datierbar, sondern nur im Verhältnis zu einem festen Datum bestimmbar. Ein '*terminus post quem*' liegt vor, wenn Objekte später als ein bestimmtes Datum anzusetzen sind: Das Gründungsdatum einer Stadt ist ein Terminus post quem für alle Befunde dieser Stadt. Ein '*terminus ante quem*' bedeutet dagegen, daß die Objekte älter sind als ein bekanntes Datum: Das Datum einer Zerstörung ist ein Terminus ante quem für alle Objekte, die in oder unter dem Schutt dieser Zerstörung gefunden wurden (und ein Terminus post quem für alle Bauten und Befunde, die über diesem Schutt angetroffen werden). Diese Begriffe treffen aber nicht nur für die Stratigraphie von Grabungen, sondern auch für viele andere Objekte zu. Die Lebenszeit Alexanders d.Gr. ist ein Terminus post quem für seine Bildnisse, die bis in die römische Kaiserzeit hinein hergestellt wurden. Die Erschließung der Marmorbrüche von Luni/Carrara um die Mitte des 1. Jh. v. Chr. ist ein Terminus post quem für die Errichtung von Bauten aus lunensischem Marmor in Rom.

Insgesamt sind es extrem wenige Objekte und Befunde, die aus sich heraus absolut datiert werden können. Die Zeitbestimmung muß daher durch die relative Chronologie ergänzt werden.

Relative Chronologie. Mit diesem Begriff bezeichnet man die Zeitstellung von Objekten und Befunden im Verhältnis zu anderen Objekten bzw. Befunden, also 'früher'/'älter' oder 'später'/'jünger', ohne Festlegung auf ein absolutes Datum. Dabei werden historische Abfolgen erkennbar. Die wissenschaftlichen Grundlagen solcher Abfolgen können verschiedener Art sein:

Eine zentrale, traditionelle Methode ist die Analyse der Stratigraphie, d.h. der Schichtenfolge in Grabungsbefunden (dazu s. unten Kapitel 8). In der Regel sind die unteren Schichten älter, die oberen jünger. Damit sind zunächst noch keine festen Datierungen, aber relative Folgen gegeben.

In neuester Zeit gewinnt die Methode der Korrespondenzanalyse zunehmend an Bedeutung, die insbesondere für Nekropolen mit geschlossenen Grabfunden entwickelt worden ist. Es handelt sich um eine serielle Analyse von Beigaben, die die Gräber in eine relative chronologische Reihenfolge bringt (s. unten Kapitel 13).

Die am häufigsten eingesetzten Methoden der Zeitbestimmung beruhen auf den morphologischen Veränderungen von archäologischen Objekten. Da hier besonders weitreichende methodische Probleme entstehen, werden diese Fragen etwas ausführlicher dargestellt. Folgende Phänomene stehen dabei im Vordergrund:

▪ Veränderungen von Typen (zum Begriff des Typus s. unten Kapitel 9). Im 6. Jh. v. Chr. sind die Grabstelen zunächst langgestreckt und in der Regel mit einer stehenden Figur geschmückt; später (gegen 500 v. Chr.) kommt daneben der Typus der breiten Stele mit zwei oder mehreren einander gegenüber gesetzten Figuren auf. Griechische Spiegel waren zunächst (bis zur 2. Hälfte des 5. Jh.) Stand- und Griffspiegel, danach kamen Klappspiegel auf.

▪ Veränderungen der Technik. Attische Vasen wurden zunächst mit schwarzen Figuren auf hellem Grund bemalt. Danach wurde eine Technik entwickelt, mit der die Figuren in dem schwarz bemalten Tongrund hell ausgespart wurden (s. unten Kapitel 22.2).

▪ Veränderungen des Stils (zum Begriff des Stils s. unten Kapitel 9). Ein Musterbeispiel ist das sog. dorische Kapitell, dessen Form sich langsam ändert: von weit ausladenden, kuchenartigen Formen wie am älteren Tempel von Paestum (Gruben Abb. 201), zu strafferer Gestalt wie am sog. Poseidon-Tempel von Paestum (Gruben Abb. 190), bis zu schräger Führung wie am Parthenon (Gruben Abb. 209) und ganz knapper Gestalt in den Hallen des Athena-Heiligtums von Pergamon (Gruben Abb. 346). Ähnliche Stilentwicklungen kann man an den archaischen Standbildern junger Männer (Kouroi) beobachten (s. unten Kapitel 16.2): von dem großflächig stilisierten Kouros in New York (Abb. 43) über die detailliertere Modellierung des Kroisos von Anavyssos (Abb. 44) bis zu den weicheren Bildungen des Aristodikos (Abb. 45). Durch den Vergleich des Stils werden relative Reihen gebildet, innerhalb derer jedes Objekt seinen idealen Platz erhält.

Datierung aufgrund von Stilanalysen ist in der Klassischen Archäologie zu großer Verfeinerung ausgebildet worden, insbesondere in der 1. Hälfte des 20. Jh., mit besonderer Zuversicht in Deutschland (zur Forschungsgeschichte s. oben Kapitel 2). Vielfach wurde Stilgeschichte zu einer Art Selbstzweck, nicht mehr nur ein Mittel zur Zeitbestimmung, sondern eine 'Geschichte' formaler Vorstellungen für sich. In diesem Konzept wurde der Begriff der 'Entwicklung' mit problematischen geschichtsphilosophischen Prämissen aufgeladen. Die Entwicklung des Stils wurde oft als ein autonomer, gesetzmäßiger Prozeß aufgefaßt: sei es im Sinn einer 'biologischen' Folge von Knospe, Blüte und Verfall, sei es im Sinn eines 'Fortschritts' zu einem immanenten teleologischen Ziel der Vollkommenheit, Naturwahrheit o. ä. Wenn man den Begriff der 'Entwicklung' heute beibehalten will, dann nur unter Eliminierung aller Vorstellungen von Zwangsläufigkeit und Zielgerichtetheit. Neutraler sind Begriffe wie 'Veränderung' oder 'Wandel'. Die einzige Determinante sind die vorausgehenden, d. h. die bisher bekannten und geltenden Stilformen, von denen die nachfolgenden Formen sich mehr oder minder stark absetzen. Aber die Richtung der Veränderungen ist weder von knospenhaften Anfängen noch von einem Endziel her determiniert, sondern von den gegenwärtigen Bedürfnissen, Lebenserfahrungen und Mentalitäten der Gesellschaft, die die Werke produziert und benutzt.

Der hochgespannte Begriff der 'Entwicklung' war oft mit einem starken Optimismus verbunden, auf dieser Grundlage sehr präzise chronologische Daten zu gewinnen. Diese Zuversicht ist heute wohl zu Recht relativiert worden. Dennoch bleibt die Stilanalyse eine wichtige Methode – sofern sie mit Augenmaß betrieben wird. Dazu einige methodische Grundsätze:

a) Die Methode des vergleichenden Sehens läuft auf die Feststellung von Ähnlichkeiten bzw. Unterschieden hinaus. Dabei ist zunächst darauf zu achten, daß sinnvolle Gegenüberstellungen gewählt werden: Man kann nicht gut einen Frauenkopf mit einem Athletentorso vergleichen – selbst wenn sie de facto gleichzeitig sind. Vergleiche sind nur sinnvoll, wenn sie Bildwerke oder Teile von Bildwerken betreffen, die nach Thema, Motiv o. ä. vergleichbar sind. Solche Vergleiche können sehr unterschiedliche Phänomene betreffen. Entweder ganze Figuren, sofern sie thematisch übereinstimmen: etwa zwei Kouroi. Oder einzelne Elemente wie das Haar, evtl. auch an Figuren unterschiedlicher Thematik: So sind der Kopf eines Kouros in Paris (Richter, Kouroi Abb. 221) und einer Sphinx in Athen aus Spata (Boardman, GParchZ Abb. 221) in den Haaren verwandt, während eine Kore in Berlin (Boardman, GParchZ Abb. 108) deutlich abweicht und sich dadurch als älter erweist. Stilistisch ähnlich ist auch die Modellierung des Gesichts bei der Demeter von Knidos und dem Alexander in Athen (Journal of Hellenic Studies 71, 1951, Taf. 11–12). Sogar der allgemeine Körperaufbau kann, trotz unterschiedlichem Thema, vergleichbar werden: etwa die nackte Figur des Helden Meleager (Abb. 81) und die voll bekleidete Gestalt des Dichters Sophokles (Boardman, GPspätklassZ Abb. 106), die in ähnlich ausgreifender Haltung stehen und den Kopf prononciert in den Raum richten.

Es ist deutlich, daß diese Methode Risiken birgt: Bei einer einzelnen Gegenüberstellung zweier Werke ist man oft unsicher, ob der Vergleich etwas besagt oder nicht, ob also Ähnlichkeit wirklich zeitliche Nähe bedeutet. Insbesondere ist immer darauf zu achten, ob Ähnlichkeiten auf dem Bildthema (etwa einer bestimmten Kleidung), das über lange Zeit beliebt gewesen sein kann, oder auf einem zeitlich begrenzten Stil beruhen. Zur Kontrolle ist es wichtig, daß man möglichst Stilreihen aus mehreren Objekten bildet. Und daß man mit verschiedenen Phänomenen arbeitet: Körpermodellierung, Gewandwiedergabe, Figurenaufbau usw. Erst die Konvergenz vieler Beobachtungen führt zu größerer Sicherheit.

b) Datierungen aufgrund des Stils basieren auf der Annahme einer einheitlichen, gleich gerichteten und allumfassenden Veränderung des Stils, der alle einzelnen Werke gleichermaßen folgen. Diese Voraussetzung hat sich in allgemeinen Zügen vielfach bewährt: In der Regel kann man Werke der geometrischen, archaischen, klassischen, hellenistischen und kaiserzeitlichen Epochen und ihrer Untergliederungen einigermaßen klar unterscheiden. Dennoch ist allzu große Zuversicht in mancher Hinsicht fraglich geworden.

– Es wurde zunehmend erkannt, daß für verschiedene Gattungen von Kunstwerken z. T. verschiedene Formen verwendet wurden: Die Metopen des Parthenon (Boardman, GPklassZ Abb. 91,1–11) haben hohes Relief mit nebeneinandergesetzten Figuren, der Fries (Boardman, GPklassZ Abb. 96,1–19) desselben Tempels hat flaches Relief mit stark gestaffelten Gestalten.

– Verschiedene Themen haben oft zur Anwendung verschiedener Stilformen geführt: ein heroischer Herakles (Studi Miscellanei 15, 1970, Taf. 18) in Rom aus der Mitte des 2. Jh. v. Chr. wird idealisiert dargestellt, ein gleichzeitiges Politiker-Porträt, der sog. Postumius Albinus (Andreae Abb. 172) dagegen in krassem Realismus.

– Nicht alle Künstler und Handwerker stehen an der vordersten Front der Entwicklung, immer arbeiten innovative und traditionelle, alte und junge Künstler nebeneinander. Der Kunsthistoriker Wilhelm Pinder hat dies die „Ungleichzeitigkeit des Gleichzeitigen" genannt. Nachprüfbar ist dies Phänomen an Fällen, wo viele Bildhauer an einem großen Projekt zusammengearbeitet haben. An den Süd-Metopen des Parthenon finden sich Körper mit hart eingekerbter Muskulatur neben solchen mit weichen Übergängen (Boardman, GPklassZ Abb. 91,6 und 91,10), ebenso Köpfe von Kentauren in starrer Maskenhaftigkeit neben anderen in lebendigen Schwellungen (Boardman, GPklassZ Abb. 91,10 und 91,1). Im Sinne einer rigiden Stilentwicklung würde man diese Werke, die sicher gleichzeitig entstanden sind, 2 bis 3 Jahrzehnte auseinander datieren. Ähnliche Spannen findet man auch an anderen Werken. Es ist die Spanne einer Generation, die im Nebeneinander älterer und jüngerer Züge deutlich wird.

Relative Stilreihen sind immer Ideal-Konstruktionen, die Wirklichkeit der künstlerischen Veränderungen ist nicht derart konsequent. Die Bildung solcher Reihen bleibt durchaus sinnvoll – aber wenn man einem Objekt einen Platz in einer Reihe zuweist, muß man immer mit der Möglichkeit rechnen, daß sein tatsächlicher Platz in gewissem Maß von dem idealen Platz abweicht.

Wenn innerhalb desselben Werkes ältere und jüngere Züge auftreten: etwa an Ensembles wie dem Parthenon, aber auch an einzelnen Werken, bei denen einzelne Elemente fortschrittlicher als anderen sein können, hat sich der Grundsatz durchgesetzt, nach den jüngsten Phänomenen zu datieren.

c) In manchen Epochen sind Stilreihen relativ einfach, in anderen schwieriger zu bilden. In archaischer Zeit wurden vielfach immer wieder dieselben Aufgaben an die Künstler gestellt, vor allem Kouroi und Koren; dadurch war der Spielraum für individuelle Innovation relativ gering. Im Hellenismus dagegen gab es vor allem in der großformatigen Kunst sehr verschiedenartige Aufgaben, die zu größerer Variationsbreite, ausgeprägteren Innovationen und damit zu einer weniger einheitlichen Entwicklung führten. Ein Werk wie die Trunkene Alte (Abb. 102) ist schon vom Thema her singulär und schwer vergleichbar. Daher sind in archaischer Zeit Datierungen im allgemeinen sicherer als im Hellenismus.

Chronologisches Netz. Eine dichte Zeitbestimmung entsteht aus einer Verbindung von absoluter und relativer Chronologie, d.h. einzelner fest datierter Denkmäler (Fixpunkte) und relativer Stilreihen. Je nach dem Ausgangspunkt werden:

- absolute Fixpunkte durch relative Reihen miteinander verbunden
- relative Reihen an einzelnen absoluten Fixpunkten festgemacht.

Dabei entsteht ein methodisches Problem daraus, daß die absoluten Fixpunkte gewöhnlich sehr heterogener Natur sind: hier ein Relief, dort eine Vase oder eine Münze. Solche verschiedenartigen Objekte lassen sich schwer in eine Reihe bringen. Für einzelne Gattungen aber ist die Zahl der fest datierten Objekte oft zu klein, um ein Gerüst zu ergeben. Daher ist es zunächst nötig, Querverbindungen zwischen den Gattungen zu ziehen. Das Verfahren kann an Beispielen der Skulptur und der Vasenmalerei erläutert werden:

Das Schatzhaus von Siphnos (Boardman, GParchZ Abb. 212,1–4) in Delphi, das um 530 v.Chr. datiert ist, besitzt einen Figurenfries, der Ähnlichkeiten mit den Vasenbildern des sog. Andokides-Malers (Boardman, RVarchZ Abb. 3,3) aufweist: vgl. besonders die Bildung der Gewänder. Dadurch kann der Beginn der rotfigurigen Maltechnik, die mit diesem Vasenmaler einsetzt, ebenfalls in der Zeit um 530 v.Chr. angesetzt werden.

Zum Ostgiebel des Zeus-Tempels von Olympia (Boardman, GPklassZ Abb. 20,1), der um 470–456 v.Chr. entstand, gehören Gestalten von Frauen, deren Datierung auf ähnliche Figuren in Vasenbildern des sog. Niobiden-Malers (Boardman, RVklassZ Abb. 7) übertragen werden kann. Dadurch sind weiterhin stilistisch ähnliche Stützfiguren von Stand- und Griffspiegeln in dieselbe Zeit datierbar; der Wechsel zu den Klappspiegeln (s. oben) lag also noch später als 470–60 v.Chr.

Die Reliefs von der Balustrade des Tempels der Athena Nike (Boardman, GPklassZ Abb. 130,1–4), die um 420 v.Chr. zu datieren sind, haben enge Parallelen in den Vasenbildern des sog. Meidias-Malers (Boardman, RVklassZ Abb. 285–288), dessen Schaffenszeit entsprechend in die Zeit des Reichen Stils gesetzt wird.

Vorsichtig gehandhabt, können auf diese Weise Fixpunkte der einen Gattung auf andere Gattungen übertragen werden.

Eine andere Möglichkeit, Querverbindungen zwischen verschiedenen Gattungen zu ziehen, bietet die Stratigraphie von Ausgrabungen. Die Objekte in derselben Schicht sind etwa gleichzeitig in die Erde gekommen, zum größten Teil auch etwa im gleichen Zeitraum entstanden. Gut datierbare Objekte in einer Schicht geben daher Hinweise für die Datierung aller anderen Objekte, auch wenn sie morphologisch gar nicht vergleichbar sind. Die wichtigste Gattung in diesem Zusammenhang ist die Keramik, für deren Formen und Bemalung in vielen Epochen eine feinmaschige Chronologie erarbeitet werden konnte. Keramik ist aber auch in Grabungen das häufigste Fundgut, so daß sie von erstrangiger Bedeutung für die zeitliche Bestimmung von Stratigraphien ist. An zweiter Stelle sind hier die Münzen zu nennen, deren oft recht genaue absolute Chronologie vielfach für die Datierung von Grabungsschichten hilfreich ist. Da deren Gebrauchszeit allerdings oft wesentlich länger als bei Keramik ist, ergeben sie nur einen Terminus post quem.

Für die Datierung von Bauwerken hat weiterhin die Bauornamentik große Bedeutung, für die dichte Stilgruppen und -reihen erarbeitet worden sind. So lassen sich etwa korinthische Kapitelle aus augusteischer Zeit (Rom, Tempel der Dioskuren) von solchen antoninischer Zeit (Rom, Tempel des Antoninus und der Faustina) unterscheiden (W.-D. Heilmeyer, Korinthische Normalkapitelle [1970] Taf. 57,1–2).

b. Fest datierte Befunde und Denkmäler

Grundsteine der Chronologie sind ‚fest datierte' Befunde und Denkmäler, deren Daten – annähernd oder genau – durch schriftliche Zeugnisse gesichert sind (s. oben). Vor allem für die griechische Frühzeit sind solche Fixpunkte ein stark diskutiertes Thema. Die Chronologie Griechenlands nach dem Zusammenbruch der mykenischen Kultur ist noch recht unsicher. Für die 'Dark Ages' fehlen Schriftquellen mit verläßlichen Zeitangaben. Daher ist es zunächst wichtig, Verbindungen von Griechenland zu den Hochkulturen des Vorderen Orients und Ägyptens mit ihren fester begründeten Chronologien zu ziehen.

▪ In mehreren Stätten in Syrien und Israel mit datierbaren Zerstörungsschichten kam attisch-geometrische Keramik zutage.

▪ In einem Grab auf Ischia wurde zusammen mit griechischer Keramik ein Siegel des ägyptischen Pharao Bocchoris (720–715 v. Chr.) gefunden.

Die frühesten schriftlich überlieferten Daten aus der griechischen Geschichte betreffen die Gründung von 'Kolonie'-Städten in Sizilien und Unteritalien. Unter den verschiedenen Überlieferungen scheinen in der Regel die des Thukydides Vertrauen zu verdienen. Darunter sind für die Archäologie bisher vor allem folgende Städte wichtig: Naxos (gegründet 734 v. Chr.), Syrakus (733), Megara Hyblaia (728), Tarent (706), Gela (690). Danach gibt es erst wieder um 600 v. Chr. ergiebige Daten: Massilia (600), Zerstörung von Smyrna (um 600).

Bei der chronologischen Auswertung der Grabungsbefunde in diesen Städten ergeben sich einige Probleme. Voraussetzung ist die Verbindung der frühesten Befunde (meist Gräber) mit den Gründungsdaten. Es ist aber zum einen nie ganz zu sichern, ob die frühesten Gräber wirklich gefunden wurden, d. h. ob die frühesten gefundenen Gräber nicht später als die Gründung sind; zum anderen kann man fragen, ob es nicht Vorposten griechischer Händler schon vor der eigentlichen Gründung gab, ob also die frühesten Befunde nicht älter als das Gründungsdatum sind. Diese Unsicherheiten können nur durch Beachtung und Vernetzung möglichst vieler Befunde ausgeglichen werden.

Bei der Auswertung dieser Befunde spielt eine Vasenform eine entscheidende Rolle: der Aryballos (s. unten Kapitel 22.1). Er entwickelte sich seit dem späten 8. Jh. v. Chr. von einer bauchigen zu einer birnenförmigen und immer stärker zugespitzten Form, um dann im späteren 7. Jh. v. Chr. abrupt zu einer kugeligen Form umgestaltet zu werden.

Seit dem 6. Jh. v. Chr. sind folgende Fixpunkte von besonderer Bedeutung:

PANATHENÄISCHE PREISAMPHOREN. In Athen wurde 566 v. Chr. das Fest der Panathenäen neu geordnet. Seit damals wurde ein neuer Typ von Amphoren hergestellt, in denen das Öl an die Sieger des Agons ausgegeben wurde. Die frühesten erhaltenen Amphoren dieses Typus (Bourgon-Amphora, London [Boardman, SV Abb. 296]) müssen zu diesem Zeitpunkt oder bald danach entstanden sein. Seit dem frühen 4. Jh. v. Chr. wurden die Gefäße mit der Aufschrift der Jahresbeamten (Archonten) versehen; sie sind daher genau datiert.

ARTEMIS-TEMPEL IN EPHESOS. Die Säulentrommeln mit Relieffiguren (Boardman, GParchZ Abb. 217,1–6) wurden von dem Lyderkönig Kroisos gestiftet, der Ephesos 561/60 v. Chr. eroberte und 547 v. Chr. starb. Innerhalb dieses Zeitraumes muß die Stiftung vorgenommen worden sein.

SCHATZHAUS DER INSEL SIPHNOS IN DELPHI. Als die Bewohner von Siphnos in Delphi ein Schatzhaus bauten, erhielten sie ein Orakel: wenn einst ihre eigene Agora und ihr Rathaus weiß, d. h. aus Marmor errichtet seien, dann werde ein hölzerner Feind und ein roter Herold, d. h. ein Angriff mit Schiffen und ein Feuerbrand die Stadt befallen. Der gemeinte Überfall auf Siphnos ereignete sich 525/24 v. Chr.; Agora und Schatzhaus werden also nicht allzu weit davor entstanden sein. Daraus ergibt sich für das Schatzhaus und seinen reichen Skulpturenschmuck (Friese, Giebel) ein nicht sehr genaues Datum um ca. 530 v. Chr. (Boardman, GParchZ Abb. 211–212).

APOLLON-TEMPEL IN DELPHI. Die berühmte Familie der Alkmaioniden aus Athen übernahm 513 v. Chr. den Neubau des Apollon-Tempels von Delphi: Die Ostseite wurde aufwendiger als geplant, nämlich aus Marmor ausgeführt. Daraus ergibt sich für die Architektur und die Marmorskulpturen des Ostgiebels eine Entstehung um 510 v. Chr. (Boardman, GParchZ Abb. 203–204).

'PERSERSCHUTT' DER AKROPOLIS VON ATHEN. Bei der Einnahme Athens durch die Perser 480 v. Chr. wurde die Akropolis mit ihren reichen Architekturen und Skulpturvotiven völlig zerstört. Die Trümmer wurden anschließend in den Aufschüttungen für die Neuanlage des Heiligtums vergraben. Daraus ergibt sich ein Terminus ante quem für alle Funde aus dem Perserschutt, für die jüngsten unter ihnen (Boardman, GParchZ Abb. 147–148) ein Datum kurz vor 480 v. Chr. Im einzelnen ist der 'Perserschutt' aus den Grabungsberichten des 19. Jh. nicht immer mit voller Sicherheit zu rekonstruieren, aber im großen und ganzen ist er ein bedeutender chronologischer Anhaltspunkt. Insbesondere zeigt sich, daß der Wechsel von den archaischen Typen der Kouroi und Korai mit gleich belasteten Beinen zu der ponderierten Figur mit Unterscheidung von Stand- und Spielbein kurz vor 480 v. Chr. anzusetzen ist.

STATUENGRUPPE DER TYRANNENMÖRDER. Auf der Agora von Athen waren nach den Reformen des Kleisthenes Ehrenstatuen für die Tyrannenmörder Aristogeiton und Harmodios (Abb. 57) aufgestellt worden. Diese Gruppe wurde 480 v. Chr. von den Persern geraubt, 477/6 v. Chr. wurde eine Ersatzgruppe von den Bildhauern Kritios und Nesiotes errichtet, die in römischen Kopien erhalten ist (Boardman, GPklassZ Abb. 3–9).

ZEUS-TEMPEL VON OLYMPIA. Nach der Neugründung der Stadt Elis 472 v. Chr. wurde in Olympia ein großer Tempel für Zeus begonnen, der 456 v. Chr. fertig war. Der Skulpturenschmuck, Giebel und Metopen, ist in diesem Zeitraum entstanden (Boardman, GPklassZ Abb. 20–23).

PARTHENON IN ATHEN. Der Neubau des Parthenon wurde, wie die in Inschriften erhaltenen jährlichen Bauabrechnungen erkennen lassen, 447 begonnen und 432 v. Chr. beendet. Von dem Skulpturenschmuck sind die Metopen bis ca. 442, der Fries bis 438, das Kultbild zum selben Datum und die Giebel bis 432 v. Chr. fertiggestellt worden (Boardman, GPklassZ Abb. 79–110).

Im 4. Jh. v. Chr. ist die Gattung der sog. Urkundenreliefs (Boardman, GPspätklassZ Abb. 149–151) von besonderer Bedeutung für die Chronologie: Es handelt sich um Reliefs, die zu Inschriftenstelen mit datierbaren Beschlüssen von Rat und Volk der Athener gehören. Die Problematik dieser Gattung liegt in ihrer meist mäßigen Qualität. Daher ist die stilistische Verbindung mit Werken der großen Bildhauerei nicht ganz leicht herzustellen.

In hellenistischer Zeit sind Fixpunkte der Chronologie relativ spärlich, so daß hier noch beträchtliche Unsicherheit herrscht (s. dazu unten Kapitel 16.5).

In der römischen Kunst beruht die Stilgeschichte der Plastik vor allem auf der gesicherten Reihe der Kaiserporträts und der Staatsreliefs (s. unten Kapitel 17.3 und 18). Die Porträts der Kaiser lassen sich durch die Münzen mit Beischriften identifizieren. Ein Vergleich von Porträts des Augustus (Abb. 129) und des Claudius (Abb. 133) läßt Unterschiede erkennen, die nicht durch die Physiognomie, sondern durch den Stil bedingt sind: Augustus ist mit großflächigen Wölbungen und klar begrenzenden Kanten dargestellt, Claudius mit schwellenderen Übergängen von Wölbungen und Mulden (s. unten Kapitel 17.3). Entsprechende Unterschiede lassen sich auch an anderen Werken der beiden Zeiträume erkennen. Ganzfigurige Bildnisstatuen, etwa des Augustus und des Claudius (Kleiner Abb. 41. 106), beide im Vatikan, erlauben, die Unterschiede auch in der Modellierung von Körpern und der Wiedergabe von Gewändern zu beschreiben. Auf diese Weise läßt sich ein vielfältiges Netz von Veränderungen der Stilformen erkennen.

Für das 2. und 3. Jh. n. Chr. sind die Sarkophage für die Chronologie von Bedeutung. Auch hier dienen Kaiserporträts als Gerüst. Ein Sarkophag mit Darstellung des Alkestis-Mythos (Koch – Sichtermann Abb. 143) zeigt mehrere Figuren mit dem Bildnis des Verstorbenen, das dem Kaiser Lucius Verus (Andreae Abb. 492) sehr ähnlich ist. Dadurch kann der Sarkophag auf ca. 170 n. Chr. datiert werden; die dort erkennbaren Züge der Reliefgestaltung, der Proportionen und der Wiedergabe von Körpern und Gewändern können wiederum zur Datierung anderer Werke verwendet werden.

Insgesamt hat die wissenschaftliche Bemühung um verläßliche Chronologien sich vor allem auf die stilistisch anspruchsvollen Werke der Bild- und Baukunst konzentriert, für diese ihre Methoden entwickelt und in diesem Bereich ihre wichtigsten Ergebnisse erzielt. Die künftige Forschung wird sich vor allem bemühen müssen, für die Klassen von Objekten des täglichen Lebens, Gebrauchskeramik, Gläser etc., feinere Datierungen zu erarbeiten. Nur auf dieser Grundlage kann eine differenzierte Geschichte der gesamten antiken Lebenskultur wiedergewonnen werden.

6. Geographie der griechischen und römischen Kultur

'Historische Landeskunde' hat seit den Entdeckungsreisen im 18. Jh. bis in die Zeit des Historismus im späteren 19. und frühen 20. Jh. große Leistungen in der Erschließung nicht nur der städtischen Zentren, sondern auch der unzähligen Überreste in den antiken Kulturlandschaften erbracht. Die geistesgeschichtliche Ausrichtung des Faches nach dem 1. Weltkrieg hat insbesondere in Deutschland zu einer Stagnation landeskundlicher Forschungen geführt. Erst in neuerer Zeit gehen vor allem von der angelsächsischen Archäologie neue Impulse zur Erforschung antiker Kulturlandschaften aus. Dabei machen die neuen Methoden des intensiven Survey, der EDV-gestützten Statistik, der Geologie und der naturwissenschaftlichen Messungen ganz neue Fragestellungen zu den natürlichen Ressourcen und der historischen Umwelt, zu Demographie, Siedlungs- und Wirtschaftsformen möglich. Hier liegen wichtige neue Perspektiven der archäologischen Forschung.

6.1 Griechenland und hellenistische Welt

Griechische Kultur und Geschichte sind nur in der griechischen Landschaft zu verstehen. Politische, soziale und wirtschaftliche Strukturen haben sich im Kontext und in Auseinandersetzung mit den landschaftlichen Voraussetzungen entwickelt (zum Folgenden siehe grundsätzlich die Karte im vorderen Einband, innen).

Das Kernland der griechischen Kultur ist klein: Peloponnes, Inseln, Mittel- und Nordgriechenland bis Thessalien sind insgesamt etwa so groß wie Bayern. Hinzu kamen im späteren 2. Jt. einzelne Vorposten der mykenischen Kultur an den Küsten im Osten bis Zypern und im Westen bis Süditalien; seit den Wanderungsbewegungen um die Wende zum 1. Jt. v. Chr. die ägäischen Inseln und die Westküste Kleinasiens; seit dem 8.–7. Jh. v. Chr. die 'Kolonien' in Süditalien, Sizilien, am Schwarzen Meer und an weiteren vereinzelten Plätzen um das Mittelmeer; seit archaischer Zeit das zunehmend hellenisierte Nordgriechenland (Makedonien). Seit dem 8.–7. Jh. v. Chr. wurde griechische Kultur in breitem Maß von den Etruskern, später in begrenzterem Umfang von anderen Völkern Italiens rezipiert. In hellenistischer Zeit wurden griechische Kultureinflüsse durch die Reiche Alexanders d.Gr., der Seleukiden und der Ptolemäer nach Vorderasien und Ägypten gebracht. Auch das Reich von Karthago öffnete sich zunehmend der griechischen Kultur.

Geologisch ist Griechenland von hohen Gebirgszügen geprägt: Ausläufern des Balkan, die sich nach Süd(ost)en erstrecken, im Meer enden und z.T. als Inseln wieder auftauchen. Diese geologische Situation führt zu einer Vielzahl von relativ kleinteiligen Siedlungskammern mit einer Ebene für den Ackerbau, einer Anhöhe für die befestigte Siedlung und begrenzenden Bergzügen. Diese begrenzten landschaftlichen Einheiten sind eine wichtige Vorgabe bei der Entstehung der Struktur autonomer Stadtstaaten (*polis*) in Griechenland gewesen.

Eine weitere entscheidende Voraussetzung griechischer Kultur ist die Nähe zum Meer. Die geologischen Formationen hatten bewegte Küstenlinien zur Folge; zusammen mit den Inseln ergab sich eine enge Verzahnung von Land und Meer. Die meisten Städte lagen nahe der Küste und hatten gute Häfen; von kaum einer Stadt war es länger als eine Tagesreise zum Meer. Gebiete, die weiter im Inneren lagen, wie das bäuerliche Boiotien oder das Hirtenland Arkadien, galten als zurückgeblieben und hinterwäldlerisch. Das Meer hatte weniger trennenden als verbindenden Charakter: Der Seeweg vom eigenen Ufer zur Küste gegenüber muß oft näher gelegen haben als der Landweg über das Gebirge zur angrenzenden Polis. Wie die Frösche um einen Teich, schrieb Platon, hätten die Griechen um das Mittelmeer gesiedelt. Wie entscheidend solche geographischen Voraussetzungen für die Griechen waren, zeigt sich daran, daß sie auch bei ihren ausgreifenden Landnahmen und Koloniegründungen in fernen Ländern kaum über

Gebiete hinausgegangen sind, in denen sie noch solche landschaftlichen Strukturen vorfanden.

Die Bevölkerung Griechenlands war stark in einzelne Stämme gegliedert. Deren geographische Verteilung, wie sie in historischer Zeit erscheint, ist in den Wanderungsbewegungen des späteren 2. und frühen 1. Jt. v. Chr. entstanden. Zu der bereits ansässigen griechischen Bevölkerung des 2. Jt. drangen damals von Norden weitere griechische Stämme mit 'dorischem' Dialekt ein: ein Vorgang, der früher oft als Eroberungszug geschlossener Volksgruppen, sog. 'dorische Wanderung', verstanden wurde, heute aber als komplexerer Prozeß eines längerfristigen Eindringens gedeutet wird. Dadurch kamen auch die bisher ansässigen Stammesgruppen in eine Migrationsbewegung ('aiolische' und 'ionische Wanderung'), die teils nach Süden, vor allem aber nach Osten, über die ägäischen Inseln bis in das westliche Kleinasien führte. In der Folge dieser Wanderungen konsolidierten sich die drei großen Stammesgruppen der Aioler, der Ionier und der Dorer. Es handelt sich um sprachliche Gruppen mit unterschiedlichen griechischen Dialekten, die durch religiöse und soziale Institutionen sowie mythologische und genealogische Traditionen verbunden waren. Im Mutterland kam es dabei vielfach zu Mischungen von alter und neu zugezogener Bevölkerung; entscheidend war, welches Element die Oberhand behielt.

AIOLER. Vordorischer Stamm. Im Mutterland zunächst vor allem in Thessalien und Teilen von Boiotien, nach der 'aiolischen Wanderung' in den Nordgebieten der kleinasiatischen Küste mit Lesbos, im Süden bis Smyrna (später ionisch).

IONIER. Vordorischer Stamm. Im Mutterland in Euboia und vor allem Attika, das angeblich nie von Dorern 'erobert', d.h. nicht von den neu eindringenden Stämmen erreicht wurde. Von dort 'ionische Wanderung' über den größten Teil der Kykladen-Inseln bis zum mittleren Teil der kleinasiatischen Küste und der vorgelagerten Inseln: Chios und Samos, Ephesos und Milet.

DORER. Gegen Ende des 2. Jt. v. Chr. neu eingedrungene Stämme. Im größeren Teil der Peloponnes, von dort Ausgreifen auf die südlichen Kykladen Melos und Thera, nach Kreta, bis Kos und Rhodos und zum südlichen Teil der kleinasiatischen Küste.

Die Zugehörigkeit zu einzelnen Stämmen war wichtig wegen gemeinsamer religiöser und gesellschaftlicher Traditionen; sie behielt auch später eine gewisse Bedeutung für politische Verbindungen einzelner Städte. Andererseits darf man ihre Rolle nicht überschätzen, wie es vielfach unter dem Einfluß von Rassentheorien geschah: Für die materielle und künstlerische Kultur sind geographische Einheiten wichtiger als die Unterschiede der Stämme. So bilden etwa Ostgriechenland oder die Kykladen, ablesbar am Stil ihrer Keramik und ihrer Skulpturen, geschlossene Kulturkreise über die Zugehörigkeit zur aiolischen, ionischen und dorischen Sprachgruppe hinweg.

Die griechischen Landschaften haben einerseits durch die Grundstrukturen der Polis viele gemeinsame Wesenszüge erhalten; daneben haben aber verschiedene Faktoren auch zu unterschiedlichen kulturellen Profilen geführt: geographische Lage, vorgeschichtliche Traditionen, politische Organisation, religiöse und 'kulturelle' Institutionen, historische Vorgänge und Entwicklungen.

In der Erforschung des antiken Griechenland nimmt Athen einen dominierenden Platz ein. Das ist zunächst in den Verhältnissen der Antike selbst begründet: Seit dem 5. Jh. v. Chr. entwickelte Athen sich zum wichtigsten Zentrum und Anziehungspunkt der Literatur, Philosophie und Bildenden Kunst; die spätere Antike hat diesen Rang als 'klassische' Stätte griechischer Kultur festgeschrieben. Die neuzeitliche Forschung ist diesen Vorgaben jedoch z. T. allzu unbedenklich gefolgt und hat den Denkmälern Athens einen Vorrang gegeben, der zu einem recht einseitigen Bild geführt hat. Ohne Zweifel bildet Athen wegen seines großen Reichtums an Bauwerken, Bildwerken und materieller Kultur in Verbindung mit einer unvergleichlich reichen schriftlichen Überlieferung ein erstrangiges Objekt für viele Fragen an die griechische Antike. Aber daneben darf nicht übersehen werden, daß Athen in vieler Hinsicht nicht die Regel, sondern eine Ausnahme unter den griechischen Stadtstaaten bildet und daß die griechische Geschichte ihre charakteristische Prägung gerade in der Konstellation unendlich vieler Städte, Dörfer und ländlicher Gehöfte erhält. Diese Vielzahl von Orten, über die die schriftlichen Zeugnisse oft wenig aussagen oder ganz schweigen, sind nur durch ihre materiellen Überreste zu erschließen. Hier hat die Archäologie eine erstrangige Aufgabe.

Die folgenden Angaben enthalten ausgewählte Stätten. Insbesondere werden die wichtigsten Grabungsplätze genannt.

a. Griechisches Festland, Ägäische Inseln, Westliches Kleinasien

Peloponnes

KORINTHIA. Durch die Lage unmittelbar südlich des *Isthmos* (Landenge), am Fuß einer steilen Akropolis, ist *Korinth* zur Handelsstadt bestimmt: den Landweg zwischen Peloponnes und Mittelgriechenland beherrschend, und mit Häfen zum Saronischen Golf nach Osten (*Kenchreai*) und zum Korinthischen Golf nach Westen (*Lechaion*) sich öffnend. In der Epoche des archaischen Seehandels erreichte die Stadt als Umschlagplatz zwischen Orient und Okzident eine hohe Blüte. Das außerstädtische Heiligtum des Poseidon von *Isthmia* gewann überregionale 'panhellenische' Bedeutung. In der römischen Kaiserzeit wurde Korinth Hauptstadt der Provinz Achaia. Die bedeutende Nachbarstadt *Sikyon* ist archäologisch noch kaum erschlossen.

ARGOLIS. Als Siedlungskammer mit Fruchtebene, Meernähe und Bergbegrenzung zeigt die Argolis besonders deutlich die typischen Strukturen einer griechischen Kulturlandschaft. Beherrschend sind hier die Traditionen der bronzezeitlichen Herrschersitze *Mykene* und *Tiryns*, an die sich die gemeingriechischen Mythen um Agamemnon und den Troianischen Krieg anschlossen. Erbe dieser Traditionen war die Stadt *Argos* mit ihrem außerstädtischen Heiligtum der Hera (*Heraion*). Im Norden, am Weg nach Korinth, liegt *Nemea* mit dem panhellenischen Heiligtum des Zeus. Nach Osten schließen sich weitere Poleis an, darunter *Troizen* sowie *Epidauros* mit seinem wichtigen Heiligtum des Asklepios. Auch die Insel *Aigina*, mit dem wichtigen Heiligtum der Göttin Aphaia, ist kulturell eher zur nordöstlichen Peloponnes ausgerichtet.

LAKONIEN. Die Ebene des Flusses Eurotas, von den hohen Bergzügen im Westen (*Taygetos*) und im Osten (*Parnon*) umschlossen, ist nach Attika das zweitgrößte Polis-Territorium von Griechenland. Die Hauptstadt *Sparta*, die in archaischer Zeit ein Ort glanzvoller Kultur gewesen war, ließ seit klassischer Zeit aufgrund der ideologischen Kulturfeindlichkeit ihrer aristokratischen Führungsschicht nichts mehr von ihrer großen politischen Bedeutung erkennen; schon Thukydides hat diese Diskrepanz bemerkt und die Kargheit Spartas gegen die repräsentative Ausgestaltung Athens gestellt. Für die kulturelle Entwicklung spielte Sparta seither keine bedeutende Rolle mehr.

MESSENIEN. Die große Landschaft war in der Bronzezeit das Reich des Königtums von *Pylos*. Seit dem 8. Jh. v. Chr. war Messenien von Sparta in harten Kriegen unterworfen, die Bevölkerung z. T. ins Exil getrieben worden. Erst im 4. Jh. v. Chr. wurde die Polis *Messene* neu gegründet und entwickelte sich danach zu einer bedeutenden Stadt.

ARKADIEN. Das zentrale Hochland der Peloponnes, mit Gebirgen und wenigen Hochebenen, bot nur geringen Raum für größere städtische Siedlungen. Archäologisch wichtig sind *Mantineia*, *Tegea* mit dem Tempel der Athena Alea, *Phigalia-Bassai* mit dem Tempel des Apollon hoch in den Bergen, seit dem 4. Jh. v. Chr. *Megalopolis* als Hauptstadt des arkadischen Bundes. Als Landschaft einer ausgeprägten Weidewirtschaft wurde Arkadien seit hellenistischer Zeit zum idealisierten Schauplatz der Hirtenpoesie.

ELIS. Die Landschaft, in der erst um 470 v. Chr. eine gleichnamige Hauptstadt *Elis* gegründet wurde, hatte ihre wichtigste Stätte in dem panhellenischen Heiligtum von *Olympia*, mit athletischen Agonen alle vier Jahre (s. unten Kapitel 12).

ACHAIA. Der nördliche Teil der Peloponnes, am Golf von Korinth, hatte als wichtigste Städte *Aigeira* sowie, vor allem in römischer Zeit, *Patrai*/Patras.

Mittel- und Nordwest-Griechenland

ATHEN UND ATTIKA. *Athen* ist die Stadt mit der dichtesten kontinuierlichen Besiedlung und Kultur in Griechenland. Seit dem frühen 1. Jt. v. Chr. hatte es ganz Attika vereinigt, das das größte Polis-Territorium in Griechenland darstellte. Attika wird von Gebirgszügen begrenzt, geschützt und gegliedert: *Aigaleos* (NW), *Parnes* (N), *Pentelikon* (NO, vorzüglicher Marmor), *Hymettos* (SO). An der Peripherie lag eine Reihe kleinerer Städte, die in der Frühzeit zumeist selbständig gewesen waren, durch die Vereinigung Attikas aber ihr politisches Zentrum in Athen erhielten: *Sounion* (mit Heiligtum des Poseidon), *Laurion* (Silberminen), *Brauron* (Heiligtum der Artemis), *Marathon*, *Rhamnous* (Heiligtum der Nemesis), *Eleusis* (Heiligtum der Demeter). Seit dem 5. Jh. v. Chr. entwickelte sich der *Piraeus* zu einer großen Hafenstadt Athens.

Weitere wichtige Landschaften und Stätten Mittelgriechenlands:

MEGARIS. *Megara*. Nächste selbständige Polis westlich von Attika, mit dorischer Bevölkerung. Oft im Konflikt mit Athen.

BOIOTIEN. Größte Landschaft Mittelgriechenlands. Die Hauptstadt *Theben* war in der Bronzezeit ein mächtiger Herrschersitz mit kulturellen Beziehungen bis Mesopotamien gewesen. Später bestand Boiotien aus einzelnen Städten, die mit wenigen Unterbrechungen in einem Bund unter der Vormacht Thebens vereinigt waren. Archäologisch bedeutend sind das Heiligtum der Kabiren (*Kabirion*) bei Theben und des Apollon Ptoios im *Ptoion*-Gebirge. Als Agrarland mit vorwiegend binnenländischen Städten galt Boiotien, trotz seiner Dichter Hesiod und Pindar, als Inbegriff einer bäuerlich-plumpen Lebenskultur.

EUBOIA. Die Städte *Chalkis* und *Eretria* spielten im 8. und 7. Jh. v. Chr. eine führende Rolle im Handel mit dem Orient sowie bei der Gründung von 'Kolonie'-Städten in Süditalien und Sizilien. *Lefkandi* (antiker Name unbekannt) bezeugt seit dem 10. Jh. v. Chr. die frühesten Stufen geschlossener Siedlungen nach dem Ende der mykenischen Zentren.

PHOKIS. Die Landschaft erhielt ihre große Bedeutung von dem einflußreichen panhellenischen Heiligtum des Apollon in *Delphi* (s. unten Kapitel 12). Dessen Leitung lag bei einem größeren Verband (Amphiktyonie) von Städten und Bünden, darunter *Phokis*. Versuche der Phoker, das Heiligtum unter die eigene Herrschaft zu bringen, wurden in mehreren 'heiligen Kriegen' niedergeschlagen.

AITOLIEN, AKARNANIEN, EPEIROS. Die Landschaften im Nordwesten Griechenlands waren immer Randzonen der griechischen Welt, nur partiell und z. T. erst spät von städtischer Lebenskultur geprägt, mit graduellen Übergängen zu nichtgriechischen Stämmen. Hauptorte des aitolischen Bundes waren *Thermos* und *Kalydon*. Große Autorität hatte im Norden das Orakelheiligtum des Zeus von *Dodona* (Epeiros).

NORDWESTGRIECHISCHE INSELN. *Ithaka* wurde als Heimat des Odysseus, mit einem alten Heiligtum des Helden, seit früher Zeit zur griechischen Welt gezählt. *Kerkyra* entwickelte sich als Ausgangspunkt für die Seefahrt nach Italien, Sizilien und in das westliche Mittelmeer zu einem bedeutenden kulturellen Zentrum (Tempel der Artemis).

Nordgriechenland

THESSALIEN. Weite Schwemmlandebenen, eingefaßt von den hohen Gebirgen des *Pindos* im Westen, des *Olymp* im Norden und des *Pelion* im Osten, geben Thessalien einen vom übrigen Griechenland abweichenden, binnenländischen Charakter. Seit der Einwanderung griechischer Stämme aus dem Norden ist Thessalien mit alten kulturellen Traditionen verbunden: Der Olymp als Sitz der Götter, *Iolkos* als Ausgangspunkt der mythischen Fahrt der Argonauten, *Phthia-Pharsalos* als Heimat des Achilleus. Später herrschten in den Städten wie *Larisa* große Adelsgeschlechter, deren Macht auf Großgrundbesitz mit Getreideanbau und Pferdezucht beruhte. Im Hellenismus wurde *Demetrias* eine der Metropolen des Makedonischen Reiches.

MAKEDONIEN. Neuere Forschungen zeigen, wie stark Makedonien schon seit archaischer Zeit zum griechischen Kulturkreis gehörte. Besonders die Herrscher suchten den Anschluß an die Zentren der griechischen Kultur; mit Philipp II. und Alexander d. Gr. wurde Makedonien später die Vormacht in Griechenland. Hauptstadt war zunächst *Aigai*/Vergina, mit Palast und Königsgräbern, später *Pella* mit Palast und großzügigen Wohnhäusern. Kultisches Zentrum war das Zeus-Heiligtum von *Dion*. Als klassische Wohnstadt, die 348 v. Chr. zerstört und später nie überbaut wurde, ist *Olynthos* für die Forschung von großer Bedeutung.

INSELN. *Thasos*, eine Koloniegründung von Paros, entwickelte sich seit archaischer Zeit zu einer blühenden Polis. Im Hellenismus gewann *Samothrake* mit seinem Heiligtum der Kabiren eine weitreichende Bedeutung, vor allem für die auflebende Seefahrt und die politischen Mächte, die die Beherrschung des Meeres anstrebten.

THRAKIEN. Von nichtgriechischen Stämmen bewohnt, war Thrakien für die Griechen wegen seines Metallreichtums seit früher Zeit ein Ziel des Handels und der Expansion. An den Küsten entstanden griechische Städte wie *Abdera*, die Meerengen und Übergänge nach Kleinasien wurden beherrscht von *Sestos* am Hellespont (Dardanellen) sowie *Byzantion* am Bosporus.

Ägäische Inseln

KYKLADEN. So genannt, weil sie im Kreis (*kyklos*) um *Delos* mit dem zentralen Heiligtum des Apollon lagen. In der Bronzezeit war *Thera* ein bedeutendes Zentrum, daneben *Melos* (Phylakopi) und *Keos*. In archaischer Zeit bildeten *Naxos*, *Paros*, daneben *Thera*, eine glanzvolle Kultur mit reichen Bauwerken und Skulpturen aus dem vorzüglichen einheimischen Marmor aus. Im späteren Hellenismus, seit 166 v. Chr., wurde *Delos* als Freihafen unter römischem Schutz zum wichtigsten Handelszentrum des östlichen Mittelmeeres.

KRETA. Im 3. und 2. Jt. v. Chr. Land der minoischen Kultur mit Hauptort *Knossos*, in der Nähe *Amnisos* (Hafen) und *Archanes*; weitere minoische Zentren sind *Phaistos* mit Hagia Triada, Mallia, Kato Zakro (s. unten Kapitel 10). Im 1. Jt. wichtiges Heiligtum des Zeus in der Höhle auf dem Ida-Berg. Bedeutende frühe Stadtanlagen sind *Dreros*, *Gortyn* und *Eleutherna*.

OSTGRIECHISCHE INSELN. Die Inseln vor der kleinasiatischen Küste sind politisch und kulturell eng mit dem Festland verbunden. Wichtigste Plätze sind: *Lesbos*, *Chios*, *Samos* mit Heiligtum der Hera, *Kos* mit Heiligtum des Asklepios, *Rhodos* mit der gleichnamigen Stadt sowie den weiteren Städten *Kamiros*, *Ialysos* und dem Heiligtum der Athena bei *Lindos*.

Kleinasiatisches Festland

Im Norden beim Hellespont bildete *Troia* ein mächtiges prähistorisches Zentrum bis in das späte 2. Jt. v. Chr., das als mythischer Bezugspunkt für die spätere griechische Kultur von höchster Bedeutung war. Nach den Wanderungen der 'Dark Ages' waren *Ephesos* mit dem Heiligtum der Artemis und *Milet* mit dem Heiligtum des Apollon von *Didyma*, zusammen mit *Samos*, glanzvolle Zentren der archaischen bis hellenistischen Kultur. In *Priene* ist eine spätklassische und hellenistische Kleinstadt weitgehend ausgegraben worden. Für den Hellenismus stellt *Pergamon* das am besten erforschte Beispiel einer Königsmetropole dar. Weitere wichtige Grabungsplätze sind *Assos*, *Herakleia* am Latmos, *Halikarnassos* mit dem 'Mausoleum' des karischen Dynasten Maussolos, einem der sieben Weltwunder, *Knidos*, für die hellenistische Zeit *Klaros* mit dem Orakel-Heiligtum des Apollon und *Magnesia* am Mäander mit dem Tempel der Artemis.

b. Griechischer Kulturraum: Frühzeit

Griechische 'Kolonie-Städte': Unteritalien (Großgriechenland), Sizilien, westliches Mittelmeer, Schwarzes Meer

Große Bedeutung als Zentren griechischer Kultur erlangten seit dem mittleren 8. Jh. v. Chr. die 'Kolonie'-Städte, die vor allem in Unteritalien und Sizilien (Abb. 1), aber auch an anderen Stellen um das Mittelmeer und das Schwarze Meer gegründet wurden. Sie dienten einerseits als Stationen des Handels zu den reichen Lagern von Eisen, Silber, Blei und Kupfer in Etrurien, so vor allem *Pithekussai*/Ischia (vor 750 v. Chr. gegründet) und das gegenüber liegende *Kyme* (um 750 v. Chr.), andererseits als Agrarstädte mit fruchtbarer Chora (Umland) zur Entlastung des Bevölkerungsüberschusses in Griechenland. Die wichtigsten Orte waren in Unteritalien: *Tarent* (einzige Kolonie von Sparta), *Metapont* (wichtige Grabung von Stadt, Heiligtümern und früher Agora), *Herakleia*, *Sybaris*, *Lokroi* und *Poseidonia*/*Paestum* (berühmte, gut erhaltene Tempel); in Sizilien: *Naxos* (734 v. Chr. gegründet, älteste 'Kolonie'-Stadt), *Megara Hyblaia* (frühe Stadtanlage mit Agora), *Syrakus* (frühe Tempel, Befestigungsanlage des 4. Jh. v. Chr.), *Akragas* (mehrere Tempel), *Gela* (Heiligtümer), *Selinunt* (Stadtanlage, Agora, große Zahl von Tempeln).

Spärlicher ist die griechische Besiedlung in anderen Gegenden. In Ägypten wurde um 650 v. Chr. der Handelsstützpunkt *Naukratis* gegründet. Im weiteren Bereich des Mittelmeers haben vor allem *Massalia*/Marseille (Südfrankreich), *Emporion*/Ampurias (Spanien), *Kyrene* (Libyen) Bedeutung erlangt; hier war *Karthago* (im heutigen Tunesien) die große Rivalin. Unter den Kolonien am Schwar-

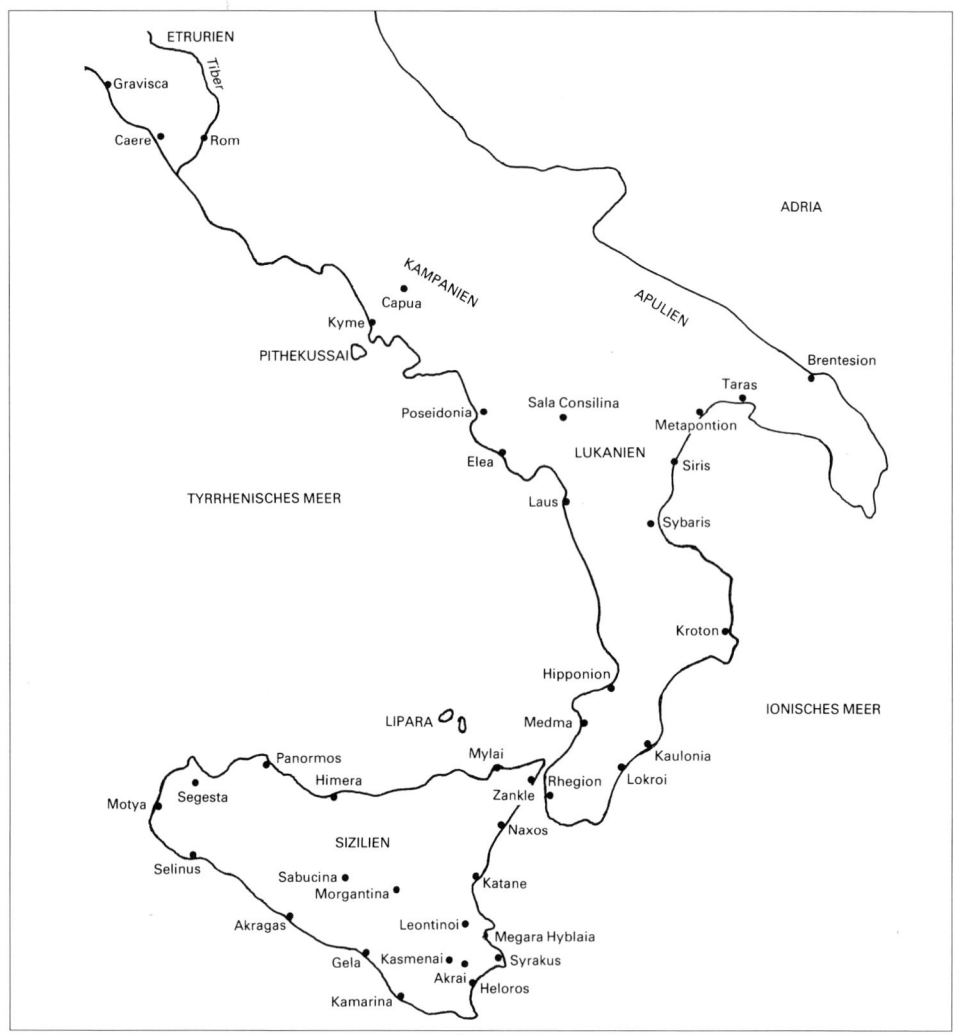

Abb. 1: Unteritalien und Sizilien

zen Meer, die vor allem von Milet aus gegründet worden waren, ist *Olbia* zu großer Blüte gelangt.

Etrurien, übriges Mittelitalien

Im frühen 1. Jt. v. Chr. entwickelte sich in Mittelitalien (Zentrum die heutige Toscana) die Kultur der Etrusker, eines Volkes mit nichtindogermanischer Sprache (Abb. 2). Lager von Eisen, Kupfer, Blei und Silber auf Elba waren die Grundlage intensiven Handels mit Phönikern und vor allem Griechen. Die bedeutendsten Städte waren *Veii* mit reichen Heiligtümern, *Caere*/Cerveteri mit mächtigen Grabhügeln, *Tarquinii* mit reich ausgemalten Kammergräbern, *Vulci, Clusium*/Chiusi. Die Lebenskultur war stark von Griechenland geprägt; aus etruskischen Gräbern, vor allem aus Vulci, stammt der größte Teil der qualitätvollen bemalten Keramik griechischer Werkstätten. In der Spätzeit des 2.–1. Jh. v. Chr. stieg das mit Rom verbündete *Volterra* zu einem Zentrum mit einer bedeutenden Produktion von reliefgeschmückten Graburnen auf.

Die übrigen Landschaften Mittelitaliens, besonders Umbrien, Picenum, Samnium und das Binnenland von Lucanien entwickelten sich zunächst in stärker einheimischen Kulturformen. In der Phase der Expansion Roms in den hellenistischen Osten während des 2. und frühen 1. Jh. v. Chr. entstanden an verschiedenen Orten Mittelitaliens, in Konkurrenz zu der neuen Metropole, eindrucksvolle Terrassenheiligtümer in Berglage: vor allem *Praeneste*/Palestrina, *Gabii*, *Tibur*/Tivoli und *Terracina* in Latium, Pietrabbondante (antiker Name unbekannt) in Samnium.

c. Griechischer Kulturraum: Neue Reiche des Hellenismus

In den weiten Ländern, die Alexander d. Gr. erobert hatte und die seine Nachfolger in einzelne Reiche aufteilten, wurde griechische Kultur vor allem in neu gegründeten Städten etabliert und verbreitet. In Ägypten wurde *Alexandria*, von Alexander selbst neu gegründet, zur Hauptstadt des Ptolemäerreiches gemacht; die Stadt, zwischen Residenz und Hafen, mit griechischer Oberschicht und einheimischer Bevölkerung, entwickelte sich rasch zur modernsten, kosmopolitischen Metropole der antiken Welt. Dagegen blieben in den alten Städten Ägyptens pharaonische Traditionen stärker erhalten. Im Seleukidenreich ist die Hauptstadt *Antiochia* am Orontes in ihrer hellenistischen Phase noch kaum zu fassen. In den Ländern des Reiches bis zum Indus entwickelte sich ein weites Spektrum zwischen alten Städten mit gewachsenen orientalischen Strukturen, wie *Uruk-Warka*, und neuen Gründungen mit vielen griechischen Elementen, von *Dura Europos* am mittleren Euphrat bis *Ai Khanum* im heutigen Afghanistan. (T.H.)

6.2 Imperium Romanum

Die kulturelle Geographie des Römischen Reiches ist dadurch geprägt, daß Rom seine Herrschaft im Lauf von Jahrhunderten von einem Stadtstaat zu einem Imperium über die 'ganze' Welt des Mittelmeeres und der angrenzenden Länder erweiterte. Sie ist daher einerseits stark in chronologische Stufen gegliedert, andererseits durch die Integration alter Zentren vor allem der griechischen, aber auch der anderen Kulturen gekennzeichnet.

a. Italien

Entsprechend der sukzessiven Eroberung Italiens durch Rom entwickelte sich die Apennin-Halbinsel in mehreren Stufen zum Kernland der römischen Kultur (Abb. 2). Zu einer wirklich umfassenden Verbreitung der römischer Kultur und damit kulturellen Vereinheitlichung der italischen Städte, im Sinne einer 'Romanisierung' Italiens, kam es erst während der späten Republik und frühen Kaiserzeit.

Ursprünglich galt als geographischer Raum von 'Italia' nur Mittel- und Süditalien. Norditalien, mit der Po-Ebene zwischen den Alpen und den nördlichen Ausläufern des Apennin, war hiervon zunächst als römische Provinz abgetrennt und wurde erst bei der Neuorganisation Italiens unter Augustus dem italischen Raum zugeordnet (zu Norditalien allgemein s. unten Römische Provinzen).

Die geographische Situation Mittel- und Süditaliens ist vor allem durch die von Norden nach Süden verlaufenden Gebirgszüge des Apennin geprägt, die die Halbinsel in eine Vielzahl kleinerer Siedlungskammern zergliedern, mit jeweils fruchtbaren Ebenen an der Küste oder in der Hochebene und mit begrenzenden Bergen. Diese Zersplitterung des Siedlungsraumes begünstigte seine Okkupation durch verschiedene Volksstämme. Vor allem im späteren 2. und frühen 1. Jt. v. Chr. waren Stämme aus dem Donauraum und Illyrien in mehreren Wanderungsbewegungen in Italien eindrungen und hatten die einheimischen Völker nahezu vollkommen überlagert; in den folgenden Jahrhunderten kam es immer wieder zu weiteren Aufsplitterungen der Volksgruppen und erneuten Verschiebungen ihrer Siedlungsräume. Wichtige italische Stämme der historischen Zeit waren (von Norden nach Süden): Umbri, Picentes, Sabini, Falisci, Latini, Samnites, Osci, Lucani, Bruttii, Daunii, Peucetii und Messapii (die drei letztgenannten Stämme Apuliens auch als Iapyges zusammengefaßt). Hinzu kamen die nicht-indogermanischen Etrusker im Gebiet des heutigen Toskana (s. oben Kapitel 6.1) und die Griechen in den 'Kolonie'-Städten an der Küste Süditaliens ('Megale Hellas' bzw. 'Magna Graecia', zusammen mit den griechischen Städten in Sizilien; s. oben Kapitel 6.1). Diese Vielfalt ethnischer und kulturell verschiedener Volksstämme ne-

6. Geographie der griechischen und römischen Kultur

Abb. 2: Italien

beneinander ist für das vor-römische Italien charakteristisch; erst die 'Romanisierung' Italiens bewirkte eine kulturelle Vereinheitlichung der Bevölkerung.

Rom, am Unterlauf des Tiber in einer fruchtbaren Ebene nahe dem Meer gelegen, war zunächst nicht gegenüber anderen Orten für eine weitreichende Herrschaft begünstigt. Die Stadt gehörte zur Region und Kultur von Latium, die ihr Zentrum in den Albaner Bergen hatte. Sie lag am Rand der etruskischen Kultur, die in archaischer Zeit zu einer glanzvollen Blüte aufstieg (s. oben Kapitel 6.1; zur historischen Entwicklung Roms s. unten Kapitel 15.2). Während des 5. und 4. Jh. v. Chr. erlangte Rom sukzessive die Herrschaft über ganz Latium. Wichtige latinische Städte, z. T. mit berühmten alten Heiligtümern, sind etwa *Alba Longa*, *Fidenae*, *Tibur*/Tivoli, *Tusculum*, *Gabii*, *Praeneste*/Palestrina, *Nemi*, *Lanuvium* und *Lavinium* (seit der späten Republik gewannen die Städte, besonders an den Hängen der umliegenden Berge, große Bedeutung als Orte reicher ländlicher Wohnsitze der römischen Oberschicht und später der Kaiser: z. B. Villa des Cicero bei *Tusculum*, oder die ins Monumentale gesteigerte Villa des Kaisers Hadrian bei *Tibur*/Tivoli).

Die weitere Expansion Roms im 4. und 3. Jh. v. Chr. führte einerseits über Latium nach Süden, nach Samnium und Campanien mit der reichen Stadt *Capua*, und schließlich nach Apulien, Lucanien, Calabrien und Sizilien mit ihren alten griechischen Städten, etwa *Tarentum*, *Metapontum*, *Heraclea*, *Thurii*, *Croton*, *Locri*, *Rhegium* sowie *Syracusae*; andererseits nach Norden, nach Etrurien mit der Vereinnahmung der etruskischen Städte *Veii*, *Caere*, *Tarquinii*, *Volsinii*, *Clusium* etc., und bis nach Umbrien und Picenum.

Von grundsätzlicher Bedeutung für die Erschließung der eroberten Gebiete und die Verbreitung der römischen Kultur waren einerseits die Anlage großer Landstraßen (berühmt vor allem die *via Appia* von Rom nach Süden (312 v. Chr.), über *Capua*, *Beneventum*, später schließlich bis zur Hafenstadt *Brundisium*/Brindisi an der adriatischen Küste), andererseits die Errichtung von 'Kolonie'-Städten, mit der Funktion von militärischen Vorposten und unter Ansiedlung römischer Bürger. Vor allem die frühen Bürgerkolonien sind aufschlußreich, sowohl für die Entwicklung der römisch-republikanischen Kultur, als auch für die Prozesse der 'Romanisierung' der eroberten Gebiete. Am Anfang steht die Anlage von *Ostia* (4. Jh. v. Chr.) an der Mündung des Tibers, das sich später zur Hafenstadt Roms entwickelte, in Form eines kleinen befestigten Castrums, mit reduziertem Ausbau des öffentlichen Raums. Vollständige Stadtanlagen zeigen die weiter von Rom entfernt liegenden Kolonien, etwa *Cosa* an der Küste von Etrurien (273 v. Chr.), oder die Festung von *Alba Fucens* im zentralen Bergland (304 v. Chr.): Beide lassen erkennen, wie die römische Ordnung der öffentlichen Räume verbreitet und mit den Mitteln der orthogonalen Stadtplanung neu gestaltet wurde. Die Umgestaltung der alten griechisch-lukanischen Stadt *Paestum* in eine römische Kolonie (273 v. Chr.) zeigt dagegen, wie radikal Rom mit den unterworfenen Städten umgehen konnte: Hier führten massive Eingriffe in das öffentliche Zentrum zur einer regelrechten Auslöschung der vorhergehenden Strukturen. Ein instruktives Beispiel für den prächtigen Ausbau der Kolonie-Städte im 2. Jh. v. Chr. bietet *Luni* an der Küste Etruriens (177 v. Chr.), im Grenzgebiet zu Ligurien, mit einer weitläufigen und prächtigen Tempelanlage im hellenistischen Stil (in der frühen Kaiserzeit erfuhr Luni eine erneute Blüte, aufgrund der Erschließung der nahegelegenen wichtigen Marmorsteinbrüche beim heutigen Carrara [daher lunensischer oder Carrara-Marmor genannt]).

Die zunehmende Entsendung von Bürger- bzw. Veteranen-Kolonien über ganz Italien, vor allem dann im 2. und 1. Jh. v. Chr. vornehmlich mit dem Ziel der Landversorgung von Legionären und hauptstädtischem Proletariat, bildete einen wesentlichen Motor einer sich immer mehr verdichtenden 'Romanisierung' Italiens. Hinzu kam die gesteigerte Konkurrenz dieser sowie der alten italischen Städte untereinander in ihrem urbanen Ausbau, wobei letztere sich anspruchsvoll die neuen Errungenschaften hellenistischer Architektur, wie sie in Rom aufgegriffen wurden, ebenfalls aneigneten, zugleich sich aber auch z. T. bemühten, das Erscheinungsbild ihres öffentlichen Zentrums an die römischen Städte anzugleichen (sog. 'Selbst-Romanisierung'; Beispiel: *Pompeii*). Der sich im urbanen Ausbau manifestierende Anspruch der italischen Städte auf Gleichstellung mit den anderen römischen Städten führte schließlich 91–89 v.Chr zum sog. 'Bundesgenossenkrieg', der mit der Verleihung des römischen Bürgerrechts an alle italischen Städte endete. Damit wurde Italien zu einem politisch einheitlich begriffenen Raum. Die endgültige Verbreitung römischer Mentalität und Kultur fand ihren Abschluß dann in den folgenden Jahrzehnten der ausgehenden Republik und frühen Kaiserzeit. Signifikanter Ausdruck für das neue Verständnis von Italien als einem geschlossenen Kulturraum bildete schließlich die Neuordnung der Halbinsel unter Augustus in 11 Regionen (unter Einbindung Norditaliens): Campania et Latium, Apulia et Calabria, Lucania et Bruttium, Samnium, Picenum, Umbria, Etruria, Aemilia/Gallia Cispadana, Liguria, Venetia et Istria, Gallia Transpadana.

Die verschiedenen Städte Italiens in der römischen Kaiserzeit sind wichtige Zeugnisse für die Erforschung der römischen Stadt- und Lebenskultur. Für die Epoche der ausgehenden Republik und vor allem der beginnenden Kaiserzeit sind die kleinen Städte *Pompeii*, *Herculaneum* und *Stabiae* durch die Verschüttung beim Ausbruch des Vesuv 79 n.Chr. zu einzigartigen Befunden der (klein-)städtischen Kultur sowie der Wandmalerei geworden. Andere Orte um den klimatisch begünstigten Golf von Neapel erlebten eine reiche Entwicklung während der Kaiserzeit: *Baiae* als luxuriöser Badeort, die Halbinsel von *Sorrentum* als Region vornehmer Villeggiatur, die Insel *Capri* als Platz kaiserlicher Villen. *Puteoli* als wichtiger Hafen für die Versorgung Roms erfuhr einen prächtigen Ausbau; an der Küste der Adria gewann *Ancona* Bedeutung als Kriegs- und Handelshafen für den Schiffsverkehr ins östliche Mittelmeer. *Ostia*, der Hafen Roms, entwickelte sich seit dem fortgeschrittenen 1. Jh. und vor allem dann seit dem 2. Jh. n.Chr. zu einem multikulturellen Umschlagplatz von gewaltigen Ausmaßen, mit einem imposanten urbanen Ausbau, orientiert an den spezifischen Bedürfnissen einer Handels- und Hafenstadt.

b. Römische Provinzen

Die Erforschung der römischen Provinzen und ihrer Kulturen bildet einen zunehmend bedeutenden Bestandteil der römischen Archäologie. Vor allem zwei Phänomene stehen im Zentrum der Diskussion:

■ Akkulturation bzw. 'Romanisierung'. Die Konfrontation mit der römischen Kultur führte in allen Provinzen zu einem Prozeß kultureller Transformation. Dabei konnte das Verhältnis zwischen Bewahren eigener alter Traditionen und Übernahme römischen Kulturgutes sehr unterschiedlich ausfallen: Die eigene Kultur konnte weitgehend erhalten und nur von einzelnen römischen Elementen durchzogen werden (so in den alten Hochkulturen des griechischen Ostens), sie konnte aber auch in einem sehr umfassenden Ausmaß von der römischen Lebenskultur überformt bzw. abgelöst werden, unter nur geringer Bewahrung einheimischer Traditionen in stärker konservativen Lebenskontexten wie z.B. Religion und Sepulkralbereich (so in den westlichen Provinzen). Diese verschiedenen Spielarten der Ausbreitung römischer Kultur kann man als 'Romanisierung' bezeichnen (in Absetzung von anderen Definitionen des Begriffs nach engeren historischen Kriterien).

Zentrale Rolle bei der Vermittlung römischer Kultur besaßen die in der Provinz etablierten Militärzentren und römischen Bürgerkolonien; daneben ging aber auch eine starke Dynamik von der provinzialen Bevölkerung, besonders ihrer Oberschicht, aus. Entsprechend entwickelte die Romanisierung in den einzelnen Provinzen jeweils sehr spezifische Ausprägungen, mit nochmals internen Unterschieden nach Regionen (Metropolen – Hinterland), Gesellschaftsschichten (Oberschicht – ländliche Bevölkerung) und Lebenskontexten (z.B. öffentlich-politischer Raum – Religion). Die Untersuchung dieser Prozesse der Akkulturation und Herausbildung eigener kultureller Identität in den einzelnen römischen Provinzen bildet gerade für kulturgeschichtliche Fragen ein aufschlußreiches Untersuchungsfeld. Die Forschung steht hier noch am Anfang.

■ Herausbildung römisch-kaiserzeitlicher Stadt- und Lebenskultur. Für die Erforschung der kaiserzeitlichen wie auch der spätantiken Kultur erweist sich das Studium der römischen Provinzen als wichtige Ergänzung, da viele Prozesse und Phänomene der römischen Lebenskultur in den Provinzen besser überliefert sind als in Rom und im italischen Kernland. Häufig ergeben erst die reichen Befunde der Provinzen, zu verschiedensten Sektoren römischer Stadtkultur, eine ausreichend breite Basis zur Rekonstruktion übergreifender, epochenspezifischer Tendenzen. Wichtige Untersuchungsfelder sind hier etwa die Strukturen der Stadtanlagen im Ganzen, der öffentlichen Plätze, der Heiligtümer und Stätten der 'Freizeitkultur' (Theater, Circus, Thermen), der Wohnkultur und des Sepulkralbereichs, dazu das Verhältnis von Stadt und Hinterland, sowie an gesellschaftlichen Phänomenen etwa die Repräsentation städtischer Eliten oder das Stifterwesen beim Ausbau der Städte. Bedingt durch ihre unterschiedliche Geschichte und archäologische Überlieferung rücken dabei für die Erforschung der einzelnen Epochen römischer Kultur jeweils verschiedene Provinzen in den Vordergrund: für die frühe Kaiserzeit vor allem die westlichen Provinzen, für die hohe Kaiserzeit Nordafrika und Kleinasien, für die späte Kaiserzeit sowie die Spätantike ebenfalls Teile Nordafrikas, Kleinasiens sowie der Levante.

Die folgende Besprechung der Provinzen zielt darauf, in einem knappen Überblick einige allgemeine Grundtendenzen in der kulturellen Situation der einzelnen Provinzen sowie wichtige Befunde vorzustellen. Vollständigkeit kann nicht angestrebt sein. Der Darstellung ist die Struktur der Provinzen während des 1.–2. Jh. n.Chr. zugrunde gelegt. Die Aufteilung der Provinzen sowie ihre Benennung änderte sich im Lauf der Zeit immer wieder; besonders weitreichende Veränderungen ergaben sich infolge der Reichsreform Diocletians, die hier jedoch nicht berücksichtigt werden können (zum Folgenden s. die Karte im hinteren Einband, innen).

Westliche Provinzen: Norditalien, Südfrankreich, iberische Halbinsel

Aus kulturgeschichtlicher Sicht können die cisalpinische, die südgallische und die hispanischen Provinzen, d.h. das Gebiet Norditaliens, Südfrankreichs und der iberischen Halbinsel, zu einer Einheit zusammengefaßt werden: Ihre Einbindung in das römische Reich begann jeweils in der Republik (im späten 3. und 2. Jh. v.Chr.), alle erhielten sie die prägendsten Impulse kultureller Assimilation in der Zeit der ausgehenden Republik und frühen Kaiserzeit, und alle zeigen sie eine rasche und sehr umfassende Romanisierung, die sie von anderen Provinzen unterscheidet.

Entsprechend liegen die Schwerpunkte bei der Erforschung der einzelnen Regionen in gleichen Feldern. So erschließen sie etwa ein reiches und differenziertes Bild vom Prozeß der Romanisierung, in seinen verschiedenen Stufen kultureller Einflußnahme durch Rom (ausgehende mittlere Republik; späte Republik; frühe Kaiserzeit) sowie in seinem breiten Spektrum an Formen der Auseinandersetzung mit verschiedenen kulturell determinierten Situationen (griechische bzw. phönizische Kolonien sowie indigene Handelszentren an der Küste – indigene Siedlungen im Hinterland; besonders aufschlußreich hierfür sind die gallischen und hispanischen Befunde). Daneben bieten die drei Regionen dank ihrer reichen und komplexen Überlieferung von Stadtstrukturen des 1.Jh. v. sowie des 1.Jh. n.Chr. eine nahezu ideale Grundlage für die Erforschung der spätrepublikanischen und der frühkaiserzeitlichen Stadtkultur sowie des Wandels zwischen beiden – z.T. in deutlich klarerer Überlieferung als die Befunde des italischen Kernlandes. Während die Situation der hohen und späten Kaiserzeit in den jeweiligen Regionen nur bedingt präzise greifbar wird, gewinnen vor allem der norditalische und der hispanische Raum dank umfangreicher Befunde wieder größere Bedeutung für die Erschließung der spätantiken Kultur.

NORDITALIEN (PROVINZ GALLIA CISALPINA BIS 42 v.CHR.). Das zwischen den Apenninen und den Alpen gelegene, von gallischen Stämmen beherrschte Gebiet wurde Ende des 3.Jh. v.Chr. als neue Provinz annektiert, zunächst mit dem Namen Gallia, später Gallia Cisalpina (= *cis Alpeis*; in Absetzung von der Gallia Transalpina). Schnell und dicht überzogen zahlreiche Koloniegründungen das gesamte Gebiet und bedingten eine umfassende kulturelle Assimilation der Bevölkerung. Wie nachhaltig die Romanisierung hier griff, zeigt das Bestreben der cisalpinischen Städte im 1.Jh. v.Chr. um Gleichstellung mit den italischen Städten. 42 v.Chr. hob Octavian (Augustus) schließlich den Provinz-Status auf, fortan war die Cisalpina ein Teil Italiens. Hieraus entstanden wiederum neue Impulse in der Ausformung der norditalischen Stadtkultur, wie dies die reiche Ausgestaltung der Städte gerade in augusteischer Zeit zeigt. Wichtige Befunde für das Studium spätrepublikanischer und frühkaiserzeitlicher Urbanistik sind *Pola*/Pula (in Istrien, das zur Cisalpina gehörte), *Aquileia, Verona, Ariminum*/Rimini, *Brixia*/Brescia und *Augusta Praetoria*/Aosta.

Neue kulturelle Impulse entwickelte die Region in spätantiker Zeit, bedingt durch die Etablierung verschiedener Kaiserresidenzen. Wichtig für die Erforschung spätantiker Stadtstrukturen und Lebenskultur sind vor allem die beiden Kaiserresidenzen *Mediolanum*/Milano und dann *Ravenna* (seit 404 n.Chr.), mit herausragenden Denkmälern des 5.–6. Jh., sowie *Aquileia* und *Verona*.

SÜDFRANKREICH (GALLIA NARBONENSIS). Prägend für die kulturelle Situation der südgallischen Küstenregion war die Gründung der griechischen (phokäischen) 'Kolonie' *Massalia*/Marseille um 600 v. Chr.; durch Anlage von massaliotischen Handelsstützpunkten entlang der Küste sowie weite Handelskontakte über die Rhône ins Landesinnere gelang ihr eine beachtliche Vermittlung griechischer Kultur in dieser Region. Die zunehmende Bedrohung durch die gallischen Stämme führte Massalia im 2. Jh. v. Chr. dazu, das verbündete Rom mehrmals um Hilfe zu rufen. Rom besiegte die Stämme und errichtete schließlich um 121 v. Chr. die neue Povinz Gallia Transalpina. Frühe römische Kolonien entstanden in *Narbo Martius*/Narbonne und *Aquae Sextiae*/Aix-en-Provence. Zu einer wirklichen Durchdringung des Gebietes mit römischer Stadtkultur und entsprechendem kulturellen Aufschwung kam es ab der 2. Hälfte des 1. Jh. v. Chr., als unter Caesar und dann Augustus eine Reihe von Veteranenkolonien gegründet wurden; sie wurden die Träger einer dichten Ausbreitung römischer Lebenskultur in der Narbonensis, wie die Provinz seit Augustus in Absetzung von den anderen gallischen Provinzen hieß. Wichtige Städte mit bedeutenden Resten zumeist aus der augusteisch-frühkaiserzeitlichen Gründungsphase (vor allem die öffentlichen Räume und Monumente, d. h. Fora und Capitolia, Theater und Amphitheater, Stadtmauern und Bögen betreffend) sind – neben der Provinzhauptstadt *Narbo* – *Arelate*/Arles, *Nemausus*/Nîmes, *Arausio*/Orange und *Vienna*/Vienne. Ein instruktives Zeugnis der Akkulturation bildet die griechisch beeinflußte keltische Siedlung *Glanum*/St. Rémy, deren Umwandlung in eine römische Stadt in ihren verschiedenen Stufen vom 1. Jh. v. Chr. zum 1. Jh. n.Chr. weitreichend dokumentiert ist. Bedeutende indigene Siedlungen, die wichtige Einblicke in die vorrömische gallische Kultur ermöglichen, sind Entremont und Ensérune.

IBERISCHE HALBINSEL (HISPANIA). Die iberische Halbinsel wurde seit dem ausgehenden 3. Jh. v. Chr. sukzessive erobert. Wichtige Etappen waren dabei die Vertreibung der Karthager im 2. Punischen Krieg und die Inbesitznahme von deren Einflußgebieten mit Gründung der ersten römischen Kolonien, *Tarraco*/Tarragona und *Italica*/bei Sevilla; danach Anfang des 2. Jh. die Etablierung und Organisation der Provinzen Hispania Citerior im Osten und Hispania Ulterior im Süden; sowie schließlich unter Augustus die Eroberung der bis dahin noch nicht unterworfenen Gebiete Lusitaniens zum Atlantik hin. 27 v. Chr. kam es zur Einrichtung von drei neuen Provinzen: Hispania Citerior Tarraconensis mit der Provinzhauptstadt *Tarraco*, Hispania Ulterior Baetica mit *Corduba*/Córdoba, Hispania Ulterior Lusitania mit *Emerita Augusta*/Mérida.

Die besondere wirtschaftliche Bedeutung Hispaniens, die sich sowohl auf reiche Vorkommen von Edelmetallen als auch auf eine blühende Landwirtschaft stützte, führte zu einer raschen und intensiven Urbanisierung sowie Romanisierung während der späten Republik und frühen Kaiserzeit (führend dabei die Baetica, auf vergleichbarem kulturellen Niveau wie die Gallia Cisalpina und die Gallia Narbonensis). Dank der dichten Überlieferung verschiedenster Stadtanlagen ist es hier möglich, diesen Prozeß der Akkulturation sowie der Formung römischer Stadtkultur, in ihren verschiedenen Ausprägungen, besonders anschaulich zu studieren. Als instruktiv erweist sich dabei die Gegenüberstellung unterschiedlicher Stadttypen, aus unterschiedlichen Epochen, mit ihren jeweiligen Formen der Romanisierung bzw. 'Selbstromanisierung': etwa als Beispiele für die Entwicklung im 2. und frühen 1. Jh. v. Chr. die römische Kolonie *Tarraco*, die indigene, mit Rom verbündete Handelsstadt *Saguntum*/Sagunto sowie die alte griechische (phokäische) Kolonie *Emporion*/Ampurias, an die direkt anschließend im 2. Jh. v. Chr. eine neue römische Stadtanlage gegründet wurde; als Beispiele der caesarisch-augusteischen Urbanisierung die neu gegründeten Kolonien und Provinzhauptstädte *Emerita* und *Corduba*, die indigene, stark romanisierte Kleinstadt *Clunia* (Prov. Burgos) im Hinterland sowie die Handelsstadt *Baelo*/Belo (Prov. Cádiz) an der Küste. Vor allem diese 2. Phase ist durch einen gewaltigen Aufschwung im urbanen Ausbau geprägt, die Befunde veranschaulichen dabei deutlich die Dynamik der Städtekonkurrenz sowie das Zusammenspiel von kaiserlichen Stiftungen und munizipalem Engagement bei der Ausgestaltung der Städte.

Die Überlieferung der römischen Stadtkultur des 1.–3. Jh. n. Chr. ist weniger dicht, die Zeugnisse bleiben häufig punktuell. Die wichtigsten Impulse im Ausbau der öffentlichen Räume erfolgten in der iulisch-claudischen und flavischen Zeit, aus der hohen Kaiserzeit sind primär Befunde der Wohnkultur faßbar. Einzelne wichtige Ausgrabungen: *Emerita* u. a. mit dem sog. Marmorforum aus claudischer Zeit (unter Rekurs auf das Augustusforum in Rom) und reicher Wohnkultur des 2.–3. Jh. n. Chr.; *Tarraco* mit der flavischen Terrassenanlage des provinzialen Kaiserkultes; *Italica*, die Heimatstadt der Kaiser Traian und Hadrian, mit ihrem neuen Stadtviertel von gehobener Urbanität aus hadrianisch-antoninischer Zeit; *Conimbriga*/Condeixa-a-Velha (Portugal) mit seinen reichen Befunden hoch- und spätkaiserzeitlicher Wohnkultur. Berühmt auch das ländliche Terrassenheiligtum bei *Munigua*/Mulva aus flavischer Zeit.

Die Befunde aus der Spätantike konzentrieren sich vor allem auf den Bereich der gehobenen Villenkultur der hispanischen Oberschicht. Bedeutend sind die zahlreichen Villenanlagen im Norden Spaniens sowie im Süden Portugals (z. B. Centcelles, Milreu).

Nordafrikanische Provinzen

WESTLICHES NORDAFRIKA. Nach der Zerstörung Karthagos 146 v. Chr. entstanden im Maghreb neben der römischen Provinz Africa verschiedene einheimische Reiche, vor allem die von Numidien und Mauretanien. Diese verblieben zunächst im Vasallen-Verhältnis zu Rom, wurden dann aber unter Caesar, Augustus und Claudius sukzessive als neue Provinzen in das Reich eingegliedert. Danach umfaßte das westliche Nordafrika folgende Provinzen: Mauretania Tingitana, Mauretania Caesariensis, Africa Proconsularis (einschließlich der Tripolitania im westlichen Libyen).

Unter Caesar und Augustus setzte eine starke Kolonisation ein, die die Grundlage für eine zügige und umfassende Romanisierung der gesamten Region legte. Der starke wirtschaftliche Aufschwung im 2. Jh. n. Chr. und danach die spezielle Förderung der Städte unter den aus Africa stammenden severischen Kaisern führten schließlich dahin, daß sich eine relativ homogene Stadtkultur von hohem Niveau und großer Dichte entwickelte. Entsprechend erweisen sich die nordafrikanischen Städte vor allem als wichtige und grundlegende Zeugnisse für die römische Lebenskultur des 2. und 3. Jh. n. Chr. Dabei erlaubt die gute Erhaltung einer Vielzahl von Stadtanlagen, verschiedenste Phänomene kaiserzeitlicher Städte grundsätzlich zu studieren: etwa die Entwicklung öffentlicher Plätze und religiöser Zentren (z. B. das Verhältnis von Fora und Capitolia), die Etablierung des Kaiserkultes, die Repräsentation lokaler Eliten, das Zusammenspiel von munizipalem und kaiserlichem Stifterwesen beim Ausbau der Städte, ferner die Entwicklung der gehobenen Wohnkultur.

Wichtigste Städte sind in der Mauretania die beiden alten Königsresidenzen *Iol Caesarea* bzw. *Caesarea Mauretania*/Cherchel (Algerien) und *Volubilis* (Marokko), mit starken Impulsen im urbanen Ausbau schon in der frühen Kaiserzeit, aber primär überlieferten Befunden aus der hohen und späten Kaiserzeit; ferner *Thamugadi*/Timgad und *Cuicul*/Djemila (beide Algerien) mit nahezu vollständig erhaltenen Stadtanlagen. – Zentrum der Africa Proconsularis (Tunesien) ist das unter Caesar wieder neugegründete *Carthago*, das schnell zur Handelsmetropole und Provinzhauptstadt avancierte, mit beachtlichem Ausbau in der frühen Kaiserzeit, aber nur partiell und vor allem in seinem hochkaiserzeitlichen sowie spätantiken Bestand greifbar; daneben die kleineren Städte *Thugga*/Dougga, *Thuburbo Maius* und *Sufetula*/Sbeitla im Hinterland, sowie an der Küste *Thysdrus*/El Djem (mit einem der größten römischen Amphitheater). Dazu kommen in der Tripolitania (Libyen) *Sabratha* sowie vor allem *Leptis Magna*, die Heimatstadt des Kaisers Septimius Severus, mit reicher Überlieferung ihrer gesamten urbanen Anlage und besonders prächtigem Ausbau in severischer Zeit.

Die starke wirtschaftliche Bedeutung der africanischen Provinzen gründete sich vor allem auf ihre agrarische Produktivität (Getreide, Oliven); bedeutsam war auch der Export wilder Tiere für die stadtrömischen Spiele – beide Themen finden, als zentrale Aspekte der gesellschaftlichen Vorstellungswelt, häufige Darstellung auf den reich überlieferten Mosaikbildern in den Häusern der lokalen Oberschicht. Wichtiges Exportgut war auch der begehrte numidische Marmor aus den gut erforschten Steinbrüchen von *Simitthus*/Chemtou.

ÖSTLICHES NORDAFRIKA. Die Kyrenaika (nordöstliches Libyen) unterscheidet sich von den westlichen Regionen des ehemalig phönizisch geprägten Nordafrika durch ihre Zugehörigkeit zum östlichen, griechischen und dann später hellenistisch-ptolemäischen Kulturkreis. Ihre Einbindung in das römische Reich erfolgte im Zusammenhang mit der Auseinandersetzung Roms mit dem Ptolemäerreich während der 1. Hälfte des 1. Jh. v. Chr. Zusammen mit dem gleichzeitig besetzten Kreta bildete die Kyrenaika die Provinz 'Creta et Cyrene', mit der Provinzhauptstadt in *Gortys*/Gortyn (Kreta).

Wichtige Städte sind die alte griechische Kolonie *Kyrene*/Shahat, in der ähnlich wie bei den Städten der benachbarten Tripolitania vor allem ihr hochkaiserzeitlicher Ausbau zu fassen ist; ferner der Hafen Kyrenes, *Apollonia*/Marsa Susa, sowie *Ptolemais*/Tolmeta, beide bedeutsam besonders wegen ihrer Überlieferung des spätantiken Stadtbildes.

Ägypten

Ägypten nimmt eine Sonderstellung unter den östlichen Provinzen ein. Seit der Einnahme Alexandrias 30 v. Chr. römische Provinz, unterstand es der direkten Kontrolle des Kaisers, aufgrund seiner exzeptionellen wirtschaftlichen Bedeutung für Rom ('Kornkammer' Roms, daneben wichtige Drehscheibe im Fernhandel mit Indien und Äthiopien).

Das römische Ägypten war eine Provinz von stark multikultureller Prägung. Entsprechend bildet es für kulturgeschichtliche Fragen ein besonders instruktives Beispiel für die komplexen Prozesse der Akkulturation: In verschiedensten Ausformungen findet sich eine starke Durchdringung der hellenistisch-römischen Kultur mit altägyptischen Traditionen bzw. vice versa, differenziert nach Gesellschaftsschichten, Lebensfunktionen und regionalen Kontexten (besonders deutlich die Verschiebungen in der Assimilation zwischen den hellenisierten Städten im Nildelta und den stärker in ägyptischen Traditionen verharrenden Stätten im Inneren des Landes). Spezifische Felder der Akkulturation sind: Religion, Herrscherkult, Sepulkralbereich; konkrete Beispiele der Erforschung: Verehrung der römischen Kaiser im Gewand des altägyptischen Pharaonenkultes in den alten Tempeln; Porträtmumien als Zeugnis der Repräsentation einer multikulturellen Gesellschaft.

Administratives und kulturelles Zentrum blieb die alte Königsstadt und Handelsmetropole *Alexandria*. Von ihrer reichen architektonischen Ausgestaltung sind nur wenige Reste greifbar; besonderer Anziehungspunkt war das hier gelegene Grab Alexanders d. Gr., das verschiedene Kaiser aufsuchten. Wichtige Beispiele römischer Tempelarchitektur im altägyptischen Stil finden sich in Kalabsha, *Philae*, *Ombi*/Kom-Ombo, Esna und Dendara. Von Bedeutung vor allem wegen des berühmten Fundes von Mumienporträts aus dem 1.–3. Jh. ist das Fayum. Ebenfalls berühmt wegen der begehrten Gesteine wurden die Porphyrsteinbrüche beim *Mons Porphyrites* sowie die Granit-Steinbrüche beim nahe gelegenen *Mons Claudianus*.

Syrisch-arabischer Raum

Das Gebiet des heutigen Syrien, Libanon, Jordanien und Israel bildete einen Kulturraum von großer Heterogenität, Bevölkerungen verschiedener Ethnien umfassend. Nach dem Niedergang des Seleukidenreiches, das diesen Raum zuvor beherrscht hatte, zerfiel das Gebiet in eine Reihe von kleineren Königreichen. Die römische Provinz Syria entstand im mittleren 1. Jh. v. Chr. unter Okkupation des seleukidischen Kernlandes, mit der alten Königsstadt *Antiochia am Orontes*/Antakya (Türkei) als neuer Provinzhauptstadt. Die umliegenden Königreiche wurden im 1. und 2. Jh. n.Chr. sukzessive von Rom annektiert: Iudaea, das zunächst unter der Herrschaft der Hasmonäer und Idumäer im Klientelverhältnis zu Rom stand (berühmt die Regierung des Herodes 37–4 v. Chr., der den Tempel von Jerusalem prächtig erneuern ließ), wurde nach langen wechselvollen Kämpfen schließlich unter Vespasian und Titus mit der Zerstörung von *Jerusalem* 70 n. Chr. in die Provinz Syria Palaestina umgewandelt, Hauptstadt wurde *Caesarea Maritima*. Das Nabatäerreich mit der alten Königsstadt *Petra* wurde unter Traian erobert und als Provinz Arabia integriert, mit der neuen Hauptstadt *Bostra*/Bosra. Schließlich begann Traian in einer großangelegten Offensive die Gebiete jenseits des Euphrat, der bislang die östliche Grenze gebildet hatte, zu unterwerfen. Es entstanden die Provinzen Mesopotamia, Armenia und Assyria, die aber schon unter Hadrian wieder aufgegeben wurden; in der Folgezeit kam es um diese Grenzgebiete immer wieder zu Kämpfen zwischen Römern und Parthern, bzw. den ihnen nachfolgenden Persern, ohne daß aber eine wirkliche Verschiebung der Grenze erfolgte.

Die wirtschaftliche Bedeutung des syrischen Raumes basiert vor allem auf seiner Rolle im Fernhandel mit Arabien, Indien und China. Zwei große Karawanenstraßen ziehen vom Zweistromland bzw. von Arabien hinüber zu den alten Hafenstädten an der Mittelmeerküste, *Tyrus*, *Sidon*, *Berytos*/Beirut und *Antiochia*. Entlang der Karawanenstraßen entwickelten sich bedeutende Oasenstädte wie etwa *Palmyra* oder *Bostra*.

Archäologisch ist von den alten Metropolen der Levante in römischer Zeit kein zusammenhängendes Bild zu gewinnen: Das prächtige *Antiochia* ist aufgrund späterer Zerstörung nahezu vollständig verloren, nur Funde reicher Wohnhäuser mit Mosaiken aus dem 2.–5. Jh. n.Chr. sind umfangreicher überliefert. Von *Damaskus* sowie dem unter Hadrian wieder aufgebauten *Jerusalem* sind ebenfalls wegen späterer Überbauung kaum römische Reste erhalten. Besser überlieferte Stadtanlagen der Kaiserzeit und Spätantike mit teils ungewöhnlicher, östlich beeinflußter Architektur finden sich in *Apameia*, *Bostra*, *Philadelphia*/Amman und *Gerasa* (mit prächtiger Säulenstraße und einem ovalen Forum); berühmt für die syrische Sakralarchitektur ist *Heliopolis*/Baalbek mit seinen drei Tempeln. Beachtliche Beispiele der Akkulturation bilden die Städte in den Grenzgebieten: berühmt die Karawanenstadt *Palmyra*, zwischen *Dura Europos* und *Damaskus* gelegen, zentraler Umschlagsplatz für Luxuswaren, von außergewöhnlich guter Erhaltung und prächtiger Architektur – als Zeugnis der Vermischung hellenistisch-römischer Kultur mit östlich-parthischen Traditionen; oder *Petra*, die alte Königsstadt der Nabatäer, deren Befunde ebenfalls von einer starken Durchdringung arabischer und hellenistisch-römischer Traditionen geprägt sind.

Kleinasien

Kleinasien wurde sukzessive seit dem 2. Jh. v. Chr., nach dem Sieg über die Seleukiden, von Rom okkupiert. Die erste römische Provinz Asia entstand aus dem ehemaligen pergamenischen Reich, das von den Attaliden 133 v. Chr. testamentarisch an Rom vererbt wurde. Weitere Gebiete wurden im 1. Jh. v.Chr erobert, andere, weiter im Osten gelegene, zunächst als Vasallenkönigreiche gehalten, bis auch sie im 1. Jh. n.Chr. zu Provinzen umgewandelt wurden. Grundsätzlich umfaßt Kleinasien mehrere Provinzen (ihre Aufteilung änderte sich mehrmals): Asia, Lycia et Pamphylia, Cilicia, Bithynia et Pontus, Galatia, Cappadocia.

Die Zugehörigkeit der Gebiete, besonders im Westen und Süden Kleinasiens, zum griechischen bzw. hellenistischen Kulturkreis bedingte andere Formen der Akkulturation als in den Provinzen des westlichen Mittelmeerraumes. Griechisch-hellenistische Kulturelemente blieben stark prägend, das Bewußtsein der Städte rekurrierte immer wieder betont auf ihre vorrömische Identität. Kleinasien besaß seit hellenistischer Zeit eine überaus reiche und dichte Kultur von Bürgerstädten, die in der römischen Kaiserzeit weiter gefördert und ausgebaut wurde. Höhepunkt bildete das 2. Jh. n.Chr., mit prächtiger Blüte der verschiedenen Städte, ermöglicht durch beachtliche Prosperität der Oberschicht und stimuliert durch wachsende Konkurrenz der Städte untereinander.

Entsprechend haben die Befunde des römischen Kleinasiens große Bedeutung für die Erforschung der hoch- und spätkaiserzeitlichen Stadtkultur; im Einzelnen zeigen sich dabei z. T. Abweichungen gegenüber der gleichzeitigen Stadtkultur in der westlichen Hälfte des Imperium Romanum, in denen sich die mentalitätsgeschichtlichen Unterschiede der verschiedenen Gesellschaften widerspiegeln. Die teils lange Tradition mancher gut überlieferter Städte vom Hellenismus bis in die Spätantike erlaubt zudem, die Veränderung der hellenistischen Städte in der römischen Kaiserzeit zu erforschen (als Beispiele der Mechanismen einer 'Romanisierung' des hellenistischen Ostens), sowie auch den Wandel der Städte in der Spätantike zu studieren. Einzelne wichtige Phänomene der kaiserzeitlichen Gesellschaft, die am Beispiel der kleinasiatischen Städte besonders gut untersucht werden können, sind ferner die Etablierung des Kaiserkultes in seinen verschiedenen Spielarten, die öffentliche Repräsentation der Bürger sowie das munizipale Stifterwesen.

Bedeutsame Befunde von gut überlieferten Stadtanlagen sind u.a.: die alte attalidische Königsresidenz *Pergamon*/Bergama, die in der römischen Kaiserzeit mit weiteren prächtigen Bauten ausgestattet wurde; die alte Hafenstadt *Milet*, die ähnlich im 2. Jh. n.Chr. eine neue Blüte erlebte; die Provinzhauptstadt von Asia, *Ephesos*/Selçuk, mit überaus reicher Überlieferung sowohl in ihren öffentlichen Räumen als auch in den Wohnvierteln; *Aphrodisias* im Landesinneren mit beachtlichen Funden der frühen Kaiserzeit sowie der Spätantike; die im 2. Jh. n.Chr. prächtig ausgebauten Bürgerstädte *Perge*, *Aspendos* und *Side* in Pamphylien; in Zentralanatolien *Aizanoi* sowie *Ankyra*/Ankara, mit der berühmten Abschrift der „res gestae" des Kaisers Augustus am Roma-Augustus-Tempel. Das alte *Troia*, Heimat des römischen Ahnherrn Aeneas, wurde unter dem Namen *Ilion* wiederaufgebaut, an einzelnen Stellen wurden seine vorgeschichtlichen Mauern als mythisches Denkmal restauriert. Unter Constantin d. Gr. wurde die Hauptstadt des Römischen Reiches nach *Byzantion*/Istanbul verlegt, das er 330 n.Chr. als 'Constantinopolis' neu einweihte; die Schaffung der urbanen Anlage quasi ex novo läßt die neuen Bedürfnisse einer spätantiken Stadt besonders gut erkennen.

Griechenland

Die Unterwerfung Griechenlands und Einrichtung der römischen Provinz Macedonia im mittleren 2. Jh. v. Chr. läutete zunächst eine Zeit des Niedergangs ein: Städte und Heiligtümer lagen in Trümmern und wurden schonungslos ausgeplündert, das Land verödete, die Wirtschaft kam zum Erliegen. Erst die Neuordnung der Provinz unter Augustus brachte eine Wende. Achaia wurde aus dem großen Gebiet der Macedonia als neue Provinz herausgelöst, entsprechend verfuhr man später im mittleren 1. Jh. n. Chr. mit Epirus.

Mit der Kaiserzeit erfuhren die griechischen Städte vielfach eine neue Belebung; wirtschaftlicher und kultureller Höhepunkt war das 2. Jh. n.Chr. *Athen* wurde schon unter Augustus, vor allem aber seit Hadrian als Zentrum klassischer Bildung stark gefördert (s. unten Kapitel 15.1). Das 146 v. Chr. zerstörte und von Caesar wieder neu gegründete *Korinth* entwickelte sich als Hauptstadt der Provinz Achaia zu neuem Glanz. Auch die panhellenischen Heiligtümer *Delphi* und *Olympia* gelangten zu neuem Leben. Als Neugründung des Augustus wurde *Nikopolis* ('Siegesstadt') nahe dem Ort der Schlacht von *Actium* (31 v. Chr.) von Bedeutung. Wichtige Städte kaiserzeitlicher Prägung in Macedonien sind *Dion* und *Philippi*; die Hauptstadt der Provinz, *Thessalonike*, erlangte unter der Tetrarchie des Diocletian als Kaiserresidenz neue Bedeutung. Beispiele für die Romanisierung der Städte an der macedonischen Adria-Küste sind *Butrint* und *Apollonia* (beide Albanien). Insgesamt zeigen die griechischen Städte andere Dimensionen der Akkulturation, als dies in den westlichen Provinzen zu beobachten ist: Die alten griechischen Traditionen blieben zumeist stärker gewahrt bzw. wurden neu gestärkt.

Nordöstliche Provinzen: Balkan und Donau-Provinzen

Die nordöstlichen Provinzen des Imperium wurden im wesentlichen unter Augustus bzw. Claudius eingerichtet. Die Nordprovinzen waren von keltischer und illyrischer Bevölkerung geprägt: Noricum mit einem frühen Verwaltungssitz auf dem Magdalensberg, später seit claudischer Zeit mit der Hauptstadt *Virunum*; Pannonien mit der Hauptstadt *Carnuntum* sowie, nach der Abtrennung unter Traian von Pannonia Inferior mit der Hauptstadt *Aquincum*/Budapest; Dalmatien mit der Hauptstadt *Salona*. Diese Regionen, die sprachlich dem lateinischen Westen angehörten, waren im 2. Jh. n.Chr. Schauplatz der Markomannenkriege des Marc Aurel; im 3. Jh. n.Chr. kamen aus dem pannonischen Heer eine Reihe bedeutender Kaiser. Dagegen lagen die Länder des östlichen Balkan im Einflußbereich alter griechischer Städte und gehörten zum griechisch-sprachigen Osten: Moesia mit den Hauptstädten *Viminacium*/Kostalac (Moesia Superior) und *Tomi*/Constanta (Moesia Inferior) und Thrakien mit der Hauptstadt *Perinthos*. Von Moesien aus unternahm Traian die Unterwerfung Dakiens, das als weitere Provinz mit der Hauptstadt *Sarmizegetusa* eingerichtet wurde.

Im Vergleich mit anderen Provinzen zeigen die nordöstlichen Regionen eine Romanisierung von eigener Prägung: stärker punktuell konzentriert und regional differenziert. Wichtige Träger römischer Zivilisation waren die Militärlager und Veteranenkolonien an der Donaugrenze; im Inneren des Landes verliefen die Prozesse der Akkulturation mit unterschiedlicher Dynamik und Tiefe, wobei zwischen den einzelnen Provinzen ein größeres Gefälle entstand (intensive Romanisierung: Noricum, Dalmatien; reduzierte Romanisierung: Thrakien, Moesien). Allgemein setzten die Urbanisierung und Romanisierung langsam unter den Flaviern ein, ihren Höhepunkt erreichten sie jedoch erst im 2. und frühen 3. Jh. n. Chr.

Nordwestliche Provinzen: Gallien, Germanien, Raetien, Britannien

Die drei großen Provinzregionen im Nordwesten Europas – Gallien, Germanien und Britannien – wurden im Laufe des 1. Jh. v. Chr.– 1. Jh. n.Chr. nach und nach in das Römische Reich eingefügt. Das unter Caesar eroberte Gallien wurde unter Augustus in drei Provinzen aufgeteilt: Gallia Lugdunensis mit der Hauptstadt *Lugdunum*/Lyon, das Sitz des provinzellen Kaiserkultes der Tres Galliae wurde; Gallia Aquitania mit den wechselnden Hauptstädten *Mediolanum*/Saintes, *Lugdunum Comminges*/Saint-Bertrand-de-Comminges und *Burdigala*/Bordeaux; Gallia Belgica mit der Hauptstadt *Durocortorum Remorum*/Reims sowie dem Sitz des Finanzprocurators für die Belgica und die germanischen Provinzen *Augusta Treverorum*/Trier. Die unter Augustus und Tiberius eroberten germanischen Gebiete westlich (sowie temporär auch östlich) des Rheins blieben zunächst Militärgrenzbezirke ohne Provinzstatus. Im Zuge der Eroberung einzelner rechtsrheinischer Gebiete unter Domitian wurden sie jedoch in die eigenständigen Provinzen Germania Inferior mit der Hauptstadt *Colonia Claudia Ara Agrippinensium*/Köln und Germania Superior mit *Mogontiacum*/Mainz umgewandelt. Das östlich angrenzende Raetien war ebenfalls unter Augustus erobert und unter seinen Nachfolgern zur Provinz erhoben worden, Hauptstadt war *Augusta Vindelicum*/Augsburg.

Die Kultur der gallischen und germanisch-raetischen Provinzen ist durch eine dynamische Durchdringung mit römischem Kulturgut geprägt. Insgesamt kam es, mit gewissen regionalen Verschiebungen, zu einer tiefgreifenden Romanisierung der keltischen und germanischen Bevölkerung in vielen Bereichen ihrer Lebenskultur; daneben bewahrten sie aber auch manche einheimische Traditionen, etwa in Religion, Kult oder Bürgerrepräsentation, und vermischten sie mit den römischen Kulturformen (sog. gallo-römische Kultur). Der Prozeß der Urbanisierung und damit gesteigerten Romanisierung erhielt starke Impulse seit flavischer Zeit, sein Höhepunkt lag aber im 2. und frühen 3. Jh. n.Chr. Wichtige Zeugnisse hierfür sind, neben den verschiedenen Provinzhauptstädten, im gallischen Raum etwa *Lutetia*/Paris und *Samarobriva*/Amiens, im germanisch-raetischen Raum *Vetera Castra*/Xanten, *Augusta Rauricorum*/Augst, *Aventicum Helveticum*/Avenches und *Colonia Iulia Equestris*/Nyon. Bedeutenden Ausbau in spätantiker Zeit erfuhr *Augusta Treverorum*, das in der Tetrarchie des Diocletian zu einer der vier Kaiserresidenzen erhoben wurde.

Die Romanisierung Britanniens erreichte nie die Vitalität wie in den gallisch-germanischen Provinzen. Die Ausbreitung römischer Zivilisation und Lebenskultur beschränkte sich auf den Süden der Insel, entwickelte dort aber doch eine beachtliche Dynamik und war von strukturell ähnlicher Tendenz wie im gallisch-germanischen Raum. Römische Provinz wurde Britannien unter Claudius, die Eroberung der Gebiete setzte sich bis in flavische Zeit fort. Provinzhauptstädte waren *Londinium*/London sowie, nach der Abtrennung von Britannia Inferior unter Septimius Severus, *Eboracum*/York. Wichtige Städte sind ferner die römischen Kolonien *Camulodunum*/Colchester, *Glevum*/Gloucester und *Lindum*/Lincoln. Ein beachtliches Beispiel für das Ausmaß möglicher Romanisierung ist der berühmte 'Palast' von Fishbourne aus dem 1. Jh. n.Chr., der einem mit Rom eng verbündeten Vasallenkönig zugewiesen wird und in direkter Tradition römischer Villenarchitektur steht.

(S.M.)

7. Schriftzeugnisse zur griechischen und römischen Archäologie*

Die Klassische Archäologie ist gegenüber der ebenfalls archäologischen Wissenschaft der Ur- und Frühgeschichte dadurch geprägt, daß die griechische und römische Kultur außer in ihren materiellen Hinterlassenschaften und Bildwerken auch in Schriftquellen überliefert ist. Die Texte der antiken Literatur und die außerordentlich zahlreichen Inschriften bilden einen Zugang zur Antike, auf den auch die Archäologie nicht verzichten kann. (In der Philologie ist die umgekehrte Unverzichtbarkeit der archäologischen Zeugnisse z. T. weniger selbstverständlich).

Viele Bereiche dieser Kulturen sind überhaupt nur durch Schriftzeugnisse bekannt bzw. erschließbar: Vorgänge der Ereignisgeschichte wie die Perserkriege, Namen und Rollen einzelner Personen wie Perikles oder Alexander d. Gr., politische Verhältnisse und Verfassungen wie die Demokratie Athens oder der Principat des Augustus, gesellschaftliche Systeme wie die Ständeordnung der römischen Republik und Kaiserzeit, kulturelle Bereiche wie Religion und Mythos, sozialpsychologische Phänomene wie die Selbstauffassung des archaischen Adels oder der heidnischen Oberschicht der Spätantike, dies alles wäre ohne schriftliche Quellen gar nicht oder nur wesentlich partieller und ungenauer zu erfassen. Die archäologischen Zeugnisse erhalten eine ganz andere Qualität, je nachdem, ob sie zu einer Kultur gehören, die auch durch schriftliche Zeugnisse erschlossen wird, oder nicht.

Dabei geht es zum einen um direkte Erklärungen zu den archäologischen Objekten und Befunden. Ein römisches Haus könnte man rein nach seinen materiellen Befunden nur sehr allgemein deuten: Welche Rolle bestimmte Räume wie das Atrium und das Tablinum bei den Empfängen des Hausherrn für seine Klienten und der Garten bei der Trennung der Sphäre von Geschäften und Lebensgenuß (*negotium* und *otium*) spielten, ist nur aus schriftlichen Quellen zu erkennen. Zum anderen, und mindestens eben so wichtig, richtet sich die Frage auf den allgemeinen kulturellen Kontext der archäologischen Zeugnisse: Der Parthenon erscheint in anderem Licht, wenn er zugleich im Rahmen der Staatsrepräsentation des Perikles gesehen wird – die nur aus Schriftquellen bekannt ist.

In einem weiten Sinn sind alle Schriftquellen für die Archäologie von Bedeutung: die Geschichtsschreibung für den historischen Rahmen der Denkmäler und der materiellen Kultur; die Dichtung, Epos, Lyrik, Tragödie und Komödie, für die Überlieferung von Mythen, für die Mentalitäts- und Sozialgeschichte; die Philosophie für die Formen des Denkens usw. Darüber hinaus enthalten die verschiedensten Schriften in oft ganz unerwarteten Zusammenhängen wichtige Nachrichten über materielle Kultur und Werke der Kunst: Aus Ciceros Reden gegen den Kunsträuber Verres erfahren wir viel über das Kunstverständnis und den Kunstbetrieb der späten römischen Republik; in einem medizinischen Traktat des kaiserzeitlichen Arztes Galenos sind Angaben über die Kunsttheorie des klassischen Bildhauers Polyklet erhalten.

Das Verhältnis von Schriftquellen und archäologischen Zeugnissen ist von der Forschung vor allem im Sinn einer gegenseitigen Erläuterung und Bestätigung verstanden und genutzt worden. Das ist durchaus sinnvoll und hat viele Fragen zu klären geholfen, die bei isolierter Betrachtung der Quellen unklar geblieben wären. Dennoch liegt hier, im Sinn einer ganzheitlichen Geschichtswissenschaft, eine Gefahr der Reduzierung des Zeugniswertes auf beiden Seiten: Wenn Bildwerke und archäologische Befunde lediglich als Illustrationen und

---

*Abbildungen:

Andreae   B. Andreae, *Römische Kunst* (1973).
Boardman, GParchZ   J. Boardman, *Griechische Plastik. Die archaische Zeit* (1981).
Boardman, GPspätklassZ J. Boardman, *Griechische Plastik. Die spätklassische Zeit und die Plastik in Kolonien und Sammlungen* (1998).

Ergänzungen zu den schriftlichen Nachrichten bewertet werden, so wird ihr Potential ebenso wenig ausgeschöpft, wie wenn literarische Texte nur zur Erläuterung der materiellen und bildlichen Hinterlassenschaften herangezogen werden. Entscheidend ist, die grundsätzlich verschiedenen Leistungen und Strukturen von Texten, Bildern und materieller Kultur zu begreifen und zueinander ins Verhältnis zu setzen:

■ Texte auf der einen und Bilder auf der anderen Seite sind komplexe Medien, deren Unterschiede seit Gotthold Ephraim Lessings „Laokoon" ein zentrales Thema der Ästhetik bilden. Texte entwickeln sich narrativ oder diskursiv in der Dimension der Zeit; mit Worten können leichter Vorgänge geschildert, kausale Zusammenhänge dargelegt und Argumente entwickelt werden, als mit Bildern. Bildwerke dagegen entfalten sich 'imaginativ' in der Dimension des Raumes; sie stellen ihre Gegenstände in visueller Präsenz vor Augen und vermitteln ideelle Leitbilder, die der Sprache allenfalls eingeschränkt zugänglich sind. Gegenwärtig gewinnen diese Fragen in der allgemeinen Semiotik, Medientheorie usw. neue Aktualität. Sie müssen aber auch in den spezifischen Literatur- und Kunstwissenschaften, hier besonders für Untersuchungen der 'Bildsprache' stärkere Beachtung finden.

■ Texte und Bilder auf der einen und materielle Hinterlassenschaften auf der anderen Seite sind Gruppen von historischen Zeugnissen, auf deren Unterschiede die anthropologisch orientierte angelsächsische Archäologie mit Nachdruck hingewiesen hat. Es ist die Unterscheidung von intentionalen 'Botschaften' und nicht-intentionalen 'Spuren' historischer Kulturen. Die 'Botschaften' der Texte und Bildwerke sind immer bereits reflektierte Aussagen der betreffenden Autoren bzw. Gesellschaften über sich selbst und ihre kulturelle Welt, während die 'Spuren' der materiellen Lebenskultur, Hausfundamente und Straßenpflaster, Gebrauchskeramik und Speisereste, absichtslose Zeugnisse darstellen, in denen nicht bereits eine explizite Selbstdeutung im Spiel ist.

Für die Rekonstruktion der antiken Kulturen in ihrer Gesamtheit ist es daher nötig, die Texte, Bildwerke und materiellen Hinterlassenschaften in ihren je eigenen Aussagen zu verstehen und zueinander in Beziehung zu setzen.

Einige Schriftsteller sind von spezifischem, zentralem Interesse für die Archäologie:
Pausanias. Autor aus dem westlichen Kleinasien, schrieb ca. 155–180 n. Chr. eine Reisebeschreibung Griechenlands, die Attika, die Peloponnes sowie Teile Mittelgriechenlands umfaßt. Das Werk gehört zur Gattung der sog. Periegese, der Beschreibung von Ländern, die eine ältere Tradition hatte, allerdings nur in geringen Spuren und Fragmenten erhalten ist. Es ist in 10 Bücher gegliedert, Landschaft für Landschaft, Ort für Ort, entsprechend der Reiseroute des Verfassers. Sein wichtigstes Thema sind die Sehenswürdigkeiten, öffentliche Anlagen, Bau- und Bildwerke, in einer Selektion, die vor allem die Stätten der Frühzeit und der großen 'klassischen' Geschichte in den Vordergrund stellt. Die Beschreibung wird aber bereichert durch zahlreiche, z. T. umfangreiche Einführungen und Exkurse über historische Vorgänge, mythische Überlieferungen, religiöse Bräuche usw., mit starker Vorliebe für besonders altertümliche Traditionen und Phänomene.

Das Urteil der Forschung, insbesondere der Philologie, über die Zuverlässigkeit des Pausanias war lange Zeit überwiegend kritisch. Man glaubte, ihm Fehler und Flüchtigkeiten nachweisen zu können: Er habe sich von örtlichen Gewährsmännern Bären aufbinden lasen, habe bei der Abfassung des Werkes seine Notizen durcheinandergebracht und sich schlecht erinnert. Vieles davon hat sich als Besserwisserei moderner Wissenschaftler herausgestellt. Selbstverständlich konnte er nicht immer alles richtig in Erfahrung bringen, und sicher hat er die Denkmäler, die meist viele hundert Jahre alt waren, nicht immer richtig deuten und einordnen können (auch die heutige Forschung hat ja Schwierigkeiten damit). Aber er hat vieles selbst gesehen – vieles, was heute verloren ist –, hat sich sorgfältig um verläßliche Angaben bemüht; und ein Vergleich seiner Beschreibungen mit Befunden, die heute noch durch archäologische Grabungen nachprüfbar sind, stellt ihm im allgemeinen ein gutes Zeugnis aus. Methodisch sollte man davon ausgehen, die Beschreibungen des Pausanias, sofern sie nicht nachweislich in die Irre gehen, zunächst zu akzeptieren. Sie sind die wichtigste zusammenhängende Quelle zur Landeskunde von Griechenland.

Plinius d.Ä. Autor der flavischen Zeit, der beim Ausbruch des Vesuv 79 n. Chr. ums Leben kam, verfaßte u.a. eine „*Naturalis historia*", eine Enzyklopädie der Naturkunde in 37 Büchern. Sie beruht einerseits auf dem eingehenden Studium früherer Naturforschung, andererseits auf eigenen Beobachtungen und Notizen, die er während seiner Laufbahn beim Militär und in der Provinzverwaltung gemacht hatte. Die Bücher 33–37 sind Metallen und Steinen gewidmet; in diesem Zusammenhang hat Plinius ausführliche Abhandlungen über handwerkliche und künstlerische Produkte in diesen Materialien verfaßt. Buch 33 enthält Gold und Silber, mit Abschnitten über Ringe und Münzen; Buch 34 handelt u.a. von Bronze, mit einer Geschichte der Bronzeplastik; Buch 35 von den Mineralfarben, mit einer Geschichte der Malerei, sowie von Erden, mit einer Geschichte der Tonbildnerei; Buch 36 von Marmor, mit einer Geschichte der Marmorplastik; Buch 37 von Edelsteinen, mit kurzen Ausführungen zur Steinschneidekunst. Diese Abhandlungen stehen in einer älteren Tradition der Kunstschriftstellerei, aus der viele Nachrichten übernommen sind. Eine wichtige Quelle ist Varro, ein umfassender Gelehrter der späten römischen Republik. Plinius' Kunsturteil ist von einem starken Klassizismus geprägt: Er konzentriert sich weitgehend auf die griechischen Künstler des 5. und 4. Jh. v. Chr.; mit dem frühen Hellenismus hörte die Kunst für ihn auf („*cessavit deinde ars*"), um mit den klassizistischen Tendenzen des mittleren 2. Jh. wieder aufzuleben („*ac rursus ... revixit*"). Trotz seinen Einseitigkeiten und vielen problematischen Überlieferungen ist Plinius die wichtigste zusammenhängende Quelle zur antiken Kunst- und Künstlergeschichte.

Vitruv. Römischer Architekt, verfaßte in hohem Alter, in den 20er Jahren des 1. Jh. v. Chr., ein Werk „*De architectura*". Es ist ein Produkt der Fachschriftstellerei in griechischer Tradition, die sich auf vielen Gebieten, z.B. Medizin, Belagerungskunst usw., entwickelt hatte.

Das Werk ist dem Kaiser Augustus gewidmet. Es sollte in der Phase der intensiven Bautätigkeit der augusteischen Zeit Maßstäbe für qualitätvolles Bauen an die Hand geben. Gegliedert in 10 Büchern, wird eine Systematik der Architektur entfaltet: 1. Ausbildung des Architekten, Anlage von Städten; 2. Materialien; 3. Formen und Typen der Tempel; 4. Bauordnungen und Elemente der Tempel; 5. Öffentliche Gebäude; 6. Private Wohnsitze; 7. Wandverkleidung: Verputz, Bemalung, Marmorinkrustation; 8. Wasserversorgung; 9. Sonnenuhren und Astronomie; 10. Maschinen verschiedener Art.

Vitruvs Werk verbindet breite praktische und theoretische Kenntnisse mit dem Anspruch philosophischer Bildung. Ein wichtiger Gegenstand der Forschung ist die Frage, wie weit seine Positionen und Konzepte der Baukunst seiner eigenen Zeit entsprechen.

Inschriften. Abgesehen von der allgemeinen Bedeutung von Inschriften für die antike Geschichte, haben sie eine spezielle Beziehung zur Archäologie: Jede Inschrift gehört zu einem konkreten Schriftträger, der als solcher ein archäologisches Objekt ist. Die Epigraphik hat lange Zeit die Inschriften im wesentlichen als reine Texte veröffentlicht und behandelt; dadurch sind wichtige Fragen der konkreten Funktion außer Betracht geblieben. Heute ist die Einbeziehung des Trägers der Inschrift ein Erfordernis jeder seriösen epigraphischen Forschung.

Viele archäologische Denkmäler erhalten durch Inschriften eine spezifische historische Bedeutung: Das Grabrelief eines Reiters aus Athen wird durch die Inschrift als Monument für einen gewissen Dexileos ausgewiesen, der 394 v. Chr. in einer Schlacht bei Korinth als Mitglied einer bestimmten taktischen Einheit gefallen ist (Boardman, GPspätklassZ Abb. 120). Eine andere Grabstele eines Kriegers in Athen wird durch Inschriften nicht nur auf einen gewissen Aristion als Bestatteten bezogen, sondern auch als Werk des Bildhauers Aristokles bestimmt (Abb. 50). Vor allem in römischer Zeit sind Inschriften wesentliche Elemente von Bauwerken: Am Ehrenbogen für den Kaiser Titus in Rom gibt eine ausführliche Ruhmesinschrift Stifter und Adressat dieser Ehrung an (Andreae Abb. 68). Von zahlreichen verlorenen Bildwerken besitzen wir noch die Sockel mit Inschriften, die viel über die Ausstattung antiker Städte mit Statuen lehren. Die Vertrautheit mit der Epigraphik ist daher in neuerer Zeit für die Archäologie immer wichtiger geworden.

8. Methoden der archäologischen Feldforschung: Ausgrabung und Survey*

a. Einführung

Die Archäologie wird oft als Wissenschaft des Spatens bezeichnet, und die Archäologen haben in weiten Bevölkerungskreisen das Image des ausgrabenden Abenteurers und Schatzsuchers. Solche Klischees werden durch populäre Darstellungen unterstützt wie C. W. Cerams immer noch lesenswerten Bestseller „Götter, Gräber und Gelehrte" und weniger seriöse Kinofilme wie jene der „Indiana Jones"-Serie, in welchen der Held, ein attraktiver Archäologe und Abenteurer, in verschiedenen Teilen der Welt kostbaren Schätzen nachjagt. Entgegen der landläufigen Vorstellung ist die Ausgrabungstätigkeit aber nicht die wichtigste Beschäftigung des Archäologen. Seine Hauptaufgabe besteht vielmehr in der kulturhistorischen Interpretation von Grabungsbefunden und -funden. So ist auch zu erklären, daß es eine ganze Reihe von Archäologen gibt, die nicht selbst als Ausgräber tätig sind.

Ausgraben ist eine zeitaufwendige, harte und auch bei weitem nicht immer spannende Aufgabe. Man arbeitet in den Sommermonaten bei Temperaturen bis über 40 °C, und die Funde sind keineswegs immer so spektakulär, wie es die populären Darstellungen glauben machen könnten. Dennoch hat Ausgraben tatsächlich etwas mit Abenteuer zu tun. Man arbeitet in einem mediterranen Land mit einer von der eigenen doch manchmal recht unterschiedlichen Kultur, die man in ganz anderer Weise kennenlernt, als dies einem Touristen möglich ist. Man beschäftigt einheimische Grabungsarbeiter, mit denen man sich verständigen muß, und man lebt zumeist in einfachen Unterkünften, die sich im Komfort von dem zu Hause gewohnten Standard deutlich unterscheiden. Was die Ausgrabung selbst anbetrifft, weiß man – trotz vieler moderner Methoden der Vorbereitung, auf die weiter unten eingegangen wird – im voraus nie genau, welche Befunde dabei zutage kommen werden. Die Arbeitshypothese, mit der man beginnt, muß häufig früher oder später abgewandelt, nicht selten sogar ganz aufgegeben und durch ein neues Arbeitsprogramm ersetzt werden.

Der Ausgräber trägt eine große Verantwortung, da jede Bodenuntersuchung die Zerstörung eines niemals wiederherstellbaren Zustandes, d. h. eines geschichtlichen Dokumentes bedeutet. Seine Pflicht besteht also darin, die Ausgrabungen so sorgfältig wie nur irgend möglich durchzuführen, genau zu dokumentieren und die Grabungsergebnisse auch zu veröffentlichen.

b. Geschichte und Ziele der Ausgrabungen

Leider entsprechen nur die wenigsten Grabungen, die im Lauf der Geschichte durchgeführt wurden, diesen Anforderungen. Die ersten Grabungen, von denen wir Kenntnis haben, waren Raubgrabungen aus Gewinnsucht. Die Ausgräber vergriffen sich nicht aus Forscherdrang an der heiligen Ruhe der Gräber, sondern um sich die darin niedergelegten Beigaben der Toten anzueignen. So bezeugen z. B. schon die altägyptischen Quellen, in welch schamloser Weise bereits im Altertum die reich ausgestatteten Pharaonengräber ausgeplündert wurden. Wie in Ägypten, so waren Grabräuber auch in allen anderen mediterranen Hochkulturen berüchtigt.

Als man sich dann seit der Renaissance wieder für die Antike zu interessieren und Ausgrabungen durchzuführen begann, waren dies keine wissenschaftlichen Ausgrabungen im heutigen Sinne, sondern sie dienten der Suche nach Kunstwerken, die ästhetischen und oft

---

*Abbildungen:
Joukowsky   M. Joukowsky, A Complete Manual of Field Archaeology. Tools and Techniques of Field Work for Archaeologists (1980).
Snodgrass   A.M. Snodgrass, An Archaeology of Greece. The Present State and Future Scope of a Discipline (1987).

auch kommerziellen Wert hatten. Nicht der Fundzusammenhang interessierte, sondern das einzelne Kunstwerk. Antike Kunstwerke wurden in Italien von Päpsten und Adligen gesammelt, bald auch von Monarchen und Adligen in den anderen Ländern Europas. Die Ausgrabungen, die in den gut erhaltenen, bei dem Vesuvausbruch von 79 n. Chr. verschütteten römischen Städten Herculaneum und Pompeii seit der ersten Hälfte des 18. Jh. durchgeführt wurden, galten zunächst ebenfalls nur der Suche nach Kunstwerken. Auch als der Bourbonenkönig Karl III. von Neapel ab 1738 systematischere Ausgrabungen beginnen ließ, schüttete man nach der Herausnahme der für das Museum von Neapel bestimmten Funde und dem Heraussägen der Bilder aus den Fresko-Dekorationen der Wände die ausgegrabenen Häuser mit dem Schutt des nächsten Grabungsabschnittes gleich wieder zu. J. J. Winckelmann erkannte in seinem epochalen Werk „Geschichte der Kunst des Altertums" (1768; s. oben Kapitel 2) zwar die Abhängigkeit der Kunst von äußeren Faktoren wie klimatischen Bedingungen, gesellschaftlichen und politischen Verhältnissen, betrachtete die Kunstwerke aber isoliert von ihrem Kontext. Der große Einfluß, der in der Folgezeit von Winckelmanns rein kunsthistorischer Betrachtungsweise der Antike ausging, ist aus heutiger Sicht nicht unproblematisch. Den größeren Teil des 19. Jh. hindurch ging nämlich die Jagd nach Antiken weiter, Skulpturen und Vasen wurden aus ihren ursprünglichen Fundzusammenhängen gerissen und unter teilweise abenteuerlichen Umständen in die großen Antikenmuseen der Welt verbracht. Zu einer gewissen Ehrenrettung der Antikenjäger im Griechenland des 19. Jh. ist allerdings anzuführen, daß sie häufig die von ihnen entführten Objekte vor dem endgültigen Untergang retteten. Im vom osmanischen Reich beherrschten Griechenland dieser Zeit bestand kein Interesse am antiken Erbe. Marmortempel wurden als Steinbrüche ausgebeutet, Marmorstatuen zu Kalk verbrannt. Heute sind die Verhältnisse ganz anders. Dennoch setzen einige klassische Antikenmuseen, sich auf die Winckelmann'sche Tradition berufend, noch immer in ihrer Ankaufpolitik die Traditionen fürstlichen Sammelns fort und sehen ihre vornehmste Aufgabe im Erwerb herausragender Kunstwerke. Nicht der archäologische Kontext, sondern die 'künstlerische Qualität' der Objekte ist ausschlaggebend für sie.

Noch verheerender als die offizielle Ankaufpolitik mancher Museen wirkt sich heute die – von Kunsthändlern oft aggressiv angeheizte – private Sammelleidenschaft aus. Wenn auch die Entstehung der neuzeitlichen Archäologie ohne das Interesse der privaten Liebhaber, der 'dilettanti', nicht denkbar gewesen wäre, so hat die heute weitverbreitete Sammelleidenschaft, vom Kunsthandel auch als Kapitalanlage angepriesen, in vielen Ländern des Mittelmeerraums, aber auch in anderen Regionen der Welt zu einer regelrechten Raubgräberindustrie geführt. Bei Objekten, deren Fundzusammenhang nicht bekannt ist – und dies betrifft den größeren Teil der Ausstellungsstücke in den Antikenmuseen dieser Welt und fast alle Objekte in Privatsammlungen – sind jedoch wesentliche wissenschaftliche Informationen für immer verloren gegangen. Funde aus Nekropolen mit einem sorgfältig dokumentierten Kontext ermöglichen z. B. Aussagen über die soziale Struktur der Bevölkerung, die hier ihre Toten bestattete, Funde aus Heiligtümern solche über die Identität der verehrten Gottheit und den Charakter ihres Kultes. Unabdingbare Voraussetzung für solche Aussagen von kulturhistorischer Tragweite sind aber die Identifizierung, sorgfältige Ausgrabung und Dokumentation eines Fundplatzes.

c. Archäologische Geländebegehung (Survey)

Laien fragen oft, wie der Archäologe überhaupt einen lohnenden Grabungsplatz findet. Viele bedeutende antike Plätze mußte man gar nicht erst suchen, da ihre Überreste nie ganz im Erdboden verschwunden waren, wie z. B. die bronzezeitliche Burg von Mykene, das zentrale Heiligtum des klassischen Athen, die Akropolis, oder die Ruinen Roms. Eine Reihe anderer Plätze ist durch Zufall entdeckt worden, z. B. beim Graben eines Brunnens, bei der Anlage von neuen Straßen, bei der Errichtung von Häusern usw. Viele Plätze aber sind von Archäologen bei systematischen Geländebegehungen anhand der Beobachtung auffälliger Merkmale, etwa aus dem Boden herausragender Mauerreste oder Scherbenansammlungen an der Oberfläche identifiziert worden. Nach vielversprechenden Anfängen am Ende des 19. Jh. geriet die Methode der systematischen Geländebegehung weitgehend in Vergessenheit, erlebte dann aber seit den 60er Jahren des 20. Jh. eine Renaissance durch britische und amerikanische Forscher und wird daher heute zumeist mit dem englischen Begriff 'Survey' bezeichnet. Zu Beginn dieser neuen Phase der Feldforschung durchstreiften zumeist kleine Teams die Landschaft und hielten nach auffälligen Punkten, nicht selten nach potentiellen Grabungsplätzen, Ausschau. In den 70er Jahren wurde diese Methode des 'extensiven Survey' mehr und mehr durch jene des 'intensiven Survey' abgelöst, die es ermöglicht, auf regionalem Niveau das Verhältnis von Siedlungen und umgebendem Land und die Änderungen von Siedlungssystemen über längere Zeiträume hinweg zu untersuchen. Bei einem intensiven Survey wird ein begrenzter Landstrich nach und nach systematisch von Teams begangen, deren Mitglieder sich – je nach Sichtweite – in einem Abstand von 5–15 m parallel über das Gelände bewegen (Snodgrass 101 Abb. 19–20) und dabei alle wichtigen beobachteten Phänomene beschreiben und kartieren: Beschaffenheit des Geländes, Funde von Artefakten, Dichte der durch den Pflug an die Erdoberfläche bewegten Keramikscherben und Dachziegel, zu beobachtende Mauerreste usw. (Abb. 3). Bei intensiven Surveys werden auch kleine, wenig auffällige Siedlungsplätze identifiziert, die beim extensiven Survey übersehen würden. Weist eine auffällige Funddichte auf die Existenz eines ehemaligen Siedlungsplatzes ('site') hin, so wird die betreffende Stelle noch genauer untersucht und die unterschiedliche Dichte der Oberflächenfunde kartiert (Snodgrass 112 Abb. 29). Die exakte Vermessung wird neuerdings durch das Satelliten-gestützte 'Global Positioning System' (GPS) erleichtert.

Mit der Methode des intensiven Surveys ist allerdings auch eine Reihe von Problemen verbunden. Unüberwindliche Hindernisse stellen moderne Siedlungen dar, die oft genau über ihren antiken Vorgängern liegen, sowie eingezäunte und unzugängliche Grundstücke. Neben diesen heutigen Geländehindernissen können auch langfristige Landschaftsveränderungen das Bild verfälschen. Wir wissen, daß die Berge Griechenlands in der Antike nicht so kahl waren wie heute. Sie trugen Wälder, und erst seit dem Abholzen der Bäume durch Menschenhand ist das Erdreich der Hänge durch Erosion in die Täler gerutscht. Solche Alluviumsschichten können antike Überreste derart überdecken, daß von ihnen an der Oberfläche kaum eine Spur zu erkennen ist. Wenn von den Hängen gewaschenes Erdreich über Jahrtausende hinweg von Flüssen mitgeführt wird, kann dies in ihrem Mündungsbereich zu extremen Landschaftsveränderungen führen. Der antike Mäander-Fluß (heute Büyük Menderes in der westlichen Türkei) hat z. B. in einer ursprünglich weiten Bucht seine Mündung immer weiter hinausgeschoben, so daß die Ruinen einer einst so bedeutenden Hafenstadt wie Milet heute 10 km landeinwärts liegen. Schließlich ist zu bedenken, daß man kaum erwarten kann, bei Surveys an den Fundplätzen auf der Oberfläche einen repräsentativen Querschnitt von Artefakten aller Perioden des betreffenden Platzes anzutreffen, da die Schichten der älteren Perioden tiefer liegen und Artefakte aus ihnen seltener – etwa durch Pflügen – an die Oberfläche gelangen. Surveys müssen daher als interdisziplinäre Unternehmen zusammen mit Geologen und Geographen durchgeführt werden, die Oberflächenveränderungen seit der Antike untersuchen. Wichtig ist außerdem, daß im Sinne einer historischen Landeskunde Historiker beteiligt sind, welche die Schriftquellen der verschiedenen Epochen auswerten. Surveys können keineswegs die Ausgrabungen vollkommen ersetzen, wie gelegentlich behauptet worden ist, sondern die beiden Methoden ergänzen einander.

d. Ausgrabung

Was die Vorbereitung von Ausgrabungen betrifft, sind in den letzten Jahrzehnten Methoden entwickelt worden, die helfen, sozusagen unter die Erde zu schauen und damit eine Entscheidungshilfe dafür zu geben, wo genau man den Spaten ansetzt (sog. Prospektion). Da ist zum einen die in Mitteleuropa mit großen Erfolgen eingesetzte Luftbildarchäologie, bei der aus der Luft Bodenunebenheiten, unterschiedliche Bodenfärbungen, vor allem aber Unterschiede im Bewuchs festgehalten werden, die durch die unter der Erdoberfläche liegenden Überreste alter Kulturen hervorgerufen wer-

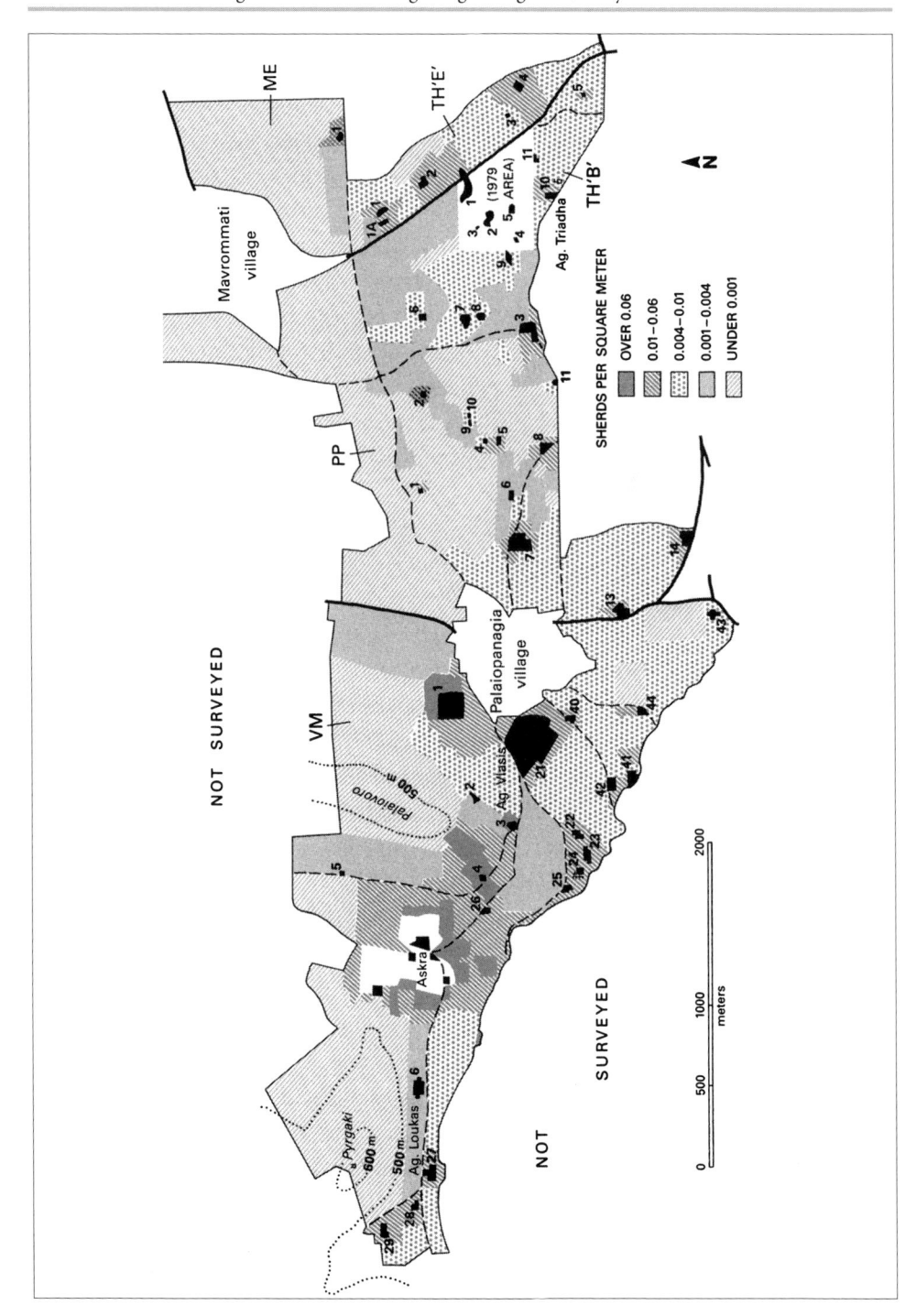

8. Methoden der archäologischen Feldforschung: Ausgrabung und Survey

Abb. 3: Böotien-Projekt, Survey: Kartierung der Funddichte von Artefakten

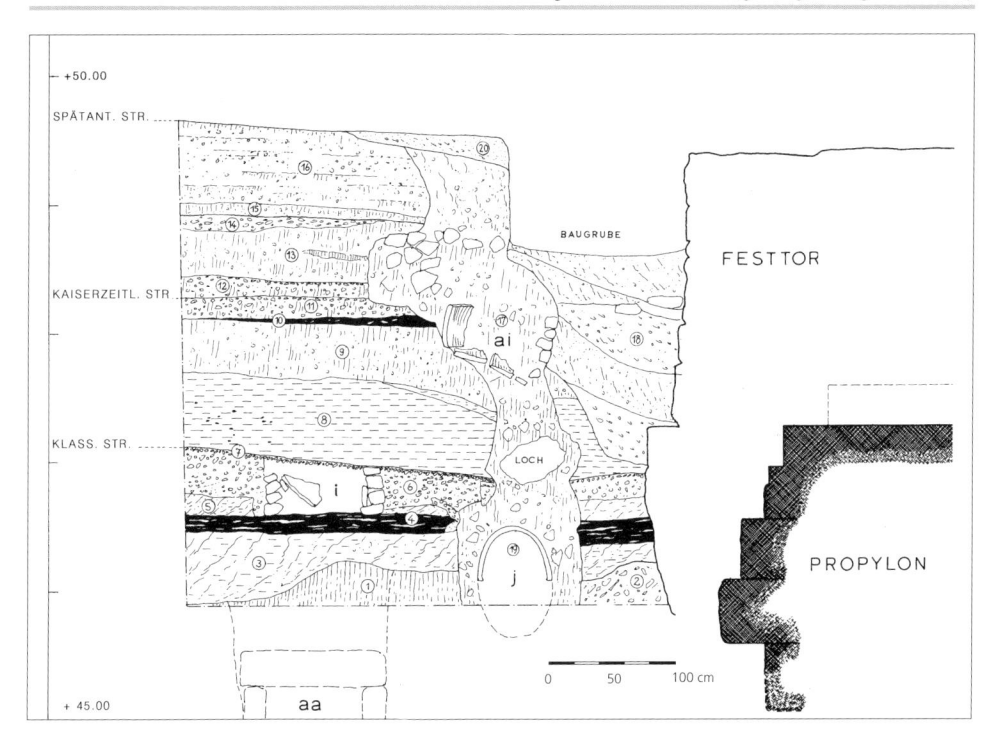

Abb. 4: Athen, Pompeion, Schnitt durch die Stratigraphie am Propylon, mit Fundamenten des klassischen Propylon und des kaiserzeitlichen Festtores sowie den Niveaus der klassischen, kaiserzeitlichen und spätantiken Straße

den. Wegen der zumeist andersartigen Vegetation im Mittelmeerraum mit Macchia, Ölbäumen etc., bei der die Befunde im Boden nicht zu einem differenzierten Bewuchs führen, konnte die Luftbildarchäologie dort bisher selten wirksam eingesetzt werden.

Andere archäologische Prospektionsmethoden sind Magnetfeld- und Erdwiderstandsmessung sowie Georadar. Bei Magnetfeld- und Erdwiderstandsmessungen werden mit empfindlichen elektronischen Meßgeräten minimale Abweichungen des Erdmagnetfeldes bzw. des Erdwiderstandes registriert, die durch archäologische Strukturen wie Mauern, Gruben und Gräben hervorgerufen werden. Beim Georadarverfahren werden elektromagnetische Wellen in den Boden gesandt, mit denen verborgene Steinstrukturen festgestellt werden können. Bei einer Flächenmessung in einem feinen Raster und anschließender Kartierung der Meßwerte lassen sich so zweidimensionale Darstellungen der verborgenen archäologischen Strukturen gewinnen. Allerdings kann man mit diesen Methoden noch nicht sehr tief in den Boden eindringen.

Bei der Ausgrabung selbst ist die wichtigste Methode immer noch die der Stratigraphie, d.h. die Beobachtung der Schichtenabfolge (Abb. 4). Jacquetta Hawkes hat gemeint, das Gesetz der Stratigraphie sei so einfach wie das der Schwerkraft und hat es mit britischem Humor veranschaulicht. Nach einer bekannten Legende soll bekanntlich Sir Isaac Newton das Gesetz der Schwerkraft anhand eines Apfels entdeckt haben, der ihm auf dem Kopf fiel. Hawkes hat diese Legende fortgesponnen: „Wenn anstelle des Apfels, der auf das Haupt Sir Isaac Newtons fiel, ein himmlischer Obstgarten einen Regen von Früchten hätte herunterpurzeln lassen, dann wäre einer der größten Männer dieser Welt davon zu Boden gerissen und schließlich darunter begraben worden. Wer später die Situation streng wissenschaftlich untersucht hätte, indem er

Schicht für Schicht die Äpfel wegräumte, wäre in der Lage gewesen, gewisse Tatsachen zu erschließen. Er hätte beweisen können, daß der Mann vor den Äpfeln da war. Ferner, daß die roten Gravensteiner unmittelbar über und um Sir Isaac herum eher gefallen sein mußten, als die dunkelfarbenen Birnen, die über ihnen lagen. Wäre auf all dies nun noch Schnee gefallen, dann würde der Beobachter, selbst wenn er vom Mars gekommen wäre, wo man mit diesen Dingen nicht so vertraut ist, dennoch wissen, daß die Apfelzeit der Schneezeit vorangegangen ist. Ein relatives Alter ist aber nicht genug, der Beobachter würde eine absolute Zeitangabe wünschen, und hier ist nun wieder Sir Isaac wichtig. Eine Untersuchung seiner Kleidung, seines langschößigen Rockes, der lockeren Beinkleider und des nachlässigen Schnittes seiner Hemden, der langen breitschnäbeligen Schuhe, die so verloren zum Himmel deuten, würden den Mann in das 17. Jahrhundert datieren. Hierin läge dann ein Schlüssel für das Alter der Äpfel und des Schnees."

Die ursprünglich aus der Geologie stammende Methode der Stratigraphie, archäologisch erstmals 1784 von Thomas Jefferson, einem der Autoren der amerikanischen Unabhängigkeitserklärung und späteren dritten Präsidenten der Vereinigten Staaten von Amerika, bei der Ausgrabung eines indianischen Grabhügels in Virginia angewendet, wurde seit dem letzten Drittel des 19. Jh. auch mehr und mehr im Mittelmeerraum eingesetzt. Das Werk Heinrich Schliemanns spiegelt diesen schrittweisen Prozeß wider. Waren seine ersten Grabungen in Troia noch völlig unzureichend dokumentiert und ganz auf kostbare Einzelfunde ausgerichtet, so veranlaßten die komplizierten Befunde ihn und seinen Mitarbeiter Wilhelm Dörpfeld bald zu genaueren Beobachtungen von Fundumständen und Schichtabfolgen. Sie definierten schließlich neun übereinanderliegende Städte, die vom frühen 3. Jt. v. Chr. bis in die römische Kaiserzeit reichen (Troia, Traum und Wirklichkeit [2001] 348 f. Abb. 366–368).

Wesentliche Neuerungen in der Grabungstechnik hat seit den 30er Jahren des 20. Jh. der britische Archäologe Sir Mortimer Wheeler eingeführt. In einer 'idealen' Schichtenabfolge sind die archäologischen Siedlungsschichten mit datierenden Artefakten gleichmäßig übereinander angeordnet. Und so hat man immer wieder nach künstlichen Richthorizonten, Niveaus, ausgegraben. Nur kommen leider solche idealen Schichtenabfolgen in der Realität so gut wie nie vor. Siedlungsschichten sind immer wieder durch spätere Eingriffe 'gestört': durch in sie eingetiefte Fundamente, Abfallgruben, Gräben, Baumgruben usw. Wheeler grub daher nicht nach Niveaus, sondern folgte genau den zu beobachtenden verschiedenen Schichten und anderen stratigraphischen Elementen. Seine Methode wurde von seiner Schülerin Kathleen Kenyon weitergeführt und wird daher häufig die Wheeler-Kenyon-Methode der archäologischen Stratigraphie genannt.

Nur ein solches Vorgehen nach genau beobachteten stratigraphischen Einheiten kann zu korrekten Ergebnissen führen. Zunächst wird mit dem Theodoliten über den gesamten Grabungsplan ein Vermessungsnetz gelegt. Die Meßpunkte werden im Gelände markiert und bilden Fixpunkte für jede weitere Vermessung, so auch für die der Quadrate des Grabungsrasters (Joukowsky 116 Abb. 5–79). Diese sind zumeist 4 × 4 m groß, zwischen ihnen wird beim tiefer Graben ein Erdsteg von 1 m Breite stehen gelassen (Joukowsky 138 Abb. 6–6). Diese Stege erfüllen auch einen praktischen Zweck: Auf ihnen kann man sich bewegen und außerdem die ausgegrabene Erde mit Schubkarren abtransportieren. Vor allem aber dienen sie zur ständigen Kontrolle der einzelnen Schichten. Ihre Profile werden später photographisch und zeichnerisch dokumentiert (Joukowsky 154 Abb. 7–5. 157 Abb. 7–9). Dann haben sie ihren Zweck zumeist erfüllt und werden entfernt, um die Architektur vollständig freizulegen und die Planaufnahme zu ermöglichen.

Ausgegraben wird nach der Wheeler-Kenyon-Methode in definierbaren stratigraphischen Einheiten, die mit Nummern bezeichnet werden (Joukowsky 206 f. Abb. 9–9). Der Fortschritt der Grabung wird täglich in Photographien, genauen Beschreibungen, heute häufig auf für eine Computer-gestützte Dokumentation geeigneten Formblättern und Planskizzen dokumentiert. Die Höhe über NN aller Befunde wird mit Hilfe des Nivelliergerätes oder des Theodoliten bestimmt, wichtige

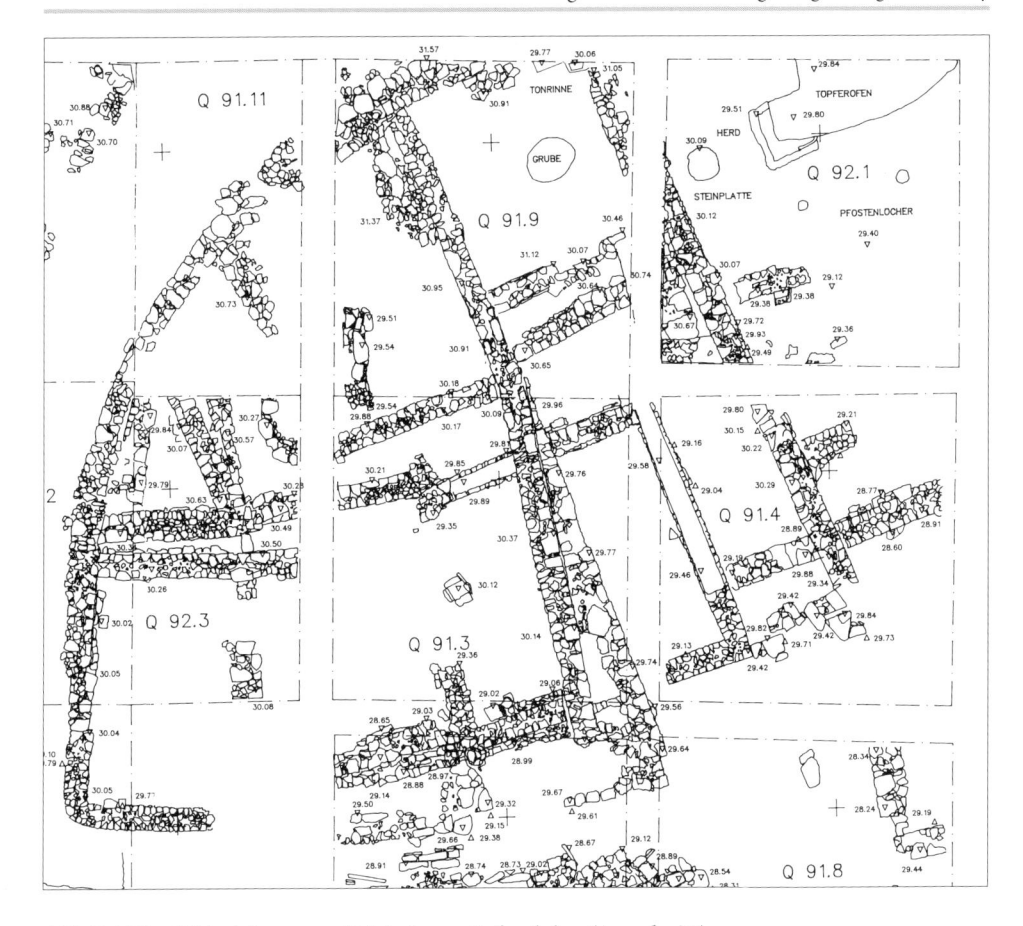

Abb. 5: Milet, Wohnhäuser am Kalabaktepe, Befundplan (Ausschnitt)

Einzelfunde werden mit denselben Geräten oder auch mit einem Maßband dreidimensional eingemessen. Von allen wichtigen Fundzusammenhängen werden nicht nur Skizzen, sondern auch exakte, maßstabsgerechte Planzeichnungen angefertigt. Noch aufrecht stehende Architektur wird außerdem oft mit Hilfe der Photogrammetrie dokumentiert. Dabei ermöglichen sich überlappende Paare von Photographien eine dreidimensionale Erfassung. Am Ende der Grabung werden Gesamtpläne der architektonischen Überreste aufgenommen (Abb. 5).

In Siedlungsgrabungen stellen Keramikfragmente den Großteil der Funde. Diese Keramik wird streng nach Befunden getrennt geborgen und dann in das Depot gebracht. Die Arbeit dort ist genauso wichtig wie die auf der Grabung. Die Keramik wird nun – weiterhin nach Befunden getrennt – gewaschen, sortiert und soweit möglich restauriert. Die Keramik bildet dann die Grundlage für die Datierung des jeweiligen Befundes.

Die möglichst genaue Dokumentation der Grabungsbefunde ist von allergrößter Wichtigkeit. Mit der Grabung werden zugleich die Befunde zerstört, sie sind nicht mehr zu kontrollieren. Deshalb ist die Verantwortung des Ausgräbers so groß. Der bekannte französische Archäologe Paul Courbin hat sie so beschrieben: „Er weiß, daß niemand anders seine Arbeit wiederholen kann, daß – wenn er einen Fehler macht, die Dinge falsch sieht oder mißversteht – seine Schlüsse unabänderlich falsch werden und zu weiteren Irrtümern bei jenen führen, die auf ihnen aufbauen."

Waren in den Pionierzeiten der Archäologie ein oder zwei Archäologen mit hundert und mehr Arbeitern auf einer Grabung tätig, so hat sich diese Relation heute sehr zugunsten der wissenschaftlichen Grabungsmitarbeiter geändert. Eine moderne Ausgrabung ist außerdem ein interdisziplinäres Unternehmen, an dem neben den Archäologen auch verschiedene Naturwissenschaftler teilnehmen. Zum Stab an Mitarbeitern und Mitarbeiterinnen für die Grabung selbst gehören neben dem Grabungsdirektor ein Vermesser, ein Architekt, ein Photograph, ein Restaurator, Quadrat- bzw. Schnittleiter in der Grabung sowie Fundbearbeiter und Katalogisierer im Grabungsdepot. Aufgrund der Möglichkeiten, die sich aus der EDV für die Erfassung großer Datenmengen ergeben haben, nimmt heute normalerweise auch ein Computerspezialist an den Grabungs- und Aufarbeitungskampagnen teil. In vielen Grabungen erfüllen einzelne Mitarbeiter aus ökonomischen Gründen mehr als eine dieser Funktionen. Von den interdisziplinär am Projekt beteiligten Naturwissenschaftlern rekonstruieren Geographen, Geologen und Hydrologen die antike Landschaft, untersuchen Paläozoologen und Paläobotaniker die antike Fauna und Flora, medizinische Anthropologen die Skelettreste von Menschen (insbesondere bei Nekropolengrabungen). So werden wichtige Aufschlüsse etwa über Umwelt, Ernährung, Lebenserwartung und Krankheiten der Menschen erlangt, die am untersuchten Platz lebten und starben.

Das Wichtigste an jeder Ausgrabung ist ihre Publikation, die ein Vielfaches an Arbeit und Zeitaufwand der eigentlichen Grabungstätigkeit erfordert. Werden die Ergebnisse der Grabung nicht angemessen veröffentlicht – was bedauerlicherweise viel zu häufig geschehen ist –, so war sie im Grunde nicht besser als die eingangs angesprochenen Raubgrabungen und bedeutet eine endgültige Zerstörung unwiederbringlicher kultureller Zusammenhänge. Es ist ein langer Weg, bis aus Beschreibungen, Schnittzeichnungen, Plänen, Photographien, Analysen der Befunde und Funde, Ergebnissen der naturwissenschaftlichen Untersuchungen und theoretischer Interpretation des kulturellen Kontextes die Synthese des veröffentlichten Grabungsberichtes wird.

(W.-D.N.)

9. Grundbegriffe der kunstgeschichtlichen Klassifizierung und Analyse*

Die archäologische Forschung verwendet eine Reihe von Begriffen, die für verschiedene Methoden der Klassifizierung und Analyse von Befunden, Objekten und Bildern eingesetzt werden. Dabei sind grundsätzlich verschiedene Ziele zu unterscheiden:

■ Historische Interpretation: Sacherklärung und kulturelle Analyse einzelner Zeugnisse
- bei Befunden und Objekten: Funktion, Verwendung. Beispiel: Elemente eines Heiligtums, Altar, Tempel, Hallen, Kultinstrumente als Zeugnisse religiöser Aktivitäten. Methode: Funktionsanalyse.
- bei Bildwerken: Bedeutung von Bildthema und Bildform. Beispiel: Statuengruppe der Tyrannenmörder als Darstellung von Aristogeiton und Harmodios, Vorbilder politischen Handelns, frühes politisches Denkmal. Methode: Ikonographie (Ikonologie).

Die historische Hermeneutik fragt nach der Funktion und Bedeutung der Zeugnisse für Produzenten und Rezipienten. Dabei gewinnt die Kategorie des spezifischen Kontextes Bedeutung: Siedlung, Heiligtum, Grab etc.

■ Historische Synthese: Klassifizierung, Formanalyse und Interpretation von übergreifenden Kontexten
- Zeitstellung der Objekte und Befunde in chronologischen Entwicklungen.
- Lokalisierung der Objekte und Befunde in geographischen Kulturkreisen.
- Funktion der Objekte und Phänomene im gesamten Kontext der Gesellschaft und ihrer Kultur. Beispiel: Zusammenhang von Waffentechnik, Kriegsführung und Gesellschaftsordnung.
- Bedeutung der Objekte und Befunde als Ausdruck kollektiver Wertsysteme, Stilbildungen und Mentalitäten. Beispiele: 'Archaisches Lächeln' als Ausdruck einer aristokratischen Wertewelt; individuelles Porträt als Zeugnis für das Verhältnis des Einzelnen zur Gesellschaft.

Die synthetisierende Klassifizierung und Analyse fragt nach übergreifenden historischen Zusammenhängen. Sie geht damit über die intendierte Bedeutung der Zeugnisse in der Antike hinaus: Kein Objekt hat den Zweck, ein Zeugnis für gesellschaftliche Funktionen, für kollektive Mentalitäten, für zeitliche Epochen und Entwicklungen oder für regionale Kulturkreise und ihre Differenzierung zu sein. Hier handelt es sich vielmehr um Fragestellungen der modernen Geschichtswissenschaft, die zeitliche Veränderungen und kulturgeographische Unterschiede, gesellschaftliche Verhältnisse und Mentalitäten erkennen und zu einem historischen Gesamtbild verbinden will.

Bei den folgenden Definitionen stehen Werke der Bildkunst und des Kunsthandwerks im Vordergrund, da in der deutschen Archäologie viele Begriffe der Klassifizierung für die Analyse bildkünstlerischer und kunsthandwerklicher Produkte geprägt worden sind. Anwendungen und Modifikationen der Begriffe für andere Gruppen von Gegenständen werden kürzer dargelegt. Die Genese bestimmter Begriffe im Bereich der 'künstlerischen' Produktion macht ihre Anwendung auf weitere Gegenstände der Lebenskultur in mancher Hinsicht problematisch. Immerhin aber erhalten die Begriffe und Kategorien im Bereich der

---

*Abbildungen:

Andreae	B. Andreae, Römische Kunst (1973).
Boardman, GParchZ	J. Boardman, Griechische Plastik. Die archaische Zeit (1981).
Boardman, GPklassZ	J. Boardman, Griechische Plastik. Die klassische Zeit (1987).
Boardman, GPspätklassZ	J. Boardman, Griechische Plastik. Die spätklassische Zeit und die Plastik in Kolonien und Sammlungen (1998).
Boardman, RVklassZ	J. Boardman, Rotfigurige Vasen aus Athen. Die klassische Zeit (1987).
Boardman, SV	J. Boardman, Schwarzfigurige Vasen aus Athen (1977).
Kleiner	D.E.E. Kleiner, Roman Sculpture (1992).
Lullies – Hirmer	R. Lullies – M. Hirmer, Griechische Plastik (4. Aufl. 1979).
Smith	R.R.R. Smith, Hellenistic Sculpture (1991).

'Kunst', d.h. einer besonders bewußten formalen Gestaltung, ein einigermaßen scharfes Profil.

a. Sacherklärung: Funktion und Ikonographie

Funktion

Die Gegenstände der Lebenswelt haben ihren Zweck im konkreten Gebrauch beim Vollzug des Lebens. Dies gilt von Anlagen des Städtebaus und Werken der Architektur bis zu Möbeln und Geräten, ebenso aber auch für die Werke der Bildkunst.

Bei den Funktionen materieller Objekte der Lebenskultur sind zur sachlichen Erklärung einerseits Kenntnisse der allgemeinen menschlichen Lebensbedingungen, andererseits vor allem Kenntnisse spezifischer Kulturformen nötig. Einfache Hausgrundrisse sind ohne weitgehende Vorkenntnisse zu erkennen, bei der Rekonstruktion sind die allgemeinen Erfordernisse der Stabilität, der Zugänglichkeit und des Schutzes durch ein Dach zu berücksichtigen. Aber die spezifischen Funktionen eines römischen Atrium-Hauses mit dem Tablinum für den Empfang der Klienten und dem Atrium für die Ahnenbilder (s. unten Kapitel 14) sind nur vor dem Hintergrund der römischen Gesellschaftsordnung zu erfassen. Einen Krug wird jeder als solchen erkennen; aber für das Verständnis eines Aryballos (s. unten Kapitel 22.1) muß man die griechische Sitte kennen, nackt Sport zu treiben und den Körper mit Öl einzureiben.

Materielle Gegenstände können über die konkreten Gebrauchsfunktionen hinaus ideelle Bedeutungen haben. Eine Stadtmauer dient nicht nur zur Befestigung, sondern ist ein mehr oder minder deutliches Symbol für städtische Autonomie und urbanen Status. Ein Aryballos ist nicht nur ein praktisches Salbgefäß, sondern zugleich ein Ausweis eines Angehörigen der gehobenen Schichten, der sich den Besuch der Palästra leisten kann.

Auch die Werke der Bildkunst hatten festgelegte Funktionen. Damit ist sowohl der materielle Ort als auch der 'Gebrauch' im gesellschaftlichen Leben gemeint. Kultbilder der Gottheiten und Heroen in den Tempeln und Heiligtümern wurden in den religiösen Ritualen eingesetzt. Votivgaben von sehr verschiedener Gestalt wurden den Göttern als Geschenk in den Heiligtümern dargebracht. Politische Denkmäler wurden auf der Agora als Bezeugung von Macht oder als Muster politischer Verhaltensweisen errichtet. Bildnisstatuen für Staatsmänner, Athleten, Dichter und Philosophen dienten der öffentlichen Ehrung. Grabstatuen und Grabbeigaben waren Elemente der sepulkralen Riten. Gefäße mit figürlicher Bemalung hatten ihren Platz beim Symposion, bei der Hochzeit und anderen Gelegenheiten. Die Funktionen bestimmen den konkreten Umgang mit den Bildwerken ebenso wie ihre Themen und Formen.

Für die Bestimmung und Interpretation von Objekten und Bildwerken spielt die Kategorie des Kontextes im topographischen wie im kulturellen Sinn eine entscheidende Rolle: Es macht einen großen Unterschied, ob ein Kouros in einem Heiligtum oder auf einem Grab aufgestellt wurde bzw. ob ein Helm auf dem Schlachtfeld verloren, in einem Heiligtum geweiht oder in einem Grab als Beigabe niedergelegt wurde bzw. ob eine Porträtstatue eines Römers auf dem Forum seiner Heimatstadt oder in seinem privaten Grabmal aufgestellt wurde. In dieser Richtung hat die künftige Forschung wichtige Aufgaben.

Ikonographie

Bei Bildwerken sind Themen und Inhalte der wichtigste Aspekt, auf den sich das Interesse normaler Betrachter richtet. Dies war auch die wichtigste Absicht der Bildwerke in der Antike: Sie wollen in erster Linie Gestalten, Objekte und Vorgänge darstellen. In der Forschung standen Themen und Inhalte der antiken Bildwerke bis ins 18. und 19. Jh. im Vordergrund; mit der Wende zum 20. Jh. (Franz Wickhoff, Alois Riegl) traten sie dagegen stark hinter dem Interesse für Stil- und Strukturformen in den Hintergrund. Erst nach dem 2. Weltkrieg wurden die Themen der Bildwerke wieder mehr in den Blick genommen (zur Geschichte der Forschung s. oben Kapitel 2). Folgende Begriffe erweisen sich grundsätzlich als dienlich: BILDTHEMA UND BILDMOTIV. Als 'Bildthema' kann man den Darstellungsinhalt eines einzelnen Bildwerkes, und zwar in seiner Gesamtheit, bezeichnen. Also etwa die Tötung der Niobiden durch Apollon und Artemis (Boardman, RVklassZ Abb. 4) oder das Einweihungsopfer der Via Traiana durch Kaiser Traian (Andreae Abb. 408). Der Begriff 'Bildmotiv' wird oft ähnlich gebraucht, etwa für den Löwenkampf des Herakles oder die Geburt Jesu; damit erhält der Begriff aber keine spezifische Bedeutung gegenüber dem 'Bildthema'. Nützlich ist der Begriff des 'Motivs' für die Bezeichnung allgemeiner Aktionen und Haltungen: etwa Sich-Anlehnen, Bogenschießen, Fliegen, Selbstmord. Dabei ist es unerheblich, wer in welcher Form und bei welcher Gelegenheit fliegt, ob vier Eroten Aphrodite umflattern oder Nike waagerecht auf einen siegreichen Wagenlenker zufliegt etc. In diesem Sinn ist der Begriff 'Motiv' zugleich weiter und enger als der Begriff 'Thema': Dasselbe Motiv des sich Aufstützens auf einen Pfeiler kann bei verschiedenen Themen verwendet werden, etwa bei einer verwundeten Amazone (Boardman, GPklassZ Abb. 190a) oder dem sich selbst im Wasserspiegel bewundernden Narkissos (Boardman, GPklassZ Abb. 234). Umgekehrt kann dasselbe allgemeine Thema in verschiedenen Motiven dargestellt werden, etwa das Thema der verwundeten Amazone nicht nur im ermatteten Aufstützen auf den Pfeiler, sondern auch im Motiv des Entblößens der Wunde (Boardman, GPklassZ Abb. 191).

IKONOGRAPHIE. Die Methode, Bildthemen zu deuten, wird als Ikonographie (von griech. *eikon*: Bild) bezeichnet. Sie betrifft zunächst die sachliche Erklärung des Bildinhalts. Ikonographische Deutung beruht auf zwei Voraussetzungen:

– Sachkenntnisse. Dabei geht es nicht nur darum, allgemein bekannte Dinge der Lebenswelt, wie menschliche Körper, Pferde, Bäume wiederzuerkennen; sondern vor allem auch darum, kulturspezifische Gegenstände zu verstehen: Man muß wissen, daß ein Mann auf einem Lager nicht auf einem Krankenbett, sondern auf der Kline beim Symposion liegt, daß ein Stab mit drei Spitzen keine Heugabel, sondern der Dreizack des Poseidon ist, und daß eine bestimmte Art des körperdeckenden Gewandes eine römische Toga ist. Kulturspezifische Kenntnisse für die ikonographische Deutung werden z.T. aus realen Gegenständen (z.B. Rüstung und Waffen), z.T. aus schriftlichen Quellen (z.B. Funktionen von Gewändern) gewonnen.

– Kenntnis von Darstellungskonventionen. Hierzu gehören alle Umsetzungen von Themen der Wirklichkeit ins Bild, die nicht selbstverständlich unseren eigenen Seherfahrungen entsprechen. Eine häufig gebrauchte Konvention ist der sog. 'Knielauf', der in archaischer Zeit bei Gorgonen oder Niken (Boardman, SV Abb. 5,2 und GParchZ Abb. 103) zur Darstellung des raschen Fliegens durch die Luft eingesetzt wurde; oder die Benutzung von weißer Farbe für die Haut zur Kennzeichnung von weiblichen Personen in der archaischen Vasenmalerei. Das Verständnis solcher Konventionen wird aus dem Vergleich von Bildzeugnissen verschiedener Epochen und Kulturen entwickelt.

IKONOLOGIE. Über die sachliche Bilderklärung, die das Ziel der Ikonographie im engeren Sinn ist, kann und sollte die Deutung von Bildern noch allgemeinere Kategorien einbeziehen. Kline und Symposion sind nicht nur ein konkreter Gegenstand und Vorgang, sondern sind ein Inbegriff aristokratischer Lebensform. Die Toga ist nicht nur ein reales Gewand, sondern ein Symbol des römischen Bürgerrechts. Opferszenen auf römischen Staatsreliefs stellen nicht nur einen Vorgang des römischen Lebens dar, sondern sind eine Demonstration der Tugend der *pietas*. In diesem Sinn zeigen römische Sarkophage vier typische Szenen aus dem Leben römischer Feldherrn nicht so sehr als konkrete biographische Stationen, sondern als Bezeugung von abstrakten Tugenden: Ein Kampf gegen Barbaren weist auf *virtus*, eine Unterwerfung schutzflehender Gegner bezeugt *clementia*, eine Opferszene demonstriert *pietas*, und das Paar des Grabherrn und seiner Ehefrau, im Handschlag verbunden, läßt deren *concordia* erkennen (Abb. 150; s. unten Kapitel 19). Bildanalysen, die in eine solche Richtung gehen, beschreiben nicht nur die sachlichen Bildthemen, sondern zielen darüber hinaus auf ideelle Wertvorstellungen, Ideologien, Weltanschauungen, die in den Bildern impliziert, mit ihnen assoziiert oder konnotiert sind.

Man kann dies als eine zweite, höhere Ebene der Ikonographie bezeichnen; der Kunsthistoriker Erwin Panofsky hat dafür den Begriff 'Ikonologie' eingesetzt. Solche 'ikonologischen' Bedeutungen sind den Bildern meist nicht aus allgemeiner Lebenserfahrung als sachliche Inhalte abzulesen, sondern nur durch Kenntnis der ideellen Hintergründe und Kontexte der betreffenden Kultur zu erkennen. Wichtig ist dabei die Heranziehung von Schriftquellen, etwa zur Bedeutung des griechischen Symposions oder der römischen Toga. Eine aufschlußreiche Verbindung von Bild und Schrift stellen römische Münzen dar: So wird etwa eine Darstellung des opfernden Kaisers Septimius Severus mit der Legende *PIETAT(i) AVG(usti)*, d. h. als Ausdruck kaiserlicher *pietas*, erläutert. Ikonologische Fragestellungen, die auf allgemeine gesellschaftliche Wertvorstellungen ausgerichtet sind, haben gegenwärtig große Bedeutung.

b. Formanalyse

Alle Produkte der menschlichen Kultur erfüllen nicht nur bestimmte Bedürfnisse und Funktionen, sondern tun dies in einer bestimmten Form. Dies gilt nicht nur für die Werke der Bildkunst, sondern für alle Objekte der kulturellen Lebenswelt. Die Gestaltung von Gegenständen nach gewollten Formvorstellungen stellt ein ästhetisches Moment dar, durch das sich Kulturkreise, Regionen, Epochen voneinander unterscheiden. In diesen Formen kommen sowohl Vorstellungen und Botschaften einzelner Individuen, Auftraggeber und Künstler, als auch übergreifende ideelle, habituelle, mentale und kognitive Einstellungen der betreffenden Gesellschaften zum Ausdruck. In diesem Bereich ist Klarheit der Begriffe besonders wichtig, vor allem bei der Analyse von Werken der Bildkunst.

AUFBAU UND KOMPOSITION. Jedes einzelne Bildwerk hat seine spezifische Form. Bei der einzelnen Figur spricht man von 'Aufbau': Beim Doryphoros des Polyklet (Abb. 59) ist es der ausgewogen ponderierte Stand, beim Apoll vom Belvedere (Abb. 80) der federnde Schritt mit dem elastischen Aufstreben des Körpers und der Öffnung in den Raum. Bei komplexeren Szenen wird der Begriff 'Komposition' verwendet: In diesem Sinn zeigt etwa der Fries am Maussoleum von Halikarnassos (Boardman, GPspätklassZ Abb. 21) den Kampf zwischen Griechen und Amazonen in Einzelkämpfe aufgelöst, während eine römische Schlachtszene (Andreae Abb. 421–424) ein dicht geballtes Massengetümmel schildert. Aufbau und Komposition bezeichnen die Art, wie das bestimmte Thema in dem einzelnen Werk Gestalt erhalten hat.

Neben den Begriffen für die spezifischen Formen des einzelnen Werkes sind Begriffe für kollektive Formphänomene von Bedeutung, die über das einzelne Werk hinausgehen: Stil, Struktur, Typus, Gattung.

STIL. Mit dem Begriff 'Stil' werden nicht die Formen eines einzelnen Werkes, sondern die allgemeinen formalen Mittel bezeichnet, mit denen einzelne Werke realisiert werden. Der Körper des Harmodios aus der Tyrannenmörder-Gruppe (Abb. 57) ist dem des sog. Kritios-Knaben (Abb. 53) auffallend ähnlich: Trotz anderem Thema und anderem Motiv haben die Figuren einen verwandten 'Stil'. Daraus hat die Forschung z. T. geschlossen, daß beide von demselben Bildhauer geschaffen sind. Der Kopf des Harmodios ist einem Jünglingskopf im Kerameikos von Athen (Mitteilungen des Deutschen Archäologischen Instituts Athen 98, 1983, Taf. 11–15) ähnlich, aber auch dem Kopf eines bekleideten Mannes aus Mozia in Westsizilien (Boardman, GPspätklassZ Abb. 187). Hier wird man kaum auf denselben Bildhauer, aber auf ungefähr gleiche Entstehungszeit schließen. Dagegen zeigt der Kopf des Hermes des Praxiteles (Lullies – Hirmer Taf. 227) aus dem 4. Jh. v. Chr. sehr andere Stilzüge. Ihm verwandt ist ein Kopf in London (Boardman, GPspätklassZ Abb. 62); diese Ähnlichkeit hat man als Indiz zeitlicher Nähe oder gar desselben Bildhauers gedeutet.

Grundsätzlich ist Stil ein kollektives Phänomen: Verschiedene Werke schließen sich durch denselben oder einen ähnlichen Stil zusammen. Träger sind bestimmte, individuelle oder kollektive Subjekte: Man spricht vom Stil eines einzelnen Künstlers, einer Werkstatt, einer Stadt, Region, Kunst-Landschaft, einer Epoche oder auch einer politischen oder gesellschaftlichen Gruppe. Die Forschung benutzt den Begriff des Stils zur Zuweisung einzelner Werke an solche Individuen und Gruppen, Regionen und Epochen.

Für die Zeitbestimmung ist vor allem die Methode der Bildung von stilistischen Reihen entwickelt worden (s. oben Kapitel 5). In diesem Sinn kann man z. B. eine Reihe aus den Gewandfiguren der Peplophore Ludovisi (um

480/70 v. Chr.; Abb. 56), der Athena Parthenos (um 440 v. Chr.; Abb. 63) und der Koren des Erechtheion (um 420 v. Chr.; Boardman, GPklassZ Abb. 125; Lullies – Hirmer Abb. 180) bilden, die Unterschiede beschreiben und dann die Athena des Myron (um 450 v. Chr.; Boardman, GPklassZ Abb. 62b) und die Prokne des Alkamenes (um 430 v. Chr.; Abb. 65) einordnen.

Die stilgeschichtliche Methode wird in neuerer Zeit nicht mehr mit so eindeutiger Zuversicht auf sehr präzise Ergebnisse benutzt wie noch vor zwei Generationen. Es ist deutlich geworden, daß die Unterscheidung zwischen dem Stil eines einzelnen Bildhauers, einer Werkstatt, eines Ortes und einer Epoche oft schwer begründbar ist. Und es hat sich herausgestellt, daß der Stil einzelner Epochen und Regionen oft weniger einheitlich ist als zumeist angenommen wurde. Dennoch bleibt der Begriff 'Stil' eine wichtige Kategorie der Formanalyse. Man wird allerdings bei der Auswertung der Stilphänomene größere Vorsicht beachten (s. oben Kapitel 5).

STRUKTUR. In der 1. Hälfte des 20. Jh. wurde der Begriff 'Struktur' zu einer Grundkategorie der Formanalyse erhoben. Gemeint sind damit Grundphänomene des gesamten Formensystems, von ganzen Epochen, Völkern, Kulturen. Strukturelle Unterschiede wurden etwa zwischen archaischer und klassischer Kunst gesehen, als Beispiel kann der Vergleich des Körperaufbaus des archaischen Kouros New York (Abb. 43) und des klassischen Doryphoros des Polyklet (Abb. 59) stehen (s. auch oben Kapitel 2):

Archaisch ist die additive Zusammenfügung der Körperteile über den gleichmäßig belasteten Beinen, klassisch die organische Wechselwirkung der Kräfte, Aktivität und Reaktion, in der ponderierten Figur; archaisch der blockhafte Körper mit vier relativ autonomen Ansichten, klassisch die Verbindung der Ansichten in voluminösen Rundungen; archaisch die Statik, klassisch die bewegliche Funktionalität des Körpers.

Ähnliche Phänomene zeigen die Köpfe im Detail: archaisch ist die Autonomie der vier blockhaft aneinander gefügten Seiten des Kopfes, klassisch die sphärische Rundung; archaisch die additive Reihung der perlenden Locken, klassisch die organische Beweglichkeit der Haarsicheln.

Unterschiede der 'Struktur' zwischen griechischen und römischen Werken wurden vor allem in der Architektur analysiert: Der griechische Tempel mit seinem rings umlaufenden Säulenkranz wurde als nach außen gerichteter plastischer Baukörper gesehen, das Pantheon in Rom (s. unten Kapitel 15.2) als Innenraum mit einer stereometrischen Raumschale. Diese Unterscheidung wurde sogar auf die Plastik übertragen: Das griechische Porträt des Menander (Abb. 117) wurde mit seinen plastischen Wölbungen und Locken als körperhaft, der gleichzeitige sog. Brutus (Andreae Abb. 15) als sphärisch begriffen.

Im Sinn dieser 'Strukturforschung' wurde 'Stil' zu einem Phänomen der Oberflächengestaltung von Gewändern, Muskeln und Haaren erklärt, während 'Struktur' die Gesamtkonzepte der Formvorstellung bezeichnet. Diese Richtung der Forschung war von der Wiener Schule (Franz Wickhoff, Alois Riegl) ausgegangen und wurde dann vor allem in Deutschland von Guido v. Kaschnitz-Weinberg, Friedrich Matz und anderen ausgebildet (s. oben Kapitel 2).

Heute werden vor allem drei Probleme bei dem Begriff der Struktur im Sinn dieser Forschungsrichtung gesehen:

▪ Die Unterscheidung von 'Stil' und 'Struktur' bedeutet eine künstliche Trennung. Die additive 'Struktur' der archaischen Figuren geht bis in die Gestaltung, d. h. den 'Stil', der Haare. Die 'Struktur' der Ponderation wird bei bekleideten Figuren vom Gewand in seinem 'Stil' hervorgehoben. Dies alles sind 'Stil'-Formen: teils Grund-, teils Detailphänomene, doch demselben Formensystem zugehörig.

▪ 'Strukturen' erscheinen in der Forschung leicht als geschlossene, autonome Systeme, ohne die Dimension der Veränderung. Alles Archaische wird additiv-statisch, alles Klassische organisch-dynamisch. Innerhalb dieser Systeme finden gegenläufige Phänomene und Veränderungen keinen ausreichenden Platz. 'Strukturen' implizieren primär statische und harmonische Konzepte von Kultur.

▪ Die Kategorien der 'Strukturen' tendieren stark zur Abstraktion. 'Additiv-statisch' und 'organisch-dynamisch' sind Begriffspaare für formale Aspekte der Bildkunst, die die Werke stark von ihren konkreten Funktionen ablösen und aus dem gesellschaftlichen Kontext ihrer

Zeit herauslösen. Sie bezeichnen allgemeine Kräfte ganzer Epochen in der Art des Hegelschen Zeitgeistes, der als These und Antithese durch die Geschichte zieht, ohne daß dabei die realen gesellschaftlichen Kräfte deutlich werden, die diese Formen und ihre Veränderungen tragen und prägen.

Heute spielt die 'Strukturforschung' in ihrer ursprünglichen Form nur noch eine untergeordnete Rolle. Nur halb- oder unbewußt werden noch manche ihrer Grundvorstellungen weitergetragen. Es wäre allerdings der Mühe wert, einen neuen Begriff von formalen 'Systemen' zu entwickeln, der von den genannten theoretischen Lasten frei ist und der es erlaubt, die systemischen Zusammenhänge formaler Phänomene innerhalb gesellschaftlicher Einheiten zu beschreiben. Dabei könnte von neueren Theorien offener, sich selbst organisierender sozialer Systeme, etwa im Sinne von Niklas Luhmann, ausgegangen werden.

TYPUS. Der Begriff 'Typus' ist eine Formkategorie von anderer Art. Thema und Motiv sind Begriffe für sachliche Bild*inhalte*; Stil (und Struktur) bezeichnen *allgemeine* formale Gestaltungs*mittel*, die der Realisierung des Werkes zugrunde liegen. 'Typus' ist ein Begriff für ein *spezifisches* gestaltetes Formen-*Schema*.

Ein Kämpfer, der mit der Waffe auf einen Gegner einschlägt, ist zunächst ein sachliches Bildmotiv, z.B. Harmodios in der Tyrannenmörder-Gruppe (Abb. 57) oder eine axtschwingende Figur auf einer Reliefbasis aus Messene (Jahrbuch des Deutschen Archäologischen Instituts 3, 1888, 190). Wenn die Figur dagegen in demselben Haltungsschema wie auf der Reliefbasis erscheint, z.B. bei der Darstellung eines Kämpfers auf dem sog. 'Alexander-Sarkophag' (Boardman, GPspätklassZ Abb. 228,3), dann handelt es sich um denselben Figuren-Typus. Hier ist nicht nur dieselbe Sache (Motiv) dargestellt, sondern sie ist in derselben, einmal vorgeprägten Form gestaltet. Das Motiv als solches konnte auch anders dargestellt werden; wenn hier derselbe Typus erscheint, so ist das nicht von der Sache her bedingt, sondern der Bildhauer hält sich darüber hinaus an ein formales Schema, das ihm vorliegt. Die verschiedenen Bilder sind bewußt oder unbewußt von einem älteren Werk, einem 'Urbild', abhängig. Das Schema ist einmal 'erfunden' worden und dann in langen Traditionsketten mehr oder minder genau rezipiert, d.h. kopiert oder modifiziert worden; es bleibt aber derselbe Typus.

Als Beispiel kann die Aphrodite von Capua (4. Jh. v. Chr., in römischer Kopie erhalten; Abb. 85) dienen, die sich im Schild des Ares spiegelte. Derselbe Typus erscheint noch auf kaiserzeitlichen Sarkophagen in Relief (2. Jh. n.Chr.; Jahrbuch des Deutschen Archäologischen Instituts 89, 1974, 243 Abb. 1). Zwar ist hier ein Untergewand hinzugefügt, aber beide Bilder haben so viele und so charakteristische Elemente gemeinsam, daß sie auf dasselbe Urbild zurückgehen müssen: die Statue aus Capua als einigermaßen getreue Kopie, der Sarkophag als Umbildung. Wahrscheinlich griff der Bildhauer des Sarkophags nicht direkt auf das Urbild zurück, sondern war ein Glied in einer langen Traditions-Kette; aber in diesem Sinn ist er doch typologisch von dem Urbild abhängig.

Der Begriff des Typus liegt quer zu den Begriffen 'Thema', 'Motiv', 'Stil', 'Gattung'. Dies wird am Typus der Aphrodite Capua deutlich:

Bei der Statue der Venus von Milo (2. Jh. v. Chr.; Smith Abb. 305) ist das *Thema* der Aphrodite beibehalten, aber wahrscheinlich das *Motiv* des Spiegelns verändert. Auch die *Stilformen* sind im Sinn des Hellenismus modifiziert.

Bei kaiserzeitlichen Porträtgruppen (2. Jh. n.Chr.; Andreae Abb. 260; Kleiner Abb. 248) ist der *Typus* mit einem Frauenporträt versehen und meist mit einem Untergewand ausgestattet. Hier wird der *Typus* zur Darstellung weiblicher Schönheit thematisch beibehalten, aber für ein anderes *Thema* verwendet.

Bei der Statue der Victoria von Brescia (Abb. 107) ist das *Thema* zur Siegesgöttin verändert, das *Motiv* des Spiegelns ist in das des Aufschreibens der Siegesinschrift auf den Schild verwandelt.

Bei der Victoria der Traianssäule (Kleiner Abb. 184) ist das *Thema* in demselben Sinn verändert, dabei ist der *Typus* aber in die andere *Gattung* des Reliefs umgesetzt. Bei einer entsprechenden Figur der Marcus-Säule (C. Caprino u.a., La Colonna di Marco Aurelio [1955] Abb. 70) stehen *Thema*, *Typus* und *Gattung* in der Nachfolge der Traianssäule, aber die *Stilformen* sind verändert: Figur und Schild sind stärker zum Betrachter geöffnet, Körper und Gewand sind stärker auf Kontraste von Licht und Schatten hin gearbeitet.

Auf diese Weise werden Bildtypen oft über Jahrhunderte tradiert. Sie sind der resistenteste Faktor der antiken Bildkunst und haben darum noch lange bis in das Mittelalter und in die Neuzeit gewirkt.

GATTUNG. Der Begriff 'Gattung', der in der Literaturwissenschaft eine große Rolle spielt, hat in der archäologischen Kunstgeschichte, trotz häufiger Verwendung, noch wenig reflektierte Beachtung gefunden. Entsprechend unklar ist seine Bedeutung. Gewöhnlich dient er zur relativ groben Klassifizierung von Denkmälergruppen, vor allem nach zwei Kriterien:
- Form und Material. In diesem Sinn werden (großformatige) Rundplastik, Kleinplastik, Relief, Wandgemälde, bemalte Keramik, getriebene Metallarbeiten (Toreutik) usw. unterschieden.
- Funktionen. Dabei geht es um Tempelkultbilder, Votivfiguren, öffentliche Ehrenstatuen, Grabreliefs, Festgeschirr usw.

Beim gegenwärtigen Stand der Forschung ist der Begriff 'Gattung' für anspruchsvollere Fragestellungen noch wenig aufschlußreich. Er würde aber eine Diskussion, in Auseinandersetzung mit den Positionen der Literaturwissenschaften, lohnen.

Die Entwicklung der letzten Jahrzehnte hat zu einer verbreiteten Abkehr von formgeschichtlichen Fragestellungen geführt. Nachdem die 'reine' Stilgeschichte, die seit dem Beginn des 20. Jh. das Feld beherrscht hatte, sich als Sackgasse erwiesen hatte, wurden formgeschichtliche Phänomene vielfach nur noch als Indizien zur Klassifizierung und Zeitbestimmung herangezogen. Das bedeutet aber eine nicht akzeptable Reduktion der historischen Perspektive. Denn die Formen der Bildwerke wie der Gegenstände der Lebenskultur sind zentrale Zeugnisse der ideellen Leitbilder, mentalen Einstellungen und kognitiven Grundmuster historischer Kulturen. Die Aufgabe der Wissenschaft wird es sein, die Kategorien der Formanalyse stärker als bisher auf solche Fragestellungen zu orientieren und für die allgemeine Kulturgeschichte nutzbar zu machen.

10. Die Ägäische Bronzezeit*

a. Forschungssgeschichte

Die Griechen des 1. Jt. v. Chr. hatten Zeugnisse einer großen Vergangenheit vor Augen, wie die gewaltigen Mauern der Burgen von Mykene mit dem Löwentor (Matz I Taf. 76. 79; Marinatos – Hirmer Farbtaf. XLV. Taf. 163–164), Tiryns (Matz I Taf. 98; Marinatos – Hirmer Taf. 175) und auf der Akropolis von Athen (Hampe – Simon Abb. 12). Für sie stammten sie aus einer heroischen Epoche, die in den Epen Homers geschildert wird und die sie als einen wichtigen Teil ihrer Vergangenheit ansahen. Als man seit der Wende vom 18. zum 19. Jh. die materielle Hinterlassenschaft der griechischen Antike zu erforschen begann, blieb das heroische Zeitalter der Griechen aber außerhalb des Blickfeldes, Homers Werke wurden oft für bloße Dichtung ohne historischen Hintergrund gehalten.

Zum Begründer der systematischen Erforschung des heroischen Zeitalters der Griechen, der ägäischen Bronzezeit, wurde Heinrich Schliemann, ein in ärmlichen Verhältnissen im mecklenburgischen Dorf Ankershagen aufgewachsener Pastorensohn, der es als Kaufmann in St. Petersburg zu großem Reichtum gebracht hatte und – auf dem Höhepunkt seiner Karriere – sein Geschäft aufgab, um sich der Archäologie zu widmen. Dabei war es sein erklärtes Ziel, die historische Realität der Erzählungen Homers zu beweisen. 1871 begann er auf dem Hügel Hissarlik im Nordosten Kleinasiens zu graben, den andere schon zuvor als Platz des homerischen Troia identifiziert hatten. Schliemann ging von der Hypothese aus, die von Homer beschriebene Siedlung der Troianer müsse die älteste in diesem Raum sein und drang schnell in die Tiefe vor. Siedlungsreste, die ihm in den oberen Schichten in den Weg kamen, wurden abgebrochen und weggeschafft. Als er in den unteren Schichten in der Nische einer Befestigungsmauer einen reichen Schatz aus Gold-, Silber- und Bronzeobjekten fand (Matz I Taf. 5–7), jubelte er, er habe das Troia Homers und den Schatz des Priamos gefunden. Diese Sensationsmeldung verschaffte ihm Weltruhm. Wie Schliemann kurz vor seinem Tod 1890 erfahren mußte, hatte er aber geirrt: Troia II, die Siedlung, in deren Schichten der Schatz gefunden worden war, war um die Mitte des 3. Jt. v. Chr. zu datieren, mehr als ein Jahrtausend früher als der von Homer geschilderte troianische Krieg.

1876 begann Schliemann auch in Mykene zu graben, auf der Suche nach den vom griechischen Reiseschriftsteller Pausanias geschilderten Gräbern des nach seiner Rückkehr vom troianischen Krieg ermordeten Heerführers Agamemnon und seiner Gefährten. Nur wenige Schritte innerhalb des berühmten Löwentores war er erfolgreich. Er stieß auf ein im Durchmesser knapp 30 m großes Rund aus Steinplatten, das sechs in den Felsen eingetiefte Schachtgräber umfaßte (Matz I Taf. 77; Marinatos – Hirmer 161 Abb. 26. Taf. 167). In

---

*Abbildungen:

Buchholz – Karageorghis	H.-G. Buchholz – V. Karageorghis, Altägäis und Altkypros (1971).
Dickinson	O. Dickinson, The Aegean Bronze Age (1994).
Hampe – Simon	R. Hampe – E. Simon, Tausend Jahre Frühgriechische Kunst (1980).
Hood	S. Hood, The Arts in Prehistoric Greece (1978).
Maran	J. Maran, Kulturwandel auf dem griechischen Festland und den Kykladen im späten 3. Jahrtausend v. Chr. (1998).
Marinatos – Hirmer	S. Marinatos – M. Hirmer, Kreta, Thera und das mykenische Hellas (1973).
Matz I	F. Matz, Kreta, Mykene, Troja (1957).
Matz II	F. Matz, Kreta und frühes Griechenland (1962).
Myken. Hellas	Das mykenische Hellas: Heimat der Helden Homers, Katalog der Ausstellung in Berlin (1988).
Treuil, CE	R. Treuil – P. Darque – J.-C. Poursat – G. Touchais, Les civilisations égéenes (1989).

diesen Gräbern fand er den homerischen Topos vom 'goldreichen Mykene' auf das Eindrucksvollste bestätigt. Die Skelette der hier bestatteten sieben Männer, acht Frauen und zwei Kinder waren buchstäblich mit Gold überhäuft, insgesamt mehr als 15 kg, die u.a. zu Totenmasken für die Männer, Diademen für die Frauen, diversem Schmuck, Gefäßen und Verzierung von Waffen verarbeitet worden waren (Marinatos – Hirmer Taf. 184–191. 194–198. 208–217. 220–224. 226–227; Myken. Hellas Nr. 7. 9. 11–13). Schliemann war sicher, daß er die Gräber des Agamemnon und seiner Gefährten vor sich hatte. Und die edlen Gesichtszüge einer Totenmaske aus Schachtgrab V (Marinatos – Hirmer Taf. 184, Farbtaf. XLVIII) ließen ihm keinen Zweifel daran, daß sie die sterblichen Überreste des legendären Königs Agamemnon bedeckte. Auch hier irrte Schliemann: Die Toten der Schachtgräber von Mykene waren drei bis vier Jahrhunderte vor dem mögliche Datum des troianischen Krieges bestattet worden. Mit seinen Grabungen in Mykene hatte Schliemann aber eine Kultur wiederentdeckt, die der klassischen Epoche Griechenlands lange vorausgegangen war, und die wegen der Funde aus den Schachtgräbern von Mykene bald die 'mykenische Kultur' genannt wurde.

Schliemann war auch fasziniert gewesen von den Mythen, die sich um Knossos auf Kreta und seinen sagenhaften König Minos rankten. Er plante, in Knossos zu graben, wurde aber daran durch diverse Probleme gehindert. So blieb es dem englischen Archäologen Arthur Evans, der im Jahre 1900 die Ausgrabungen in Knossos aufnahm, vorbehalten, mit den Ausgrabungen des sog. 'Palastes des Minos' die weitere Erforschung der griechischen Bronzezeit bis in die Gegenwart hinein entscheidend zu beeinflussen.

Seit dem frühen 20. Jh. begann dann die noch heute anhaltende systematische Erforschung der griechischen Bronzezeit mit zahlreichen Ausgrabungen durch Archäologen aus einer ganzen Reihe von Nationen an bronzezeitlichen Fundplätzen in Griechenland (s. Karte Abb. 6). An diesem friedlichen Wettstreit hat sich die deutsche Archäologie vor allem durch die Ausgrabungen in der Burg von Tiryns in der Argolis beteiligt, die noch heute fortgeführt werden. Lange Zeit hielt der Streit an, ob die Träger dieser Kultur Griechen waren, oder ob die Griechen erst am Ende der mykenischen Kultur kurz vor der Wende vom 2. zum 1. Jt. v. Chr. in den Süden der Balkanhalbinsel eingewandert waren. Diese Streitfrage konnte endgültig erst 1954 gelöst werden. Inzwischen waren zu den zahlreichen Tontafeln administrativen Charakters mit Inschriften in der sog. Linear B-Schrift, die Evans in Knossos gefunden hatte (Matz I Taf. 56 oben. 57; Marinatos – Hirmer Taf. 120 oben rechts; Myken. Hellas Nr. 183), weitere Beispiele an mykenischen Fundplätzen, vor allem im sog. Nestor-Palast von Pylos in Messenien hinzugekommen (Matz I Taf. 113; Buchholz – Karageorghis Nr. 1414–1415; Myken. Hellas Nr. 181–182). 1954 gelang es dem Engländer Michael Ventris, Linear B zu entziffern: Sie gab eine frühe Form des Griechischen wieder, die Träger der mykenischen Kultur waren also Griechen gewesen.

Die Archäologie der ägäischen Bronzezeit befindet sich gegenwärtig in einer Umbruchphase. Standen lange Zeit hindurch die Interpretationen der frühen Grabungen durch ihre Protagonisten wie vor allem Evans im Vordergrund, so sind seit den 70er Jahren neue theoretische Ansätze der archäologischen Wissenschaften auch in der Archäologie der ägäischen Bronzezeit wirksam geworden. Das Gebiet hat dadurch international einen großen Aufschwung erlebt, was sich nicht nur in der Einrichtung von Professuren und Dozenturen mit Schwerpunkt 'Ägäische Archäologie' in einer Reihe von Ländern (Großbritannien, Frankreich, Italien, USA), sondern auch in zahlreichen internationalen Kolloquien und Kongressen zu Themen der Ägäischen Archäologie niedergeschlagen hat. Die deutsche Klassische Archäologie hat sich allerdings nach einer großen Vergangenheit in diesem Gebiet, die mit bedeutenden Namen wie Adolf Furtwängler, Georg Karo, Gerhart Rodenwaldt, Kurt Müller und Friedrich Matz verbunden ist, durch eine Einengung auf die sog. 'Kerngebiete' der Klassischen Archäologie weitgehend aus diesem Feld verabschiedet. Die dafür in Deutschland eingesprungene Disziplin der Vor- und Frühgeschichte kann die Lücke aber nicht vollständig füllen. Auf dem Höhepunkt ihrer Entwicklung waren die bronzezeitlichen Kulturen Griechenlands keine vorgeschichtlichen Kultu-

Abb. 6: Die griechische Welt in der Bronzezeit

ren mehr, sondern schriftführende Zeitgenossen und Partner der Hochkulturen des Vorderen Orients und Ägyptens. So wird auch die schriftliche Hinterlassenschaft dieser Kulturen (Linear B, die anderen Schriften sind leider noch nicht entziffert) von dem historisch-altertumswissenschaftlichen Partner der Klassischen Archäologie, der Alten Geschichte, erforscht. Die künstlerischen Erzeugnisse dieser Hochkulturen müssen mit gerade in der deutschen Klassischen Archäologie angewandten Methoden wie Stilanalyse, Ikonographie und Ikonologie (s. oben Kapitel 9) untersucht werden. Hierin liegt eine große Chance für die deutsche Archäologie.

b. Relative und absolute Chronologie der ägäischen Bronzezeit

Bereits 1904 entwickelte Evans ein relatives Chronologie-System für die von ihm nach dem mythischen König Minos 'minoisch' genannte bronzezeitliche Kultur Kretas. Er teilte die Zeit der minoischen Kultur in drei größere Hauptperioden ein, die er 'frühminoisch' (FM), 'mittelminoisch' (MM) und 'spätminoisch' (SM) nannte. Jede dieser drei Hauptperioden unterteilte er schematisch in drei Phasen, die er jeweils mit den römischen Zahlen I, II und III bezeichnete. Und diese drei Phasen – so Evans – bezeichneten „den Beginn, die Blüte und den

10. Die Ägäische Bronzezeit

Niedergang" der jeweiligen Hauptphase. Der 1851 geborene Evans war hier eindeutig von der biologisierenden Interpretation kulturhistorischer Prozesse beeinflußt, die im 19. Jh. üblich war. So sah z. B. Goethe die Kunst als ein Lebewesen an, „das einen unmerklichen Ursprung, einen langsamen Wachstum, einen glänzenden Augenblick seiner Vollendung, eine stufenfällige Abnahme, wie jedes organische Wesen, nur in mehreren Individuen notwendig darstellen muß". Obwohl diese geistesgeschichtliche Grundlage von Evans' Chronologiesystem schon lange nicht mehr akzeptiert wird, hält man an seinem Grundgerüst dennoch fest (zum Folgenden s. die Tabelle S. 97). Es wurde auch auf das griechische Festland übertragen, wo die Hauptphasen 'frühhelladisch' (FH), 'mittelhelladisch' (MH) und 'späthelladisch' (SH) heißen. Auf den Kykladen werden die entsprechenden Hauptphasen 'frühkykladisch' (FK), 'mittelkykladisch' (MK) und 'spätkykladisch' (SK) genannt. Da sich das Evans'sche System im Lauf der Zeit immer mehr als zu schematisch für die tatsächlichen Verhältnisse erwies, hat man es weiter untergliedert, erst durch Buchstaben (z. B.: SM IA/B), später dann teilweise auch noch durch arabische Ziffern (z. B. SM IIIA 1/2). Der griechische Archäologe N. Platon wollte Evans' Chronologieschema durch ein anderes ersetzen, das auf der architektonischen Abfolge der Paläste Kretas beruht, die weiter unten besprochen wird. So hat Platon Evans' frühminoische Epoche als 'Vorpalastzeit' bezeichnet, MM I–II als 'Altpalastzeit', MM III–SM II als 'Neupalastzeit' und SM III als 'Nachpalastzeit' (zum Problem dieses Begriffes s. unten) und jede dieser Perioden – ähnlich wie Evans – in mehrere Unterphasen gegliedert. Diese Unterphasen haben sich nicht durchgesetzt, wohl aber die architektonischen Periodenbezeichnungen, die neben der Evans'schen Terminologie verwendet werden.

Die relative Chronologie der ägäischen Bronzezeit, deren Perioden und Phasen anhand der Keramikstile und -waren aus den betreffenden Schichten definiert werden, findet unter den ägäischen Archäologen weitgehend Konsens. Problematischer ist dagegen die absolute Chronologie. Bis vor einiger Zeit wurden die absoluten Daten für die ägäische Bronzezeit allein nach der traditionellen historisch-archäologischen Methode gewonnen, d. h. anhand von Querverbindungen zwischen der Ägäis und den durch historische Quellen besser zu datierenden Kulturen Ägyptens und des Vorderen Orients. Wurde z. B. ein minoisches Tongefäß in einem ägyptischen Grabzusammenhang gefunden, so ergab der jeweilige ägyptische Grabkontext einen Anhaltspunkt für die absolute Datierung der minoischen Phase, in welche die betreffende Vase einzuordnen war. Solche Kontexte haben aber oft einen relativ großen chronologischen Spielraum von bis zu 300 Jahren, und die betreffenden Querverbindungen sind insgesamt für den größeren Teil der ägäischen Bronzezeit zu wenige, um zu wirklich sicheren Ergebnissen zu führen. Erst seit einiger Zeit werden systematisch naturwissenschaftliche Datierungsmethoden, vor allem die Radiocarbon (14C)-Datierung, mit der zuvor schon große Erfolge für die absolute Chronologie des vorgeschichtlichen Mittel- und Nordeuropa erzielt worden waren, in der Archäologie der ägäischen Bronzezeit eingesetzt. Eine besondere Rolle spielen dabei Radiocarbon-Datierungen von 'kurzlebigen' organischen Proben (Getreidekörnern, Samen) aus der bei einem gewaltigen Ausbruch des Vulkans auf der Kykladen-Insel Thera/Santorin verschütteten Siedlung von Akrotiri, einem bronzezeitlichen Pompeji. Datierte man die Thera-Eruption zuvor um 1500 v. Chr., so weisen nun die Radiocarbon-Datierungen dieses Ereignis mit großer Wahrscheinlichkeit noch in das 17. Jh., allenfalls bis in das mittlere 16. Jh., schließen aber die 'traditionelle' Datierung um 1500 v. Chr. vollkommen aus. Hinzu kommen weltweite Indizien für eine Klimaveränderung infolge eines Vulkanausbruchs, der durch Dendrochronologie in das Jahr 1628 v. Chr. datiert ist und von einer Gruppe von Forschern mit der Thera-Eruption gleichgesetzt worden ist. Diese neuen Daten haben eine Überprüfung der etablierten, nach der historisch-archäologischen Datierung gewonnenen absoluten Chronologie provoziert. Dabei ist eine Reihe von Archäologen (darunter der Autor dieses Kapitels) zu der Überzeugung gelangt, daß diese Datierungen zu revidieren sind, ja, daß bei genauerer Untersuchung auch die historisch-archäologische Datierungsmethode für einen höheren Ansatz spricht. Andere Archäologen halten

10. Die Ägäische Bronzezeit

Chronologie		Kreta	Kykladen	Festland	
Hohe	Niedrige				
3100	3100	Frühminoisch I	Frühkykladisch I	Frühhelladisch I	Beginn der Bronzezeit
2700	2700	II	II	II	Kreta: Rundgräber der Mesara Kykladen: Marmoridole Festland: Korridorhäuser International spirit in der Ägäis
2200	2200	III	III A	III	Kykladen, Festland: Zerstörungen Zuwanderungen vom Balkan
2000	2000	Mittelminoisch I A/B	III B	Mittelhelladisch I	Kreta: Alte Paläste, Kamares-Keramik
1900	1850				
1750	1700	II	Mittelkykladisch früh	II	Kykladen: Phylakopi
1675	1600	III	spät	III	Kreta: Zerstörung der Alten Paläste Errichtung der Neuen Paläste
1575	1500	Spätminoisch I A	Spätkykladisch I	Späthelladisch I	Festland: Schachtgräber von Mykene Beginn der mykenischen Kultur Kykladen: Thera – Eruption
1490	1450	I B	II	II A	Kreta: Zerstörung der Neuen Paläste (Ausnahme Knossos)
1420	1420	II		II B	Festland: Paläste
1380	1380	III A 1	früh	III A 1	Kreta: Zerstörung und Wiederaufbau in Knossos
1300	1300	III A 2	III mittel	III A 2	Festland: Mykenische Burgen
1200	1200	III B		III B	Kreta/Festland: Linear B
1060	1060	III C	spät	III C	Ende der mykenischen Palastkultur
1000	1000	Subminoisch		Submykenisch	

Schema zur Chronologie der Ägäischen Bronzezeit

dagegen an der etablierten absoluten Chronologie fest, die man natürlich auch in den älteren Handbüchern findet. So haben wir gegenwärtig zwei konkurrierende absolute Chronologien der ägäischen Bronzezeit, die alte niedrige und die neue hohe. Im folgenden nenne ich im Text die Daten der hohen Chronologie, jene der niedrigen sind der Tabelle S. 97 zu entnehmen.

c. Frühe Bronzezeit

Nach der üblichen Definition begann die ägäische Bronzezeit gegen Ende des 4. Jt. v. Chr., seit man das Metall Kupfer häufiger für die Herstellung von Waffen und Werkzeugen nutzte als noch im vorausgehenden Chalkolithikum. Echte Bronze, d. h. eine Legierung aus Kupfer und Zinn, setzte sich aber erst im Laufe des 3. Jt. v. Chr. mehr und mehr durch. Es formierten sich vier Kulturkreise in der Ägäis: der sog. minoische auf Kreta, der kykladische auf der Inselgruppe der Kykladen, der helladische in Zentral- und Südgriechenland (Böotien, Attika, Peloponnes) sowie der westkleinasiatische oder troianische, der die Westküste Kleinasiens und die ihr vorgelagerten Inseln umfaßte.

Im vollen Sinn begann die Metallzeit erst in der 2. Phase der Frühen Bronzezeit (FM II, FK II, FH II, ca. 2700–2200 v. Chr.). Deren keramische Leitform im helladischen und kykladischen Bereich war die sog. Sauciere (Matz I Taf. 10 unten rechts; Matz II FarbAbb. S. 46; Buchholz – Karageorghis Nr. 822. 824). Eine für FM II typische Keramik ist die sog. Vassiliki-Ware mit einem durch komplizierte Brandtechnik gewonnenen, fleckigen Überzug (Matz II FarbAbb. S. 54; Marinatos – Hirmer Taf. 8 oben. Farbtaf. III). Auf den Kykladen wurden in FK II aus Marmor qualitätvolle Gefäße geschaffen (Matz I Taf. 11 unten; Buchholz – Karageorghis Nr. 1132–1139), außerdem die sog. Kykladenidole, deren stilisierte Form gerade den heutigen Betrachter stark anspricht (Buchholz – Karageorghis Nr. 1197–1212). Dies hat leider zur Folge gehabt, daß die meisten bekannten Kykladenidole aus Raubgrabungen stammen und man daher nur recht wenig über ihre Funktion zu sagen weiß, die aber sicherlich im religiös-rituellen Bereich zu suchen ist. Immerhin weiß man, daß Marmoridole als Beigaben in die Gräber gelegt wurden. Es gibt den sog. kanonischen Typus, der eine Frau mit vor den Bauch gelegten Armen zeigt (Matz I Taf. 15; Buchholz – Karageorghis Nr. 1197–1199. 1204–1206), daneben aber andere Typen, wie z. B. männliche Musikanten (Matz I, Taf. 14; Buchholz – Karageorghis Nr. 1210–1212).

Leider ist bisher keine Siedlung dieser Zeit auf den Kykladen gut erforscht. Dafür kennen wir aber eine Reihe von FH II-Siedlungen, die bekannteste von ihnen ist Lerna in der Argolis. Sie besaß einen großen, im Grundriß 25 auf 14 m messenden Zentralbau, das von den amerikanischen Ausgräbern so genannte 'House of the Tiles' (Buchholz – Karageorghis 16 Abb. 4 Nr. 24; Dickinson Abb. 4,8). Bauten des gleichen Typus wurden in einer Reihe weiterer FH II-Siedlungen gefunden (z. B. auf Ägina; Treuil, CE Abb. 11e) und als Sitze einer zentralen Autorität, eines 'Häuptlings' gedeutet (in der Kulturanthropologie versteht man unter Häuptlingstümern vorstaatliche Organisationen). Daß die Gebäude dieses Typus des 'Korridorhauses' Administrationszentren waren, zeigt der Befund des 'Hauses der Dachziegel'. In ihm wurden hunderte von tönernen Versiegelungen mit Siegelabdrücken (Treuil, CE Abb. 14a–e) gefunden, die – in einer aus dem Vorderen Orient übernommenen Technik – Behälter verschiedener Art wie Kisten, Körbe, Tongefäße verschlossen hatten.

Indizien für die Herausbildung einer hierarchisch gegliederten Gesellschaft gibt es in dieser Zeit auch auf Kreta. Sie stammen nicht aus Siedlungsbefunden, wie auf dem griechischen Festland, sondern aus dem Grabbereich. Die Nekropole von Mochlos in Ostkreta z. B. zeigt eine deutliche soziale Gliederung (Dickinson Abb. 6,4). Während die 'normale Bevölkerung' in Felshöhlen bzw. einfachen Steinkisten am Südhang bestattet wurde, setzte man die Elite in großen 'Hausgräbern' auf einer Felsterrasse im Westen bei. Die Bestattungen waren mit aufwendigen Riten verbunden; die Toten erhielten reiche Beigaben, vor allem Goldschmuck (Marinatos – Hirmer Taf. 13 oben links), darunter eindeutige Rangabzeichen wie Diademe (Hood Abb. 185). Waren für Ostkreta zu dieser Zeit für Elitebestattungen die sog. Hausgräber charakteristisch, so entsprachen diesen in Südkreta die Rundgräber (Buchholz

– Karageorghis Nr. 132–133, Dickinson Abb. 6,3). Indizien für die Herausbildung einer führenden Gesellschaftsschicht bilden auch Siegel zu Kennzeichnung von Rang und Besitz (Matz I Taf. 20).

Ähnliche soziale Entwicklungen lassen sich auch gleichzeitig im westkleinasiatischen bzw. troianischen Kulturkreis feststellen: Troia II war ein befestigter Herrensitz (Matz II Abb. 5b), mit einer bei neuen Grabungen festgestellten Unterstadt, und der weiter oben schon einmal angesprochene sog. 'Schatz des Priamos' zeigt den Repräsentationsanspruch einer herrschenden Elite an.

Eine entscheidende Rolle bei der Entwicklung von Gesellschaften mit hierarchischen Strukturen im ägäischen Raum in der zweiten Phase der Frühbronzezeit spielte die Organisation eines intensiven maritimen Handels mit Metallen. Dies hat 1967 bereits der britische Archäologe Colin Renfrew aus der Verbreitung einer Reihe von Metallformen (Buchholz – Karageorghis 51 Abb. 21) erschlossen. Renfrews Theorie wurde inzwischen durch naturwissenschaftliche Provenienzbestimmungen von Blei, Silber und Kupfer mit Hilfe der Blei-Isotopenanalyse glänzend bestätigt. Demnach wurde in großen Teilen des ägäischen Raumes Silber und Blei aus Gruben im Laurion-Gebirge in Attika sowie von der Kykladeninsel Siphnos importiert und der Kupferbedarf weitgehend aus den Erzlagerstätten von Laurion in Attika und der Kykladeninsel Kythnos gedeckt. Renfrew hat treffend vom „international spirit" in der Ägäis der 2. Phase der Frühen Bronzezeit gesprochen, der sich auch in der Verbreitung bestimmter Keramikformen zeigt, z.B. der Sauciere, die kykladischen oder festländischen Ursprungs ist, aber auch auf Kreta und an der Westküste Kleinasiens gefunden wurde, und des 'Depas'-Bechers, der kleinasiatischen Ursprungs ist, aber auch an verschiedenen Fundplätzen des östlichen Griechenland zutage gekommen ist, oder auch der Kykladenidole, die auf das griechische Festland, nach Kreta und an die Westküste Kleinasiens exportiert, z.T. auch lokal imitiert wurden (Marinatos – Hirmer Taf. 11). Im maritimen Seehandel in der Ägäis der 2. Hälfte des 3. Jt. v. Chr. spielten die Händlersiedlungen auf den Kykladen und die kykladischen Langboote, die wir von Darstellungen auf Keramik kennen (Matz I Taf. 12), die wesentliche Rolle. Das zur Herstellung der Bronze benötigte Zinn kommt im ägäischen Raum nicht vor. Für seinen Erwerb mußten daher über die Grenzen der Ägäis weit hinaus führende Handelsrouten organisiert werden, sicherlich über viele Zwischenhändler, an die syrische Küste und anscheinend bis zum Erzgebirge. Ein Indiz für letztere Route bildet eine in Sachsen gefundene frühbronzezeitliche Lanzenspitze kykladischen Typs (Maran Taf. 53. 79).

In der dritten Phase der Frühen Bronzezeit, gegen Ende des 3. Jt. v. Chr., wurde der ägäische Raum von starken Turbulenzen betroffen, fast überall ereigneten sich Zerstörungen, Siedlungsdiskontinuitäten sowie soziale und kulturelle Umwälzungen. Als Ursachen hierfür sind Bodenerosion durch die rapide vorangetriebene Intensivierung und Extensivierung der Landwirtschaft in Zusammenhang mit Klimaänderungen, der darauf folgende Zusammenbruch der sozio-politischen Strukturen und die Zuwanderung fremder Bevölkerungsgruppen benannt worden. Einen Anhaltspunkt für Zuwanderungen von Bevölkerungsgruppen aus dem Balkanbereich bildet die ritz- und einstichverzierte Ware (Maran Taf. 30–32), die Parallelen in der Cetina-Kultur Dalmatiens besitzt (Maran Taf. 33–36). Da es sich bei Keramik jedoch auch um Importe ohne Zuwanderungen handeln kann, ist das Auftreten neuer Grabsitten noch wichtiger: Die jetzt auftretenden Grabtumuli (Dickinson Abb. 6,6) haben weiter nördlich auf dem Balkan eine längere Tradition. Sprachwissenschaftler haben bereits im 19. Jh. festgestellt, daß die griechische Sprache eine ganze Reihe von Worten enthält, die nicht griechisch und auch nicht indoeuropäisch sind. Daraus haben sie geschlossen, daß Griechenland einst von einer Urbevölkerung bewohnt wurde, die keine indoeuropäische Sprache sprach, und daß die indoeuropäische Sprache, aus der sich später die griechische entwickelte, von Zuwanderern nach Griechenland mitgebracht wurde. Die 'ersten Griechen' will eine Reihe von Gelehrten in den Bevölkerungsgruppen erkennen, die allem Anschein nach am Übergang von FH II zu FH III vom Balkan her in Zentral- und Südgriechenland einwanderten. Nach einer anderen Theorie erfolgte die indoeuropäische

Zuwanderung aber schon viel früher, mit der Ausbreitung der Landwirtschaft von Anatolien her im 5. Jt. v. Chr.

d. Mittlere Bronzezeit: Die Altpalastzeit Kretas

Die Mittlere Bronzezeit ab ca. 2000 v. Chr. ist auf dem griechischen Festland über lange Zeit hinweg, d.h. während FH III und während des größten Teils der mittelhelladischen Periode, von kultureller Stagnation und relativer Armut gekennzeichnet. Die Menschen lebten in bescheidenen Dörfern ohne Hinweise auf die Existenz einer sozialen Hierarchie. Ihre bemerkenswerteste archäologische Hinterlassenschaft stellt die Keramik dar, die vor allem durch zwei Waren gekennzeichnet ist: die sog. minysche Ware (benannt nach dem mythischen König Minyas von Orchomenos in Böotien, dem ersten Fundort dieser Ware), eine polierte Keramik mit seifenartiger Oberfläche (Buchholz – Karageorghis Nr. 876–884), und die in matter Bemalung mit geometrischen Mustern dekorierte sog. mattbemalte Ware (Buchholz – Karageorghis Nr. 866–874). Letztere zeigt kykladischen Einfluß. Die Kykladen hatten sich schneller von der Katastrophe erholt. Es entstanden dort größere Städte, die in regem Handelsaustausch mit Kreta standen.

Den größten Entwicklungssprung tat nun aber Kreta, das allein von den angesprochenen Turbulenzen gegen Ende des 3. Jt. v. Chr. weitgehend verschont geblieben war, nun wesentliche Anregungen aus den älteren Hochkulturen des Vorderen Orients und Ägyptens adaptierte und als erste Region in der Ägäis den Schritt zur Hochkultur schaffte. In Knossos, Phaistos und Mallia wurden die ersten monumentalen Zentralbauten errichtet, die wir seit Evans' Ausgrabungen in Knossos als 'Paläste' ansprechen. Auf die Problematik dieses Begriffes wird noch zurückzukommen sein.

Aufgrund der Überbauung durch die 'Neuen Paläste' ist es sehr schwierig, eine Vorstellung von den 'Alten Palästen' zu gewinnen (Treuil, CE Abb. 17). Gleichzeitig mit den Alten Palästen wurden um sie herum Städte angelegt (Treuil, CE Abb. 16). Knossos erreichte bereits damals eine Größe, die bis zum Ende der minoischen Kultur nicht mehr übertroffen wurde. Es bedeckte eine Fläche von mindestens 45 ha und hatte zumindest 11 000 bis 18 000 Einwohner. Mallia und Phaistos waren nicht wesentlich kleiner. Diese Städte wiesen gut organisierte Pläne mit gepflasterten Straßen und Kanalisationen auf. Die Paläste vereinigten in einem großen Architekturkomplex eine Anzahl von Funktionen. Diese kann man in ihrer Gesamtheit erst für die Neupalastzeit definieren, einiges läßt sich aber auch schon für die Altpalastzeit sagen. So bildeten bereits die Paläste der Altpalastzeit Verwaltungszentren. Wie bereits in der 2. Phase der ägäischen Frühbronzezeit, benutzte man Tonversiegelungen mit Siegelabdrücken zur Kontrolle der in den Palast und aus ihm heraus gelieferten Güter (Matz I Taf. 54; Hood Abb. 215–217). Neu in der kretischen Altpalastzeit aber war die Einführung einer eigenen Schrift für administrative, daneben auch für kultisch-religiöse Zwecke: die sog. kretische Hieroglyphenschrift (Treuil, CE Abb. 22. 24) und die einfacher in Tontafeln zu ritzende Linear A-Schrift (Marinatos – Hirmer Taf. 120 oben rechts; Treuil, CE Abb. 23). Beide Schriften sind – im Gegensatz zur späteren mykenischen Linear B-Schrift – noch nicht entziffert.

In der Altpalastzeit wurden von den Palästen spezialisierte Handwerker unterhalten, die Meisterwerke des Kunsthandwerks herstellten, so z.B. den berühmten goldenen Bienenanhänger von Mallia (Matz II Farbabb. S. 135 unten; Marinatos – Hirmer Taf. 13 unten) und Prunkwaffen (Marinatos – Hirmer Taf. 69; Hood 173 Abb. 169) sowie die nach dem ersten Fundort, der Kamares-Grotte bei Phaistos, so benannte Kamares-Keramik, eine ästhetisch sehr ansprechende, mit reichen Ornamenten weiß und rot auf dunklem Grund dekorierte Tonware (Matz II Abb. S. 141. 143; Marinatos – Hirmer Taf. 20 – 23. Farbtaf. V – XIII).

Hatten die Minoer anfangs Ideen von den älteren Hochkulturen Ägyptens und des Vorderen Orients übernommen, wie etwa die des Palastes, der Stadt und der Schrift, so entwickelten sie sich bald zum gleichberechtigten Handelspartner. Importiert wurden Metalle, vor allem das zur Herstellung der Bronze benötigte Zinn. Dieses kam durch Karawanen aus dem heutigen Afghanistan bis an die Mittelmeerküste und wurde dort in der Handelsstadt Ugarit von kretischen Kaufleuten erworben, wie wir aus den Tontafelarchiven aus dem Palast von Mari am mittleren Euphrat wissen. Im Gegenzug wurden kretische Prunkwaffen und andere Luxusobjekte exportiert, wie wir ebenfalls aus den Mari-Texten erfahren. Kreta exportierte außerdem die Kamares-Keramik, die in Ägypten und an der Levanteküste anscheinend fast so beliebt war wie das chinesische Porzellan im Europa des 18. Jh. Die Minoer intensivierten in der Altpalastzeit den Metallhandel in der Ägäis. Zur Sicherung ihrer Handelswege zur Peloponnes und zur kleinasiatischen Küste errichteten sie eine Reihe von 'Kolonien', so auf Kythera vor der Küste Lakoniens, auf Karpathos, Rhodos und Samos, sowie an einigen Orten der kleinasiatischen Küste, in Milet, Iasos, wahrscheinlich auch in Knidos. Rhodos bildete zugleich den Anfangspunkt einer Handelsroute nach Zypern, der Levante und Ägypten.

e. Späte Bronzezeit

Die Neupalastzeit Kretas. Die Zerstörung der Alten Paläste Kretas am Ende der Phase MM II, d. h. ca. 1750 v. Chr. durch Erdbeben, möglicherweise auch durch kriegerische Ereignisse, bedeutete keine wesentliche Zäsur in der kulturellen Entwicklung, man begann sogleich mit dem Wiederaufbau. Die kretische Neupalastzeit umfaßt die Phasen MM III bis SM IIIA 1, d. h. die Zeit zwischen ca. 1750 und 1380 v. Chr. Die Keramik, welche die Phase MM III definiert, setzt zum einen die Dekorationstechnik der Weißmalerei auf dunklem Grund fort, andererseits tritt daneben auch dunkle Glanztonmalerei auf hellem Grund auf (Marinatos – Hirmer Taf. 76). An die Stelle der Kamares-Ornamente treten mehr und mehr gegenständliche Motive, vor allem Pflanzendarstellungen (Marinatos – Hirmer Taf. 74. 76. Farbtaf. XXVI). Diese Tendenzen setzen sich in SM IA durch (Marinatos – Hirmer Taf. 77–78. 80–81), die Technik der dunklen Glanzton-Malerei setzt sich bis in die attisch-schwarz- und rotfigurige Vasenmalerei des 6. bis 4. Jh. v. Chr. fort (s. unten Kapitel 22). In SM IB treten in einer besonders feinen, vor allem wohl in Knossos produzierten Ware Meeresmotive auf (Matz I Taf. 71 oben. 73; Matz II Farbabb. S. 147; Marinatos – Hirmer Taf. 85–88), daneben gibt es aber auch pflanzliche Motive (Matz II Farbabb. S. 145; Marinatos – Hirmer Taf. 79. 82f. Farbtaf. XXVII) sowie Darstellungen von Kultgeräten und -symbolen (Marinatos – Hirmer Taf. 81. 82 links. 83 unten. 84 unten rechts). In SM II–IIIA 1 treten die – weitgehend auf Knossos beschränkten – großen und repräsentativen Amphoren und Pithoi des sog. Palaststils auf (Matz I Taf. 72; Matz II Farbabb. S. 149; Marinatos – Hirmer Taf. 91–94), daneben natürlich auch kleinere Gefäßformen, deren Dekorationsmotive stärker stilisiert sind als jene der vorhergehenden Phase (Matz I Taf. 71 unten rechts; Marinatos – Hirmer Taf. 95).

Die Neuen Paläste von Knossos (Abb. 7; Marinatos – Hirmer 115 ff. Abb. 3–7. Taf. 26–41), Phaistos (Marinatos – Hirmer 127 Abb. 12. Farbtaf. XVIII. Taf. 49–51), Mallia (Marinatos – Hirmer 132 Abb. 14. Taf. 56–59. Farbtaf. XX) und Kato Zakro (Marinatos – Hirmer 133 Abb. 15. Taf. 60. Farbtaf. XXI) kennen wir viel besser als ihre Vorläufer. Eine Reihe von Entwurfskonzepten und Bautechniken dieser Paläste, wie schon ihrer Vorläufer, sind von ägyptischen und vorderasiatischen Vorbildern übernommen wie die fast exakte Nord-Süd-Orientierung und die Orthostatenfassaden (Marinatos – Hirmer Taf. 51 unten). Mit seinen um einen großen Zentralhof arrangierten Flügeln und einem weiteren großen Platz, der jeweils vor der Westfassade liegt, stellt dieser Architekturtypus jedoch insgesamt eine eigene kretische Entwicklung dar (Marinatos – Hirmer 116 f. Abb. 5). Als Evans zu Beginn des 20. Jh. Knossos freilegte, regierte in Großbritannien noch die Königin Victoria, und es waren zeitgenössische Vorstellungen, die damals im wesentlichen das Bild der minoischen Paläste prägten. Die sog. Paläste hatten jedoch eine funktionale Vielfalt, die ein britischer Archäologe humorvoll veranschaulicht hat, indem er meinte, ein minoischer 'Palast' habe unter einem Dach die Äquivalente von Buckingham Palace, Whitehall, Westminster Abbey und möglicherweise sogar Wembley-Stadion vereinigt. Neben der angesprochenen Funktion als Administrationszentren waren die minoischen Paläste auch kultisch-religiöse Zentren, hatten also die Funktion von Tempeln, wie die vielen in ihnen gefundenen Kultobjekte zeigen (Marinatos –

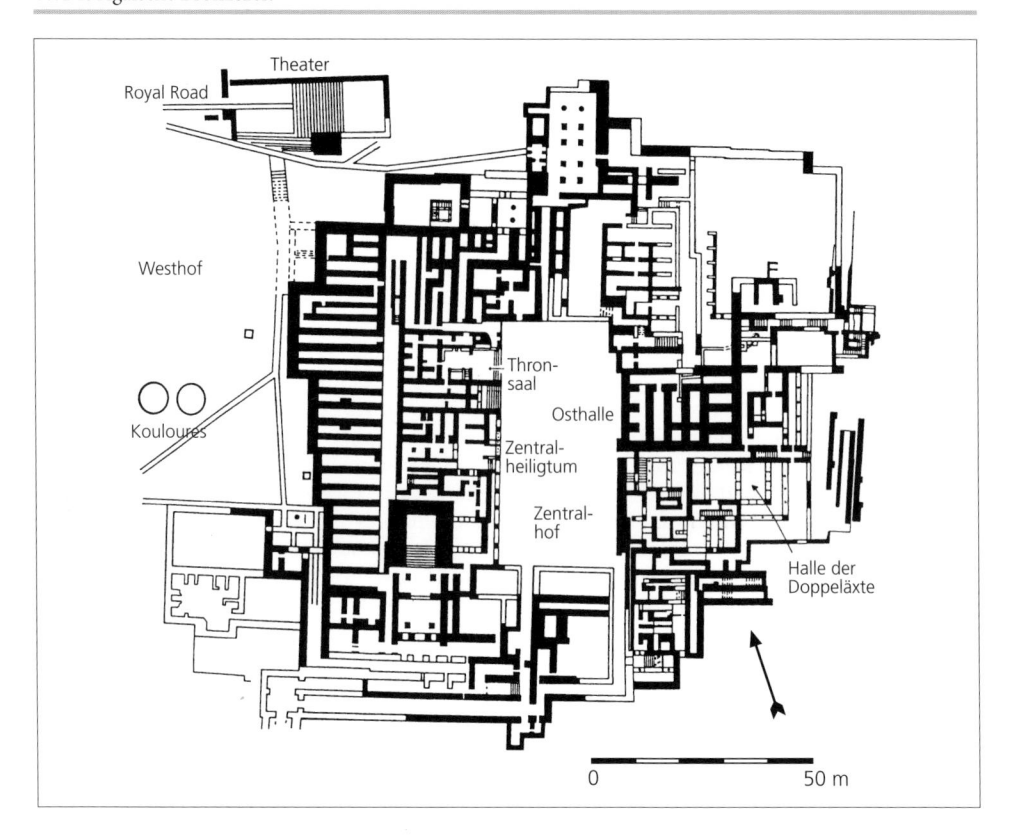

Abb. 7: Knossos, Palast, Plan

Hirmer Taf. 98f. 108–111. Farbtaf. XVIII), außerdem das Bildprogramm der Wandmalereien und bemalten Stuckreliefs des Palastes von Knossos (Matz II Farbabb. S. 110. 113. 116; Buchholz – Karageorghis Nr. 1050–1054; Marinatos – Hirmer Farbtaf. XIV f. XVIf. Taf. 33. 38). Das minoische Regierungssystem war theokratisch, d.h. die herrschende Elite hatte zugleich priesterliche Funktionen. Mit dem Hinweis auf das Wembley-Stadion hat jener britische Archäologe wohl auf den minoischen Stiersprung angespielt (Matz I Taf. 51. Marinatos – Hirmer Farbtaf. XVII. Taf. 96f.). Dieser war jedoch sicherlich kein profaner Sport, sondern ein mit dem Stieropfer verbundener religiöser Ritus.

Eine weitere Funktion der sog. Paläste war die Vorratshaltung. Wie die ausgedehnten Magazintrakte zeigen, überstiegen deren Kapazitäten bei weitem den Eigenbedarf der 'Palast'-Bewohner (Marinatos – Hirmer Taf. 41). Diese überproportionale Vorratshaltung weist – wie die sich in den Versiegelungen und Tontafeln manifestierende Bürokratie – auf die Wirtschaftsform der Redistribution hin. (Unter Redistribution versteht man einen Austauschmodus, bei welchem Güter und Dienstleistungen einem Verwaltungszentrum abgeliefert werden und von diesem – in anderer Verteilung – wieder ausgeteilt werden). Dieses Wirtschaftssystem ermöglicht u.a. Handwerkern die Spezialisierung, da sie über die Redistribution unterhalten werden und sich nicht mehr um ihre Nahrungsbeschaffung sorgen müssen. Im Auftrag und im Umkreis der Palastzentren entstanden qualitätvolle Kunstwerke. Wir haben das schon an Beispielen aus der Altpalastzeit gesehen, in der Neupalastzeit kamen figürliche Wandmalereien und Stuckreliefs hinzu (Matz I Taf. 32–38. 48f.; Matz II Farbabb. S. 110. 113. 116; Buchholz – Karageorghis Nr. 1043–1054; Marinatos – Hirmer

Farbtaf. XIVf. XVIf. XIII. Taf. 33. 38), kunstvolle Steingefäße ritueller Funktion und Lampen (Buchholz – Karageorghis Nr. 1147–1155; Marinatos – Hirmer Taf. 118–119), einige von ihnen mit figürlichem Reliefdekor (Buchholz – Karageorghis Nr. 1235; Marinatos – Hirmer Taf. 99–111), andere in Gestalt von Stier- bzw. Löwinnenköpfen (Marinatos – Hirmer Taf. 98–99), Fayence-Statuetten und -Reliefs (Marinatos – Hirmer Taf. 70–71. Farbtaf. XXV), Bronzeplastiken (Buchholz – Karageorghis Nr. 1224–1232; Marinatos – Hirmer Taf. 112), Elfenbeinschnitzereien (Marinatos – Hirmer Taf. 97. 113; Dickinson Taf. 5,19), Siegel aus Halbedelsteinen und Siegelringe aus Gold, die Meisterwerke der Miniaturkunst darstellen (Matz I Taf. 50–53; Matz II Farb-Abb. S. 135 oben. 138; Marinatos – Hirmer Taf. 115. 121–123).

Die Paläste mit den sie umgebenden Städten bildeten jeweils das Zentrum von politischen Organisationen, die man als Staaten bezeichnen kann. Aus verschiedenen Indizien läßt sich ein Siedlungsmuster mit ca. sechs urbanen und palatialen Zentren rekonstruieren, die in einem Abstand von ca. 35–40 km voneinander entfernt liegen, und zu denen jeweils ein Territorium von etwa 1 000 bis 1500 km² gehört. Damit folgt die politische Organisation des minoischen Kreta ursprünglich einem Modell, das als 'Early state module' oder 'Peer polity system' bezeichnet wird und für viele frühe Staatengründungen charakteristisch ist, z.B. auch für jene der Sumerer und der Mayas oder die griechischen Poleis. Es setzt sich aus einer Reihe kleinerer, politisch voneinander unabhängiger staatlicher Einheiten zusammen, die keine politische, aber eine kulturelle und zumeist auch religiöse Einheit bilden. Die einzelnen Territorien weisen eine klare Siedlungshierachie auf, mit dem jeweiligen Palast untergeordneten Subzentren, sog. Villen, wie z.B. Vathypetro (Marinatos – Hirmer Farbtaf. XXII. Taf. 61–62), Tylissos (Marinatos – Hirmer 137 Abb. 16–18. Taf. 63), Amnisos (Marinatos – Hirmer Taf. 64. Farbtaf. XXIII), Agia Triada (Marinatos – Hirmer 130 Abb. 13. Taf. 52–53. Farbtaf. XIX), die von kleineren Siedlungen umgeben sind. Ob das minoische Kreta im Verlauf der Neupalastzeit zu einer von Knossos aus regierten politischen Einheit wurde, ist umstritten, einige Indizien sprechen aber dafür. So sind Siegelabdrücke der knossischen Administration an verschiedenen Fundplätzen über die ganze Insel hinweg zutage gekommen, vor allem solche mit Darstellungen des Stiers, der sozusagen das Wappentier von Knossos gewesen zu sein scheint (Matz I Taf. 51 oben).

Der Machtbereich von Knossos reichte anscheinend noch über die Grenzen Kretas hinaus. Die ägyptischen Quellen sprechen für diese Zeit von „Keftiu (Kreta) und den Inseln in der Mitte der großen grünen See", d.h. von Kreta als Zentrum eines Inselreiches. An die Existenz dieses Inselreiches erinnerte sich in historischer Zeit noch die griechische Tradition. So schrieb z.B. Thukydides, der griechische Historiker des 5. Jh. v. Chr.: „Minos nämlich war der erste, von dem wir Kunde haben, daß er eine Flotte baute, das heute hellenische Meer weithin beherrschte, die Kykladen eroberte und meistenteils zuerst besiedelte, wobei er die Karer verdrängte und seine Söhne als Statthalter einsetzte."

Diese Überlieferung ist in den letzten Jahrzehnten durch archäologische Ausgrabungen auf den Inseln der Ägäis und an mehreren Stellen der kleinasiatischen Küste bestätigt worden. Den Beginn der minoischen Expansion in der Ägäis in der Altpalastzeit haben wir bereits angesprochen. Während der Neupalastzeit standen ein Reihe weiterer ägäischer Inseln sowie Siedlungsplätze an der kleinasiatischen Küste unter starkem minoischen Einfluß und lassen Indizien für minoische Präsenz erkennen. Dies zeigt sich in der Architektur und in der Wandmalerei, in Religion und Kult, in Administrationen minoischen Typs mit dem praktischen Gebrauch der Linear A-Schrift und im Vorkommen typisch minoischer Haushalte.

In der Neupalastzeit baute Kreta auch seine Beziehungen zum Vorderen Orient und Ägypten weiter aus. Dies belegen am eindrucksvollsten die Ergebnisse von zwei Grabungen neuester Zeit. In beiden Fällen wurden Paläste der sog. Hyksos-Periode freigelegt. Die Hyksos waren Fremdherrscher, die während der sog. 2. Zwischenzeit (ca. 1650–1540 v. Chr.) Ägypten regierten und – wie wir jetzt wissen – aus dem syrisch-palästinensischen Raum stammten. Der eine Palast wurde durch ein österreichisches Team in Tell el Dab'a, der Hyksos-

Hauptstadt Auaris, im östlichen Nil-Delta ausgegraben, der andere durch ein israelisch-deutsches Team (unter Beteiligung des Autors dieses Kapitels) in Tel Kabri, im Norden Israels. In beiden Palästen wurden Freskomalereien gefunden, die nur von wandernden minoischen Künstlern ausgeführt worden sein können (B. u. W.-D. Niemeier, in: E. H. Cline – D. Harris-Cline (Hg.), The Aegean and the Orient in the Second Millenium, Proceedings of the 50th Anniversary Symposium, Cincinnati, 18 – 20 April 1997, Aegaeum 18 [1998] 69 ff. Taf. V f.; dies., in: S. Sherratt (Hg.), Proceedings of the First International Symposium „The Wall Paintings of Thera" (2000) 763 ff. Abb. 2 – 22). Verbindungen zwischen Kreta einerseits und der Levante sowie Ägypten andererseits in der kretischen Neupalastzeit werden außerdem durch die Verbreitung feiner Keramik der Phase SM IB im östlichen Mittelmeer angezeigt, ebenso durch die Darstellungen von Keftiu (Kretern) in den Beamtengräbern der frühen XVIII. Dynastie im ägyptischen Theben: Die Keftiu bringen Stoffe, Waffen und kostbare Gefäße, darunter auch Stierkopfrhyta, Zeugnisse für einen regen Austausch (Matz I Taf. 75).

Am Ende der Phase SM IB, um 1490, überzog ein Zerstörungshorizont ganz Kreta, dem alle Paläste mit Ausnahme des Palastes von Knossos, alle Villen und die meisten Siedlungen zum Opfer fielen. Knossos blieb danach das einzige Palastzentrum. Auf die Ursache für diese radikalen Veränderungen wird nach der Betrachtung der Entwicklungen einzugehen sein, die sich inzwischen auf dem griechischen Festland vollzogen hatten.

Die Zeit der mykenischen Kleinkönigtümer: Schachtgräber und frühe Tholoi. Auf dem griechischen Festland endete die lange Phase der kulturellen Stagnation erst seit der letzten Phase der mittelhelladischen Periode. In MH III, vor allem aber in SH I bildeten sich Siedlungshierarchien heraus, die Grabbefunde dieser Zeit zeigen die Herausbildung sozialer Unterschiede an.

Am deutlichsten wird der Wandel am Beispiel der beiden sog. Schachtgräberrunde von Mykene, bei denen es sich aller Wahrscheinlichkeit nach tatsächlich um Tumuli, Grabhügel, mit in sie eingetieften Schachtgräbern gehandelt hat. Zu dem oben schon im Zusammenhang der Forschungsgeschichte angesprochenen, von Schliemann ausgegrabenen Gräberrund A kam in den 50er Jahren des 20. Jh. noch ein zweites Gräberrund hinzu, das mit dem Buchstaben B bezeichnet wurde (s. Pläne Marinatos – Hirmer 161 Abb. 24 – 26). In diesen beiden Gräberrunden, vom älteren B, das noch in MH III einsetzt, bis zum jüngeren A, das bis in SH IIA hineinreicht, läßt sich anhand der immer reicher werdenden Beigaben Schritt für Schritt die Herausbildung einer aristokratischen Elite in Mykene verfolgen, die ihren Anspruch auch in der Krieger- und Jäger-Ikonographie auf den Stelen über den Gräbern (Marinatos – Hirmer Taf. 168 – 169), in Edelmetallgefäßen (Marinatos – Hirmer Taf. 196; Hampe – Simon Abb. 130 – 131), Einlegearbeiten aus Gold und Silber auf Prunkdolchen (Marinatos – Hirmer Farbtaf. XLIXf.) sowie Goldringen und Siegeln ausdrückt (Marinatos – Hirmer Taf. 230; Hampe – Simon Abb. 265 – 266. 269 – 270).

Ähnliche Entwicklungen vollzogen sich aber auch in anderen Landschaften Zentral- und Süd-Griechenlands, vor allem in Messenien in der SW-Peloponnes. Dort tritt in SH I – wahrscheinlich von den weiter oben angesprochenen kretischen Rundgräbern beeinflußt – das Tholos-Grab (gewölbtes Rundgrab) als Elite-Grabform auf (Marinatos – Hirmer Taf. 179 oben). Im Gegensatz zu den sog. Schachtgräbern von Mykene waren die meisten der frühmykenischen Tholosgräber Messeniens bereits in der Antike geplündert worden. Einige Funde von Goldschmuck und Goldgefäßen zeigen aber an, daß die hier bestatteten Toten ursprünglich mit ähnlich reichen Beigaben versehen gewesen waren wie die Toten der Schachtgräber von Mykene (Hampe – Simon Abb. 128; Myken. Hellas Nr. 39. 41).

Mit diesen aufstrebenden frühmykenischen Königtümern bot sich Kreta ein Absatzmarkt für Luxusobjekte. Der starke kulturelle Einfluß des minoischen Kreta auf die frühmykenische Kultur zeigt sich außerdem u. a. in der neben der Keramik in mittelhelladischer Tradition (Treuil, CE Abb. 37c – h; Myken. Hellas Nr. 140 – 145) auftretenden, in Glanztontechnik dekorierten Keramik der Phase SH I, die in Form, Technik und Dekorationsmotiven auf das Vorbild der SM IA-Keramik zurückgeht (Treuil, CE Abb. 38a – e; Myken. Hellas Nr.

146–148). In SH IIA wurde der Einfluß dann sogar noch stärker. Die sog. palatiale SH IIA-Keramik imitiert größtenteils kretische SM IB-Vorbilder (Matz I Taf. 111; Buchholz – Karageorghis Nr. 922–925. 927–928. 930. 932. 937. 946; Marinatos – Hirmer Taf. 251–255; Treuil, CE Abb. 38f–l; Myken. Hellas Nr. 19–22. 35–36. 42. 54. 56. 58); im Kunsthandwerk zeigt sich zu dieser Zeit eine künstlerische Koine zwischen dem mykenischen Griechenland und dem minoischen Kreta, angesichts derer sich oft nicht oder nur nach genauer Analyse entscheiden läßt, ob ein auf dem griechischen Festland gefundenes Kunstwerk hier hergestellt oder aber aus Kreta exportiert ist, etwa bei dem berühmten Goldbecherpaar aus dem Tholosgrab von Vaphio in Lakonien (Matz I Taf. 64–65; Matz II Farbabb. S. 132; Marinatos – Hirmer Taf. 200–207) oder Goldringen mit Kultszenen (Marinatos – Hirmer Taf. 228–229; Hampe – Simon Abb. 275–282. 285–288. 296–300; Myken. Hellas Nr. 169–172).

Eine wesentliche Rolle beim Aufstieg der mykenischen Kultur spielte, daß das frühmykenische Griechenland Handelsbeziehungen zu Europa aufnahm und damit zum Vermittler zwischen zwei Handelssystemen wurde, dem minoischen, von den kretischen Palastzentren und ihren Partnern in der Levante und in Ägypten organisierten Seehandel im östlichen Mittelmeer und dem Überlandtransport von Gütern, vor allem Metallen in Europa. Gold aus dem Karpatenbecken und Zinn aus dem Erzgebirge wurden durch die Mykener in den ägäischen Raum vermittelt. Über das Schwarze Meer bestanden auch Kontakte mit dem Kaukasusgebiet. Aber auch im mittelmeerischen Seehandel wurden die Mykener aktiv. Da die Handelsrouten zum östlichen Mittelmeer von den Minoern dominiert waren, wandten sie sich nach Westen, was die angesprochene, wichtige Rolle von Messenien in frühmykenischer Zeit erklären kann. Über Handelsniederlassungen in einheimischen Siedlungen auf den Liparischen Inseln nördlich von Sizilien und auf Vivara am Golf von Neapel importierten sie Kupfer aus den sog. 'colline metallifere' (metalltragenden Hügeln) im späteren Etrurien. Später wurden die Handelsrouten nach Sizilien und vor allem Sardinien mit seinen reichen Metallvorkommen ausgebaut.

Schon in frühmykenischer Zeit dienten die Handelsniederlassungen auf den Liparischen Inseln allem Anschein nach auch als Stationen auf einem noch weiteren Handelsweg, der bis nach Südwestengland in das Gebiet der sog. Wessex-Kultur führte. Verbindungen zwischen dem frühmykenischen Griechenland und der Wessex-Kultur belegen Halsketten aus baltischem Bernstein, die in reichen frühmykenischen Gräbern zutage gekommen sind und nach dem Typ der Schieber im Bereich der Wessex-Kultur gefertigt wurden (Myken. Hellas Nr. 280–281). Dieser Bernsteinschmuck kam aller Wahrscheinlichkeit nach zusammen mit Zinn, dessen reiche Vorkommen in Cornwall nachweislich schon in der Bronzezeit abgebaut wurden, über viele Zwischenhändler nach Griechenland. Über die ostmediterranen Handelsrouten wurde Bernstein nach Ugarit und Ägypten vermittelt, wo Bernsteinperlen z. B. im Grab des Tut-Anch-Amun gefunden wurden.

Der Wechsel von der minoischen zur mykenischen Vormachtstellung im ägäischen Raum. Die Zerstörung am Ende von SM IB, um 1490 v. Chr. (s. oben), hatte alle Paläste außer Knossos sowie alle Villen und die meisten Siedlungen Kretas betroffen. Die Siedlungen wurden danach teilweise wieder aufgebaut, nicht aber die Paläste und Villen. Was war die Ursache für diese Zerstörungen? Für lange Zeit glaubte man, die oben in Zusammenhang mit dem Problem der absoluten Chronologie angesprochene Eruption des Vulkans der 100 km nördlich von Kreta gelegenen Insel Thera/Santorin für den kretischen Zerstörungshorizont am Ende der Phase SM IB verantwortlich machen zu können. Von der Eruption ausgelöste Flutwellen und Aschenregen hätten – so meinte man – zu dieser Katastrophe geführt.

Die unter starkem minoischem Einfluß stehende Siedlung von Akrotiri auf Thera (Marinatos – Hirmer 156 Abb. 22. Taf. 147–148) mit ihren z. T. hervorragend erhaltenen Wandfresken (Marinatos – Hirmer Farbtaf. XXXIV. XXXVI–XLII. Taf. 149–153) wurde nach der minoischen und mykenischen Importkeramik (Myken. Hellas Nr. 108–110) aber bereits während der vorhergehenden Phase SM IA durch den Vulkanausbruch verschüttet. Diese chronologische Diskrepanz zwischen der

Verschüttung von Akrotiri und den kretischen Zerstörungen wollte man dadurch erklären, daß die Eruption in zwei Phasen in einem Abstand von 50 bis 100 Jahren erfolgt sei, und erst die zweite Phase die Zerstörungen auf Kreta hervorgerufen habe. Diese These ist nun aber endgültig widerlegt. Vulkanologen haben gezeigt, daß alle drei festzustellenden Phasen der Thera-Eruption innerhalb eines kurzen Zeitraumes erfolgten. Zudem wurde nur in der ersten Phase vulkanische Asche so hoch in die Atmosphäre geschleudert, daß sie als Aschenregen auf Kreta niedergehen konnte. Da zur Zeit der Eruption starker Westwind herrschte, fiel der Aschenregen nur auf den Osten der Insel, außerdem auf die Inseln der Dodekanes und den Westen Kleinasiens. Aschenschichten von diesem Regen sind bei neuen Ausgrabungen in Ostkreta, in Psira und Mochlos, auf Rhodos, Kos und in Milet in archäologischen Schichten freigelegt worden, die eindeutig in SM IA zu datieren sind, d. h. in die gleiche Phase wie die Verschüttung der Siedlung von Akrotiri auf Thera.

Der kretische Zerstörungshorizont am Ende der Phase SM IB kann also nicht direkt durch die Eruption des Thera-Vulkans verursacht worden sein. Diese Katastrophe und ihre Folgen lösten aber vor allem Anschein nach eine Krisensituation aus, in der die Autorität der führenden Eliten, die ihre göttliche Unterstützung eingebüßt zu haben schienen, verlorenging und große ökonomische Probleme auftraten. Als Auslöser des Zerstörungshorizontes sind Anarchie und innere Konflikte bzw. eine Invasion mykenischer Griechen vorgeschlagen worden.

Daß mykenische Griechen zu einem gewissen Zeitpunkt tatsächlich die Macht auf Kreta übernommen haben, zeigen die Tontafeln mit mykenischer Linear B-Schrift an, die Evans zu Beginn des 20. Jh. in Knossos gefunden hat. Das Problem ist dabei nur deren Datierung. Evans datierte sie in SM II. Dies ist aber aus seinen in der Tradition des 19. Jh. verwurzelten Entwicklungsvorstellungen zu erklären, auf die bereits weiter oben eingegangen wurde. Die durch die sog. Palaststilkeramik von Knossos, große Amphoren mit prächtigem Dekor, definierte Phase SM II stellte nach Evans' Schema den Höhepunkt der spätminoischen Kultur dar, Linear B – von dem er ja noch nicht wußte, daß es gar keine minoische, sondern eine mykenische Schrift war – den Höhepunkt des minoischen Schriftsystems. Also mußte für ihn Linear B in SM II gehören. Alle anderen Linear B-Schriftfunde sind aber später, stammen aus SH/SM III A2 – B, d.h. dem 14. und 13. Jh. v. Chr. Auch die Spätdatierung der Knossos-Tafeln ist kürzlich durch einen Neufund in Chania in Westkreta bestätigt worden. Hier wurden in einem eindeutigen SM IIIB-Kontext Linear B-Tafeln gefunden, die in ihrem Schriftduktus einer Reihe von knossischen Tafeln so eng verwandt sind, daß sie mit ihnen gleichzeitig sein müssen.

Auch die anderen für eine mykenische Invasion am Ende von SM IB vorgebrachten Argumente, auf die hier nicht weiter eingegangen werden kann, erscheinen nicht zwingend. So denke ich, daß die wahrscheinlichste Ursache für den SM IB-Zerstörungshorizont auf Kreta innerkretische Auseinandersetzungen waren. Knossos überstand zwar als einziges Palastzentrum diese Konflikte, Kreta war aber so geschwächt, daß es allmählich seine Vormachtstellung im ägäischen Raum an das mykenische Griechenland abtreten mußte.

Die mykenische Palastzeit. In SH IIIA 1, d.h. um 1400 v. Chr., wurden die ersten mykenischen Palastanlagen errichtet. Die mykenische Palastzeit endete mit dem Ende der Phase SH IIIB, um 1200 v. Chr. Grundlage der relativen Chronologie bildet wiederum die Keramik. Die mykenischen Töpfer hatten sich bereits in der Phase SH IIB (ca. 1490 – 1420 v. Chr.) vom minoischen Vorbild zu lösen begonnen und eigene Gefäßformen und Dekorationsmotive entwickelt. Leitform der Phase SH IIB ist der sog. ephyräische Becher (Myken. Hellas Nr. 306), aus dem in SH IIIA die Kylix entwickelt wurde (Myken. Hellas Nr. 305. 307 – 308). Die Standardisierung der Formen und die stilistische Homogenität des Dekors der Keramik der Phasen SH IIIA 2 – IIIB 1 sprechen dafür, daß zu jener Zeit ein Zentrum der Keramikproduktion sehr stark alle anderen beeinflußte. Dieses Zentrum lag in der Nordost-Peloponnes, im Territorium von Mykene. Von dort wurde Keramik in alle Regionen des östlichen Mittelmeers exportiert, wie Tonanalysen gezeigt haben. Erst in SH IIIB 2 bildeten sich in der Keramik lokale und regionale Varianten heraus (Treuil, CE Abb. 54 – 55).

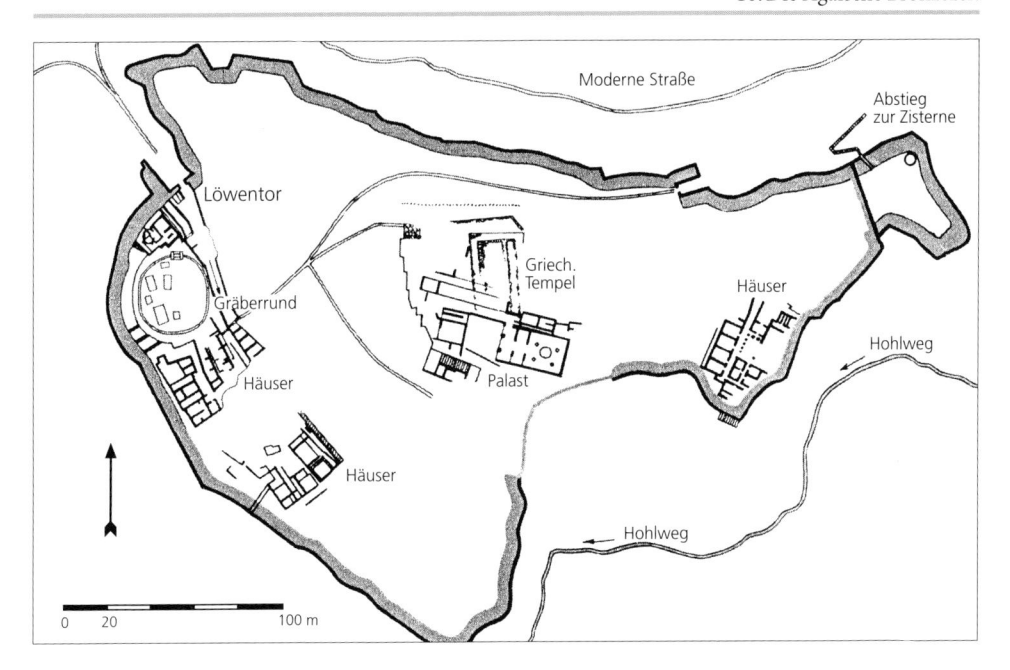

Abb. 8: Mykene, Burgberg, Plan

Die Phase SH IIIA, am Übergang von IIIA 1 zu IIIA 2 (ca. 1380 v. Chr.) erlebte eine eindrucksvolle Expansion der Mykener in den ägäischen Raum. Auf Kreta wurde am Übergang von SM IIIA 1 zu SM IIIA 2 der Palast von Knossos von einer Zerstörung betroffen. N. Platon ließ daher mit SM IIIA 2 seine 'Nachpalastzeit' beginnen. Die (wie besprochen) in SM IIIB zu datierenden Linear B-Tafeln von Knossos und andere Indizien sprechen aber dafür, daß der Palast von Knossos wiederhergestellt wurde und als Administrationszentrum der neuen mykenischen Herrscher diente. Kreta gehörte nun zur mykenischen Koine, die sich vom griechischen Festland über die ägäischen Inseln bis zur kleinasiatischen Küste erstreckte und auch die Handelsbeziehungen zum Vorderen Orient und zu Ägypten von den Minoern übernahm.

Die mykenischen Palastanlagen von Mykene (Abb. 8; Marinatos – Hirmer 161 Abb. 26), Tiryns (Marinatos – Hirmer 167 Abb. 35) und Pylos (Marinatos – Hirmer 168 Abb. 36) unterscheiden sich grundsätzlich von den minoischen. Sie sind im Gegensatz zu jenen befestigt (kürzlich ist auch in Pylos, das bisher als unbefestigt galt, eine Verteidigungsmauer festgestellt worden). Das Zentrum bildet jeweils ein rechteckiges Gebäude mit Vorraum, ein sog. Megaron, bei dem es sich um einen aus der mittelhelladischen Tradition stammenden Architekturtypus handelt, der im minoischen Bereich unbekannt ist, und der im Palastkontext als Repräsentations- und Kultraum des Herrschers diente (Buchholz – Karageorghis Nr. 122–123; Marinatos – Hirmer Taf. 166.176 oben; Hampe – Simon 11 f. Fig. 4–5. Abb. 1–2. 4. 7).

Wie zuvor die minoischen, so wurden auch die mykenischen Paläste mit prächtigen Freskomalereien dekoriert. Diese waren z. T. ritueller Natur wie in den minoischen Palästen (Hampe – Simon Abb. 15–19. 32–33. 75–76), daneben erscheinen aber herrschaftliche Repräsentationsthemen wie Krieg und Jagd (Hampe – Simon Abb. 20–30). Neben den Freskomalern unterhielten auch die mykenischen Palastwerkstätten weitere hervorragende Kunsthandwerker, z. B. Elfenbeinschnitzer (Buchholz – Karageorghis Nr. 1272–1289; Hampe – Simon Abb. 328–344).

Das mykenische Griechenland gliederte sich in schätzungsweise 11 Königtümer (J. F. Cherry, in: C. Renfrew – J. F. Cherry (Hg.), Peer Polity

Interaction and Socio-Political Change [1986] 23 Abb. 2.4). Diese Königtümer waren in Provinzen gegliedert, wie wir insbesondere aus den Linear B-Tontafelarchiven von Pylos wissen. Die Gesellschaftsordnung in den einzelnen Königtümern war streng hierarchisch. An der Spitze stand der 'Wanax' genannte Herrscher (ein Titel, der noch in der Ilias dem Heerführer Agamemnon zukommt). Die monumentalen Tholosgräber des 13. Jh. v. Chr. sind sicherlich als Gräber solcher Wanakes anzusehen (Marinatos – Hirmer 165 f. Abb. 31–34. Taf. 170–173. 182–183). Unter dem Wanax steht als nächster der 'Lawagetas', eine Art Vizekönig mit der Funktion des militärischen Oberbefehlshabers. Dann folgen die 'Hequetai' (Adlige), die 'Koreter' (Provinzstatthalter), die 'Telestai' (Gutsbesitzer) und die 'Basileis' (lokale Häuptlinge). Der Titel Basileus sollte dann nach dem Zusammenbruch des mykenischen Palastsystems aufgewertet und zum griechischen Königstitel werden. Weiter unten in der Gesellschaftsordnung standen die Handwerker, die freien Arbeiter und ganz unten die Sklaven.

Der Zusammenbruch des mykenischen Palastsystems und das Ende der mykenischen Kultur. Einen der hauptsächlichen Faktoren für den Untergang des mykenischen Palastsystems um 1200 v. Chr. bildete das palatiale System selbst, das – nach dem Vorbild vorderasiatischer Staaten konzipiert – mit seiner zentralistischen und hochspezialisierten Wirtschaftsorganisation angesichts der kleinräumigen griechischen Landschaften nicht auf Dauer existenzfähig war. Zum Zusammenbruch kam es dann, als die in der 2. Hälfte des 13. Jh. v. Chr., in SH IIIB 2, eintretende Krisensituation nicht bewältigt werden konnte.

Am Beginn von SH IIIB 2 wurden einige Herrschaftszentren und andere Siedlungen von Zerstörungen betroffen, bei denen umstritten ist, ob sie durch kriegerische Auseinandersetzungen oder Erdbeben verursacht wurden. Die mykenische Koiné der Palastzeit war jedenfalls danach zu Ende, an ihre Stelle traten regionale Prozesse. Die Krise der 2. Hälfte des 13. Jh. v. Chr. spiegelt sich außerdem in der Verstärkung der Befestigungen und Errichtung von Anlagen zur Wasserversorgung der Burgen von Mykene, Tiryns und Athen wider (Hampe – Simon 13 Fig. 6–7), sowie in archäologischen Befunden und Linear B-Texten, die zeigen, daß die Werkstätten der Palastindustrie jetzt in den Burg- bzw. Palastbereich verlegt wurden, daß Rohstoffmangel herrschte und Mißernten auftraten. Mit den Gegenmaßnahmen war das Palastsystem überfordert, zudem gibt es Indizien für die Zuwanderung fremder Bevölkerungsgruppen aus dem Norden und Nordwesten, die möglicherweise zum Untergang des Palastsystems beigetragen haben: eine in Griechenland zuvor unbekannte, handgemachte und grobe Keramikgattung, die sog. 'Barbarian Ware' (Myken. Hellas Nr. 298), die erstmals gegen Ende der mykenischen Palastperiode, dann verstärkt nach dem Untergang der mykenischen Paläste auftritt, sowie Fibeln (Myken. Hellas Nr. 289–290) und neue Waffentypen (Myken. Hellas Nr. 297). Der Untergang des mykenischen Palastsystems ist außerdem sicherlich in Verbindung mit dem etwa gleichzeitigen Zusammenbruch fast der gesamten Staatenwelt des östlichen Mittelmeeres zu sehen, bei dem Attacken durch die sog. 'Seevölker' eine entscheidende Rolle gespielt haben.

In Griechenland folgte mit der Phase SH IIIC noch eine ca. 150 Jahre lange spätmykenische Periode ohne Paläste und ohne Schriftlichkeit. Nach den Umwälzungen im Zusammenhang mit dem Untergang der Paläste kam es in der mittleren Phase von SH IIIC, d. h. im späten 12. und frühen 11. Jh. v. Chr., noch einmal zu einer Periode des Friedens und eines gewissen Wohlstandes. Es bildeten sich Kleinstaaten heraus, deren Zentren oft mit den alten Herrschersitzen identisch waren. Auch im höfischen Leben versuchte man, auf die Palast-Ära zurückzugreifen. Die aristokratischen Beschäftigungen jener Zeit wie Kampf, Wagenfahrt und Jagd spiegeln sich in prächtigen Keramikdekorationen wider (Buchholz – Karageorghis Nr. 998–1001; Marinatos – Hirmer Taf. 256–258). Diese Nachblüte der mykenischen Kultur endete schließlich wiederum in gewaltsamen Zerstörungen. Im späten SH IIIC ist eine generelle Verarmung und eine Ausdünnung der Siedlungen festzustellen. Mit der submykenischen Periode kam dann das endgültige Ende der mykenischen Kultur. Gegen 1000 v. Chr. erfolgte der Übergang zur sog. protogeometrischen Epoche. (W.-D.N.)

11. Städte*

Die griechische und römische Kultur entwickelte sich im wesentlichen in Städten. Die Stadt als Zentrum einer Gemeinschaft von Bürgern war zugleich ein Raum der (vollen oder beschränkten) politischen Autonomie und der religiösen und kulturellen Identität.

Die Definition der 'Stadt', im Unterschied zu anderen Siedlungsformen, ist ein umstrittenes theoretisches Problem. Abstrakte Bestimmungen sind meist zu schematisch, sinnvoll sind nur Beschreibungen im Rahmen einzelner Kulturen. Die griechische und römische Stadt läßt sich vom Dorf kaum nach ihrer Größe oder ihrer Dichte absetzen, sondern eher nach ihrer Komplexität. Entscheidend ist die Existenz von öffentlichen Räumen für Politik, Religion, Handel, in denen die Bewohner sich als Gemeinschaft formierten und gemeinsame Aufgaben in organisierten Formen der Selbstverwaltung bewältigten. In diesem Sinn ist in Griechenland eine neue Stufe von 'Stadt' im 8.–7. Jh. v. Chr. entstanden: die *polis* (Pl. *poleis*). Sie bestand in der Regel aus einem mehr oder minder 'städtischen' Zentrum mit Räumen des öffentlichen Lebens und des privaten Wohnens. Vor den Städten, entlang den Ausfallstraßen, lagen die Nekropolen; in der näheren Umgebung erstreckte sich das Fruchtland (*chora*), umgeben von den ferneren Randzonen der Berge und Wälder (*eschatiá*). Den Poleis blieb noch in den hellenistischen Reichen und im Imperium Romanum eine relative Autonomie der Selbstverwaltung und der kulturellen Identität erhalten.

a. Typen griechischer und römischer Städte

Die Grundelemente früher griechischer wie auch römischer Städte sind relativ einheitlich: eine Agora bzw. ein Forum, verschiedene öffentliche Gebäude, städtische Heiligtümer, meist eine Akropolis, Wohnquartiere, vielfach eine Stadtmauer; vor den Stadttoren, meist an den größeren Straßen, die Grabbezirke. Dabei sind jedoch nach der Genese zwei grundsätzliche Typen zu unterscheiden: 'gewachsene' und 'geplante' Städte.

'Gewachsene' Städte sind aus alten Siedlungen langsam akkumuliert. Beispiele sind Athen (s. unten Kapitel 15.1; Abb. 34) und Rom (s. unten Kapitel 15.2; Abb. 37). Ihre Struktur ist an den natürlichen Formationen des Geländes orientiert, von alten Straßen und Wegen bestimmt. In Athen legen sich konzentrische Straßen östlich um die Akropolis; eine Hauptstraße führt von Nordwesten zu dem einzigen Aufgang der Burg; andere Straßen ziehen durch die Täler zwischen den umliegenden Hügeln und führen zu den benachbarten Orten; öffentliche und private Bauten sind auf die unregelmäßige Form des Geländes und der Straßen ausgerichtet. Die Lage von Rom ist durch den Übergang einer alten Handelsstraße über den Tiber im Schutz einer Insel bestimmt; andere Straßen führen durch die Täler um den Palatin herum und durch die Einschnitte zwischen den Hügeln nach Osten ins Landesinnere; Tempelberg, Forum und Wohnquartiere sind dem Gelände entsprechend verteilt. Solche gewachsenen Strukturen werden auch durch spätere Planungen nie grundsätzlich verändert.

'Geplante' Städte entstehen bei neuen Gründungen nach einem Grundplan. Diese Situation ergab sich zunächst nur selten im griechischen Mutterland, schon früh aber bei den 'Kolonie'-Gründungen seit dem späten 8. Jh. v. Chr., vor allem in Unteritalien und Sizilien. Ein frühes Beispiel ist Megara Hyblaia (Greco – Torelli, UG Abb. 60–61) auf Sizilien, 728 v. Chr. gegründet. Die Stadt wurde von Anbeginn in mehreren gegeneinander versetzten Teilen angelegt, mit jeweils parallelen,

---

*Abbildungen:

Greco – Torelli, UG	E. Greco – M. Torelli, Storia dell'urbanistica. Il mondo greco (1983).
Gros – Torelli, UR	P. Gros – M. Torelli, Storia dell'urbanistica. Il mondo romano (1988).
Hoepfner – Schwandner	W. Hoepfner – E.-L. Schwandner, Haus und Stadt im klassischen Griechenland (1994).

Abb. 9: Selinunt, Stadtplan

allerdings nicht orthogonalen Straßenzügen; im Zentrum wurde eine trapezförmige Agora ausgespart. Eindeutig handelt es sich um einen Vorläufer der späteren einheitlichen Planstädte.

Weiter fortgeschritten ist Selinunt (Abb. 9), das um die Mitte des 7. Jh. v. Chr. gegründet wurde und zu Beginn des 6. Jh. v. Chr. einen endgültigen Stadtplan erhielt. Die Mauern folgen unregelmäßig dem Gelände am Abfall der Hügel und entlang zweier Flüsse; aber innerhalb der Mauern ist das Stadtgebiet nach einem rigorosen Konzept in zwei großen Systemen von rechtwinklig sich schneidenden Straßen mit jeweils gleich großen Straßenblöcken (röm. Terminus *insula*) und ursprünglich gleich großen Grundstücken eingeteilt. Größere zusammenhängende Areale bleiben für die Agora und die städtischen Heiligtümer reserviert. Diese Einteilung wurde offenbar für das ganze Stadtgebiet festgelegt und erst im Lauf der Zeit durch Bebauung ausgefüllt. Es war ein Konzept, das bei dem Gründungsakt einer neuen Polis-Gemeinde entwickelt wurde und dem offenbar die Vorstellung der Egalität der Mitglieder zugrunde liegt. Außerhalb der Mauern wurden vorstädtische Heiligtümer und Tempel an den Ausfallstraßen entlang der Küste sowie Gräberzonen im Norden der Stadt angelegt.

Außerhalb des Stadtgebietes wurde auch das Ackerland (Chora) der 'Kolonie'-Städte in regelmäßige, streifenförmige Parzellen eingeteilt. Zum Nachweis dieser schwer erkennbaren Landaufteilung wurden etwa im Territorium von Metapont mit Erfolg Luftbildaufnahmen eingesetzt (Greco – Torelli, UG Abb. 76).

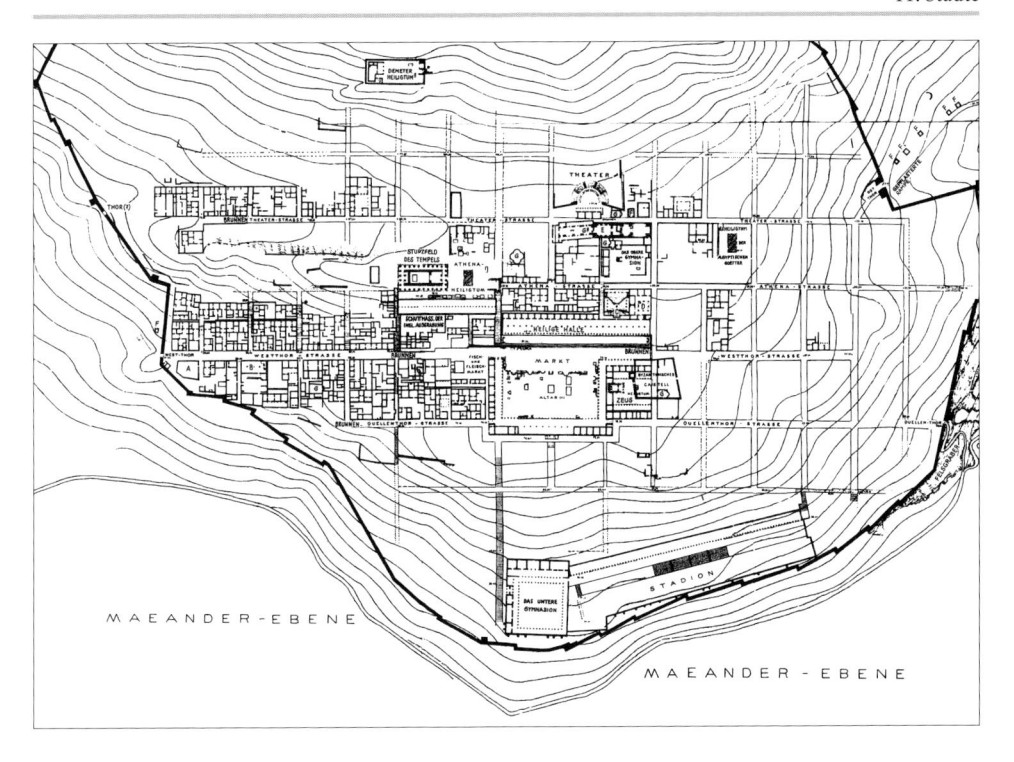

Abb. 10: Priene, Stadtplan

Große Bedeutung für die Entwicklung regelmäßiger Städte wurde in der Antike dem Stadtplaner Hippodamos von Milet aus dem 5. Jh. v. Chr. beigemessen. Ihm werden von den Quellen die Planung der Stadt Milet (Hoepfner – Schwandner Abb. 11 – 13) nach der Zerstörung durch die Perser 480 v. Chr., des Piraeus (Hoepfner – Schwandner Abb. 14), der 'Kolonie'-Stadt Thurioi in Süditalien und (historisch unwahrscheinlich) die Neuplanung von Rhodos (Hoepfner – Schwandner Abb. 41) zugeschrieben, die alle im 5. Jh. v. Chr. nach dem orthogonalen Prinzip angelegt sind. Wenn allerdings manche Autoren die 'Erfindung' des orthogonalen Systems auf Hippodamos zurückführen, so kann das angesichts der archaischen Beispiele nicht zutreffen. Offenbar bestand die Bedeutung dieses Mannes vielmehr darin, daß er theoretische Konzepte zur sozialen Struktur der Polis und zur Aufteilung der städtischen Räume in politische, sakrale und Siedlungs-Bereiche entwickelt hatte. Dabei hat er vielleicht auch die orthogonale Stadtplanung weiter entwickelt; doch ob und wie sich seine theoretischen Überlegungen konkret auf die Stadtplanung auswirkten, ist bisher nicht zu erkennen.

Seither war das orthogonale System für jede anspruchsvollere Neugründung verbindlich. Besonders gut ist klassischer Städtebau in Olynth (Nordgriechenland) erhalten geblieben, das im späteren 5. Jh. v. Chr. geplant, 348 v. Chr. von Philipp II. von Makedonien zerstört und danach kaum wieder aufgebaut wurde (Hoepfner – Schwandner Abb. 55 – 56): Hier sind mit wenigen breiten Längsstraßen (Sing. *plateia*) und schmalen Quergassen (Sing. *stenopos*) längsrechteckige Häuserblocks von 2 × 5 gleich großen Grundstücken gebildet. Die um die Mitte des 4. Jh. v. Chr. neu gegründete Stadt Priene (Kleinasien) zeigt, daß dies System auch in schwierigen Hanglagen realisiert wurde, wo allenfalls die Längsstraßen einigermaßen eben angelegt werden konnten, die Querstraßen dagegen weitgehend aus Treppenstufen gebildet wurden (Abb. 10). In Italien wurden orthogonale Systeme von den Etruskern seit dem 6. Jh. v. Chr. für Neugrün-

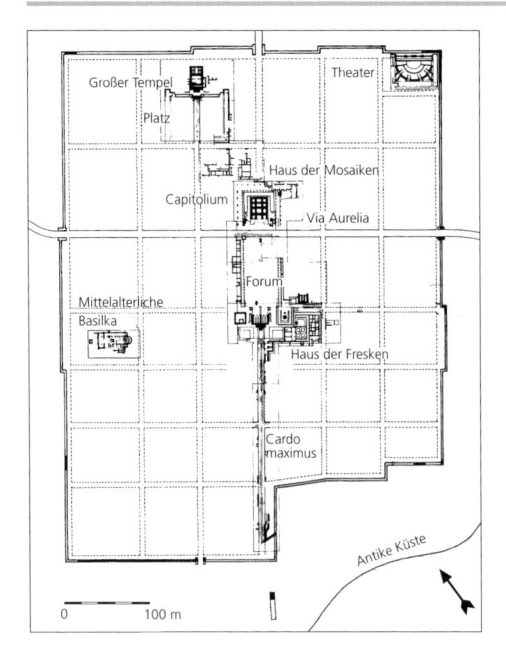

Abb. 11: Luni, Stadtplan

dungen übernommen, etwa in Marzabotto (Po-Ebene; Gros – Torelli, UR Abb. 21).

In Rom wurde die Struktur der gewachsenen Stadt, trotz groß angelegten Neuplanungen in der Kaiserzeit, grundsätzlich nie überwunden. Bei der Neugründung von römischen Koloniestädten seit dem 4. Jh. v. Chr. wurden dagegen die Prinzipien des orthogonalen Städtebaus angewandt und weiterentwickelt. In Cosa (Toscana, 273 gegründet; Gros – Torelli, UR Abb. 52) ist die Stadt auf einem Berg mit einer unregelmäßigen Mauer umzogen, aber im Inneren rechtwinklig aufgeteilt, mit getrennten Bereichen für Kapitol und Forum: das Konzept von Rom, verkleinert und rechtwinklig modernisiert. Eine neuartige Entwicklung hatte dagegen schon früher bei Gründungen im Flachland eingesetzt, wo kein Burgberg vorhanden war und die Befestigung nicht durch das Gelände geprägt wurde. Ostia, wohl um die Mitte des 4. Jh. v. Chr. zur Sicherung der Tiber-Mündung angelegt, ist das früheste Beispiel einer (sehr kleinen) Stadt mit streng rechteckiger Stadtmauer, die von zwei zentralen, rechtwinklig zueinander laufenden Straßenachsen durchschnitten wird, dem *decumanus maximus* und dem *cardo maximus*

(F. Castagnoli, Orthogonal Town Planning in Antiquity [1971] Abb. 40). Durch parallele *decumani* und *cardines minores* werden rechteckige Häuserblöcke (Sing. *insula*) abgegrenzt. Später wird gewöhnlich am Schnittpunkt der Hauptachsen das Forum angelegt. Der Haupttempel, der in griechischen Städten wie auch in Rom selbst von der Agora bzw. dem Forum getrennt war, wird nun gewöhnlich in die Achse des Forums gelegt. Er ist in der Regel wie in Rom den Staatsgöttern Iuppiter Optimus Maximus, Iuno Regina und Minerva geweiht und wird *Capitolium* genannt, auch wenn er nicht auf einem Hügel liegt. Ein gutes Beispiel für diesen Normaltypus der römischen Stadt ist Luni (Etrurien, an der Grenze zu Ligurien; Abb. 11).

Für die Erforschung römischer Urbanistik während der späten Republik und der frühen Kaiserzeit ist Pompeii wegen der Katastrophe der Verschüttung durch den Ausbruch des Vesuv 79 n. Chr. ein historischer Glücksfall (Abb. 12). Die Stadt, die in archaischer Zeit von Etruskern gegründet worden war, erlebte im 2. Jh. v. Chr. durch die Teilhabe an dem von Rom eröffneten Fernhandel eine starke Blüte, die in einem städtischen Zentrum mit Forum und Iuppiter-Tempel, Basilica, Amtslokalen und Marktgebäude (*macellum*), in 'kulturellen' Bereichen mit Theater, Palaestra und mehreren Thermenbauten sowie in palastartigen Stadthäusern wie der Casa del Fauno Ausdruck fand. Nach der Eingliederung in den römischen Bürgerverband (89 v. Chr.) und der Einrichtung einer Veteranen-Kolonie (80 v. Chr.) führten die Bedürfnisse der neuen Bewohner zur Umwandlung des Forum-Tempels in ein Capitolium, zur Errichtung eines Amphitheaters und zur Anlage von Gräberstraßen mit repräsentativen Grabmonumenten. In der frühen Kaiserzeit gestalteten Gefolgsleute des Augustus das Zentrum neu aus, z. T. mit Bauten und Bildwerken der Herrscherverehrung. Daneben entwickelte sich der Bereich des privaten Lebens in einem breiten Spektrum von Häusern und Gärten, Gast- und Vergnügungsstätten aus.

Einen ganz anderen Charakter entwickelte Ostia, das als Hafenstadt Roms den Fernhandel aufnahm (Abb. 13). Die großflächig ausgegrabene Stadt, die nach der Spätantike nie überbaut wurde, zeigt in der Kaiserzeit

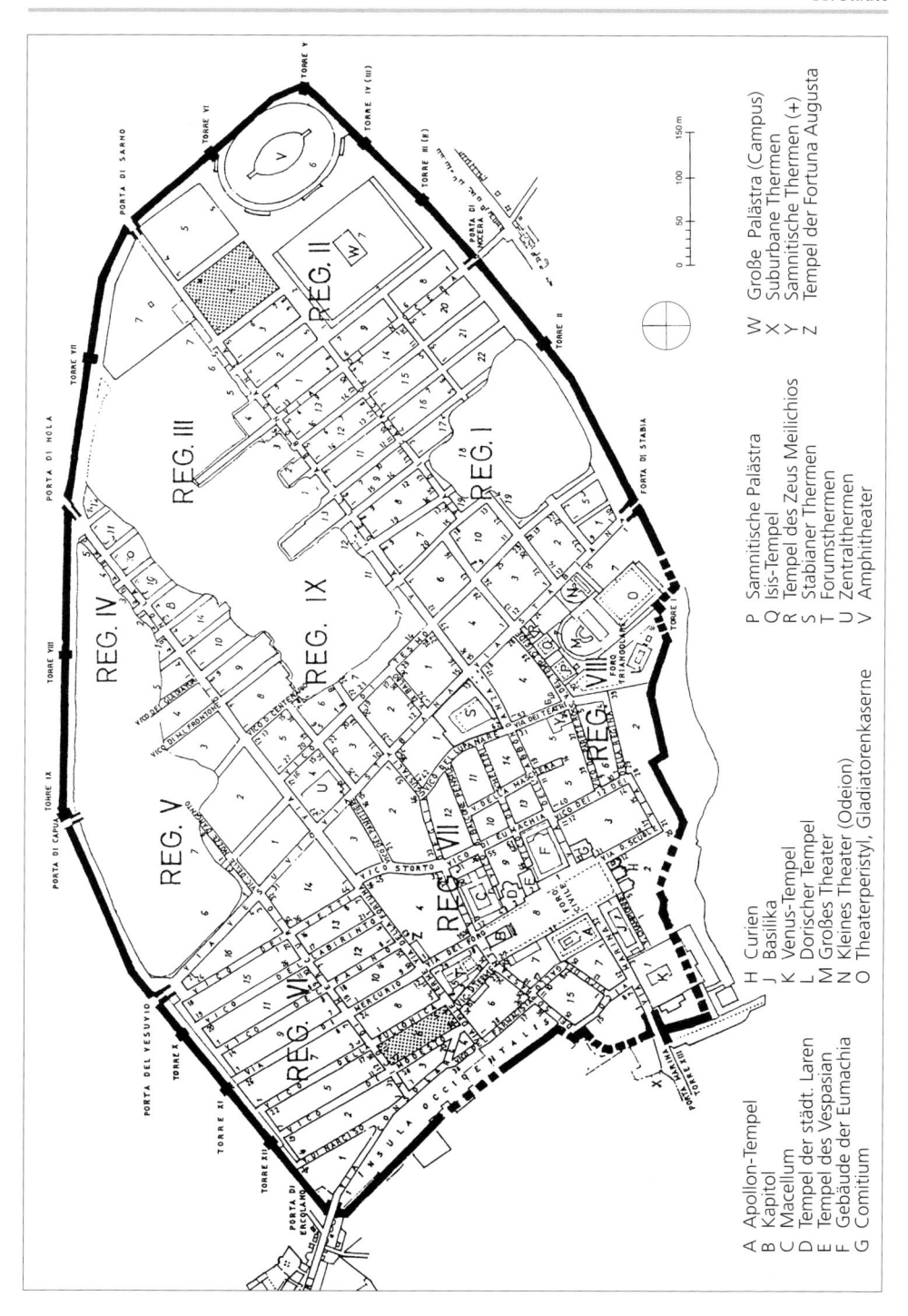

Abb. 12: Pompeii, Stadtplan

11. Städte

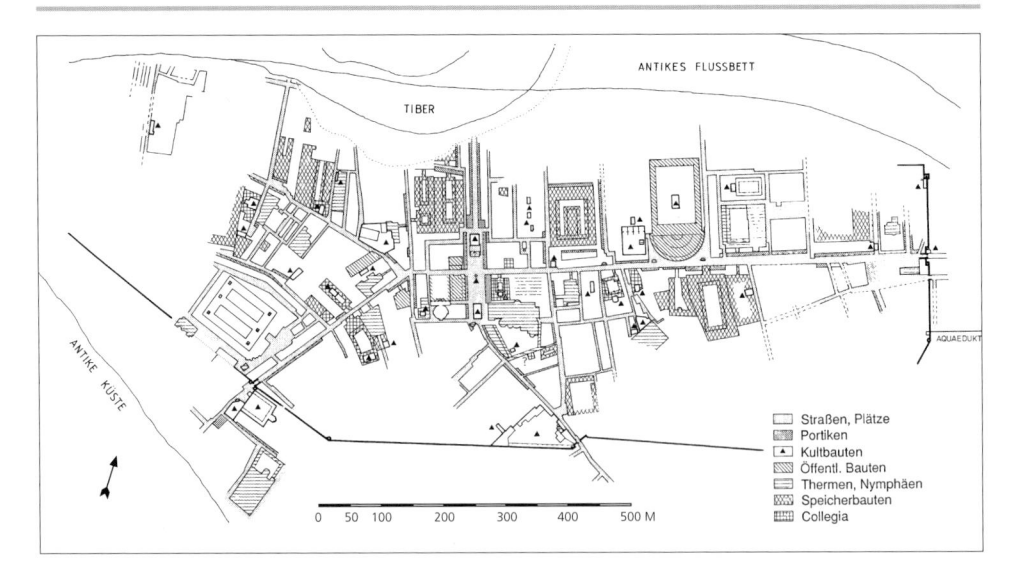

Abb. 13: Ostia, Stadtplan

einen relativ zurückhaltenden und langsamen Ausbau des politischen Zentrums. Dagegen erlebte sie, vor allem im 2. Jh. n.Chr., ein enormes Anwachsen merkantiler Bauten, großer Warenhäuser und Speicher, sowie verschiedenster Vereinshäuser, Thermenanlagen und kleinerer Heiligtümer für die Bewohner und die Besucher dieser Handelsstadt. Große Appartementhäuser lassen die Entwicklung der römischen Wohnkultur in der mittleren und späteren Kaiserzeit erkennen.

b. Elemente griechischer und römischer Städte

Agora, Forum. Zentrum des öffentlichen Lebens in den Städten ist die *agora* bzw. das *forum*, ein offener Platz, der vor allem in der Frühzeit für vielfältige Funktionen diente: Volksversammlungen, religiöse Feste und Agone, Rechtsprechung, Handel.

Die Agora einer gewachsenen Stadt ist am besten in Athen erforscht. Sie wurde, nach einem älteren Vorläufer (Lage umstritten), im 6. Jh. v. Chr. angelegt und bis in die römische Kaiserzeit immer weiter ausgebaut. Die steigende Komplexität des öffentlichen Lebens führte bald dazu, daß wichtige Funktionen, die bisher auf der Agora konzentriert waren, an andere Orte verlagert wurden (s. Plan Athen:

Abb. 34): Im frühen 5. Jh. v. Chr. wurde für die immer anspruchsvolleren szenischen Aufführungen das Dionysos-Theater südlich der Akropolis angelegt, bald darauf eine neue Stätte der Volksversammlung auf dem Hügel Pnyx eingerichtet; im späteren 4. Jh. v. Chr. wurde für die athletischen Spiele ein Stadion im Osten der Stadt gebaut. Die Agora wurde dadurch im engeren Sinn zum öffentlich-politischen Zentrum der Stadt (Abb. 36): mit den Amtsgebäuden der politischen Funktionsträger (Bouleuterion, Tholos, Münzstätte), Gerichtshöfen und vor allem großen Hallen: Stoa Basileios (6. Jh. v. Chr.), Stoa Poikile, Stoa des Zeus Eleutherios und Süd-Stoa (5. Jh. v. Chr.), Mittlere Stoa und Attalos-Stoa (Hellenismus). Diese Hallen gaben dem Platz mit ihren langen Säulenreihen immer mehr einen kulissenhaft geschlossenen optischen Rahmen: eine Wirkung, die seit dem 4. Jh. v. Chr. ein Hauptziel der Architektur wurde. Analog, nur zeitlich etwas später, verlief die Entwicklung des Forums in Rom. Hier wurde seit dem späten 4. Jh. v. Chr. das Forum von den Funktionen des Lebensmittelmarktes entlastet, die in eigene, z. T. stark spezialisierte Marktanlagen ausgelagert wurden. Die Fora entwickelten sich dadurch in vielen Städten, besonders in der Kaiserzeit, immer mehr zu feierlichen Repräsentationsplätzen.

In den orthogonal geplanten Städten wurde von Anbeginn ein freies Areal für die Agora ausgespart. Der architektonische Ausbau folgte oft erst beträchtlich später. Dabei wurden in Planstädten wie Milet oder Priene (Abb. 10) vielfach sehr geschlossene rechteckige Platzanlagen gestaltet, nach ihrem hauptsächlichen Vorkommen im griechischen Osten 'ionische Agorai' genannt.

Die neu geplanten Forum-Anlagen römischer Städte, etwa das Augustus-Forum in Rom (Abb. 39) oder das Forum in *Augusta Rauricorum*/Augst (Gros – Torelli, UR Abb. 171) wurden, je nach finanziellen Mitteln, in dieser Tradition als einheitlich gefaßte Hallen-Plätze konzipiert. Dabei wurde zusätzlich ein monumentaler Tempel, meist des Iuppiter Optimus Maximus, als dominierender Blickpunkt in die Achse der Schmalseite des Platzes eingesetzt. In solchen Tempelplätzen sind Traditionen hellenistischer Heiligtumsarchitektur, z.B. Zeus-Heiligtum von Megalopolis (H. Lauter, Die Architektur des Hellenismus [1986] Abb. 15), auf die Agora bzw. das Forum übertragen worden. Mit den Mitteln der römischen Architektur sind solche Konzepte zu überwältigender Wirkung gesteigert worden, z.B. im Severischen Forum von Leptis Magna, wo der Tempel, in gewaltigen Dimensionen, auf hohem Podium und mit einer weit ausladenden Freitreppe, den Platz dominiert (Gros – Torelli, UR Abb. 155–156).

Akropolis. Frühe griechische Städte besaßen gewöhnlich eine Akropolis, einen Felsberg, der leicht zu verteidigen war. Sie diente als Fluchtburg und war daher meist innerhalb der gesamten Stadtmauer noch einmal eigens ummauert. Die Form der Akropolis und ihr Verhältnis zum Stadtgebiet zeigen starke Variationen, abhängig von den geographischen Voraussetzungen. Das Spektrum der Möglichkeiten kann von drei Städten exemplifiziert werden: In Athen liegt die vorzüglich geeignete Akropolis mitten in der Stadt: nicht allzu hoch, aber steil aufragend, nur von Westen mit leichtem Zugang (Abb. 34). In Korinth erhebt sich der Berg Akrokorinth beherrschend, aber sehr hoch, in beträchtlicher Entfernung vom flachen Siedlungsgebiet, nur mit großem Aufwand in den Mauerring einbezogen (Greco – Torelli, UG Abb. 36). In Priene steigt der Fels über der Stadt fast unzugänglich auf (Abb. 10).

Andere Städte, vor allem in Unteritalien und Sizilien, etwa Metapont oder Paestum (Greco – Torelli, UG 74–75. 78–79), liegen in mehr oder minder flachem Gelände ohne eine Akropolis.

Heiligtümer. Griechische Poleis haben innerhalb und außerhalb der Stadt eine Vielzahl von Kultstätten (s. auch unten Kapitel 12). Unter diesen ragt gewöhnlich ein (sog. 'poliadisches') Haupt-Heiligtum für eine Gottheit heraus, unter deren Schutz die Gemeinde sich insgesamt stellt.

In vielen Städten trägt die Akropolis den Haupt-Kult, in Athen etwa die Tempel der Stadtgöttin Athena. Auf Akrokorinth dagegen, in größerer Entfernung vom Stadtzentrum, steht der bedeutende, aber nicht wichtigste städtische Tempel der Aphrodite. In Priene schließlich ist der mühsam ersteigbare Felsklotz kaum mit Kulten ausgestattet. Die Akropolis ist zunächst eine Festung; sie kann, muß aber nicht zugleich als 'heiliger Berg' genutzt werden.

Die 'poliadischen' Heiligtümer liegen vielfach mitten im Stadtgebiet, teils wie in Athen auf der Akropolis, teils in anderen zentralen Lagen wie etwa die beiden Hera-Tempel in Paestum (Greco – Torelli, UG Abb. 78–79) oder der Athena-Tempel in Priene (Abb. 10). Aber auch Randlagen kommen vor, etwa in Agrigent, wo ein Kranz von Tempeln an der südlichen Stadtmauer liegt (Greco – Torelli, UG Abb. 77); häufig liegt das Haupt-Heiligtum sogar außerhalb der Stadt, am Rand der Chora, etwa die Hera-Heiligtümer von Argos und Samos, beide 7–8 km von der Stadt entfernt. In der Regel ist das Haupt-Heiligtum jedenfalls von der Agora getrennt. Die Verbindung des politischen und des religiösen Zentrums wird erst in den römischen Städten mit der Zusammenlegung von Capitolium und Forum geschaffen (s. oben).

Stätten der Gemeinschaftskultur. Neben den religiösen und politischen Zentren entfaltete das städtische Leben sich in weiteren öffentlichen Institutionen, die zwar religiöse Wurzeln hatten, sich aber mehr und mehr zu eigenständigen Bereichen der gemeinschaftlichen 'Kultur' entwickelten. Athletische und musische Agone im Rahmen von Götterfesten wurden in der Frühzeit gewöhnlich auf der Agora ausgetragen, wo ein Festplatz (Orchestra) gleichermaßen für politische Versammlungen wie für religiöse Veranstaltungen diente. Mit zunehmender Differenzierung der Lebenskultur seit dem 6. Jh. v. Chr. wurden die Funktionen immer mehr dissoziiert: Für die athletischen Übungen wurden Gymnasien und Palästren, für die Wettkämpfe Stadien und Hippodrome, meist am Rand der Städte eingerichtet; für die Theaterspiele wurden aufwendige Theaterbauten mit Bühnengebäuden und Zuschauerrängen, gewöhnlich an einen Berghang angelehnt, geschaffen. In römischen Städten entwickelten sich die Zirkusanlagen, Amphitheater und vor allem die Thermen, vielfach mitten im Stadtgebiet gelegen, zu vielbesuchten Zentren der kaiserzeitlichen 'Freizeit'-Kultur (s. unten Kapitel 14).

Wohnbezirke. Griechische Städte gingen in archaischer Zeit meist nicht über den Umfang großer Dörfer von einigen tausend Einwohnern hinaus. Das klassische Athen wird auf bis zu 100 000 Einwohner, einschließlich Fremden und Sklaven, geschätzt. Größer waren offenbar dann die Metropolen des Hellenismus, besonders Alexandria (Hoepfner – Schwandner Abb. 225). Rom wuchs in der späten Republik und frühen Kaiserzeit anscheinend von ca. 300 000 bis auf 1 Million Einwohner an. Bei zunehmender Differenzierung der Arbeit ergab sich die Tendenz, daß einzelne Berufe sich in bestimmten Bereichen der Stadt konzentrierten, allerdings nicht in exklusiver Weise. Erkennbar sind Töpferviertel in Athen (Kerameikos) und Korinth. Andererseits lebten sowohl in Athen als auch in Rom in vielen Stadtteilen verschiedene soziale Schichten nebeneinander.

Die Wohnbezirke waren in den gewachsenen Städten Griechenlands in unregelmäßig geschnittene Grundstücke eingeteilt, deren Größenmaße jedoch nicht extrem differierten, z. B. in Athen südlich der Agora. In den neu geplanten Städten dagegen wurden bei der Gründung einheitliche Parzellen abgemessen, die zumindest in der neu konstituierten Bürgerschaft die Vorstellung sozialer Egalität bezeugen; im Laufe der Zeit entstanden allerdings Unterschiede durch Verkauf und Veränderung von Grundstücksgrenzen. Die Häuser schlossen sich gewöhnlich dicht zusammen.

Vorherrschend waren in archaischer und klassischer Zeit Häuser mit einer einzigen Wohneinheit. Teilvermietung war aber bekannt. In der Anlage und architektonischen Ausstattung wiesen die Wohnhäuser noch keine sehr starken Differenzierungen auf: Sozialer Rang wurde weniger im privaten Wohnen als in der öffentlichen Repräsentation zum Ausdruck gebracht. Die These von festgelegten Typenhäusern für die egalitäre Gesellschaft der klassischen Demokratie ist jedoch ein Konstrukt der modernen Forschung (nach dem Muster moderner Sozialprogramme), das in den archäologischen Befunden keine Grundlage hat. Gesellschaftliche Normen wurden in der Antike selten durch Präskripte durchgesetzt, sondern erhielten ihre Verbindlichkeit meist durch den Druck des kollektiven Konsenses und durch wechselseitige Kontrolle und Anpassung.

Erst seit dem späten 5. Jh. v. Chr. und verstärkt im Hellenismus wurde Wohlstand in reich ausgestatteten Wohnsitzen investiert, die sich von einfachen Wohnstätten deutlich absetzten. Großflächig erforscht sind die Wohnquartiere von Olynth, das die Phase der Spätklassik bis zur Zerstörung durch Philipp II. von Makedonien 348 v. Chr. repräsentiert, und von Priene, das im frühen Hellenismus aufblühte. In der Wohnstadt von Delos, das seit 166 v. Chr. als internationaler Freihafen einen großen wirtschaftlichen Aufschwung erlebte und 88/69 v. Chr. weitgehend zerstört wurde, ist die Situation des späten Hellenismus gut erkennbar: eine multikulturelle Bevölkerung mit stark divergierenden Wohnformen, von ärmlichen Kleinstwohnungen bis zu weiträumigen Wohnsitzen um einen großen Peristylhof. Den Höhepunkt der Wohnkultur bildeten die Palastviertel der Königsstädte, von denen das in Alexandria in Schriftquellen glanzvoll beschrieben wird. Auf dem Burgberg von Pergamon ist eine Sequenz von Palästen, zusammen mit dem Heiligtum der Athena und dem großen Altar des Zeus, durch Grabungen erschlossen worden. Die weiteren Entwicklungen werden vor allem durch zwei römische Städte dokumentiert: In Pompeii, das durch den Ausbruch des Vesuv 79 n.Chr. in einzigartiger Weise erhalten ist, lassen sich die Stufen vom 4.–3. Jh. v. Chr. bis zu einem Wiederaufbau nach einem Erdbeben von 62 n.Chr. nicht nur in den öffentlichen Bereichen, sondern vor allem in der Kultur des Wohnens, vom großen

Einfamilienhaus (*domus*) über die kleinere Mietwohnung (*cenaculum*) bis zur einräumigen *taberna*, so gut wie nirgends sonst verfolgen.

Die Zusammenballung großer Menschenmassen in den Städten führte wohl schon in den Metropolen des Hellenismus, jedenfalls aber in Rom seit der Zeit der späten Republik zu einer großen Vielfalt höchst unterschiedlicher Formen des Wohnens. Für vornehme Familien stand weiterhin der Typus des Einfamilienhauses (*domus*) zur Verfügung, der je nach finanziellen Mitteln durch repräsentative Empfangsräume, Höfe, Gärten und Brunnenanlagen bis zu palastartigen Stadtvillen gesteigert werden konnte. Daneben entstanden schon in hellenistischen 'Großstädten', vor allem aber in Rom seit dem 3.–2. Jh. v. Chr., neue Formen des verdichteten Wohnens, die in Rom selbst durch vereinzelte Befunde, in Ostia durch großflächig ausgegrabene Beispiele dokumentiert sind: von vielstöckigen Appartementhäusern, teilweise mit bepflanzten Innenhöfen, bis zu 'Mietskasernen' mit engster Nutzung des Wohnraumes.

Stadtmauern. Befestigungen gehörten anscheinend nicht notwendig von Anbeginn zu griechischen Städten. Frühe Stadtmauern wurden im 9.–8. Jh. v. Chr. an der kleinasiatischen Küste und auf den Inseln der Ägäis, z. B. in Alt-Smyrna und in Emporio (Chios), gegen Seeräuber errichtet (Greco – Torelli, UG Abb. 43. 45). Im 7.–6. Jh. v. Chr. erhielten die meisten griechischen Städte einen Befestigungsring. Er umschloß gewöhnlich ein Areal, das weit größer als der besiedelte Raum war; die freien Flächen dienten für Nutzgärten, Viehweiden, Rückzug der Landbevölkerung im Krieg, sowie zur späteren Ausdehnung der Siedlung. Zugleich markierte die Stadtmauer symbolisch die Grenze zwischen dem Binnenraum der Stadt und dem Draußen, wo u. a. die Toten bestattet werden konnten. Die Tore, die den Übergang zwischen Drinnen und Draußen markierten, wurden vielfach mit religiösen Kulten geschützt. In römischen Städten wurde der sakrale Charakter der Grenze zusätzlich durch das *pomerium*, eine rituelle Stadtgrenze innerhalb der Stadtmauer, besonders hervorgehoben. Im Lauf der Kaiserzeit, als die Sicherheit des Reiches Befestigungen überflüssig machte, umgaben sich viele Städte gleichwohl mit eindrucksvollen Stadtmauern und prächtigen Toren als Ausdruck 'städtischer' Lebenskultur und Identität.

Vorstädte. Außerhalb der Stadtgrenzen, vor allem entlang den Ausfallstraßen, erstreckten sich Nekropolen, teils mit repräsentativen Grabanlagen (s. unten Kapitel 13). Hinzu kamen Heiligtümer für spezielle Kulte des Stadtrandes. Im Lauf der Zeit wuchs in den meisten Städten die Wohnsiedlung über die alten Grenzen, Mauer und Pomerium, hinaus. Dadurch entstand vielfach ein mehr oder minder breiter vorstädtischer Gürtel (römisch: *suburbium*) von Grabstätten, Kultplätzen, Werkstätten, Wohnhäusern, Nutzgärten. In Rom und anderen römischen Städten, gut erkennbar in Pompeii, wurden diese vorstädtischen Zonen seit der späten Republik vielfach von reichen Villen mit weitläufigen Garten- und Parkanlagen durchsetzt, die einen starken Kontrast zu der sonstigen kleinräumigen Nutzung bildeten.

12. Heiligtümer*

Das Leben der Griechen, Etrusker und Römer war in allen seinen Bereichen mehr oder minder eng mit Religion verbunden. Das hatte umgekehrt zur Folge, daß die Heiligtümer, d.h. die Kultstätten der Götter und Göttinnen, Heroen und Heroinen, nicht wie die christlichen Kirchen ausschließlich Orte religiöser Frömmigkeit waren, sondern vielfältige Lebensaktivitäten einschlossen. Heiligtümer sind darum kulturelle Zentren, in denen sich neben dem religiösen Kult die wichtigsten gesellschaftlichen und politischen, ideellen und wirtschaftlichen Leitvorstellungen und Interessen manifestierten.

Grundsätzlich zeichnet die antike Religion sich durch eine Vielzahl von Gottheiten aus, die zwar genealogisch miteinander verbunden sind, im Kult aber ein hohes Maß an Selbständigkeit bewahren. Es gab keine übergreifende religiöse Institution, Herrschertum oder Priesterschaft, die für den Raum der griechischen bzw. etruskischen oder römischen Kultur eine gemeinsame religiöse 'Lehre' im Sinne der christlichen Kirche und ihrer Dogmen festgelegt und durchgesetzt hätte. Der Charakter der Gottheiten und die Rituale ihrer Kulte weisen darum von Ort zu Ort eine außerordentlich große Vielfalt auf. Dem entspricht, daß die Heiligtümer oft stark in ihre lokale Umgebung eingebunden sind.

Die Kultplätze für die zahllosen Gottheiten und Heroen konnten aus diesen Gründen sehr unterschiedliche Lokalisierungen, Formen und Funktionen haben: große architektonische Anlagen und kleine unscheinbare Orte, im öffentlichen und im privaten Raum, in den Städten und auf dem freien Land. Die archäologische Forschung hat Heiligtümer schon früh zu einem bevorzugten Gegenstand von Grabungsaktivitäten gemacht. Sie verfolgte dabei jedoch lange Zeit das vordringliche Ziel, hervorragende Beispiele der Architektur, Meisterwerke der Skulptur und umfangreiche Bestände verschiedener Gattungen des Kunsthandwerks, die als Weihgeschenke dargebracht worden waren, zu gewinnen. Entsprechend wurden die Funde im wesentlichen nach Gattungen untersucht und als Beiträge zur Geschichte der architektonischen Formen, der Skulptur, der Keramik, der Kleinplastik aus Metall oder Terrakotta etc. gewertet, wie sie auch etwa in Gräbern oder Siedlungen gefunden wurden. Die spezifischen religiösen Funktionen der Bauten und Objekte in den Heiligtümern standen bei dieser isolierenden Betrachtungsweise nicht im Vordergrund. Erst in den letzten Jahrzehnten hat die Forschung begonnen, antike Heiligtümer als Kontexte des religiösen, gesellschaftlichen, politischen und wirtschaftlichen Lebens zu begreifen und zu untersuchen. Von einem gesamten Bild des Phänomens Heiligtum in der Antike ist sie noch weit entfernt: Hier liegt eine besonders wichtige Aufgabe der Archäologie in der Zukunft.

a. Orte und Funktionen

Heilige Stätten wurden an sehr verschiedenen Plätzen eingerichtet. Vielfach waren es besondere Stellen oder Elemente der Natur, an denen Menschen seit früher Zeit die Gegenwart göttlicher Mächte verspürten oder erfuhren: Quellen, Bäume, Höhlen, Felsen, Berggipfel usw. Andere Kultplätze wurden für bestimmte Funktionen des Lebens an entsprechenden Orten angelegt: für Ackerbau, Weinlese, Initiation von Jugendlichen, Versammlungen von Kriegern oder Frauen, Heilung von Kranken usw. Allen Heiligtümern gemeinsam ist aber ein topographisch umgesetzter Bezug zu den Ordnungen und Gliederungen der Gesellschaft: Familie und Stadt; darüber hin-

---

*Abbildungen:

Andreae	B. Andreae, Römische Kunst (1973).
Greco – Torelli, UG	E. Greco – M. Torelli, Storia dell'urbanistica. Il mondo greco (1983).
Gros – Torelli, UR	P. Gros – M. Torelli, Storia dell'urbanistica. Il mondo romano (1988).
Gruben	G. Gruben, Griechische Tempel und Heiligtümer (5., erw. Aufl. 2001).

aus in griechischer Zeit Region, Stamm und Gesamtheit der Griechen, in römischer Zeit Region, Provinz und Reich. Die antike Welt besitzt in diesem Sinn eine reich gegliederte religiöse Topographie und Geographie.

Innerhalb der Städte standen unter den zahlreichen Heiligtümern für verschiedene Gottheiten diejenigen im Zentrum, die vom Staat und seinen Beamten, z. T. auch von eigenen gewählten Priester/innen betrieben wurden. Dabei kristallisierte sich oft, allerdings nicht überall, ein Haupt-Heiligtum heraus, in dem die Bewohner der Polis insgesamt zu dem wichtigsten Fest zusammenkamen, in Konkurrenz gegeneinander die größten Weihgeschenke aufstellten, wo ferner Gesetzestexte in Inschriften veröffentlicht und oft auch der Staatsschatz untergebracht wurde. Solche Heiligtümer lagen gewöhnlich in zentraler Position, entweder auf einer Akropolis wie in Athen, oder in der Nähe der Agora wie das Apollon-Heiligtum in Argos oder die Hera-Heiligtümer in Metapont und Paestum, oder auch an anderer gut zugänglicher Stelle wie der Apollon-Tempel von Eretria. Dabei blieb jedoch grundsätzlich der Charakter einer egalitären Göttergemeinschaft gewahrt, nur selten hat eine Gottheit, wie Athena in Athen, die Funktion einer eindeutigen 'Stadtgottheit' angenommen.

Daneben gab es in den Städten, wie auch in kleineren Siedlungen, 'private' Heiligtümer, vor allem in oder bei den Wohnhäusern, die von einzelnen Familien gepflegt wurden. Im römischen Haus war das Lararium, die Kultstätte der Hausgötter (Lares), ein zentraler Ort der familiären Identität.

Eine zweite Zone für Heiligtümer bildete die unmittelbare ('periurbane') Umgebung der Städte. Hier lagen u.a. häufig Kultstätten der Demeter, in denen Frauen zum Kult zusammenkamen, z.B. in Selinunt (oder am Rand des Siedlungsgebietes, z.B. Korinth, Priene). Auch Heiligtümer mit Gymnasien und Palästren, in denen die männliche Jugend athletische Übungen trieb, wurden vielfach in freien Arealen außerhalb der Städte angelegt, in Athen etwa die Gymnasien in der Akademie (Heiligtum des Heros Akademos), im Lykeion (H. des Apollon Lykeios) und im Kynosarges (H. des Herakles).

Weiterhin wurde die Chora, das fruchtbare Ackerland, mit 'extraurbanen' heiligen Stätten besetzt. Zum Teil waren es große Heiligtümer der Polis am jenseitigen Rand der Fruchtebene, wie die Hera-Heiligtümer von Argos und Samos, mit denen gewissermaßen der Besitz des Territoriums bezeichnet und beansprucht wurde. Daneben gab es in der Chora viele kleinere Kultstätten, vielfach von bäuerlichem Charakter, z.B. für Demeter oder Dionysos als Gottheiten des Ackerbaus und des Weines. Wegkreuzungen wurden z.T. mit sog. Hermen, pfeilerförmigen Darstellungen des Wegegottes Hermes mit Kopf und Phallos, markiert, an denen Kult und Gebete vollzogen werden konnten.

Schließlich wurden die oft wilden Randzonen der Siedlungskammern und die Grenzgebiete in den Bergen und am Meer (*eschatiá*) mit Heiligtümern markiert. So lagen in den Weidezonen der Berge etwa Heiligtümer für Pan und die Nymphen, in den Wäldern Kultplätze für die Jagdgötter Artemis und Apollon; an den Küsten Attikas, etwa in Brauron, gab es abgelegene Heiligtümer für die heranwachsenden Mädchen; auf Kaps über dem Meer, wie bei Sounion (Attika) oder Tainaron (Lakonien), wurde vielfach Poseidon, auf Berggipfeln Zeus als Himmels- und Wettergott verehrt.

Manche Heiligtümer hatten eine Funktion über die einzelne Polis hinaus. Der Stamm der Aitoler im westlichen Mittelgriechenland, der lange Zeit weitgehend ohne städtische Organisation blieb, hatte sein zentrales Heiligtum in Kalydon; die Kykladen-Inseln besaßen ihr religiöses Zentrum in dem Heiligtum des Apollon auf Delos, und der Bund der ionischen Städte vereinigte sich in dem Heiligtum des Poseidon, dem sog. Panionion am Mykale-Gebirge in Kleinasien.

Gesamtgriechische ('panhellenische') Bedeutung hatten vier Heiligtümer, zu denen Besucher aus der ganzen griechischen Welt zusammenkamen: Delphi, dessen Orakel und Priesterschaft vor allem als politischer Ratgeber für Städtegründungen, Kriegszüge etc. großes Ansehen genoß; Olympia, das neben der Peloponnes vor allem für den griechischen Westen bis Italien und Sizilien starke Anziehung hatte; Isthmia und Nemea, die zusammen mit Delphi und Olympia den Zyklus athletischer und musischer Agone ausrichteten, deren Sieger in ganz Griechenland berühmt wurden.

Rom und das Römische Reich waren von einer stärkeren Hierarchie religiöser Kulte geprägt. In Rom stand seit dem 6. Jh. v. Chr. der Kult der Kapitolinischen Trias Iuppiter, Iuno und Minerva an der Spitze der religiösen Ordnung, die zum Muster aller Neugründungen römischer Städte wurde. Während in der Hauptstadt und einigen frühen Kolonie-Städten das Heiligtum auf dem Heiligen Berg des Kapitols lag, wurde in späteren neu angelegten Städten das 'Capitolium' in flacher Lage fest mit dem Forum zu einem neuen Typus des politisch-religiösen Zentrums verbunden. In den alten Städten vor allem der östlichen Reichshälfte behielten die älteren Haupt-Heiligtümer gewöhnlich ihre traditionelle Bedeutung.

Seit der frühen römischen Kaiserzeit übernahmen mehr und mehr die Stätten des Kaiserkults die wichtigste Rolle in der öffentlichen Religion des ganzen Reiches. Die betreffenden Heiligtümer der Städte, die sehr verschiedene Formen, vom einfachen Altar bis zum monumentalen Tempel, haben konnten, lagen meist in den zentralen Bereichen, etwa in der Nähe der Agora bzw. des Forums (z. B. Rom, Pompeii) oder im Haupt-Heiligtum (z. B. Athen, Akropolis). Dagegen wurden die Kaiser-Heiligtümer ganzer Provinzen (sog. Provinzial-Heiligtümer) z. T. in einem abgetrennten Teil der Hauptstadt (z. B. Tarraco) oder außerhalb derselben (z. B. Lugdunum) angelegt.

Die vielgestaltige Religion des Römischen Reiches war ein starkes kulturelles Band zwischen Zentrum und Peripherie sowie innerhalb einzelner Regionen und Städte. Römische Kulte wurden in den verschiedenen Teilen des Imperiums in sehr unterschiedlicher Intensität übernommen. Daneben blieben einheimische Traditionen aus vorrömischer Zeit, wie etwa der Kult der Matronen in Germanien oder der großen Himmels- und Fruchtbarkeitsgöttinnen im Vorderen Orient, kräftig am Leben; manche neuen Kulte, wie etwa der des Mithras, verbreiteten sich rasch in weiten Bereichen des Reiches. Eine wichtige Rolle für die Diffusion von Kulten und die religiöse Integration der römischen Welt spielte das Heer. Die Forschung hat auf diesem Gebiet bisher viele Einzelarbeiten geleistet; übergreifende Untersuchungen zur römischen Reichsreligion stellen heute eines der großen Desiderate für das Verständnis der kaiserzeitlichen Kultur dar.

b. Grundelemente

Plätze für religiösen Kult konnten durch sehr verschiedene Zeichen begründet und definiert werden: durch natürliche Male, wie Höhle oder Quelle, heiligen Baum oder Hain, Fels oder Stein; oder durch kulturelle Artefakte, wie Altar, Bildwerk oder Gebäude.

Vielfach wurden antike Heiligtümer aus der profanen Welt durch Mauern bzw. Zäune (*peribolos*) oder Grenz-Steine (*horos*) als sakrale Bezirke, d. h. als Besitz einer Gottheit bzw. eines Heros herausgeschnitten. Dies besagen die antiken Begriffe *témenos* (griech., Neutrum, Plural *teméne*; von griech. *temnein* = schneiden) und *templum* (lat.; bezeichnet nicht den 'Tempel'-Bau!). Bei der räumlichen Festlegung des heiligen Bezirkes wurden vor allem in Rom ausgefeilte Rituale der Vogelschau (*auspicium*) vollzogen, die in der Regel zur Ausrichtung der Kultstätten nach den Himmelsrichtungen führten. Der Zugang in das Heiligtum konnte als einfache Tür, aber auch als aufwendiger Torbau (*propylon*) gestaltet sein. Zur rituellen Reinigung stand am Eingang oft ein Wasserbecken (*louterion*, *perirhanterion*).

Die Übereignung eines Heiligtums in den Besitz von Gottheiten und Heroen wurde in Griechenland und vor allem in Rom mit ausgeprägten rituellen Akten vollzogen (griech. *anatithenai/ anathema* = aufstellen/aufgestelltes Geschenk; lat. *dedicare/dedicatio* = übergeben/Übergabe, *consecrare/consecratio* = weihen/Weihung). Bei der Gründung eines Heiligtums wurden seine spezifischen Riten in einem Sakralgesetz (*lex sacra*) festgelegt und in einer Inschrift festgehalten.

Das wichtigste Element von Kultplätzen war die Opferstätte, an der die Menschen mit Gottheiten und Heroen in rituellen Kontakt traten. Gegenstände des Opfers waren: Flüssigkeiten, vor allem Wasser und Wein, die vergossen wurden (Libation); Nahrungsmittel wie Früchte, Gemüse und Honig, Brote und Speisen; Duftstoffe wie Weihrauch, der auf Räucherständern (griech. *thymiaterion*; lat. *turibulum*) verbrannt wurde; vor allem Opfertiere, insbesondere Rind, Schaf, Ziege, Schwein und Hahn/Huhn. In der Regel wurden mehrere Opfer in einem gesamten Ritual vereinigt: flüssige Opfer, Rauchopfer, Tieropfer.

Bei den blutigen Opfern gab es grundsätzlich zwei verschiedene Rituale: Für die olympischen Gottheiten wurden die Tiere geschlachtet; die Knochen mit einer Hülle von Fettstücken wurden für die Götter auf dem Altar verbrannt, Eingeweide und Fleischstücke dagegen wurden gebraten bzw. gekocht, an Priester und andere Teilnehmer verteilt und meist gemeinsam verzehrt. Die wichtigsten städtischen Götterfeste, an denen z.T. große Zahlen von Tieren geopfert wurden, waren für die Beteiligten die größte Gelegenheit zum Genuß von Fleisch. Dagegen wurde für unterirdische ('chthonische') Gottheiten und viele Heroen das Opfertier so getötet, daß das Blut direkt in die Erde floß und der Körper auf einem niedrigen Herd ganz verbrannt wurde (sog. Holokaust).

Der Altar (griech. *bomós*; lat. *ara*) konnte sehr verschiedene Formen haben. Die Normalform ist ein einfacher, knie- bis hüfthoher Block. Die Oberfläche wird schon an hellenistischen Exemplaren z.T. seitlich von zwei volutenförmigen Gebilden begrenzt; an römischen Altären werden daraus rollenförmige 'Kissen' (lat. Terminus '*pulvinus*', nicht antik für dies Element belegt). Vielfach sind römische Altäre mit Reliefs geschmückt, die Aspekte des Kults oder andere religiöse und repräsentative Motive zum Thema haben. Monumentales Format konnten seit früher Zeit sog. Aschenaltäre annehmen, die im Lauf der Jahrhunderte aus den an der Opferstelle belassenen und zu einer festen Masse kalzinierten Knochen der Opfertiere anwuchsen (z.B. Olympia). Seit archaischer Zeit wurden große Heiligtümer z.T. mit monumentalen Altarbauten in reichen architektonischen Formen ausgestattet. Den Höhepunkt stellt in hellenistischer Zeit der Zeus-Altar von Pergamon dar (s. unten Kapitel 16.5). Für mobilen Gebrauch gab es dagegen kleine tragbare Altäre aus Terrakotta oder in Form von Metallständern.

Stätten für chthonische Opfer konnten der einfache Erdboden, Gruben (*bothros*) oder Spalten sowie niedrige Herdstellen (*eschara*) sein.

Andere Elemente antiker Heiligtümer sind fakultativ und an den unterschiedlichen Voraussetzungen und Erfordernissen der jeweiligen Kulte orientiert.

Viele größere, allerdings bei weitem nicht alle Heiligtümer erhielten im Lauf der Zeit einen Tempel (griech. *naós*; lat. *aedes*). Er diente nicht als Stätte des Gottesdienstes, welcher vielmehr am Altar im Freien, meist vor dem Eingang stattfand, sondern als Haus des Kultbildes und zur Aufbewahrung wertvoller Votivgaben. Als wichtigste architektonische Form des Tempels bildete sich ein Bautypus mit einem längsrechteckigen Hauptraum (*cella*) und einem Vorraum (*pronaos*) heraus, der durch vorgestellte oder umlaufende Säulen bereichert werden konnte (s. unten Kapitel 14). Daneben gab es in manchen Heiligtümern unkanonische Kultbauten. Demeter etwa wurde, als Göttin der Frauen und des Hausstandes, oft in Gebäuden verehrt, die von Typen des Wohnhauses abgeleitet sind; in Eleusis hatte sie einen ungewöhnlichen vielsäuligen Saalbau, in dem die Gemeinde der Eingeweihten abgeschlossen die Mysterien feiern konnte (Gruben Abb. 179–186).

Das Kultbild war in früher Zeit oft klein, beweglich und aus Holz oder anderen leichten Materialien gefertigt, um 'lebendig' in der Prozession herumgetragen, am Meer oder an Wasserläufen rituell gewaschen, gesalbt und kostbar eingekleidet zu werden. Später, seit dem 5. Jh. v. Chr., erhielten die Kultbilder, in lebensgroßem bis zu kolossalem Format aus Marmor, Bronze oder edleren Materialien hergestellt, einen ausgeprägt repräsentativen Charakter. Viele Meisterwerke der berühmten Bildhauer Griechenlands und des Römischen Reiches waren Kultbilder in Tempeln.

Für weitere Rituale hatten viele Heiligtümer einen Festplatz, der mehr oder minder stark ausgestaltet werden konnte. Vielfach werden es einfach offene Areale ('Festwiesen') gewesen sein, allenfalls temporär mit einem Podest für die Akteure, Sänger etc. sowie mit hölzernen Tribünen für die Zuschauer ausgestattet; dafür sind archäologische Nachweise oft schwer zu führen. In einzelnen Fällen jedoch konnte der Festplatz gepflastert und mit Sitzstufen für die Zuschauer gesäumt werden, eindrucksvoll etwa im Demeter-Heiligtum von Pergamon (Gruben Abb. 353–354).

Zu einem definierten architektonischen Typus ist der Festplatz im antiken Theater geworden, das sich in den Heiligtümern des Dionysos als Raum für die sich etablierenden literarischen Formen des Bühnenspiels (Tragödie, Satyrspiel, Komödie) ausbildete (s. unten Kapitel 14). Schon in Griechenland ging die Entwicklung dahin, daß das Theater zum Hauptelement des Heiligtums wurde, neben dem Tempel und Altar immer mehr zurücktraten, wie z. B. in Athen, Thorikos und Pergamon. Römische Theater lösten sich immer stärker von diesem kultischen Hintergrund, konnten dann aber sekundär mit Altären für den Kaiserkult ausgestattet werden.

In größeren Heiligtümern, etwa dem Heraion von Samos (Gruben Abb. 269), wurden seit archaischer Zeit z. T. lange Hallen am Rand des Bezirks errichtet. Sie dienten den Teilnehmern des Kults, besonders während der Festrituale, zum Schutz vor Sonne und Regen, wahrscheinlich auch zum Deponieren von Opfergaben. Von Fall zu Fall konnten sie wohl auch Asylsuchende über längere Zeit aufnehmen. In hellenistischer und römischer Zeit bildete sich ein repräsentativer, axialsymmetrischer Typus von Heiligtümern heraus, bei dem der Tempel, in einem großen rechteckigen Hof, auf allen vier Seiten von geschlossenen Säulenhallen eingefaßt wurde, wie im Asklepios-Heiligtum von Messene (Greco – Torelli, UG Abb. 134), oder in die Schmalseite eines Säulenhofes integriert wurde, den die Fassade mit dem hohen Giebel meist in der Achse dominierte, wie im Zeus-Heiligtum von Megalopolis (H. Lauter, Die Architektur des Hellenismus [1986] Abb. 15) und dann in den Kaiserfora von Rom (s. unten Kapitel 15.2). Daneben wurden in hellenistischer Zeit Hallen eingesetzt, um Heiligtümern in dominierender Höhenlage eine eindrucksvolle Prospektwirkung zu geben, z. B. in Kos, Lindos, Praeneste (s. unten).

Neben den Tempelbauten finden sich vor allem in den überregionalen Heiligtümern Griechenlands, Delphi, Olympia und wohl auch Delos, kleine Haus- oder Tempel-förmige Schatzhäuser (Abb. 14. Gruben Abb. 28. 43 – 46). Sie wurden von einzelnen, in der Regel auswärtigen Städten gestiftet, um darin wertvolle und schutzbedürftige Weihgeschenke aufzustellen.

Da Götterfeste meist mit großen gemeinschaftlichen Opfermählern verbunden waren, wurden für die vornehmsten Teilnehmer zunehmend Banketthäuser errichtet. In den Räumen, von begrenzter Größe, die in sich abgeschlossen aneinandergereiht wurden, konnten die Klinen an den Wänden umlaufend zum Gelage aufgestellt werden. Die Menge der einfacheren Schichten feierte im Freien auf der 'Festwiese' oder in mitgebrachten Zelten.

Heiligtümer mit spezifischen Sonderfunktionen besaßen vielfach dafür geeignete Anlagen und Einrichtungen. Das Apollon-Heiligtum von Klaros in Kleinasien genoß einen weiten Ruf als Orakelstätte dank einer heiligen Quelle; zu ihr gelangte man über eine Treppe, die unter das Niveau des Tempels hinabführte. Für die umfangreichen Rinderopfer, die hier dargebracht wurden, dienten auf dem Altarplatz lange Reihen von Halterungen zum Anbinden der Tiere. Besonders ausgeprägte Spezialanlagen wurden in Heiligtümern des Asklepios eingerichtet: Der Hauptsitz des Kultes in Epidauros (Gruben Abb. 115. 117 – 121; vgl. hier Abb. 25) besaß einen Rundbau (*tholos*) mit unterirdischen Gängen, in denen wohl die heiligen Schlangen gehalten wurden, sowie ein großes Gebäude für den Heilschlaf der Kranken. Unter den Sonderformen der römischen Kaiserzeit waren die Heiligtümer des Mithras besonders verbreitet: unterirdische Versammlungsräume, in denen die Eingeweihten (Mysten), durchweg Männer, auf Podesten lagernd an dem Ritual teilnahmen; im vorderen, oft höhlenartig ausgestalteten Teil war nicht ein statuarisches Kultbild, sondern eine reliefartige Darstellung des Mithras, wie er den Stier tötet, Gegenstand der Verehrung.

Große Heiligtümer vereinigten oft neben der Verehrung der Hauptgottheit weitere Kultstätten für andere Gottheiten oder Heroen. Im Heiligtum der Athena auf der Akropolis von Athen wurden u.a. auch Poseidon, Hephaistos, Kekrops und seine Töchter, Erechtheus, Zeus Polieus, Artemis Brauronia an Stätten von unterschiedlichster Form verehrt.

Ein Element, das die antiken Heiligtümer stark prägte, waren die Votivgaben, die einzelne Personen, aber auch Personenverbände, politische Gruppen oder Staaten darbrachten. Sie bezeugen in unterschiedlicher Gewichtung sowohl die Dankbarkeit für die Gunst und Gaben der Gottheit als auch die stolze Repräsentation der Stifter. Da sie Besitz der Gottheit waren, durften sie auch bei Überfülle oder Beschädigung nicht aus dem Heiligtum entfernt, sondern nur in Gruben (*bothros*) begraben werden, wodurch sie oft in großer Zahl erhalten geblieben sind. Votivgaben stellen daher die wichtigsten Relikte der Praxis und der Geschichte von Kulten dar; sie dürfen allerdings als Zeugnisse von Kult auch nicht überbewertet werden, da nicht in allen Epochen die religiösen Aktivitäten in materiellen Gaben bestanden, sondern etwa auch in performativen Ritualen, Aufführungen von Musik, Dichtung und Spielen erfolgen konnten.

Votivgaben konnten sehr unterschiedliche Formen haben, von einfachen Gegenständen aus Ton oder Holz bis zu Produkten von hoher Kunstfertigkeit in großem Format und aus wertvollen Materialien. Das Spektrum der Motive, die die Gottheit erfreuten, war groß: Nachbildungen von typischen Opfergaben, Tieren oder Früchten; rituelle Gefäße und Geräte; Besitztümer des Stifters, etwa Waffen oder Schmuckstücke; Darstellungen der Gottheit und ihrer Attribute; Wiedergaben von typischen Verehrer/innen der Gottheit, etwa Mädchen (Kore) oder junge Männer (Kouros), gelegentlich auch als persönliches Bildnis des Stifters (s. unten Kapitel 16.2); darüber hinaus weitere Motive, wie Darstellungen anderer Gottheiten, mythischer Geschichten und dergleichen. Für manche Gottheiten haben sich sehr spezifische Votive herausgebildet: So finden sich vor allem in Heiligtümern der Demeter oft unzählige Terrakotta-Statuetten von Frauen und Opferschweinen, in Heiligtümern von Heilgottheiten besonders im hellenistischen Italien Nachbildungen der geheilten Körperteile.

Kleinere Votivgaben ohne größeren Wert wurden wohl in Hallen und an anderen Orten des Heiligtums deponiert und nach einiger Zeit abgeräumt. Wertvolle Objekte wurden im Tempel oder in Schatzhäusern aufbewahrt und sorgfältig in Inventarlisten kontrolliert. Daneben gab es in den bedeutenderen Heiligtümern Votive von großem, bis zu kolossalem Format mit festem Standort, vor allem entlang des Weges vom Eingang zum Tempel und um den Altarplatz. Die typische Form der monumentalen Weihung im 8. und 7. Jh. v. Chr. waren bronzene Dreifuß-Kessel, in hoch- und spätarchaischer Zeit marmorne Standbilder von Kouroi und Korai, seit dem 5. Jh. v. Chr. sogar vielfigurige Statuengruppen, auf langen Postamenten aufgereiht. Die anspruchsvollsten Formen statuarischer Darstellung wurden in den zentralen Heiligtümern, besonders Delphi und Olympia, von den Poleis zur Gestaltung von Denkmälern politischen Anspruchs genutzt; in der Konkurrenz verschiedener Staaten entwickelte sich hier eine Art von Denkmälerkrieg. Vor allem in hellenistischer und römischer Zeit waren Heiligtümer, neben den öffentlichen Zentren der Agora bzw. des Forums, bevorzugte Plätze der Aufstellung von Ehrenstatuen für Herrscher und große Zahlen verdienter bzw. anspruchsvoller Bürger und Bürgerinnen. Soweit eine Rekonstruktion, vor allem aufgrund der Statuenbasen, möglich ist, ergeben sich hier wichtige Einsichten in die sozialen Schichtungen städtischer Gesellschaften.

Über den heiligen Bezirk, seine Bauten und Votive hinaus, konnten Heiligtümer Landbesitz haben, der bewirtschaftet wurde und Einkünfte einbrachte, wie die berühmten Olivenhaine der Athena in Attika. Weitere Beträge in die Kasse von Heiligtümern kamen aus Hafenzöllen, Beiträgen der Stadt, Stiftungen von reichen Personen. Diese Mittel wurden vor allem gebraucht, um den regelmäßigen Kult mit seinen vielfachen Erfordernissen aufrecht zu erhalten, sowie um neue Gebäude zu errichten und alte instand zu halten. Darüber hinaus konnten manche Heiligtümer Reserven an Geld ansammeln, aus denen sie für Zinsen Anleihen an die Stadt und an Privatpersonen ausgaben. Heiligtümer waren darum auch ein beträchtlicher Faktor der antiken Wirtschaft.

c. Formen

Die Vielfalt der Formen griechischer, etruskischer und römischer Heiligtümer kann hier nur in sehr allgemeinen Grundzügen dargestellt werden.

Die panhellenischen Heiligtümer von Delphi und Olympia zeichnen sich durch besonders aufwendige Ausstattung aus. Das Apollon-Heiligtum von Delphi (Abb. 14) ist seit der Frühzeit durch einen Tempel geprägt, in dem die Pythia und die Priester Orakel ausgaben. Der heilige Bezirk wuchs bald, um den vielfältigen Aufgaben gerecht zu werden, zu beträchtlichem Umfang an. Für die Agone wurde ein Stadion und eine Theaterstätte eingerichtet. Seit dem 7. Jh. v. Chr. stifteten aus-

12. Heiligtümer

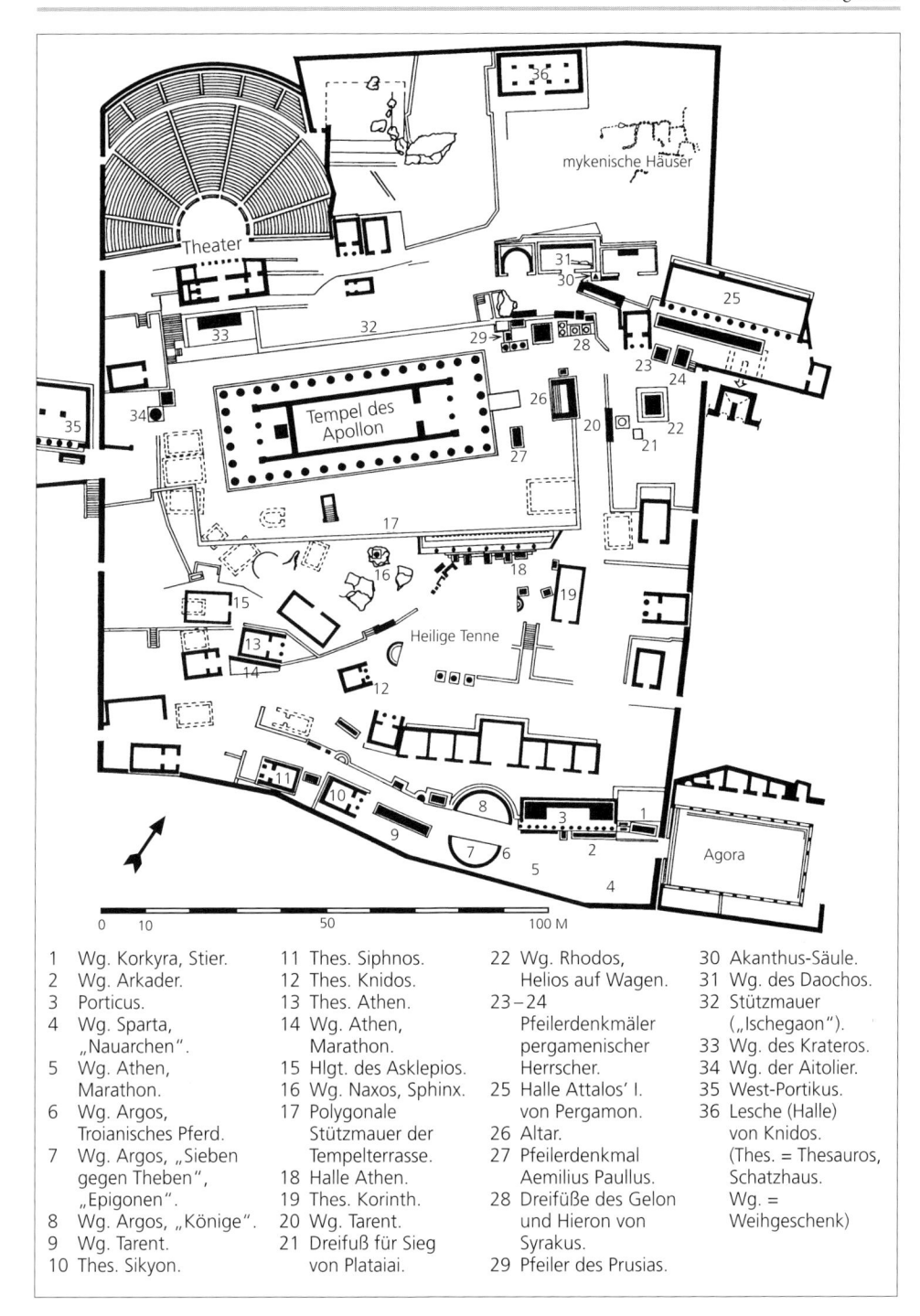

1 Wg. Korkyra, Stier.	11 Thes. Siphnos.	22 Wg. Rhodos, Helios auf Wagen.	30 Akanthus-Säule.
2 Wg. Arkader.	12 Thes. Knidos.		31 Wg. des Daochos.
3 Porticus.	13 Thes. Athen.	23–24 Pfeilerdenkmäler pergamenischer Herrscher.	32 Stützmauer („Ischegaon").
4 Wg. Sparta, „Nauarchen".	14 Wg. Athen, Marathon.		33 Wg. des Krateros.
5 Wg. Athen, Marathon.	15 Hlgt. des Asklepios.	25 Halle Attalos' I. von Pergamon.	34 Wg. der Aitolier.
6 Wg. Argos, Troianisches Pferd.	16 Wg. Naxos, Sphinx.	26 Altar.	35 West-Portikus.
7 Wg. Argos, „Sieben gegen Theben", „Epigonen".	17 Polygonale Stützmauer der Tempelterrasse.	27 Pfeilerdenkmal Aemilius Paullus.	36 Lesche (Halle) von Knidos. (Thes. = Thesauros, Schatzhaus. Wg. = Weihgeschenk)
8 Wg. Argos, „Könige".	18 Halle Athen.	28 Dreifüße des Gelon und Hieron von Syrakus.	
9 Wg. Tarent.	19 Thes. Korinth.		
10 Thes. Sikyon.	20 Wg. Tarent.	29 Pfeiler des Prusias.	
	21 Dreifuß für Sieg von Plataiai.		

Abb. 14: Heiligtum des Apollon von Delphi, Plan

wärtige Städte und Machthaber Schatzhäuser, um darin kostbare Weihgeschenke aufzustellen; am besten erhalten sind die Schatzhäuser von Siphnos, mit reichen Relieffriesen, und von Athen (s. unten Kapitel 16.2). Eine neue Phase setzte im 5. Jh. v. Chr. mit der Errichtung großer figürlicher Denkmäler ein, mit denen einzelne Städte, Stämme und politische Bünde in der gesamtgriechischen Öffentlichkeit des Heiligtums ihre Ruhmestitel und politischen Ansprüche vor Augen stellten. Besonders spektakulär waren die monumentalen Weihgeschenke, die die verbündeten Griechen nach den Kriegen gegen die Perser errichteten: nach dem Seesieg bei Salamis (480 v. Chr.) eine kolossale Statue des Apollon mit einem Schiffsbug in der Hand, nach der Schlacht von Plataiai eine Säule aus ineinander verschlungenen Schlangen, von einem goldenen Dreifuß bekrönt. Der darauf folgende Konflikt zwischen Athen und Sparta mit ihren Verbündeten spiegelt sich in konkurrierenden Monumenten entlang des Prozessionsweges zum Tempel wider: einer Statuengruppe Athens, die den Sieg der Stadt gegen die Perser bei Marathon feierte, mit dem Feldherrn Miltiades zwischen attischen Göttern und Heroen; einer Gruppe des verbündeten Argos mit den 'Sieben (mythischen Helden) gegen Theben' und ihren Söhnen, den 'Epigonen', die unter argivischer Führung gekämpft hatten; schließlich einem auftrumpfenden Monument von Sparta nach dem Sieg über Athen im Peloponnesischen Krieg, mit dem Feldherrn Lysander zwischen spartanischen Göttern und Heroen sowie den Kommandanten der verbündeten Flotte. In hellenistischer Zeit repräsentierten die Herrscher der großen Reiche, vor allem Attaliden, Seleukiden und Ptolemäer, mit aufwendigen Hallenbauten und monumentalen Bildnisfiguren ihre Ansprüche als Schützer griechischer Traditionen.

Eine in vieler Hinsicht vergleichbare Entwicklung, bei spezifischen Unterschieden, nahm das Heiligtum des Zeus von Olympia (Gruben Abb. 28–29). Hier ist zum einen besonders gut die Vorgeschichte seit dem 3. Jt. v. Chr., mit großen Apsidenbauten, zu erkennen. Seit dem 10.–8. Jh. v. Chr. tritt Olympia durch einen unvergleichlichen Reichtum an Votivgaben, vor allem Dreifüße, Gefäße und Statuetten aus Bronze, hervor. Im 6. Jh. v. Chr. erhielt das Heiligtum einen ersten, noch gut rekonstruierbaren Monumentaltempel für Hera; im 5. Jh. v. Chr. bildete der Zeus-Tempel mit seinen figürlichen Giebeln und Metopen sowie dem Kultbild des Phidias, das unter die sieben Weltwunder gezählt wurde, einen Höhepunkt griechischer Sakralkunst (s. unten Kapitel 16.3). In archaischer Zeit errichteten verschiedene Städte, vor allem aus dem Westen der griechischen Welt, Schatzhäuser auf einer eigenen Terrasse, um darin ihre wertvollsten Votivgaben darzubringen. Seit dem 5. Jh. v. Chr. repräsentierten politische Mächte ihren Ruhm in freistehenden Statuen und Statuengruppen; herausragend die Siegesgöttin Nike der Messenier und Naupaktier auf einem 9 m hohen, dreiseitigen Pfeiler. Daneben erreichte die Gattung der Standbilder siegreicher Athleten in Olympia ihre größte Entfaltung. Schließlich hat der Ruhm der olympischen Spiele in klassischer, hellenistischer und römischer Zeit zu einem vielfältigen Ausbau des Heiligtums mit Sportanlagen, Thermen und Gästehäusern geführt.

Das bedeutendste Beispiel eines städtischen Hauptheiligtums ist das der Athena auf der Akropolis von Athen (s. unten Kapitel 15.1; Abb. 35). Gut erkennbare zentrale Heiligtümer in archaischen 'Kolonie'-Städten sind das der Hera und des Apollon in Metapont (D. Mertens, Archäologischer Anzeiger 1985, 648 Abb. 2) sowie das der Hera mit zwei großen Tempeln in Poseidonia/Paestum (Gruben Abb. 191. 192). Die Möglichkeiten der Planung eines Heiligtums der Stadtgottheit in einer neu angelegten Stadt spätklassischer Zeit kann das orthogonal ausgerichtete Heiligtum der Athena in Priene veranschaulichen (Gruben Abb. 312. 315). Dagegen zeigt das Athena-Heiligtum von Pergamon die anspruchsvolle Ausgestaltung der zentralen Kultstätte einer hellenistischen Königsresidenz (Gruben Abb. 342. 346): Hier wurde der Tempelplatz mit geschlossenen Hallen rechtwinklig eingefaßt, erhielt erstmals mit einem zentralen Monument auf einem Rundsockel (kolossales Standbild der Athena?) einen optischen Mittelpunkt und darüber hinaus mit vielfigurigen Statuengruppen für die Siege gegen die Kelten einen starken zelebrativen Charakter.

Einen Eindruck von einer kleineren extraurbanen Kultstätte gibt das Heiligtum der

Artemis von Brauron, an der Ostküste Attikas gelegen (Abb. 15). Der Kultplatz, mit einem kleinen Tempel, davor einem Altar, dazu einem Schatzhaus (?), wird von einer dreiseitigen Hallenanlage mit Bankettsälen und einem Obergeschoß mit Wohnräumen für das Kultpersonal eingefaßt; weiterhin sind athletische Anlagen bezeugt.

Völlig neue Formen der architektonischen Gestaltung wurden im Hellenismus für große Heiligtümer in landschaftlicher Prospektlage entwickelt. Das Athena-Heiligtum von Lindos auf der Insel Rhodos (Gruben Abb. 335–336) und das Asklepios-Heiligtum von Kos (Gruben Abb. 328–330), beide in eindrucksvoller Höhe mit Sicht über Ebene bzw. Meer gelegen, wurden in mehreren Terrassen angelegt, auf denen gestaffelte Hallen und Tempel sich zu großartigen Prospekten mit Fernwirkung zusammenschlossen. Im starken Gegensatz dazu erhielten ländliche Heiligtümer, wie das im Tal von Rhodini bei der Stadt Rhodos, z. T. den Charakter einer sakralen Idylle, mit Bachlauf, Bäumen und Grotten, in denen Bildwerke eine wohl dionysische Atmosphäre evozierten.

Im hellenistischen Mittelitalien wurden die Möglichkeiten der hellenistischen Terrassenheiligtümer eigenständig zur Gestaltung großer neuer Architekturkomplexe weiterentwickelt (s. oben). Die eindrucksvollste Schöpfung ist das Heiligtum der Fortuna bei Praeneste (Andreae Abb. 718–719), in dem eine alte Orakelstätte und ein Rundtempel auf mehreren Terrassen, mit Rampen, Treppen, Exedren und Portiken zu einem axialsymmetrischen Ensemble von grandioser Prospektwirkung vereinigt sind.

Das Heiligtum der Kapitolinischen Trias in Rom befand sich in dominierender Lage auf dem Kapitolshügel. Der Tempel war seit der Gründung im 6. Jh. v. Chr. ein Monumentalbau von etruskischem Typus (s. unten Kapitel 14; Andreae Abb. 640) mit drei Cellae für Iuppiter, Iuno und Minerva; in der Vorhalle lag

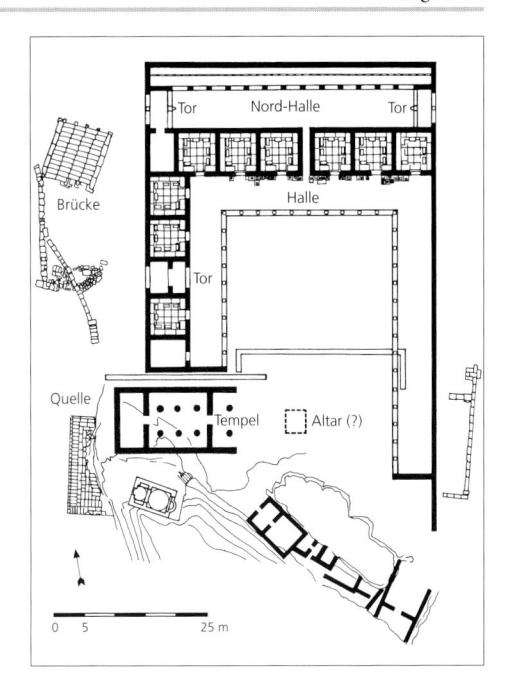

Abb. 15: Heiligtum der Artemis von Brauron, Plan

unter einer Lücke im Dach ein Heiligtum für Iuppiter Feretrius. Eine verkleinerte Nachbildung des hauptstädtischen Capitoliums findet sich in der Koloniestadt Cosa, wo neben dem Tempel eine Plattform für die Einholung der Auspicien aufgefunden wurde (Gros – Torelli, UR Abb. 52). Seit der späteren Republik wurde für die Capitolia meist auf den Typus des Tempels mit hallenumgebenem Platz zurückgegriffen, der unmittelbar mit dem Forum-Platz zu einer einheitlichen Anlage verbunden wurde (s. oben Kapitel 11).

Auf die unübersehbare Zahl von Kultstätten für die verschiedensten Gottheiten im Römischen Reich, die vielfach sehr heterogenen lokalen Traditionen folgen, kann hier nur allgemein hingewiesen werden.

13. Gräber *

Die Goldmasken aus den Schachtgräbern von Mykene, die Grabkammer des Tut-Anch-Amun, das keltische Fürstengrab von Hochdorf, das sog. Philippsgrab von Vergina – im populären Bild der Archäologie, im Mythos von „Göttern, Gräbern und Gelehrten" spielen Grabfunde eine herausragende Rolle. In der Tat: Ein Großteil der Objekte, mit denen sich die Archäologie beschäftigt, stammt aus dem Sepulkralbereich. Sie dienten der oberirdischen Kennzeichnung und Schmückung von Grabanlagen oder lagen – nach der Bestattung unsichtbar – als Beigabe im Inneren derselben. Nur dort gab es für zerbrechliche oder aus besonders wertvollen Materialien gefertigte Gegenstände normalerweise eine Möglichkeit, jahrtausendelang ungestört erhalten zu bleiben.

Somit dürfte man eigentlich erwarten, daß Gräber ein Hauptthema der archäologischen Forschung bilden. Paradoxerweise ist dem jedoch nicht so, jedenfalls in der Klassischen Archäologie. Grabforschung hat dort bis in die Gegenwart stets nur eine recht unbedeutende Rolle gespielt. Der überwiegende Teil der in unseren Kunstmuseen ausgestellten Grabbeigaben stammt aus unwissenschaftlichen, meist ungenehmigten Ausgrabungen. Gräber sind eine bevorzugte Beute des illegalen Antikenhandels, da sie relativ leicht auffindbar sind und auf engem Raum viel gut verkäufliches Material bieten. Für die Archäologie hat das die höchst problematische Konsequenz, daß gerade derjenige Bereich, aus dem ein erheblicher Teil ihrer prominentesten Gegenstände stammt, besonders starken Zerstörungen ausgesetzt und besonders schlecht dokumentiert und erforscht ist.

An dem geschilderten Zustand ist die klassisch-archäologische Fachwelt nicht unschuldig. Da sie sich lange Zeit mehr für das schöne, als Kunstwerk betrachtete Einzelobjekt interessierte als für Grabfunde und Gräberfelder in ihrem Zusammenhang, hat sie der Zerstörung antiker Nekropolen (Friedhöfe) tatenlos zugesehen oder sogar Vorschub geleistet. Anders als in der Prähistorischen und der Provinzialrömischen Archäologie, die frühzeitig das einzigartige Informationspotential von Grabfunden erkannt und eigene Methoden zu deren Auswertung entwickelt haben, ist die Publikationslage im Bereich der Klassischen Archäologie sehr unzureichend. Nur wenige große Nekropolen sind bisher nach den wissenschaftlichen Standards, wie sie in den Nachbarfächern längst selbstverständlich sind, veröffentlicht, geschweige denn ausgewertet worden. Zu diesen Ausnahmen zählen z.B. der seit 1913 vom Deutschen Archäologischen Institut ausgegrabene Friedhof im Athener Kerameikos oder die Nekropolen auf der Insel Lipari vor der Nordküste Siziliens und auf der Insel Ischia im Golf von Neapel.

Wie in allen Gesellschaften (auch unserer eigenen!) war der Umgang mit dem Tod und mit den Toten in den antiken Mittelmeerkulturen hochgradig ritualisiert. Was man mit dem Leichnam eines Verstorbenen tat, war nicht dem Belieben der Hinterbliebenen anheim gestellt, sondern unterlag strengen gesellschaftlichen Regeln. Dies betraf sowohl den Ort, den Zeitpunkt und die Form der Bestattung als auch die später am Grab auszuübenden Riten.

Lage der Gräber. Seit der Konsolidierung der griechischen Polis in archaischer Zeit galt in fast allen Städten das Gebot, daß Bestattungen, zumindest solche von Erwachsenen, nur außerhalb der Stadtmauern vorgenommen werden durften. Meist lagen die Nekropolen direkt vor den Stadttoren, am Übergang zwischen Wohnstadt (Asty) und Umland (Chora). Das

---

*Abbildungen:

Boardman, EVP	J. Boardman, Early Greek Vase Painting (1998).
Hesberg	H. v. Hesberg, Römische Grabbauten (1992).
Kurtz – Boardman	D.C. Kurtz – J. Boardman, Greek Burial Customs (1971).
Toynbee	J.M.C. Toynbee, Death and Burial in the Roman World (2. Aufl. 1996).

bekannteste griechische Beispiel ist die erwähnte Kerameikos-Nekropole vor dem Heiligen Tor und dem Dipylon-Tor im Nordwesten Athens (s. unten Kapitel 15.1; Abb. 34). In Sparta, das keine Stadtmauern und keine geschlossene Wohnbebauung besaß, waren Siedlungs- und Begräbnisbereiche gemischt, und in Spartas einziger Kolonie, in Tarent (Süditalien), lag die sehr ausgedehnte Nekropole ausnahmsweise innerhalb der Stadtmauern des 5. Jh. v. Chr.

Bei Etruskern und Römern spielte die Vorschrift, das durch eine sakrale Grenze (*pomerium*) vom Umland abgegrenzte Siedlungsgebiet von Bestattungen reinzuhalten, eine noch größere Rolle als bei den Griechen. Schon das Zwölf-Tafel-Gesetz (5. Jh. v. Chr.) enthielt eine entsprechende Bestimmung. Die beste Anschauung von etruskischen Nekropolen vermitteln diejenigen von Tarquinia, Cerveteri und Orvieto, besonders instruktive römische Beispiele sind die Gräberstraßen vor den Toren Pompeiis (Abb. 19).

Von der Regel, daß Bestattungen von Erwachsenen *extra muros* zu erfolgen hatten, waren in den meisten Städten nur die Gräber von Heroen ausgenommen, besonders dasjenige des Stadtgründers (*heros ktistes*). Oft handelte es sich dabei jedoch lediglich um ein symbolisches Grab ohne Leichnam, ein sogenanntes Kenotaph, an dem dem Heros regelmäßig Totenopfer dargebracht wurden. Mit der Ausweitung der Heroisierungspraxis in späthellenistisch-römischer Zeit kam es häufiger vor, daß Wohltäter und verdiente Bürger einer Stadt ein Ehrengrab innerhalb der Stadtmauern erhielten (z. B. Grab des Celsus in der von ihm gestifteten Bibliothek in Ephesos).

Grabrituale. Über antike Begräbnisrituale und Trauersitten sind wir nur unzureichend informiert. Für die in Athen und in Rom geübten Bräuche existieren relativ viele schriftliche Nachrichten, allerdings oft in Zusammenhängen, die nur indirekte Rückschlüsse erlauben und deren Zeugniswert umstritten ist. Eine speziell dem antiken Totenkult gewidmete Schrift hat sich nicht erhalten.

Auch die bildlichen Darstellungen von Bestattungs- und Grabszenen, wie sie vor allem in der attischen Vasenmalerei seit dem 8. Jh. v. Chr. häufig vorkommen (Kurtz – Boardman Taf. 4. 5. 33–38), sind in ihrer Deutung nicht unproblematisch, da sich in ihnen oft verschiedene Realitätsebenen mischen. Das gilt insbesondere für die sehr oft mit sepulkralen Szenen geschmückten weißgrundigen Lekythen aus dem 5. Jh. v. Chr. (Kurtz – Boardman Taf. 26–27). Bildlichen Aufschluß über römische Bestattungssitten geben vor allem Reliefs an Grabbauten, z. B. am Grab der Haterier in Rom (Toynbee Taf. 17).

Gemeinsam ist den verschiedenen Totenritualen die Vorstellung von der Unreinheit des Toten und seiner Angehörigen. Um diesen Zustand der 'Befleckung' (griech. *miasma*) zu überwinden, war der Vollzug eines mehrstufigen Übergangsrituals ('rites de passage') erforderlich. Der Leichnam wurde gewaschen, gesalbt und im Hause aufgebahrt (griech. *prothesis*; lat. *collocatio*). Auch die Familie, das Haus des Toten und alle Besucher, die es betraten, wurden verschiedenen Reinigungszeremonien unterworfen. Weibliche Angehörige oder bezahlte Klagefrauen stimmten die rituelle Totenklage an. Nach Ablauf der üblichen Aufbahrungsfrist (in Athen ein Tag, in Rom bis zu 7 Tage) wurde der Tote in einer Prozession (griech. *ekphora*; lat. *pompa funebris*) auf einem Wagen oder einer Trage hinaus zum Begräbnisplatz geleitet.

Aristokratische Clans nutzten die Bestattung eines Angehörigen gern zur öffentlichen Schaustellung ihres Rangs und Reichtums. In Rom ließen sie Wachsmasken berühmter Vorfahren des Toten (*imagines maiorum*) und seine Amtszeichen im Trauerzug mitführen (s. auch unten Kapitel 17.3). In den homerischen Epen und vielleicht auch in der realen frühgriechischen Gesellschaft waren Leichenspiele in Form sportlicher Wettkämpfe Teil des Adelsbegräbnisses, bei Etruskern und Römern wurden Gladiatorenkämpfe zum Ruhme des Toten und seiner Familie veranstaltet.

Archäologisch spiegelt sich die Pracht solcher Totenfeiern in den griechischen 'Opferrinnen' des 7.–5. Jh. v. Chr. wider, wie sie z. B. in der Athener Kerameikos-Nekropole gefunden wurden (Abb. 16). Es handelt sich dabei um längliche Gräben, in denen zahlreiche verbrannte Prunkgefäße lagen. Offensichtlich hatten sie während der Begräbniszeremonie auf einer hölzernen Bank aufgereiht gestanden, die dann vor den Augen der Trauergemeinde in Brand gesteckt wurde.

Abb. 16: Gefäße aus einer sog. Opferrinne. Um 430–20 v. Chr. Athen, Kerameikos

Es ist zu vermuten, daß auch viele Objekte, die anschließend als 'Beigaben' im Inneren der Gräber deponiert wurden, während der Bestattungsfeiern öffentlich ausgestellt waren. Das dürfte beispielsweise für die prächtigen attischen und großgriechischen Vasen gelten, die in großen Mengen in Grabanlagen der Etrusker bzw. der einheimischen Völker Unteritaliens (besonders Apuliens) gefunden wurden (Kurtz – Boardman Taf. 85). Auch heute nicht mehr erhaltene Gegenstände aus organischem Material wie Holzmöbel, reich verzierte Stoffe und Teppiche, üppige Speiseopfer werden zur prunkvollen Wirkung der Totenfeier beigetragen haben und anschließend im Grab niedergelegt worden sein.

Opfer am Grab waren ein wichtiger Teil des Rituals. Homer schildert Massenschlachtungen von Tieren (sogar von troianischen Gefangenen!). In den erwähnten 'Opferrinnen' wurden große Mengen von Tierknochen gefunden. Später standen vor allem Trankspenden (Libationen, griech. *choai*) im Vordergrund. In Rom war die Opferung eines Schweins üblich.

In Athen und auch in Rom wurden ferner verschiedene postfuneräre Opfer und Zeremonien vollzogen, vor allem am neunten Tag nach dem Begräbnis. Darüber hinaus gab es zahlreiche jährlich wiederkehrende Totenfeste, bei denen das Grab geschmückt wurde und Trank- und Speiseopfer dargebracht wurden. Wie wichtig es war, regelmäßig Opfer, besonders Trankopfer, am Grab darzubringen, geht nicht zuletzt daraus hervor, daß römische Gräber häufig mit Libationsröhren ausgestattet waren, durch die die flüssige Spende direkt hinab zur Urne des Toten geleitet wurde.

Begräbnis und Öffentlichkeit. Schon in archaischer Zeit führten die sozialen Spannungen in der griechischen Polisgesellschaft dazu, daß Gesetze erlassen wurden, die den Adelsgeschlechtern die demonstrative Schaustellung ihres Reichtums bei den Totenfeiern unmöglich machen sollten. In Athen soll das erste dieser sog. Gräberluxusgesetze im frühen 6. Jh. v. Chr. durch Solon veranlaßt worden sein, ein weiteres wird im Zusammenhang mit den Reformen des Kleisthenes am Ende des Jahrhunderts vermutet. Sicher bezeugt ist ein wohl 317 v. Chr. vom makedonischen Statthalter Demetrios von Phaleron erlassenes Verbot. Die archäologische Forschung hat mit diesen Gesetzen vor allem die sehr unterschiedlichen Formen der Grabmalgestaltung in Attika von archaischer bis in hellenistische Zeit zu erklären versucht (s. unten).

In deutlichem Gegensatz zum vorwiegend 'privaten' Charakter des antiken Totenkults standen die öffentlichen Begräbnisse, wie sie seit dem 5. Jh. v. Chr. in Athen speziell für die

Kriegstoten veranstaltet wurden. Diese Gräber genossen offizielle kultische Verehrung, so z. B. der große Grabhügel von Marathon für die Toten der siegreichen Schlacht gegen die Perser 490 v. Chr. Im Athener Kerameikos gab es einen eigenen Bezirk von Staatsgräbern (*demosion sema*), in dem öffentliche Totenfeiern veranstaltet wurden. Hier hielt Perikles im Winter 431/30 v. Chr. seine berühmte Gefallenenrede auf die ersten Toten des Peloponnesischen Krieges.

In Rom und den Städten Italiens war das öffentliche Begräbnis (*funus publicum*) vor allem solchen Bürgern (manchmal auch Bürgerinnen) vorbehalten, die sich um das Gemeinwohl besonders verdient gemacht hatten. In der Kaiserzeit war die Zeremonie fast ausschließlich für Angehörige des Kaiserhauses reserviert.

Körperbestattung und Brandbestattung. Die große Verschiedenartigkeit der in der Antike praktizierten Totenbräuche spiegelt sich u.a. in der ungeheuren Varianz von Grabformen, wie sie rund um das Mittelmeer von der Bronzezeit bis in die Spätantike in Gebrauch waren. Sie geht einher mit dem mehrfachen Wechsel des Vorherrschens von Kremation bzw. Inhumation (Brand- bzw. Körperbestattung). Zu beachten ist, daß die Kremation gegenüber der Inhumation, obwohl sie im Ausgrabungsbefund oft unscheinbarer wirkt, einen deutlich höheren Mindestaufwand bedeutet, da für die Einäscherung des Leichnams erhebliche Mengen an Holz benötigt wurden. Insofern ist es nicht verwunderlich, daß soziale Randgruppen (Kinder, Sklaven etc.) auch in denjenigen Epochen unverbrannt bestattet wurden, in denen die Kremation vorherrschte. Zu unterscheiden ist die 'primäre' und die 'sekundäre' Brandbestattung, d. h. einerseits die direkte Verbrennung des Leichnams über der Grabgrube und andererseits die Einäscherung auf einem separaten Scheiterhaufen und die anschließende Bestattung der Überreste in einer Urne. In antiken Nekropolen überwiegt die sekundäre gegenüber der primären Brandbestattung bei weitem.

In den homerischen Epen werden die vor Troia gefallenen Helden (z. B. Patroklos und Hektor) ausnahmslos verbrannt – ganz im Gegensatz zur mykenischen Sitte, die eindeutig der Körperbestattung den Vorzug gab. Erst am Übergang von der submykenischen zur protogeometrischen Zeit vollzieht sich in Attika und in anderen Regionen Griechenlands ein einschneidender Wandel: Die Kremation wird nun zur regulären Bestattungsform für Erwachsene. Seit dem Beginn der geometrischen Epoche (um 900 v. Chr.) gewinnt die Körperbestattung wieder an Bedeutung, ohne jedoch die Brandbestattung zu verdrängen.

In Etrurien ist eine klare geographische Zweiteilung zu beobachten: Während in den südlichen Städten fast ausschließlich Körperbestattung praktiziert wurde, war im Norden die Verbrennung der Toten und ihre Beisetzung in Urnen üblich, eine Sitte, die in Rom als typisch römisch galt (*mos Romanus*) und während der Republik und der frühen Kaiserzeit nahezu ausnahmslos befolgt wurde. Nur wenige aristokratische Familien hielten an der Körperbestattung fest (Sarkophag des L. Cornelius Scipio, um 300 v. Chr.; Toynbee Taf. 8).

Erst in hadrianischer Zeit begann die Grabsitte im römischen Kulturkreis aus bisher nicht überzeugend geklärten Gründen ziemlich unvermittelt umzuschlagen. Wer es sich leisten konnte, ließ sich und seine Angehörigen nun unverbrannt in einem reliefverzierten Marmorsarkophag beisetzen (s. unten Kapitel 19). Die frühen Christen (ebenso wie die Juden) bestatteten ihre Toten in den Katakomben ausschließlich unverbrannt.

Körperbestattungen erfolgten meist in ausgestreckter Rückenlage, doch wurden in bestimmten Perioden und Regionen auch andere Positionen, z. B. die seitliche Hockerlage mit mehr oder weniger stark angewinkelten Beinen, bevorzugt.

Einen Sonderfall stellt das hellenistisch-römische Ägypten dar, wo (außerhalb Alexandrias) auch die zugewanderte nichtägyptische Bevölkerung in breitem Umfang die Sitte der Mumifizierung übernahm. Die z. T. mit großer Meisterschaft gemalten Mumienportraits des 1.–4. Jh. n. Chr. und die einfacheren, aus bemaltem Stuck modellierten Mumienmasken des 3.–5. Jh. n. Chr. sind eindrucksvolle Zeugnisse dieses Anpassungsprozesses.

Grabformen. Über die große Vielfalt von Grabformen in den verschiedenen Mittelmeerkulturen kann hier kein vollständiger Überblick gegeben werden. Grundsätzlich zu unterscheiden sind Mehrfach- und Einzelbestattungen. Die Bestattung in großen Gemeinschaftsgräbern spielte in der mykenischen Zeit eine große Rolle – man denke nur an die monumentalen, bienenkorbförmigen 'Tholosgräber' wie z. B. das sog. Schatzhaus des Atreus in Mykene (Sp. Marinatos – M. Hirmer, Kreta, Thera und das mykenische Hellas [2. Aufl. 1973] Abb. 170). Eine in vielen Gegenden der Mittelmeerwelt und in den meisten Epochen der Antike bezeugte Grabform, die normalerweise für mehrere Bestattungen genutzt wurde, ist das in den Felsen gehauene oder aus Blöcken errichtete, unterirdische Kammergrab mit treppen- oder rampenförmigem Zugangsweg (*dromos*). Diese oft mit prächtigen Fassaden, aufwendiger Innenarchitektur und – besonders in Makedonien, Unteritalien und Etrurien – mit Wandmalereien ausgestatteten Grabanlagen waren allein der Kosten wegen in der Regel aristokratischen Familienclans vorbehalten und wurden nicht selten über Jahrhunderte hinweg genutzt. Die Toten lagen im Inneren der Grabkammern meist auf, manchmal auch in steinernen Totenbetten in Form von Bankettklinen (Kurtz – Boardman Taf. 80–82).

Der Einzelbestattung dienten verschiedene Formen von Schacht-, Kisten- und Sarkophaggräbern, je nach Gelände in die Erde oder in den felsigen Untergrund eingetieft. Die steinerne Abdeckung dieser Gräber konnte geöffnet werden, um zu einem späteren Zeitpunkt Nachbestattungen einzubringen.

Weniger kostspielig war es, den Leichnam lediglich mit Dachziegeln und Erde abzudecken, eine vor allem in römischer Zeit sehr häufig anzutreffende Praxis (Toynbee Taf. 24). Kleinkinder wurden häufig in Amphoren oder anderen großen Gefäßen beigesetzt (*enchytrismos*-Bestattung; Kurtz – Boardman Taf. 2).

Grabmäler. In geometrischer und früharchaischer Zeit, vor dem Beginn großformatiger Steinplastik, dienten einfache Steinmale oder tönerne Vasen der oberirdischen Kennzeichnung von Grabstätten (Kurtz – Boardman Abb. 4). In manchen Fällen erreichten die Gefäße monumentales Format, so die berühmte, 155 cm hohe sog. Dipylon-Amphora im Athener Nationalmuseum (Boardman EVP Abb. 44; vgl. Krater, Abb. 168). Aus den Darstellungen von Prothesis und Ekphora auf diesen Vasen konnte erschlossen werden, daß Männergräber mit Krateren, Frauengräber mit Amphoren markiert wurden (Kurtz – Boardman Taf. 4–5).

Im 6. Jh. v. Chr. setzten sich Steinskulpturen als anspruchsvollste Form des Grabmals (*sema*) durch. Verwendet wurden sowohl Statuen – Kouroi für Gräber junger Männer (z. B. Kroisos von Anavyssos; Abb. 44) und Koren für junge, unverheiratete Frauen (z. B. Phrasikleia von Merenda; Abb. 48) – als auch schlanke, reliefverzierte und mit einer Bekrönung versehene Stelen (Kurtz – Boardman Abb. 13–15 Taf. 19). Am Ende des 6. Jh. v. Chr. endet dieser Brauch in Attika abrupt, vielleicht im Zusammenhang mit dem postulierten kleisthenischen Gräberluxusgesetz, während aus anderen griechischen Poleis auch Grabmäler aus den folgenden Jahrzehnten bekannt sind.

Um 430/20 v. Chr. lebt die Sitte, Gräber mit Steinskulpturen zu markieren, in Athen wieder auf. Aufwendigste Form ist das marmorne Grabrelief, nun im Gegensatz zu den archaischen Stelen gedrungener proportioniert und zunehmend plastischer ausgearbeitet. Dargestellt sind eine, häufiger mehrere Figuren, die herkömmlicherweise als die verstorbene Person mit ihren Angehörigen interpretiert werden, wobei es allerdings oft schwierig ist, die verstorbene Person sicher zu bestimmen (Abb. 17; Kurtz – Boardman Taf. 30–33).

Die im 4. Jh. v. Chr. in Athen zu Tausenden hergestellten Grabreliefs stellen die anspruchsvollste Form der Grabmarkierung dar und bezeichnen – einer jedoch umstrittenen Theorie zufolge – vorwiegend die Gräber unverheiratet, in der 'Blüte des Lebens' verstorbener junger Männer und Frauen. Anderen Personengruppen waren andere Grabmalformen vorbehalten, Marmorgefäße in Gestalt monumentaler, meist reliefverzierter Lekythen (Kurtz – Boardman Taf. 28) und Loutrophoren, oder schlichte, inschriftenverzierte Palmettenstelen (Kurtz – Boardman Taf. 22–24).

Im späten 4. Jh. v. Chr. werden die Relieffiguren fast rundplastisch ausgearbeitet und die rahmenden Architekturelemente zu regelrechten Tempelchen (*naiskoi*) ausgestaltet. In Athen kommt diese Entwicklung mit dem Gräberluxusgesetz des Demetrios von Phaleron (317–307 v. Chr.) zum Stillstand. In ande-

Abb. 17: Grabrelief der Lysistrate. Um 350–340 v. Chr. Berlin, Staatliche Museen, Antikensammlung

ren Gegenden hingegen (z.B. in Tarent) setzt sich die Tendenz zu aufwendig gestalteten Naiskos-Grabmälern im 3. Jh. v. Chr. fort. Im ostgriechischen Raum bleiben figürlich verzierte Grabreliefs bis in die hohe Kaiserzeit hinein kontinuierlich in Gebrauch (Kurtz – Boardman Taf. 62). Neben reliefierten spielen mit Gemälden verzierte Grabstelen im Hellenismus eine bedeutende Rolle (Kurtz – Boardman Taf. 61).

Grabbauten. Monumentale Steigerungsform des Grabmals war schon in früher Zeit der Grabbau – man denke nur an die ägyptischen Pyramiden. In vielen Regionen der Alten Welt wurden seit der Bronzezeit besonders herausragende Bestattungen durch große kreisrunde Grabhügel (*tumuli*) gekennzeichnet. In archaischer Zeit waren sie in Athen (Kerameikos) ebenso in Gebrauch wie in Kleinasien (Kurtz – Boardman Abb. 32) oder in Etrurien (Cerveteri). Neue Beliebtheit gewann die Tumulusbestattung im Hellenismus, ausgehend von Makedonien, wo sich besonders eindrucksvolle Grabhügel, oft über prächtigen Kammergräbern, erhalten haben. Das berühmteste Beispiel ist die 'Königsnekropole' von Vergina, wo 1977 unter einem riesigen Tumulus eines der reichsten Kammergräber der Antike in unberührtem Zustand entdeckt wurde, von der Forschung als Grab Philipps II. oder eines späteren Herrschers bzw. Machthabers von Makedonien identifiziert. Außerordentlich reiche Funde haben die Grabhügel der Skythen und der mit ihnen in Kontakt stehenden Griechen (Kurtz – Boardman Taf. 86–88) an der Nordküste des Schwarzen Meeres erbracht. In Rom wurden seit dem 1. Jh. v. Chr. Tumulusgräber über hohen Steinzylindern errichtet (z.B. Grab der Caecilia Metella an der Via Appia; Toynbee Taf. 51). Ihre monumentalste Ausprägung erhielt diese Grabform in den gigantischen Mausoleen des Augustus (Toynbee Taf. 49–50; Hesberg Abb. 52) und des Hadrian in Rom (Hesberg Abb. 60). Letzteres wurde in nachantiker Zeit zur Engelsburg umgebaut.

Zu den sieben Weltwundern zählte der über 40 m hohe quadratische Grabbau des persischen Satrapen (Statthalters) Maussolos in Halikarnassos an der Südwestküste Kleinasiens, der um 350 v. Chr. von den berühmtesten griechischen Architekten und Bildhauern ihrer Zeit gestaltet wurde und von dem sich die Bezeichnung 'Mausoleum' ableitet. Es bestand aus einer unterirdischen Grabkammer, einem hohen Sockel, einer von Säulen umstandenen 'Cella' sowie einer bekrönenden Stufenpyramide und war reich mit Skulpturen und Reliefs dekoriert (Kurtz – Boardman Abb. 136a). Es war Vorbild vieler hellenistischer und römischer Grabbauten.

Aus der ganzen hellenistischen Welt von Ägypten bis Sizilien sind architektonisch gestaltete Grabmäler bekannt, doch ist ihre Zahl gering verglichen mit der ungeheuren Vielfalt von Grabbauten in allen Teilen des Imperium Romanum. Schon wenn man nur die in der Stadt Rom noch vorhandenen Bauten betrachtet – von der Pyramide des Cestius (Toynbee Taf. 33) und dem seltsamen, röhrenverzierten Grabklotz des Großbäckers Eurysaces (Toynbee Taf. 34–35) bis hin zu den Grabbauten an der Via Appia (Toynbee Taf. 40; Hesberg Abb. 3) –, erhält man einen Begriff von dem

Abb. 18: Columbarium der Freigelassenen der Marcella in Rom, Vigna Codini. Ende 1. Jh. v. Chr.

erstaunlichen typologischen Reichtum römischer Grabarchitektur. Auch in Deutschland haben sich eindrucksvolle Zeugnisse dafür erhalten, etwa die sog. Igeler Säule bei Trier (Hesberg Abb. 98) oder das Grab des Poblicius in Köln (Hesberg Abb. 85).

Während die bisher erwähnten Grabbauten aus Hausteinen über der Erde errichtet wurden, konnte in Gegenden mit felsiger Oberfläche das natürlich anstehende Gestein zur Anlage von unterirdischen Grabkammern (Hypogäen) oder von Fassadengräbern genutzt werden. Neben den Felsnekropolen Etruriens (Norchia) und Lykiens (Myra) haben insbesondere die außerordentlich reich ausgeschmückten Felsfassaden der Gräber von Petra im heutigen Jordanien Berühmtheit erlangt (Toynbee Taf. 69. 71–73).

Römische Grabbauten waren wie schon die Familiengrabbezirke vieler griechischer Nekropolen (z. B. im Athener Kerameikos; Kurtz – Boardman Abb. 20) entlang großer Ausfallstraßen vor den Stadttoren aufgereiht. Das Grab war ein wichtiges Mittel zur dauerhaften Präsentation von Rang, Reichtum und Renommee des Grabinhabers und seiner Familie. Außer den Tumuli waren besonders mehrstökkige Aedicula-Bauten, monumentale Altarformen und tempelartige Bauten wegen ihrer repräsentativen Wirkung beliebt. Daneben wurden die Urnen z. T. in großen Grabhäusern (lat. *columbarium* = Taubenschlag) aufgestellt, die mehrere Hundert Bestattungen aufnehmen konnten (Abb. 18). Es galt als besonders erstrebenswert, einen unmittelbar an der Straße gelegenen Bestattungsplatz zu besitzen. Vor allem römische Gräber des 1. Jh. v. Chr. zeigen in ihrer Form, ihrem bildlichen Schmuck und ihren Inschriften überdeutlich, wie sehr es auf den Repräsentationswert des Grabes ankam. Der Konkurrenzkampf um möglichst nah an der Straße und möglichst nah am Stadttor gelegene Grabstätten führte zur Ausbildung jener eigentümlichen, dicht an dicht von sich gegenseitig überbietenden Grabmonumenten gesäumten 'Gräberstraßen', wie sie noch heute

Abb. 19: Römische Gräberstraße, Pompeii, vor dem Herculaner Tor

vor den Toren Roms, Pompeiis und manch anderer römischen Stadt besichtigt werden können (Abb. 19). Im Laufe der Kaiserzeit wurden die Grabbauten aus Platzmangel in zweiter und dritter Reihe hinter den älteren, straßennah gelegenen Gräbern errichtet (Hesberg Abb. 11). Ausstattungsprunk und Grabkult verlagerten sich immer mehr ins Innere der Grabhäuser und wurden zunehmend zu einer (im wörtlichsten Sinne 'internen') Familienangelegenheit ohne Öffentlichkeitsbezug (Toynbee Taf. 42).

Beigaben. Umfassender noch als die Reste von Grabmälern und -bauten zeugen die Gegenstände, die im Inneren der Gräber deponiert wurden, von der Vielschichtigkeit antiker Totenrituale. Grundsätzlich zu scheiden, aber im einzelnen oft schwer zu differenzieren sind vier Gruppen von Grabobjekten:

▪ Gegenstände, die zur Kleidung und sonstigen Ausstattung des Toten gehörten: Gewandfibeln und -knöpfe, Schmuck, kosmetisches Gerät, Waffen, Kränze etc.

▪ 'Beigaben' im engeren Sinne, d.h. Gegenstände, mit denen der Tote bei der Aufbahrung und anschließend im Grab ausgerüstet wurde: z.B. Gefäße mit festem oder flüssigem Inhalt, Räucherständer, Statuetten, hölzerne Möbel etc.; oft handelt es sich dabei um miniaturisierte oder aus Ersatzmaterial hergestellte symbolische Nachbildungen real verwendbarer Gegenstände (z.B. vergoldeter Tonschmuck).

▪ Gegenstände, die während der Begräbnisfeier praktischen oder rituellen Zwecken gedient hatten und anschließend ins Grab gelegt wurden: z.B. Lekythen und Unguentarien ('Tränenfläschchen'; Kurtz – Boardman Taf. 41) für Öl- und Duftspenden, Gießgefäße für Libationen, Lampen für die Beleuchtung während der nächtlichen Totenfeier, vielleicht auch Eß- und Trinkgeschirr für ein am Grab vollzogenes Opfermahl.

▪ Gegenstände, die im Rahmen späterer Totenopfer am oder im Grab niedergelegt wurden. Vor allem die Abgrenzung und Interpretation der zweiten Gruppe hängt davon ab, welches theoretische Modell man der Erklärung des Grabrituals zugrunde legt (dazu im nächsten Abschnitt).

Die Vielfalt der Objekte, die in Gräbern gefunden wurden, ist schier unerschöpflich. Quantitativ dominieren im Ausgrabungsbefund tönerne Gefäße aller Formen, Größenordnungen und Dekorationsarten, von der kostbar bemalten Prachtamphore bis hin zum schlichten unbemalten Miniaturnäpfchen. Daneben muß, wie schon erwähnt, mit einer Vielzahl von Beigaben aus vergänglichem Material (Holz, Stoff, Leder, Papyrus, Blumen, Blätterkränze, Duftstoffe, Lebensmittel) gerechnet werden, die sich nur bei sehr günstigen Erhaltungsbedingungen archäologisch nachweisen lassen.

Unterschiedlich gut sind gewöhnlich die verschiedenen Arten von Metallbeigaben konserviert: Gerätschaften aus Eisen (Waffen, Bratspieße, Zaumzeug, landwirtschaftliches Gerät) sind meist bis zur Unkenntlichkeit korrodiert, Bronzegegenstände (Spiegel, Schabeisen, Helme, Brustpanzer, Beinschienen etc.) dagegen oft nur mit einer grünen Patina überzogen. Am besten erhalten sind Objekte aus Gold (Schmuck, Kränze, Gefäße etc.), doch fehlen sie in vielen ansonsten relativ vollständig dokumentierten Grabausstattungen, da sie oft von Grabräubern (oder auch von weniger zuverlässigen Grabungsarbeitern) heimlich beiseite geschafft wurden. Eine aus demselben Grund oder aber aus Flüchtigkeit oft nicht registrierte Beigabenart sind Münzen. Bei Griechen und Römern war es üblich, dem Toten als symbolischen 'Fährgroschen' für die Fahrt über den Unterweltsfluß Styx eine Münze unter die Zunge zu legen.

In allen Epochen wurden Statuetten aus Ton, Stein oder Metall als Grabbeigabe verwendet. Frühe Beispiele sind die marmornen 'Kykladenidole' des mittleren 3. Jt. v. Chr. Tonfiguren sind von mykenischer bis in spätrömische Zeit fast kontinuierlich bezeugt. Besonders bekannt sind die sog. Tanagra-Figuren des späten 4. und des 3. Jh. v. Chr., sehr sorgfältig aus Matrizen geformte und mit pastellartigen Farben bemalte Statuetten stehender und sitzender junger Frauen, die zuerst um 1875 bei der Plünderung der Nekropolen von Tanagra (Böotien) in großer Zahl gefunden wurden, aber in allen Gegenden der hellenistischen Welt als Grabbeigaben (aber auch zu anderen Zwecken) in Gebrauch waren.

Ebenfalls in römischer Zeit wurden Gegenstände aus Glas, vor allem Gefäße, zu einer sehr verbreiteten Grabbeigabe. Das typologische Spektrum reicht von Flaschen, Kannen, Bechern, Parfumgefäßen aller Art bis hin zu Kugeln und stilisierten Vögeln. Auch Urnen werden nun häufig aus Glas gefertigt.

Daneben wäre eine Vielzahl weiterer Materialien zu nennen, etwa die breite Palette von Objekten aus Bein, Elfenbein, Bernstein, Muscheln oder der große Bereich der aus Edelsteinen, Halbedelsteinen oder Glasfluß gefertigten Gemmen, Cameen, Halsketten und sonstigen Schmuckstücke.

Methoden und Perspektiven der Grabforschung. In der Frühphase der Klassischen Archäologie, besonders in der Zeit der Entdeckung der etruskischen Nekropolen in den ersten Jahrzehnten des 19. Jh. und begünstigt durch die geistige Bewegung der Romantik, fanden Grabfunde große Aufmerksamkeit. Später jedoch, als sich das Interesse immer einseitiger kunsthistorischen Fragen zuwandte, wurden Grabmäler, Grabarchitektur und Grabbeigaben jeweils für sich, unter Vernachlässigung ihres funktionalen Zusammenhangs, unter rein stilistischen, typologischen oder ikonographischen Gesichtspunkten behandelt.

Erst in jüngster Zeit hat die Klassische Archäologie sich für die lebendige Methodendiskussion, wie sie insbesondere in der Prähistorischen Archäologie um die gesamthafte Interpretation von Grabbefunden geführt wird, geöffnet. Zwei ganz unterschiedliche Aspekte stehen dabei im Vordergrund: zum einen die eher technische Nutzung von Grabzusammenhängen zur Erarbeitung zuverlässiger Chronologiesysteme, zur Klärung siedlungsgeschichtlicher, demographischer und medizinhistorischer Fragen, zum anderen die sozialgeschichtliche und religionsgeschichtliche Auswertung der in den Grabausstattungen implizierten Sinnstrukturen.

Zum ersten Aspekt: Weil Gräber in der Regel 'geschlossene Funde' darstellen und gleichzeitig meist in größere Einheiten, Grabbezirke oder ganze Gräberfelder, eingebunden sind, eignen sie sich besonders für chronologische Untersuchungen, sowohl mit Hilfe der Schichtbeobachtung (Stratigraphie, s. oben

Kapitel 8) als auch mit reihenden Verfahren (Seriation).

Die Seriation beruht auf der Grundannahme, daß die in einem Grab miteinander niedergelegten Objekte in der Regel mehr oder weniger gleichzeitig entstanden sind und daß sich folglich Gräber mit ähnlicher Beigabenausstattung zeitlich nahe stehen. Wenn eine statistisch hinreichend aussagekräftige Menge von Bestattungen vorhanden ist, so kann mit Hilfe computergestützter Rechenmethoden die statistisch wahrscheinlichste Zeitfolge der Bestattungen ermittelt werden. Die zuverlässigste dieser Berechnungsmethoden ist die sogenannte Korrespondenzanalyse, die das Seriationsergebnis in leicht überschaubarer graphischer Form, als parabelartige Kurve, darstellt. Serien relativchronologisch datierter Grabfunde wären somit eigentlich dazu prädestiniert, das Rückgrat der allgemeinen archäologischen Chronologie zu bilden, doch hat die Klassische Archäologie diese Möglichkeit bisher nur ganz unzureichend genutzt.

So wichtig Grabfunde für die Klärung von datierungstechnischen und anderen außerfuneräen Problemen (z. B. Fragen der Bevölkerungsentwicklung, der Altersstruktur, der an Skelettfunden ablesbaren Ernährungsgewohnheiten und Mangelkrankheiten) sind, so sollte dies doch stets nur ein Nebenprodukt der Grabforschung sein, deren Hauptanliegen darin bestehen muß, die Gräber als Dokumente des Umgangs der antiken Gesellschaften mit dem Tod und mit ihren Toten 'zum Sprechen zu bringen'. Hier hat sich in den letzten Jahren eines der interessantesten Felder innerhalb der gegenwärtigen archäologischen Methodendiskussion aufgetan.

In der Klassischen Archäologie herrschte lange Zeit nahezu unangefochten die Auffassung, der 'Sinn' von Grabriten und Grabbeigaben habe in erster Linie darin gelegen, die Toten für das Jenseits auszustatten und die Hinterbliebenen (oder sogar den Toten selbst!) mit frohen Botschaften über ein seliges Dasein im Elysium zu trösten. In den verschiedenen im Grabbereich verwendeten Bildern – auf den als Beigaben verwendeten griechischen Vasen, auf den bemalten Wänden etruskischer Gräber, auf den römischen Reliefsarkophagen – sah man symbolische Darstellungen von jenseitigem Glück und Verheißungen von Unsterblichkeit. Diese aus christlicher Perspektive so einleuchtende Interpretation erscheint in bezug auf die Antike in doppelter Hinsicht problematisch (s. auch unten Kapitel 19):

▪ Zum einen ergibt sich aus den disparaten Schriftzeugnissen zu der Frage, wie sich die Griechen und Römer die Existenz nach dem Tode vorstellten, ein höchst widersprüchliches Bild. Antike Religiosität beruhte in erster Linie auf ritueller Praxis und auf der Vielfalt mythologischer Erzählung, nicht auf einem verbindlichen Kanon von 'Glaubensinhalten', wie wir dies aus der jüdisch-christlichen Tradition heraus gewohnt sind. In besonderem Maße gilt dies für das weite Feld der Eschatologie, der Jenseitslehren. Verschiedenste, nach streng logischen Kriterien sogar einander ausschließende Vorstellungen bestanden hier nebeneinander.

Im Mythos, episch ausgestaltet in den großen Unterweltsszenarien der „Odyssee" Homers und der „Aeneis" Vergils und in der Erzählung von Orpheus und Eurydike, wird ein detailliertes Bild des Totenreichs entfaltet, mit genau bezeichneten Örtlichkeiten: dem von Kerberos bewachten Eingang, dem Unterweltsfluß Styx, der Fähre des Charon, dem Palast des Hades und der Persephone (röm. Pluto und Proserpina), dem Totengericht, den 'Inseln der Seligen' und dem ganz tief unten gelegenen Tartaros, in dem die besiegten Titanen und andere Frevler Buße tun müssen. In dieser insgesamt düsteren und freudlosen Umgebung vegetieren die meisten Toten als kraftlose, bewußtlose Schatten vor sich hin.

Mit der mythischen Vorstellung vom Tod als einer Reise hinab in die (weit im Westen gelegene) Unterwelt vermischt sich die eigentlich diametral entgegengesetzte Vorstellung von der Weiterexistenz des Toten in seinem Grab. Der Tote erscheint hier als gefährliches, unruhiges Wesen, das von den Hinterbliebenen durch Totenopfer besänftigt werden muß und das, wenn es nicht bestattet und damit gleichsam im Grab festgebannt wäre, rastlos und unheilbringend umherschweifen würde. Dementsprechend ist das Grab auch ein Ort der Magie, an dem Verfluchungen ausgesprochen werden können. Bleitäfelchen mit magischen Verwünschungen (*defixiones*), ja sogar kleine gefesselte 'Rachepuppen', die in Gräbern gefunden wurden, zeugen von solchen Praktiken (Kurtz – Boardman Taf. 45 – 46).

Auf der anderen Seite spricht aus vielen antiken Äußerungen eine sehr nüchterne Einstellung zur Frage des Daseins nach dem Tode. Nicht erst die überaus einflußreiche Philosophie Epikurs, sondern bereits ältere Grabepigramme erklären die Existenz der menschlichen Seele mit dem Tode schlichtweg für beendet. Explizite Lehren über Seelenwanderung und Jenseitsglück wurden zwar von elitären Sekten wie den Pythagoreern und den Orphikern vertreten, waren aber keineswegs Allgemeingut. Populärer waren in hellenistischer Zeit dionysische Mysterienvereine, doch ist der genaue Bezug ihrer Rituale und Glaubensinhalte zur Vorstellung eines ewigen Weiterlebens im Jenseits nicht ganz klar.

■ Noch entscheidender für die Interpretation der archäologischen Zeugnisse ist jedoch ein anderer Punkt: Selbst wenn es in der vorchristlichen Antike eine ausgeprägte Jenseitsreligion (wie die katholische Lehre von der Wiederauferstehung des Fleisches) gegeben hätte, bliebe erst noch der Nachweis zu führen, daß diese Jenseitsvorstellungen der Grund dafür waren, bestimmte Objekte in die Gräber zu legen und bestimmte Bildmotive als Schmuck dieser Objekte zu bevorzugen. Ein solcher Nachweis konnte bisher nicht überzeugend erbracht werden, so daß entsprechende Deutungen – so beliebt sie in der Archäologie auch sein mögen – letztendlich spekulativ bleiben.

Angesichts dieses Dilemmas hat die neuere Grabforschung einen ganz anderen Weg eingeschlagen. Statt nach mehr oder weniger ungreifbaren 'Glaubensvorstellungen' zu fragen, untersucht sie die Gesamtheit der im Grabritual ausgeübten Handlungen und verwendeten Zeichen (Objekte, Bilder) als Ausdruck eines sozialen Regelsystems. Die statistische Auswertung von Grabkomplexen zeigt nämlich, daß die Zusammenstellung der Beigaben eines Grabes nicht nach spontanen Gefühlsanwandlungen oder nach individuellen Geschmacksvorlieben erfolgte, sondern daß ihr bestimmte Muster zugrunde liegen. In diesen Mustern spiegeln sich kollektive Vorstellungen von der 'richtigen' Ordnung der Gemeinschaft, besonders von der Verteilung der sozialen Rollen und den damit verknüpften moralischen Werten, wider. So sind für viele archaische Kulturen der Antike reich mit Waffen ausgestattete Kriegergräber charakteristisch, in denen eine von militärischen Wertvorstellungen geprägte Adelsschicht ihren Führungsanspruch zum Ausdruck bringt. In den demokratischen Poleis spielen Waffenbeigaben hingegen keine Rolle mehr, obwohl dort auf Grabreliefs und in Inschriften durchaus auf militärische Verdienste hingewiesen wird. Andererseits gewinnt in der Beigabenausstattung spätklassischer Bestattungen das Rollenbild der heiratsfähigen jungen Frau immer größere Bedeutung

Man hat den Komplex dieser im Grabritual sich ausdrückenden Wertvorstellungen unter dem Begriff 'ideologia funeraria' zusammengefaßt. Der Begriff ist insofern hilfreich, als er die Tatsache unterstreicht, daß die Struktur einer Nekropole kein simpler Spiegel der realen gesellschaftlichen Machtverhältnisse ist, sondern daß sie diese sogar verschleiern kann. Was sich in den Grabausstattungen niederschlägt, ist ein Idealbild der jeweiligen Gesellschaft von sich selbst, eben eine Ideologie. So gibt es in der Antike Phasen, in denen – ähnlich wie in unserer eigenen Gegenwart – eine Tendenz zur Uniformierung der Grabformen und -beigaben zu beobachten ist, obwohl die realen Besitzverhältnisse zur gleichen Zeit keineswegs egalitär strukturiert waren. In bestimmten Perioden weisen gerade die Gräber derjenigen Personengruppe, bei der in den antiken Gesellschaften eindeutig alle Macht konzentriert war, nämlich der erwachsenen Männer, keine Beigaben auf, während umgekehrt die Bestattungen von jungen Frauen und von Kindern sehr reich ausgestattet sind.

Nekropolen liefern somit nicht nur Aufschlüsse darüber, wie die antiken Gesellschaften mit ihren Toten umgegangen sind, sondern sie sagen auch sehr viel darüber aus, wie diese Gesellschaften selbst beschaffen waren und welches Bild sie sich von sich machten. Diese Botschaften zu entschlüsseln, ist eines der – ebenso komplexen wie faszinierenden – Hauptziele der neueren Grabforschung geworden.

(D.G.)

14. Architektur*

a. Architektonische Ordnungen

Die griechische und ihr folgend die römische Architektur haben Säulen mit den darüber liegenden Gebälken und Dächern zu einem zentralen Element der Gestaltung gemacht. Diese Bauaufgabe wurde vor allem an Tempeln entwickelt, dann aber auch in anderen Bautypen aufgegriffen. Es bildeten sich verschiedene Ordnungen heraus: Vor allem die dorische und die ionische, später, von der ionischen abgeleitet, die korinthische Ordnung. Die folgenden Übersichten stellen die Ordnungen idealtypisch am Beispiel des Tempels dar.

Dorische Ordnung. Das System der dorischen Ordnung wurde ursprünglich in der nordöstlichen Peloponnes an Bauten aus Holz entwickelt. Im 8.–7. Jh. v. Chr. wurden diese Bauformen sukzessive in Stein umgesetzt. Diese Umsetzung in Stein wurde vor allem an Neubauten vorangetrieben. Daß aber auch an bestehenden Bauten im Lauf der Zeit Elemente aus Holz durch Stein ersetzt wurden, zeigt ein berühmtes Beispiel: Der Hera-Tempel in Olympia (Gruben Abb. 30–33). Pausanias (15,6,1) hat hier im Opisthodom, der Rückhalle, noch eine hölzerne Säule gesehen. Die übrigen Säulen, aus Stein, zeigen stilistisch sehr verschiedenartige, teils altertümliche, teils jüngere Formen. Offenbar hatte der Tempel ursprünglich durchweg Holzsäulen, die dann im Lauf der Zeit, wenn sie morsch wurden, im Stil der jeweiligen Epoche ersetzt wurden. Zuletzt blieb ein ursprüngliches Exemplar übrig, das im Opisthodom gut geschützt war.

Die wichtigsten architektonischen Elemente der dorischen Ordnung sind (Abb. 20):

FUNDAMENT UND EUTHYNTERIE. Die Fundamente antiker Architektur sind gewöhnlich nicht massiv, sondern nur unter den Wänden und Säulenreihen ausgeführt ('Rostfundament'). Auch wo nur Fundamente erhalten sind, läßt sich daher meist der Grundriß mehr oder minder genau erkennen. Fundamente sind gewöhnlich nicht mit sorgfältigem Steinschnitt ausgeführt. Erst ihr oberer Abschluß, die Ausgleichsschicht (Euthynterie), bildet eine präzise geschnittene, horizontale Schicht.

KREPIS. Meist dreistufiger Unterbau des Tempels. Bereits in archaischer Zeit begann man, den Stufenbau nicht vollkommen horizontal, sondern in zur Mitte hin leicht ansteigender Krümmung (Kurvatur) auszuführen. Diese Kurvatur setzte sich dann in den Wänden und im Gebälk fort.

STYLOBAT, TOICHOBAT. Standfläche der Säulen bzw. der Mauern, identisch mit der obersten Stufe der Krepis.

SÄULENHALLE (PERISTASIS, PTERON). Dorische Säulen besitzen keine Basis. Ihr Schaft weist oft eine leichte Schwellung (Entasis) auf, sowie flache, senkrechte konkave Furchen (Kanneluren), die scharfgratig aneinanderstoßen. Meist sind die Schäfte nicht aus einem Block gearbeitet (monolithisch), sondern bestehen aus mehreren Trommeln. An der oberen Trommel, kurz unterhalb des Kapitells, bilden umlaufende eingekerbte Ringe (*anuli*) eine Zäsur. Das Kapitell besteht aus einem runden gewölbten, kissenartigen Glied (*echinus*) und einer quadratischen Deckplatte (*abacus*). Der Achsabstand zwischen den Säulen wird Joch genannt, der Zwischenraum (lichte Raum) zwischen den Säulen Interkolumnium.

ARCHITRAV. Rechteckiger Balken über den

---

*Abbildungen:

Ginouvès	R. Ginouvès u.a., Dictionnaire méthodique de l'architecture grecque et romaine II (1992).
Gruben	G. Gruben, Griechische Tempel und Heiligtümer (5., erw. Aufl. 2001).
Knell	H. Knell, Architektur der Griechen (2. Aufl. 1988).
Mielsch	H. Mielsch, Die römische Villa. Architektur und Lebensform (1987).
Müller-Wiener	W. Müller-Wiener, Griechisches Bauwesen in der Antike (1988).
Nash	E. Nash, Bildlexikon zur Topographie des antiken Rom, 2 Bde. (1961–62).
Ward-Perkins	A. Boëthius – J.B. Ward-Perkins, Etruscan and Roman Architecture (1970).

14. Architektur

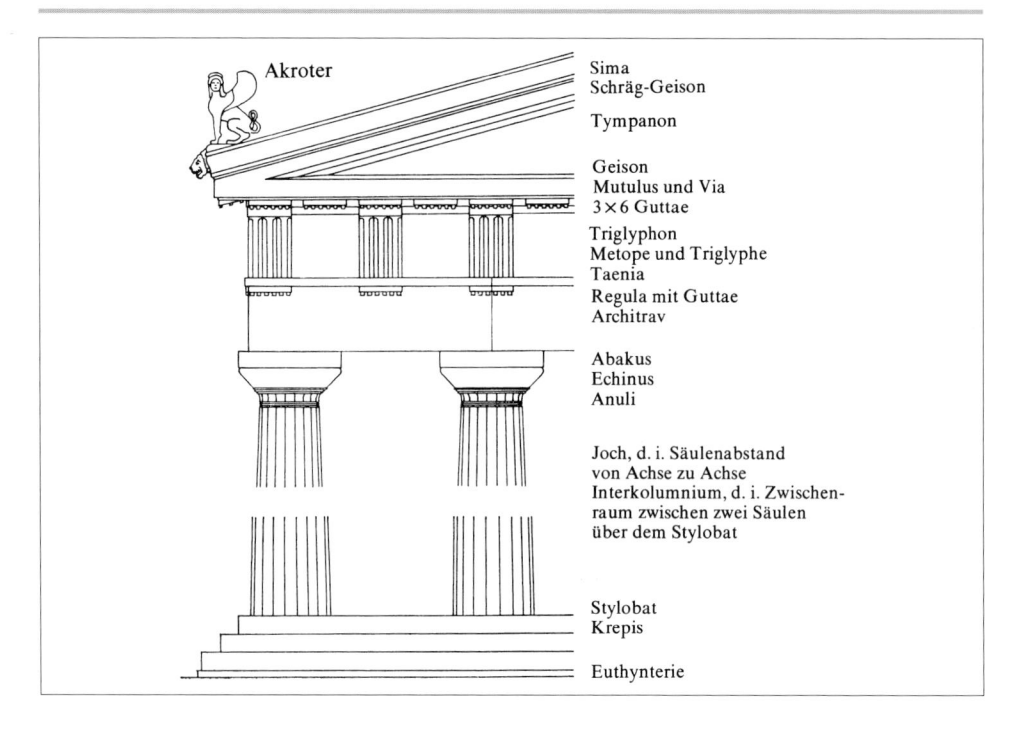

```
Akroter          Sima
                 Schräg-Geison
                 Tympanon

                 Geison
                 Mutulus und Via
                 3 × 6 Guttae
                 Triglyphon
                 Metope und Triglyphe
                 Taenia
                 Regula mit Guttae
                 Architrav

                 Abakus
                 Echinus
                 Anuli

                 Joch, d. i. Säulenabstand
                 von Achse zu Achse
                 Interkolumnium, d. i. Zwischen-
                 raum zwischen zwei Säulen
                 über dem Stylobat

                 Stylobat
                 Krepis

                 Euthynterie
```

Abb. 20: Dorische Ordnung, Schema

Säulen, in der dorischen Ordnung unverziert. Den oberen Abschluß des Architravs bildet ein langes Band (*taenia*), unterhalb der Triglyphen (s. Fries) befinden sich zudem kurze Leisten (*regulae*) mit je sechs zylindrischen Stiften (*guttae*, vielleicht von Nagelköpfen abgeleitet).
FRIES. Besteht aus Blöcken mit senkrechter Dreiteilung (Triglyphen) und Zwischenplatten, die z. T. mit Reliefs oder Malerei geschmückt sind (Metopen).
GEISON. Vorkragendes Kranzgesims. Über dem Giebel befindet sich zusätzlich ein Schräggeison. Die Unterseite des Geisons ist mit flachen Platten (*mutuli*), getrennt von schmalen Zwischenräumen (*viae*) in der Weise geschmückt, daß sich je ein Mutulus über jeder Metope und jeder Triglyphe befindet. An der Unterseite der Mutuli finden sich drei Reihen von je sechs Guttae.
GIEBEL (TYMPANON). Dreieckiges Feld über dem Horizontalgeison und unter dem flachen Pultdach mit dem Schräggeison; oft mit Skulpturen und/oder Malerei geschmückt.
SIMA. Aufgebogener Rand des Daches über dem Geison zur Sammlung und Ableitung des Regenwassers. An den Traufseiten (Langseiten) ist die Sima mit Wasserspeiern, oft in Form von Löwenköpfen, versehen.
ANTEFIX. Flache, senkrechte Abschlußflächen der äußersten Deckziegel an den Langseiten und auf dem Dachfirst mit ornamentaler, seltener figürlicher Verzierung. Antefixe werden anstelle einer Sima bzw. von Akroteren verwendet.
AKROTER. Bekrönung des Giebels auf dessen Scheitel und Ecken. Akrotere können als plastische Figuren (z. B. Tempel der Athener, Delos) oder pflanzliche Ornamente (z. B. Parthenon) gebildet werden.

Die dorische Ordnung ist in ihrer entwickelten Form ein genau durchdachtes System, das strengen Regeln folgt. Das deutlichste Zeichen der Suche nach formaler Durchgestaltung ist die Lösung des dorischen Eckkonfliktes, der sich aus der Übertragung von Holz- in Steinarchitektur ergibt. Er entsteht auf folgende Weise: An den Ecken des Frieses kann die Triglyphe, welche den äußeren Abschluß bildet, nur dann (wie zu fordern) über der Achse der Säule stehen, wenn sie genau so breit ist wie der Architrav tief. Da aber am Steinbau der Architrav aus Gründen der Stabilität breiter als eine Triglyphe sein muß, rückt die Triglyphe hier entweder über die Säulenachse hinaus weiter zur Ecke oder es entsteht an der Ecke ein ‚Metopenrest'. In beiden Fällen ergibt sich demnach eine Unregelmäßigkeit, die letztlich nicht zu beseitigen, sondern nur optisch mehr oder weniger geschickt zu kaschieren ist. Wollte man sie nur innerhalb des Frieses beheben, so mußte man entweder eine Verschiebung der Triglyphen aus den Säulenachsen hinnehmen (so gelegentlich an Antentempeln, z.B. Athener-Schatzhaus in Delphi), oder man mußte die Ecktriglyphe oder die anschließende Metope (oder beide) beträchtlich verbreitern; solche Lösungen hat man nur in früher Zeit in Großgriechenland vereinzelt gewählt. Durchgesetzt hat sich eine Lösung, die im Mutterland entwickelt wurde und auch die Säulenstellung mit einbezieht: Man behielt die Regelmäßigkeit des Frieses bei und kontrahierte statt dessen das Joch der Ecksäulen (gelegentlich auch weitere Joche). Die Verkürzung des Eckjoches hatte zugleich den Vorteil, daß der Baukörper optisch eine geschlossene Wirkung erhielt. Dem Idealfall vollkommener Regelmäßigkeit stand aber auch eine solche Lösung entgegen, so daß die Bewältigung des dorischen Eckkonfliktes eine bleibende Herausforderung für die antiken Architekten darstellte.

Grundsätzlich blieb die dorische Ordnung in ihren Elementen über Jahrhunderte konstant. Aber die Proportionen und Einzelformen änderten sich. Die deutlichsten Veränderungen betreffen die Grundrißproportionen des Tempels und die Bildung von Säule und Kapitell. Während die Grundrisse in der archaischen Zeit besonders langgestreckt sind (z.B. Hera-Tempel in Olympia mit 6 × 16 Säulen, ca. 600 v.Chr.), werden die Proportionen mit der Zeit gedrungener. Als klassisch gilt eine Proportionierung, bei der das Verhältnis der Frontsäulen zu den Säulen der Langseiten x : 2x + 1 beträgt (z.B. Zeus-Tempel in Olympia mit 6 × 13 Säulen, 456 v.Chr. geweiht; Gruben Abb. 36). Die Säulen sind im 6. Jh. v.Chr. in der Regel massig, die Entasis bauchig, das Kapitell scharf abgesetzt mit weit ausladendem, kissenartigem Echinus (z.B. Paestum, Hera-Tempel I, bald nach der Mitte des 6. Jh. v.Chr.; Gruben Abb. 201). Um die Mitte des 5. Jh. v.Chr. ist die Säule wie auch der Echinus straffer geworden (z.B. Zeus-Tempel in Olympia; Gruben Abb. 45. Paestum, sog. Poseidon-Tempel; Gruben Abb. 209. 210). Im Hellenismus streben die Säulen mit schlankem Schaft, fast ohne Entasis, und knappem, schräg geschnittenem Echinus auf. Dies sind keine isolierten stilistischen 'Merkmale' (wenngleich sie als solche zur Datierung von Gebäuden herangezogen werden können), sondern in ihnen kommt ein Wandel der gesamten Auffassung der Architektur zum Ausdruck: Der archaische Bau erscheint als Körper aus einzelnen Gliedern, die jedes für sich die Masse und die Kraft des Tragens und Lastens zur Anschauung bringen. Später schließen sich die Teile des Baues im gemeinsamen, leichteren Emporwachsen zu einer einheitlicheren Wirkung zusammen.

Ionische Ordnung. Der Aufbau der ionischen Ordnung wurde in archaischer Zeit im griechischen Kleinasien und auf den ägäischen Inseln entwickelt, und zwar ebenfalls zunächst in der Holzarchitektur. Prinzipiell entspricht der Aufbau ionischer Tempel dem der dorischen, doch sind die Formen im Detail verschieden.

Die charakteristischen Elemente der ionischen Ordnung sind (Abb. 21):
FUNDAMENT, EUTHYNTERIE, KREPIS, STYLOBAT, TOICHOBAT. s. dorische Ordnung.

Abb. 21: Ionische Ordnung, Tempel der Athena Polias in Priene, Schema

SÄULENHALLE. Die ionische Säule steht auf einer runden Basis, die ihrerseits durch eine Abfolge von Wülsten und Kehlen gegliedert ist. In der Regel besteht sie aus zwei Teilen, einem unteren, zylindrischen Glied (*spira*), durch eine oder mehrere Kehlen (*trochiloi*) untergliedert, und einem Wulst (*torus*). Oft stehen die Basen noch zusätzlich auf einer rechteckigen Standplatte (Plinthe). Ionische Säulen sind in der Proportionierung schlanker als dorische. Ihre Kanneluren sind tiefer und durch schmale Stege getrennt. Die Normalkapitelle sind mit quergelagerten Doppelvoluten, welche auf polsterartigen, meist ornamental verzierten Echinoi ruhen, auf die Front ausgerichtet. Für die Gebäudeecken ergibt sich dadurch ein Problem, denn dort treffen zwei Schauseiten aufeinander. Die geläufigste Lösung hat man darin gefunden, bei den Eckkapitellen zwei Frontseiten so miteinander zu verbinden, daß die aufeinandertreffenden Voluten miteinander verschmelzen und schräg in die Diagonale umgebogen werden. Doch wie die Lösung des dorischen Eckkonflikts ist die Entwicklung des ionischen Eckkapitells eine bleibende Herausforderung für die Architekten geblieben. Auch das ionische Kapitell ist mit einem Abakus gedeckt, doch ist dieser flacher als beim dorischen Kapitell und gelegentlich ornamental verziert.

Abb. 22: Korinthisches Kapitell, Olympieion Athen

ARCHITRAV. Der ionische Architrav ist meist mit drei abgetreppt vorspringenden Streifen (Fascien) untergliedert.

ZAHNSCHNITT. Eine regelmäßige Reihe vorspringender 'Klötzchen' über dem Architrav (leiten sich vermutlich von Balkenköpfen der Holzarchitektur ab).

FRIES. Flaches Band über dem Architrav, bisweilen mit Relief und/oder Malerei geschmückt. Ursprünglich gehörte zur ionischen Ordnung kein Fries. Seit dem 6. Jh. v. Chr. wurde er jedoch (zuerst in der Architektur der Kykladen) über dem Architrav anstelle des Zahnschnitts eingesetzt.

GEISON. Schmuckloses, konkav unterschnittenes Kranzgesims.

GIEBEL, SIMA, ANTEFIXE, AKROTER. s. dorische Ordnung.

Grundsätzlich haben die Architekten bei Bauten der weniger strengen ionischen Ordnung weit stärker experimentiert als bei solchen der dorischen. Insofern ist es hier noch schwieriger, von einer generellen Entwicklung der Formen zu sprechen. Am ehesten läßt sich diese an einzelnen Schmuckelementen (s. auch unter Bauornamentik) nachvollziehen.

Korinthische Ordnung. Diese Ordnung ist eine spätere Variante der ionischen Ordnung, bei der lediglich die Form des Kapitells abweicht (Abb. 22). Obwohl die Bezeichnung 'korinthisch' auf Vitruv zurückgeht, entspricht sie nicht dem Ort der Erfindung der neuen Kapitellform – was aber Vitruv möglicherweise irrtümlich annahm.

Die Grundform des Kapitells ist ein kreisrunder, korbförmig ausschwingender Körper (*kalathos*). Um diesen sind unten meist zwei auf Lücke stehende Kränze von Akanthusblättern (Blätter der Akanthuspflanze) gelegt. Daraus wachsen auf jeder der vier Seiten zwei kurze Stämmchen (*caules*) mit Hüllblättern auf, aus denen zwei Spiralen (*helices*) entspringen, die sich nach innen einrollen, sowie zwei größere Voluten, die sich mit den Voluten der anschließenden Seiten in der Diagonale des Kapitells treffen. Darüber liegt wiederum der Abacus.

Das korinthische Kapitell hat gegenüber dem ionischen den Vorteil der allseitigen Ansichtigkeit. Es ist die reichste und wirkungsvollste der kanonischen Kapitellformen; seine Erfindung gehört in das ausgehende

5. Jh. v. Chr. Das älteste bekannte Stück und wahrscheinlich tatsächlich der Prototyp bekrönte eine Säule (und vielleicht zwei Halbsäulen) zwischen Cella und dahinterliegendem Raum im Apollon-Tempel von Bassai-Phigalia, um 400 v. Chr. (Gruben Abb. 107. 109). Zunächst wie dort vor allem in Innenräumen verwendet, wurde das korinthische Kapitell seit dem späteren 4. Jh. v. Chr. und vor allem in der römischen Kaiserzeit mehr und mehr auch an Außenfassaden eingesetzt.

Die Unterschiede in der äußeren Wirkung der Ordnungen (die dorische am schlichtesten, strengsten und 'schwersten', die korinthische am flexibelsten, aufwendigsten und 'leichtesten') führte gelegentlich zu einer Kombination der Ordnungen, die diesen ästhetischen Charakteristika Rechnung trug: Bei mehrschiffigen Hallen etwa entsprach die Reihe dorisch – ionisch – korinthisch einer Abfolge von außen nach innen, bei mehrstöckigen Gebäuden einer Abfolge von unten nach oben (z. B. Rom, Colosseum; Ward-Perkins Abb. 93 Taf. 121).

Daneben gab es weitere Kapitellformen wie das Äolische Kapitell aus dem kleinasiatischen Raum (Ginouvès Taf. 48) oder das Tuskanische Kapitell aus dem älteren italischen Tempelbau (Ginouvès Taf. 43). Vor allem in der Kaiserzeit wurde dann mit weiteren Kapitellformen experimentiert, die teilweise Elemente verschiedener Ordnungen miteinander und/oder mit neuen Formen kombinieren (sog. Kompositkapitelle; Ginouvès Taf. 54), teilweise aber auch mit figürlichen Motiven, z. B. Tierprotomen oder menschlichen Köpfen, bereichern (sog. Figuralkapitelle; Ward-Perkins Taf. 109. 193).

b. Bauornamentik

Tempel aller Ordnungen, aber auch andere Gebäude, Altäre, Statuenbasen usw., konnten an bestimmten Teilen mit Ornamenten verziert werden. Speziell in der ionischen (und der korinthischen) Ordnung konnten die kanonischen Teile der Architektur selbst mit Ornamenten geschmückt oder durch Kymatien (Sing.: *kyma* bzw. *kymation*), flache, wulstige oder gekehlte Bänder, die mit unterschiedlichen Ornamenten verziert werden konnten, getrennt werden. Unter diesen sind besonders die folgenden zu unterscheiden (Abb. 23):

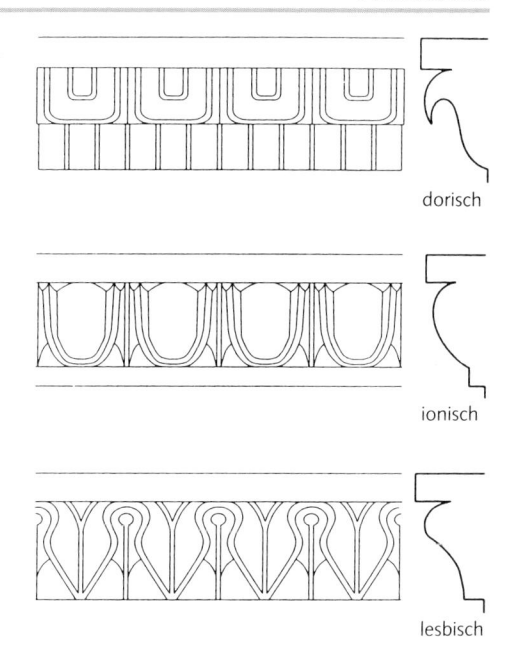

Abb. 23: Formen des Kymation

DORISCHES KYMA. Im Querschnitt wellenartig geschwungenes, überfallendes Band, auf das aneinandergereihte, zungenförmige Blätter aufgemalt sind.

IONISCHES KYMA (ionischer Blattstab oder Eierstab). Profil aus meist plastisch gebildeten, eiförmigen, von einem plastischen Rand gesäumten Blättern, in deren Lücken Zwischenspitzen hervortreten.

LESBISCHES KYMA. Doppelt geschwungenes Profil mit herzförmigen Blättern und Zwischenspitzen.

Der Begriff 'dorisches Kyma' ist nicht antik überliefert. Die beiden anderen Bezeichnungen sind antik, doch ist noch immer umstritten, was man in der Antike darunter verstand. Insofern entsprechen die Bezeichnungen mit ihren oben angeführten Definitionen moderner Konvention.

ASTRAGAL (Perlstab). Der Name ist antik und bezeichnete schon damals ein Band aus aneinandergereihten Perlen, die mit flachen Scheiben abwechseln.

ANTHEMION. Blütenfries über Rankenketten, in dem Palmetten (Bündel von fächerartig angeordneten Blättern) und Lotosblüten einander abwechseln.

c. Bautechnik und -materialien

Die Bauten der geometrischen und archaischen Zeit waren meist aus mit Lehm verschmiertem Flechtwerk zwischen Holzstützen oder aus ungebrannten Lehmziegeln, oft auf einem niedrigen Steinsockel, errichtet und besaßen Dächer aus Holz und Stroh. Stein wurde zunächst ausschließlich für Sakralbauten (Tempel) verwendet. Marmor, der wegen seiner Farbe und Strahlkraft eine besondere Wirkung entfaltete, wurde vor allem dort eingesetzt, wo natürliche Marmorvorkommen in der näheren Umgebung erschlossen waren (bes. griech. Inseln), oder an Orten, die sich aufwendige und kostspielige (Transport!) Marmorimporte leisten konnten. Vielfach waren Tempel und öffentliche Gebäude daher aus anderem Gestein erbaut, das lokal gewonnen wurde, und dem man durch einen Stucküberzug Schutz vor Verwitterung und ein marmorähnliches Aussehen verleihen konnte. Typische lokale Bausteine sind: Kalkstein, Mergel (tonhaltiger Kalkstein bzw. kalkhaltiger Tonstein), Brekzie (grob zerbrochene, kantige Gesteinsfragmente, verbunden durch feine Matrix/feinen Zement), Konglomerat (grobe, gerundete Komponenten, verbunden durch feine Matrix/feinen Zement), Tuff (verfestigte vulkanische Asche). Bei Tempeln und vielen anderen Gebäuden waren Teile der Architektur zudem bemalt und/oder vergoldet.

Tempel wurden seit der Klassik zumeist vollständig aus Stein errichtet, d.h. die Säulen bestanden aus einzelnen 'Trommeln', Kapitelle und Basen waren separat gearbeitet; das aus regelmäßigen Quadern geschichtete Mauerwerk des Kernbaus stand in der dorischen Ordnung auf einer Sockelschicht aus aufrechtstehenden großen Blöcken (Orthostaten), in der ionischen Ordnung auf einer meist niedrigeren Sockelschicht mit einem Fußprofil (Wandfuß). Mauern und Säulen waren ohne Mörtel aufeinandergesetzt und normalerweise mit Bleiklammern und Dübeln gesichert. Die Dächer bestanden oftmals aus einem hölzernen Dachstuhl, der mit Ziegeln gedeckt war; seit ca. 600 v. Chr. gab es auf den kykladischen Inseln (z.B. Oikos der Naxier auf Delos), später auch bei besonders aufwendigen Bauten im übrigen Griechenland (z.B. Parthenon) Marmordächer.

Für andere Bauten bediente man sich weiterhin einfacherer Mauertechniken: Das Lehmziegelmauerwerk, auf einem niedrigen Bruchsteinsockel (zum Schutz vor Nässe) errichtet, fand bis in den Hellenismus sowohl an öffentlichen Bauten als auch an Wohnhäusern Verwendung. Daneben kamen seit der späten Klassik allerdings immer häufiger auch aus behauenen Quadern bestehende hohe Sockel und Quadermauern auf, besonders bei öffentlichen Bauten und den luxuriöseren Häusern der wohlhabenderen Schichten.

Eine technische Errungenschaft der italischen Architektur, die nicht nur ein erheblich rationelleres Bauen erlaubte, sondern auch die architektonischen Möglichkeiten enorm erweiterte, war das Gußmauerwerk, eine Art antiken Betons (*opus caementicium*; Abb. 24). Im 3. Jh. v. Chr. erstmals eingesetzt, wurde es seitdem, vermehrt seit der späten Republik (1. Jh. v. Chr.) und besonders dann in der Kaiserzeit, für Fundamente und Decken verwendet und ermöglichte nun das freitragende Überspannen auch großer Räume durch Gewölbe (z.B. Rom, Pantheon).

An den Außenseiten wurde das Gußmauerwerk mit Steinen oder Ziegeln verkleidet. Anfangs hatten die Steine annähernd pyramidale Form. Die Spitze steckte im Gußmauerwerk, während die glatte Unterseite nach außen zeigte. Dabei versetzte man diese Steine zunächst unregelmäßig (*opus incertum*), später regelmäßiger (*opus quasi reticulatum*) und vor allem in augusteischer Zeit mit größter Sorgfalt und Regelmäßigkeit (*opus reticulatum*). Seit dem Ende der Republik gab es auch Verschalungen aus langrechteckigen Ziegeln (*opus latericium* oder *testaceum*), die vom 1. Jh. n.Chr. an oft mit Stempeln der Fabriken versehen waren (während des 2. Jh. n.Chr. eine Zeit lang auch mit Angabe des Konsulatsjahres) und dadurch wertvolle Datierungshinweise liefern. Die Wände der Gebäude wurden dann verputzt und oft stuckiert und/oder in Fresco-Technik bemalt oder mit kostbaren Steinplatten verkleidet (Inkrustation; *opus sectile*). In der römischen Kaiserzeit importierte man zu diesem Zweck wie auch für Säulen und Fußbodenbeläge (*opus sectile*) verschiedenfarbige Marmore aus allen Teilen des Reiches. Die stuckierten Wände imitierten anfangs solche Inkrustationen (sog. 1. pompeianischer Stil). Seit dem frühe-

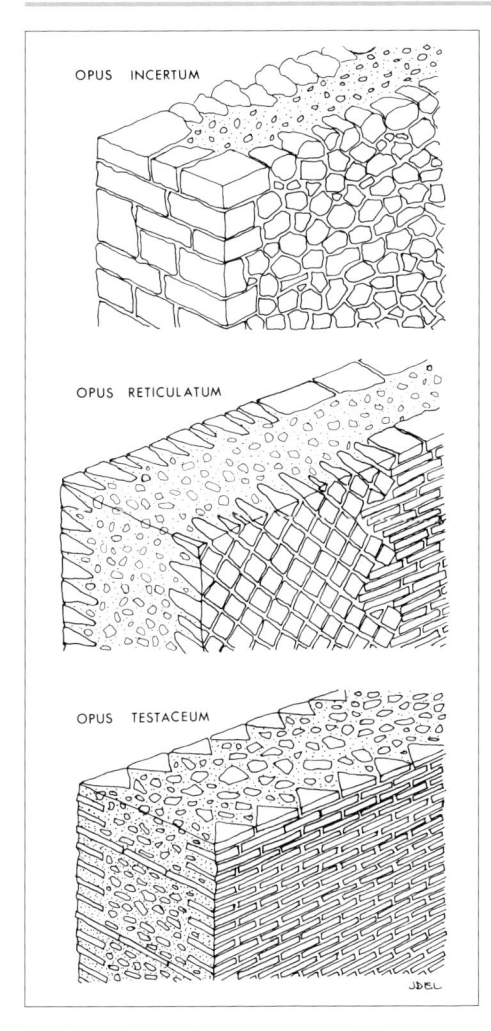

Abb. 24: Formen des opus caementicium

ren 1. Jh. v. Chr. wurden aber daneben auch illusionistische Malereien auf die flache Wand aufgemalt, die Architekturen, Landschaften, mythologische Bilder und vieles mehr zeigten (s. unten Kapitel 20).

d. Bautypen

Tempel. (Abb. 25). Kern des Tempels ist ein rechteckiger Raum (griech. *naos*, bzw. lat. *cella*), mit meist gestreckten Proportionen. An den Hauptraum schließt sich an der Front in der Regel eine Vorhalle (*pronaos*) und häufig an der Rückseite eine Rückhalle (*opisthodomos*) an. Pronaos und Opisthodom werden von Zungenmauern eingefaßt, die in pfeilerförmigen Abschlüssen (Anten) enden. Zwischen den Anten stehen in der Regel Säulen.

Tempel mit Pronaos nennt man Antentempel, solche, die auch ein Opisthodom besitzen, Doppelantentempel. Diese einfachste und älteste Tempelform geht auf den mykenischen Gebäudetyp des Megaron zurück.

Befindet sich vor dem Pronaos eine Reihe von Säulen, spricht man von einem *prostylos*, gibt es auch auf der Rückseite eine Säulenreihe, von einem *amphiprostylos*.

Als *peripteros* bezeichnet man alle Tempel mit einer um den ganzen Bau herumlaufenden *peristasis*. Der Umgang zwischen Cella und Säulenkranz heißt *pteron*. Ist die Halle zweischiffig (zwei Säulenreihen bzw. zwei Ptera), spricht man daher von einem *dipteros*. Gelegentlich ist nur ein einfacher Säulenkranz vorhanden, dessen Abstand zur Cella jedoch so weit ist, daß noch eine weitere, innere Peristasis Platz hätte. Solche Tempel nennt man *pseudodipteroi*.

Eine Besonderheit ionischer Tempelarchitektur sind riesige Dipteroi auf einer Fläche von ca. 50 × 100 m. Zu ihnen gehörte z. B. der dritte Hera-Tempel auf Samos, der sog. Rhoikos-Tempel, mit 8 × 21 (außen) bzw. 6 × 19 Säulen (innen) aus der Zeit von ca. 570 – 550 v. Chr. (Knell Abb. 55), sowie das noch etwas größere, als Weltwunder bestaunte Artemision von Ephesos (Knell Abb. 57. 70), dessen erster, um 560/50 begonnener und spätestens um 440 fertig gestellter Tempel 9 × 21 bzw. 7 × 19 Säulen besaß. Während der Kernbau des Heraions von Samos noch überdacht war (wozu man in die Cella eine doppelte Säulenreihe stellen mußte), bestand eine Besonderheit der übrigen Riesen–Dipteroi darin, daß ihr Kernbau ein offener (hypäthraler) Hof, ein sog. *sekos*, war (z. B. Artemision von Ephesos; Apollon-Tempel von Didyma, Knell Abb. 72). Diese Riesentempel waren eine Besonderheit des archaischen Ionien (das von den Peisistratiden begonnene Olympieion in Athen war eine nach samischem Vorbild erbaute Ausnahmeerscheinung), die dort jedoch in hellenistischer Zeit eine erneute Blüte erlebte.

Seltener kommen auch runde Tempel vor (z. B. Epidauros; Gruben Abb. 128 – 130; s. auch

14. Architektur

Antentempel

Doppelantentempel

Prostylos

Amphiprostylos (Athen, Ilissostempel)

Tholos (Delphi)

Monopteros Athen Akropolis

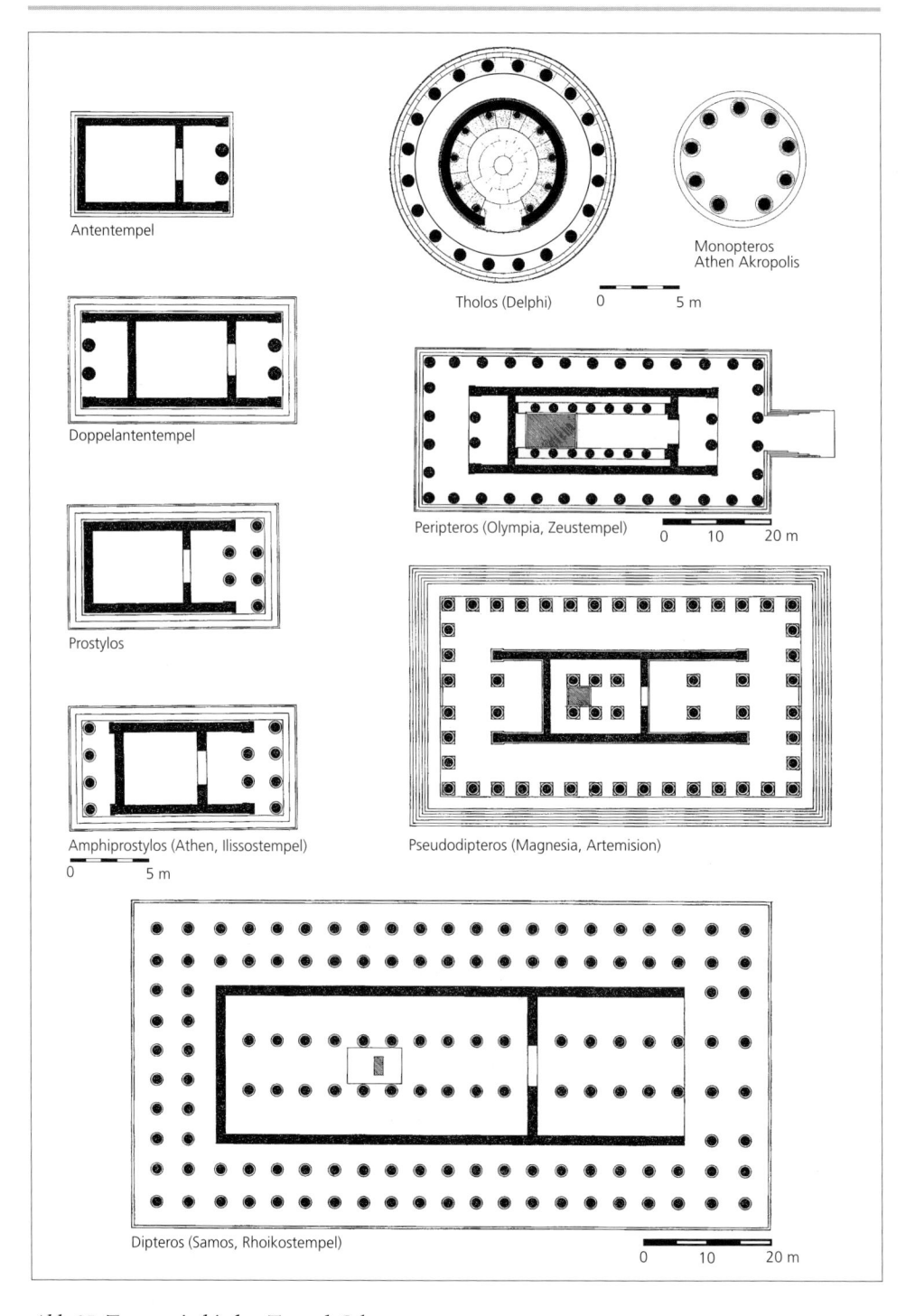

Peripteros (Olympia, Zeustempel)

Pseudodipteros (Magnesia, Artemision)

Dipteros (Samos, Rhoikostempel)

Abb. 25: Typen griechischer Tempel, Schema

oben Abb. 25. Athen, Agora: Amtsgebäude der Prytanen; s. auch unten Abb. 36). Besteht ein Rundbau nur aus einem Säulenkranz mit Dach, spricht man von einem *monopteros* (z. B. Knidos; I.C. Love, American Journal of Archaeology 76, 1972, 74 Abb. 9), gibt es auch eine (runde) Cella, von einer *tholos*.

Römische Tempel schließen an zwei verschiedene Vorbilder an: etruskische und griechische Tempel. Charakteristisch für etruskische Tempel sind die Anlage auf einem Podium, eine ausgeprägte Frontalität, gedrungene Proportionen, die Verwendung der tuskanischen Ordnung (nach Vitruv die italische Version der dorischen Ordnung, aber mit unkannelierten Schäften auf einer runden Basis), die Existenz dreier Cellae, die hinter einer tiefen Vorhalle mit mehreren Säulenreihen liegen, und die dadurch bedingte eher quadratische Grundrißform. Solche Tempel nennt Vitruv (*De Architectura,* VII,7,1ff.) Tuskanische Tempel (z. B. Veii; Ward-Perkins Abb. 16. 28, vgl. Taf. 12). Die Charakteristika dieser Tempel kennzeichnen auch die frühen römischen Beispiele wie etwa den Tempel des Iuppiter Optimus Maximus auf dem Kapitol in Rom, der bereits von den etruskischen Königen im 6. Jh. v. Chr. errichtet worden sein soll (Ward-Perkins Abb. 22; vgl. Kapitel 15.2). Unter dem Einfluß der griechischen Architektur wurden auch die römischen Tempel mit Säulenstellungen umgeben, wobei ganz unterschiedliche Formen ausgebildet wurden: Selten wurden echte Peripteroi mit Säulen an allen Seiten gebaut (Rom, Largo Argentina), weit häufiger *peripteroi sine postico* (Rom, Largo Argentina; Nash Abb. 148–159), die nur an den Langseiten und eben nicht an der Rückseite von Säulen umgeben sind, oder auch die Mischform des *pseudoperipteros*, der nur an der Front freistehende Säulen aufweist, an den übrigen Seiten aber lediglich der Cellawand vorgeblendete Halbsäulen hat (z. B. Rom, Portunus-Tempel; Nash Abb. 506). Allen gemeinsam ist, daß sie sich auf einem Podium erheben und eine ausgeprägte Frontalität aufweisen. Diese wird dadurch betont, daß das Podium nur an der Frontseite über Treppen zugänglich ist und die Rückseite architektonisch häufig deutlich einfacher als die Frontseite gestaltet ist. Bevorzugt wurde die korinthische Ordnung, deutlich seltener die ionische. Die frühen Tempel in Rom sind aus Tuff, Kalkstein und Travertin gebaut; in der späten Republik entstanden dann vereinzelt Tempel aus griechischem Marmor, seit Augustus machte die Erschließung der Marmorsteinbrüche von Luni (Carrara) in Ligurien die Errichtung fast aller neuen Tempel aus Marmor möglich. Neben den rechteckigen gab es auch runde Tempel, Tholoi nach griechischem Vorbild (z. B. Rom, Tempel des Hercules Victor auf dem Forum Boarium; Nash Abb. 503–505) oder Sonderformen wie das Pantheon in Rom (erhalten ist der 2. Bau von Hadrian; Nash Abb. 895–901): Eine rechteckige Eingangshalle mit Giebel ist einem Rundbau mit halbkugelförmiger Kuppel von 43,3 m Durchmesser vorgelagert.

Stoa, Porticus, Basilica. Ein wesentliches Element und geradezu eine Art Leitmotiv griechischer und römischer Architektur sind Säulenhallen, die durch ihren grundsätzlich multifunktionalen Charakter vielfältig verwendbar und gleichzeitig repräsentativ waren (Schutz vor Sonne und Regen, Platz für Läden und Verkaufsstände, Verwaltung, Treffpunkt für die Bevölkerung, Ausstellung bzw. Anbringung von wichtigen Dekreten, Gesetzen, Verträgen, Ausstellung von Trophäen etc.). Einfache Hallen bilden einen langrechteckigen Raum mit nach außen gerichteter, offener Säulenfront; tiefere Hallen können zwei-, seltener sogar dreischiffig sein, d. h. zusätzlich eine oder zwei Innensäulenreihen besitzen (Müller-Wiener Abb. 89). Man nennt sie griechisch *stoa* und lateinisch *porticus* (die! fem.). Stoai und Portiken sind ursprünglich freistehende, selbständige Gebäude. Später können sie jedoch miteinander oder mit anderen Gebäuden zu größeren Ensembles verbunden werden (z. B. Peristylanlagen).

Als *basilica* bezeichnet man drei- bis fünfschiffige Hallenbauten mit ausgeprägtem Innenraumcharakter. In der Regel besitzt die Basilica auf allen vier Seiten feste Wände mit Türen auf einer oder mehreren Seiten, die sich gelegentlich auf eine vorgelagerte Porticus zum Forum hin öffnen können. Der Innenraum ist wahlweise auf die Schmal- oder Langseiten hin ausgerichtet, an denen sich Tribünen für offizielle Handlungen (z. B. Rechtsprechung, Reden bei politischen Veranstaltungen) oder Statuen (z. B. Kaiserstatuen) befinden können. Das frü-

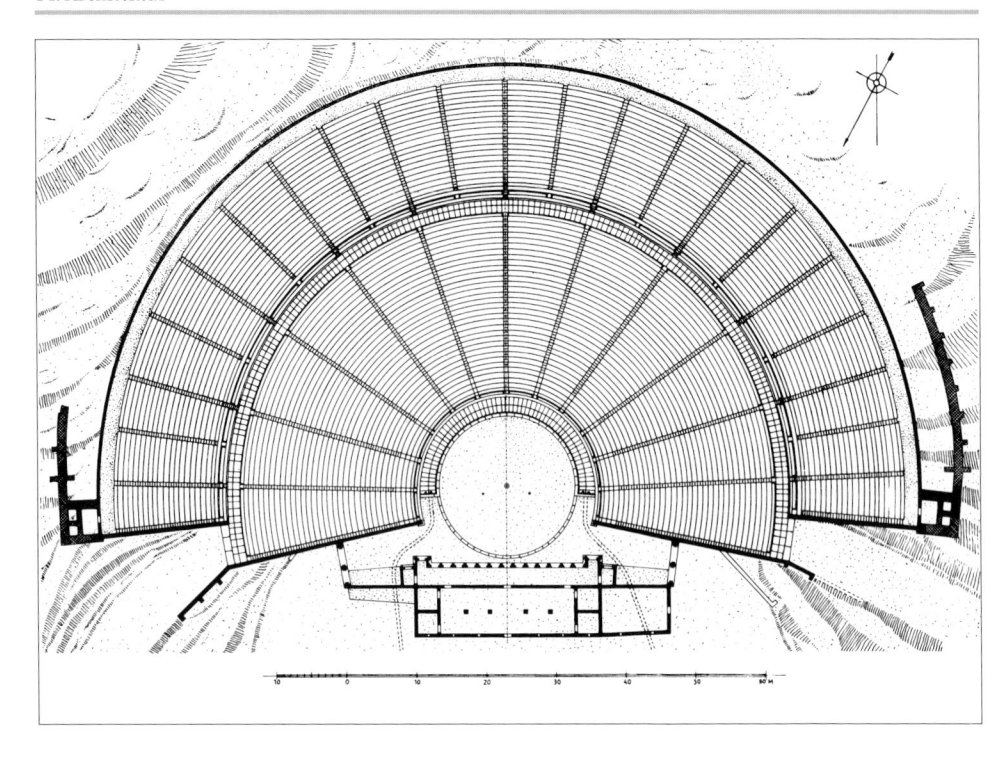

Abb. 26: Griechisches Theater von Epidauros, Plan

heste überlieferte Beispiel ist die Basilica Porcia am Forum Romanum (184 v. Chr.). Wie die späteren Forumsbasiliken (Sempronia, Aemilia, Iulia; Abb. 38) war sie die Stiftung eines der führenden Männer der Zeit (M. Porcius Cato), dem sie ihren Namen verdankt. Die Basilica war vor allem in der Kaiserzeit einer der wichtigsten öffentlichen Bautypen und wie die Stoa ein multifunktionales Gebäude.

Bouleuterion, Curia. Das *bouleuterion* etablierte sich in Griechenland als Bautyp für die Versammlung des Rates (*boulé*). Dabei handelt es sich um einen großen, rechteckigen oder quadratischen Saal mit Innenstützen (hypostyler Saal), der seit dem späteren 4. Jh. v. Chr. in der Regel mit einem halbrunden oder rechteckig umlaufenden Stufenbau versehen wurde (Müller-Wiener Abb. 96). Die *curia*, das römische Äquivalent für die Ratsversammlung, den Senat, ist dagegen ein frei überspannter Raum ohne Innensäulen (Abb. 38).

Theater und Wettkampfstätten. Griechische Theater entwickelten sich für die speziellen Bedürfnisse öffentlicher Aufführungen und Vorträge vor allem kultischen, aber auch profanen Charakters (Abb. 26; s. auch Kapitel 12). Ursprünglich fanden diese Veranstaltungen auf einem runden 'Tanzplatz' (*orchestra*) statt. Die Zuschauer standen oder saßen auf dem benachbart ansteigenden Hang oder vielleicht auch auf hölzernen Tribünen. Als Bühnengebäude (*skené*) für das allmählich sich entwickelnde Drama diente wohl ein schuppenartiges Holzgebäude. Später, als die Theater monumentalisiert und aus Stein erbaut wurden, wählte man ihre Lage nach Möglichkeit so, daß die ansteigenden Sitzreihen, auf denen die Zuschauer Platz nahmen, aus dem Hang eines Hügels herausgehauen werden konnten. Der so entstandene Zuschauerraum heißt griechisch *koïlon*, lateinisch *cavea*, und umgibt in einem etwas mehr als halbkreisförmigen Bogen die runde Orchestra, in der in den Tragödienaufführungen der Chor und anfangs auch die Schauspieler spielten. Die Cavea war durch Treppen, auf denen die Zuschauer ihre Plätze erreichten, in mehrere Segmente unterteilt, oftmals auch durch einen umlaufenden

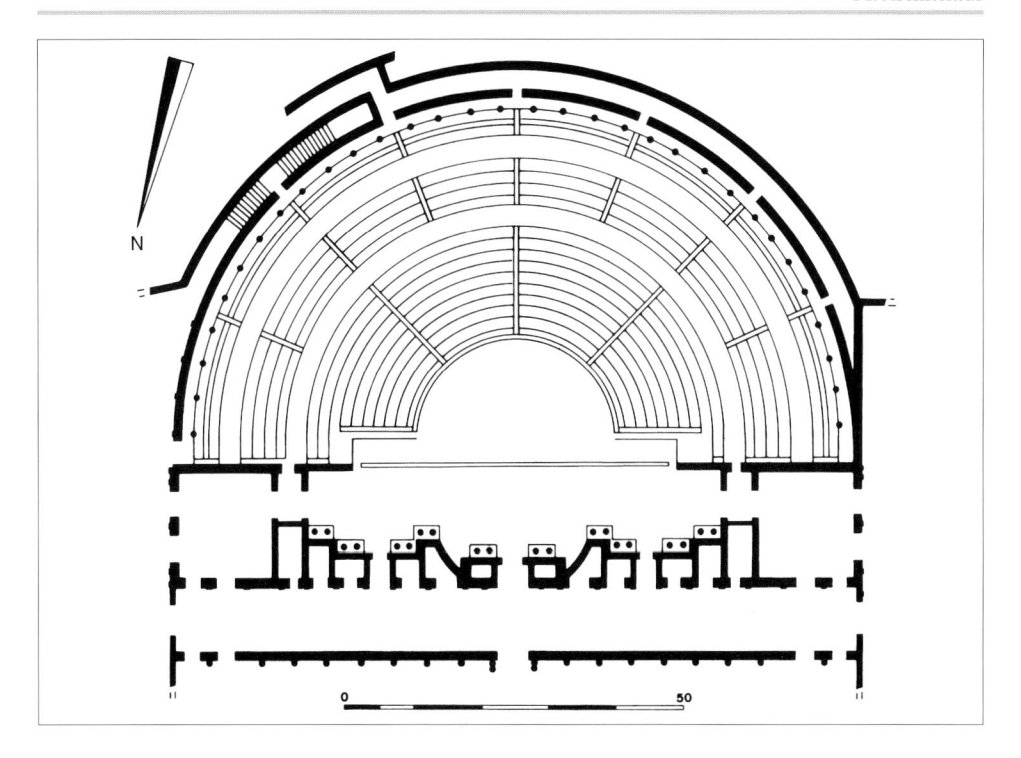

Abb. 27: Römisches Theater von Orange, Plan

Gang (*diazoma*) in einen unteren und einen oberen Rang. Die unterste Sitzreihe (später, nachdem die Schauspieler auf dem Proskenion spielten, oft die erste Reihe des 2. Ranges) war mit Ehrensitzen für Priester und Honoratioren ausgestattet und besonders hervorgehoben (*prohedria*). Die gegenüberliegende Seite nahm die Skene ein, der später ein Podium (*proskenion*) vorgelagert wurde, auf dem die Schauspieler agierten. Skene und Cavea waren nicht miteinander verbunden, so daß auf beiden Seiten Zugänge (*parodoi*) entstanden.

Römische Theater sind prinzipiell ähnlich aufgebaut, aber es gibt charakteristische Unterschiede (Abb. 27): Cavea und Orchestra sind nun genau halbkreisförmig und besitzen eine aufwendige Vorrichtung zum Aufziehen schattenspendender Sonnensegel (*vela*). Oberhalb der letzten Sitzreihe gibt es eine Galerie mit Arkaden oder Portiken, in denen vielleicht Erfrischungen zu kaufen waren. Römische Theater werden in der Regel freistehend gebaut, so daß die Sitzreihen durch Gewölbe und über Treppen in den Substruktionen der Cavea erreicht werden konnten. Von außen wird die Cavea mit einer repräsentativen Blendarchitektur versehen. Das Bühnengebäude (*scaenae frons*) mit dem niedrigeren Podium (*proscaenium*) ist nun fest mit der Cavea verbunden und daher genauso hoch wie letztere. Dies ermöglichte die Ausschmückung der Scaenae mit aufwendigen Ädikulen und Statuenprogrammen in zwei, gelegentlich auch drei Stockwerken übereinander. Seitlich entstehen so zwei genau gegenüberliegende überwölbte Durchgänge, über denen die seitlich vorragende Teile des Bühnengebäudes (*parascaenia*), gelegentlich auch weitere Sitzreihen, liegen.

Amphitheater entstanden im 2. Jh. v. Chr. im campanischen Raum. Sie haben elliptische Form und im Zentrum eine ovale Arena (z. B. Rom, Colosseum; Ward-Perkins Abb. 93 Taf. 121). Diese Gestalt, die zwei gegeneinander geschobenen Theatern bzw. deren Zuscherräumen gleicht, gab ihnen den Namen. Sie dienten, wie in der späten Kaiserzeit zumeist auch die Theater, der Veranstaltung von Gladiatorenkämpfen, Tierhatzen (*venatio*) und

Wasserkämpfen (*naumachia*). Unter der Arena gab es Zellen und Käfige für Gefangene und Tiere, ein Gangsystem, durch das Tiere und Kämpfer die Arena betraten, und verschiedene maschinelle Vorrichtungen. Wie im Theater schützten Vela die Zuschauer vor der Sonne.

Unter den griechischen Wettkampfstätten seien hier nur zwei erwähnt: das griechische Stadion, mit einer Laufbahn (*dromos*) von 600 Fuß Länge (ca. 180 m) und auf den beiden Lang- und einer Schmalseite umlaufenden Sitzstufen für die Zuschauer, das vor allem für Wettläufe diente, und der Hippodrom, die Rennbahn für Wagenrennen.

Der römische Circus diente ebenfalls vor allem Wagenrennen, aber gelegentlich auch Venationes und anderen öffentlichen Veranstaltungen. Seine Länge beträgt zwischen 400 und 650 m (Nash Abb. 271–277). Beide Langseiten und eine gekurvte Schmalseite waren mit Sitzreihen für die Zuschauer ausgestattet, auf der vierten Seite befanden sich die Startvorrichtungen (*carceres*). In der Mitte des Circus teilte die *spina* die beiden Rennbahnen. Sie bot die Möglichkeit aufwendiger Ausstattung mit Wasserbecken, Brunnen, Statuen von Kaisern und Göttern, Obelisken usw.

Alle diese Spielstätten konnten darüber hinaus sowohl während der genannten Hauptaktivitäten als auch gelegentlich außerhalb derselben zu politischen Kundgebungen unterschiedlichster Art sowohl von Seiten der Herrschenden als auch von Seiten der Masse der Bevölkerung genutzt werden.

Gymnasien. Sportliche Übungen und musischer Unterricht waren bereits in der frühen griechischen Polis zentraler Bestandteil der Erziehung der Jugend. Seit dem 6. Jh. v. Chr. sind für diese Übungen (wie auch für die sportlichen Aktivitäten der Erwachsenen) in den Schriftquellen spezielle Stätten bezeugt, seit dem 4. Jh. v. Chr. ist dafür auch ein spezifischer Bautypus nachweisbar: das Gymnasium (Müller-Wiener Abb. 100). Zentrum der Anlage ist ein offener, von Säulenhallen umgebener Hof (*palaistra*), an den sich an einer oder mehreren Seiten weitere, gedeckte Räume anschließen: Umkleideräume (*apodyteria*), ein Sandraum (*konisterion*), ein Salbraum (*elaioterion*) sowie verschiedene Unterrichtsräume. Zur Körperreinigung nach dem Sport dienten zunächst (und in schlichteren Gymnasien auch später noch) Räume mit Wasserbecken (*louteria*); später wurden diese meist durch mehr oder weniger aufwendige Badeanlagen ersetzt. In der Kaiserzeit entstand in den östlichen Provinzen der Typ des Gymnasionbades oder Thermengymnasions, das ein Gymnasion mit einer prächtigen Thermenanlage kombiniert.

Bäder. Griechische Bäder mit Sitzbadewannen und/oder runden Schwitzräumen sind schon seit dem 5. Jh. v. Chr. nachweisbar (z. B. Olympia, Eretria). Die Räume waren unregelmäßig angeordnet, und das kalte oder heiße Wasser mußte in die Becken und Sitzwannen zunächst noch mit Eimern oder anderen Gefäßen eingefüllt werden. Der Schwitzraum wurde mit einem Holzkohleherd geheizt. Später setzte man die Fußböden bestimmter Räume auf kleine Pfeiler aus Stein oder Ziegeln, zwischen denen heiße Luft aus einem angrenzenden Heizraum hindurchstreichen und den Fußboden erwärmen konnte (Hypokausten; ältestes Beispiel: Gortys, um 300 v. Chr.). Das Wasser wurde nun über Leitungen herangeführt.

Auch in Italien waren die älteren Bäder zunächst Räume mit Waschbecken und/oder Sitzwannen. Später hat man sich dann die Errungenschaften der griechischen Badekultur zunutze gemacht und zu größtem Luxus gesteigert. In der Zeit der späten Republik entwickelte sich ein verbindlicher Typus, bei dem Auskleideraum (*apodyterium*), Kaltbaderaum (*frigidarium*), Warmbaderaum (*tepidarium*) und Heißbaderaum (*caldarium*) hintereinander liegen und in dieser Reihenfolge durchlaufen wurden (Abb. 28). Oft schließt sich an einen der Räume ein Schwitzraum (*laconicum*, *sudatorium*) an. Die wichtigsten Räume waren durch Hypokausten, in späterer Zeit auch durch Tonröhren in den Wänden (Tubulatur) beheizt. In der Kaiserzeit bauten vor allem die Kaiser große, symmetrische Thermenanlagen, deren Zentrum das Frigidarium bildete (erstes kanonisches Beispiel: Traiansthermen in Rom). Die großen Thermen der Kaiserzeit waren weitläufige Vergnügungsstätten für das Volk. Neben großen Wasserbecken (*natatio*) gab es Palästren und Gartenanlagen für Sport, Spiel und Müßiggang (Abb. 29).

Wohnhäuser. Griechische Häuser präsentieren sich nach außen schlicht und abgeschlossen. Sie werden nur durch kleine, zumeist hochliegende Fenster beleuchtet. Bei den noch

14. Architektur

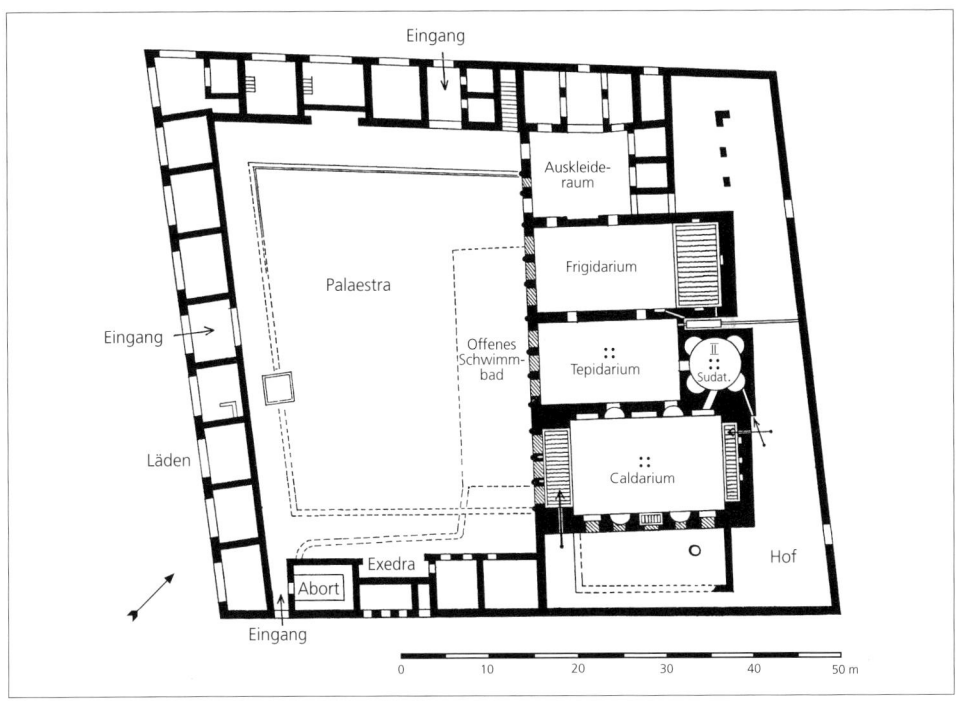

Abb. 28: Zentral-Thermen von Pompeii, Plan

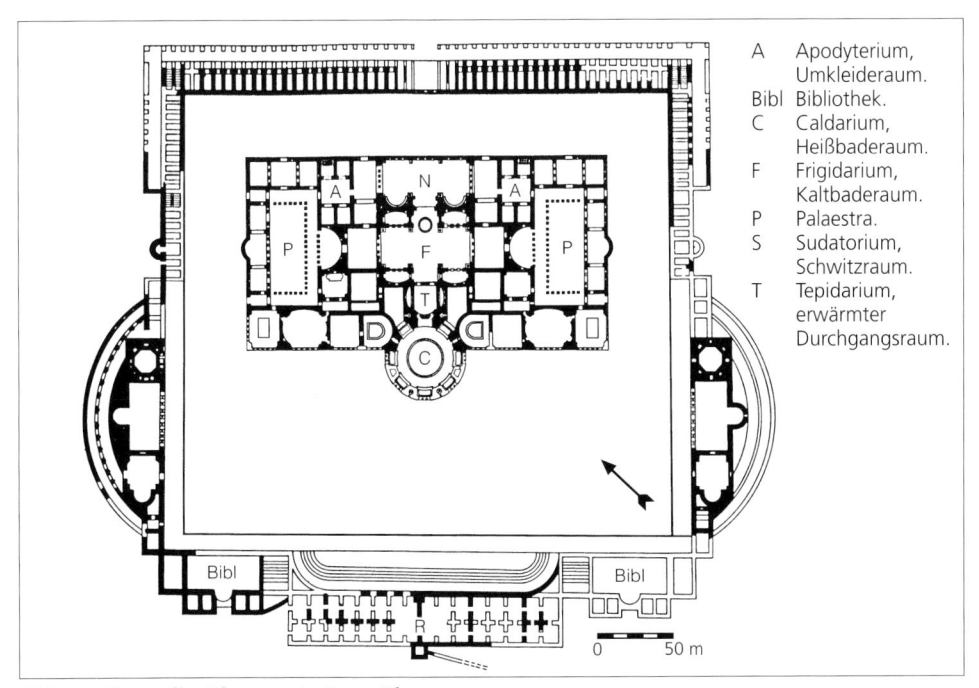

A Apodyterium, Umkleideraum.
Bibl Bibliothek.
C Caldarium, Heißbaderaum.
F Frigidarium, Kaltbaderaum.
P Palaestra.
S Sudatorium, Schwitzraum.
T Tepidarium, erwärmter Durchgangsraum.

Abb. 29: Caracalla-Thermen in Rom, Plan

14. Architektur

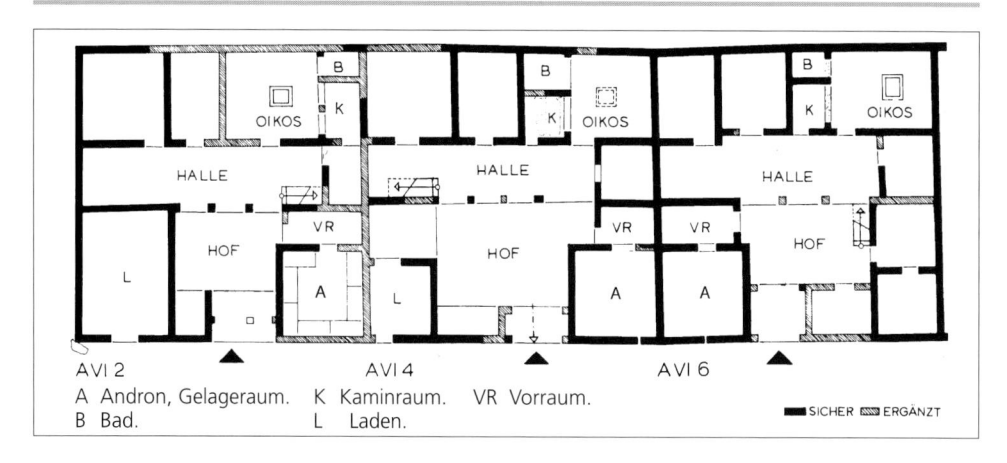

Abb. 30: Griechische Wohnhäuser in Olynth, Plan

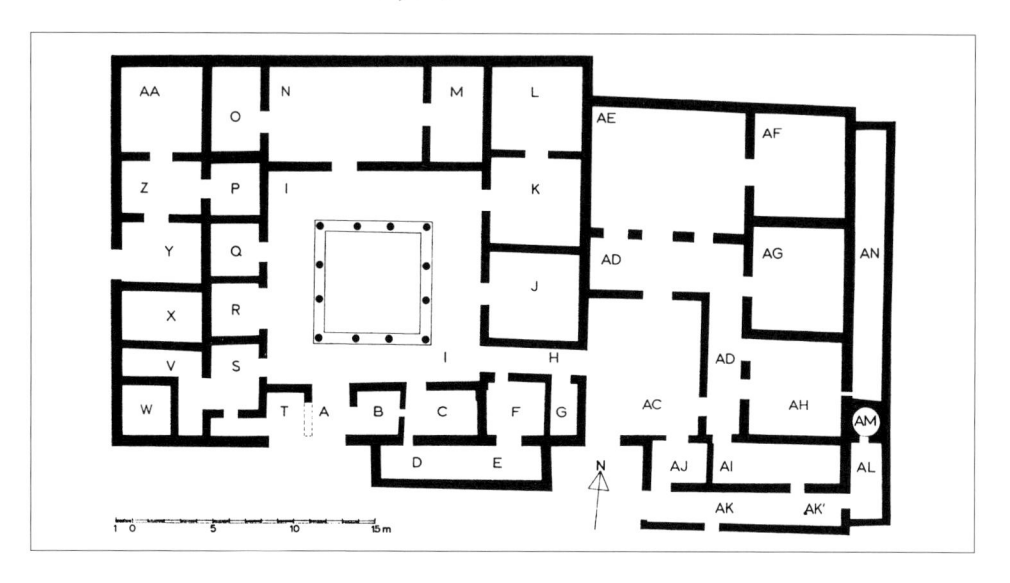

Abb. 31: Maison des comédiens in Delos, Plan

verhältnismäßig kleinen klassischen Häusern (in den Planstädten Parzellen von ca. 200–400 m²) betrat man durch durch eine Tür von der Straße her einen offenen Hof, um den die Wirtschafts- und Wohnräume liegen (Abb. 30). Wichtigster Raum für die Familiengemeinschaft war der *oikos*, der Herdraum, vor dem sich oftmals ein von einer oder mehreren Säulen getragenes Vordach befindet (*prostas/pastas*). Im Erdgeschoß lagen darüber hinaus weitere Wohn-, Wirtschafts- und Vorratsräume sowie oftmals Schuppen, Ställe und gelegentlich Ladenlokale. Darüber hinaus gab es einen Bankettraum für den Hausherrn und seine Gäste (*andron*), und häufig weitere Räumlichkeiten im Obergeschoß, deren Funktion nicht eindeutig zu bestimmen ist. Mit zunehmendem Bedürfnis, luxuriöser und angenehmer zu wohnen sowie seinen sozialen Status durch ein angemessenes Wohnhaus zu demonstrieren, wurden die Häuser der Reichen seit dem 4. Jh. v. Chr. und vor allem im Hellenismus erheblich größer und aufwendiger gestaltet (Abb. 31). Die Höfe wurden mit Säulenhallen umgeben (Peristylhöfe), auf die sich zahlreiche reich ausgestattete, in Größe und Form differenzierte Räume öffnen (z. B. *andrones* für 3, 5, 7, 9, 11 etc. Speiseliegen, Klinen, oder *exedrae* mit Öffnung auf das Peristyl in Raumbreite).

Römische Häuser (*domus*) sind nach außen hin ähnlich abgeschlossen wie die griechischen (Abb. 32). Lebensmittelpunkt der Familie und Zentrum des sog. Atriumhauses war das *atrium*, ein großer Raum mit einem Wasserbecken (*impluvium*) in der Mitte, das eine Zisterne abdeckt, und einer korrespondierenden Öffnung im Dach (*compluvium*). Im Gegensatz zum Hof des griechischen Hauses war das Atrium weitgehend überdacht und oft sehr hoch angelegt, nur durch das kleine Compluvium wurde die nötige Beleuchtung und Belüftung gewährleistet. Um das Atrium, das durch die *fauces* bzw. das *vestibulum* von der Straße zugänglich war, gruppierten sich kleinere Wohn- und Wirtschaftsräume (*cella*, *conclave*, *cubiculum*). Im hinteren Teil lagen zwei symmetrische Räume (*alae*), die sich in ganzer Breite auf das Atrium öffneten. Die dem Eingang gegenüberliegende Seite nahmen die wichtigsten Räume des Hauses ein (*tablinum* mit weiter Öffnung zum Atrium, *triclinium*), die den verschiedenen Bedürfnissen besonders des *pater familias* dienten, wie etwa dem Empfang von Klienten und Freunden. Hinter dem Haus gibt es einen Nutzgarten (*hortus*) und an der Straßenfront oftmals Ladenlokale (*tabernae*).

Unter dem Eindruck des griechischen Wohnluxus hellenistischer Paläste übernahmen reiche Römer seit der späten Republik griechische Elemente in die Architektur ihrer Domus. Der Hortus wurde durch ein Peristyl ersetzt, dessen freie Fläche als Garten gestaltet und aufwendig mit Brunnen und Skulpturen geschmückt war. Um das Peristyl waren vor allem luxuriös ausgestattete Räume unterschiedlicher Form und Größe angeordnet (*oecus*, ein großer Aufenthaltsraum, u.a. auch fürs Speisen; *triclinium*, v.a. Speiseraum von langrechteckiger Form; *exedra*, in voller Breite auf den Hof geöffneter Raum), die insbesondere dem Gastempfang dienten (abendliche Gastmähler, philosophische und politische Gespräche etc.). Das Tablinum in der Achse des Hauses war als verbindendes Element der beiden Trakte sowohl zum Atrium als auch zum Peristyl hin geöffnet.

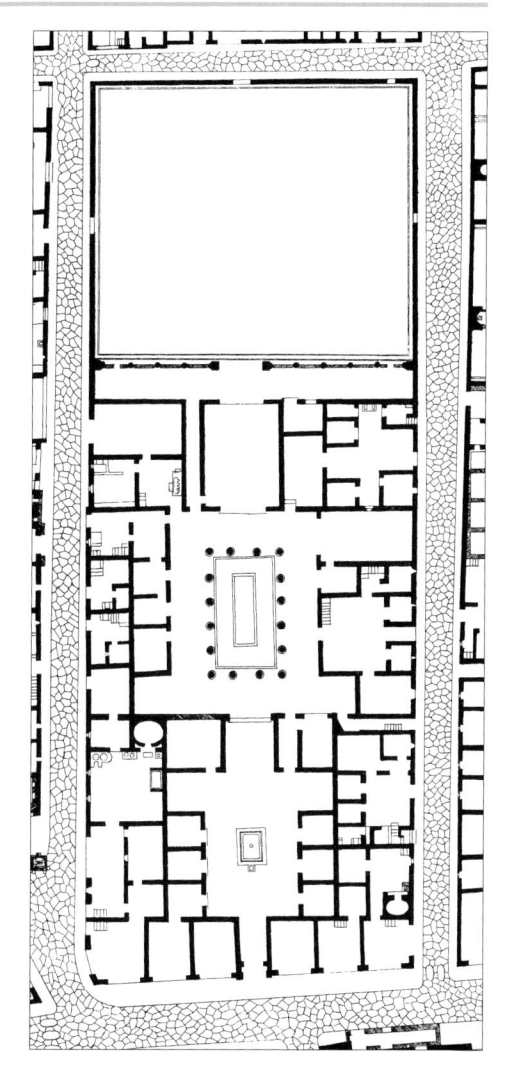

Abb. 32: Insula Arriana Polliana (VI 6) in Pompeii, Plan

Als *villa* bezeichnet man außerhalb der Stadt gelegene Wohnhäuser. Sie waren meist erheblich größer als die innerstädtischen Domus und von weitläufigen Ländereien umgeben. Die Villen entstanden ursprünglich aus einfachen Bauernhöfen (*villa rustica*), die im Zuge der Hellenisierung der römischen Oberschicht immer mehr mit Elementen der hellenistischen Wohnarchitektur angereichert wurden

14. Architektur

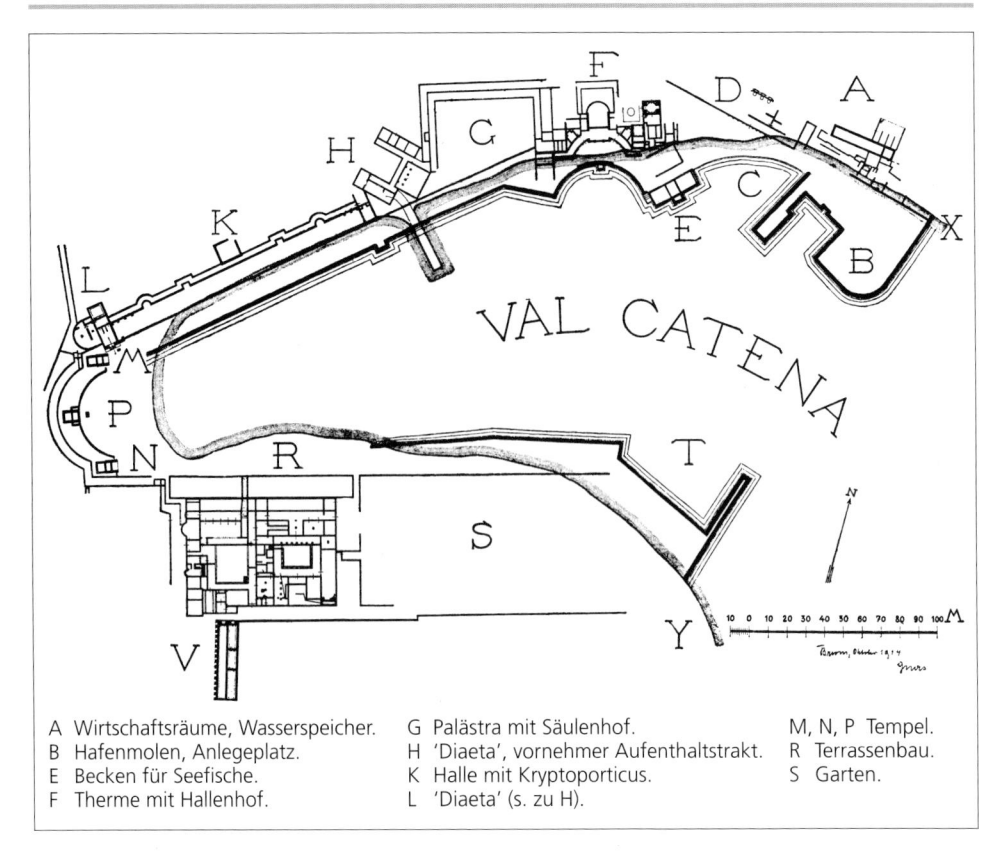

A Wirtschaftsräume, Wasserspeicher.
B Hafenmolen, Anlegeplatz.
E Becken für Seefische.
F Therme mit Hallenhof.
G Palästra mit Säulenhof.
H 'Diaeta', vornehmer Aufenthaltstrakt.
K Halle mit Kryptoporticus.
L 'Diaeta' (s. zu H).
M, N, P Tempel.
R Terrassenbau.
S Garten.

Abb. 33: Römische Villa von Val Catena auf der Insel Brioni grande, Planskizze

(Mielsch Abb. 2): Dabei entwickelten sich neben den landwirtschaftlich genutzten Bereichen (*pars rustica*) eigene Trakte, die in ihrer Raumstruktur den städtischen Domus entsprachen (*pars urbana*). Seit der späten Republik entstanden in Nachahmung der Paläste der hellenistischen Herrscher dann auch Villen, bei denen der Schwerpunkt eindeutig auf der pars urbana lag. Solche Villen wurden in erster Linie als Stätten der Erholung und Muße genutzt und entsprechend mit Portiken, Peristylen, aufwendigen Vogelhäusern für die Zucht von Luxus-Tieren, Brunnen, kleinen Heiligtümern, Bädern, Bibliotheken und zahlreichen unterschiedlichen prunkvollen Räumen und Raumsuiten ausgestattet (Abb. 33; Mielsch Abb. 59–60).

Obwohl die Namen der genannten Raumtypen römischer Häuser in der antiken Literatur (insbesondere bei Vitruv) überliefert sind, ist doch wichtig zu betonen, daß ihre Identifizierung mit bestimmten, nach Funktion und Lage klar definierten Räumen auf den Konventionen archäologischer Fachterminologie beruhen (z. B. Atrium und Ala). Zwar können in antiken Wohnhäusern gelegentlich bestimmte vorherrschende Funktionen für einzelne Räume ausgemacht werden, doch sind die Raumtypen grundsätzlich alle polyfunktional. Das gilt vor allem für das klassische griechische Haus, bei dem sich die Multifunktionalität schon zwangsläufig aus der geringen Anzahl der Räume ergibt. Aber auch die teils stärker unterschiedenen Raumtypen hellenistischer und römischer Häuser waren in ihren Funktionen nicht festgelegt. Cubiculum bezeichnete beispielsweise einen Raum, in dem ein Ruhebett steht; doch konnte ein solcher Raum nicht nur zum Schlafen (und schon gar nicht nur nachts), sondern auch zum Studieren, für persönliche Unterredungen, zum Empfang von kleineren Gruppen vertrauter Gäste usw. dienen. Die strikte funktionale Trennung von Räumen (Schlafzimmer, Arbeitszimmer, Wohnzimmer etc.) ist eine Entwicklung des modernen Bürgertums des 19. Jh. Größe, Form, Ausstattung und Lage eines Raumes im antiken Haus definierten sich somit weniger durch die einzelnen dort stattfindenden Tätigkeiten, als vielmehr hierarchisch durch die Bedeutung der Tätigkeiten bzw. der diese Tätigkeiten ausübenden Personen. So waren Räume für niedere Tätigkeiten des Haushalts und die Arbeits- und Schlafräume (oft miteinander identisch) der Hausklaven schlicht und nach ihrer Lage auf Funktionalität einerseits und Unauffälligkeit andererseits ausgerichtet, während Räume stärker 'öffentlichen' Charakters (etwa zum Empfang von Klienten) in den vom Eingang her leicht zugänglichen Teilen des Hauses lagen und Räume 'privateren' Charakters für die Familie und geladene Besucher sich in den hinteren Teilen der Gebäude befanden und reicher ausgestattet waren.

Aus diesen Überlegungen ergibt sich noch ein weiterer Punkt. Wir sind gewohnt, strikt zwischen 'öffentlich' und 'privat' zu unterscheiden, wobei dem Wohnbereich ausdrücklich der Charakter der Privatheit zukommt. Diese Auffassung resultiert jedoch gleichfalls aus der Entwicklung bürgerlichen Wohnens seit dem ausgehenden 18. Jh., als der Arbeitsbereich aus dem Wohnbereich ausgegliedert und räumlich von der 'Privatwohnung' getrennt wurde und somit auch erst der klare Gegensatz zwischen 'öffentlichem' Arbeiten und 'privatem' Wohnen geschaffen wurde. In der Antike dagegen, vor allem in hellenistischer und römischer Zeit, spielte das Haus eine wichtige Rolle im sozial-gesellschaftlichen Leben und war keineswegs als Rückzugsort dem privaten Wohnen der Kleinfamilie vorbehalten. Die Häuser der römischen Nobiles dienten täglich dem Empfang zahlreicher Besucher, deren Spektrum von abhängigen Klienten bis zu gleichrangigen Gästen und vertrauten Freunden reichte. Die streng geregelten Empfangsrituale waren für alle Beteiligten, Gastgeber (bzw. *patronus*) wie Gäste, von hoher gesellschaftlicher und häufig auch politischer Relevanz, so daß dem Schauplatz, dem Wohnhaus, eine entsprechend hohe Bedeutung und öffentlicher Charakter zukam.

(B.B.)

15. Historische Topographie

15.1 Athen*

Lage. Athen liegt am Rand der weiten, fruchtbaren Ebene des Flusses Kephisos, umgeben von den hohen Bergzügen des Aigaleos (NW), Parnes (N), Pentelikon (NO, vorzüglicher Marmor) und des Hymettos (SO, Marmor). Im Zentrum bildet ein nicht hoher, aber steiler und nur von Westen her zugänglicher Felsberg die Akropolis. Südlich davon fließt der kleine Fluß Ilissos, nördlich der Nebenbach Eridanos nach Westen. Die Entfernung zum Meer und zu den Häfen Phaleron und Piraeus beträgt ca. 5 km (Plan s. Abb. 34).

Mykenische Zeit (15.–13. Jh. v. Chr.) Vereinzelte Spuren von Besiedlung im Bereich des späteren Athen sind seit dem Neolithikum nachgewiesen. Die erste 'städtische' Besiedlung, in mykenischer Zeit, hatte ihr Zentrum in einem bedeutenden Herrscherpalast auf der Akropolis, am Ort des späteren Erechtheion (Travlos Abb. 66–68. 70); hier dachte man sich später den Sitz der mythischen Könige Kekrops und Erechtheus. Die Burgmauer, in Resten noch bei den späteren Propyläen sichtbar (Travlos Abb. 70), ist in der 'kyklopischen' Technik aus polygonalen Steinen errichtet; sie wurde nach den mythischen Ureinwohnern

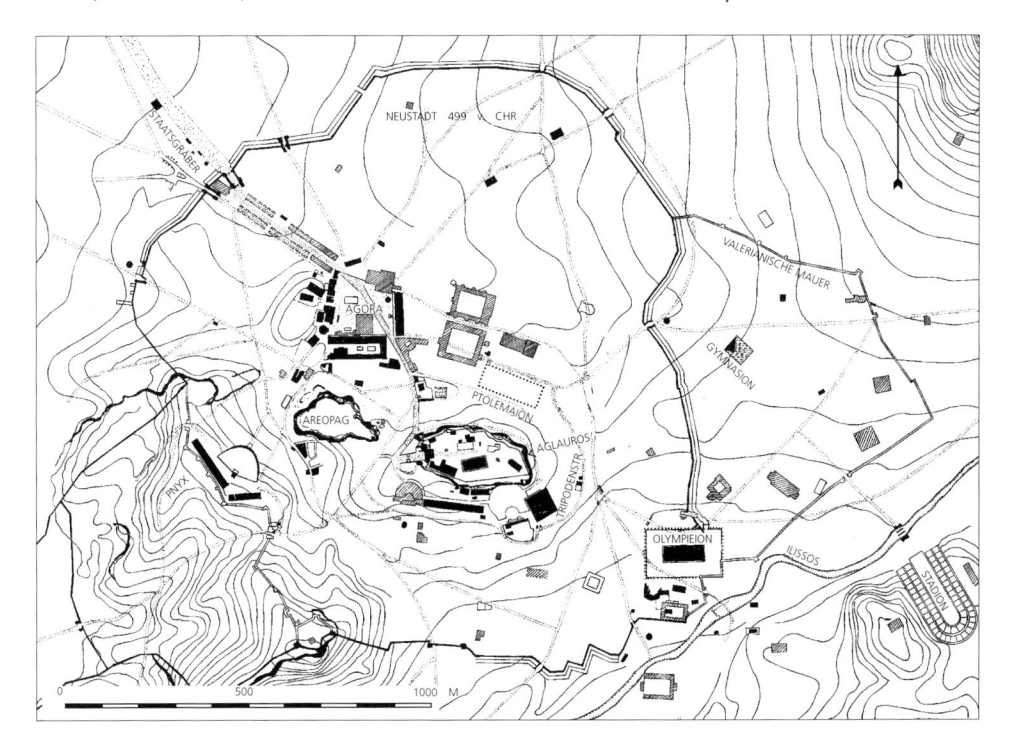

Abb. 34: Athen, Stadtplan

*Abbildungen:

Travlos J. Travlos, Bildlexikon zur Topographie des antiken Athen (1971). Dort die hier erwähnten Orte, Bauten usw. unter den betreffenden Stichworten. Im folgenden Text Hinweise nur, soweit nicht einfach aufzufinden.

(Pelasger) 'pelasgische Mauer' genannt. Der Palast war politisches, wirtschaftliches und religiöses Zentrum der umliegenden Siedlung. Diese scheint sich an einzelnen Stellen, etwa im SO beim späteren Olympieion, stärker konzentriert zu haben, ohne einen geschlossenen Stadtkern mit gegenüber dem Palast selbständigen Zentren zu bilden. Im NW, dem Bereich der späteren Agora, fanden sich Gräber, z.T. 'fürstliche' Kammergräber, die den kulturellen Rang Athens in mykenischer Zeit bestätigen (Travlos Abb. 6–10).

Nachpalastzeit, Dark Ages (12.–9. Jh. v. Chr.) Mit dem allgemeinen Ende der mykenischen Palastkultur in Griechenland zerfiel die Königsmacht auch in Athen. Das ist deshalb bemerkenswert, weil Attika offenbar nicht von den eindringenden Stämmen der Dorer betroffen worden ist, äußere Faktoren also nur indirekt wirksam wurden. Der Palast wurde jedoch um 1200 v. Chr. aufgegeben, bald darauf hören die Funde auf der Akropolis für ca. 300 Jahre auf. Einen König muß es weiter gegeben haben, aber mit stark beschränkten Befugnissen, als *primus inter pares*; entsprechend residierte er nicht mehr herausgehoben auf der Burg, sondern unter den Mitbürgern, vielleicht in der Gegend des Olympieion. Die Siedlung blieb weiter bewohnt und dehnte sich sogar aus. Das ergibt sich vor allem aus der Nekropole im NW, im Bereich des späteren Kerameikos, die immer stärker anwuchs und weiter nach draußen verlegt wurde. Offenbar handelt es sich um verstreute Siedlungskonglomerate, ohne geschlossene, 'städtische' Strukturen.

Entstehung der Polis Athen (8.–frühes 6. Jh. v. Chr.) Die Entstehung der Polis Athen im späteren Sinn, mit neuen politischen Institutionen, von denen die Schriftquellen berichten, scheint in das 8. und 7. Jh. v. Chr. zu fallen. Nach der Entmachtung des Königs wurden die Kompetenzen der politischen Leitung sukzessive geteilt; es entstand in einem längeren Prozeß ein System von jährlich gewählten neun Beamten (Archonten), von denen der Archon Eponymos dem Jahr den Namen gab, der Archon Basileus die religiösen Funktionen des Königs übernahm, der Polemarch das Heer führte, die sechs Thesmotheten Recht sprachen. Der politische Einfluß war beim Adel und in der Ratsversammlung konzentriert, die Volksversammlung hatte nur geringe Befugnisse. Spätestens im 8. Jh. v. Chr. muß Athen zum politischen Zentrum von ganz Attika geworden sein. Dies Staatswesen geriet im 7. Jh. v. Chr. in eine schwere soziale Krise, indem die adeligen Landbesitzer sich immer stärker zu Lasten der Kleinbauern bereicherten und sie in wirtschaftlichen Ruin, Abhängigkeit, sogar zum Auswandern zwangen. Diese Situation wurde erst durch die Reformen des Solon (593 v. Chr.) gelöst.

Seit dem 8. Jh. v. Chr. bezeugen die Gräber allgemein ein deutlich ansteigendes materielles Niveau, zumindest bei der Oberschicht (Travlos Abb. 11–17. 396–397). In dieser Zeit muß der Prozeß begonnen haben, durch den Athen aus einer Kumulation verstreuter Siedlungen zu einem geschlossenen städtischen Zentrum zusammenwuchs.

Ebenfalls seit dem 8. Jh. v. Chr. wurde die Akropolis wieder in Funktion genommen, jetzt als Götterberg, als Heiligtum der Athena (Travlos Abb. 71). Geräte, Gefäße und Figuren aus Bronze und Ton bezeugen Votivtätigkeit, von einem ersten Tempel aus dem 8.–7. Jh. v. Chr. sind zwei Säulenbasen erhalten. Nach den Reformen des Solon setzte die konsolidierte Bürgerschaft eine reiche Ausgestaltung der Akropolis mit Bauten und Bildwerken (bes. Kore-Figuren) in Gang, die in der folgenden Tyrannenzeit fortgesetzt wurde. Giebelskulpturen und Architekturteile bezeugen mehrere Tempel sowie kleinere Bauwerke, die als Schatz- oder Bankethäuser gedeutet werden (Travlos Abb. 72–77. 79–85. 330–334). Ein monumentaler Tempel mit Löwen und einem dreileibigen mythischen Wesen in den Giebeln wurde vielleicht bei der Neuordnung des großen Panathenäen-Festes 566 v. Chr. eingeweiht. Die Zuweisung dieser Skulpturen und Bauglieder zu (südlich des Erechtheion) erhaltenen und (unter dem Parthenon) erschlossenen Fundamenten wird seit hundert Jahren kontrovers diskutiert.

Das städtische Zentrum, mit den Sitzen der Beamten, entwickelte sich zunächst im Osten und Südosten der Akropolis. Hier befanden sich das Prytaneion und die Sitze der verschiedenen Beamten; ob auch eine 'Alte Agora' in dieser Gegend lag, ist umstritten. Gleichzeitig mit den archaischen Tempeln der Akropolis wurde im frühen 6. Jh. v. Chr. am Ort des späteren Olympieion ein gewaltiger Tempel für Zeus errichtet. Ebenfalls um und nach 600 v. Chr. wurde jedoch im NW der Stadt eine große Agora angelegt, die den Schwerpunkt Athens verlagerte: Gräber und Häuser wurden abgeräumt, um einen Platz für die öffentlichen Angelegenheiten, vor allem Volksversammlung und Markt, zu schaffen (Abb. 36). Mit der Anlage dieser Agora wurde eine deutliche Priorität kollektiver Aufgaben gegenüber Einzelinteressen gesetzt.

Herrschaft der Tyrannen (561–510 v. Chr.)
Nach mehreren Anläufen erreichte Peisistratos für sich und seine Söhne Hippias und Hipparch die Machtstellung einer Tyrannis, die jedoch maßvoll, unter Beibehaltung der politischen Ämter gehandhabt wurde. Wie viel unter den Peisistratiden in Athen gebaut wurde und welche Rolle sie dabei selbst als Auftraggeber oder Initiatoren spielten, ist umstritten. Ein neuer Tempel der Athena auf der Akropolis mit dem Kampf der Götter und Giganten im Giebel wird teils der späten Tyrannenzeit, teils der Zeit danach zugewiesen (Travlos Abb. 196–199). Ein sicheres Projekt der Tyrannen ist ein neuer riesenhafter Tempel für Zeus Olympios, das sog. Olympieion, im SO der Stadt. Das kolossale Bauwerk wurde beim Sturz des Hippias 510 v. Chr. unvollendet hinterlassen, vom demokratischen Athen nicht weitergeführt, erst im Hellenismus von dem Seleukiden-Herrscher Antiochos IV. wieder aufgenommen und schließlich von dem römischen Kaiser Hadrian soweit zu Ende geführt, daß es eingeweiht werden konnte. Unter den öffentlichen Gebäuden Athens ist die Stoa Basileios, das Amtslokal des Archon Basileus, an der Agora vielleicht bereits in der Zeit der Tyrannis errichtet worden. Sehr populär muß die Anlage eines großen Wassersystems durch die Peisistratiden gewesen sein: eine unterirdische Leitung, die von NO in die Stadt führte, sich nördlich und südlich der Akropolis verzweigte und das Wasser in mehreren prächtigen Brunnenhäusern zugänglich machte (Travlos Abb. 269–274); Vasenbilder geben einen Eindruck von diesen Anlagen, eines der Brunnenhäuser ist auf der Agora erhalten. Dazu entstanden vor der Stadt mehrere Gymnasien für die athletischen Übungen der Oberschicht, am bekanntesten das im Hain des Heros Akademos, der sog. Akademie.

Insgesamt sollte die Bautätigkeit der Tyrannen in Athen nicht überschätzt werden. Sie waren keine allmächtigen Potentaten, hatten keine unendlichen Finanzquellen, sondern waren Adelige mit einer Anhängerschaft, die eine gewisse Macht auf sich vereinigen konnten, aber nicht die einzige Kraft in Athen darstellten. Die konkurrierende Familie der Alkmaioniden, die im Exil ohne die Ressourcen einer Tyrannenherrschaft lebten, war finanzkräftig genug, um in Delphi den Bau des Apollon-Tempels noch prächtiger als geplant zu Ende zu führen. Wie wohlhabend und selbstbewußt die Oberschicht in dieser Zeit war, zeigt sich in der Nekropole des Kerameikos, wo reiche Grabanlagen mit repräsentativen Grabskulpturen, vor allem Kouroi, entstanden (Travlos Abb. 398–406).

Epoche der Demokratie I (508–404 v. Chr.)
Durch die Reformen des Kleisthenes (508/7 v. Chr.) und die Siege gegen die Perser (490–480/79 v. Chr.) sind ganz neue Rahmenbedingungen für die urbanistische Entwicklung von Athen entstanden. Sie bestanden zum einen im immer stärkeren Ausbau der demokratischen Institutionen und ihrer kulturellen Einrichtungen; zum zweiten in der Notwendigkeit und den Chancen des Wiederaufbaus nach der Zerstörung durch die Perser 480; zum dritten in den großen finanziellen Mitteln durch die Herrschaft im attischen Seebund seit 478, der sein Zentrum zunächst in Delos, seit 454 in Athen hatte.

Auf der Akropolis (Abb. 35) wurde bald nach Einrichtung der neuen Staatsform mit der Errichtung eines neuen Tempels begonnen: des 'Vorparthenon', dessen Fundamente unter dem späteren Parthenon liegen (Travlos Abb. 564, 567–570). Die Datierung ist umstritten, wahrscheinlich wurde er 500–490 v. Chr. begonnen und noch vor der Vollendung von den Persern 480 v. Chr. zerstört. Danach ließen die Athener, wie auch andere Städte, ihre Heiligtümer zunächst als Zeugnisse der persischen Aggression in Zerstörung liegen, der Kult wurde in einem provisorischen Bau im 'Alten Athena-Tempel' fortgeführt. Auch ein Propyläen-Bau aus dieser Epoche ist in seiner genauen Chronologie unsicher.

Eine völlige Neuplanung der Akropolis wurde erst ab 447 v. Chr. von Perikles in Gang gesetzt. Die Finanzierung, die z. T. aus Mitteln

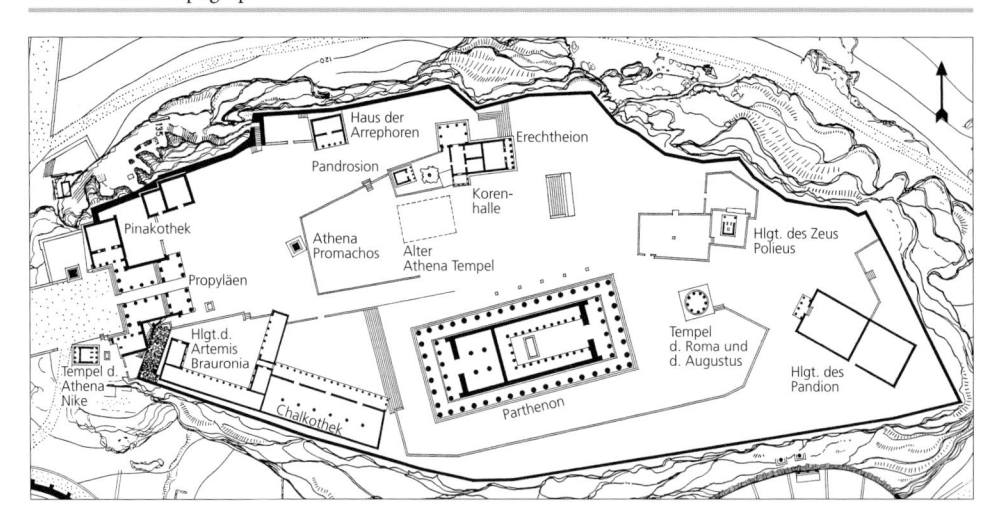

Abb. 35: Athen, Akropolis, Plan

des Seebundes bestritten wurde, war Gegenstand heftiger politischer Kontroversen. Eine leitende Rolle scheint dabei der Bildhauer Phidias gespielt zu haben. 447–432 v. Chr. wurde der Parthenon errichtet (Travlos Abb. 564–566. 571–578), für dessen reichen Skulpturenschmuck offenbar Bildhauer aus ganz Griechenland zusammengebracht wurden. Die kolossale Statue der Athena Parthenos, aus Gold und Elfenbein über einem Holzgerüst, ein Werk des Phidias, wurde 438 v. Chr. eingeweiht (zu den Skulpturen s. unten Kapitel 16.3).

Weitere Bauten ergänzten das Bauprogramm der Akropolis: Die Propyläen, ein repräsentativer Eingangsbau mit unsymmetrischen seitlichen Flügeln (437–432 v. Chr.), von dem Architekten Mnesikles errichtet, bei Ausbruch des Peloponnesischen Krieges unfertig abgebrochen; der Tempel der Athena Nike auf der westlichen Bastion, zusammen mit den Propyläen begonnen, in den 20er Jahren vollendet und mit einer Balustrade (Nike-Balustrade) um den Heiligen Bezirk ausgestattet; das Erechtheion, Ersatz für den 'Alten Athena-Tempel', ein Vielzweckbau für alte attische Kulte (Athena, Poseidon, Erechtheus usw.), ca. 435–406 v. Chr. erbaut; zugehörig die Koren-Halle über dem Grab des Kekrops, die Nordhalle mit dem Dreizackmal des Poseidon; im W angrenzend der Bezirk mit dem Heiligen Ölbaum der Athena. Insgesamt schließen die klassischen Bauten der Akropolis sich zu einem dichten Programm religiös-politischer Identität Athens zusammen.

Die Agora wurde nach Kleisthenes zum politischen Zentrum der Macht ausgebaut (Abb. 36). Sie war zunächst ein multifunktionaler Patz: für die Volksversammlung auf dem Platz der 'Orchestra', für Rechtsprechung in verschiedenen Gerichtshöfen, für sportliche und musische Agone, darunter die Anfänge des Theaterspiels, für den Markt (wohl im östlichen Teil). Die immer dichtere Beanspruchung führte aber bald zu einer Funktionentrennung: Die szenischen Aufführungen wurden zu Beginn des 5. Jh. v. Chr. in das neue Dionysos-Theater am Südabhang der Akropolis verlegt; die Anlage ist zunächst noch relativ bescheiden vorzustellen, vom 4. Jh. v. Chr. bis in die römische Kaiserzeit wurde sie immer aufwendiger ausgestaltet. Für die Volksversammlung wurde auf dem Hügel Pnyx eine eigene Stätte von theaterähnlicher Form für mindestens 6000 Teilnehmer angelegt. Seit dem späteren 4. Jh. v. Chr. wurden auch die sportlichen Agone weitgehend in einem Stadion im O der Stadt ausgetragen. Die Agora wurde dagegen mehr und mehr zu einem Zentrum für die wichtigsten politischen und juristischen Instanzen ausgebaut: altes und neues Bouleuterion für den Rat; Tholos für die Prytanen, eine 50köpfige Exekutivgruppe des Rates; Gerichtshöfe, besonders die Heliaia, für die Volksgerichte.

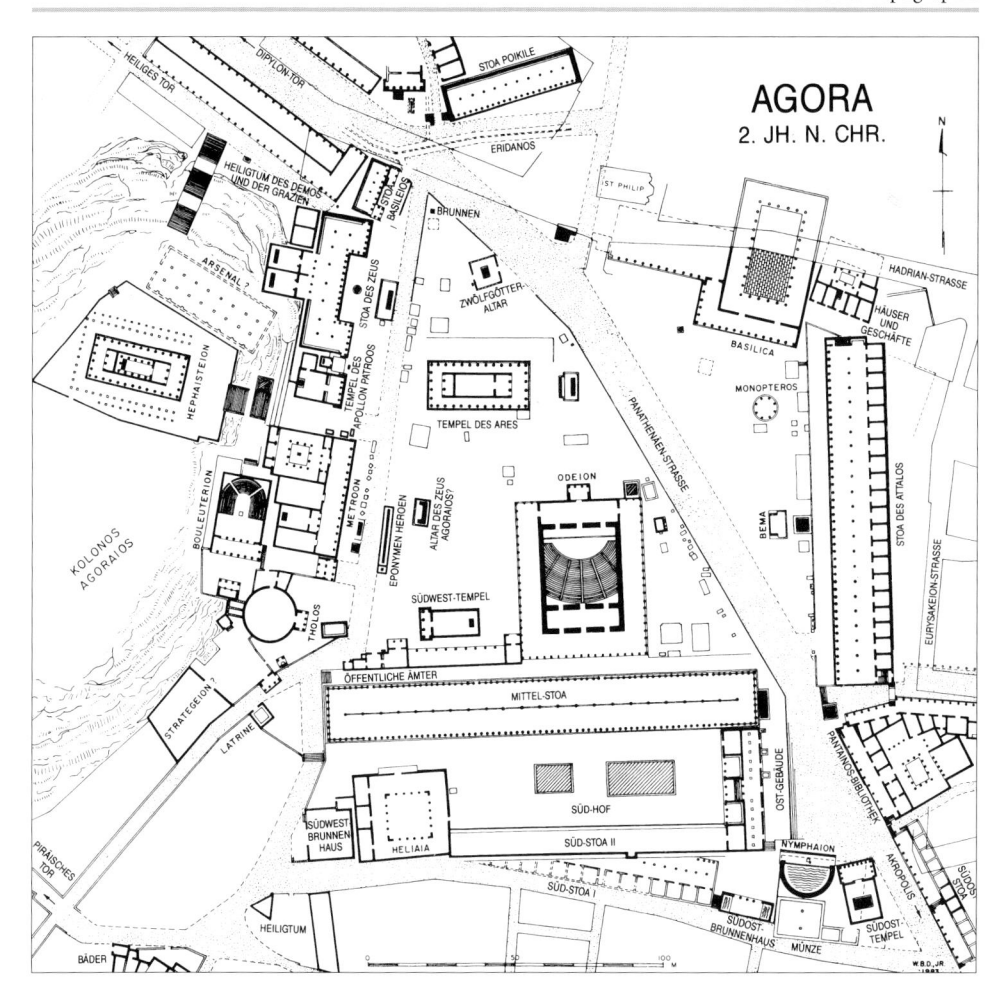

Abb. 36: Athen, Agora, Plan (2. Jh. n. Chr.)

Dazu kamen überdeckte Hallen zum Schutz vor Sonne und Regen: die Stoa Poikile ('Bunte Halle'), nach einem berühmten Gemäldezyklus im Inneren benannt, von dem Kreis um Kimon gestiftet; die Stoa des Zeus Eleutherios (Zeus der Befreier), die älteste Flügelhalle, aus dem späteren 5. Jh. v. Chr.; und die etwa gleichzeitige Süd-Stoa, die offenbar Handelsgeschäften diente, mit einer langen Reihe von Bankettsälen, für Kollegien von Amtsträgern usw.

Auf dem Kolonos-Hügel im W über der Agora wurde ca. 450–415 v. Chr. der Tempel des Hephaistos errichtet, des Gottes der Handwerker, die in dem umliegenden Quartier konzentriert waren.

Gleich nach den Perserkriegen wurde die Stadt mit einem erweiterten Mauerring befestigt ('Themistokleische Mauer'; Travlos Abb. 219. 222–233). Im NW, außerhalb des wichtigsten Tores, des Dipylon, entwickelte sich eine einzigartige Anlage: ein Staatsfriedhof (*demosion sema*), in dem die Kriegsgefallenen der einzelnen Jahre in Kollektivgräbern, dazu verdiente Bürger in staatlich gewährten Gräbern bestattet wurden (Travlos Abb. 417–422).

Mit dem Ausbau der Akropolis, der Agora und des Staatsfriedhofs haben die drei öffentlichen Räume der Götter, der Menschen und der Toten im 5. Jh. v. Chr. eine neue, repräsentative Form erhalten.

Epoche der Demokratie II (404–338/323 v. Chr.) Nach der Niederlage Athens im Peloponnesischen Krieg ging die öffentliche Bautätigkeit stark zurück. Ohne die Einnahmen aus dem damals aufgelösten Seebund wurden die öffentlichen Finanzen knapp. Hinzu kam, daß die Oberschicht immer stärker an persönlicher Repräsentation und der Ausgestaltung der privaten Lebensräume interessiert war als an der Errichtung öffentlicher Bauten. Bezeichnend ist die Blüte der Gattung der choregischen Denkmäler: preziöse Kleinbauten, die der Inszenierung eines Dreifußes dienten, den die Choregen durch die Finanzierung eines siegreichen Chores für die Dithyramben-Wettbewerbe gewonnen hatten. Diese Zeugnisse privater Munifizenz wurden, miteinander konkurrierend, an der sog. Tripoden-Straße östlich der Akropolis errichtet; erhalten ist das Monument des Lysikrates von 335/334 v. Chr. Im privaten Wohnen muß der Luxus in der Oberschicht nach den Schriftquellen im 4. Jh. v. Chr. allgemein zugenommen haben; ein Spektrum größerer und bescheidenerer Wohnhäuser ist in Athen südlich der Agora zu erkennen (Travlos Abb. 505–511; ferner 512–520). Die Tendenz zur persönlichen Repräsentation zeigt sich im Kerameikos in der Errichtung immer aufwendigerer Grabmäler, bis zu dem Gesetz des Demetrios von Phaleron (317–307 v. Chr.) gegen den Gräberluxus, der der reichen Grabkunst Athens ein Ende machte. An öffentlichen Bauten wurde nach der Erholung von der Niederlage vor allem das Pompeion beim Dipylon errichtet: eine Hofanlage mit umliegenden Räumen, in der die Anfangszeremonien des Panathenäen-Festes stattfanden. Im späteren 4. Jh. v. Chr. kam es zu einer kurzfristigen Blüte unter dem Staats- und Finanzmann Lykurg, der eine Reihe von Kulten durch Neubauten wieder belebte, z. B. den Tempel des Apollon Patroos an der Agora. Vor allem hat er die bürgerliche Gemeinschaft durch Ausbau der großen Versammlungsstätten zu stärken versucht. Das Dionysos-Theater und die Stätte der Volksversammlung auf der Pnyx wurden unter Lykurg in aufwendigen neuen Formen erweitert und ausgestattet, das Stadion im Südosten außerhalb der Stadt ganz neu angelegt.

Hellenismus. Nach dem Ende der klassischen Zeit gingen die wichtigsten Impulse der Stadtentwicklung von den großen Herrschern außerhalb Athens aus, die um Einfluß in den alten, nominell freien Städten Griechenlands, insbesondere in dem kulturellen Zentrum Athen warben.

Besonders aktiv waren die Attaliden von Pergamon, die den Anspruch erhoben, das politische und kulturelle Erbe Athens anzutreten. Die Agora war seit klassischer Zeit zunehmend mit Hallenbauten eingefaßt worden. Im 2. Jh. v. Chr. ließ Attalos II. die Ostseite des Platzes mit dem imposanten zweistöckigen Bau der Attalos-Stoa abschließen, aus kleinasiatischem Marmor von pergamenischen Werkstätten gebaut (Travlos Abb. 636–656). Davor erhob sich ein hohes Pfeilermonument, auf dem er in einer Quadriga dargestellt war. Die Agora erhielt damit eine dominierende Fassade. Eine ähnliche Halle hatte bereits sein Vorgänger Eumenes II. am Südhang der Akropolis errichtet (Eumenes-Stoa), ebenfalls mit starker Fassaden-Wirkung (Travlos Abb. 660–664). Weitere Pfeilermonumente, offensichtlich für pergamenische Herrscher, erhoben sich auf der Akropolis: eines vor dem Eingang, als Signal für die Besucher des weitberühmten Heiligtums, ein anderes an prominenter Stelle vor der Front des Parthenon.

Die anderen hellenistischen Herrscherhäuser griffen nur vereinzelt in Athens Stadtbild ein. Ptolemaios III. von Ägypten errichtete mitten in der Stadt, nördlich der Akropolis, ein reich ausgestattetes Gymnasion, in dem die Erziehung der Jugendlichen mit dem Glanz des herrscherlichen Stifters verbunden war. Und Antiochos IV. von Syrien schmückte nicht nur die Mauer der Akropolis nach Süden mit einem goldenen Gorgonen-Haupt, sondern nahm das gigantische Projekt des Olympieion wieder auf, brachte es allerdings nicht weit voran.

An privaten Stiftungen ist in späthellenistischer Zeit der 'Turm der Winde', errichtet von einem gewissen Andronikos von Kyrrhos in Makedonien, zu nennen (Travlos Abb. 362–378). Der oktogonale Marmorbau erhielt seinen Rufnamen nach den außen angebrachten Reliefs, die geflügelte Windgötter zeigen, diente aber als Gehäuse für die komplizierte Anlage einer Wasseruhr.

Römische Kaiserzeit. In römischer Zeit hat Athen unter Augustus und besonders unter

Hadrian noch einmal einen großen Aufschwung genommen. Augustus ließ u.a. zahlreiche ältere Tempel renovieren (wie in Rom). Auf der Akropolis, vor der Front des Parthenon, dokumentierte ein neuer Rundtempel für Roma und Augustus, wer der neue Machthaber war. Die Agora erhielt eine Reihe neuer Gebäude, wie das wohl von Agrippa gestiftete Odeion. Der Ares-Tempel mit seinem Altar war ein Tempel des 5. Jh. v. Chr., der von seinem ursprünglichen Standort, einem Heiligtum in Attika (Pallene?), auf die Agora transferiert wurde, wo er offenbar dem Kult des Mars Ultor, des Kriegsgottes des Augustus, diente. Im Bereich östlich der Agora wurde unter Caesar und Augustus eine neue 'römische Agora' erbaut; deren rigorose rechtwinklige Anlage, eingefaßt von geschlossenen Säulenhallen und abgegrenzt vom Leben der Stadt, war nicht mehr wie die griechische Agora ein offener Treffpunkt der Bürger, sondern ein erstaunlich feierlicher Rahmen für die Marktgeschäfte der Stadt.

Eine weitere ideologische Aufwertung erfuhr Athen durch Hadrian, der die Stadt zum religiösen und geistigen Zentrum der griechischen Hälfte des Reiches machen wollte. Er erweiterte das Stadtgebiet im Osten um einen vornehmen Bezirk, zu dem ein eleganter Torbau aus der 'Stadt des Theseus' in die 'Stadt des Hadrian' (so die Inschrift) führte (Travlos Abb. 325–329). Als religiöse Kultstätte baute er das Olympieion aus, das über 600 Jahre zuvor begonnen worden war, und weihte es, einigermaßen funktionsfähig zu Ende geführt, unter dem Namen Panhellenion dem Zeus Olympios. Ein prachtvoller Bibliotheksbau (Travlos Abb. 314–324) und eine Wasserleitung vollendeten das anspruchsvolle Programm.

Vornehme Erziehung und Bildung standen auch bald danach bei den Stiftungen des reichen Sophisten und Redners Herodes Attikos im Mittelpunkt: Das Stadion wurde mit reicher Marmorausstattung für die athletischen Spiele umgebaut, und ein neues Odeion bot einen prunkvollen Raum für Konzerte und andere Aufführungen. Damit war in Athen in exemplarischer Weise jene Verbindung von hohem Lebensstandard und klassischer Bildung realisiert, die das Lebensideal der hohen Kaiserzeit war.

15.2 Rom*

Lage. Rom liegt am Unterlauf des Tiber, dort wo der Fluß aus den hügeligen Ausläufern des mittelitalienischen Berglandes in die Ebene zum Meer hin eintritt. Von der Küste ca. 30 km entfernt, ist die Stadt zu Schiff erreichbar. Die Lage der Stadt ist durch eine Furt kurz hinter (flußabwärts) einer Insel im Tiber begünstigt, durch die seit frühester Zeit eine Handelsstraße von den Salinen bei der Mündung des Tiber ins Landesinnere führte (Via Salaria). Am Kreuzungspunkt von Fluß und Straße entwickelte sich früh ein Handelsplatz, später Forum Boarium (Rindermarkt).

Die Situation der späteren Stadt Rom (Plan s. Abb. 37) ist durch sieben Hügel geprägt. Man unterschied drei freistehende *montes*: Palatin, mit einer größeren Siedlungsfläche; Kapitol und Arx, ein steiler, schmaler Berg mit wichtigen Tempeln; Aventin, der Hügel der Plebs. Dazu vier Hügelzungen, *colles*, die mit dem Hinterland verbunden waren: Quirinal, Viminal, Esquilin, Caelius. Dazwischen und davor lagen Senken, z.T. sumpfig: Forum Boarium mit Furt und ältester Brücke, Anlegestelle für Schiffe, ältestem Handelsmarkt; Forum (Romanum), politisches und wirtschaftliches Zentrum; Marsfeld, Sammlungsplatz und Exerzierfeld für das Heer. Durch die Täler führten Straßen in das Landesinnere.

Quellen. Neben den archäologischen Zeugnissen sind die sehr reichen Schriftquellen zur Stadtgeschichte Roms von erstrangiger Bedeutung. Viele Bauwerke sind nur aus schriftlicher Überlieferung bekannt; die Forschung steht ständig vor der Aufgabe, die beiden Gattungen von Zeugnissen miteinander zu verbinden. Eine einzigartige Quelle ist die 'Forma Urbis Romae', ein marmorner Stadtplan aus der Zeit des Septimius Severus, mit Grundrissen und erklärender Beschriftung, allerdings sehr fragmentarisch erhalten.

Früheisenzeit (10. Jh. – ca. 620 v. Chr.) Vereinzelte Spuren von Besiedlung sind auf dem

---

*Abbildungen:

Steinby   M. Steinby, *Lexicon Topographicum*
LTUR   *Urbis Romae*, Bde. 1–6 (1993–2000).
          Dort alle hier erwähnten Orte, Bauten
          usw. unter den betreffenden Stichworten.

15. Historische Topographie

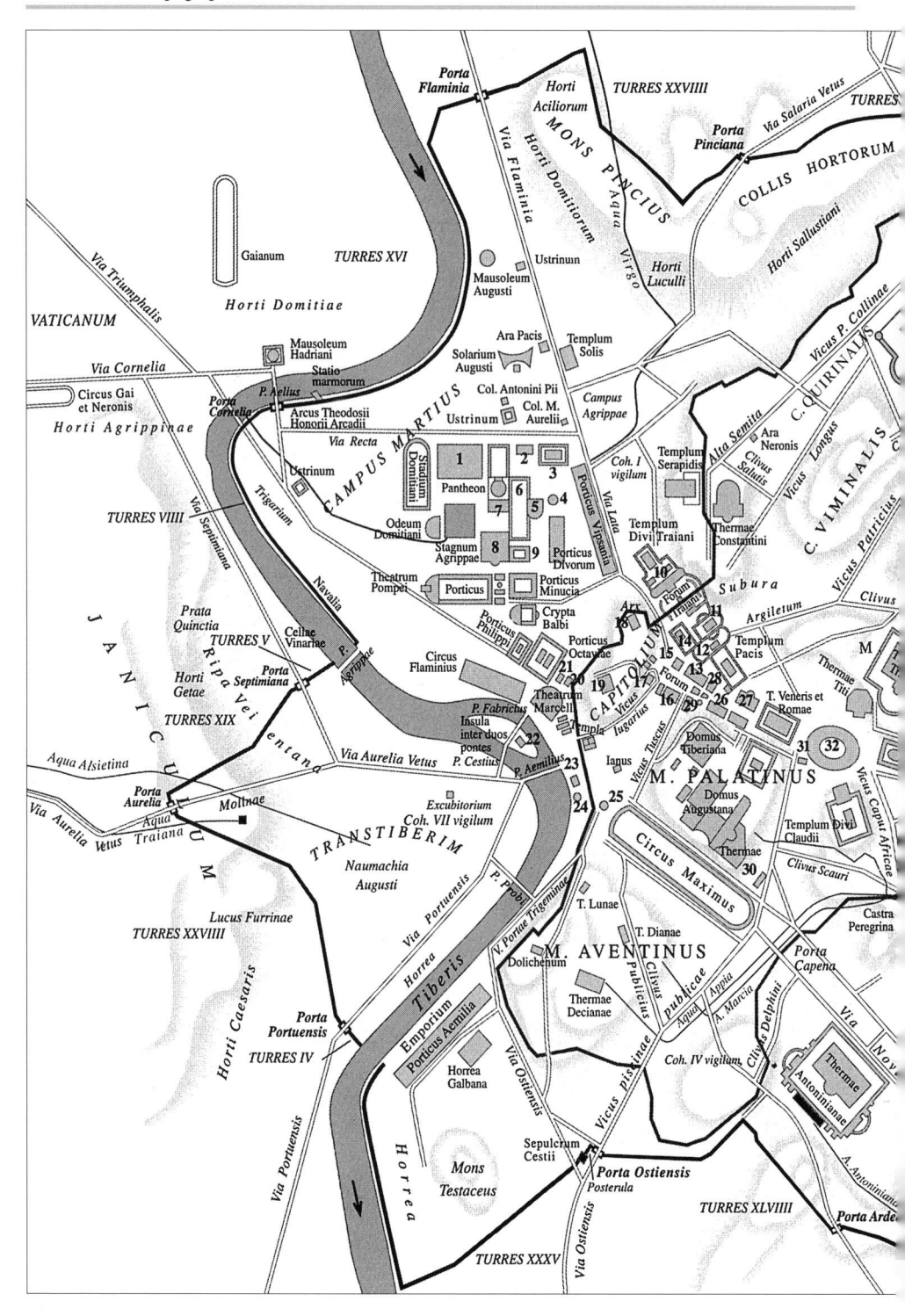

15. Historische Topographie

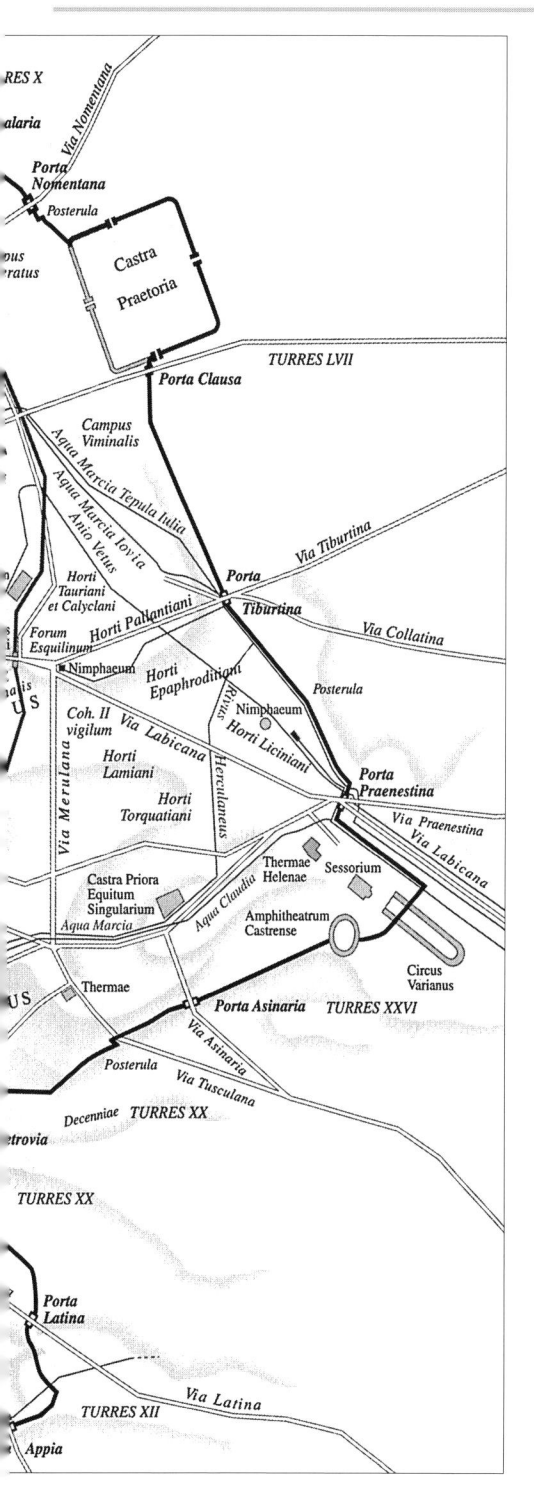

Gebiet der späteren Stadt Rom schon im 3. und 2. Jt. v. Chr. nachgewiesen worden, jedoch ohne topographischen und chronologischen Zusammenhang. Die Frühgeschichte Roms seit dem späten 2. Jt. ist nur sehr hypothetisch zu rekonstruieren. Insbesondere die Verläßlichkeit der viele Jahrhunderte späteren Schriftquellen zur Frühzeit der Stadt ist Gegenstand heftiger Kontroversen. Solider sind die archäologischen Zeugnisse, bei denen allerdings die Umsetzung in 'Geschichte' methodische Probleme aufwirft. Die Verbindung von archäologischer und schriftlicher Überlieferung bleibt darum weiterhin eine aktuelle Aufgabe der Forschung.

Eine kontinuierliche Siedlung ist seit dem 10. Jh. v. Chr. nachweisbar, zunächst auf dem Palatin. Erhalten sind Spuren von Hütten mit Pfosten, zwischen denen Wände aus Weidengeflecht und Lehm zu ergänzen sind; ferner Gräber auf dem Palatin und in der Forum-Senke mit Hütten-Urnen, ähnlich den rekonstruierten Wohnhütten. In diese Zeit muß der Kult der Vesta zurückgehen, deren Tempel im Tal stand. Die Gründung der Stadt 753 v. Chr. durch Romulus, der die erste geheiligte Stadtgrenze (*pomerium*) festgelegt haben soll, ist eine später konstruierte Sage; nur die Lokalisierung dieser Stadtgründung auf dem Palatin kann eine alte Erinnerung an die Ursprünge

Abb. 37: Rom, Stadtplan

1 Thermen des Nero/Severus Alexander.
2 T. der Diva Matidia.
3 T. des Divus Hadrianus.
4 Lavacrum.
5 Iseum Campense.
6 Saepta Iulia.
7 Basilica Neptuni.
8 Thermen des Agrippa.
9 Diribitorium.
10 Basilica Ulpia.
11 Augustus-Forum.
12 Forum Transitorium.
13 Basilica Aemilia.
14 Caesar-Forum.
15 Curia Senatus.
16 Basilica Iulia.
17 T. des Saturn.
18 T. der Iuno Moneta.
19 T. des Iuppiter Optimus Maximus.
20 T. der Bellona.
21 T. des Apollo Medicus.
22 T. des Aesculapius.
23 T. des Portunus.
24 T. des Hercules (?).
25 T. des Hercules Victor.
26 Atrium Vestae.
27 Basilica des Maxentius/ Constantin.
28 T. des Antoninus Pius und der Faustina.
29 T. der Dioskuren.
30 Septizodium.
31 Bogen des Constantin.
32 Colosseum.
(T. = Tempel)

enthalten. Etwas später entstanden auch auf anderen Hügeln, vor allem Quirinal und Esquilin, dorfartige Siedlungen. Die zunächst isolierten Siedlungen sind offenbar in den nächsten Jahrhunderten schrittweise zusammengewachsen, unter der Führung der stärksten Siedlung auf dem Palatin. Ob dabei, entsprechend der Sage, frühe Könige eine Rolle spielten, kann nur vermutet werden.

Zeit der etruskischen Könige (ca. 620–509 v. Chr.) Im Lauf des 7. Jh. v. Chr. wird in Rom immer stärker der Einfluß der überlegenen Kultur der Etrusker deutlich, deren Territorium bis an das jenseitige Ufer des Tiber reichte. Nach der Überlieferung stammten die letzten drei Könige Roms aus Etrurien: Tarquinius Priscus, Servius Tullius und Tarquinius Superbus. Ihre Historizität ist umstritten, archäologische Zeugnisse sprechen zumindest für einen realen Kern der Überlieferung. Es scheint sich um Feldherren (sog. 'condottieri') gehandelt zu haben, die mit einer kriegerischen Gefolgschaft Rom eingenommen hatten und eine Herrschaft in der Art griechischer Tyrannen errichteten. Archäologisch ist jedenfalls eine starke kulturelle Etruskisierung deutlich: In dieser Epoche wurde Rom aus einem dörflichen Konglomerat zu einer komplexen Stadt, mit etruskischer Stadtplanung und öffentlicher Architektur. Spätestens in dieser Phase wurde der Zusammenschluß zur 'Stadt der vier Regionen' (Palatin, Quirinal, Esquilin, Caelius, dazu das Kapitol als heiliger Berg) vollzogen und durch eine große Stadtmauer markiert, beides dem Servius Tullius zugeschrieben. Letzten Endes waren dies Errungenschaften der Stadtentwicklung in Griechenland, die mit Modifikationen über Etrurien nach Rom gelangten.

Ein zentraler Staatskult mit einem Tempel wurde auf dem Kapitol für Juppiter Optimus Maximus, Iuno Regina und Minerva (die sog. Kapitolinische Trias) eingerichtet: von Tarquinius Priscus begonnen, von Tarquinius Superbus vollendet, und angeblich von Brutus, dem ersten Konsul der Republik, 509 v. Chr. geweiht. Der Tempelbau hatte typisch etruskische Form: ein *peripteros sine postico* auf einem Podium, Säulen und Gebälk aus Holz, mit dekorierten Terrakottaplatten geschmückt. Ein ähnlicher Tempel, der Fortuna geweiht, wurde am Forum Boarium (bei der heutigen Kirche S. Omobono) errichtet. An etwa 20 weiteren Stellen in Rom haben sich Terrakotta-Verkleidungen von Tempeln und anderen öffentlichen Bauten von etruskischem Typus gefunden: Rom muß damals zu einer Stadt von ausgeprägt etruskischem Charakter geworden sein.

Um 600 v. Chr. wurde in der Senke nördlich des Palatin der erste Forum-Platz angelegt, etwa zur selben Zeit wie in Athen, auch hier durch Planierung von Häusern und Gräbern. Der Platz wurde dann durch ein System von offenen Wassergräben, Vorläufern der späteren Cloaca Maxima, entsumpft. Am NW-Ende, bei einem Heiligtum des Vulcanus (*Volcanal*), wurde ein eigener Bereich für die Volksversammlung (*comitium*) mit angrenzendem Gebäude für den Senat (*curia*) angelegt. An den beiden Langseiten wurde das Forum von Ladenzeilen (*tabernae*) eingefaßt. Rom hatte damit ein politisches und merkantiles Zentrum erhalten. Dahinter steht wohl die konzeptuelle Planung und finanzielle Macht der Könige.

Frühe und Mittlere Republik (509–367; 367–201 v. Chr.) Die Könige Roms wurden nach der Überlieferung 509 v. Chr. gestürzt, d.h. im selben Jahr wie die Tyrannen in Athen. Wegen dieser Koinzidenz wurde die Verläßlichkeit dieses Datums z. T. angezweifelt, es dürfte aber mindestens annähernd zutreffen. In Rom führte die Entwicklung nicht zur Demokratie, sondern zur 'republikanischen' Herrschaft des Adels (Patrizier); in den Ständekämpfen des 5.–4. Jh. v. Chr. erreichten die führenden Familien der Plebeier die politische Gleichstellung. Daraus entstand eine neue patrizisch-plebeische Führungsschicht, die sog. Nobilität, die die politischen Ämter versah und den Senat beherrschte (s. oben Kapitel 4.3).

Der Beginn der Republik brachte für die Entwicklung der Stadt zunächst neue Impulse. Am Forum (Abb. 38) entstand ein Tempel für Saturn (494 v. Chr.) zur Aufbewahrung des Staatsschatzes, der aus dem Besitz der Könige in den des Volkes gelangt war. Daneben wurden Tempel für die Gottheiten der Antagonisten in den Ständekämpfen errichtet: am Forum für die Castores bzw. Dioskuren (484 v. Chr.), die Patrone des patrizischen Reiteradels, am Fuß des Aventin für Ceres, Liber und Libera, die Gottheiten der dort ansässigen Plebeier. Danach brach ein Jahrhundert geringer kultureller Produktion an. Ursache dafür war einerseits die Niederlage der Etrusker gegen Syrakus in der Seeschlacht von Kyme 474 v. Chr., wonach der Handel mit der griechischen Welt stagnierte; andererseits der Einbruch der Gallier nach Italien, die sogar 387 v. Chr. kurzfristig Rom eroberten. Daß dennoch die Verbindung zu Griechenland nicht ganz abriß, zeigt die Errichtung eines Tempels für Apollo Medicus (431 v. Chr.) aus Anlaß einer Pest, der wegen der griechischen Herkunft des Gottes außerhalb des Pomerium gegründet wurde. Im 4. Jh. v. Chr. hat Rom sich wieder erholt; erstes Zeichen ist die sog. Servianische Mauer, ursprünglich dem König Servius Tullius zugewiesen (s. oben), jedoch als steinerne Mauer nach 378 v. Chr. neu errichtet, mit 11 km Länge der größte Mauerring nördlich der Griechenstädte Unteritaliens und Siziliens.

Mit der militärischen Expansion in der Zeit der Mittleren Republik setzten in verstärktem Maß wieder Tempelbauten ein. Ein typisches Beispiel ist die Erneuerung der sog. Area Sacra von S. Omobono am Forum Boarium: Hier waren schon vor der Mitte des 4. Jh. v. Chr. (umstritten, vielleicht sogar schon im frühen 5. Jh. v. Chr.) zwei eindrucksvoll symmetrische Tempel errichtet worden; sie wurden 264 v. Chr. durch drei Denkmäler auf dem Platz davor ergänzt: ein rundes und zwei quadratische Postamente, auf denen der Feldherr M. Fulvius Flaccus einen Teil der 2000 Bronzefiguren aufstellte, die er bei der Eroberung des etruskischen Hauptheiligtums von Volsinii erbeutet hatte. In derselben Phase wurde das Forum (Abb. 38) neu ausgebaut: Am Comitium, das schon zu Beginn der Republik eine festere Form erhalten hatte, wurde die Rednertribüne erhöht und mit erbeuteten Schiffschnäbeln (*rostra*) zu dem ersten politischen Siegesmonument in Rom ausgestaltet (338 v. Chr.). Aus dem Forum wurden die Lebensmittelhändler in eigene Märkte verlagert, der Platz blieb dadurch der Politik, der Rechtsprechung und den Geldgeschäften vorbehalten. Ehrendenkmäler siegreicher Feldherrn und verdienter Staatsmänner stellten Leistung und Ruhm der Res publica vor Augen und machten das Forum zu einem 'politische Raum'. Den Bedürfnissen der rasch wachsenden Bevölkerung wurde seit dieser Epoche durch die Anlage großer Wasserleitungen (Aqua Appia etc.) und fester Überlandstraßen (Via Appia etc.) für Heere und Handel Rechnung getragen.

Späte Republik (201–31 v. Chr.) Nach der Niederwerfung Karthagos war Rom die stärkste Macht im westlichen Mittelmeer geworden. Durch die darauf folgende Unterwerfung der hellenistischen Mächte im Osten wurde nicht nur eine konkurrenzlose politische Machtstellung aufgebaut, sondern es wurde auch modernste griechische Kultur und Lebensform für Rom erreichbar. In einem Prozeß von weitgehend bedenkenloser Aneignung wurde im 2.–1. Jh. v. Chr. die gesamte Lebenskultur Roms durchgreifend verändert (Hellenisierung).

Das Forum (Abb. 38) wurde rasch für die neuen Aufgaben Roms als Zentrum von Politik und Handel ausgebaut. Wichtigste neue Elemente waren die großen Marktbasiliken, Basilica Porcia (184 v. Chr., zerstört), Basilica Aemilia (179 v. Chr., Identifizierung neuerdings umstritten) und Basilica Sempronia/später Basilica Iulia (169 v. Chr.), große Hallenbauten für Handelsgeschäfte und Rechtsprechung.

Eine starke Veränderung bedeuteten weiterhin die Tempelbauten, die von den siegreichen Feldherren aus Beutegeldern errichtet wurden. Die architektonischen Entwürfe waren z.T. an neuesten griechischen Vorbildern orientiert, die Kultstatuen in griechischem Stil gestaltet, beides vielfach aus kostbarem Marmor aus Griechenland gefertigt, vielfach von griechischen Architekten und Bildhauern, die die Feldherren aus dem Osten mitgebracht hatten. Ein Beispiel ist die Porticus Metelli (146 v. Chr.) mit den beiden Tempeln des Iuppiter Stator und der Iuno Regina, ein Tempelhof von griechischem Typus, mit Kultbildern von Künstlern der berühmtesten Bildhauerschule aus Athen. Im Gefolge der siegreichen Heere kamen auch Händler zu großem Reichtum und verschönerten gleichfalls die Hauptstadt mit Tempelbauten. Der Rundtempel am Tiber, ein Bau von rein griechischer Form, ist um 100 v. Chr. wahrscheinlich von einem reichen Ölhändler für Hercules mit dem Beinamen Olivarius errichtet worden.

Die mächtigen Feldherren des 1. Jh. v. Chr., die mit ihren Heeren eine außerordentliche Vorrangstellung im Staat anstrebten und damit die Entwicklung zur Monarchie vorantrieben, haben sich auch mit ehrgeizigen Bauprojekten

15. Historische Topographie

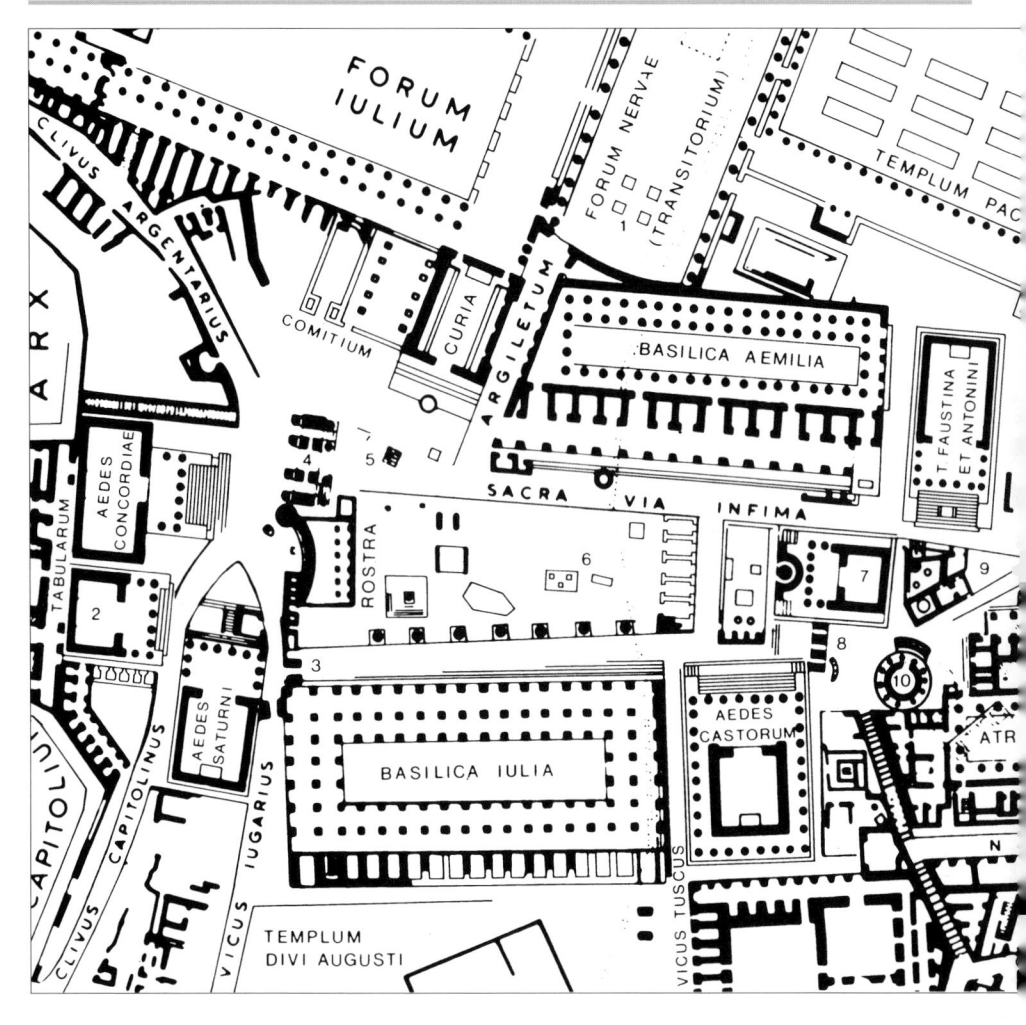

und Monumenten profiliert: Es entwickelte sich ein wahrer Bau- und Denkmäler-Krieg. Pompeius errichtete auf dem Marsfeld 55 v. Chr. das erste steinerne Theater Roms, dessen Substruktionen und Umrisse noch heute im Stadtbild, vor allem in Luftaufnahmen, zu erkennen sind. Es war eine spektakuläre Vergnügungsstätte: ein aufragender Theaterbau mit einem Tempel der Venus Victrix, der Schutzgöttin des Pompeius, hoch über den Rängen des Zuschauerraums; anschließend eine ausgedehnte Gartenanlage mit Beeten, umgeben von Säulenhallen, und im Westen ein Saal für Versammlungen des Senats, der dort angesichts eines Standbildes des Pompeius tagte (zu dessen Füßen Caesar ermordet wurde!). Damit konkurrierend baute Caesar mit Beutegeldern aus Gallien ab 51 v. Chr. ein neues Forum (Forum Iulium), zur Entlastung des alten Forum, mit einem Tempel der Venus Genetrix (Abb. 39); indem er die Göttin als seine mythische Ahnherrin verehrte, machte er gegenüber Pompeius den besseren Anspruch auf sie geltend. Dabei ging er rigoros mit den zentralen Traditionen Roms um: Für die dem alten Forum benachbarte Anlage wurde die Curia des Senats abgerissen und an anderer Stelle neu errichtet, das Comitium überbaut und die Rednerbühne verlegt. Ein nahezu monarchischer Machtanspruch.

Octavian/Augustus (31 v. – 14 n. Chr.) Nach dem Sieg bei Actium 31 v. Chr. gegen Antonius

15. Historische Topographie

Abb. 38: Rom, Forum, Plan

1: unbekannter Bau auf Forum Transitorium.
2: Tempel des Vespasian.
3: Bogen des Tiberius.
4: Bogen des Septimius Severus.
5: Lapis Niger.
6: Reiterstandbild des Domitian.
7: Tempel des Divus Iulius.
8: Bogen des Augustus.
9: Regia.
10: Aedes der Vesta.
11: Fornix Fabianus.
12: Sog. Tempel des Romulus.

Restaurierungspolitik läßt sich daran ermessen, daß er nach Aussage seiner „*res gestae*" (Kap. 20) allein in seinem 6. Konsulat (28 v. Chr.) 82 Tempel erneuert hat, viele davon wohl von Grund auf. Die folgende Übersicht enthält nur die wichtigsten Komplexe dieser Bautätigkeit.

Augustus hat Rom neu in 14 Regionen und 265 Bezirke (*vici*) eingeteilt. In jedem Bezirk wurde an einer zentralen Straßenkreuzung eine Kultstätte für die Laren (Wegegötter) und den Genius des Kaisers eingerichtet, unter der Leitung von Kollegien aus Freigelassenen und Sklaven. Damit erreichte er eine starke Bindung unterer Schichten an den Herrscher.

Das Forum (Abb. 38) wurde unter Augustus völlig neu gebaut, als repräsentatives Zentrum des vom Princeps und seiner Dynastie beherrschten Staates. Besonders programmatisch war der Tempel des vergöttlichten Caesar (Divus Iulius), der schon vorher begonnen worden war, von Octavian aber 29 v. Chr. nach der Rückkehr von den Siegen gegen Antonius

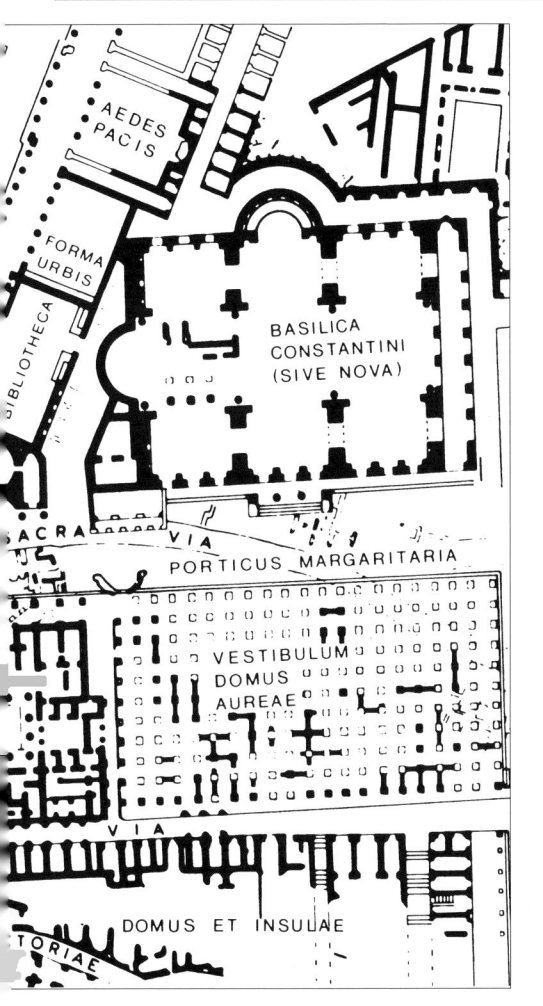

und Kleopatra hatte der Neffe und Adoptivsohn Caesars die alleinige Macht im Reich, die 27 v. Chr. durch die Verfassung des Principats und den Beinamen Augustus neu formuliert wurde. Diese Herrschaftsstellung hat er dadurch zum Ausdruck gebracht, daß er eine Neugestaltung nahezu sämtlicher öffentlicher Bauten und Räume in Rom in die Wege leitete. Gegen Ende seines Lebens konnte er von sich sagen, er habe eine Stadt von Ziegeln übernommen und hinterlasse sie in Marmor (Sueton, Augustus 28). Möglich wurde das durch die erstmalige Erschließung qualitätvollen Marmors in Italien, bei Luni (südliches Ligurien, ital. Carrara), seit der Mitte des 1. Jh. v. Chr. Energie und Ausmaß dieser

geweiht wurde; die Kultstätte für den göttlichen Vater des gegenwärtigen Herrschers war nicht nur ein neuer optischer Zielpunkt des Forums, sondern zugleich eine starke Legitimation für dessen eigene Herrschaft. Zu seiten des Tempels wurden von Senat und Volk wahrscheinlich zwei Ehrenbögen (*arcus*) für Augustus aus Anlaß verschiedener militärischer Siege zugefügt. Am anderen Ende des Platzes wurde ebenfalls 29 v. Chr. das neue Senatsgebäude, die Curia Iulia, eingeweiht, wo die Senatoren zu Füßen einer Statue der Victoria auf einem Globus, Symbol der von Augustus errungenen Weltherrschaft, zusammenkamen. Hier stifteten Senat und Volk dem Princeps einen goldenen Ehrenschild (*clupeus virtutis*), auf dem seine vier politischen Haupt-

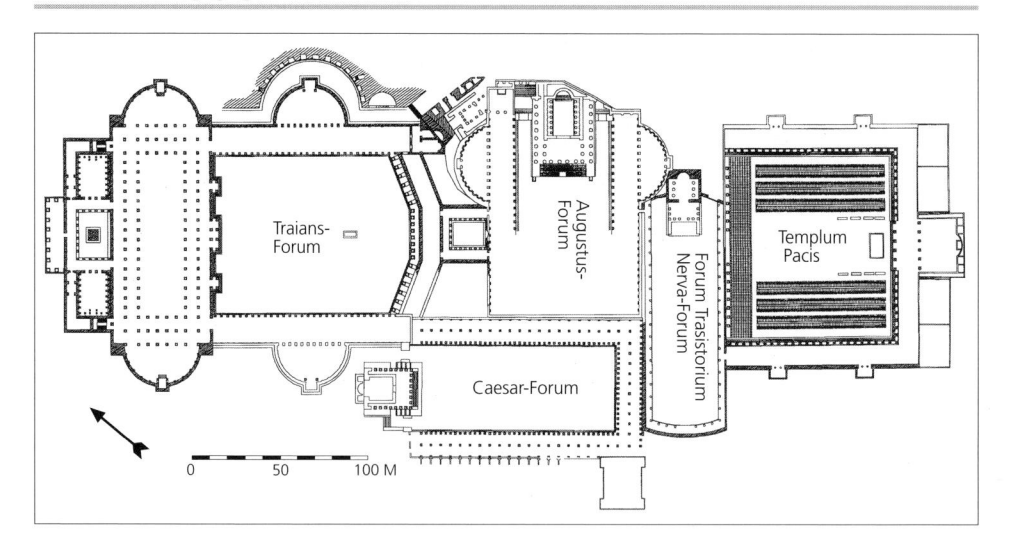

Abb. 39: Rom, Kaiserfora, Gesamtplan

tugenden *virtus, clementia, iustitia* und *pietas* aufgezeichnet waren. In diesen Bauten und Monumenten an den beiden Enden des Platzes hat die Herrschaft des Augustus einprägsame Symbole erhalten. Alle anderen Bauten des Forums wurden ebenfalls neu errichtet, teils von Angehörigen des Augustus, teils auch von vornehmen politischen Anhängern.

Das Forum des Augustus (Abb. 39) war ein neu angelegter Tempelplatz mit umgebenden Hallen in der Nachfolge des Caesar-Forum. Der Tempel war dem Mars Ultor ('Rächer') geweiht; die Rache bezog sich sowohl auf die Ermordung Caesars als auch auf verschiedene militärische Niederlagen römischer Heere gegen Feinde im Osten, die von Augustus wettgemacht worden waren. Durch eine reiche, programmatische Bildausstattung war der Platz als Zentrum und Kulisse für zukünftige Rituale des Krieges gestaltet. Seine Einweihung 2 v. Chr. war der letzte zeremonielle Höhepunkt der Regierung des Augustus.

Das Marsfeld wurde unter Augustus zum modernsten Stadtteil Roms ausgebaut. Die erstaunlichsten Anlagen hat der Herrscher selbst im Norden errichtet. Ein riesenhaftes Mausoleum, schon vor Actium begonnen, sollte den Römern zeigen, daß Octavian, im Gegensatz zu Antonius, sich in Rom begraben lassen, das heißt: an Rom als Hauptstadt festhalten wollte. Südlich davon legte er eine monumentale Sonnenuhr (Horologium Augusti) mit einem aus Ägypten abtransportierten Obelisken als Schattenzeiger an, ein weiteres Siegesdenkmal über Antonius und Kleopatra; als Ergänzung dazu wurde zu seinen Ehren von Senat und Volk der Altar der Friedensgöttin (Ara Pacis) errichtet. Ergänzend stiftete sein Feldherr Agrippa ein sog. Pantheon, eine Kultstätte für 'alle Götter' einschließlich des Divus Iulius, unter die Augustus selbst nach seinem Tod aufgenommen werden sollte. Im übrigen diente dieser Stadtteil vor allem der Freizeit der Stadtbevölkerung: Augustus selbst baute im Süden ein weiteres Theater, das Marcellus-Theater; und Agrippa stiftete die erste öffentliche Thermenanlage mit anschließenden Sportstätten und Parks. Hier erreichte Rom jene Lebensqualität, die man an den Metropolen der hellenistischen Reiche bewundern gelernt hatte.

Der Wohnsitz des Augustus auf dem Palatin war noch kein Palast im späteren Sinn. Damit entsprach er einer Ideologie aus der Zeit der Republik, nach der öffentliche Bauten prächtig sein durften, private Lebenskultur aber ohne übertriebenen Luxus bleiben sollte. Es war ein Konglomerat von mehreren traditionellen Wohnhäusern, von denen sich das wichtigste mit gepflegter Bemalung erhalten hat. Hervorgehoben war das Haus des Augustus jedoch durch angrenzende bedeutsame Kultstätten: durch die Tempel seines persönlichen Schutzgottes Apollo und anderer ihm nahestehender

Gottheiten, dazu durch die uralte angebliche Hütte des Stadtgründers Romulus. Dadurch erhielt sein Wohnsitz eine fast religiöse Aura.
Weitere Kaiserzeit. Die Herrscher nach Augustus setzten einerseits seine Traditionen fort, verlagerten andererseits die Schwerpunkte auf andere Lebensbereiche.

Nach Caesar und Augustus errichteten weitere Kaiser große Forumsanlagen (sog. Kaiserfora; Abb. 39). Hier sind Traditionen und Veränderungen besonders deutlich. Vespasian ergänzte die kaiserlichen Anlagen nördlich des Forum durch den Tempelbezirk der Friedensgöttin Pax (Templum Pacis), mit Gartenanlagen, Säulenhallen, berühmten Statuen und Bibliothek. Der Raum zwischen Templum Pacis und Augustus-Forum, ein stark frequentierter Durchgang zwischen dem alten Forum und dem Esquilin, wurde von Domitian zu einem Forum mit dem Tempel seiner Schutzgöttin Minerva ausgebaut (von Nerva geweiht: Nerva-Forum oder Forum Transitorium). Im Norden hat Traian dann das größte Forum mit der riesigen Basilica Ulpia und der von Senat und Volk gestifteten Traians-Säule errichtet, in deren Sockel der Kaiser und seine Gemahlin Plotina bestattet wurden. Die ganze Forums-Anlage muß nach den jüngsten Ausgrabungen neu überdacht werden.

Von den Tempeln, die in der Kaiserzeit neu gebaut wurden, sind vor allem die für die Verherrlichung der Hauptstadt Rom und der Kaiser von Bedeutung. Hadrian hat mit einem riesigen Doppeltempel für Roma und Venus dem Reich ein neues religiöses Zentrum gegeben. Gleichzeitig hat er das Pantheon, das von Agrippa in Voraussicht auf die Apotheose des Augustus errichtet worden war, als eindrucksvolles Kuppelgewölbe mit vorgesetzter Tempelfassade neu gebaut. Daran schlossen sich weitere Kultbauten für divinisierte Kaiser und ihre Angehörigen an. Noch aufrecht stehen der Tempel des Divus Hadrianus (teilweise) und die Ehrensäule des Marc Aurel mit Reliefs von den Markomannen-Kriegen, nach seinem Tod (181 n. Chr.) zusammen mit einem Tempel für ihn errichtet. Jenseits des Tiber erhebt sich noch heute das Mausoleum des Hadrian, das von den Päpsten als 'Engelsburg' ausgebaut wurde.

Markante Punkte der Verherrlichung der Kaiser waren die großen Ehrenbögen (*arcus*), errichtet an zentralen Stellen wichtiger Straßen, von denen sich einige noch gut erhalten haben: für Titus östlich des Forums, für Septimius Severus am Forum, für Constantin d.Gr. östlich des Palatin.

Bezeichnend für die Kaiserzeit war der immer stärkere Ausbau von großen Anlagen für die Freizeitbedürfnisse der hauptstädtischen Gesellschaft. Für Wagenrennen und andere Spiele wurde der alte Circus Maximus im Süden des Palatin von mehreren Kaisern für große Zuschauermassen (bis zu 80 000) ausgebaut. Vespasian hat für Gladiatorenspiele und Tierhetzen das große, erste steinerne Amphitheater Roms, das Colosseum, errichtet.

Eine typische Bauaufgabe der mittleren und späteren Kaiserzeit waren ausgedehnte Thermenanlagen für die Bevölkerung der Großstadt. Die Kaiser haben dafür einen neuen symmetrischen Typus entwickelt (s. oben Kapitel 14), der zum ersten Mal in den Thermen des Traian voll ausgeprägt wurde und in den Anlagen des Caracalla und des Diocletian noch gut erhalten ist. Mit diesen Massenbädern wurde immer stärker dem Bedürfnis der kaiserzeitlichen Gesellschaft nach Stätten der Freizeit, der Hygiene und Unterhaltung Rechnung getragen.

Mit der Festigung des Herrschertums wurden allmählich repräsentative Palastanlagen nötig. Nach dem Wohnsitz des Augustus auf dem Palatin, der sich von denen der Oberschicht nicht wesentlich unterschied, entstand unter Claudius oder Nero ein erster großer Palast von rechteckig blockhaftem Zuschnitt im NW des Palatin (heute unter den Farnesischen Gärten). Neben diesem öffentlichen Repräsentationsbau hat Nero eine neue Auffassung vom Herrscher in der 'Domus Aurea' zum Ausdruck gebracht: einer weitläufigen Villenlandschaft mit Parks und eingestreuten Bauten mitten in Rom, die ihm ein Leben in angemessenem Luxus ermöglichen sollte. Ein neuer, monumentaler Herrschersitz wurde dann von Domitian im Südosten des Palatin gebaut, mit klar gegliederten Bereichen für politische Repräsentation und privates Wohnen. Spätere Kaiser haben diese Palastanlage mit kühnen Konstruktionen erweitert. Der Palatin wurde synonym mit dem kaiserlichen Palast (*palatium*).

Von den Wohnquartieren der Bevölkerung, die zu Beginn des 2. Jh. n. Chr. auf ca. 1 Million geschätzt wird, läßt sich in Rom bisher nur ein wenig zusammenhängendes Bild gewinnen. Grundrisse sind auf der Forma Urbis zu erkennen. Verschiedene Strukturen von unterschiedlichsten Wohnniveaus haben sich an verschiedenen Stellen der Stadt erhalten, am bekanntesten ein Haus mit 5 Stockwerken am Fuß des Kapitols.

Vor der Stadt, entlang den großen Ausfallstraßen, besonders der Via Appia, reihen sich die Grabbauten zu langen Gräberstraßen. Doch auch die Wohnbebauung wuchs in alle Richtungen, so daß die Randzonen der Stadt vielfach eine Mischung von Wohnhäusern und Werkstätten, Villen, Gärten und Grabanlagen bildeten. Die alte republikanische Stadtmauer stellte längst keine Grenze der Stadt mehr dar, eine neue Befestigung erschien angesichts der Sicherheit des Reiches nicht nötig. Erst die Bedrohungen des 3. Jh. n. Chr. führten dazu, daß Aurelian (270–275 n. Chr.) einen riesigen neuen Mauerring von fast 19 km Länge um die Stadt legte.

16. Skulptur*

16.1 Einleitung

Seit Winckelmann bis weit in das 20. Jh. war die Skulptur der Griechen der bevorzugte Gegenstand der Klassischen Archäologie, insbesondere in Deutschland. Darin kommen zwei allgemeine Optionen zum Ausdruck: zum einen das Selbstverständnis des Faches, das sich in erster Linie als Geschichte der antiken Kunst und erst in zweiter Linie als Wissenschaft der allgemeinen materiellen Kultur verstand; zum anderen, im Rahmen dieses Selbstverständnisses, die Bevorzugung der großformatigen Skulptur vor anderen Gattungen der Kunst. Beides wirft grundsätzliche Fragen auf.

Für eine hohe Bewertung der Gattung der großen Skulptur kann man sich in gewissem Maß auf die Antike selbst berufen: Werke der großen Bildhauerei erreichten besondere Bekanntheit und Berühmtheit, und in der Überlieferung über antike Künstler, etwa bei Plinius und Pausanias, werden besonders viele Bildhauer genannt. Daneben erlangten allerdings die Werke und Künstler der großen Wandmalerei einen mindestens so großen Ruhm; in der archäologischen Forschung spielen sie nur deswegen eine weitaus geringere Rolle, weil die griechische Malerei, die auf Wandputz und Holztafeln ausgeführt wurde, fast völlig verloren ist (s. unten Kapitel 20). Es darf aber daneben nicht vergessen werden, daß auch in kleinformatigen Gattungen Werke von höchstem künstlerischen Rang geschaffen wurden, deren Künstler im Einzelfall auch hohes Ansehen erreichen konnten: etwa Statuetten aus Bronze, Treibarbeiten in verschiedenen Metallen mit Ziselierung (Toreutik), Münzen, geschnittene Gemmen und Kameen (Glyptik).

Gravierender sind die Folgen, die sich aus der Betrachtung der antiken Bildwerke im Sinn einer reinen 'Kunst' ergeben haben. Seit Winckelmann hat das dazu geführt, daß die Werke in erster Linie nach ihrem künstlerischen Stil befragt wurden. Das Ergebnis war eine Stilgeschichte, in der die Bildwerke vor allem als Zeugnisse für den Stil bestimmter Epochen, Kunstlandschaften und einzelner Künstler verstanden wurden. Diese Richtung fand in der Generation von Ernst Buschor und Bernhard Schweitzer einen (einstweilen) letzten Höhepunkt (s. oben Kapitel 2). Wenn diese Fragestellung in neuerer Zeit an Aktualität verloren hat, so sind dafür verschiedene Gründe maßgebend: Zum einen hat sich das Interesse des gesamten Faches allgemein von der Verengung auf die Bildende Kunst auf die Erforschung der allgemeinen materiellen und visuellen Kultur ausgeweitet. Zum zweiten ist die Zuversicht in die Verläßlichkeit der Analyse von Stilformen vielfach stark zurückgegangen (s. dazu Kapitel 5 und 9). Vor allem aber hat sich ein Bewußtsein dafür herausgebildet, daß mit der Untersuchung der reinen künstlerischen Stilformen die Bildwerke nur sehr partiell in ihrer kulturellen Bedeutung begriffen werden.

Grundsätzlich ist es sehr problematisch, den heutigen Begriff von 'Kunst' unreflektiert auf die Antike zu übertragen. Antike Bildwerke

---

*Abbildungen:

Boardman, GParchZ	J. Boardman, Griechische Plastik. Die archaische Zeit (1981).
Boardman, GPklassZ	J. Boardman, Griechische Plastik. Die klassische Zeit (1987).
Boardman, GPspätklassZ	J. Boardman, Griechische Plastik. Die spätklassische Zeit und die Plastik in Kolonien und Sammlungen (1998).
Heilmeyer, FK	W.-D. Heilmeyer, Frühgriechische Kunst (1982).
Kraus	Th. Kraus, Das römische Weltreich. Propyläen-Kunstgeschichte 2 (1967).
Kreikenbom	D. Kreikenbom, Bildwerke nach Polyklet (1990).
Lauter	H. Lauter, Die Koren des Erechtheion. Antike Plastik 16 (1976).
Schmidt	E. Schmidt, Die Kopien der Erechtheionkoren. Antike Plastik 13 (1973).
Simon, GR	E. Simon, Die Götter der Römer (1990).
Smith	R.R.R. Smith, Hellenistic Sculpture (1991).
Zanker, KS	P. Zanker, Klassizistische Statuen (1974).

waren keine reine 'Kunst' im neuzeitlich-europäischen Sinn. Es gab auch keine Museen, in denen 'Kunst' um ihrer selbst willen ausgestellt und betrachtet worden wäre. Entsprechend gab es keinen Begriff für 'Kunst' als rein 'schöpferische' Aktivität: Der dafür einschlägige Terminus *techne* bedeutet das 'Können' des Hervorbringens in vielen kulturellen Bereichen, ein kategorieller Unterschied zwischen 'Kunst' und 'Handwerk' ist nicht gemacht worden.

Der Grund dafür liegt darin, daß alle antike Bildkunst konkrete Funktionen im Leben der Gesellschaft hatte: etwa als Kultbilder der Gottheiten in den Tempeln, die bei Prozessionen herumgetragen, rituell gewaschen, gesalbt und mit Gewändern bekleidet wurden; als Votivgaben in den Heiligtümern, die der Bitte oder dem Dank an die Gottheit und auch der Frömmigkeit und dem sozialen Rang des Stifters Ausdruck verleihen sollten; als Bildnisse der Verstorbenen auf den Gräbern, die deren Rolle und Ansehen in der Gesellschaft darstellen sollten; und dergleichen mehr. Für alle diese Funktionen war es zwar durchaus förderlich, wenn die Bildwerke formal von hohem Rang und im aktuellen Stil der Zeit gearbeitet waren. Aber im Vordergrund mußte die künstlerische Qualität nicht unbedingt stehen; und jedenfalls ist mit der künstlerischen Form noch wenig von den primären Funktionen und Aufgaben der Bildwerke erfaßt.

Die Frage nach den Funktionen müßte im Zentrum einer neu konzipierten Erforschung der antiken Bildkunst stehen. Damit würden die Kunstwerke als Faktor der gesamten kulturellen Lebenswelt der Antike Bedeutung erlangen. In diesem Rahmen müßten dann auch die Formen der Bildwerke wieder neu untersucht werden: Sie müßten nicht nur zur Datierung und stilgeschichtlichen Klassifizierung der Werke, auch nicht zur Konstruktion von eigengesetzlichen kunstgeschichtlichen Entwicklungen eingesetzt, sondern als Zeugnisse für die Formen des Wahrnehmens und Gestaltens, für die Leitbilder, den kollektiven und individuellen kulturellen 'Habitus' in den betreffenden Gesellschaften verstanden werden.

a. Die Überlieferung griechischer Skulptur

Allgemein ist die griechische Skulptur sehr lückenhaft überliefert. Wie viele bedeutende Werke verloren gegangen sind, macht etwa ein Vergleich der Erwähnungen von Bildwerken bei Pausanias mit dem erhaltenen Bestand deutlich. Seit dem 5. Jh. v. Chr. kommen zwei Umstände hinzu, die die Überlieferung der Großplastik beeinträchtigen.

Materialien der Plastik und ihre Erhaltung. In archaischer Zeit waren Marmor, daneben Kalkstein und in begrenzterem Umfang Holz die bevorzugten Materialien großformatiger Skulpturen. Seit dem 5. Jh. v. Chr. wurden dagegen Bildwerke in großem Format nicht mehr vornehmlich in Stein, sondern vielfach in Bronze gearbeitet. Grundlage dafür war das technische Verfahren des Bronzegusses mit verlorener Wachsform, das aus archaischen Vorstufen entwickelt worden war: Über einem Kern aus Ton, der weitgehend der Form der gewünschten Figur entsprach, wurde eine Haut aus Wachs aufgetragen, deren Oberfläche genau modelliert wurde. Darum wurde ein Mantel aus Ton gelegt, der mit Bronzestangen im festen Abstand zum Kern gehalten wurde. Dadurch konnte das Wachs ausgeschmolzen und der entstandene Hohlraum mit flüssiger Bronze gefüllt werden. Zumeist wurden Teilgüsse hergestellt und anschließend zusammengesetzt. Die erkaltete Oberfläche wurde danach mit Ziselierwerkzeugen zur endgültigen Form bearbeitet.

In der Spätantike und im Mittelalter wurden die antiken Bildwerke aus Bronze weitgehend eingeschmolzen, um das wertvolle Material anderweitig zu verwenden. Werke der großen Bronzeplastik sind daher gewöhnlich nur erhalten, wenn sie durch Unfälle schon vor Ende der Antike dem Zugriff entzogen wurden: etwa durch Untergang von Schiffen, wie der Zeus vom Kap Artemision (Boardman, GPklassZ Abb. 35) und die Statuen von Riace (Boardman, GPklassZ Abb. 38–39. Taf. 3–4), oder durch Erdbeben, wie der Wagenlenker von Delphi (Boardman, GPklassZ Abb. 34).

Für besonders anspruchsvolle Bildwerke wurden noch wertvollere Materialien verwendet: Gold, Silber und Elfenbein, die noch stärker der Wiederverwendung ausgesetzt waren. Aber auch von der Plastik in Marmor haben sich nur relativ wenige Originale erhalten, da die Werke häufig im Mittelalter zerschlagen und zu Kalk verbrannt wurden. Vor allem von den Marmorwerken der berühmten Bildhauer,

die den Höhepunkt des qualitativen Spektrums darstellen, ist kaum etwas erhalten.
Römische Kopien und Umbildungen. Der Verlust der meisten Originale wird partiell dadurch aufgewogen, daß vor allem in römischer Zeit berühmte griechische Bildwerke kopiert und nachgebildet wurden. Nach früheren Vorläufern bildete sich im 2. Jh. v. Chr. im griechischen Osten die Praxis heraus, öffentliche Gebäude und private Wohnsitze mit Nachbildungen älterer, meist 'klassischer' Bildwerke auszuschmücken. Ein frühes Beispiel aus dem Ende des 2. Jh. v. Chr. ist der sog. Diadoumenos aus einem Haus in Delos (Abb. 60), eine Kopie nach einem berühmten Werk des klassischen Bildhauers Polyklet. In der römischen Kaiserzeit weitete die Praxis sich zu einem reichsweiten, massenhaften Kopierbetrieb aus. Da der größte Teil dieser Produktion in Marmor gearbeitet ist, hat sich davon ein Teil erhalten.

Werkstätten, die neben anderen Aufträgen solche Kopien herstellten, muß es an vielen Orten gegeben haben. Zum Teil arbeiteten sie mit Gipsabgüssen von bekannten Meisterwerken; Fragmente solcher Abgüsse wurden in einer Werkstatt in Baiae am Golf von Neapel gefunden (Boardman, GPklassZ Abb. 4). Vielfach muß man auch nach bereits existierenden Kopien weiter kopiert haben.

Bei der Aufgabe, die Geschichte der griechischen Plastik mit Hilfe römischer Kopien zu rekonstruieren, sind einige allgemeine Rahmenbedingungen und Schwierigkeiten zu beachten.

Grundsätzlich bestand der Zweck römischer Kopien nicht darin, die griechischen Bildwerke als reine 'Kunstwerke' zu vergegenwärtigen. Sie dienten vor allem in thematischer Hinsicht zur Ausstattung öffentlicher und privater Bauten: Athena und berühmte Philosophen oder Dichter in Bibliotheken, Hermes und Athleten in Sportstätten, Dionysos und Satyrn in Parks und Gärten usw. Dafür wurden im Repertoire der griechischen Kunst Vorbilder gesucht, die dem römischen Geschmack entsprachen.

Aus dieser Vorbedingung ergibt sich zunächst eine spezifische Selektion von griechischen Werken: Man kopierte nicht alles, sondern nur bestimmte Werke, die man brauchte. Zum einen war es eine Selektion von Themen: Man kopierte solche Werke, die inhaltlich in den römischen Kontext paßten. Daraus ergab sich zum zweiten eine Selektion des Geschmacks: Man kopierte solche Werke, die nach römischem Urteil das betreffende Thema in besonders überzeugender Form darstellten; unter diesen Gesichtspunkten wurden Vorbilder der 'klassischen' Jahrhunderte häufiger überliefert, solche des Hellenismus seltener und solche der archaischen Zeit fast überhaupt nicht. Nicht zuletzt handelte es sich auch um eine Selektion der Zugänglichkeit: Man kopierte vor allem Werke in den kulturellen Zentren, besonders Athen und Rom.

Als weitere Folge ergab sich, daß die Kopien das Original z. T. in Material und Format für den neuen, römischen Kontext veränderten. Sehr häufig wurden bronzene Bildwerke in Stein wiedergegeben, z. B. die Tyrannenmörder (Abb. 57); dabei wurde häufig eine Stütze in Form von Baumstämmen u. ä. zugefügt, um der Figur Halt zu geben; solche Stützen sind in der griechischen Marmorplastik sehr selten. Mehrfach wurden die Kopien auch in kleinerem (selten größerem) Format hergestellt: z. B. die sog. Varvakion-Statuette (Abb. 63) aus Marmor, nach dem Kultbild der Athena Parthenos im Parthenon, das aus Gold und Elfenbein bestand; oder die Bronze-Statuette einer Amazone, von der auch großformatige Marmorkopien bekannt sind, alle auf ein gemeinsames Original aus Bronze zurückgehend (R. Bol, Amazones volneratae [1998] Taf. 21).

Eine dritte Konsequenz der vor allem thematischen Funktion der Kopien besteht darin, daß das originale Werk zumeist nicht in aller künstlerischer Differenziertheit möglichst getreu kopiert wurde. Oft genügte eine leidlich genaue Wiedergabe; dabei konnte dann der eigene Stil der römischen Werkstatt mehr oder minder deutlich durchschlagen. Vielfach wurden die Vorbilder auch benutzt, um durch partielle Eingriffe und Veränderungen Bildwerke von neuer Bedeutung zu schaffen. Daraus ergeben sich weitreichende Schwierigkeiten, aus den römischen Werken die griechischen Originale zu rekonstruieren. Dies ist die Aufgabe der Methode der 'Kopienkritik'.

Die Frage, ob ein Bildwerk ein griechisches Original oder eine römische Kopie ist, läßt sich meist nur nach dem Stil der Oberflächenbearbeitung erkennen. Je getreuer eine Kopie ist, desto schwerer ist sie vom Original zu unterscheiden. In der Regel aber sind die technischen Arbeitsweisen der Kopistenzeit so deutlich, daß kein Zweifel besteht. Man kann das an den wenigen Fällen überprüfen, in denen Original und Kopie erhalten sind: z.B. an den Mädchenfiguren (Koren) vom Erechtheion in Athen und ihren Kopien vom Forum des Augustus in Rom und aus der Villa des Hadrian bei Tivoli, die alle Details wiedergeben, aber in veränderter Meißelarbeit (s. unten).

Weit problematischer ist oft die Frage, ob eine Statue mit römischer Meißelarbeit eine Neuschöpfung der römischen Zeit oder eine Kopie eines älteren Originals ist. Lange Zeit war man sehr zuversichtlich, alle möglichen römischen Bildwerke auf griechische Meisterwerke zurückführen zu können. Heute ist man damit, sicher zu Recht, sehr viel vorsichtiger geworden. Ein wichtiges Indiz besteht darin, wenn mehrere Kopien nach demselben Original vorliegen: In diesem Fall liegt es nahe, daß ein bekanntes griechisches Werk kopiert wurde. Allerdings wurden in einzelnen Fällen auch römische Neuschöpfungen ihrerseits kopiert. Im übrigen kann nur die Methode einer genauen Formanalyse zu der Entscheidung führen, ob ein römisches Werk in seinem grundsätzlichen Aufbau in die Zeit seiner Herstellung gehört oder ein Original einer früheren Epoche wiedergibt.

Für die Untersuchung dieser reproduzierenden Praxis der späthellenistischen und römischen Zeit dienen eine Reihe von Begriffen, die zwar in der Forschung nicht immer eindeutig verwendet werden, aber zur Bezeichnung spezifischer Phänomene dienen können.

■ 'Kopie' und 'Replik'. Erstes Beispiel: Eine Mädchenfigur vom Forum des Augustus (Schmidt Taf. 2) und mehrere andere aus der Villa des Hadrian bei Tivoli (Schmidt Taf. 6.) stimmen in so vielen und so speziellen Details, besonders den einzelnen Faltenzügen, so genau überein, daß sie auf dasselbe Original zurückgehen müssen. Dagegen weicht ein Torso in Neapel (Jahrbuch des Deutschen Archäologischen Instituts 89, 1974, 114 Abb. 1) und noch mehr eine Göttin in Rom (Boardman, GPklassZ Abb. 212; Lauter Abb. 22) trotz allgemeiner Ähnlichkeit so weit ab, daß sie nicht dasselbe Vorbild wiedergeben können. Die Mädchen vom Augustusforum und aus Tivoli sind Kopien nach einer Kore des Erechtheion in Athen (Lauter Taf. 23), während der Torso in Neapel eine Kopie der Eirene des Kephisodot ist (Abb. 74) und die Göttin in Rom ein weiteres klassisches Original wiedergibt. – Zweites Beispiel: Doryphoros des Polyklet (Abb. 59), Köpfe Neapel (Abb. 61) und Minneapolis (Kreikenbom Taf. 106–107; vgl. 172–173). Die Komposition der Haare ist Locke für Locke identisch, beide Köpfe gehen auf ein Meisterwerk des Bildhauers Polyklet, den Lanzenträger (Doryphoros) aus dem 5. Jh. v. Chr. zurück. Ein Gegenbeispiel ist ein Kopf des Herakles in Rom, der in der Gestaltung der Locken allgemein sehr ähnlich, im einzelnen aber abweichend gebildet ist und ein anderes Original desselben Bildhauers wiedergibt (Kreikenbom Taf. 230–231).

Werke, die in allen wesentlichen Details übereinstimmen, gehören demselben Statuen- bzw. Kopf-'Typus' an (zum Begriff des Typus s. auch oben Kapitel 9). Zur Bestimmung dienen vor allem Übereinstimmungen in Haaren und Gewand. Diese Methode des 'Locken-' oder 'Faltenzählens', die von anderen Disziplinen oft belächelt wird, erfaßt gewiß nicht die allgemeine künstlerische Aussage und Qualität eines Werkes; sie dient aber zur Feststellung von Abhängigkeitsverhältnissen. Locken und Gewandfalten finden dabei besondere Beachtung, weil sie besonders klar definierte Details darstellen, an denen Übereinstimmungen am eindeutigsten feststellbar sind.

Ausgangspunkt des 'Typus' ist das originale Vorbild. Der Begriff 'Kopie' bezeichnet das Verhältnis zwischen Original und Reproduktion, der Begriff 'Replik' das Verhältnis zwischen den Reproduktionen untereinander (Terminologie jedoch in der Forschung nicht einheitlich verwendet).

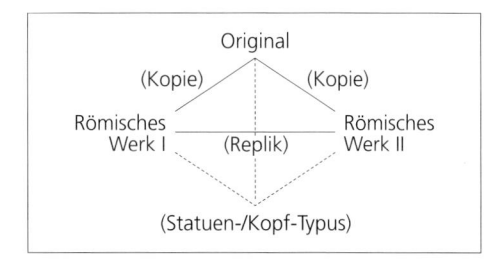

```
                    Original
           (Kopie)    │    (Kopie)
                      │
Römisches ────────────┼──────────── Römisches
Werk I       (Replik) │            Werk II
                      │
              (Statuen-/Kopf-Typus)
```

■ 'Umbildung', 'Variante', 'Werkstattstil'. Die römischen Wiedergaben griechischer Werke dürfen von der Forschung nicht ohne weiteres

für das Original eingesetzt werden: Sie können in vieler Hinsicht von dem Vorbild abweichen, so daß oft nicht mehr im präzisen Sinn von 'Kopien' gesprochen werden kann. Das gilt zunächst von der Umsetzung in andere Materialien und andere Formate oder die Zufügung einer Stütze bei Marmorkopien. Darüber hinaus ergeben sich vielfache Veränderungen: im thematischen Bildmotiv, in der künstlerischen Form, in der bildhauerischen Ausführung.
- Motivische Veränderungen werden als 'Umbildungen' bezeichnet. Ein berühmtes Standbild der Aphrodite, die sich im Schild des Ares spiegelt (Aphrodite Capua; Abb. 85), ist zu der Siegesgöttin Victoria (Victoria von Brescia; Abb. 107), die die Siege eines Kaisers auf einen Schild aufzeichnet, umgebildet worden. Eine Knabenfigur des Polyklet, der sog. Ephebe Westmacott (Zanker, KS Taf. 21,1.3) ist zu einer Darstellung des Ikaros, der sich die Flügel anlegt, verändert worden (Zanker, KS Taf. 23,5–6). Der Doryphoros des Polyklet (Abb. 59) ist durch einen Kopf des Antinoos, des Lieblings des Kaisers Hadrian, zu einer Porträtfigur umgestaltet worden (Zanker, KS Taf. 5,4). In solchen Fällen soll nicht das Original wiedergegeben werden, sondern es soll mit Hilfe des bekannten Originals ein neues Werk geschaffen werden.
- Formale Veränderungen im Sinne eines neuen Zeitgeschmacks werden als 'Varianten' bezeichnet. Der Ephebe Westmacott des Polyklet ist in einer Statue in Eleusis (Zanker, KS Taf. 21,2) bewußt im Stil einer späteren Zeit umgesetzt worden: Das Original ist absichtlich im Sinn eines gewandelten Geschmacks und Körperideals verändert.
- Darüber hinaus sind auch bei Absicht einer einigermaßen genauen Wiedergabe fast immer mehr oder minder deutlich die technischen Arbeitsweisen der Kopistenzeit zu erkennen. Dieser Werkstattstil verändert das Original mehr oder weniger unbewußt nach dem Geschmack und den technischen Verfahren der eigenen Epoche. In solchen Fällen werden zwar alle Einzelheiten des Originals wiedergegeben, aber mit leicht abweichenden Nuancen.

Das Verhältnis von Original und Kopie ist am besten an den Koren des Erechtheion (Boardman, GPklassZ Abb. 125; Lauter bes. Taf. 23. 32) und ihren römischen Kopien zu erkennen. Zwei der originalen Koren wurden für das Forum des Augustus kopiert: Sie unterscheiden sich von den griechischen Bildwerken durch die härtere Wiedergabe von Haaren und Gewändern. Noch deutlicher sind die Kennzeichen des hadrianischen Zeitstils bei den Kopien aus der Villa des Hadrian bei Tivoli: Hier herrschen statt weicher Falten und Mulden in den Gewändern schärfere und härter abgesetzte Formen vor (Lauter Taf. 6–32).

In der Regel liegen jedoch nicht mehr Original und Kopie, sondern nur verschiedene Repliken desselben Typus vor. Sie können z. T. sehr verschieden ausfallen. Bei den Köpfen des Doryphoros in Neapel (Abb. 59; Kopf: Kreikenbom Taf. 111–113; vgl. auch hier Abb. 61) und im Museo Barracco in Rom (Kreikenbom Taf. 186–187) sind die Details der Locken im wesentlichen gleich, sie sind aber bei dem Neapler Kopf in scharf artikulierten Einzelformen, bei dem anderen Kopf voluminöser und mehr als Haarmasse wiedergegeben. Darin läßt sich im ersten Fall der Zeitstil der augusteischen Zeit, im zweiten der der neronischen Zeit erkennen. In anderen Fällen gehen die Unterschiede noch weiter. Ein Kopf des Diadoumenos aus Delos (Abb. 60; Kopf: Kreikenbom Taf. 248–249) und ein anderer in Leptis Magna (Kreikenbom Taf. 259–260) gehen auf ein Original des Polyklet zurück, wie aus der eigenwillig gelegten Binde deutlich wird. Die Einzelheiten des sehr komplizierten Lockenkopfes sind aber nicht völlig übereinstimmend kopiert, sondern in dem Kopf aus Delos in der summarischen Weise des späten Hellenismus, in dem Kopf aus Leptis Magna in der virtuosen Marmortechnik des 2. Jh. n. Chr. wiedergegeben.

Die Methode, die Kopien, Umbildungen und Varianten in ihrem Verhältnis zu dem (meist verlorenen) Original zu beurteilen, ist die Kopienkritik. Sie besteht darin, zunächst die Unterschiede der verschiedenen Repliken festzustellen, die spezifischen Merkmale der Kopisten zu bestimmen und nach Möglichkeit die Repliken in ihrer eigenen Entstehungszeit während des späteren Hellenismus und der Kaiserzeit festzulegen. Dadurch werden die Werke zunächst als das erkennbar, was sie primär sind: Zeugnisse der Zeit ihrer Herstellung. Auf dieser Grundlage ist es dann aber auch möglich, durch Vergleich der Repliken übereinstimmende Züge zu definieren, die auf das Original zurückgeführt werden können. Dessen allgemeine bildhauerische Qualitäten können weiterhin durch den Vergleich mit originalen Werken derselben Zeit annäherungsweise erschlossen werden. Die Rekonstruktion des originalen Werkes, die auf diese Weise gewonnen wird, bleibt notwendigerweise eine theoretische Vorstellung; aber sie ist der einzig gangbare Weg, auf dem eine große Zahl verlorener griechischer 'Meisterwerke' für die Geschichte der griechischen Plastik gewonnen werden kann.

b. Bildhauer

Die klassische Archäologie war lange Zeit, insbesondere in Deutschland, auf die Bestimmung und Interpretation des Œuvres großer 'Meister' ausgerichtet. Dies Interesse ist stark vom Individualismus und Geniekult des 19. und frühen 20. Jh. geprägt. Richtungsweisend war vor allem Adolf Furtwängler („Meisterwerke der griechischen Plastik" [1893]), dann seit den 1920er Jahren Ernst Buschor, Bernhard Schweitzer, Ernst Langlotz, Charles Picard.

Dabei dürfen die grundsätzlichen Unterschiede zum Künstlertyp der Neuzeit nicht übersehen werden: 'Autonome' Künstler, die unabhängig von Aufträgen ihre Vorstellungen in 'freie Schöpfungen' umsetzten und allenfalls dann zum Verkauf freigaben, gab es in der Antike in der Regel nicht. Alle Bildkunst von größerem Format war Auftragskunst, alles Kunsthandwerk unmittelbar für den Markt bestimmt. Aber auch im Vergleich mit Künstlern der Renaissance im Dienst von Herrschern und Kirche waren die Bildhauer der Antike offenbar sehr viel stärker von den Vorgaben der Auftraggeber, den öffentlichen Funktionen der Werke und den kollektiven Erwartungen des Publikums bestimmt. Der individuellen künstlerischen 'Schöpfung' und 'kreativen Entfaltung' waren daher in der Antike sehr viel engere Grenzen gesetzt als in der Neuzeit. Dies bedeutet eine gewisse Relativierung der Frage nach den Bildhauern – andererseits aber hat die Urheberschaft einzelner Bildhauer schon im Urteil der Antike Bedeutung gehabt. Darum darf die Forschung diesen Aspekt nicht aus dem Auge verlieren, sondern muß die Rolle von Bildhauern im historischen Rahmen der Antike zu verstehen suchen.

Die Grundlagen für die 'Meisterforschung' sind eigentlich schlecht. Die berühmten Bildhauer sind zunächst nur aus literarischen Quellen bekannt, besonders aus Plinius und Pausanias. Gesicherte Werke mit Signaturen o. ä. sind von den 'großen Meistern' jedoch kaum erhalten. Zur Bestimmung von Werken bestimmter Bildhauer gibt es unter diesen Umständen grundsätzlich zwei Wege:
■ Verbindung zwischen Werken eines Bildhauers, die in den schriftlichen Quellen genannt werden, mit erhaltenen Standbildern (meist Kopien).
■ Zuschreibung von weiteren Werken aufgrund stilistischer Ähnlichkeit, d.h. durch Stilanalyse, mit (mehr oder minder) gesicherten Werken eines Bildhauers.

Die Identifizierung von erhaltenen Bildwerken mit Zeugnissen der schriftlichen Überlieferung gelingt nur relativ selten mit einiger Sicherheit. Darum wurde die Zuweisung aufgrund von Stilformen z.T. sehr extensiv betrieben. Das Ergebnis dieser generationenlangen Bemühungen wirkt heute eher verwirrend: Vielfach ist aus der Forschung kaum mehr ein Unterschied zu erkennen zwischen Werken, die als einigermaßen gesichert betrachtet werden können, und solchen, die lediglich hypothetisch mit bezeugten Werken identifiziert oder nur mehr oder minder überzeugend zugeschrieben sind. Die Subjektivität der Attributionen hat zu sehr divergenten Ergebnissen geführt (Ernst Buschor: „Jedem der Phidias, den er verdient!").

Dabei ist es von entscheidender Bedeutung, die grundsätzliche methodische Problematik des Vorgehens zu erkennen, das leicht zu einem Circulus vitiosus führt: Die Zuweisung zweier Werke an denselben Bildhauer aufgrund des Stils hat zur Grundlage, daß die Stilformen als so verwandt erkannt werden, daß Identität des Herstellers angenommen werden darf. Doch die Frage, wie ähnlich Stilformen sein müssen, um Identität des Herstellers anzuzeigen bzw. wie groß das stilistische Spektrum eines antiken Bildhauers angenommen werden kann, beruht rein auf der Entscheidung des einzelnen Forschers; wo die Grenze zwischen den möglichen Variationen desselben Bildhauers und etwa den davon beeinflußten Werken seiner Mitarbeiter, Schüler und Zeitgenossen zu ziehen ist, bleibt dem subjektiven Ermessen überlassen. Das heißt: Die grundsätzliche Frage, wie 'identisch' oder 'frei' ein antiker Künstler ist, und letzten Endes: Welche kreative, innovative Potenz ein antiker Künstler darstellte, wird auf diese Weise nicht aus den Werken herausgelesen, sondern aus der eigenen Vorstellung in die Definition des antiken Künstlers hineingelegt.

In dieser Situation scheint es nur einen einzigen sinnvollen Weg zu geben: die Beschränkung auf solche Werke, die einigermaßen sicher mit überlieferten Werken bestimmter Bildhauer identifiziert werden können. Stilistische Zuweisungen werden daher im Folgenden nur in wenigen Ausnahmefällen, wo sie ganz überzeugend scheinen, einbezogen.

Allgemein hat die Konzentration auf die 'Meister' eine gewisse Berechtigung darin, daß einzelne führende Bildhauer hohe Wertschätzung bei den Zeitgenossen und Ruhm bei der Nachwelt erfuhren. Die Folge ist allerdings eine starke Verengung der Fragestellungen zur griechischen Plastik, bei der vor allem die Funktionen zu wenig in den Blick treten. Wenn in der folgenden Darstellung dem gegenwärtigen Stand der Forschung entsprechend einige etwas besser bekannte Namen vorgestellt werden, so wird vor allem zu zeigen versucht, daß einzelne Bildhauer ihre Stilformen für bestimmte Aufgaben in einem spezifischen politischen und gesellschaftlichen Umfeld und in spezifischen historischen Umständen entwickelten.

16.2 Geometrische und archaische Zeit

a. Geometrische Zeit

Mit dem Zerfall der mykenischen Kultur fand auch die Skulptur, in großem wie in kleinem Format, fast ein völliges Ende. Erst langsam, im wesentlichen im 9. und 8. Jh. v. Chr., kam es zu einer neuen wirtschaftlichen und kulturellen Blüte und in diesem Zusammenhang auch zu einem Wiederaufleben figürlicher Kleinplastik, vor allem aus Terrakotta und Bronze. Fast durchweg handelt es sich um Votivgaben in Heiligtümern, seltener um Beigaben in Gräbern.

Statuetten aus Terrakotta (Boardman, GParchZ Abb. 1–4. 6; W.-D. Heilmeyer, Olympische Tonfiguren [1972]; Heilmeyer, FK Abb. 55–62), die etwa im Heiligtum von Olympia in großer Zahl gefunden wurden, zeigen wenige Leitthemen: vor allem Männer, meist mit erhobenen Armen, vielleicht einem Gebetsgestus; und Tiere, vor allem Pferde und Rinder. In solchen einfachen Votiven repräsentiert sich eine agrarische Gesellschaft von Grundbesitzern.

Die formale Gestaltung ist pointierter an den Figuren aus Bronze zu erkennen (Abb. 40; Boardman, GParchZ Abb. 5. 7. 10–13. 45–48; Heilmeyer, FK 14. 33. 35–42). Die Männer sind gewöhnlich nackt dargestellt und oft durch Helm oder in die Hand eingestiftete Lanze als Krieger charakterisiert. Die Figuren sind aus ihren einzelnen Teilen zusammengesetzt, besonders deutlich zu erkennen an der schmalen Verbindung von Unterleib und Brustkorb: Der Körper wird nicht als Gesamtheit, sondern als Summe seiner Elemente verstanden. Dabei werden die einzelnen Teile in ihrer charakteristischen Ansicht dargestellt: die Brust in ihrer Ausdehnung von vorne, ohne Volumen, das Gesäß dagegen in seiner Tiefenerstreckung. Daraus ergeben sich in einzelnen Ansichten Widersprüche, etwa in der Profilansicht zwischen flachem Ober- und voluminösem Unterkörper. Die Figuren sind 'wechselansichtig'.

Unter den Tierfiguren in Bronze ragen neben Rindern und Widdern die Pferde (Abb. 41; Boardman, GParchZ Abb. 8–9; W.-D. Heilmeyer, Frühe olympische Bronzefiguren. Die Tiervotive [1979]; Heilmeyer, FK Abb. 5–13) hervor. Die additive Zusammenfügung der als charakteristisch herausgehobenen Teile, besonders Kopf, Brust und Kruppe, wird vor allem in der sehr schmalen Verbindung durch den Leib deutlich. Bei den Pferden lassen sich auch am besten durch den Stil verschiedene regionale Zentren unterscheiden: Sparta, mit kurzen Körpern, kantigem Brustansatz und gedrungenem Hals; Argos, mit weicher schwellender Kruppe und Brust und gerundeter Mähne; Korinth, mit pointierten Gegensätzen zwischen gerundeten,

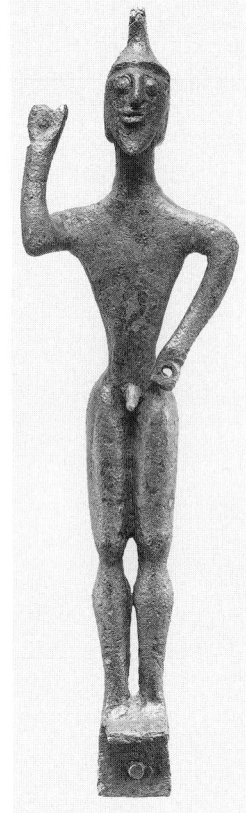

Abb. 40: Bronzefigur eines Mannes mit Lanze. Bekrönung eines Dreifuß-Henkels. Um 750–700 v. Chr. Olympia, Museum

Abb. 41: Bronzestatuette eines Pferdes. Votivfigur, wahrscheinlich aus dem Zeus-Heiligtum von Olympia. Um 750–700 v. Chr. Berlin, Staatliche Museen, Antikensammlung

flachen und stabartigen Formen und mit weit vorgezogener Mähne.

Vielfach waren geometrische Kleinbronzen keine selbständigen Figuren, sondern dienten als Schmuck verschiedenartiger Geräte, vor allem auf und zu Seiten der Henkel von Dreifüßen (Abb. 40). Der Typus des Dreifußes aus Bronze, ursprünglich ein Kochgerät beim vornehmen Gastmahl, wurde in geometrischer Zeit mit reichen Verzierungen zu monumentaler Größe (bis zu 3,50 m) gesteigert (Heilmeyer, FK Abb. 31. 33). In dieser Form gehörten Dreifüße, die in dieser Größe nicht mehr praktisch verwendbar waren, zum kostbarsten Besitz und zu den Prestigeobjekten der Oberschicht in der Zeit Homers und stellten die anspruchsvollsten Votivgaben in den Heiligtümern dar.

Ebenfalls als Schmuck eines Gerätes, vielleicht eines Kästchens, dienten weibliche Figuren aus Elfenbein, aus einem Grab in Athen (Boardman, GParchZ Abb. 19). Das Material wie der Typus der Gestalten stammen aus dem Orient, vergleichbare Figuren kommen etwa aus Nimrud in Assyrien. Darin zeigt sich, daß das kulturelle Aufstreben Griechenlands im 8. Jh. v. Chr. auch auf zunehmend engeren Kontakten mit den östlichen Hochkulturen beruhte.

b. Früharchaische (sog. orientalisierende) Zeit

Der immer intensivere kulturelle Transfer aus dem Orient wird um 700 v. Chr. in der Rezeption einer neuen Form von bauchigen Kesseln auf konischen Ständern deutlich, die die geometrischen Dreifüße weitgehend ablösten. Sie waren mit Protomen von Greifen (Abb. 42), einem aus dem Orient übernommenen Phantasiewesen mit Löwenkörper und Vogelkopf, und Attaschen von Männern oder Frauen mit Flügeln geschmückt (Boardman, GParchZ

Abb. 20–22). Bei den Attaschen lassen sich orientalische Importe mit voll gerundeten Formen und griechische Nachahmungen mit scharf gegliederten Zügen unterscheiden: Sie sind Musterbeispiele für die Rezeption der orientalischen Hochkulturen und ihre Integration in die griechische Kultur.

Gleichzeitig veränderte die Auffassung der Gestalt von Menschen und Tieren sich dahin, daß sie immer stärker als gesamte Körper begriffen wurden. Gegenüber einer geometrischen Figur eines Lanzenschwingers aus Olympia (Mitte Hälfte 8. Jh.; Abb. 40) zeigt eine Statuette mit der Weihinschrift eines gewissen Mantiklos (1. Viertel 7. Jh.; Boardman, GParchZ Abb. 10) eine deutlich gerundete Bildung in den keulenförmigen Schenkeln, Brust, Rücken und dem Kopf, der durch die Haare auf den Schultern aufgesockelt erscheint. Noch stärker sind Ober- und Unterkörper zu einer geschlossenen Gestalt bei dem Apollon von Dreros zusammengewachsen (zusammen mit Leto und Artemis; wohl 1. Hälfte 7. Jh. v. Chr., Datierung umstritten; Boardman, GParchZ Abb. 16). In einer Jünglingsfigur in Delphi (3. Viertel 7. Jh. v. Chr.; Boardman, GParchZ Abb. 57) ist die Einheit des Körpers in großen Wölbungen und Einziehungen verwirklicht. Auf dieser Stufe scheint das Schema des Kouros (s. unten) voll ausgeprägt.

Im 7. Jh. v. Chr. entstand in Griechenland die erste Großplastik in Stein. Die führenden Zentren waren zunächst Kreta, mit Skulpturen in Kalkstein, z. B. eine weibliche Sitzfigur aus Gortyn (Boardman, GParchZ Abb. 30), und die Kykladen, mit Werken aus dem dort anstehenden vorzüglichen Marmor, z. B. ein Kouros-Fragment von Delos (Boardman, GParchZ Abb. 60). Nach dem legendären Bildhauer Daidalos aus Kreta wird diese Epoche der Kunst auch 'dädalisch' genannt.

Das Streben nach großem, oft monumentalem Format entspricht, wie die gleichzeitige Entstehung monumentaler Tempelarchitektur, einem neuen Selbstbewußtsein und Repräsentationsbedürfnis politischer Mächte und führender Persönlichkeiten. Grundlage der Entwicklung ist die Ausbildung der Polis und die neue Blüte von Wirtschaft und Fernhandel. Dabei konnte man an die Bildkunst Ägyptens und des Vorderen Orients anschließen, wo monumentale Skulpturen eine alte Tradition

Abb. 42: Greif, Protome von einem Bronzekessel. Votiv aus dem Hera-Heiligtum von Samos. Um 650–600 v. Chr. Berlin, Staatliche Museen, Antikensammlung

hatten: Nicht nur Monumentalität als solche, sondern auch einzelne Bildtypen wurden aus dem Orient rezipiert.

c. Hoch- und spätarchaische Zeit

Die Skulptur der archaischen Zeit ist geprägt von einer relativ kleinen Zahl fester Bildtypen, die weite Verbreitung fanden und lange Lebensdauer entwickelten.

Kouros (Plural: Kouroi) und Kore (Korai). Kouroi, Standbilder nackter junger Männer, folgen einem festen Typus. Ein gut erhaltenes frühes Beispiel aus Attika ist der Kouros in New York (Abb. 43). Charakteristisch ist die Schrittstellung mit dem linken vorgesetzten Fuß, die ruhige Haltung der hängenden Arme, die Hände zur Faust geschlossen, der erhoben getragene Kopf, insgesamt der weitgehend symmetrische Aufbau und die frontale Ausrichtung der Gestalt. Der Typus ist deutlich von ägyptischen Figuren hergeleitet, jedoch mit bezeichnenden Unterschieden: Ägyptische Standbilder stehen oft vor einem Pfeiler, an dem die Rückenlinie orientiert ist, und setzen ein Bein nach vorne. Der Pfeiler sichert die optische Statik des Körpers, und auch wo er fehlt, folgen die Figuren diesem Aufbau. Die griechischen Kouroi dagegen stehen gleichermaßen auf beiden Beinen, gewissermaßen aus eigener Kraft, und erscheinen daher potentiell beweglicher.

Auf dieser Grundlage entwickelten die Kouroi eine beträchtliche Veränderungsdynamik: Der Typus blieb als solcher konstant, die stilistische Ausführung wandelte sich. Eine Reihe attischer Kouroi macht diese Veränderung deutlich: Kouros in New York (Anfang 6. Jh. v. Chr.; Abb. 43) mit großen, einfach gewölbten Formen und linearen Gliederungen, stark an den vier Seiten des Marmorblockes orientiert, Details wie Ohren und Haar, Körpermuskeln und Knie stark ornamental stilisiert; Kouros aus Volomandra (um 560–50 v. Chr.; Boardman, GParchZ Abb. 104) mit stärker schwellenden Formen, weicheren Gliederungen, runderen Übergängen von Vorder- zur Seitenansicht; Kouros von Anavyssos, wahrscheinlich mit einer Basis eines Verstorbenen 'Kroisos' zu verbinden (um 530 v. Chr.; Abb. 44), mit detailreicherer Erfassung der Körperformen und stärkerer Anspannung der Muskeln; Kouros 'Aristodikos' (um 500 v. Chr.; Abb. 45) mit stärker organischer Modellierung des Körpers und größerer Beweglichkeit der Arme. Im frühen 5. Jh. v. Chr. endete die Entwicklung der Kouroi, um 490–80 v. Chr. wurde ein völlig neuer Figurenaufbau entwickelt, bei dem das Gewicht des Körpers auf ein Bein ('Standbein', Gegensatz 'Spielbein') verlagert und der symmetrische Aufbau aufgegeben wurde (Ponderation, s. unten Kapitel 16.3).

Neben den chronologischen Veränderungen des Typus finden sich auch unterschiedliche Ausprägungen in verschiedenen Landschaften bzw. Werkstätten. Der Kouros aus Tenea (bei Korinth; Boardman, GParchZ Abb. 121) zeigt muskulöse, athletische Formen, der Kouros des Leukios aus Samos ist weicher gebildet (Boardman, GParchZ Abb. 81). Beide Figuren sind um die Mitte des 6. Jh. v. Chr. entstanden, sie bringen aber in ihren regional geprägten Stilformen unterschiedliche Körperideale zum Ausdruck, die im jeweiligen gesellschaftlichen Umfeld begründet sind.

Korai, Standbilder junger Mädchen, zeigen eine größere Variationsbreite. Die frühen Koren des mittleren 7. Jh. v. Chr., die 'Dame d'Auxerre' (Abb. 46) und die Votivstatue der Nikandre auf Delos (Boardman, GParchZ Abb. 71), sind stark blockhaft geformt. Dagegen ist die Grabstatue der Phrasikleia, die ausgezeichnet mit ihrer Bemalung erhalten ist (um 550 v. Chr.; Abb. 48), in sanften Schwellungen, mit kräftig modelliertem Gesicht und schmiegsam perlenden Haaren gebildet. Die Kore des Antenor in Athen (um 520 v. Chr.; Abb. 49) zeigt einen starken Reichtum an Gewändern: ein dünn aufliegendes, fast 'durchscheinendes' Unterkleid (Chiton), das in eleganter Haltung zur Seite gerafft wird, darüber ein kunstvoll gefälteltes, schräg gelegtes Manteltuch. Dabei werden die Körper unter den Stoffen stark zur Geltung gebracht.

Landschaftliche Unterschiede sind z. T. an Koren deutlicher als an Kouroi. Insbesondere auf Samos (Cheramyes-Kore, um 560 v. Chr.; Abb. 47) und in anderen ostgriechischen Zentren wurde ein Typus säulenförmig schwellender Figuren mit feiner, linearer Faltenführung ausgebildet, der sich markant von gleichzeitigen attischen Figuren absetzt.

Nach Funktion und Bedeutung sind Kouroi und Korai zum einen Votive in Heiligtümern. Sie sind dort in der Regel nicht als Darstellungen der Stifter gemeint, da Korai vielfach von Männern aufgestellt wurden. Am ehesten sind sie als allgemeine Repräsentanten der städtischen Jugend zu verstehen, wie sie auch, als Stolz der Familien und der ganzen Polis, bei den großen Götterfesten in den Heiligtümern auftrat. In einzelnen Fällen, etwa in einer Familiengruppe aus dem Hera-Heiligtum von Samos (nach dem signierenden Bildhauer Geneleos-Weihgeschenk benannt; Boardman, GParchZ Abb. 91–93), konnten solche Votivstatuen durch Inschriften auf individuelle Vertreter dieser Oberschicht bezogen werden. Zum zweiten wurden Kouroi, seltener auch Korai, auf Gräbern aufgestellt, z. B. Kroisos (Abb. 44) und Phrasikleia (um 550 v. Chr.; Abb. 48), beide

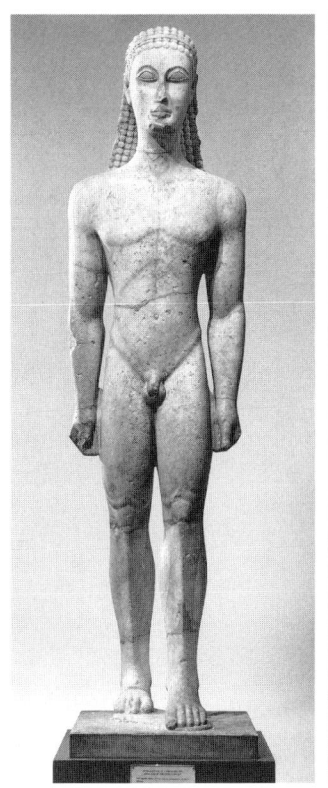

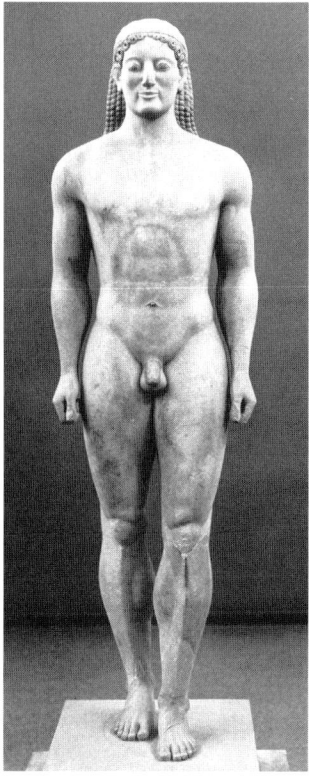

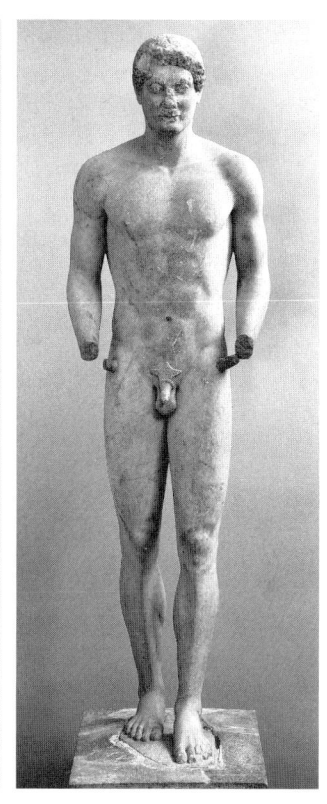

Abb. 43: Junger Mann (Kouros). Wohl Grabfigur, aus Attika. Um 600 v. Chr. New York, Metropolitan Museum of Art
Abb. 44: Junger Mann (Kouros), Name wohl Kroisos. Grabfigur, wahrscheinlich aus Anavyssos (Attika). Um 530 v. Chr. Athen, National-Museum
Abb. 45: Junger Mann (Kouros), Name Aristodikos. Grabfigur, aus Attika. Um 500 v. Chr. Athen, National-Museum

mit Grabepigrammen. Auch hier gehört die Jugend der Dargestellten zum Bildthema: Vorzeitiger Tod von Söhnen und Töchtern, auf denen die Hoffnung der Familie gelegen hatte, galt als besonders beklagenswertes Schicksal; er wurde in aufwendigen Grabfiguren kompensiert, die die Verstorbenen in der glanzvollen Schönheit des Lebens im Gedächtnis hielten.

Kouroi und Korai repräsentieren somit die Grundfunktionen der archaischen Skulptur insgesamt. Großplastische Bildwerke wurden einerseits in Heiligtümern, als Kultbilder und Votive, andererseits an Gräbern, als Bilder der Toten, aufgestellt. Allgemein bringen die Standbilder die gesellschaftlichen Ideale der Zeit zur Darstellung: bei jungen Männern die Schönheit, Kraft und Beweglichkeit des athletisch trainierten nackten Körpers (Nacktheit ist nicht 'heroisch', sondern 'agonal'; allerdings in der Forschung umstritten; s. dazu unten Kapitel 25), bei Mädchen den Liebreiz des Körperwuchses, der Haltung und der reichen und elegant getragenen Kleidung, bei beiden das 'archaische Lächeln' als Ausdruck von Charis (Liebreiz).

Weitere Bildtypen. Reiterfiguren zeigen das Pferd als Symbol der reichen Oberschicht. 'Hippeis' (Ritter) hießen die oberen Gesellschaftsklassen in mehreren Städten. Der 'Reiter Rampin' in Athen (um 550 v. Chr.; Boardman, GParchZ Abb. 114) ist die erste Reiterstatue der Welt.

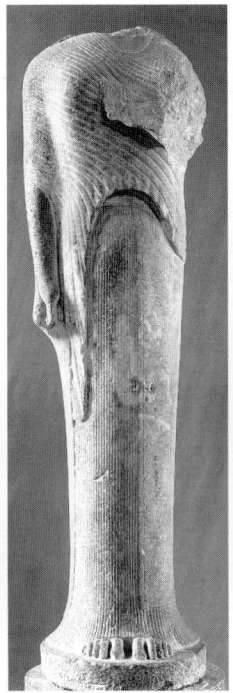

Abb. 46: Mädchen (Kore), sog. Dame d'Auxerre. Wohl aus Kreta. 3. Viertel 7. Jh. v. Chr. Paris, Louvre
Abb. 47: Mädchen (Kore), sog. Hera des Cheramyes. Votivfigur, von Cheramyes geweiht, aus dem Hera-Heiligtum von Samos. Um 560 v. Chr. Samos, Museum
Abb. 48: Mädchen (Kore), Name Phrasikleia. Grabfigur, von dem Bildhauer Aristion von Paros, aus Attika. Um 550 v. Chr. Athen, National-Museum
Abb. 49: Mädchen (Kore). Votivfigur von der Akropolis von Athen, wohl von dem Bildhauer Antenor gearbeitet und geweiht. Um 520 v. Chr. Athen, Akropolis-Museum

Sitzfiguren, männlich und weiblich, sind Ausdruck einer besonderen Würde der Dargestellten. In Didyma sind die sog. 'Branchiden' offenbar Votivbilder von lokalen Fürsten der Umgebung (Boardman, GParchZ Abb. 94–95). In Athen stammt eine Sitzfigur (fälschlich als Dionysos gedeutet) aus dem Kerameikos, stellt also einen vornehmen Verstorbenen dar (um 520 v. Chr.; Boardman, GParchZ Abb. 162).

Ein erstaunlicher Bildtypus ist der des Lagerns. Er zeigt Männer im Habitus des Symposions, dem Inbegriff vornehmer Lebensformen. Im sog. Geneleos-Weihgeschenk (um 560–550 v. Chr.; Boardman, GParchZ Abb. 91–93) ist der Vater gelagert, die Mutter auf einem Thron sitzend dargestellt, zwischen ihnen stehen drei Töchter und ein jüngerer Sohn. Die gesellschaftlichen Werte der elterlichen Würde und der Hoffnung auf die Zukunft der Jugend sind in diesen Figurentypen in klarer Abstufung vor Augen gestellt.

Außer mit rundplastischen Grabfiguren wurden die Verstorbenen auch mit figürlichen Grabreliefs im Gedächtnis gehalten. Der wichtigste Typus sind schlanke Stelen, mit einer Sphinx oder einer Palmette bekrönt (Boardman, GParchZ Abb. 224). Das Spektrum der Darstellungen ist hier etwas breiter. Krieger, wie Aristion (um 510 v. Chr.; Abb. 50), oder Athleten, etwa Diskuswerfer oder Boxer (Boardman, GParchZ Abb. 117. 233) stellen auch hier die etablierten Leitbilder der Oberschicht dar. Die reichste Entfaltung hat die Grabkunst in archaischer Zeit in Athen und Attika gefunden.

Bauskulptur. Etwa gleichzeitig mit der Großplastik entstand die monumentale Tempelarchitektur. Daraus ergaben sich mehrere Aufgaben für die Skulptur. Zum einen bedurften Tempel und religiöse Kulte eines Kultbildes der Gottheit. Zum anderen boten die Bauformen verschiedene Möglichkeiten zur Ausschmückung mit Bildwerken: die dorische Ordnung Metopen, die ionische Ordnung Friese, beide Ordnungen Giebel und Akrotere (s. oben Kapitel 14). Alle diese Schmuckformen wurden im 6. Jh. v. Chr. voll ausgebildet.

Ein Giebel mit Reliefschmuck ist zum ersten Mal in guter Erhaltung am Artemis-Tempel in Korfu (frühes 6. Jh. v. Chr.; Abb. 51) bekannt. Im Zentrum steht die Gorgo, die mit ihrer Schreckensfratze den Tempel schützen soll, flankiert von zwei Panthern; in den Ecken sind mythische Szenen eingefügt. Die Komposition ist in dieser frühen Zeit sehr heterogen; größere Einheit in den Themen und Formaten der Figuren wurde erst im Lauf der Zeit entwickelt.

Reiche Giebelfiguren sind von einem archaischen Athena-Tempel auf der Athener Akropolis erhalten (um 570–60 v. Chr.; Boardman, GParchZ Abb. 191–193). Die Rekonstruktion ist stark umstritten. Auch hier standen im Zentrum offenbar wilde Wesen: Löwen, teils für sich stehend, teils einen Stier schlagend, ein bildlicher Schutz des Tempels. Daneben haben mythische Themen an Raum gewonnen: Links besiegt Herakles den Meeresmann Triton, rechts erscheint ein rätselhaftes Wesen aus drei ineinandergedrehten Schlangenleibern mit drei menschlichen Oberkörpern, für das eine überzeugende Deutung noch nicht gefunden ist. Die Proportionen der verschiedenen Figuren zueinander sind hier ausgeglichener, doch bis zur thematischen und formalen Einheit der Komposition ist noch ein langer Weg.

Metopen sind in der Frühzeit wohl vielfach mit Malerei geschmückt worden. Ein Zyklus mit Reliefs ist in Delphi erhalten, er wird vermutungsweise einem Schatzhaus der Stadt Sikyon (um 560 v. Chr.; Boardman, GParchZ Abb. 208) zugewiesen. Dargestellt sind Szenen aus verschiedenen Mythen, z. B. das Schiff Argo auf der Fahrt nach Kolchis oder Europa auf dem Stier. Eine thematische Verbindung der Mythen ist bisher nicht zu erkennen; die archaische Zeit hat aktuelle Themen ohne Streben nach kohärenten 'Bildprogrammen' nebeneinandergesetzt.

Abb. 50: Grabstele des Aristion, von dem Bildhauer Aristokles. Aus Velanideza (SO-Attika). Um 510 v. Chr. Athen, Nationalmuseum

Erst am Schatzhaus der Stadt Athen in Delphi (Boardman, GParchZ Abb. 213), vom Anfang des 5. Jh. v. Chr., schließen die Metopen sich zu einem thematisch einheitlichen Konzept zusammen. Hier wird der attische Held Theseus dem gesamtgriechischen Helden Herakles, beide mit einem großen Zyklus von Ta-

16. Skulptur

Abb. 51: Giebel des Artemis-Tempels von Korfu, mit Gorgo und ihren 'Kindern' Chrysaor und Pegasos, und zwei Panthern (sowie in den Zwickeln mythischen Szenen). Frühes 6. Jh. v. Chr. Kerkyra, Museum

Abb. 52: Fries mit Kampf der Götter gegen die Giganten, vom Schatzhaus von Siphnos in Delphi. Um 530 v. Chr. Delphi, Museum

ten, gegenübergestellt. Dies ist ein durchdachtes 'patriotisches' Programm, das die Stadt Athen mit ihrem Helden identifiziert. Angesichts dieses wichtigen Schrittes zu programmatischer Einheit ist es mißlich, daß es in der Forschung immer noch umstritten ist, ob das Schatzhaus nach dem ersten Sieg gegen die Perser bei Marathon 490 v. Chr., wie Pausanias (10,11,5) angibt, oder aus einem etwas früheren Anlaß entstanden ist.

Friese sind zum ersten Mal am Schatzhaus der Insel Siphnos in Delphi (um 530 v. Chr.; Abb. 52) als Träger von ausgedehnten Bildszenen belegt. Besonders vielfältig ist die Schilderung des Kampfes der Götter gegen die Giganten. Ein einheitliches 'Programm' ist hier noch nicht zu erkennen.

Die Ausschmückung öffentlicher Bauten mit Bildwerken, wie sie in archaischer Zeit entwickelt wurde, hatte eine lange Zukunft. Seit dem klassischen Athen bis in die römische Kaiserzeit wurden durch 'Bildprogramme' an öffentlichen Plätzen religiöse und politische Botschaften formuliert.

Bereits in archaischer Zeit, vereinzelt seit dem 7. Jh. v. Chr., begannen Bildhauer, ihre Werke mit Signaturen zu versehen. Die Stele des Aristion ist von einem Bildhauer Aristokles (Abb. 50), die Grabstatue der Phrasikleia von Aristion aus Paros signiert (Abb. 48). Die erhaltenen Beispiele reichen nicht aus, um eine Geschichte archaischer Künstler zu erarbeiten. Sie bezeugen aber eine beträchtliche Mobilität, eine entsprechende gesellschaftliche Schätzung und ein deutliches Selbstbewußtsein dieser hochspezialisierten Kunsthandwerker.

16.3 Klassische Zeit I: 5. Jahrhundert v. Chr.

Das 5. Jh. v. Chr. wird bis heute als die Epoche der griechischen 'Klassik' bezeichnet. Vor allem die Bildende Kunst, insbesondere die Plastik dieser Zeit wurde seit Winckelmann als 'klassischer', normativer Höhepunkt der antiken Kunst und z. T. darüber hinaus der Kunst überhaupt gewertet. Heute können solche Wertungen 'klassischer' Kunstwerke als überzeitliche, normative Vorbilder keine allgemeine Geltung mehr beanspruchen (s. oben Kapitel 1). Aber zweifellos wurden in der Bildenden Kunst damals Veränderungen von weitestreichender Bedeutung vollzogen, deren Folgen bis in das 20. Jh. reichen: Die damals entwickelte 'Ponderation', d. h. die Unterscheidung von Stand- und Spielbein, von Tragen und Lasten, und die damit erreichte organische Beweglichkeit und Wechselbeziehung der Glieder von menschlichen und anderen Gestalten blieb die Grundlage aller europäischen Bildkunst bis in die frühe Moderne. Gleichzeitig wurden in anderen Bereichen der Geisteskultur, aber auch der Politik und der Gesellschaft, Veränderungen von entscheidender Bedeutung weit über die griechische Kultur hinaus in Gang gesetzt: Tragödie und Komödie, Geschichtsschreibung, Philosophie vom Menschen, wissenschaftliche Medizin, Rhetorik, Demokratie sind Entwicklungen des 5. Jh. v. Chr. In einem weiten Sinn hängen diese Phänomene miteinander zusammen. Die Bildende Kunst vollzog in diesem Rahmen eine dynamische Entwicklung, die in drei Phasen unterteilt wird: Strenger Stil – Hochklassik – Reicher Stil.

a. Entwicklungsphasen des 5. Jahrhunderts v. Chr.

Männer. Der wichtigste neue Schritt der Bildkunst des 5. Jh. v. Chr. ist die sog. Ponderation, die Unterscheidung von tragendem und entlastetem Bein ('Standbein' und 'Spielbein'), mit Folgen für den weiteren Körperaufbau. Eines der frühesten Beispiele ist der sog. Kritios-Knabe (Abb. 53), eine originale Athletenfigur von der Athener Akropolis, wegen seiner Ähnlichkeit mit dem Harmodios aus der Gruppe der Tyrannenmörder (s. unten) oft dem Bildhauer Kritios zugewiesen; die wahrscheinliche Herkunft aus dem 'Perserschutt' (s. oben Kapitel 5) sichert den Beginn der ponderierten Darstellungsweise etwa im Jahrzehnt 490 – 80 v. Chr. Voll ausgeprägt ist die neue Form im sog. Omphalos-Apoll, einem berühmten Werk von ca. 470 v. Chr., das in vielen römischen Kopien bezeugt ist (Abb. 54). Bei beiden Figuren bestimmen Tragen und Lasten, Anspannung und Entspannung, Aktivität und Passivität den ganzen Körper: Über den unterschiedlich belasteten Beinen ist das Becken leicht schräg gelegt, der Oberkörper richtet sich aus der Schräge wieder gerade auf; die Taille ist rechts und links unterschiedlich stark eingezogen, die

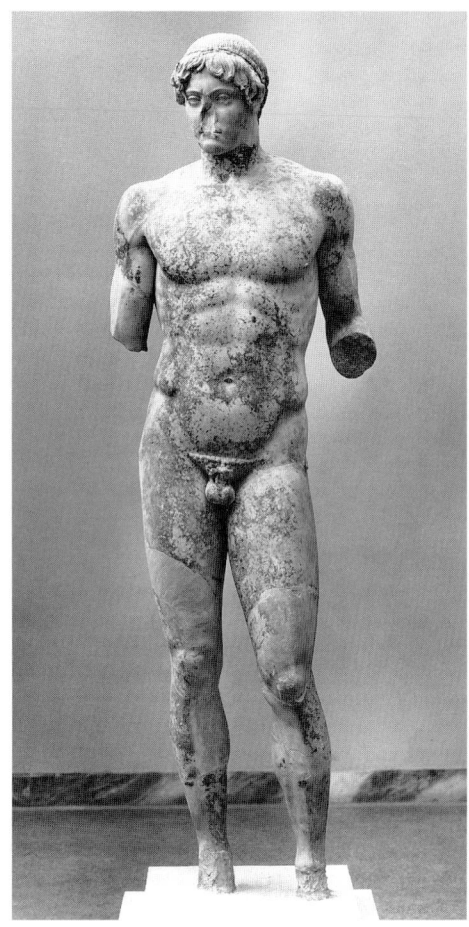

Abb. 53: Sog. Kritios-Knabe. Votivfigur von der Akropolis von Athen, dem Bildhauer Kritios zugewiesen. Um 480 v. Chr. Athen, Akropolis-Museum
Abb. 54: Sog. Omphalos-Apoll. Um 470 v. Chr. Athen, National-Museum

Mittellinie (Linea alba) vollzieht einen leichten S-Schwung. Zugleich sind Becken und Brust horizontal leicht nach vorne bzw. hinten gedreht. Die Schultern fallen ungleich stark ab, die Arme sind ungleich gehalten, der Kopf ist beweglich leicht zur Seite gewendet.

Die Ponderation ist die weitestreichende und folgenreichste Veränderung in der Auffassung und Darstellung des Körpers, die die Antike vollzogen hat. Das Ziel war offenbar, die eigenen Kräfte der Figuren sichtbar zu machen, indem ihre aktiven Elemente im Kontrast zu den inaktiven Teilen den ganzen Aufbau bestimmten. Der Körper erhält Gewicht, wird der Schwerkraft unterworfen, gegen die er sich aus eigener Kraft aufrichtet. Er nimmt dadurch eine neue potentielle Beweglichkeit an, in der er seine Kräfte in Abweichung vom System der räumlichen Achsen entfalten kann. Die einzelnen Glieder werden wechselseitig voneinander abhängig gemacht, der Körper als organisches Funktionssystem dargestellt.

Damit treten die Figuren in ein neues Verhältnis zu Raum und Zeit: Im Raum sind Oben und Unten, Links und Rechts, Vorne und Hinten aufeinander bezogen; in der Zeit setzt die Wechselwirkung der Teile aufeinander Gleichzeitigkeit der verschiedenen Haltungen und Bewegungen der Glieder voraus. Hiermit verglichen, zeigen archaische Kouroi die Körperteile noch nicht in aktiver Wechselwirkung, und noch nicht in expliziter Gestaltung der Dimensionen von Raum und Zeit.

Der moderne Begriff der 'Ponderation' bezeichnet das Phänomen der Gewichtsverteilung. Vielfach wird dafür in der Forschung auch der Begriff des 'Kontrapost' verwendet, der das Phänomen des Formensystems aus gegensätzlichen Elementen hervorhebt. Beide Begriffe haben ihren Sinn, wenn man sie bewußt verwendet. Wenn hier der Begriff der Ponderation vorgezogen wird, so deshalb, weil der Begriff des Kontraposts auf die spezifische, systematische Ausprägung der Ponderation bei Polyklet (s. unten) bezogen wird.

Im einzelnen bringt der neue Aufbau des Körpers neue Stilformen mit sich. Die einzelnen Partien des Körpers werden stärker miteinander vermittelt: Bauchplatte und Brust reagieren aufeinander, Körper und Kopf wölben sich rund. An den Köpfen, etwa auch dem 'Blonden Kopf' von der Athener Akropolis (um 480 v. Chr., Original; Abb. 55), wird nicht nur eine neue organische Wiedergabe der strähnigen Haare und voluminös modellierten Gesichtsformen, sondern auch ein neues Ethos deutlich: Die neuen, knapp am Kopf anliegenden Frisuren wenden sich deutlich von der früheren stolzen Ausbreitung reicher Locken ab; und das archaische Lächeln, ein Ideal der Charis, ist einem ernsten Ausdruck gewichen, der wohl einem Habitus besonnener Selbstkontrolle entspricht.

Die neue Auffassung vom Körper, der aus eigener Kraft steht und sich bewegt, bedeutet eine grundsätzlich neue Vorstellung vom Menschen. Gleichzeitig wurde in der Tragödie ein neues Konzept des Menschen entwickelt, der aus eigenem Entschluß handelt und für dies Handeln eigene Verantwortung trägt.

Im Lauf des 5. Jh. v. Chr. wird die Ponderation männlicher Figuren immer stärker zugespitzt. Die Figuren des Strengen Stils, neben dem Omphalos-Apoll auch die originale Kriegerfigur von Riace (um 460–50 v. Chr.; Boardman, GPklassZ Abb. 38–39. Taf. 3–4), haben einen charakteristischen sperrigen, unausgeglichenen Stand mit seitlich oder nach vorn gesetztem Spielbein. Dagegen zeigt der Doryphoros des Polyklet (um 440 v. Chr., Kopie,

Abb. 55: Kopf eines Knaben, sog. 'Blonder Kopf'. Um 480 v. Chr. Athen, Akropolis-Museum

s. unten; Abb. 59) einen deutlicheren Gegensatz von belastetem und entlastetem Bein; entsprechend ist das Gewicht des Leibes stärker verlagert, die Schwingung stärker und geschmeidiger, der Kopf deutlicher zur Seite gewendet. Noch stärker treten diese Tendenzen beim Diadoumenos des Polyklet (um 420 v. Chr., Kopie, s. unten; Abb. 60) in Erscheinung, bei dem auch die reich verschlungenen Schläfenlocken die stilistische Veränderung deutlich zeigen. Damit sind die Stilstufen des Strengen Stils (490/80–460/50 v. Chr.), der Hochklassik (460/50–430/20 v. Chr.) und des Reichen Stils (430/20–400 v. Chr.) bezeichnet.

Frauen. Bei weiblichen Figuren werden die neuen Ideale der Schlichtheit vor allem in der Tracht des Peplos (Abb. 176a–e) zum Ausdruck gebracht. Für die Epoche des Strengen Stils ist eine Peplosfigur in Rom, der sog. Typus Candia-Ludovisi (um 470 v. Chr., Kopie; Abb. 56), charakteristisch: In den Röhrenfalten des Gewandes wird die Unterscheidung von Stand- und Spielbein sichtbar gemacht; die daraus resultierende seitliche Verlagerung der tragenden Kräfte wird am Oberkörper durch

16. Skulptur

Abb. 56: Frau im Peplos (sog. Peplophoros Candia-Ludovisi). Um 470 v. Chr. Roma, Museo Nazionale, Palazzo Altemps

unsymmetrisch schräge Falten angezeigt. Insgesamt aber wird die Ponderation, entsprechend der griechischen Vorstellung von geringerer Aktivität der Frau, nur sehr zurückhaltend dargestellt. Für die Hochklassik bezeugt die Athena Parthenos des Phidias (um 440 v. Chr., Kopie; Abb. 63) stärkere Differenzierung von Belastung und Entlastung: Röhrenfalten betonen die säulenhafte Festigkeit des Standbeins, leicht gekippte Falten machen die Schräglage des Oberkörpers deutlich. Das Gewand definiert die Kräfte des Körpers. Noch weiter in dieser Richtung gehen Figuren des Reichen Stils, z. B. die Persephone von Eleusis (früher als Demeter gedeutet; um 420 v. Chr., Original; Boardman, GPklassZ Abb. 137): Das Gewand liegt schmiegsam, wie naß auf dem Körper auf und modelliert die Ponderation und Bewegung des Körpers nach. Ein sehr charakteristisches Werk der Epoche ist die Aphrodite von Fréjus (um 420 – 400 v. Chr., nach den besten Kopien auch Aphrodite Louvre-Neapel genannt; Abb. 70), bei der die linearen Faltenzüge wie Kraftlinien den Aufbau des unverhüllt erscheinenden Körpers klären. Die Nike des Paionios in Olympia (425 v. Chr., Original; Abb. 69) mit einer virtuosen Wiedergabe des teils transparent anliegenden, teils rauschend gebauschten Gewandes macht deutlich, inwiefern hier von einer Epoche des 'Reichen Stils' gesprochen werden kann.

b. Strenger Stil

Menschen und Götter in Aktion. Die neue potentielle Beweglichkeit, die die ponderiert stehenden Figuren seit dem frühen 5. Jh. v. Chr. besaßen, wurde in einigen Werken des Strengen Stils zu mächtig bewegten Aktionen gesteigert.

Ein Hauptwerk des Strengen Stils ist die Statuengruppe der Tyrannenmörder Aristogeiton und Harmodios aus Athen (Abb. 57). Die beiden Freunde hatten 514 v. Chr. ein Attentat auf die Tyrannen von Athen versucht, hatten nur einen der Herrscher getötet und dann den Tod gefunden, wurden aber nach der Vertreibung der Tyrannen 510 v. Chr. als Vorkämpfer der neuen 'demokratischen' Staatsform gefeiert und mit Bildnisstatuen auf der Agora geehrt. Eine erste Statuengruppe, von dem Bildhauer Antenor, wurde 480 v. Chr. von den Persern abtransportiert; 477/76 v. Chr. wurde eine Ersatzgruppe von den Bildhauern Kritios und Nesiotes errichtet, von der römische Kopien erhalten sind. Sie sind gemeinsam vorwärtsstürmend dargestellt, ohne ihr Opfer (Haltung der Arme z. T. falsch ergänzt); eine Versinschrift rühmte sie als Protagonisten des neuen politischen 'Lichtes', das sie der Vaterstadt gebracht hatten. Die Statuengruppe ist das erste politische Denkmal im eigentlichen Sinn, ohne religiöse Funktion, aufgestellt im politischen Zentrum der Stadt, als Leitbild für die Bürger bei den politischen Entscheidungen.

Eine Vorstellung von den großen Votivdenkmälern der Sieger bei panhellenischen Wettkämpfen gibt der Wagenlenker von Delphi (478–470 v. Chr., originale Bronzefigur; Boardman, GPklassZ Abb. 34): Rest eines Viergespanns mit Wagen, errichtet von Polyzalos, Herrscher in Gela (Sizilien), aus der Familie der Tyrannen von Syrakus. Der Erfolg im Rennen der Viergespanne bedeutete den höchsten agonalen Ruhm für die königlichen oder adeligen Besitzer von Pferdezuchten. Der anonyme Lenker (der Besitzer des Gespanns setzte professionelle Lenker ein, wurde aber selbst als Sieger aufgerufen), in der vorgeschriebenen knöchellangen Berufstracht und mit dem schweren und herben Gesichtsausdruck des Strengen Stils, ist mit einem scharfen Blick für stoffliches Gewand, knochige Gliedmaßen und ungeordnete Locken erfaßt, der eine neue kulturgeschichtliche Epoche anzeigt.

Der 'Gott aus dem Meer' (um 460 v. Chr., originale Bronzefigur; Boardman, GPklassZ Abb. 35), früher als Poseidon, jetzt überzeugend als Zeus mit Blitz gedeutet, zeigt besonders klar die neuen Möglichkeiten der Körperbewegung. Im Vergleich mit einer ähnlich bewegten archaischen Bronzestatue aus Ugento/ Süditalien (um 520 v. Chr., Original; Boardman, GPspätklassZ Abb. 193) ist die Figur des Strengen Stils nicht einfach ausschreitend dargestellt, sondern macht die Bewegung elastisch abfedernd sichtbar und spitzt die Aktion des Schleuderns im Moment des extremen Ausholens zu. Der Kopf zeigt mit fließenden Haarsträhnen die neue Auffassung von organischer Substanz.

Einzelne Bildhauer. Myron. Im 5. Jh. v. Chr. werden erstmals in Griechenland einzelne Bildhauer mit ausgeprägtem persönlichen Stil erkennbar. Das liegt wohl u. a. daran, daß das Spektrum der formalen Möglichkeiten insgesamt größer wurde. Eine Folge dieser Entwicklung ist, daß einzelne individuelle Bildhauer sich stärker aus dem allgemeinen Handwerkertum herauslösten.

Eine Reihe bedeutender Bildhauer des Strengen Stils, wie Pythagoras von Rhegion, Onatas von Aegina u. a., sind nur in Schriftquellen bezeugt, nicht in gesicherten Werken nachweisbar. Auf der Grenze zur Hochklassik steht Myron, der durch zwei erhaltene Werke bekannt ist. Der Diskobol (um 450 v. Chr., Kopie;

Abb. 57: Tyrannenmörder Aristogeiton und Harmodios, von den Bildhauern Kritios und Nesiotes. 477/76 v. Chr. Napoli, Museo Nazionale

Abb. 58) stellt einen siegreichen Diskuswerfer in einer pointiert ausgewogenen Haltung dar, im zugespitzten Gegensatz zwischen Ausholen nach hinten und Bewegung nach vorne. In einer Gruppenkomposition auf der Athener Akropolis (um 450 v. Chr., Kopien; Boardman, GPklassZ Abb. 62a–64) war der Mythos von Athena, die die entstellenden Flöten wegwarf, und dem Silen Marsyas, der sie sich zu eigen machte, in dramatischer Gegenbewegung vor Augen geführt; möglicherweise wurde in diesem Monument die aktuelle Frage der öffentlichen Wirkung von Musik zum Thema gemacht.

16. Skulptur

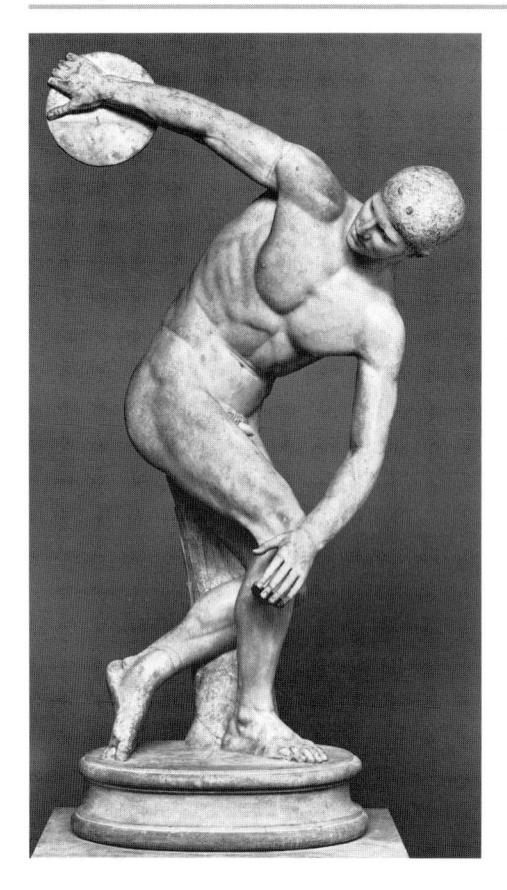

Abb. 58: Diskuswerfer (Diskobol), von dem Bildhauer Myron. Um 450 v. Chr. Roma, Museo Nazionale delle Terme

c. Hochklassik und Reicher Stil

Heroen und Athleten. Polyklet. Das Menschenbild des 5. Jh. v. Chr. war stark vom Ideal des Athleten geprägt. Sieger in den athletischen Wettkämpfen wurden zu Lebzeiten oder postum mit Bildnissen geehrt. Wirkungsvolle Modelle dieses Ideals waren Standbilder von mythischen Heroen.

Die exemplarische Ausprägung erhielt das klassische Athletenbild durch den Bildhauer Polyklet aus Argos. Das gesellschaftliche Umfeld, aus dem er seine Aufträge erhielt, war vor allem die Oberschicht peloponnesischer Städte, wo aristokratische Ideale des Athletentums große Bedeutung hatten. Sein Werk bestand zum großen Teil in Standbildern für die Sieger in den athletischen Agonen von Olympia und anderen Heiligtümern.

Polyklets berühmtestes Werk ist der Doryphoros (Lanzenträger; um 440 v. Chr., Kopie; Abb. 59.61), vielleicht eine Darstellung des Helden Achill. Im Vergleich etwa mit dem Omphalos-Apoll (Abb. 54) ist hier die Ponderation in höchst bewußter Weise auf die Spitze getrieben: Der entlastete Fuß ist weit nach hinten genommen und erstmals nur mit dem Ballen aufgesetzt. Dadurch wird der Stand stark labilisiert, die Verschiebungen von Hüfte und Linea alba gegenüber den Achsen werden extrem gesteigert. Diese Verschiebungen sind in der Figur zu einem höchst kalkulierten Ausgleich gebracht: Dem belasteten rechten Bein entspricht der entspannte Arm, dem entlasteten linken Bein der aktive Arm; die Schräge des Beckens wird durch die Gegenschräge der Schultern ausgeglichen; der Kopf vollendet die Schwingung des Körpers mit der natürlichen Wendung zum belasteten Bein. Kräfte und Gegenkräfte sind zu einer rational gestalteten Harmonie verbunden. Der Begriff 'Kontrapost' kann diesen Figurenaufbau präzise bezeichnen.

Ein früheres Werk des Polyklet scheint in dem sog. Diskophoros (Deutung unklar; um 450 v. Chr., Kopie; Boardman, GPklassZ Abb. 232) erhalten zu sein. Es ist nur aufgrund der Stilformen Polyklet zugewiesen worden, aber der Kopf mit den Sichellocken und der Körper mit der violinförmigen Bauchmuskulatur sind dem Doryphoros so ähnlich und zugleich so spezifisch, daß die Zuweisung zutreffen dürfte. Auffällig ist, daß die Figur beim entlasteten Bein noch das Motiv des ganz aufgesetzten Fußes aus dem Strengen Stil zeigt. Das weist auf ein Frühwerk des Polyklet, noch vor dem Durchbruch zu dem ausgeprägten Formensystem, der erst im Doryphoros vollzogen wurde.

Ein späteres Werk, ebenfalls nur durch die Stilformen mit Polyklet verbunden, ist im Diadoumenos (Jüngling, der sich die Siegerbinde anlegt; um 420 v. Chr., Kopie; Abb. 60) erhalten. Der Aufbau entspricht dem Doryphoros, er ist aber noch stärker labilisiert; die Haare sind reicher und voller geworden.

Das Problem der Zuweisung stellt sich pointiert bei dem Epheben Westmacott (Kopie;

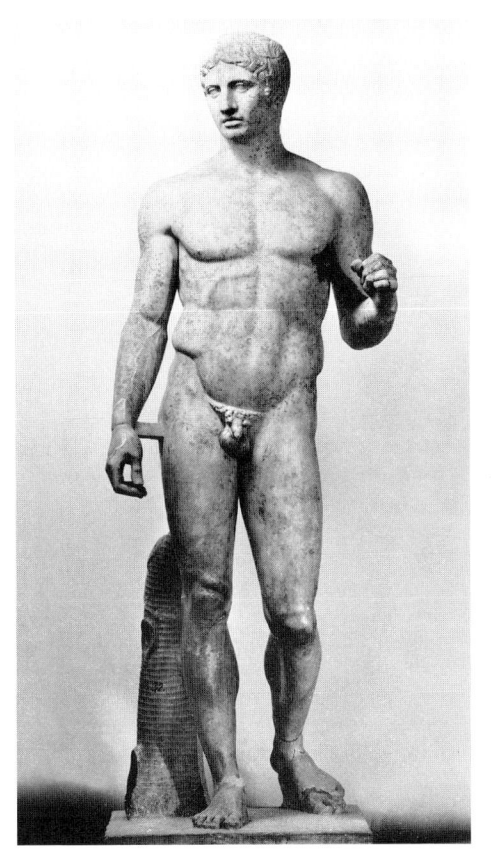

Abb. 59: Lanzenträger (Doryphoros), vielleicht Achilleus, von dem Bildhauer Polyklet. Um 440 v. Chr. Napoli, Museo Nazionale
Abb. 60: Athlet, die Siegerbinde anlegend (Diadoumenos), dem Bildhauer Polyklet zugewiesen. Um 420 v. Chr. Athen, National-Museum

Boardman, GPklassZ Abb. 187; Zanker, KS Taf. 21,1.3), dem Bildnis eines Knabensiegers, der sich wahrscheinlich den Kranz aufs Haar legte. Der Kopf mit den bezeichnenden Haarsicheln ist dem Doryphoros sehr ähnlich, die Figur gehört daher in den Umkreis des Polyklet. Aber der Aufbau weicht ab, der Kopf ist zur Seite des entlasteten Beines gewendet. Daraus hat sich eine Kontroverse ergeben, ob die

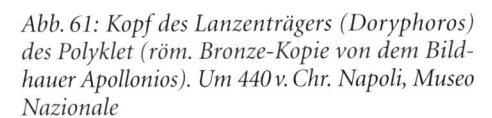

Abb. 61: Kopf des Lanzenträgers (Doryphoros) des Polyklet (röm. Bronze-Kopie von dem Bildhauer Apollonios). Um 440 v. Chr. Napoli, Museo Nazionale

Abweichung durch das Thema der Bekränzung bedingt und somit bei Polyklet denkbar ist (wie der Verfasser dieser Zeilen meint), oder ob sie ein anderes formales Konzept bezeugt und daher auf das Werk eines anderen Bildhauers, etwa eines Schülers, weist. Auch die Datierung wurde in diesem Zusammenhang unterschiedlich beurteilt: Wenn Polyklet, dann um 430 v. Chr., wenn ein Schüler, dann Ende des 5. Jh. v. Chr. Das Urteil der Forschung ist hier nach wie vor kontrovers.

Grundsätzliche Bedeutung hat Polyklet als erster Kunsttheoretiker erlangt. Er hat eine Schrift über seine Kunst verfaßt, die er 'Kanon' nannte. Die darin dargelegten Prinzipien hat er in einer Musterfigur realisiert, die ebenfalls als 'Kanon' bezeichnet wurde; sie wird oft mit dem Doryphoros identifiziert. Die Schrift ist verloren, eine Vorstellung von ihr läßt sich nur durch wenige erhaltene Zitate und punktuelle Paraphrasen bei späteren Autoren gewinnen. Es ging u.a. um ein System von Proportionen, z.B. von Arm – Elle – Hand – Finger – Fingerglied. Auf diesen Proportionen und Zahlen wurde die Harmonie des Werkes begründet. Eine sichere Rekonstruktion dieses Proportionssystems aufgrund der erhaltenen Werke ist bisher nicht gelungen. Das Ziel muß aber die rationale Konstruktion eines Ideals gewesen sein. Dies Ideal war nicht nur ein Konstrukt ästhetischer Schönheit, sondern stellte zugleich ein Leitbild der höchsten physischen und ethischen Werte dar. Die Zuversicht, ideale Schönheit der Kunstfigur und ebenso die Vollendung physischer und ethischer Qualitäten durch rationale Reflexion erreichen zu können, ist ein bezeichnender Zug des 5. Jh. v. Chr.

Götter und patriotische Mythen. Phidias und seine Nachfolger. Das Bild der Götter hat im 5. Jh. v. Chr. charakteristische Formen erhalten, die vielfach für die folgenden Epochen verbindlich wurden. In den Heiligtümern der Städte repräsentierten Kultbilder und Votivstatuen die politischen und gesellschaftlichen Grundwerte der Gemeinschaft. Gleichzeitig wurde das politische Selbstbewußtsein in patriotischen Mythen zum Ausdruck gebracht. Eine führende, allerdings nicht einzigartige Rolle in dieser Entwicklung spielte Athen.

Der bedeutendste Bildhauer des klassischen Athen und seiner großen öffentlichen Monumente war Phidias. Er war der künstlerische Exponent jener expansiven Politik des demokratischen Athen, das seinen Anspruch als politische und kulturelle Vormacht Griechenlands in Bau- und Bildwerken zum Ausdruck brachte. Dabei muß er nicht nur breite Wirkung als Künstler, sondern auch große Fähigkeiten als Organisator von künstlerischen Großprojekten gehabt haben. Im Beraterkreis des Perikles scheint er einen solchen Einfluß gehabt zu haben, daß man mit einem Prozeß gegen ihn wegen Veruntreuung von Staatsgeldern, der zu seiner Verbannung aus Athen führte, zugleich den Staatsmann selbst zu treffen hoffte.

Die wichtigsten Aufgaben des Phidias waren repräsentative Bilder von Göttern, als Kultbilder in den Tempeln und als Votive in den Heiligtümern. In ihrer feierlichen und sublimen Erscheinung vermochte er die religiöse und politische Identität der Polis Athen und anderer Stifter sichtbar zu machen.

Ein neuer, weithin beherrschender Blickpunkt der Akropolis war die kolossale, 9 m hohe Bronzestatue der Athena Promachos (Vorkämpferin; Boardman, GPklassZ Abb. 180), deren Lanzenspitze bis zu den ankommenden Schiffen im Hafen blinkte. Dies Symbol der militärischen Kraft Athens ist verloren; Phidias hat damit die große Leistungsfähigkeit seiner Werkstatt unter Beweis gestellt.

Ebenfalls ein politisches Monument war die Athena Lemnia (Abb. 62), errichtet als Votiv für die gelungene Aussendung einer Militärkolonie nach der Insel Lemnos im Jahr 449 v. Chr. Sie ist mit großer Wahrscheinlichkeit in römischen Kopien nachgewiesen worden: Die Göttin hat in einer Geste der Epiphanie den Helm abgenommen, um sich den Verehrern zu zeigen. Die Statue stand am Eingang zur Akropolis, innerhalb der Propyläen, als Denkmal einer Politik des Perikles, die durch Kolonien die Vorherrschaft Athens im Bereich des attischen Seebundes sicherte.

Mit überwältigender Pracht repräsentierte die von Phidias gearbeitete Statue der Athena Parthenos (die Jungfräuliche) im Parthenon, 438 v. Chr. geweiht, den politischen Anspruch Athens. Sie war 12 m hoch und bestand aus einem Holzgerüst mit Schale, deren Oberfläche mit Gold für das Gewand und Elfenbein für die nackte Haut gedeckt war. Wiedergaben sind nur in stark verkleinerten Kopien aus

Marmor (z. B. sog. Varvakion-Statuette, ca. 1 m hoch; Abb. 63) und in der Kleinkunst erhalten; die Details und die künstlerische Qualität des Werkes sind daraus kaum zu erkennen.

Der Schild der Athena Parthenos war auf der Außenseite mit einer Darstellung des Kampfes der Athener gegen die Amazonen geschmückt; man sah darin ein mythisches Vorbild des eigenen Abwehrkampfes gegen die Perser. Die Komposition ist z. T. bei einer Statuetten-Kopie in Patras erhalten (Boardman, GPklassZ Abb. 99. 107). Dieselben Kampfgruppen sind auf kaiserzeitlichen Reliefs aus dem Piräus einzeln, in rechteckigen Rahmen wiedergegeben (Boardman, GPklassZ Abb. 109). Hier ist der Figurenstil des Phidias offenbar relativ gut bewahrt. Die Rekonstruktion der originalen Komposition des Schildes aus den verschiedenen Nachklängen ist ein beliebtes Spiel der Forschung.

Darüber hinaus wird Phidias vielfach mit der konzeptuellen und künstlerischen Leitung des gesamten Parthenon-Projekts (s. unten) in Verbindung gebracht. Die Aussage der Schriftquellen dazu ist nicht ganz eindeutig; die Positionen der modernen Forschung reichen von der Annahme einer sehr starken Rolle bis zur völligen Leugnung einer Beteiligung des Phidias. Zweifellos konnte kein einzelner Bildhauer mit einer Werkstatt normaler Größenordnung eine derart umfangreiche Bildausstattung bewältigen. Unterschiede in der stilistischen Ausführung einzelner Partien lassen erkennen, daß viele Werkleute für das außergewöhnliche Unternehmen vereinigt, wahrscheinlich zum beträchtlichen Teil von auswärts nach Athen angeworben wurden. Andererseits ist aus den Skulpturen selbst zumindest deutlich, daß sie einem übergeordneten Konzept entsprechen, das nicht nur verbal formuliert, sondern auch formal vorweg entworfen worden sein muß. Ob dies Phidias war, kann nur vermutet werden.

Das letzte monumentale Werk des Phidias war die wiederum kolossale Gold-Elfenbein-Statue des Zeus in Olympia (Abb. 64; Boardman, GPklassZ Abb. 181–182). Der Tempel war 456 v. Chr. ohne Kultbild eingeweiht worden, wahrscheinlich aus Geldmangel. Die Frage, ob die Statue des Zeus bald darauf in Auftrag gegeben wurde oder erst nach der Athena Parthenos entstand, ist durch Grabungen geklärt worden: Die Werkstatt, in der das Bildwerk gefertigt wurde, ist nach der Stratigraphie erst in den 430er Jahren errichtet worden. Eine ausführliche Beschreibung des Pausanias (5,11,1–11) gibt eine allgemeine Vorstellung von dem sitzenden Gott mit Nike auf der Hand und vor allem dem reich geschmückten Thron. Eine Anschauung vermitteln Münzen, die die ganze Figur und den Kopf wiedergeben, dazu römische Reliefs, auf denen die Seitenplanken des Thrones mit der Tötung der Niobiden durch Apoll und Artemis kopiert sind. Das Werk wurde in späterer Zeit als höchste Steigerung des griechischen Götterbildes betrachtet: Phidias habe der herkömmlichen Götterverehrung noch „etwas" hinzugefügt. Der Künstler wird hier nahezu in der Rolle des Theologen gesehen.

Im Bild der Götter hat Phidias der Stadt Athen und ganz Griechenland einen Ausdruck jener idealen Selbstauffassung geschaffen, die in der Auseinandersetzung mit den Persern entstanden war und ihre Wirkung bis in die Spätantike nicht verlieren sollte.

Unter den vielen Bildhauern, die mit und nach Phidias an den großen Staatsaufträgen Athens arbeiteten, wird Alkamenes als sein bedeutendster 'Schüler' überliefert. Auch er war vor allem für seine Götterbilder berühmt, die er im Rahmen der starken religiösen Bautätigkeit dieser Zeit für neu errichtete Tempel und neu ausgestattete Heiligtümer fertigte. Damit wurde er zu einem Exponenten der vielschichtigen und z. T. widersprüchlichen Mentalität der athenischen Gesellschaft vor Beginn und während des Peloponnesischen Krieges.

Ein original erhaltenes Werk, offenbar von Alkamenes selbst auf die Akropolis geweiht, ist die Statuengruppe der attischen Königstochter Prokne (um 430 v. Chr.; Abb. 65), die aus Eifersucht und Rache gegen ihren Gemahl, den Thrakerkönig Tereus, den gemeinsamen Sohn Itys umbringt und ihm zum Mahl vorsetzt. Die Darstellung der Situation vor dem Mord, mit dem ängstlich herandrängenden Sohn und der sinnenden Mutter, entfaltet eine spannungsreich psychologische Dramatik, wie sie in der Tragödie entwickelt worden war. Gleichzeitig scheint das Thema mit den politischen Verstrickungen Athens in Nordgriechenland zusammenzuhängen. Daß Alkamenes ein Werk

16. Skulptur

Abb. 62: Athena Lemnia. Votivfigur von der Akropolis von Athen, dem Bildhauer Phidias zugewiesen. Um 450–440 v. Chr. Dresden, Albertinum

Abb. 63: Athena Parthenos. Kultbild im Parthenon auf der Akropolis von Athen, von dem Bildhauer Phidias (röm. Kopie stark verkleinert, sog. Varvakion-Statuette). Geweiht 438 v. Chr. Athen, Nationalmuseum

Abb. 64: Kopf des Zeus, Münze von Elis aus der Zeit des Hadrian. Wiedergabe nach dem Kultbild im Zeus-Tempel von Olympia, von dem Bildhauer Phidias. Um 430 v. Chr. Berlin, Münzkabinett

Abb. 66: Hermes als Torwächter (sog. Hermes Propylaios) in Pfeilerform (Herme). Votivfigur in den Propyläen der Akropolis von Athen, von dem Bildhauer Alkamenes. Um 450–440 v. Chr. München, Glyptothek

Abb. 65: Prokne und ihr Sohn Itys. Votivgruppe von der Akropolis von Athen, von dem Bildhauer Alkamenes gearbeitet und geweiht. Um 430 v. Chr. Athen, Akropolis-Museum

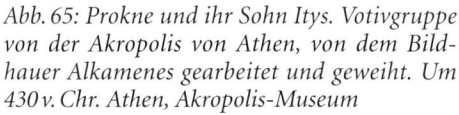

dieses Anspruchs als eigenes Votiv weihte, ist ein Zeichen der hohen Selbstauffassung, die die führenden Bildhauer in dieser Zeit entwickelten.

Im Zusammenhang mit dem Akropolis-Programm des Perikles steht der Hermes Propylaios (um 450–40 v. Chr., Kopie; Abb. 66), in der traditionellen Form eines Hermenpfeilers mit dem bärtigen Kopf des Gottes. Er war als Schützer des Eingangs zur Akropolis bestimmt und wurde nach Errichtung der neuen Propyläen (ab 437) links außerhalb des Durchgangs aufgestellt. Das Werk stellt insofern ein Sonderphänomen dar, als hier zeitgenössische Stilformen in Gesicht und Bart mit dem archaisch stilisierten Kranz von Stirnlocken verbunden sind, die zu der traditionellen Form des Pfeilermals passen. Für dies bewußte Zurückgreifen auf archaische Formen steht der Begriff 'Archaismus', 'archaistisch'.

Für den Tempel des Hephaistos (Metopen: Boardman, GPklassZ Abb. 111–114) hat Alkamenes am Ende einer langen Bauzeit die Kultbilder dieses Gottes und der Athena gearbeitet, die 416/15 v. Chr. fertiggestellt waren. Der Gott der Handwerker, Vater des mythischen Königs Erichthonios und Patron der produzierenden Schichten des athenischen Demos, war in seiner Arbeitstracht dargestellt, mit dem Filzhut (Pilos) auf dem Kopf und in einer Form der Ponderation, die in der Antike als dezente Andeutung seiner im Mythos vorgegebenen hinkenden Haltung verstanden wurde (Kopien; Boardman, GPklassZ Abb. 226a).

Aus der ersten Phase des Peloponnesischen Krieges stammt wohl die berühmteste Statue des Kriegsgottes, der Ares Borghese (um 430–20 v. Chr., Kopie; von manchen Forschern allerdings als klassizistisches Werk der augusteischen Zeit angesehen; Boardman, GPklassZ Abb. 223). Wenn diese Datierung zutrifft, so war das Original wahrscheinlich das Kultbild des Alkamenes im Ares-Tempel auf der Athener Agora; der Tempel muß jedoch ursprünglich an anderem Ort in Attika gestanden haben und wurde erst unter Augustus nach Athen versetzt (s. oben Kapitel 15.1). Der Gott ist in einer auffallend in sich gekehrten Haltung, mit gesenktem Kopf dargestellt, vielleicht ein Ausdruck der ambivalenten Erfahrung dieses Krieges.

Ein Gegenbild dazu verkörpert ein Bild der Aphrodite, die als freistehende Statue in dem Heiligtum der Göttin 'in den Gärten' am Fluß Ilissos aufgestellt wurde. Sie ist mit Wahrscheinlichkeit in einem Typus der an einen Pfeiler gelehnten Aphrodite identifiziert worden (um 430–20 v. Chr., Kopie; Abb. 67). Mit dem Motiv des Anlehnens ist hier eine Figur der Liebesgöttin gestaltet, deren körperbetonte Formen durch die schmiegsamen Gewänder in ihrem Reiz gesteigert erscheinen. Das Werk bringt die verbreiteten Strömungen dieser Jahrzehnte zum Ausdruck, die leidvollen Erfahrungen der politischen Gegenwart durch die Ideale eines aphrodisischen Lebensgenusses zu kompensieren.

Alkamenes hat die Beweglichkeit der ponderierten Figur eingesetzt, um Charakter und Ausdruck seiner Gestalten zu steigern: bei Hephaistos das Hinken, bei Ares das sinnende Innehalten, bei Aphrodite die sinnliche Erscheinung. Gegenüber den selbstbewußt-repräsentativen Staatsgöttern des Phidias führt er in eine Epoche persönlicherer und ambivalenterer Lebenserfahrungen.

Als offenbar jüngerer Schüler des Phidias hat auch Agorakritos bedeutende Götterbilder geschaffen. Sein Hauptwerk war das Kultbild der Rachegöttin Nemesis in ihrem Tempel in Rhamnous/Ostattika (um 430–20 v. Chr., Kopie; Abb. 68). Von dem Original sind nur kleine Fragmente erhalten, die jedoch zur Bestimmung römischer Kopien nach dem Werk ausreichen. Die reich und rauschend gekleidete Figur hebt aphrodisische Züge hervor, die die Göttin zugleich als Naturmacht charakterisieren.

Voll ausgebildete Formen des Reichen Stils zeigt die Nike, die der Bildhauer Paionios von Mende als Siegesdenkmal für die mit Athen

Abb. 67: Aphrodite, auf einen Pfeiler gelehnt. Wahrscheinlich Kultbild im Heiligtum der Aphrodite 'in den Gärten' in Athen, von dem Bildhauer Alkamenes. Um 430–420 v. Chr. Paris, Louvre

verbündeten Messenier und Naupaktier nach einem Sieg gegen Sparta 425 v. Chr. gefertigt hat (Original; Abb. 69). Sie war in Olympia auf einem 9 m hohen, dreikantigen Pfeiler aufgestellt, auf dem das Motiv des Herabfliegens einprägsam zur Geltung kam. Die durchscheinend auf den Körper gelegten Stoffe, die tief gefalteten zurückschwingenden Gewandbahnen und das weit nach hinten geblähte Mantelluch sind Formen von höchst virtuoser Steigerung der Wirkung, die für den Reichen Stil charakteristisch sind. Die Nike der Messenier und Naupaktier ist eines der vielen Denkmäler, mit denen die rivalisierenden Städte dieser Epoche in den zentralen Heiligtümern

Abb. 68: Nemesis (Göttin der gerechten Strafe). Kultbild des Nemesis-Tempels von Rhamnous (Attika), von dem Bildhauer Agorakritos. Um 430–420 v. Chr. Kopenhagen, Ny Carlsberg Glyptotek

Abb. 69: Nike, ursprünglich auf hohem dreikantigem Pfeiler aufgestellt. Votivdenkmal der Messenier und Naupaktier im Zeus-Heiligtum von Olympia, von dem Bildhauer Paionios aus Mende. 425 v. Chr. Olympia, Museum

Griechenlands um Ruhm, Ansehen und Macht konkurrierten.

Die gefeiertsten Bildhauer der Hochklassik wurden in den 430er Jahren in Ephesos für eine berühmte Statuengruppe von Amazonen zusammengeführt: Polyklet, Phidias, Kresilas sowie ein oder zwei weitere Männer. Die Quellen berichten von einem Künstlerwettstreit, den Polyklet gewonnen habe, doch ist dessen Authentizität fraglich. Drei Typen von Amazonen aus dieser Zeit sind in Kopien nachweisbar: Typus Sosikles, Typus Sciarra und Typus Mattei (Boardman, GPklassZ Abb. 190–195); sie müssen auf die Werke der drei berühmten Bildhauer zurückgehen. Die Zuweisung ist Gegenstand nicht endender Kontroversen: Weitgehende Einigkeit besteht für Phidias: Mattei; umstritten bleiben Polyklet und Kresilas. Das Werk muß ein patriotisches Denkmal der Stadt Ephesos gewesen sein, wo die Amazonen eine wichtige Rolle im Mythos der Stadt spielten und insbesondere die Asylkraft des großen Heiligtums der Artemis repräsentierten. Offenbar hat Ephesos sich damit ein Monument der eigenen Identität gegenüber dem übermächtigen Athen gesetzt. Die Heranziehung der bekanntesten Bildhauer aus den griechischen Zentren bezeugt zum einen den kulturellen Anspruch von Ephesos, und läßt zum anderen erkennen, welche Bedeutung die Na-

16. Skulptur

Abb. 70: Aphrodite (sog. Aphrodite Fréjus oder Aphrodite Louvre – Neapel). Um 420–400 v. Chr. Paris, Louvre

men großer Künstler damals in der griechischen Welt gewonnen hatten.

Für viele, z. T. hochberühmte Werke hat sich bisher der Bildhauer trotz intensiver Versuche nicht überzeugend bestimmen lassen. Ein eklatanter Fall ist die Aphrodite von Fréjus bzw. Aphrodite Louvre-Neapel, deren Nachwirkung aus vielen Kopien und Umbildungen der hellenistischen und römischen Zeit zu erkennen ist (um 420–10 v. Chr., Kopie; Abb. 70). Mit ihrer kontrapostisch konstruierten Ponderation der aktiven und passiven Glieder und der Freilegung des Körpers unter dem hauchdünnen Gewand zeigt die Figur eine Verbindung von Rationalität und Sinnlichkeit, die für diese Zeit charakteristisch ist.

d. Architektonische Skulpturen

Im 5. Jh. v. Chr. wurden Tempelbauten und andere öffentliche Gebäude z. T. mit aufwendigem Bildschmuck ausgestattet, der sich zu komplexen Bildprogrammen zusammenfügen konnte.

Am Zeus-Tempel von Olympia (Boardman, GPklassZ Abb. 18–23) sind mit den Giebeln und den Metopen erstrangige Zeugnisse der architektonischen Skulptur erhalten (ca. 470–456 v. Chr.). Auf den Metopen über dem Pronaos und dem Opisthodom sind die zwölf großen Taten des Herakles geschildert, der die olympischen Spiele gegründet haben soll und als physisches und ethisches Ideal des Athletentums verehrt wurde. Die Giebel enthalten vielfigurige Kompositionen von Mythen (Abb. 71): Im Ostgiebel erscheint der lokale Mythos von Pelops und Hippodameia, in dem Zeus, der Gott von Olympia, als Herr des religiösen Rechtes auftritt; hier ist die realistische Darstellung von Charakteren, etwa eines alten Sehers hervorzuheben. Im Westgiebel wird der Frevel der Kentauren gegen die Braut und die jungen Gäste bei der Hochzeit des Peirithoos gerächt, mit Apollon als zentraler schützender Gestalt; dabei sind vor allem die kühnen Kompositionen der Kampfgruppen auffällig. Kaum ein anderes Werk bezeugt so deutlich, mit welcher Sprengkraft die Künstler des Strengen Stils aus den Konventionen der archaischen Zeit ausbrachen und neue Formen für neue Aussagen entwickelten.

In der 2. Hälfte des 5. Jh. v. Chr. absorbierte Athen aufgrund seiner beherrschenden politischen Stellung weitgehend die finanziellen und künstlerischen Kräfte ganz Griechenlands für die Projekte in der eigenen Stadt. Das reichste Bildprogramm eines griechischen Bauwerks stellt der Parthenon dar (447–432 v. Chr.; Boardman, GPklassZ Abb. 79–96). Auf den Metopen sind mythische Kämpfe von Vertretern der griechischen, speziell athenischen Lebensordnung gegen Angriffe frevlerischer Gegner geschildert: Im Osten Götter gegen Giganten, im Süden (nur hier gut erhalten) Lapithen gegen Kentauren, im Westen Athener gegen Amazonen, im Norden Griechen bei der Zerstörung von Troia. Dies Panorama mythischer Selbstbehauptung hatte seine politische Aktualität in Hinblick auf die damals abgeschlossenen Kriege gegen die Perser.

Abb. 71: Ost- und Westgiebel des Zeus-Tempels von Olympia, mit den Mythen des Pelops sowie des Kampfes der Lapithen gegen die Kentauren (Rekonstruktions-Zeichnung). Um 470–456 v. Chr. Figuren in Olympia, Museum

In den Giebeln steht die religiöse Verherrlichung der Stadtgöttin im Vordergrund: im Ostgiebel ihre Geburt im Kreis der olympischen Götter (Abb. 72), im Westgiebel der Streit mit Poseidon um das attische Land. Die Gemeinschaft der athenischen Bürger, die die ethischen Werte der Stadt trägt, erscheint im Fries um die Cella in dem Ritus einer Prozession zum Fest der Athena, wahrscheinlich (aber umstritten) zum Panathenäen-Fest, vereinigt (Abb. 73). Das klassische Athen hat hier in einzigartiger Weise seine religiöse, politische und gesellschaftliche Identität zum Ausdruck gebracht.

Noch unmittelbarer ist der Ruhm der Stadt Athen am Tempel der Athena Nike von der Akropolis zum Thema gemacht worden (um 425–20 v. Chr.; Boardman, GPklassZ Abb. 127–130). Die Friese schildern die siegreichen Kämpfe der Athener in der jüngeren Vergangenheit, gegen Perser und Griechen, unter dem Schutz der Götter. Auf der Balustrade, die den Heiligen Bezirk umgab, feiern Siegesgöttinnen (Niken) im Beisein der Stadtgöttin Athena ein rauschendes Siegesfest mit Stieropfern, Errichtung von Siegeszeichen (Tropaia) usw. Die sinnlichen Stilformen des Reichen Stils sind hier als Ausdruck der euphorischen Siegesstimmung im ersten Abschnitt des Peloponnesischen Krieges eingesetzt.

Außerhalb Athens stellte der Apollon-Tempel bei Phigalia-Bassai, hoch im Bergland von Arkadien, ein überraschendes Beispiel von innovativer Architektur und reichem Skulpturenschmuck dar (Ende 5. Jh. v. Chr.; Boardman, GPspätklassZ Abb. 4–5). Gut erhalten ist ein in der Cella innen umlaufender Fries mit zwei traditionellen Mythen, die hier in spezifisch lokaler Bedeutung vorgetragen werden: Herakles kämpft als Held der dorischen Peloponnes gegen die Amazonen, Apollo als Herr des Tempels wehrt zusammen mit Artemis bei der Hochzeit des Peirithoos den Angriff der Kentauren ab.

Abb. 72: Aphrodite im Schoß ihrer Mutter Dione liegend, links weitere Göttin, aus der Geburt der Athena im Ost-Giebel des Parthenon. 438–432 v. Chr. London, British Museum

Abb. 73: Festzug mit Reitern, Teil des Panathenäen-Zuges. Ausschnitt aus dem Fries des Parthenon. Um 440 v. Chr. London, British Museum

16.4 Klassische Zeit II: 4. Jahrhundert v. Chr.

Die Bildkunst des 4. Jh. v. Chr. steht noch weitgehend unter den Voraussetzungen der klassischen Polis und ihrer führenden Schichten. Dabei werden allerdings beträchtliche Verschiebungen der Schwerpunkte deutlich. Polis-Gemeinschaften brachten sich weiterhin mit kollektiven Denkmälern zur Geltung. Manche Städte und politischen Mächte, die im 5. Jh. v. Chr. unter der kulturellen Dominanz Athens nur eine beschränkte Selbstdarstellung entwickelt hatten, errichteten nun neue Tempel mit ansehnlichen Kultbildern sowie große Votivdenkmäler in zentralen Heiligtümern – von denen allerdings oft mehr aus Schriftquellen als aus erhaltenen Resten bekannt ist. Andererseits wurden mehr und mehr Ruhm und Ansehen einzelner Personen und Familien in Bildwerken zum Ausdruck gebracht: in öffentlichen Ehrenstatuen für die führenden Vertreter der Politik, Dichtkunst, Philosophie usw., in Votivdenkmälern von Choregen (Sponsoren siegreicher Chöre bei den Aufführungen von Dithyramben im Theater), in Grabdenkmälern für breitere Gruppen der Gesellschaft (s. Kapitel 13 und 17.2). Zentrum dieser Entwicklung war Athen, trotz starker Einbußen seiner politischen Macht. Daneben traten seit der Mitte des 4. Jh. v. Chr. die Monarchen aus den Randgebieten der griechischen Welt mehr und mehr mit ehrgeizigen Denkmälern auf, mit denen sie sich als führende Vertreter der griechischen Kultur zu profilieren und Einfluß zu gewinnen suchten: Maussolos von Karien, dann vor allem Philipp II. und Alexander d.Gr. von Makedonien. Dies alles hatte Folgen für die Themen und Funktionen der Bildwerke.

Allgemein traten im 4. Jh. v. Chr. Bildhauer von ausgeprägter Eigenart in Erscheinung, die in verschiedenem politischem und gesellschaftlichem Umfeld ihre Wirkung entfalteten. Wie zum 5. Jh. v. Chr., so hat die Forschung auch für die Spätklassik die Frage nach dem 'Künstler' sehr absolut verfolgt und dabei die funktionalen und historischen Dimensionen zu wenig beachtet. Die hier vorgenommene Zuordnung der berühmten Bildhauer zu spezifischen historischen Umfeldern, Poleis und Monarchen, hat nur annähernde Geltung: Die Künstler waren nicht fest mit bestimmten Auftraggebern verbunden. Aber sie wurden offenbar in bestimmten politischen und gesellschaftlichen Bereichen wegen ihrer spezifischen Stilformen besonders geschätzt, die als überzeugender Ausdruck für die Bildthemen der betreffenden Auftraggeber angesehen wurden. Daraus ergaben sich Zentren und Schwerpunkte für ihre Arbeit.

a. Die Poleis und ihre Bildhauer

In Athen ging die Selbstdarstellung der Polis in Bauwerken mit komplexen Bildprogrammen stark zurück. Die bedeutenden Bildhauer traten zunehmend in den Dienst der Repräsentation persönlicher Glücksvorstellungen.
Politische Restauration: Kephisodot. Ein bezeichnendes Staatsmonument des frühen 4. Jh. v. Chr. war ein Standbild der Friedensgöttin Eirene, mit dem als Kind dargestellten Ploutos (Reichtum) und einem Füllhorn im Arm, auf der Athener Agora (Kopie München; Abb. 74). Die Gruppe wurde wohl anläßlich der Errichtung eines Altars für die Göttin 374 v. Chr., nach einem militärischen Erfolg aufgestellt, der die Neubegründung des Seebundes ermöglichte und die Wiederherstellung der politischen Größe Athens zu bezeugen schien (z. T. aber auf einen späteren Sieg 362/61 v. Chr. bezogen). Die Wahl der Personifikation einer

Abb. 74: Eirene mit dem Kind Ploutos (Göttin des Friedens und Gott des Reichtums). Denkmal auf der Agora von Athen, von dem Bildhauer Kephisodot. Wahrscheinlich 374 v. Chr. München, Glyptothek

abstrakten politischen Idee als staatliche Kultgottheit ist bezeichnend für die Tendenzen zu gedanklichen Konzepten seit dem späten 5. Jh. v. Chr. Der Künstler Kephisodot gehörte einer Familie von Bildhauern an, die es zu Wohlstand und bürgerlichem Ansehen gebracht hatte. In den allgemeinen Stilformen griff er auf Figuren des 5. Jh. v. Chr. zurück; doch im einzelnen, etwa der Form des Gesichts mit dem hohen Dreieck der Stirn und der engeren Stellung von Augen, Nase und Mund, die den sphärischen Charakter des Kopfes hervorheben, sind neue Entwicklungen zu erkennen.

Götter des persönlichen Glücks: Praxiteles.
Als Sohn des Kephisodot einer bereits bekannten Künstlerfamilie entstammend, wurde Praxiteles zum bedeutendsten Bildhauer der spätklassischen Poliskultur. Gegenstand hoher Bewunderung, weitreichenden Ruhmes und pointierter Künstleranekdoten, war Praxiteles einer der frühesten Vertreter einer Vorstellung vom 'Künstler', der weit über dem Niveau und Anspruch normalen Kunsthandwerkertums steht. In seinen Werken spiegelt sich gegenüber dem 5. Jh. v. Chr. ein deutlicher Wandel der kollektiven Mentalität: Wenngleich der äußere Rahmen für seine Aufgaben, Kultbilder in Tempeln und Votive in Heiligtümern, sich nicht grundsätzlich geändert hatte, so standen jetzt weniger die großen politischen Gottheiten Zeus und Athena, sondern die Repräsentanten einer Welt des persönlichen Glücks und Wohllebens, Dionysos und Aphrodite, im Vordergrund. Sie bezeugen, daß neue Werte die Lebensformen bestimmten.

Der Gott des Weines ist Thema einer berühmten Statuengruppe des Hermes mit dem Dionysosknaben um 330 v. Chr., dem er einen Zweig Trauben reicht, auf dem Weg zu den Nymphen, die den Neugeborenen aufziehen sollen (Abb. 75). Die von Pausanias berichtete Zuweisung der Gruppe, die er im Hera-Tempel von Olympia sah, an Praxiteles ist von der Forschung z. T. bestritten worden, jedoch wohl ohne wirklich zwingende Gründe: Manche außergewöhnlichen Züge der Marmorarbeit könnten sich erklären, wenn hier ein exzeptionelles originales Werk eines führenden Meisters erhalten wäre, der wegen seiner virtuosen Marmortechnik berühmt war. Für Praxiteles charakteristisch ist die bildhafte Ausbreitung der Gestalt mit starker Schwingung des Körpers zwischen einer Stütze, hier dem Baumstamm, und dem tragenden Bein. Der Vergleich mit dem Doryphoros des Polyklet, Körper und Kopf (um 440 v. Chr., s. oben; Abb. 59) macht die neuen Stilformen deutlich: In der weichen Modellierung und schimmernden Glättung der Haut, den verfließenden Gesichtszügen mit dem beseelten, sog. 'feuchten' Blick sowie den als lockere Masse wiedergegebenen Haaren wird die Gestalt bravourös zu sinnlicher Wirkung gebracht.

Aus dem Kreis um Dionysos hat Praxiteles mehrfach Satyrn dargestellt. Die Identifizierung dieser Werke unter den römischen Kopien kann sich nur auf die Stilformen und auf die offensichtliche Berühmtheit der viel kopierten Originale stützen. Zu seinen früheren Werken gehört anscheinend ein Einschenkender Satyr, der aus einer hoch erhobenen Kanne Wein in eine Trinkschale goß (2. Viertel 4. Jh., Kopie; Boardman, GPspätklassZ Abb. 71). Die private gesellschaftliche Atmosphäre des Symposion, mit aufwartenden Knaben, ist hier in eine mythische Sphäre gehoben. Im Vergleich zu dem polykletischen Epheben Westmacott (Boardman, GPklassZ Abb. 187) werden bezeichnende Formen des 4. Jh. v. Chr. deutlich: Der Körper ist nicht mehr so stark in seine funktionalen Elemente (Beine, Bauch, Brust) gegliedert, sondern die Teile verfließen weicher zum Gesamtbild eines leichten harmonischen Schwingens; im Gesicht sind Mund und Augen enger nach vorne zusammengezogen, so daß der Kopf sich stärker rundet. Allgemein ist die Gestalt nicht mehr so stark als System funktionaler Teile, sondern als bildhafte Erscheinung verstanden. Das gilt noch mehr von dem berühmten Angelehnten Satyr (um 330 v. Chr., Kopie; Abb. 76). Hier breitet die Gestalt sich in weichem Schwung vor dem Betrachter aus: Die Ponderation ist nicht zur Klärung organischer Beweglichkeit, sondern zur Entfaltung einer elegant-lässigen Haltung eingesetzt, mit einer reizvollen Oberfläche, bei der die geschmeidige Haut und das haarige Tierfell sich in sinnlichem Kontrast gegenseitig steigern.

Solche Auffassungen haben auch das Bild des Apollon verändert. Berühmt war ein dem Praxiteles sicher zuweisbarer knabenhafter Apollon als Eidechsentöter (Apollon Sauroktonos; etwa Mitte 4. Jh. v. Chr., Kopie; Abb. 77), der an einen Baumstamm gelehnt das kleine Opfer betrachtet. Wahrscheinlich ist hier die alte Vorstellung des Gottes als Vertilger unreiner Tiere spielerisch umgesetzt für eine Votivfigur in einem Heiligtum. In vergleichbarer Weise hat ein unbekannter Bildhauer unter dem Einfluß des Praxiteles ein legeres Motiv für die Statue des Gottes in dem Gymnasion des Lykeion vor den Toren Athens gewählt, das 336/35 v. Chr. bei der Neuorganisation der militärischen Ausbildung (Ephebie) neu eingerichtet und mit einem Götterbild ausgestattet wurde: Der Apollon Lykeios bietet sich dem

Abb. 75: Hermes mit dem Kind Dionysos. Votivgruppe aus dem Hera-Tempel von Olympia, wohl originales Werk des Bildhauers Praxiteles. Um 330 v. Chr. Olympia, Museum

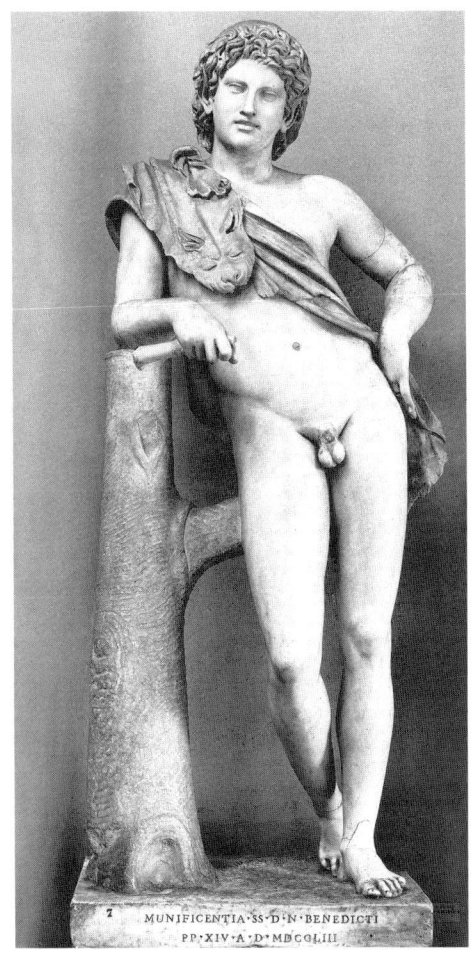

Abb. 76: Angelehnter Satyr, dem Bildhauer Praxiteles zugewiesen. Um 330 v. Chr. Roma, Musei Capitolini

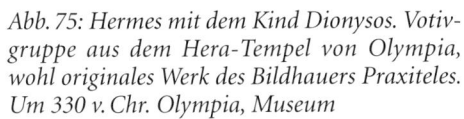

Betrachter, den Arm ausruhend über den Kopf gelegt, in der Schönheit des jugendlichen entblößten Körpers dar, als Schutzherr und Vorbild der attischen Epheben, die sich an diesem Ort sammelten (Kopie; Abb. 79).

Das größte Aufsehen und den höchsten Ruhm errang Praxiteles mit einer Aphrodite, die in deren Heiligtum in Knidos stand (um 350–30 v. Chr., Kopie; Abb. 78). Zum ersten Mal erschien die Göttin hier in völliger Nacktheit, neben sich ein Wassergefäß zum Bad, über dem sie ihr Gewand ablegt. Das Motiv entspricht der neuen Auffassung der Götter als Mächte persönlicher Lebensbereiche und -konzepte. Die römischen Kopien vermögen hier wohl besonders wenig von dem sinnlichen Reiz des Körpers und dem 'feuchten' Ausdruck der Augen wiederzugeben, die in der Antike gerühmt wurden; man muß sich die reiche Nuancierung des Hermes von Olympia auf die Figur übertragen, um eine Vorstellung von dem Original zu gewinnen.

In den Werken des Praxiteles hat die Welt der spätklassischen Polis besonders deutlichen Ausdruck gefunden: Abkehr von der politischen

16. Skulptur

Abb. 77: Apollon als Eidechsentöter (Apollon Sauroktonos), von dem Bildhauer Praxiteles. Um 350 v. Chr. Paris, Louvre

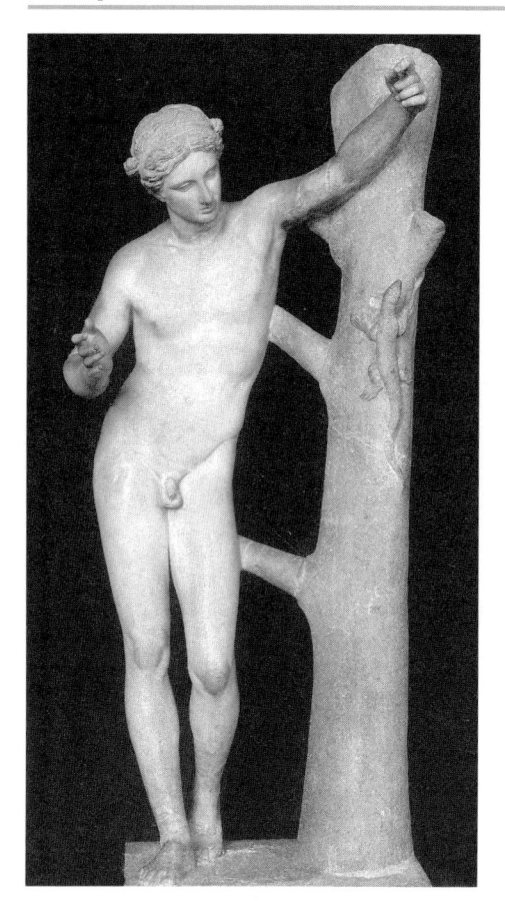

Kultur des 5. Jh. v. Chr., Hinwendung zu Bereichen persönlicherer Lebensführung; entsprechend in der Auffassung der Figuren weniger Interesse für die rationale Konstruktion des organischen Körpers, stattdessen Hervorhebung der sinnlichen Erscheinungen und Wirkungen.
Leochares. Unter den jüngeren Bildhauern, die bei Aufträgen für Alexander d.Gr. und die Diadochen neue Bildformen herrscherlicher Repräsentation entwickelten (s. unten), scheint Leochares aus Athen eine wichtige Rolle gespielt zu haben. Von seinen Bildnissen der makedonischen Herrscher ist keine gesicherte Vorstellung zu gewinnen. Aufgrund der Stilformen wird ihm allgemein der seit Winckelmanns Beschreibung berühmte Apoll vom

Abb. 78: Aphrodite von Knidos. Kultbild im Aphrodite-Tempel von Knidos, von dem Bildhauer Praxiteles. Um 350–330 v. Chr. Roma, Musei Vaticani

Belvedere zugewiesen (um 330 v. Chr., Kopie; Abb. 80). Der Gott erscheint als strahlend jugendliche Gestalt in dynamisch raumgreifender Bewegung, offenbar unter dem Einfluß der Erfahrung Alexanders d.Gr.: Das neue Ideal des heldenhaften Herrschers führte auch zu einer neuen Vorstellung der Götter. Das Original der Figur war aber wohl nicht in einer Königsmetropole, sondern möglicherweise in Athen in dem neu errichteten Tempel des Apollon an der Agora aufgestellt (sofern mit Pausanias 1,3,4 zu identifizieren). In diesem Fall würde das Bildwerk die Wirkung Alexanders auch auf die alten kulturellen Zentren Griechenlands bezeugen.

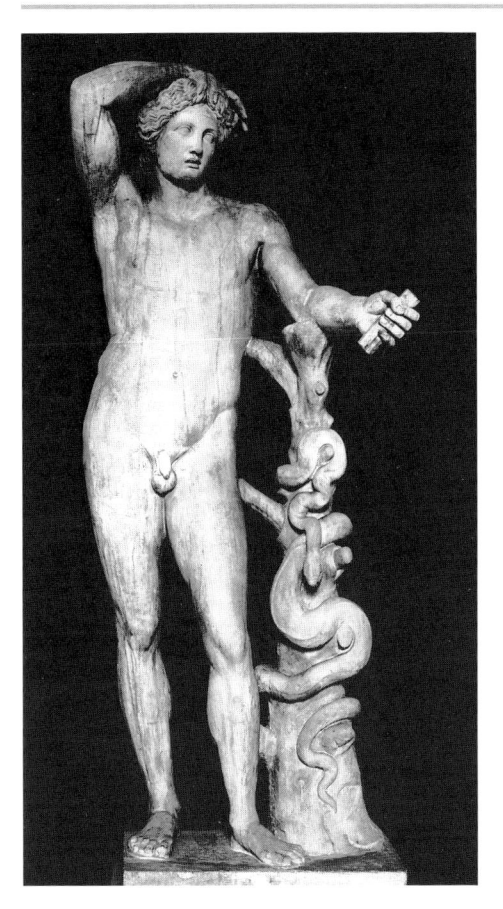

Abb. 79: Apollon Lykeios ('Wolfsgott'). Standbild im Gymnasion 'Lykeion' von Athen, dem Umkreis des Bildhauers Praxiteles zugewiesen. Um 335 v. Chr. Paris, Louvre

Abb. 80: Apollon vom Belvedere. Vielleicht in der Vorhalle des Tempels des Apollon Patroos an der Agora von Athen aufgestellt, dem Bildhauer Leochares zugewiesen. Um 330–320 v. Chr. Roma, Musei Vaticani

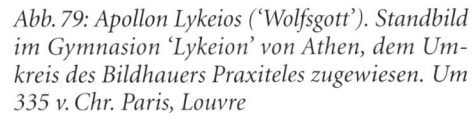

Grabreliefs. Neben den Bildwerken der öffentlichen Zentren, der Heiligtümer und politischen Plätze, entwickelte sich im späteren 5. und 4. Jh. v. Chr., insbesondere in Athen, eine reiche Kunst bürgerlicher Repräsentation in figürlichen Grabstelen (s. auch oben Kapitel 13). In den Darstellungen der Verstorbenen, vielfach ergänzt durch Grabepigramme, erscheinen die oberen und mittleren Gesellschaftsschichten, Männer und Frauen, verbunden in Familien und geschichtet in Altersgruppen, in weitgehend kanonisierten Bildern ihrer Wertewelt, z. B. auf dem Grabrelief der Lysistrate aus dem mittleren 4. Jh. n.Chr. (Abb. 17). An den Gräbern wird diese Welt der Lebenden mehr oder minder stark aus der Perspektive des Verlusts und der Trauer über den Einbruch des Todes evoziert.

Architektonische Skulpturen. Jenseits von Athen entstand seit dem 4. Jh. v. Chr. ein großes religiöses Zentrum im Asklepios-Heiligtum von Epidauros: bezeichnenderweise eine Stadt von geringer politischer Macht, aber mit einem Kult des persönlichen Heils. Für den zentralen Tempel (um 390/80 v. Chr.; Boardman, GP-spätklassZ Abb. 10–11) schuf der Bildhauer Timotheos Modelle der architektonischen Skulpturen, die von verschiedenen Werkstätten ausgeführt wurden. Die Themen der Giebel,

Zerstörung Troias und Kampf gegen Amazonen, bezeugen den Anschluß von Epidauros an die großen gemeinsamen Mythen der Griechen; die einzelnen Motive aber, etwa die Ermordung des Priamos, heben in neuer Weise persönliche Emotion und Leiden hervor.

Dynamische Helden, emotionale Kräfte: Skopas. Von allen Bildhauern des 4. Jh. v. Chr. hat Skopas, aus Paros stammend, die weiteste Tätigkeit in fast allen griechischen Kulturlandschaften entfaltet. Von seinen vielfältigen Werken ist nur weniges sicher faßbar; als hervorstechende Ausdruckswerte sind athletisches Heroentum und emotionale Kraft erkennbar: Leitbilder, die ihren Boden weniger in dem bürgerlichen Athen als in den Zentren der Peloponnes und Mittelgriechenlands mit ihren aristokratischen Traditionen hatten.

In Tegea hat Skopas als Architekt den Tempel der Athena Alea neu errichtet. Aus seiner Werkstatt dürften die Skulpturen der beiden Giebel stammen (um 340 v. Chr., Original; Boardman, GPspätklassZ Abb. 9): im Osten die Jagd auf den kalydonischen Eber, im Westen der Kampf des Helden Telephos, der aus Tegea stammte, gegen Achill und die anderen Griechen bei deren Zug gegen Troia. Die erhaltenen Köpfe, von kompakter Energie, sind beherrscht von emotionalem Blick aus tiefen Augenhöhlen unter stark vorgewölbter Stirn. Die Themen heldenhafter Bewährung erscheinen hier in einer neuen psychischen Dimension.

Der Prototyp des athletischen Heros war Herakles, der als Vorbild individueller Bewährung im 4. Jh. v. Chr. große Bedeutung erlangte. Eine charakteristische Ausprägung dieses neuen Heldenideals ist der Herakles Lansdowne (Mitte 4. Jh. v. Chr., Kopie; Boardman, GPspätklassZ Abb. 77), der in seinen kräftigen Formen Skopas nahesteht. Gegenüber dem motivisch ähnlichen Doryphoros des Polyklet (Abb. 59) bezeugt die Figur mit dem pronociert ausgreifenden Stand und der Wendung des Kopfes in dieselbe Richtung eine neue raumgreifende Kraft.

Das Ideal des heroischen Jägers ist Gegenstand einer berühmten Figur des Meleager, die nach ihrem Stil ebenfalls aus dem Kreis des Skopas zu stammen scheint (3. Viertel 4. Jh. v. Chr., Kopie; Abb. 81). Der muskulöse, bewegliche Körper, der Kopf mit intensivem Blick und stark bewegten Haaren, beide energisch in den Raum gewendet, geben der Gestalt eine Dynamik, die für die Zeit Alexanders d.Gr. charakteristisch ist.

Auch die im 4. Jh. v. Chr. allgemein aktuellen Themenkreise des Dionysos und der Aphrodite erscheinen bei Skopas in neuen Aspekten. Eine Mänade, in ekstatischem Rausch tanzend, steigert die Erfahrungen der dionysischen Welt zu einem äußersten Gegenbild bürgerlicher Verhaltensformen (3. Viertel 4. Jh. v. Chr., Kopie; Abb. 82). Auf der anderen Seite hat Pothos, eine Verkörperung aphrodisischer Sehnsucht, in der Gestalt eines Knaben von reizvoll weicher Körperbildung, weit in die Ferne blickend, einen einprägsamen Ausdruck gefunden (3. Viertel 4. Jh. v. Chr., Kopie, vielleicht Teil einer Statuengruppe mit Aphrodite in Samothrake; Boardman, GPspätklassZ Abb. 34).

Die im 4. Jh. v. Chr. neu erfahrene Bedeutung emotionaler und psychischer Dimensionen menschlicher Handlungen und Erfahrungen ist von Skopas mit eigenwilliger Kraft zum Thema gemacht worden. Die darin begründete Energie seiner Figuren war es wohl, deretwegen ein Dynast wie Maussolos ihm den wichtigsten Auftrag für sein Grabmal erteilte (s. unten).

b. Monarchen und ihre Bildhauer

Die aufstrebenden Monarchien des 4. Jh. v. Chr., insbesondere Philipp II., Alexander d. Gr. und die Diadochen, haben neue Leitbilder öffentlichen Handelns und Verhaltens hervorgebracht, die auch in neuen Stilformen Ausdruck fanden. In der Bildkunst konnten sie vor allem an jene Traditionen anknüpfen, die die Ideale athletischer Leistung noch im 4. Jh. v. Chr. zu Geltung gebracht hatten. Denn sowohl die Herrscher wie die adligen Führungsschichten dieser Monarchien begriffen ihre Rolle stark nach dem Muster und in der Nachfolge heroischer und agonaler Verhaltensnormen.

Schon um die Mitte des 4. Jh. v. Chr. hat Maussolos von Karien (SW-Kleinasien), ein Satrap des Perserkönigs mit kultureller Orientierung nach Griechenland, zur Ausschmückung seines riesenhaften Grabmals (Maussoleion; Boardman, GPspätklassZ Abb. 17–22) in Halikarnassos vier berühmte griechische Bildhauer herangezogen: Skopas, der die Frontseite ausarbeitete, weiterhin Timotheos, Bryaxis

Abb. 81: Meleager, dem Bildhauer Skopas zugewiesen. 3. Viertel 4. Jh. v. Chr. Roma, Musei Vaticani

Abb. 82: Tanzende Mänade, dem Bildhauer Skopas zugewiesen. 3. Viertel 4. Jh. v. Chr. Dresden, Albertinum

und Leochares. Die Skulpturen, freiplastische Figuren und Friese, darunter einer mit Amazonenkampf, sind nur fragmentarisch erhalten. Die Zuweisung an die verschiedenen Bildhauer hat noch kaum zu befriedigenden Ergebnissen geführt, wahrscheinlich handelt es sich im wesentlichen um Arbeiten aus deren Werkstätten. Aufschlußreich ist aber, daß offenbar Skopas die führende Rolle hatte: Die dynamischen Stilformen dieses Bildhauers dürften dem Dynasten als angemessenster Ausdruck seiner eigenen Ambitionen erschienen sein.

Lysipp. Als Bildhauer der makedonischen Herrscher war vor allem Lysipp aus Sikyon berühmt. Er soll Bildnisse Alexanders d. Gr. seit dessen Jugendzeit geschaffen haben; Alexander seinerseits soll Bildnisse von sich selbst in Malerei nur von Apelles, in der Glyptik nur von Pyrgoteles und in der Skulptur nur von Lysipp geschätzt haben. Die Authentizität solcher Überlieferungen ist zweifelhaft, aber eine enge Verbindung von Herrscher und Bildhauer ist plausibel.

Lysipp zeigt am deutlichsten, wie die Darstellung der neuen Herrscher auf die Ideale agonalen Heldentums zurückgreifen konnte, die in der klassischen Aristokratie noch lebendig waren. Er kam aus der Tradition der peloponnesischen Werkstätten, die in der Nachfolge Polyklets das Idealbild des Athleten in immer neuen Formen weitergebildet hatten. Sein eigenes Meisterwerk, der Apoxyomenos (Sich Abschabender; um 330–20 v. Chr., Kopie; Abb. 83), zeigt einen athletischen Sieger, wie er sich nach dem Wettkampf mit dem Schabeisen Öl und Schmutz von der Haut entfernt. In der

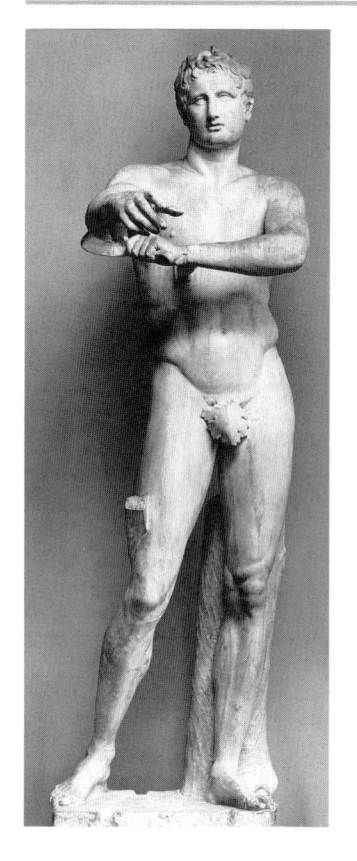

Abb. 83: Athlet, sich mit einem Schabgerät reinigend (Apoxyomenos), dem Bildhauer Lysipp zugewiesen. Um 330–20 v. Chr. Roma, Musei Vaticani
Abb. 84: Eros, den Bogen spannend, dem Bildhauer Lysipp zugewiesen. Um 330 v. Chr. Roma, Musei Capitolini

Tradition des Polyklet steht der muskulöse Körperbau, doch die Auffassung ist stark verändert: Der Aufbau ist nicht mehr durch den Gegensatz von Tragen und Lasten geprägt, sondern beide Beine tragen den Körper in elastischer Beweglichkeit. Dem entsprechen aufstrebende Proportionen: kurzer Leib und kleiner Kopf. Die ganze Figur präsentiert sich nicht als abgeschlossener Körper, sondern greift in den Raum aus: durch die Haltung der Arme und den in die Ferne gerichteten Blick. Die angespannte Agilität wird durch die Modellierung des Körpers unterstrichen: Es geht nicht um die Organisation einzelner Funktionsteile, sondern um beweglich ineinanderspielende Muskeln. Das Gesicht ist nicht wie bei Polyklet in klar begrenzte Wölbungen gegliedert, sondern rundet sich in kleinen, kräftigen Polstern. Die Haare sind nicht in Schichten gelegt und organisiert, sondern züngeln in unruhiger Bewegung durcheinander. Alle Formen schließen sich zu einem Bild höchster, explosiver Energie zusammen. Der Gegensatz zu dem weichen, bildhaften Stil des Praxiteles ist unverkennbar.

Dies war offenbar eine Auffassung, wie sie Alexander für seine eigenen Bildnisse suchte. Sein berühmter 'Alexander mit der Lanze' ist, nach langem Suchen, plausibel in einem Kopf in Privatbesitz Schwarzenberg erkannt worden (um 330 v. Chr., Kopie; Abb. 113). Gegenüber bisherigen Herrscherbildnissen im Typus bärtiger Vaterfiguren hat Alexander mit langem Haar und bartlosem Gesicht ein ganz neues

Herrscherideal geschaffen und zur Schau getragen: das des jugendlichen Helden. Die Haare gipfeln in der 'Anastolé', einer aufgesträubten Lockenwelle, die als Ausdruck löwenhaften Mutes galt; sie laufen in züngelnden Strähnen aus, die die Bewegungsenergie unterstreichen. Die Überlieferung hebt an seinen Bildnissen weiterhin den intensiven 'feuchten' Blick und eine energische Wendung des Kopfes nach links hervor, offenbar ein Motiv ausgreifender Dynamik, das dem Eroberer gut anstand. Kein Bildhauer der Zeit war zur Darstellung dieser Art von Vitalität besser vorbereitet als Lysipp (s. auch unten Kapitel 17.2).

Unter den mythischen Helden, die Alexander als Vorbilder verehrte, nahm Herakles den ersten Rang ein. Alexanders Münzen zeigen ihn mit bewegter Physiognomie, die schon in der Antike die Assoziation an den König selbst weckten. Der Heros verkörperte Tugenden und Erfahrungen, die der gegenwärtige Herrscher auf sich selbst bezog: einerseits die unbesiegbare Kraft des Überwinders in allen Weltteilen, andererseits auch die Mühen, die mit dem Sieg verbunden sind. In diesem Sinn stellt der Herakles Farnese (um 320 v. Chr., Kopie; Boardman, GPspätklassZ Abb. 37) den Helden dar, der in der Hand hinter dem Rücken die Äpfel der Unsterblichkeit vom Baum der Hesperiden hält und dabei in tiefer Ermattung die Mühsal des zurückgelegten Weges reflektiert. Die Dynamik der Muskelkraft (in der namengebenden Replik in Neapel übertrieben) bewährt sich nach griechischer Vorstellung nicht im souveränen Sieg, sondern in äußerster Anstrengung.

Ähnliche Elastizität und Freiheit in der räumlichen Entfaltung zeigt ein Eros, der den Bogen spannt, um die Sehne einzuhängen (um 330 v. Chr., Kopie; Abb. 84). Die Proportionen mit langen Beinen und kurzem, rundem Rumpf, der kleine, rund gepolsterte Kopf mit den dynamisch züngelnden Haaren entsprechen anderen Werken des Lysipp.

Der Kreis wird geschlossen durch ein sicheres Werk des Bildhauers, den Kairos, eine allegorische Darstellung des 'rechten Augenblicks' (um 330 v. Chr.; Smith Abb. 85). Die Figur ist nur in der Wiedergabe auf römischen Reliefs bekannt: ein reizvoller Knabe, leichtfüßig vorbeieilend, vorne mit langem Haar und hinten kahl, darum nicht mehr zu ergreifen, wenn er

Abb. 85: Aphrodite, sich im Schild des Ares spiegelnd. Vielleicht Kultbild des Aphrodite-Tempels von Korinth. Um 325–300 v. Chr. Capua, Museo Campano

vorbei ist, in der Hand eine Waage auf Messers Schneide balancierend. Das gedankliche Konzept ist in eine höchst bewegliche Figur umgesetzt, die dem Eros sehr ähnlich gewesen sein muß.

Lysipp hat die Dynamik seiner Gestalten mit einem für damalige Maßstäbe höchsten Maß an Anspannung und Beweglichkeit erreicht. Der neue Realismus, der damit verbunden war, wurde zum wichtigsten Anstoß der Kunst des Hellenismus.

Die Ausstrahlung lysippischer Kompositionen wird etwa an einer berühmten Figur der Aphrodite aus Capua deutlich, die ihren halb entblößten Körper im Schild ihres Geliebten Ares spiegelt (letztes Viertel 4. Jh. v. Chr., Kopie; Abb. 85). Der spannungsvolle Aufbau ist dem

Eros ähnlich, die Verwandtschaft ist aber wohl nicht ausreichend für eine Zuweisung an Lysipp selbst. Das Original stand wahrscheinlich in dem berühmten Heiligtum der Aphrodite auf der Akropolis von Korinth.

16.5 Hellenismus

a. Einleitung

Seit der Expansion der griechischen Kultur in der Folge der Kriegszüge Alexanders d.Gr. stand griechische Kunst unter völlig neuen Voraussetzungen. Zum einen hatte der geographische Raum sich unermeßlich erweitert. Zum zweiten hatte der gesellschaftliche Raum der griechischen Kultur sich aufgespalten: Neben die alten griechischen Zentren mit ihrer traditionellen Oberschicht waren fernab neugegründete Städte und vor allem die Herrscherhöfe mit neuen kulturellen Ambitionen und Aufgaben getreten, die zu neuartigen Bildthemen führten; in den neu erschlossenen Herrschaftsräumen mußte die transferierte griechische Kultur sich mit den jeweils lokalen, sehr heterogenen Traditionen der orientalischen Hochkulturen auseinandersetzen.

Die Folge dieser Situation war, daß die Bildkunst wie auch andere Zweige der Kultur jene relative Einheitlichkeit verloren, die für die Kunst der archaischen und klassischen Poleis charakteristisch gewesen war. Dies gilt sowohl räumlich als auch zeitlich: Einzelne Zentren entwickelten nebeneinander ihre eigenen Aufgaben, Themen und Stile; und die chronologischen Entwicklungen verliefen z.T. recht divergent. Diese Situation hat der Forschung beträchtliche Schwierigkeiten gemacht, die den gegenwärtigen Stand bestimmen:

▪ Die Chronologie der hellenistischen Kunst ist sehr viel unsicherer als die anderer Epochen. Die Ursache dafür liegt zum einen an der geschilderten Divergenz der Bildthemen, lokalen Bildtraditionen und Stilrichtungen: Sie lassen allgemeine und überprüfbare Stilentwicklungen nur sehr vage erkennen. Die Forschung muß sich stärker auf die Untersuchung der Chronologie in einzelnen Kulturzentren konzentrieren. Dabei fällt aber als generelles Manko der hellenistischen Epoche die geringe Zahl von Werken mit gesicherter Datierung erschwerend ins Gewicht: Die Grundlagen für ein verläßliches chronologisches Gerüst sind im Hellenismus besonders dürftig. Daher besteht bei einer großen Zahl von Werken bis heute eine beunruhigende Unsicherheit der Datierungen, die in einzelnen Fällen um zwei bis drei Jahrhunderte schwanken.

▪ Die Zentren der hellenistischen Bildkunst sind bisher sehr ungleich zu fassen: Alexandria, das nach den Schriftquellen die führende kulturelle Kraft gewesen sein muß, ist von der modernen Großstadt überbaut und sehr unzureichend ausgegraben worden. Hier sind Werke der Großplastik nur vereinzelt zutage gekommen; die dort gefundenen kleinformatigen Statuetten aus Terrakotta und Bronze geben nur eine unzureichende Vorstellung von dem, was verloren ist. Die Urteile der Forschung über alexandrinische Kunst divergieren daher besonders stark. Antiochia und der gesamte Raum des Seleukidenreiches ist künstlerisch bisher eine fast unbekannte Größe; nicht viel besser steht es mit dem Makedonien der Antigoniden. Sehr reich ist dagegen Pergamon bezeugt, das weitgehend ohne neuzeitliche Überbauung ist und in einer groß angelegten Grabung zu beträchtlichen Teilen freigelegt wurde. Neben den Metropolen der Monarchien sind nur wenige alte Zentren der Bildkunst faßbar: Rhodos, das als Handelsmacht zu großer Blüte gelangte; Delos, das seit 166 v.Chr. als Freihafen zum merkantilen Zentrum der Ägäis wurde; weniger deutlich Athen und einige Städte der Peloponnes.

Diese Situation hat ein starkes Ungleichgewicht in der Erforschung der hellenistischen Kunst zur Folge gehabt. Auch wenn man einräumt, daß Pergamon vielleicht tatsächlich seine politischen und kulturellen Ansprüche besonders stark in repräsentativen Bildwerken zum Ausdruck gebracht hat, hat es durch die gute Erhaltung und Erschließung ein zu starkes Übergewicht gegenüber anderen Zentren. Daraus folgt weiterhin eine unproportioniert starke Konzentration der Forschung auf die Epoche der Blütezeit Pergamons vom späten 3. Jh. bis zum Ende des Reiches 133 v.Chr. Die Forschung steht vor der Aufgabe, diese Disproportion der Überlieferung zu berücksichtigen und auszugleichen.

Eine zusätzliche Schwierigkeit ist durch die Einstellung der Römerzeit zur Kultur des Hellenismus entstanden. Hellenistische Bildkunst war generell nicht hoch geschätzt und wurde daher nicht in breitem Umfang überliefert. Symptomatisch ist die berühmte Formulierung des Plinius (*Naturalis historia* 34,52) über die Epoche nach der Generation des Lysipp und seiner Schüler (im heutigen Sinn nach dem Ende der 'klassischen' Kunst) bis zur Neuorientierung der Bildhauer an klassischem Stil im späteren Hellenismus (296/3–156/3 v. Chr.): „cessavit deinde ars ac rursus ... revixit", d. h. „Dann hörte die Kunst auf und lebte wieder auf ...". Dies war ein verbreitetes klassizistisches Urteil, das den Hellenismus als Kunst-Epoche ignorierte. An 'klassischen' Idealen gemessen, wurden hellenistische Bildwerke als zu realistisch und pathetisch angesehen. Die Folge war, daß die Bildkunst dieser Epoche in römischen Kopien schlechter als die der klassischen Jahrhunderte überliefert ist. Nur bestimmte Themen, für die im Hellenismus besonders einprägsame Bilder geschaffen worden waren, etwa Satyrn und Nymphen, sind häufiger in Kopien erhalten, vieles andere aber ist aus dieser Epoche verloren.

Das klassizistische Verdikt der Antike über die Kunst des Hellenismus ist in der Neuzeit lange bestimmend geblieben. Für Winckelmann war die Zeit nach Alexander d.Gr. eine Epoche der Nachahmer und des Verfalls. Im 19. Jh. fanden hellenistische Werke z. T. wegen ihrer realistischen Tendenzen partiell höhere Wertschätzung; dabei spielten Vergleiche mit der Kunst des Barock und des Rokoko eine Rolle. Eine wirkliche Neubewertung bedeutete aber erst der Ansatz von Gerhard Krahmer in den 1920er Jahren, der aus den Seherfahrungen des Expressionismus ein neues formanalytisches Verständnis der hellenistischen Kunst entwickelte.

Chronologie. Das bisher einzige allgemeine Konzept einer Chronologie der hellenistischen Plastik ist von Krahmer erarbeitet worden, der drei große Epochen unterschied: Frühhellenismus (300–230 v. Chr.), Hochhellenismus (230–150 v. Chr.), Späthellenismus (150–30 v. Chr.). Es handelt sich weitgehend um eine kunsthistorische Gliederung in Stilepochen, die keine genaue Entsprechung in den Phasen der allgemeinen Geschichte dieser Zeit hat. Dies Schema ist in verschiedener Hinsicht problematisch und revisionsbedürftig. Es setzt ein hohes Maß von Einheitlichkeit der Stilentwicklung im ganzen Bereich der hellenistischen Kultur und in den verschiedenen Themen und Aufgaben der Bildenden Kunst voraus. Dafür wird (im Sinn der Kunstauffassungen der 1920er Jahre) ein rigoroser Begriff der formalen 'Struktur' konzipiert, der unabhängig von den spezifischen Funktionen, Themen und Techniken der Bildwerke angewandt wird. Da überdies wenige Werke aus äußeren Gründen fest datiert sind und als Fixpunkt für stilistische Datierungen dienen können, gewinnt das System leicht eine problematische Selbstläufigkeit, indem Zeitbestimmungen durch stilistische Vergleiche mit Werken gewonnen werden, die ihrerseits wieder nur durch ihren Stil datiert worden sind. Heute geht man (vielleicht geprägt von Erfahrungen der 'postmodernen' Kultur) für die so erweiterte Welt des Hellenismus von einem sehr viel größeren Pluralismus der Stilformen aus, die zur gleichen Zeit in verschiedenen kulturellen Zentren von verschiedenen Werkstätten für ein sehr viel weiteres Spektrum von Aufgaben und Themen der Bildhauer eingesetzt werden konnten. Das hat für diese Epoche mit Recht zu größerer Vorsicht bei Datierungen aufgrund des Stiles geführt, die nicht mehr nach einer feinmaschigen Entwicklung, sondern nur nach größeren Zeitabschnitten vorgenommen werden sollten. Gleichwohl ist das Modell von Krahmer nicht nur forschungsgeschichtlich in seiner Konsequenz sehr eindrucksvoll, sondern es ist bisher durch kein anderes differenziertes Gerüst überzeugend ersetzt. Darum wird es im Folgenden in seinen wesentlichen Zügen erläutert.

Werke des Frühhellenismus werden unter dem Begriff der 'geschlossenen Form' beschrieben. Charakteristisch ist die Bildnisstatue des Demosthenes (fest datiert 280 v. Chr., Kopie; Smith Abb. 39): In ihrer blockhaften Gestalt schließt sie sich gegen den Umraum ab; der nüchterne Realismus der Gesichtszüge führt von der Idealität klassischer Bürgerbilder in eine neue Welt individueller Charakterisierung. Ähnlich blockhaften Aufbau zeigt die Votivstatue der Priesterin Nikeso aus Priene (1. Hälfte 3. Jh. v. Chr., Original; Abb. 100). Aber auch kompliziertere Bildmotive scheinen ähnlichen Formprinzipien unterworfen zu werden: Eine berühmte Aphrodite, dem

Doidalses zugewiesen (ca. Mitte 3. Jh. v. Chr., Kopie; Abb. 89), die sich entblößt zum Bad kauert, schließt sich in verschränkten Bewegungen zu einer blockhaften Gestalt zusammen.

Die Kunst des Hochhellenismus wird als 'pathetische Form' charakterisiert. Schon die Gruppe des Galliers mit seinem Weib vom sog. 'Großen Attalischen Weihgeschenk' (in engen Grenzen fest datiert um 220 v. Chr., Kopie; Abb. 103) zeigt in der dynamisch aufsteigenden Bewegung ein Pathos, das nicht nüchtern in sich abgeschlossen ist, sondern dramatisch in den Raum ausgreift. Ähnlich dynamisch, in stürmischer Bewegung des kräftigen Körpers und der massigen Gewänder, ist die Nike von Samothrake aufgefaßt (frühes 2. Jh. v. Chr., Original; Abb. 87). Auch stehende Gewandfiguren, wie das Mädchen von Antium (2. Hälfte 3. Jh. v. Chr., Original/Kopie?; Smith Abb. 110), zeigen stärkere plastische Kontrastwirkungen. Einen Höhepunkt pathetischer Wirkung stellt der Zeusaltar von Pergamon in der Schilderung des Kampfes der Götter gegen die Giganten dar (um 180 oder 166 v. Chr., Original; Abb. 94), oder eine Reihe von originalen Figuren aus Pergamon (1. Hälfte 2. Jh. v. Chr.; Smith Abb. 183–184) mit Bewegungen, Körpern und Gewändern von höchster plastischer Expressivität.

Die Epoche des Späthellenismus erscheint von stark divergierenden Tendenzen geprägt. Auf der einen Seite wurden hochhellenistische Formen in noch stärkerer expressiver Steigerung weitergeführt. Die Figuren kämpfender Gallier und Perser vom sog. 'Kleinen Attalischen Weihgeschenk' greifen mit auseinanderfahrenden Haltungen von Beinen, Armen und Kopf in alle Richtungen aus (um 150 v. Chr., Kopie; Abb. 104; Smith Abb. 123–132). Ein tanzender Satyr aus der Casa del Fauno in Pompeii folgt in seinen Bewegungen den Diagonalen des Raumes in allen drei Dimensionen (2. Hälfte 2. Jh. v. Chr., Kopie; Th. Kraus – L. v. Matt, Pompeji und Herculaneum [2. Aufl. 1977] Abb. 99–100). Für diese Tendenzen stehen die Begriffe der 'offenen' oder 'zentrifugalen Form'.

Andererseits setzten rückläufige Tendenzen ein, durch die auch mehrfigurige Kompositionen in eine flächige, bildhafte Ansicht gebracht wurden. Die Gruppe des Laokoon und seiner Söhne ist so konzipiert, daß alle entscheidenden Bildmotive von einem einzigen Blickpunkt aus – und nur von diesem – prägnant zur Geltung kommen (2. Hälfte 2. Jh. v. Chr. bis 1. Jh. n. Chr., kontrovers ob Original oder Kopie, Datierung stark umstritten; Abb. 98). In manchen Werken, etwa der Gruppe eines Satyrn, der sich mit einem Hermaphroditen vergnügt, ist diese Kompositionsweise bis an die Grenze zum Relief gesteigert (2. Hälfte 2. Jh. v. Chr.?, Kopie; Abb. 92). Man spricht von 'einansichtiger Form'.

Ähnlich divergierende Tendenzen herrschen in der Wiedergabe von Körpern, Köpfen und Gewändern. Die Köpfe und Körper des Laokoon und des tanzenden Satyrs steigern hochhellenistisches Pathos zu äußerster Wirkung; daneben zeigt etwa der Poseidon von Melos (2. Hälfte 2. Jh. v. Chr., Original; Abb. 86) eine starke Dämpfung zu ruhigeren Formen, sowohl im Kopf wie im Körper. Weibliche Gewandfiguren, etwa die Bildnisstatue einer gewissen Kleopatra von Delos (fest datiert 138/37 v. Chr., Original; Abb. 101), zeigen im allgemeinen eine deutliche Zurücknahme der Kontraste.

In solchen Tendenzen zur Dämpfung von Realismus, Pathos und Dynamik traf sich die Kunst des späten Hellenismus grundsätzlich mit den Formen der vorhellenistischen Epochen. Tatsächlich griffen die Künstler seit dieser Zeit vielfach, mehr oder minder bewußt, auf Vorbilder und Stilformen des 5. und 4. Jh. v. Chr. zurück (s. unten). Diese Strömung klassizistischer Traditionen war der Rahmen, in dem auch Kopien nach klassischen Meisterwerken zunehmend gefragt waren; ein frühes Beispiel, noch aus dem späteren 2. Jh. v. Chr., ist der Diadoumenos von Delos nach einem Original des Polyklet (Abb. 60). Diese Tendenzen waren es, die Plinius mit dem „*revixit*" der Kunst seit dem mittleren 2. Jh. v. Chr. bezeichnete.

b. Themen

Ungeachtet der schlechten Überlieferung und der allgemeinen Unsicherheit der Chronologie wird deutlich, daß im Hellenismus viele alte Bildthemen in sehr neuer Weise gestaltet und andere Themen ganz neu erschlossen wurden. Ein neuer Realismus und ein neuer Sinn für

Abb. 86: Poseidon von Melos. 2. Hälfte 2. Jh. v. Chr. Athen, National-Museum

Pathos und Wirkung hat nicht nur die Darstellungsformen, sondern auch die Auffassung der dargestellten Götter, Heroen und Menschen stark verändert.

Götter und ihr Gefolge. Die großen herrscherhaften Götter haben im Hellenismus durch dramatisches Pathos eine neue Auffassung göttlicher Macht erhalten. Eine Statuette des Poseidon aus der Sammlung Loeb (Mitte 2. Jh. v. Chr., Original; Smith Abb. 66) zeigt mit der mächtig ausgreifenden Haltung eine einprägsame Steigerung der Dynamik. Wenig später präsentiert sich die Statue des Poseidon von Melos, mit klassizistisch beruhigteren Formen, in einer imposanten herrscherlichen Pose (Abb. 86). Sehr neuartig ist die Nike von Samothrake in der heftigen Bewegung ihres tordierten Körpers und der darüber geschütteten Gewandmassen (Abb. 87). Diese Figur war

Abb. 87: Nike von Samothrake, auf dem Bug eines Kriegsschiffes. Wahrscheinlich Siegesdenkmal von Rhodos, im Heiligtum von Samothrake in einem Wasserbecken aufgestellt. Um 190 v. Chr. Paris, Louvre

zudem in höchst wirkungsvoller Weise inszeniert: vorwärtsstürmend auf dem Bug eines siegreichen Schiffes, das in einem Wasserbecken schräg durch Felsenklippen zu steuern schien, als weithin sichtbarer Blickpunkt im Heiligtum von Samothrake. Die wechselseitige Steigerung von Kunst und Natur ist ein Effekt, der im Hellenismus vielfach gesucht wurde. Man kann von 'ambientaler Kunst' sprechen.

In den neugegründeten Städten der Reiche im Orient wurden z. T. neuartige Kulte geschaffen, um der meist heterogenen Bevölkerung eine gemeinsame religiöse Identität zu geben. Das bekannteste Beispiel ist Antiochia, die Hauptstadt des Seleukidenreiches, wo Tyche, die Göttin des Glückes und Zufalls,

16. Skulptur

Abb. 88: Tyche (Stadtgöttin) von Antiochia. Staatsdenkmal der Hauptstadt des Seleukiden-Reiches, von dem Bildhauer Eutychides (röm. Kopie, Bronze-Statuette in extremer Verkleinerung). 296–93 v. Chr. Paris, Louvre

oder nach einer neueren Deutung die Muse Kalliope, als Stadtgöttin verehrt wurde. Das kolossale Standbild, 296–93 v. Chr. von dem Lysipp-Schüler Eutychides geschaffen, zeigte sie in einer neu konzipierten Ikonographie (verkleinerte Kopien; Abb. 88): mit Mauerkrone auf dem Kopf und Ähren in der Hand, Zeichen des (haupt-)städtischen Ranges und des agrarischen Wohlstands, auf dem Felsen des lokalen Berges Silpion sitzend, unter ihrem Fuß der Flußgott Orontes wohl in einem Becken schwimmend. Das gedankliche Konstrukt dieser Gottheit hat eine bildliche Form erhalten, die offenbar Akzeptanz fand und Vorbild für viele weitere Stadtgottheiten wurde.

Angesichts der schwindenden Bedeutung des Bereichs der Politik für die Bürger der Städte gewannen die Gottheiten persönlicher Lebensbereiche zunehmend an Einfluß. Entsprechend änderten sich die Bilder. Aphrodite ist in einer berühmten Figur, die mit hypothetischer Begründung einem Bildhauer Doidalses zugewiesen wurde, in höchst ungewöhnlicher Weise aufgefaßt worden (3. Jh. v. Chr., Kopie; Abb. 89): zum Bad gekauert, den fülligen Körper mit den Armen zugleich bedeckend und enthüllend, den Kopf in momentaner Überraschung gewendet. Im Realismus des Darstellungsmotivs wie auch des Körpers und der Haare ist die Göttin mit überraschender Leibhaftigkeit vor Augen gestellt. Dem gegenüber läßt die Aphrodite von Melos (sog. Venus von Milo, 2. Jh. v. Chr.; Abb. 90) eine klassizistische Rückwendung zu Vorbildern der späten Klassik erkennen: Das Handlungsmotiv der Arme ist zwar nicht mehr sicher zu rekonstruieren, aber im Figurentypus schließt sie sich deutlich an die Aphrodite von Capua (spätes 4. Jh. v. Chr.; Abb. 85) an.

Daneben hat vor allem die Religion und die Sphäre des Dionysos die Gesellschaft in ihren verschiedenen Schichten geprägt: an öffentlichen Festen, bei häuslichen Gelagen, in festen Vereinigungen derer, die in die Mysterien des Gottes eingeweiht waren. Nicht nur Dionysos selbst, sondern vor allem sein Gefolge aus Satyrn und Mänaden repräsentierte glückhafte Lebensformen, derer die Menschen teilhaftig zu werden hofften. Der sog. Faun Barberini stellt einen Satyr, trunken schlafend auf einen Felsen gefläzt, in bedrängender physischer Nahsicht dar (2. Hälfte 3. Jh. v. Chr., Original; Abb. 91). Berühmt war eine Gruppe einer kapriziös sitzenden Nymphe und eines Satyrs (bürgerlicher Rufname: 'Aufforderung zum Tanz'; 2. Jh. v. Chr., Kopien; Smith Abb. 157), der im Tanzen zugleich mit einer Fußklapper den Rhythmus erzeugt. Eine sexuelle Traumwelt wird in Bildern wie der Gruppe von Satyr und Hermaphrodit evoziert (2. Jh. v. Chr., Kopie; Abb. 92). Solche Bildwerke wurden in ländlichen Heiligtümern zwischen Bäumen, Felsen und in Grotten aufgestellt. Die städtische Bürgergesellschaft hielt sich damit ein Gegenbild naturhaften Glücks vor Augen.

Mythen. Großplastische Skulpturengruppen bezeugen eine neue Aktualität der großen pan-

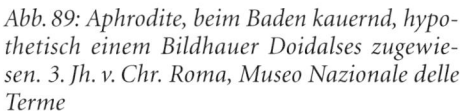

Abb. 89: Aphrodite, beim Baden kauernd, hypothetisch einem Bildhauer Doidalses zugewiesen. 3. Jh. v. Chr. Roma, Museo Nazionale delle Terme
Abb. 90: Aphrodite von Melos (sog. Venus von Milo). 2. Jh. v. Chr. Paris, Louvre

hellenischen Mythen im Hellenismus. Über deren Funktion und Bedeutung herrscht noch wenig Klarheit. Eine Voraussetzung dürfte die zunehmende literarische Bildung und Gelehrsamkeit in dieser Epoche sein; aber zweifellos hatte es einen konkreteren Sinn, wenn Mythen zum Gegenstand von öffentlich aufgestellten Bildwerken gemacht wurden.

Politische Bedeutung hatten die Bildthemen des Zeusaltars von Pergamon (Original; Abb. 93), der vielleicht nach einem militärischen Sieg, entweder 180 oder 166 v. Chr., auf der Akropolis der Stadt errichtet wurde. Auf dem monumentalen Fries um den Sockel wird der Kampf der Götter gegen die Giganten als Paradigma für die Siege Pergamons gegen die Kelten geschildert (Abb. 94). Die Götter treten in großer Vollständigkeit auf und repräsentieren in der Verteilung auf die vier Himmelsrichtungen eine Art kosmisches System; dabei stehen die Götter von Pergamon im Vordergrund, das damit auch im religiös-mythischen Sinn als Heimstatt des Kampfes gegen 'barbarische' Bedrohung erscheint.

In den inneren Hallen um den Altarhof lief ein kleinerer Fries um, auf dem der Mythos des einheimischen Heros Telephos geschildert wurde (Abb. 95): seine Geburt in Arkadien, seine Ankunft in Kleinasien, seine Kämpfe für die neue Heimat gegen die nach Troia ziehen-

Abb. 91: Gelagerter Satyr, schlafend (sog. Barberinischer Faun). 2. Hälfte 3. Jh. v. Chr. München, Glyptothek

den griechischen Helden, seine Verwundung durch Achill, die Erzwingung seiner Heilung bei den nach Argos zurückgekehrten Griechen, die Gründung von Götterkulten in Pergamon, die Heroisierung des Helden. Der Fries ist ein frühes Beispiel für die sog. 'kontinuierende Darstellung' einer Folge von Szenen, in denen immer wieder dieselben Protagonisten auftreten, ohne abtrennende Rahmung. In den beiden Mythen ergänzen sich die Einbindung in den panhellenischen Kosmos einerseits und die Stiftung patriotischer Identität durch lokale Traditionen andererseits.

Weniger klar ist die Bedeutung rundplastischer Gruppen, die in römischen Kopien, d.h. außerhalb ihres ursprünglichen Kontextes überliefert sind. Soweit die originalen Werke in den griechischen Hellenismus gehören, wird man am ehesten an eine Aufstellung in Heiligtümern der königlichen Residenzstädte und anderer kultureller Metropolen denken. Dabei müssen die Mythen nicht in jedem Fall 'politische' Botschaften vermittelt haben, wie z.T. postuliert wurde: Für die städtischen Gesellschaften des Hellenismus werden vor allem auch die ethischen Dimensionen der Mythen von Bedeutung gewesen sein.

Der Mythos von Marsyas, der in der klassischen Version des Myron als Kontrast zwischen Athena und dem Silen dargestellt worden war (s. oben), wurde im Hellenismus in einer neuen dramatischen Version gestaltet.

Abb. 92: Erotische Gruppe von Satyr und Hermaphrodit. 2. Jh. v. Chr. Dresden, Albertinum

Marsyas, der Apollon zum Wettstreit herausgefordert hatte, war für diesen Frevel zum Tod durch Abhäuten bestraft worden: Das Werk zeigt ihn an einem Baum aufgehängt, vor ihm kniend ein skythischer Sklave, der das Messer zur Exekution wetzt (wohl 1. Hälfte 2. Jh. v. Chr., Kopie; Abb. 96a–b). Die Rohheit des Schlächters und die Qual des Opfers sind mit virtuosem Realismus geschildert – während der strafende Apollon wahrscheinlich nicht dargestellt war, charakteristisch für diese Epoche, in der die Menschen das Leiden als Auslieferung an wesenlose göttliche Mächte erfuhren.

Deutlich ist diese Situation hilfloser Opfer bei einer umfangreichen Gruppe der Niobe und ihrer Kinder (Kopien; Smith Abb. 140–141). Die Söhne und Töchter fliehen, suchen Schutz bei der Mutter, brechen zusammen und sterben durch die Pfeile der rächenden Götter Apollon und Artemis, die selbst aber unsichtbar bleiben. Auch diese Gruppe könnte in einem naturhaften Ambiente aufgestellt gewesen sein. Die Stilformen schließen an die Spätklassik an; die Forschung schwankt zwischen einer Datierung in die Klassik des ausgehenden 4. Jh. v. Chr. oder (vielleicht überzeugender) in den Klassizismus des späteren Hellenismus.

In den Kreis der Kämpfe um Troia führt die Gruppe des sog. Pasquino, nach älterer Deutung Menelaos mit dem Leichnam des Patroklos, wahrscheinlich eher Aias und Achill darstellend (2. Jh. v. Chr., Kopie; Abb. 97). Die Wirkung der Komposition beruht auf dem inszenierten Gegensatz zwischen dem kräftigen, hochgereckten älteren Helden und der erschlafften Gestalt des schönen Jünglings.

Schicksalsschwere Dramatik beherrscht auch die Gruppe des Laokoon, ein Werk der rhodischen Bildhauer Hagesandros, Athanadoros und Polydoros (Abb. 98). Sie schildert den Tod des troianischen Priesters, der vor der Einführung des hölzernen Pferdes in die Stadt gewarnt hatte, zusammen mit seinen Söhnen durch die Schlangen des Apollon. Mit einer Spanne der vorgeschlagenen Datierungen vom

16. Skulptur

Abb. 93: Zeus-Altar von Pergamon (Modell). Um 180 oder 166 v. Chr. Architektur und Reliefs in Berlin, Staatliche Museen, Antikensammlung

2. Jh. v. Chr. bis zum 1. Jh. n.Chr. ist dies Werk ein extremer Fall der chronologischen Probleme hellenistischer Kunst. Umstritten ist auch, ob die erhaltene Gruppe Original oder Kopie eines älteren Werkes ist. Deutlich ist eine äußerste Steigerung des dramatischen Realismus, der hier in einer einansichtigen Komposition in Szene gesetzt ist; aber es bleibt einstweilen unklar, wie lange solche hellenistischen Formen in manchen Zentren bzw. für manche Themen neben dem neuen Klassizismus weitergeführt wurden.

Ein neues Element in dieser alten Frage stellen die Skulpturen aus der Grotte einer römischen Villa bei Sperlonga dar, die sich zum Meer öffnete und für Gelage ausgebaut war. Dem Charakter des Platzes angepaßt, zeigte die reiche Ausstattung mit Bildwerken u.a. Darstellungen aus der Odyssee. Eine Gruppe der Skylla (Smith Abb. 147), die die Gefährten des Odysseus vom Heck des Schiffes raubte, ist von denselben Bildhauern wie die Gruppe des Laokoon signiert; wieder umstritten, ob als Schöpfer eines originalen Werkes oder einer Kopie. Der Mythos stellt in dramatischer Form die Ausgesetztheit des Menschen gegenüber einem übermächtigen Schicksal dar, das bekannte Leitthema des Hellenismus. Eine andere Gruppe schilderte die Blendung des Polyphem durch Odysseus und seine Gefährten (Abb. 99). Hier sind mit Sicherheit römische Repliken von den Köpfen der Gefährten nachweisbar; da sie kaum nach dem Werk in der Grotte von Sperlonga kopiert sind, dürften sie alle auf ein gemeinsames Original zurückgehen, das vielleicht noch im späteren 2. Jh. v. Chr. entstanden sein kann. Mit diesem Thema wird exemplarisch die Fähigkeit des ethisch starken Menschen demonstriert, aus eigener Kraft ein bedrohliches Schicksal zu bewältigen.

Laokoon und Sperlonga zeigen deutlich die Grenzen der stilgeschichtlichen Methode auf. Ohne neue Sachforschung werden diese Fragen kaum zu einer allgemein akzeptablen Lösung zu führen sein.

Menschen. Die öffentlichen Plätze und Heiligtümer der hellenistischen Städte waren mit einer großen Zahl von Ehrenstatuen verdienter Männer und auch Frauen bevölkert. Erhalten sind zumeist nur die Postamente, die jedoch mit ihren Inschriften ein reiches Bild der Praxis solcher Statuenaufstellung für führende Mitglieder der eigenen Bürgerschaft, auswärtige Wohltäter und seit dem 2. Jh. v. Chr. zunehmend für Vertreter der neuen Vormacht Rom ergeben. Die Reste der Statuen selbst zeigen, daß dabei relativ standardisierte Bilder des städtischen Bürgertums zur Darstellung kamen: z.B. originale Statuen eines unbekannten Mannes aus Kos (2. Jh. v. Chr.; Smith Abb. 307) oder etwa einer Priesterin Nikeso, die vor dem Demeter-Heiligtum von Priene aufgestellt war (frühes 3. Jh. v. Chr.; Abb. 100), einer Priesterin Nikokleia aus dem Demeter-Heiligtum von Knidos (3. Jh. v. Chr.; Smith

16. Skulptur

Abb. 94: Athena gegen den Giganten Porphyrion kämpfend, zentraler Teil des Kampfes der Götter gegen die Giganten. Ausschnitt aus dem Podium-Fries des Zeus-Altars von Pergamon (s. Abb. 95)

Abb. 95: Bau des Nachens für Auge, die Mutter des Telephos, aus der Heldengeschichte des Telephos. Ausschnitt aus dem Fries im Innenhof des Zeus-Altars von Pergamon (s. Abb. 95)

Abb. 96 a: Bestrafung des Silens Marsyas: Skythe, das Messer schleifend. 1. Hälfte 2. Jh. v. Chr. Florenz, Galleria degli Uffizi

Abb. 96 b: Bestrafung des Silens Marsyas: Marsyas, am Baum hängend. 1. Hälfte 2. Jh. v. Chr. Karlsruhe, Badisches Landesmuseum

Abb. 97: Sog. Pasquino: Mythischer Held, der einen toten Gefährten aus der Schlacht trägt, wahrscheinlich Aias und Achilleus. Rekonstruktion in Gips aus verschiedenen röm. Kopien. 2. Jh. v. Chr. Dresden, Albertinum

Abb. 306) oder einer Bürgerin Kleopatra, die zusammen mit ihrem Ehemann als Bildnisstatuen in ihrem Haus auf Delos stand (138/37 v. Chr.; Abb. 101).

Überraschend sind die vielen Gegenbilder dieser urbanen Bürgerwelt, Darstellungen von Vertretern der niedrigsten Schichten und Randgruppen der Gesellschaft, die in römischer Zeit häufig kopiert wurden. In schonungslosem Realismus mit entblößtem Geschlecht und blöde geöffnetem Mund wird ein alter Fischer vor Augen gestellt, der mit schwa-

16. Skulptur

Abb. 98: Laokoon und seine Söhne. Aus dem Palast des Kaisers Titus. Wohl (mittleres?) 1. Jh. v. Chr. (von der Forschung z. T. auch später datiert; z. T. auf Bronze-Original des 2. Jh. v. Chr. zurückgeführt). Roma, Musei Vaticani

Abb. 99: Odysseus und seine Gefährten blenden Polyphem. Aus der Triclinium-Grotte einer Villa bei Sperlonga. Wohl (mittleres?) 1. Jh. v. Chr. (z. T. auf Bronze-Original des 2. Jh. v. Chr. zurückgeführt). Sperlonga, Museo

16. Skulptur

Abb. 100: Nikeso, Priesterin der Demeter. Ehrenstatue vor dem Demeter-Heiligtum von Priene. 1. Hälfte 3. Jh. v. Chr. Berlin, Staatliche Museen, Antikensammlung
Abb. 101: Kleopatra und Dioskourides. Bildnisgruppe aus dem Wohnhaus des Dioskourides in Delos. 138/37 v. Chr. Delos, Museum

chen Knien die Angel ins Wasser hält (3. bis 2. Jh. v. Chr., Kopie; Smith Abb. 178–179). In der 'Trunkenen Alten' wird eine abgelebte Dame, in besseren Zeiten Priesterin oder Hetäre, am Boden hockend vorgeführt, als Teilnehmerin an einem Götterfest für die breite Stadtbevölkerung, trunken lallend ihr Weingefäß umarmend (3. bis 2. Jh. v. Chr., Kopie; Abb. 102). Solche Bilder dürften in parkartigen Heiligtümern aufgestellt worden sein, wo sie als Darstellungen der Zuträger und zugelassenen Teilnehmer an den großen Festen das Ambiente charakterisieren und einen bizarr-komischen Effekt machten. Die Oberschichten hielten sich diese Gegenwelt vor Augen, die zugleich ihre eigenen Werte stabilisierte.

Eine andere Gegenwelt waren die 'barbarischen' Gegner der griechischen Kultur. Seit dem frühen 3. Jh. v. Chr. waren keltische Völkerscharen erst in Griechenland, dann in Kleinasien eingebrochen, wo sie sich im Landesinneren festsetzten und vor allem für das Reich von Pergamon eine ständige Gefahr darstellten (Galater, lat. Gallier). Pergamon seinerseits machte seine militärischen Erfolge gegen die Kelten zur wichtigsten Grundlage seines politischen Selbstbewußtseins und Anspruches als Vorkämpfer der griechischen Kultur: Nach dem ersten großen Sieg um 240 v. Chr. erklärte Attalos I. sich zum unabhängigen Herrscher und nahm den Königstitel an.

Diese Siege wurden in Pergamon mit großen Denkmälern gefeiert. In Kopien erhalten ist das sog. 'Große Attalische Weihgeschenk' (um 220 v. Chr.; Smith Abb. 118–122): Eine Gruppe zeigt einen Keltenfürsten, der sich auf der Flucht eingeholt sieht, seine Frau bereits getötet hat und sich selbst der Gefangennahme durch einen Schwertstich in die Halsgrube entzieht (Abb. 103). Ein anderer keltischer Krieger

16. Skulptur

Abb. 102: Trunkene Alte. 3.–2. Jh. v. Chr. München, Glyptothek

ist tödlich verwundet neben Waffen und Kriegstrompete auf dem Boden zusammengesunken (Smith Abb. 119); von weiteren Figuren sind Köpfe nachgewiesen worden. Die siegreichen Pergamener waren offenbar nicht in die Komposition einbezogen. Sockel für Keltendenkmäler sind im Athena-Heiligtum auf der Akropolis von Pergamon erhalten; für das Original des großen attalischen Denkmals wurden ein Rundsockel oder, plausibler, eine Längsbasis erwogen. Wenn die Aufstellung auf der Längsbasis zutrifft, so wäre daneben der siegreiche König Attalos I. zu Pferd auf einem eigenen, zugehörigen, aber separat aufgestellten Sockel dargestllt gewesen. Die geschlagenen 'Barbaren' müssen ein hochpathetisches Ensemble von Untergang und Verzweiflung dargestellt haben.

Ein späteres pergamenisches Keltendenkmal wurde offenbar unter Attalos II. um die Mitte des 2. Jh. v. Chr. auf der Athener Akropolis errichtet. Dies 'Kleine Attalische Weihgeschenk',

Abb. 103: Kelte und sein Weib, sich selbst umbringend. Teil eines Siegesdenkmals in Pergamon (sog. Großes Attalisches Weihgeschenk), von dem Bildhauer Epigonos. Um 220 v. Chr. Roma, Museo Nazionale, Palazzo Altemps

erhalten in römischen Kopien, umfaßte eine Sequenz mythischer und historischer Themen: die Siege der Götter gegen die Giganten, der Athener gegen die Amazonen, der Griechen gegen die Perser und der Pergamener gegen die Kelten (Abb. 104; Smith Abb. 123–132). Erhalten sind ausschließlich Figuren der unterliegenden Gegner; auch hier spricht vieles dafür, daß die Sieger nicht dargestellt waren. Da die Kopien anscheinend aus kleinasiatischem Marmor gearbeitet sind, wird hypothetisch angenommen, daß sie nicht nach der Gruppe in Athen, sondern nach einem identischen Denkmal gearbeitet sind, das in Perga-

16. Skulptur

Abb. 104: Toter Gigant. Teil eines pergamenischen Siegesdenkmals auf der Akropolis von Athen (sog. Kleines Attalisches Weihgeschenk). Um 160 v. Chr. Napoli, Museo Nazionale

mon aufgestellt war. In Athen stellte das Konzept dieses Denkmals eine ideelle Fortsetzung des Bildprogrammes des Parthenon dar, mit zwei großen mythischen Kämpfen griechischer Götter und Helden gegen 'barbarische' Bedrohung, die hier über die historischen Perserkriege bis zu den gegenwärtigen Siegen Pergamons fortgesetzt sind. Pergamon stellte sich damit in die Tradition Athens als Vorkämpfer griechischer Lebensordnung.

16.6 Römische Republik und Kaiserzeit

a. Einleitung

Im 2. Jh. v. Chr. zeichnete sich in der Bildkunst wie in der gesamten Kultur der Griechen eine grundsätzliche Wende ab, die dann für das ganze römische Reich bestimmend werden sollte. Nachdem die Gesellschaft und die kulturellen Leitvorstellungen seit vielen Jahrhunderten in einem umfassenden Prozeß von Veränderungen begriffen gewesen waren, setzte mehr und mehr ein Habitus ein, der auf die bedeutenden Konzepte und Leistungen der Vergangenheit zurückgriff und sie zur Bewältigung der gegenwärtigen Verhältnisse aktualisierte. Philosophie, Literatur, Rhetorik und Bildkunst waren zunehmend von retrospektiver Orientierung beherrscht. Diese Einbindung in die 'klassischen' Traditionen prägte die öffentlichen, politischen Diskurse ebenso wie den persönlichen Lebensstil der Oberschicht.

Die Gründe für diese Umkehr der bisher so dynamisch sich verändernden griechischen Kultur sind noch wenig bekannt. Tendenzen kultureller Rückwendung hatte es schon vorher gegeben. Die Stadt Athen stilisierte sich seit dem 4. Jh. v. Chr. als Hort der klassischen griechischen Kultur, der Tragödie und der Komödie, der Staatsarchitektur und der Bildkunst des 5. Jh. In den neuen kulturellen Zentren der hellenistischen Reiche, vor allem Alexandria und Pergamon, die sich als neue Protagonisten griechischer Kultur profilierten, ließen die Herrscher die große Literatur wie auch berühmte Bildwerke der griechischen Vergangenheit zusammentragen und wissenschaftlich bearbeiten. Die Expansion der griechischen Kultur bis weit nach Asien und Afrika hinein hatte zu einer multikulturellen Situation geführt, in der die griechische Kultur zunächst noch starke innovative Kräfte entwickelte. Seit dem 2. Jh. v. Chr. aber geriet sie überall durch das Vordrängen fremder Mächte und Gesellschaftsgruppen in eine Position der Defensive. In dieser Situation scheint man sich, vor allem auch in Griechenland selbst, auf die Leistungen und Werte der Vergangenheit besonnen und sie als Fundamente einer eigenen Identität benutzt zu haben. Dies war zunächst eine Entwicklung innerhalb der griechischen Welt. Die Römer, die den hellenistischen Osten schließlich in ihr Reich integrierten, haben sich die griechische Kultur in diesem Sinn retrospektiv, d. h. in ihrer historischen Gesamtheit, zu eigen gemacht.

Was die Bildkunst betrifft, so handelte es sich um eine sehr konkrete Aneignung. Aus den eroberten Städten und Heiligtümern des griechischen Ostens wurden Bildwerke massenweise als Beute abtransportiert und in Rom und Italien teils an öffentlichen Plätzen oder in Tempeln aufgestellt, teils zur Ausstattung privater Wohnsitze verwendet. Darüber hinaus führten die siegreichen Feldherrn aus dem Osten Bildhauer und Maler mit, die die aus Beutegeldern errichteten Tempel und öffentlichen Gebäude in Rom mit Bildwerken in rein griechischem Stil schmücken sollten und die auch in den privaten Villen der römischen Oberschicht ein reiches Feld der Betätigung fanden. Sie brachten ihre griechischen Formvorstellungen und Techniken mit nach Rom, gründeten dort Werkstätten und bildeten Ausgangspunkte für die Verbreitung dieser Stilformen in ganz Italien.

Die Formensprache, die im 2. und 1. Jh. v. Chr. in Griechenland und zunehmend in Rom ausgebildet und während der römischen Kaiserzeit weiterentwickelt wurde, ist in vieler Hinsicht noch unzureichend erforscht. Das Interesse der Forschung war lange Zeit auf Gattungen konzentriert, die als typisch 'römisch' galten, wie Porträts, 'historische' Reliefs und auch Reliefsarkophage. Die 'Idealplastik', der große Bereich der Darstellung von Göttern, Personifikationen und mythischen Gestalten, wurde oft als unproduktive Verlängerung der griechischen Kunst betrachtet und abgewertet. Der Maßstab war künstlerische Originalität. Wenn man sich aus dieser für die römische Bildkunst wenig ergiebigen Perspektive lösen will, muß man ihre Werke als Elemente einer ganzen Lebenskultur sehen, in der sie bestimmte Funktionen erfüllten. Von daher sind neue Kategorien zu entwickeln. Diese Aufgabe ist erst in neuerer Zeit in Angriff genommen worden, hier liegt noch ein weites Feld für künftige Forschung.

b. Themen und Formen

Ein erster bedeutender Protagonist klassizistischer Stilformen war der griechische Bildhauer Damophon von Messene, der in der 1. Hälfte des 2. Jh. v. Chr. für eine Reihe von Städten auf der Peloponnes tätig war. Bezeichnend für die allgemeine Situation ist, daß ihm eine umfassende Restauration des Zeus von Olympia übertragen wurde, der damals als höchster Ausdruck griechischer Göttervorstellung angesehen wurde. Viele Städte haben damals neue Tempel für ihre Staatsgottheiten errichtet und von Damophon repräsentative Kultbilder arbeiten lassen. Am besten ist die weit überlebensgroße Kultbildgruppe der Demeter und anderer Gottheiten von Lykosura (Peloponnes; Smith Abb. 301) erhalten. Im Vergleich mit gleichzeitigen Köpfen des Zeusaltars von Pergamon wird die klassizistische Beruhigung in den einfachen Wölbungen von Wangen und Stirn, den großen, weit auseinanderstehenden Augen und den klaren Achsen des Gesichts deutlich. Mit solchen Kultbildern versuchten die Griechenstädte in der Bedrängung durch Rom ihre religiöse und politische Identität zu bewahren.

Im Rahmen dieser retrospektiven Tendenzen begann man schließlich auch, Kopien klassischer Meisterwerke für die Ausstattung öffentlicher und privater Bauwerke herzustellen. Ein frühes Beispiel, noch aus dem Ende des 2. Jh. v. Chr., ist der Diadoumenos von Delos, eine Kopie nach einem berühmten Werk des Polyklet, zur Ausstattung eines vornehmen Wohnhauses (s. oben; Abb. 60).

Unter den griechischen Bildhauern, die für die großen Aufträge der siegreichen Feldherrn in Rom herangezogen wurden, war der Athener Timarchides mit seiner Schule der bedeutendste. Sein kolossales Kultbild für den Tempel des Apollo ist offenbar in römischen Kopien erhalten (nach 179 v. Chr.; Abb. 105). Es zeigte den Gott in einer Haltung, die deutlich auf den berühmten Apollon Lykeios aus dem 4. Jh. v. Chr. zurückgreift (Abb. 79). Auf der Grundlage dieses klassischen Bildwerks ist hier eine Figur geschaffen worden, die griechische Kultur in der neuen Metropole Rom repräsentierte.

Wie frei man im Lauf der Zeit mit den griechischen Vorbildern umging, zeigt eine beliebte, in vielen Varianten überlieferte Komposition, in der der Gott Dionysos/Bacchus in demselben Haltungsschema mit einem Satyr vereinigt ist (Abb. 106). Der Typus ist hier für

Abb. 105: Apollo. Wahrscheinlich Kultbild des Apollo-Tempels in circo in Rom, von dem Bildhauer Timarchides. Nach 179 v. Chr. Roma, Musei Capitolini

Abb. 106: Dionysos/Bacchus und Satyr. Um 160–180 n. Chr. Roma, Museo Nazionale, Palazzo Altemps

ein neues Thema verwendet worden, um die inszenierte Entblößung des jugendschönen Körpers in einem wirkungsvollen Kontrast zu der voyeuristischen Wendung des derben Satyrs zu setzen. Dieser ist aber nicht nach Vorbildern des 4. Jh. v. Chr. gestaltet, sondern greift hellenistische Stilformen auf. Es ging also nicht um eine durchgehende Orientierung an der 'Klassik', sondern man griff jeweils auf solche Formen zurück, die man für das darzustellende Thema als besonders überzeugend ansah.

Die führenden Vertreter dieser Kunstrichtung müssen z.T. über eine beträchtliche kunsthistorische Bildung verfügt haben. Ein Beispiel dafür ist der Bildhauer Pasiteles, anscheinend aus dem griechischen Unteritalien stammend, der im frühen 1. Jh. v. Chr. in Rom großen Erfolg hatte. Von ihm ist überliefert, daß er ein schriftliches Werk in fünf

Bänden über berühmte Kunstwerke auf dem ganzen Erdkreis verfaßt hatte. Ein Ergebnis solcher Studien war etwa eine berühmte Figur eines knabenhaften Athleten, der von seinem Schüler Stephanos signiert ist (Mitte 1. Jh. v. Chr.; Zanker, KS Taf. 42–45; Smith Abb. 186). In dem sperrigen Stand greift er deutlich auf Figuren des Strengen Stils zurück, in der Art des Omphalos-Apollon (Abb. 54). Nur in den schlankeren Proportionen, dem kleineren Kopf und der weichlicheren Modellierung des Körpers werden leichte Abweichungen des Geschmacks im Sinn späterer Epochen deutlich.

In einzelnen Fällen erreichte der Umgang mit den Vorbildern ein hohes spielerisches Niveau. Die berühmte Knabenfigur des 'Dornausziehers' (Zanker, KS Taf. 57–63) ist ein Werk der frühen Kaiserzeit, dessen Motiv auf ein hellenistisches Genrebild eines derben Jungen zurückgeht (Zanker, KS Taf. 57,2.4; 59).

Abb. 107: Victoria, Siege auf einen Schild schreibend. Wohl auf dem Forum von Brescia aufgestellt. Mitte 1. Jh. n. Chr. Brescia, Museo Civico

Abb. 108: Diana. Aus einem Haus in Pompeii. Um 20 v. Chr. – 20 n. Chr. Napoli, Museo Nazionale

Der klassizistische Künstler hat die Körperformen veredelt und den pausbäckigen Kopf durch einen Kopftypus mit vornehm geknoteter Frisur aus dem Strengen Stil ersetzt. Das Resultat ist weit mehr als ein mixtum compositum aus verschiedenen Stilepochen, es gibt überzeugend ein artifizielles Knabenideal der römischen Oberschicht wieder. Ähnliche Umbildungen sind die Verwandlungen der Aphrodite Capua (Abb. 85) in eine Victoria (Abb. 107) oder des Epheben Westmacott in ein Bild des Ikaros (s. oben Kapitel 16.1).

In aller Regel jedoch wurden griechische Vorbilder wohl nicht in einem solchen gebildeten Sinn verwendet, sondern es wurden allgemein traditionelle Stilformen benutzt, um römische Ausstattungskunst für öffentliche und private Anlagen und Bauten herzustellen. 'Archaistische' Formen wurden gern für Götterbilder von altertümlichem Charakter eingesetzt: so bei einer Statue der Diana aus Pompeii (Abb. 108) mit einem Gewand in stilisierten Zickzackfalten, vergleichbar den spätarchaischen Koren, die dadurch den Eindruck einer anmutigen frühzeitlichen Religiosität erweckt. Dagegen strahlten Formen der Hochklassik mehr hoheitsvolle Erhabenheit aus: etwa bei einer Minerva in Rom aus buntem Stein, feierlich auf einem Thron sitzend, die den majestätischen Charakter der Tempelkultbilder des Phidias und seines Kreises anstrebt (Simon, GR Abb. 234). Wieder andere Werte, die heroische Männlichkeit der *virtus* und die edle Schönheit von Jünglingen, wurden in den athlethischen Körperformen des Polyklet zum Ausdruck gebracht: z. B. bei Bildnisstatuen von Herrschern, Prinzen oder auch Privatleuten, die einen Porträtkopf mit einem nackten Körper in polykletischen Formen verbinden (Zanker, KS Taf. 1,1). Ein prägnantes Beispiel ist ein Bildnis des Antinoos, des Lieblingsknaben des Kaisers Hadrian, dessen Körpertypus dem des

16. Skulptur

Abb. 109: Fortuna. 2. Jh. n. Chr. Roma, Musei Vaticani

Doryphoros des Polyklet folgt (Zanker, KS Taf. 5,4).

Die weich fließenden Körperformen spätklassischer Künstler wie des Praxiteles wurden vor allem zur Darstellung jugendlich sinnlicher Ideale eingesetzt: etwa für die strahlende Erscheinung des Apollo und die genußvolle Sinnlichkeit des Bacchus, wie bei den Figuren in der Nachfolge des Apollon Lykeios (s. oben Kapitel 16.4); oder für die weibliche Schönheit der Venus, wie in Figuren, die in der Nachfolge der Aphrodite von Knidos stehen (Simon, GR Taf. 12). Dagegen konnten mit den agilen und energischen Körperformen des Lysipp besonders überzeugend die athletischen Ideale des Mercur und des Hercules zum Ausdruck gebracht werden.

Abb. 110: Gefangener Daker. Schmuckelement der Architektur des Traians-Forums in Rom. 106–112 n. Chr.

Schließlich konnten die Stilformen des Hellenismus für verschiedene spezifische Themen dienen. Die reichen hellenistischen Gewandfiguren wurden gern zur Darstellung von Personifikationen eingesetzt, etwa bei Statuen der Fortuna (Abb. 109). Vor allem aber wurden hellenistische Stilformen für die wilden Gegenbilder der Kultur aufgegriffen: für die derben Satyrn neben dem sinnlich-schönen Bacchus (s. oben; Abb. 106), für Giganten und vor allem für Barbaren, etwa die kniefällig demütigen Orientalen aus buntem Marmor in Neapel (Kraus Taf. XV) oder die gefangenen Daker vom Traians-Forum in Rom (Abb. 110).

Auf diese Weise hatten die römischen Bildhauerwerkstätten ein Repertoire von Bildmotiven und Stilformen zur Verfügung, mit dem die eigenen römischen Bildthemen verständlich formuliert werden konnten. Die Begriffe, mit denen diese 'Bildsprache' definiert wird, bezeichnen die Phänomene nur ungenau und z. T. irreführend. 'Klassizismus' deutet auf Selektion bestimmter 'klassischer' Formen, die als vorbildlich gewertet werden: Damit wird der Pluralismus der verwendeten Stilformen vernachlässigt. 'Eklektizismus' ist weniger wertend, impliziert aber einen sehr bewußten Rückgriff auf und eine bewußte Kombination von heterogenen Formen vergangener Kunstepochen: Damit wird diese Produktion auf ein Niveau der kunstgeschichtlichen 'Bildung' gehoben, das sicher nur für einen sehr geringen Teil dieser Werke zutrifft. Es ist ein Repertoire von Formen, die spezifisch für verschiedene Themen und Aussagen verwendet werden, eine verfügbare Bildsprache, die meist ohne kunstgeschichtliches Bewußtsein für ihre Genese zur Verfügung stand: in diesem Sinn weniger ein historisierender Rückgriff auf eine Maßstäbe setzende Vergangenheit als ein 'semantisches System' für die Gegenwart.

Diese Bildwerke wurden nun für Kontexte eingesetzt, die zentrale Aspekte der römischen Kultur betrafen: Öffentliche Plätze, politische Gebäude, Theater, Thermenanlagen, öffentliche Latrinen, Paläste der Kaiser und Wohnsitze der Führungsschicht mit ihren großen Gartenanlagen erhielten reiche Ausstattungen von Bildwerken verschiedenster Art, Götter- und Idealfiguren, Porträts, Reliefs. Die Orte des gesellschaftlichen Lebens wurden durch die Bildwerke mit visuell erfahrbaren Sinnzeichen ausgestattet und definiert. Es war eine Bildsprache, die in ähnlicher Weise im ganzen Imperium verwendet wurde und einen wichtigen Faktor der umfassenden römischen Reichskultur darstellte.

17. Porträts*

17.1 Einleitung: Definition und Situation der Forschung

Eine wichtige Aufgabe der griechischen und römischen Bildkunst ist die Darstellung bestimmter Personen. Dies wird mit dem Begriff 'Bildnis' bezeichnet, im Unterschied zu den allgemeinen Begriffen 'Bild' und 'Bildwerk', mit denen jede ikonische Darstellung, sowohl bestimmter einzelner wie auch allgemeiner Themen, gemeint ist (z.B. Bild der Athena, des Athleten).

Bildnisse bestimmter Personen sind in vielen Kulturen geschaffen worden. Sie können, je nach der geltenden Auffassung vom Menschen und seiner Rolle in der Gesellschaft, sehr verschiedene Formen haben. In der griechischen Bildkunst wurden im 5. und 4. Jh. v. Chr. Formen der Darstellung individueller Gesichtszüge entwickelt, die dann im hellenistischen und vor allem im römischen Porträt in scharfem Realismus ausgeprägt erscheinen. Individuelle Darstellungsformen finden sich bereits früher in der ägyptischen Bildkunst. Das griechische und römische Porträt stellt aber eine autonome Entwicklung dar und muß im Kontext der eigenen Kultur und Gesellschaft betrachtet werden.

Griechische und römische Bildnisse haben ihre Funktion in der Regel im öffentlichen Raum (s. unten). Besonders in römischer Zeit sind Porträts die wichtigste öffentliche Aufgabe der Bildkunst, zum Ruhm der Kaiser, aber auch anderer Personen von gesellschaftlichem Rang. Dadurch sind sie wichtige Zeugnisse der politischen und sozialen Verhältnisse und Entwicklungen. Darüber hinaus sind Porträts bestimmter Personen, insbesondere der römischen Kaiser und ihrer Angehörigen, für die archäologische Forschung auch deshalb von zentraler Bedeutung, weil sie vielfach recht genau datiert sind (jedenfalls einen terminus post quem haben) und daher einen Leitfaden für die Stilgeschichte bilden.

Definition. Für die Darstellung bestimmter Personen können zwei Definitionen gegeben werden: 1. Darstellung eines bestimmten Menschen; 2. Darstellung eines bestimmten Menschen *mit individuellen Zügen*, durch die er sich von Darstellungen anderer Menschen erkennbar unterscheidet. Beide Darstellungsweisen finden sich in der griechischen Kunst.

Darstellungen bestimmter Personen sind seit archaischer Zeit bekannt. Die Kouroi und Korai sind zwar nicht alle auf einzelne Personen bezogen, stellen aber häufig bestimmte Menschen dar (s. oben Kapitel 16.2). Vor allem die Statuen und Reliefs auf den Gräbern sind durch Inschriften als Bildnisse der betreffenden Verstorbenen bezeichnet: Kroisos (Abb. 44), Aristodikos (Abb. 45) oder Phrasikleia (Abb. 48). In einzelnen Fällen konnten auch Weihgeschenke in den Heiligtümern den Stifter, z.T. mit seiner Familie, vor Augen stellen: Im Heiligtum der Hera von Samos waren in einer großen Statuengruppe, einem Werk des Bildhauers Geneleos (Boardman, GParchZ Abb. 91–93), der Stifter, seine Gemahlin, drei Töchter und ein Sohn vereinigt, alle mit Namen bezeichnet. Diese archaischen Bildwerke zeigen aber keine individuellen Züge: Der Kopf der Phrasikleia unterscheidet sich in der Physio-

---

*Abbildungen:

Andreae	B. Andreae, Römische Kunst (1973).
Boardman, GParchZ	J. Boardman, Griechische Plastik. Die archaische Zeit (1981).
Boardman, GPspätklassZ	J. Boardman, Griechische Plastik. Die spätklassische Zeit und die Plastik in Kolonien und Sammlungen (1998).
Boschung	D. Boschung, Die Bildnisse des Augustus. Das Römische Herrscherbild I 2 (1993).
Fittschen	K. Fittschen (Hg.), Griechische Porträts (1988).
Kleiner	D.E.E. Kleiner, Roman Sculpture (1992).
Kraus	Th. Kraus, Das römische Weltreich. Propyläen-Kunstgeschichte 2 (1967).
Smith	R.R.R. Smith, Hellenistic Sculpture (1991).

gnomie nicht grundsätzlich von denen anderer Koren. Hier wird ein kollektives Menschenbild gestaltet, ein Ideal von Charis und Schönheit, das in der führenden Schicht allgemein in Geltung war (s. oben Kapitel 16.2). Solche gesellschaftlichen Ideale konnten in verschiedenen Landschaften und Epochen variieren; aber individuelle Physiognomie spielte dabei lange Zeit überhaupt keine und auch später nur partiell eine Rolle. Wenn bestimmte Personen in solchen kollektiven und typisierten Formen dargestellt sind, kann man in einem allgemeinen Sinn von 'Bildnissen' sprechen.

Davon setzen sich Darstellungsweisen ab, in denen eine individuelle Physiognomie eindeutig und unverwechselbar gekennzeichnet ist: Aristoteles (Abb. 123) mit einem weit nach hinten ausladenden Schädel und halbkugelig vorgewölbter Stirn, mit spärlich in das Gesicht züngelnden Haaren, einer ursprünglich gebogenen Nase und einem schmalen geschwungenen Mund; oder Vespasian mit markanten Alterszügen, Runzeln und Glatze und einem zusammengekniffenen prüfenden Blick (Abb. 135). Für diese Art des Bildnisses kann man auch den speziellen Begriff des individuellen 'Porträts' verwenden. Doch auch bei derart individuellen Darstellungsweisen kann nicht in allen Fällen von vorneherein 'Bildnisähnlichkeit', d. h. ein Bezug zum wirklichen inidividuellen Aussehen der betreffenden Person vorausgesetzt werden. Denn Individualität kann in verschiedenen Bedeutungen eingesetzt werden:

■ Beim Porträt des Vespasian ist es wahrscheinlich, daß es das wirkliche Aussehen des Kaisers wiedergibt. Wir haben zwar keine methodische Möglichkeit, dies nachzuprüfen; aber die veristische Darstellung erscheint als Image eines 'volksnahen' Herrschers (s. unten) vor allem dann sinnvoll, wenn sie ihn in seiner 'natürlichen' Physiognomie, d. h. 'ähnlich' vor Augen stellt. Bildnisähnlichkeit in diesem Sinn würde die Intention bedeuten, eine Person so darzustellen, daß sie aufgrund tatsächlicher Kenntnis ihres Aussehens im Bildnis wiedererkannt werden kann.

■ In römischen Grabreliefs und Grabbüsten der späten Republik und frühen Kaiserzeit erscheinen die Verstorbenen mit Porträtzügen, die sehr individuell wirken (Andreae Abb. 230). Ein Überblick über die ganze Gattung zeigt aber, daß sie zum großen Teil immer wieder wenige markante Typen wiederholen. Das kann kaum der Wirklichkeit entsprechen. Offensichtlich ist hier mit den Mitteln realistischer Darstellung die Vielfalt realer Physiognomien auf eine begrenzte Zahl von 'Musterköpfen' reduziert worden: jung, erwachsen, alt, breit oder schmal usw. Wie weit dabei das tatsächliche Aussehen der Verstorbenen berücksichtigt wurde, ist nicht mehr festzustellen. 'Ähnlichkeit' und Wiedererkennbarkeit können bei diesem Verfahren aber nur eingeschränkt vorausgesetzt werden. Die realistische Darstellung besagte hier vor allem, daß der Dargestellte überhaupt ein Individuum mit bestimmten typischen Zügen eines römischen Bürgers war.

■ Die Bildnisse des Homer und des Hesiod aus klassischer und hellenistischer Zeit stellen die alten Dichter Jahrhunderte nach ihrer Lebenszeit mit mehr oder minder individuellen Zügen dar (Abb. 118–120). Kenntnisse vom Aussehen der realen Personen lagen nicht zugrunde, es sind rekonstruierte Porträts: Diese Individualität existiert nur im Bildnis. Die individuelle Darstellungsweise fingiert hier eine Physiognomie, um die allgemeine Aussage zu machen, daß diese Dichter sich in ihrer persönlichen Eigenart von allen anderen Menschen unterscheiden.

Die Grenzen zwischen typisierender und individueller Darstellung sind vielfach fließend. Beim Bildnis des Platon (Abb. 122) oder einem hellenistischen Bronzekopf aus Delos (Fittschen Taf. 148) kann man kaum Abweichungen von kollektiven Menschentypen erkennen. In anderen Fällen ist es zumindest für den heutigen Betrachter bzw. Forscher nicht leicht zu bestimmen, wo individuelle Form vorliegt und wo nicht. Hier ergibt sich ein weites Feld für wissenschaftliche Urteile und Kontroversen, für die noch kein präzises methodisches Instrumentarium zur Verfügung steht, vielleicht auch kaum entwickelt werden kann. Nur die grundsätzlichen Phänomene sind deutlich: Es gab die beiden Pole des typisierten 'Bildnisses' und des individuellen 'Porträts' – und dazwischen eine breite Zone von ambivalenten Zwischenstufen.

Für das antike, insbesondere das griechische Bildnis ist es bezeichnend, daß zumeist nicht nur der Kopf, sondern der ganze Körper eine ausgeprägte Bedeutung haben: Haltung und Kleidung, Auftreten und Habitus werden eingesetzt, um die öffentliche Rolle und Bedeutung der dargestellten Personen zum Ausdruck zu bringen.

Typisierung und Individualisierung: Anwendung. Typisierende und individualisierende Darstellungsweisen sind nicht im Sinn einer linearen 'Entwicklung' nacheinander in Geltung gewesen. Sie sind vielmehr in verschiedenen historischen Zusammenhängen und in verschiedenen Gattungen von Bildwerken – sogar nebeneinander in demselben Bildwerk – mit jeweils spezifischen Bedeutungen eingesetzt worden.

Typisierende Darstellung ist seit den Anfängen der griechischen Bildkunst die Grundlage aller Gestaltung. Das gilt nicht nur für die Kleinkunst seit der geometrischen Zeit, sondern auch für die Großplastik der gesamten archaischen Epoche: Individualität kommt nicht in den Blick. Aber auch neben und nach den ersten individuellen Porträts des 5. und 4. Jh. v. Chr. bleibt typisierende Kunst vorherrschend: Neben dem Bildnis des Aristoteles steht gleichzeitig der typische Athletenkopf des Apoxyomenos von Lysipp (Fittschen Taf. 68,1), der einen bestimmten, wenn auch nicht benennbaren Sieger darstellt, sowie ein sehr ähnlicher Kopf des thessalischen Herrschers und erfolgreichen Athleten Agias in Delphi (Fittschen Taf. 67,1).

Vielfach, insbesondere bei Bildnissen späterer Epochen, wird solche nicht-individuelle Darstellung als 'idealisierend' bezeichnet. Der Begriff des 'Ideals' ist aber höchst komplex, mit einer langen philosophischen Tradition befrachtet, und hat in der Archäologie vielfach zu Mißverständnissen geführt. 'Idealisierung' erweckt die Vorstellung der Steigerung über die Natur hinaus: 'schöner als die Wirklichkeit'. Damit wird weiter oft die Vorstellung der 'Heroisierung' verbunden; in der Tat haben die Athletenköpfe große Ähnlichkeit mit dem Kopf einer etwa gleichzeitigen Statue des Heros Meleager (Boardman, GPspätklassZ Abb. 80). Doch solche Deutungen sind von Traditionen des neuzeitlichen Idealismus bestimmt. Im Sinn der Antike ist mit der nicht-individuellen Typisierung zunächst das Bild einer kollektiven Norm gemeint: in diesem Fall der Norm des Athleten, nach der einerseits die Athleten, andererseits auch Meleager dargestellt werden.

Typisierende Darstellungsweisen werden in der Regel dort eingesetzt, wo die einzelne Person als Vertreter kollektiver Normen und Verhaltensmuster begriffen wird. Das gilt weitgehend für die religiös gebundene Kunst der Votivgaben in den Heiligtümern, zu denen auch die Standbilder siegreicher Athleten gehören. Es gilt ebenso für die griechische Grabkunst, in der die Verstorbenen nach einem kollektiven Bürgerideal vor Augen gestellt werden. In diesem Sinn zeigt ein Grabrelief vom Ilissos wiederum den Typus des jugendlichen Athleten, dazu Typen des Greises und des Dienerknaben (Boardman, GPspätklassZ Abb. 124,1). Ein Grabrelief der Lysistrate vereinigt Typen des älteren und jüngeren Bürgers und der Familienmutter (Abb. 17).

Individuelle Darstellungsweise löste sich nur langsam und erst relativ spät aus den allgemeinen Typen des Menschenbildes heraus. Die historische Deutung dieses Phänomens ist ein Gegenstand anhaltender Kontroversen. Eine plausibel erscheinende Erklärung geht dahin, daß individuelle Darstellung im 5. und 4. Jh. v. Chr. unter anderem für die neue Gattung der öffentlichen Ehrenstatuen entwickelt wurde. Bei der Rühmung öffentlicher Verdienste im Bildnis, z. B. für den Redner Demosthenes (frühes 3. Jh. v. Chr.; Fittschen Taf. 109–116,1), ergab sich am ehesten die Aufgabe, die Besonderheit der Person auch in ihrer individuellen Physiognomie zum Ausdruck zu bringen. Doch selbst bei Ehrenstatuen war individuelle Charakterisierung nicht zwingend: Auch in diesem Bereich blieben viele Bildnisse mehr oder minder stark in allgemeine Typen eingebunden.

In Rom und im römischen Reich wurden öffentliche Ehrenstatuen durchweg mit ausgeprägt individuellen Zügen gestaltet. Hier hatte aber auch die Grabkunst einen so dezidiert öffentlichen Charakter, daß im Gegensatz zu Griechenland individuelle Porträts auch an Gräbern und im Grabritual üblich wurden.

Grundsätzlich sind Bildnisse bestimmter Personen ein Phänomen der Gesellschaftsordnung: ein Ausdruck für das spezifische Verhältnis von Individuum und Kollektiv in der betreffenden Gesellschaft. Die *Aufstellung* öffentlicher Ehrenbildnisse stellte eine große

Auszeichnung dar, war darum vielfach umstritten und wurde schließlich durch mehr oder minder feste Bestimmungen und Verfahrensweisen geregelt, je nachdem welche Sonderstellung man einzelnen Personen innerhalb der Gemeinschaft einzuräumen bereit war. Ebenso war *individuelle Darstellung* im Sinne des realistischen 'Porträts' eine Hervorhebung der Person aus einem kollektiven Kontext. Sie entsprang einem, im weiten Sinn, politischen oder zumindest zelebrativen Impuls.

Botschaft und Deutung. Lange Zeit wurden antike Porträts vor allem als wirklichkeitsgetreue Wiedergaben der dargestellten Personen betrachtet. Man wollte wissen, wie Aristoteles (Abb. 123) oder Alexander d. Gr. (Abb. 113) ausgesehen hatten: Das Interesse war auf die physiognomische Illustration zur Persönlichkeit, zur Biographie und zum Werk gerichtet. Heute erscheint das eher naiv: An Aristoteles ist seine Philosophie, an Alexander seine Politik von Bedeutung, nicht die Größe oder Farbe ihrer Augen oder die Form ihrer Nase. Die Kenntnis ihres physischen Aussehens befriedigt vielleicht eine gewisse Neugier, scheint aber zunächst keine wesentlichen Erkenntnisse zu vermitteln.

Dennoch: Bildnisse sind aufgestellt worden, um etwas auszusagen, um die Bedeutung der dargestellten Person visuell zu demonstrieren. Sie haben eine 'Botschaft', die über das 'natürliche' Aussehen hinausgeht: Sie sind nicht nur ein Gegenstand der 'Ikonographie', d.h. der Benennung, sondern auch der 'Ikonologie', d.h. der ideellen Deutung. Für die Forschung ergibt sich daraus die Frage: Wie kann man ein Bildnis deuten? Wie seine Aussage, seine Botschaft an den Betrachter ermitteln? Welches sind die Themen solcher Botschaften?

Der Rahmen aller Deutungen muß grundsätzlich von den Funktionen der Bildnisse bestimmt werden. Alle antiken Bildnisse waren in der Öffentlichkeit aufgestellt und dienten der Hervorhebung von Ruhm, Leistung und öffentlichem Rang der Dargestellten. Darin unterscheidet die antike Bildniskunst sich kategorisch von der Neuzeit: Nie geht es darum, ein Psychogramm einer Person zu geben und in die Hintergründe ihres Charakters einzudringen. In diesem Sinn hat man etwa im Bildnis des Caligula (Andreae Abb. 318) die krankhafte psychische Disposition dieses Kaisers zu erkennen geglaubt. Das geht grundsätzlich an der Funktion antiker Bildnisse vorbei. In der Antike stellen Bildnisse öffentlich anerkannte Rollen, Verhaltensmuster und Ideale dar. In dieser öffentlichen Dimension liegt die historische Bedeutung der antiken Bildniskunst: Daran muß die Deutung sich ausrichten.

Zwei Beispiele können dies wichtige Problem erläutern: Vielfach hat man gemeint, Physiognomien aufgrund eines 'spontanen' Eindrucks verstehen zu können. Am Porträt des Pompeius wurden aus der unedlen Nase, den kleinen Augen und der flachen Stirn die fassadenhafte Eitelkeit und politische Mediokrität des Staatsmannes diagnostiziert (Abb. 127); demgegenüber wurde am Porträt Caesars die hochgewölbte Stirn, das feingliedrig-edle Gesicht, die selbstbewußte Distanz von Blick und Mund als Ausdruck der persönlichen Überlegenheit betont (Andreae Abb. 175–183). Bis heute spricht man, bei der Betrachtung von Bildnissen wie von wirklichen Gesichtern, in diesem Sinn von 'Denkerstirn', 'aristokratischer Nase' und 'sinnlichen Lippen'. Derartige Deutungen, die vordergründig einem 'spontanen' Eindruck entsprechen, beruhen in der Regel auf neuzeitlichen Anschauungen und Urteilen, für die es aus der Antike keine Zeugnisse gibt. Vor allem aber: Die öffentliche, zelebrative Funktion aller römischen Bildnisse schließt eine ambivalente oder kritische Intention, wie sie für das Bildnis des Pompeius angenommen wurde, von vornherein aus.

Der Deutung zugänglich sind andere Züge. Alexander d.Gr. präsentiert sich als Jüngling ohne Bart und löst sich damit vom bisher gültigen Image des väterlich-bärtigen Königs (Abb. 113). Er trägt langes Haar und übernimmt damit ein aktuelles jugendliches Schönheitsideal. Die über der Stirn hochsteigenden Locken (sog. *anastolé*) galten als Zeichen von löwenhaftem Mut. Und durch die Wendung des Kopfes richtet er den Blick dynamisch in die Ferne. Alexander erscheint als jugendlicher, heldenhafter, energischer Welteroberer. Sehr anders der Philosoph Zenon (Abb. 124). Er sondert sich durch den langen Bart vom urbanen Bürgerideal seiner Zeit ab; mit der angestrengten Kontraktion der Stirn und der leichten Senkung des Kopfes signalisiert er den Ernst der philosophischen Konzentration.

Beide Bildnisse geben in ihrer visuellen Erscheinung eine programmatische Identität zu erkennen – aber nicht durch physiognomische 'unveränderliche Kennzeichen', sondern durch absichtsvoll eingesetzte, gestaltete Motive: durch Haar- und Barttracht, Haltung, Gebärden und Mimik, also durch ihren 'Habitus'. Noch heute geben sich Generationen, Altersgruppen, soziale oder weltanschauliche Gruppierungen auf diese Weise ein 'Image', Politiker setzen es mit hoher Kunst ein.

Diese 'veränderlichen Kennzeichen' sind eine Zeichensprache, die in der Antike verstanden wurde und deren Bedeutungen heute von der Forschung wiedererkannt werden können. Dabei ist grundsätzlich zu beachten, daß die Zeichen dieses 'Habitus' nicht eine für alle Epochen und Kulturen gleichermaßen gültige Bedeutung haben: Langes Haar könnte etwa nicht nur strahlende Heldenhaftigkeit, sondern auch einfach Jugendlichkeit oder gar feminine Verweichlichung anzeigen, kontrahierte Stirn könnte nicht nur intellektuelle Konzentration, sondern auch psychische Sorge oder gar Weltschmerz ausdrücken, magere Wangen könnten sowohl Armut wie Askese darstellen usw. Welche Bedeutung aus dem Spektrum denkbarer Möglichkeiten tatsächlich gemeint und verstanden wurde, kann meist nicht durch 'spontane' Anschauung, sondern nur durch Analyse der Bildsprache und der ideellen Werte in der betreffenden Kultur erforscht werden. Dabei sind zum einen der Vergleich mit anderen Bildwerken, zum anderen die Heranziehung von schriftlichen Zeugnissen dienlich.

17.2 Griechische Porträts

Die Anfänge der griechischen Ehrenstatue führen in die 1. Hälfte des 5. Jh. v. Chr., die Zeit des Strengen Stils. Die Statuen der Tyrannenmörder in Athen waren die ersten profan aufgestellten Ehrenbildnisse für Männer des politischen Lebens. Bald folgten Feldherrn, Dichter, Redner und Philosophen. Etwa gleichzeitig wurde individuelle Kennzeichnung der Physiognomie durch die realistische Formensprache des Strengen Stils möglich; sie wurde aber zunächst nur langsam, je nach der Intention der Aussage, in die Bildnisse aufgenommen.

Staatsmänner. Bildnisse von Staatsmännern und anderen Personen mit politischen Verdiensten wurden vor allem auf der Agora, seltener in zentralen Heiligtümern aufgestellt. Sie stellten eine Ehrung dar, die vielfach Gegenstand von Auseinandersetzungen zwischen verschiedenen politischen Gruppen war.

Die Tyrannenmörder Aristogeiton und Harmodios sind ohne individuelle Züge dargestellt, sie verkörpern die Typen des erwachsenen Bürgers und des jungen Epheben; nur durch ihre Tat sind sie als einmalige Personen ausgezeichnet (Kopie; Abb. 57, Fittschen Taf. 9,1; s. oben Kapitel 16.3). Dagegen ist das Bildnis des Themistokles, des leitenden Feldherrn der Schlacht bei Salamis 480 v. Chr., von neuartiger Individualität (Kopie; Abb. 111): ein ungewöhnlich breiter Kugelkopf mit vorgewölbter Unterstirn und kleinen Augen. Nachdem die große Bedeutung des Kopfes für die Entstehung des griechischen Porträts gleich nach der Entdeckung 1939 erkannt war, entspann sich eine heftige Diskussion um die Datierung, über die inzwischen Einigkeit herrscht: um 470/60 v. Chr. Das Original stand vielleicht in Magnesia am Mäander (Kleinasien), wo Themistokles seine letzten Jahre als lokaler Fürst unter der Herrschaft des Perserkönigs verbrachte. Er wird als äußerst selbstbezogener Staatsmann geschildert, der die traditionellen Normen um der eigenen Person willen sprengte. Der erste Schritt zu individueller Darstellung liegt bei ihm nahe. Daß dabei die Züge seiner tatsächlichen Physiognomie zur Darstellung kommen, ist nicht beweisbar, aber möglich. Entscheidend ist, daß er vom Normaltypus abweichend mit 'eigener' Physiognomie dargestellt ist.

Mit dem Bildnis des Themistokles wurde jedoch nicht eine allgemeine Entwicklung zum individuellen Porträt eingeleitet. Das Bildnis des Perikles, auf der Akropolis von Athen wahrscheinlich nach seinem Tod 429 v. Chr. aufgestellt, ist wieder ganz typisiert (Kopie; Abb. 112), ähnlich wie die Verstorbenen gleichzeitiger Grabreliefs (Fittschen Taf. 20,2). Der Helm bezeichnet ihn als Feldherrn (Stratege). Im Gegensatz zu Themistokles hat Perikles seine Rolle als Staatsmann bewußt im Rahmen kollektiver Verhaltensmuster, als Repräsentant traditioneller Normen und als erster Bürger seiner Stadt verstanden. Solche Wert-

Abb. 111: Themistokles. Um 470–60 v. Chr. Ostia, Museo

vorstellungen sind in der unpersönlichen Darstellung zum Ausdruck gebracht. Derselbe Habitus blieb offenbar auch in der Folgezeit in Athen für Bildnisse von Staatsmännern, die ebenfalls mit dem Strategenhelm dargestellt sind, verbindlich.

Hellenistische Herrscher und Bürger. Die neuen Monarchien haben neuartige Darstellungsformen des herrscherlichen Charisma entwickelt.

In den Bildnissen Alexanders d.Gr. tritt ein Herrscherideal auf, das sich scharf von der klassischen Zeit absetzt (s. oben). Mit dem langen Lockenhaar, der kräftig aufsteigenden Anastolé, der Bartlosigkeit und der energischen Wendung des Kopfes in die Ferne verkörpert er ein dynamisches Ideal jugendlicher Helden, das ihn als charismatischen Welteroberer vor Augen stellt. Bildnisse von ihm müssen an vielen Orten seines großen Reiches aufgestellt worden sein, verschiedene Künstler

Abb. 112: Perikles. Nach Votivstatue auf der Akropolis von Athen. Wohl nach seinem Tod 429 v. Chr. Berlin, Staatliche Museen, Antikensammlung

haben offenbar sehr verschiedene Versionen von ihm geschaffen. Die Überlieferung, daß er selbst in der Skulptur nur die Bildnisse des Bildhauers Lysipp (s. oben Kapitel 16.4) als adäquat angesehen habe, ist eine Legende, zeugt aber vom Ruhm dieser Werke. Unter den vielen erhaltenen Bildnissen Alexanders dürfte ein Kopf in München, Sammlung Schwarzenberg, am ehesten auf ein Werk des Lysipp zurückgehen (Kopie; Abb. 113). Eine Bronzestatuette in Paris, die ein anderes Vorbild wiedergibt, kann einen Eindruck von der dynamischen Bewegung seiner Bildnisstatuen vermitteln (Fittschen Taf. 64,3; Boardman, GPspätklassZ Abb. 38). Nach Alexanders Tod wurden noch Jahrhunderte lang Bildnisse von ihm geschaffen. Sie stellten, in vielfältigen Varianten, ein Ideal des heldenhaften Königs dar, das für spätere Herrscher nur ein fernes Ideal

Abb. 113: Alexander d. Gr. (sog. Alexander Schwarzenberg). Wahrscheinlich 'Alexander mit der Lanze' des Bildhauers Lysipp. Um 330 v. Chr. München, Glyptothek (Gipsabguß Heidelberg)

war, aber als Idealtypus von jugendlichem Heroentum Bedeutung behielt.

Die Nachfolger Alexanders in den verschiedenen Teilreichen, die sogenannten Diadochen, haben dieses Herrscherideal modifiziert. Ptolemaios I. (Kopie; Fittschen Taf. 86–87; Smith Abb. 233) und Seleukos Nikator (Kopie; Abb. 114) erscheinen zwar weiterhin bartlos, aber in höherem Alter und mit realistisch-individueller Physiognomie (um 300 v. Chr.). Das ist nicht nur durch tatsächlichen Altersunterschied zu Alexander begründet, sondern läßt zugleich eine andere Botschaft erkennen: In den neu gegründeten Reichen war nicht mehr der kometenhafte Welteroberer am Platz, sondern ein Herrscher, der durch Präsenz und hilfreiche Leistungen konkret für die Untertanen sorgte. Diese Herrscherauffassung hat den hellenistischen Reichen eine gewisse Stabilität versprochen, sie hat das hellenistische Herrscherbildnis lange Zeit geprägt. Dabei kam es zu Differenzierungen sowohl nach Epochen wie nach Dynastien. Die Reichsgründer wie Ptolemaios I. und Seleukos Nikator werden als energische Feldherrn und Staatsmänner mit

Abb. 114: Seleukos I. Um 300 v. Chr. Napoli, Museo Nazionale

dynamisch bewegter Mimik und intensivem Blick geschildert. Später wurde herrscherliche Macht gelegentlich zu gesteigertem Ausdruck gebracht: Ein kolossaler Kopf, wohl Attalos I. von Pergamon (um 200 v. Chr.; Smith Abb. 180, 1–2), setzt die dynamischen Stilformen des Hochhellenismus für ein Herrscherbild ein, dessen Wirkung hoch über den Bildnissen der städtischen Bürger steht.

Die bürgerlichen Eliten der hellenistischen Städte entwickelten eine vielfältige Praxis der öffentlichen Repräsentation in Ehrenstatuen auf öffentlichen Plätzen und Votivstatuen in Heiligtümern. Die Männer, als Amtsträger und Wohltäter ihrer Städte, erscheinen in einem stark normierten, repräsentativen Habitus, die Frauen, vor allem in priesterlichen Funktionen, in reichen, kompliziert drapierten Gewändern (Abb. 100–101).

Dichter. Die große Bedeutung der Dichtkunst für die religiösen Feste hat dazu geführt, daß

Abb. 115: Pindar. Um 450 (oder nach seinem Tod 446) v. Chr. Oslo, Nationalgalleriet

Dichter schon früh mit öffentlichen Bildnisstatuen geehrt wurden.

Erst seit kurzem ist das Bildnis des Pindar bekannt, unklar, ob noch zu Lebzeiten oder nach seinem Tod bald nach 450 v. Chr. errichtet (Kopie; Abb. 115). Als Dichter von Preisliedern auf die Sieger bei den großen panhellenischen Wettspielen war er berühmt an Fürstenhöfen und in Adelsfamilien. Seine Darstellungsweise ist einzigartig: Der auffällige Bart, der zu einem Knoten geknüpft ist, dürfte ein Zeichen verfeinerter aristokratischer Lebenskultur sein. In der stark kontrahierten Mimik und der energischen Kopfwendung könnte Pindars Ethos der dichterischen 'Leistung' zum Ausdruck gebracht sein, das seinen hohen gesellschaftlichen Anspruch begründete.

Für die drei großen Tragödien-Dichter des 5. Jh. v. Chr., Aischylos, Sophokles und Euripides, wurden lange nach ihrem Tod, in den 30er Jahren des 4. Jh. v. Chr., Bildnisse im Dionysos-Theater von Athen aufgestellt. Initiator war der Staatsmann Lykurg, der mit der Vergegenwärtigung der großen klassischen Kulturleistungen den Rang Athens erneuern wollte. Als gesamte Statue ist das Bildnis des

Abb. 116: Sophokles. Nach einer postumen Ehrenstatue im Dionysos-Theater von Athen. Um 330 v. Chr. Roma, Musei Vaticani

Sophokles erhalten (Kopie; Abb. 116; Fittschen Taf. 57,1–3). Sie zeigt den Dichter in dem kollektiven Kopftypus des attischen Bürgers, mit dem selbstbewußten Auftreten eines Mannes, der auch politisch eine Rolle gespielt hatte. Ähnlich typenhaft ist der Kopf des Aischylos, der stets als Vertreter der traditionellen Bür-

Abb. 117: Menander. Nach einer Ehrenstatue im Dionysos-Theater von Athen. Um 300 (oder nach seinem Tod 292) v. Chr. Kopenhagen, Ny Carlsberg Glyptotek

gerideale aus der legendären Generation der Schlacht von Marathon verehrt wurde (Kopie; Fittschen Taf. 56,1–3). Vom Bildnis des Euripides sind zwei Versionen erhalten; zu der Gruppe im Dionysos-Theater gehört wahrscheinlich der Typus Farnese (Kopie; Fittschen Taf. 73–75). Die Charakterisierung, als weiser erfahrener Greis, ist sehr viel individueller als bei den beiden älteren Dichtern. Das entspricht der literarischen Rolle des Euripides, bei dem vor allem die psychologische Differenzierung der Personen und die individuelle Umdeutung alter Mythen geschätzt wurde. Alle drei Bildnisse sind aus langer zeitlicher Distanz neu geschaffen, zweifellos ohne Erinnerung an ihr tatsächliches Aussehen. In der bewußten Wahl teils typisierender, teils individueller Darstellung sind die Dichter in ihrer spezifischen Bedeutung für die Gegenwart vor Augen gestellt.

Menander, der gefeierte Dichter der 'neuen', bürgerlichen Komödie, wurde noch zu Lebzeiten oder unmittelbar nach seinem Tod 292 v. Chr. mit einer Sitzstatue im Dionysos-Theater von Athen geehrt (Kopie; Abb. 117). Im Gegensatz zu den drei Tragikern beruht die Darstellung auf Kenntnis der Person. Menander erscheint als Mann von Welt, glatt rasiert nach der neuen, seit Alexander d. Gr. gültigen Mode des Hellenismus, mit elegant geworfener Frisur und gekonnt drapierter Kleidung: ein erfolgreicher Vertreter jener urbanen Bürgerwelt, die er in seinen Komödien geschildert hat.

Neben den neueren Dichtern der Polis standen die legendären Archegeten der griechischen Dichtung, Homer und Hesiod, in hoher Verehrung. Die Vorstellungen, die man sich vom Wesen ihrer Dichtkunst machte, wurden Jahrhunderte später in fiktiven Bildnissen zum Ausdruck gebracht. Um 450 v. Chr. ist ein Bildnis des Homer mit vornehm geknotetem Haar entstanden (Kopie; Abb. 118). Hoch schwingende Falten auf der Stirn über den leicht eingefallenen Wangen kennzeichnen die Weisheit des Alters, geschlossene Augen deuten die Blindheit an, in der der weise Dichter zurück in die Zeit der Heroen geschaut hatte. Eine Neufassung in den realistischen Stilformen des späteren Hellenismus (2. Jh. v. Chr., Kopie; Abb. 119) steigert die Wirkung zu einem emphatischen Kontrast zwischen dem äußeren Verfall der schlaffen Haut um die blicklosen Augen und der visionären Kraft der inneren Vorstellungen.

Ganz anders ist der Charakter eines berühmten Bildnisses aus dem hohen Hellenismus (2. Jh. v. Chr., Kopie; Abb. 120), das bisher nicht sicher benennbar ist (früher als Seneca gedeutet, daher der Name 'Pseudo-Seneca'), wahrscheinlich aber Hesiod darstellt. Mit kräftigem Realismus ist hier ein derber Alter mit zottigem Haar und ungepflegtem Bart wiedergegeben: ein Bild, das gut zu dem bäuerlichen Ethos des frühen böotischen Dichters passen würde.

In solchen rekonstruierten Bildnissen werden die Möglichkeiten realistischer Darstellungsformen eingesetzt, um 'individualisierte' Verkörperungen der Gründungsleistungen griechischer Dichtkunst zu schaffen.

Philosophen. Bildnisse von Philosophen wurden vielfach nach ihrem Tod an den Stätten ihrer 'Schule' errichtet, als ideale Bezugspunkte für die nachfolgenden Schüler. Sie waren besonders wichtig für die Ausbildung individueller Darstellungsformen.

Abb. 118: Homer als blinder Sänger. Um 450 v. Chr. München, Glyptothek

Abb. 120: Dichter, wahrscheinlich Hesiod. 2. Jh. v. Chr. Napoli, Museo Nazionale

Abb. 119: Homer als Greis. 2. Jh. v. Chr. Boston, Museum of Fine Art

Ein Bildnis des Sokrates (gestorben 399 v. Chr.; Kopie; Abb. 121) war wahrscheinlich in der 'Akademie', der Lehrstätte des Sokrates-Schülers Platon, aufgestellt, bald nach deren Gründung um 387/86 v. Chr. Sokrates ist stark individuell dargestellt, mit Zügen eines Silens, wie sie auch in den antiken Quellen hervorgehoben werden. In dem krassen Gegensatz zu dem Ideal des 'schönen' und 'edlen' Bürgers gibt sich der Habitus dieses Philosophen zu erkennen, der sich nicht auf die opinio communis, sondern provokativ auf die eigenen Normen berief. Hier ist die individuelle Physiognomie so wichtig für die Aussage, daß auch ein späteres Sokrates-Bildnis des Lysipp (2. Hälfte des 4. Jh. v. Chr., Kopie; Fittschen Taf. 58–64,2) die silenhaften Züge beibehält.

Das Bildnis des Platon wurde nach seinem Tod 347 v. Chr. in der Akademie errichtet (Kopie; Abb. 122). Gegenüber dem Kopf des Sokrates verkörpert es weitgehend den Typus des attischen Normalbürgers. Darin findet ein genereller Anspruch seiner Lehre Ausdruck, die eine normative Staatsphilosophie sein wollte.

Abb. 121: Sokrates. Wahrscheinlich nach einem 'Schul-Bildnis', bei der Gründung von Platons Akademie in Athen 387/86 v. Chr. aufgestellt. Napoli, Museo Nazionale

Abb. 122: Platon. Wahrscheinlich nach 'Schul-Bildnis', nach seinem Tod 347 v. Chr. in der Akademie in Athen aufgestellt. München, Glyptothek

Ein Bildnis des Aristoteles wurde wahrscheinlich unmittelbar nach seinem Tod 322 v. Chr. von seinem Nachfolger Theophrast in der Schulstätte des 'Peripatos' aufgestellt (Kopie; Abb. 123). Es stellt den Philosophen mit kurz geschorenem Bart dar, der ihn als Mann von Welt charakterisiert, welcher an den Höfen von Herrschern verkehrt hatte und insbesondere als Erzieher Alexanders d. Gr. Bedeutung erlangt hatte. Stirnfalten kennzeichnen ihn als 'Denker'. Mit den neuen, realistisch bewegten Stilformen des beginnenden Hellenismus ist die individuelle Physiognomie eines Mannes festgehalten, der auch in seiner Philosophie der realen Welt stärkere Bedeutung beimaß.

Die großen Philosophenschulen des Hellenismus haben ein spezifisches 'Schul-Image' ausgebildet, mit dem sie in polemischer Konkurrenz zueinander ihre Rolle in der Gesellschaft, ihren Stil des Denkens und ihre 'Botschaft' an die Gesellschaft zum Ausdruck brachten. Zenon, der Gründer der Stoa, erscheint mit angespannt kontrahierten Stirn-

Abb. 123: Aristoteles. Vielleicht nach einem 'Schul-Bildnis', nach seinem Tod 323/22 v. Chr. von seinen Schülern aufgestellt. Wien, Kunsthistorisches Museum

Abb. 124: Zenon. Um 280–260 v. Chr. Napoli, Museo Nazionale

Abb. 125: Epikur. Wahrscheinlich nach einem 'Schul-Bildnis', nach seinem Tod 270 v. Chr. im Garten seiner 'Schule' in Athen aufgestellt. Roma, Musei Capitolini

falten als asketischer Vordenker und öffentlicher Lehrer von Tugend und Besonnenheit (2. Viertel 3. Jh. v. Chr., Kopie; Abb. 124). Epikur, der Begründer einer anderen Schule, verkörpert dagegen mit hochgezogenen Brauen, breit gefalteter Stirn und voller, gepflegter Haar- und Barttracht die machtvolle prophetische Autorität eines glücklichen persönlichen Lebens (um 270 v. Chr., Kopie; Abb. 125). Dagegen stellt ein anonymer Kyniker sich in seiner abgerissenen Erscheinung als aggressiver Herausforderer bürgerlicher Normen dar (1. Hälfte 3. Jh. v. Chr., Kopie; Fittschen Taf. 129; Kleiner Abb. 23). Der Realismus des frühen Hellenismus erlaubte die stark kontrastive Charakterisierung eines programmatischen Habitus.

17.3 Römische Porträts

Porträts sind in verschiedener Hinsicht ein zentraler Gegenstand der römischen Archäologie. Die Bildnisse bestimmter Personen sind aus allen Teilen der römischen Welt außerordentlich zahlreich und in vielfältiger Form erhalten. Sie konfrontieren uns unmittelbar mit den Vorstellungen, die in der Öffentlichkeit über diese Personen vermittelt werden sollten. Für die römischen Kaiser und ihre Angehörigen besitzen wir fast durchweg größere Zahlen von Porträts, die aufgrund der Münzprägungen sicher benannt werden können; hinzu kommt eine eher zufällige Auswahl von Privatpersonen, zu deren Bildnissen sich z. T. Inschriften erhalten haben. Die Mehrzahl der Porträts von Privatleuten kann heute nicht mehr benannt werden; doch sind aufgrund von Haartracht und Stil Zuweisungen zu bestimmten Epochen, aufgrund der Fundkontexte Differenzierungen nach Regionen, vielfach auch nach Aufstellungskontexten (öffentlich, privat, sepulkral) und nach gesellschaftlichen Gruppen möglich. Insgesamt sind Porträts eine wichtige Quelle der Kaiser- und der Sozialgeschichte.

Zu Recht wurden daher die Porträts vielfach als charakteristisches Phänomen der römischen Kultur angesehen. Damit wurde oft weiterhin die problematische Vorstellung verbunden, daß das römische Porträt auch aus spezifisch römischen Wurzeln entstanden sei. Dieser Schluß ist nicht zwingend: Grundsätzlich kann ein Phänomen durchaus für eine bestimmte Kultur signifikant sein und trotzdem in einem anderen kulturellen Kontext entstanden sein. Die Entstehung des römischen Porträts bedarf daher genauerer Erörterung (s. unten).

Situation der Forschung. Die ältere Forschung hat auch die römischen Porträts vor allem als Illustrationen zur Persönlichkeit und Biographie der dargestellten Personen betrachtet. In neuerer Zeit dagegen hat sich besonders stark die Erkenntnis durchgesetzt, daß die Bildnisse aufgrund ihrer öffentlichen Funktionen repräsentativen Charakter haben, d. h. Rang und Leistung der Dargestellten positiv vor Augen stellen sollen. In diesem Sinn ist die Forschung heute vor allem bestrebt, die gesellschaftlichen Leitbilder und Botschaften zu untersuchen, die mit den Porträts vermittelt werden sollten. Darüber hinaus gewinnen Fragen nach den Kontexten der Bildnisse zunehmend an Bedeutung: Orte der Aufstellung, Formate im Vergleich zur Umgebung, Formen der Inszenierung, Auftraggeber und Publikum, bei Kaiserbildnissen auch die Methode der Vervielfältigung und die Verbreitung im Reich. In diesem Zusammenhang sind vor allem auch die Inschriften von hohem Interesse, die in der Regel auf den Sockeln der Bildnisstatuen standen und nicht nur die Namen, sondern auch den gesellschaftlichen Rang, die öffentlichen Ämter und Leistungen der Dargestellten rühmen.

Für die allgemeine Erforschung der römischen Kunst sind die Porträts insbesondere dadurch von Bedeutung, daß sie aufgrund der gesicherten Kaiserbildnisse und der Abfolge von Modefrisuren die verläßlichste Grundlage der Stilgeschichte darstellen.

a. Republik

Anfänge. Römische Porträts sind in zwei Lebensbereichen entstanden: als Ehrenstatuen auf öffentlichen Plätzen und als Bildnisse der Verstorbenen im Totenkult.

Die Forschung hat die Wurzeln des römischen Porträts vielfach im privaten römischen Totenritual gesehen: Aus dieser, vom griechischen Bildnis grundsätzlich verschiedenen, Genese sei der spezifische Charakter der römischen Porträts abzuleiten. Die wichtigsten Nachrichten über republikanische Totenbildnisse finden sich bei Polybios 6,53–54 (2. Jh. v. Chr.) in einer bekannten Schilderung der Leichenfeiern der führenden Familien Roms: Wenn ein berühmtes Mitglied einer solchen Familie gestorben war, formte man von seinem Gesicht eine Maske aus Wachs ab und schmückte den Leichnam mit diesem Maskenbildnis sowie mit den Abzeichen der politischen Ämter des Verstorbenen; in dem Leichenzug zogen Männer mit, die die Masken und Amtszeichen seiner berühmten Vorfahren trugen; der Zug ging zuerst zum Forum, wo ein Sohn oder Verwandter eine öffentliche Leichenrede auf den Verstorbenen und seine Ahnen hielt; nach dem Begräbnis wurden die Wachsmasken im Haus der Familie ausgestellt und bei großen Festen geschmückt. Solche Ahnenbildnisse sind etwa in den Händen eines Römers in Toga, des sog. Togatus Barberini wiedergegeben (Andreae Abb. 24), allerdings zu vollen Köpfen ausgearbeitet. Mit dem Zeugnis über mechanische Abformungen wurde vielfach der 'veristische' Charakter republikanischer Porträts erklärt, etwa eines Kopfes in Dresden, der an Totenmasken erinnert (H. v. Heintze, Römische Porträts [1974] Taf. 42; vgl. Kopf Vatikan, Andreae Abb. 170): Ursprünglich im Totenritual verwendet, habe diese Technik die Porträtkunst insgesamt geprägt.

Dagegen ist einzuwenden, daß sowohl die Technik der mechanischen Wachsabformung als auch das ganze von Polybios geschilderte Ritual in Rom offenbar später entstanden sind als die ersten öffentlichen Ehrenstatuen. Diese sind seit dem 4. Jh. v. Chr. dort bezeugt und zweifellos unter griechischem Einfluß entstanden. In der Folge, wohl im 3. Jh. v. Chr., wurden dann auch die Leichenfeiern neu ausgestaltet, unter Herstellung der Totenmasken mit Hilfe der Wachstechnik, die ebenfalls aus Griechenland übernommen wurde. Am Anfang stehen also auch in Rom offenbar die Ehrenstatuen, griechischer Tradition entsprechend; die Totenbildnisse sind eine sekundäre Entwicklung, mit griechischer Technik, aber eingesetzt für einen Brauch, der in dieser Form genuin römisch ist.

Entwicklung und Aussagen. Nach dem Zeugnis der Schriftquellen liegen die Anfänge der römischen Ehrenbildnisse in der mittleren Re-

17. Porträts

Abb. 126: Mann der republikanischen Zeit. 2. Viertel 1. Jh. v. Chr. Basel, Antikenmuseum

Abb. 127: Pompeius. Wahrscheinlich nach einer Ehrenstatue, 55 v. Chr. in der 'Curia des Pompeius' in Rom aufgestellt. Kopenhagen, Ny Carlsberg Glyptotek

publik, in der zweiten Hälfte des 4. Jh. v. Chr. Eine Vorstellung von diesen Porträts vermittelt der Bronzekopf eines nicht benennbaren Mannes (sog. 'Brutus'), der um oder bald nach 300 v. Chr. entstanden ist und wahrscheinlich aus Rom stammt (Kraus Taf. 2; Andreae Abb. 15).

Eine neue Phase der Rezeption aktueller griechischer Bildniskunst ergab sich in der späten Republik (2.–1. Jh. v. Chr.) durch die Ausbreitung römischer Macht auf Griechenland und die hellenistischen Königreiche. Ein Kopf wie der des Feldherrn von Tivoli (um 70 v. Chr.; Andreae Abb. 23) mit seinen dynamisch kontrahierten Gesichtszügen steht deutlich in der Tradition von Bildnissen aus Delos (Smith Abb. 315–318) und Athen und zeigt, wie stark damals aktuelle griechische Bildnisformen in Rom rezipiert wurden. Die spätrepublikanische Bildniskunst wurde von der älteren Forschung zu Unrecht als ein genuin römisches Phänomen gewertet; tatsächlich erweist Rom sich hier weitgehend als hellenistische Kulturregion.

Die inhaltlichen Aussagen der republikanischen Porträts konzentrieren sich vor allem um zwei Schwerpunkte. Zum einen sind viele Männer mit ausgeprägten Alterszügen dargestellt, z. B. in einem Kopf in Basel (2. Viertel 1. Jh. v. Chr.; Abb. 126). Darin wird die hohe Bedeutung, die die Erfahrung des Alters und die daraus resultierende Sorge und Verantwortung für die öffentlichen Angelegenheiten in Rom hatten, zum Ausdruck gebracht. Zum anderen werden die energischen Heerführer mit der dynamisch bewegten Mimik hellenistischer Machthaber charakterisiert. Deutlich ist das bei Pompeius, in dessen Bildnis auch die Anastolé von Alexander d.Gr. übernommen ist (um 55 v. Chr.; Abb. 127). Verbindungen und Zwischenstufen der beiden Ideale sind häufig: Ein berühmtes Bildnis aus der Mitte des 2. Jh. v. Chr. (früher als Postumius Albinus benannt, vielleicht Cato d.Ä.; Andreae Abb. 172) zeigt starke Alterszüge in Verbindung mit energischer Kopfwendung und ausgeprägtem Pathos; das Bildnis Caesars (um 45 v. Chr.; Andreae Abb. 175–176) stellt umgekehrt den Feldherrn in mittleren Jahren zugleich als erfahrenen und beherrschten Politiker vor Augen.

b. Kaiserzeit

Kaiserporträts: Bildnistypen. Das Herrscherporträt der römischen Kaiserzeit stand unter Voraussetzungen, die damals grundsätzlich neu waren und zu einer neuen Art der Produktion solcher Bildnisse führten. Das riesige Reichsgebiet umfaßte viele Länder mit städtischen Zentren, in denen die zentrale politische Macht, der Kaiser, in Form von Bildnissen präsent gemacht wurde. Das gesamte öffentliche Leben auf den Fora, in Basiliken und Amtsgebäuden, Tempeln und Heiligtümern, Theatern, Thermen usw. wurde in zunehmendem Maß unter die symbolische Präsenz des Herrschers gestellt, vielfach verbunden mit religiösen Kulten für den Kaiser und seine Familie. Bei Rechtsakten römischer Beamter im Namen des Staates konnte das Bildnis den Kaiser vertreten. Diese Bedeutung des Bildnisses als Repräsentant des Herrschers führte dazu, daß bei Aufständen gegen den Kaiser oder nach seiner Ermordung und Ächtung seine Bildnisse umgestürzt und zerstört wurden (sog. *damnatio memoriae*, in den Quellen „*memoria damnata*", d. h. zerstörtes Gedächtnis).

Die Bildnisstatuen, die unter diesen Voraussetzungen im ganzen Reich in großer Zahl gebraucht wurden, mußten rasch angefertigt werden. Einzelherstellung durch Bildhauer, die den Kaiser aus persönlicher Anschauung kannten, war unmöglich. Daher spielte sich eine Praxis der Verbreitung ein, bei der wenige Kopftypen massenweise kopiert und umgebildet wurden.

Die Urbilder der Typen müssen zentrale Bildnisstatuen in der Hauptstadt gewesen sein, von hohen Autoritäten wie Senat und Volk errichtet und aus wertvollen Materialien wie Gold oder Silber gefertigt. Solche Bildnisse scheinen die jeweils gültige Auffassung des Herrschers und der Herrschaft vor Augen geführt zu haben. Als Anlässe für die Herstellung eines neuen Typus stellt man sich vor allem bedeutendere Ereignisse in der Regierung der Herrscher vor: Erhebung zum Thronfolger, Regierungsantritt, militärische Siege, Regierungsjubiläen usw.; doch scheinen neue Bildnistypen auch zu weniger markanten Zeitpunkten entstanden zu sein. Insgesamt gab es offenbar keine umfassende Planung am Hof, die die bildliche Repräsentation des Kaisers programmatisch konzipiert und ihre Verbreitung im Reich strategisch organisiert hätte. Öffentliche Denkmäler des Kaisers waren in der Regel Ehrungen, zu denen die Initiative von verschiedenen Seiten, Senat und Volk, Städten des Reiches, Amtsträgern, Vereinigungen, Privatpersonen etc., ausging. Sie brachten Zustimmung zur Herrschaft zum Ausdruck und entsprachen darum in allgemeinem Sinn der Selbstauffassung des Kaisers; aber im einzelnen gab es für die Anlässe und Formen dieser Verehrung einen gewissen Spielraum.

Die Verbreitung der Bildnistypen im Reich geschah nicht durch jeweiliges Kopieren des Originals, sondern ging offenbar von wenigen exportierten Erstkopien aus, die dann in einem weit verzweigten Netz lokaler Werkstätten immer weiter kopiert wurden. Dabei wurden die Bildnistypen je nach Bedarf für Bildnisse verschiedenster Funktionen, vom Tempelbild bis zur privaten Statuette, benutzt, in verschiedene Formate und Materialien umgesetzt, oft auch nach den jeweiligen Auffassungen vom Herrscher umgebildet. Die erhaltenen Kaiserbildnisse sind in der Regel Glieder in langen Ketten von Kopien nach Kopien.

Die Forschung, die diese Serien von Kaiserbildnissen erfaßt, kann grundsätzlich zwei Fragestellungen verfolgen, die einander ergänzen. Zum einen kann man nach dem Urbild des Typus fragen: Das bedeutet, die erhaltenen Exemplare eines Typus kopienkritisch nach der Nähe zu dem Prototypus zu untersuchen, um so zu einer theoretischen Rekonstruktion des verlorenen Urbildes und seiner Entstehungszeit zu gelangen. Dies Urbild kann als Ausdruck der ursprünglichen Auffassung vom Herrscher und seiner Herrschaft zu dem ermittelten Anlaß interpretiert werden. Zum anderen können die erhaltenen Bildnisse in ihrer eigenen Funktion und Aussage, vor allem auch in ihren Abweichungen von dem Urbild, betrachtet werden. So verstanden, sind sie ein Spiegel der differenzierten Rezeption und Akzeptanz des Kaisers im Reich, in verschiedenen

Ländern, Gesellschaftsschichten und Lebensbereichen.

Bildnistypen des Augustus. Die Bildnisse des Augustus lassen besonders deutlich einerseits die Prägung von festen Bildnistypen, andererseits deren variierende Verbreitung erkennen. Alle über 250 erhaltenen Bildnisse des Augustus folgen im wesentlichen drei Bildnistypen (bei einem weiteren Typus ist es umstritten, ob er Augustus oder einen seiner adoptierten Enkel Caius oder Lucius Caesar darstellt; ferner ist in einer Reihe von Einzelfällen die Aufteilung zwischen den Typen nicht ganz geklärt). Die Zugehörigkeit zu einem Typus ist am besten an dem Schema der Locken über der Stirn zu erkennen. Diese Methode des 'Lockenzählens' hat sich grundsätzlich als Ordnungsprinzip bewährt, sollte allerdings auch nicht in ihrer Tragweite überschätzt werden: Die Lockenschemata enthalten oft nicht die zentralen Aussagen der Bildnisse; aber die Haare stellen zumindest die am klarsten definierten Formen eines Kopfes dar, die sich in Kopien am deutlichsten erhalten und an denen typologische Abhängigkeit am sichersten zu erkennen ist.

OCTAVIAN-TYPUS. Repliken Florenz (Abb. 128) und Alcudia (Boschung Taf. 7–8). Kennzeichnend ist eine locker geworfene Frisur, mit drei schrägen Strähnen über der Stirnmitte; sie bilden mit den angrenzenden Haaren eine 'Zange' (rechts) bzw. eine 'Gabel' (links). Die Gesichtszüge sind jugendlich und sensibel bewegt. Diese übereinstimmenden Formen, die nicht unabhängig voneinander entstanden sein können, definieren den 'Typus'. Im einzelnen sind die Detailformen bei dem Kopf Florenz schwellender, bei dem Kopf Alcudia mehr linear gebildet. Meist verstärkt eine Drehung nach rechts die Dynamik, doch finden sich auch andere Haltungen, je nach dem Aufbau der Statue, für die sie verwendet wurden. Die Verhüllung des Kopfes Alcudia durch einen Teil der Toga (*velatio*, s. unten) ist eine Zutat, die nicht für den Typus konstitutiv ist.

Das Urbild dieses Typus wurde früher wegen allgemeiner Ähnlichkeit mit dem Bildnis des Octavian auf Münzen nach der Schlacht von Actium 31 v. Chr. in diese Zeit datiert (daher 'Actium-Typus' genannt). Wahrscheinlich ist der Typus aber schon um 40 v. Chr. entstanden. Diese erste weitverbreitete Bildnisschöp-

Abb. 128: Octavian (späterer Kaiser Augustus). Nach dem Vorbild des 'Octavians-Typus', konzipiert ca. 43–30 v. Chr. Firenze, Galleria degli Uffizi

fung zeigt den jungen Octavian am Beginn seiner politischen Laufbahn als energisch auftrumpfenden Heerführer in der Nachfolge hellenistischer Herrscher.

PRIMA PORTA-TYPUS oder HAUPTTYPUS. Repliken Panzerstatue von Prima Porta (Abb. 129) und Kopenhagen (Boschung Taf. 79,1–4). Kennzeichnend ist ein Frisurenschema mit einer einzigen Sichellocke über der Stirnmitte, die mit den benachbarten Locken eine 'Zange' bzw. eine 'Gabel' bildet. Das Gesicht ist breiter, die Mimik beruhigt, Stirn und Wangen sind in größeren Wölbungen wiedergegeben, Brauen und Mund scharfkantig gebildet.

In dieser Darstellungsweise sind Stilformen der griechischen Klassik, insbesondere des Bildhauers Polyklet, wieder aufgenommen. Mit dem Kopf des Doryphoros (Abb. 61) sind vergleichbar: die groß und einfach gewölbten Formen des Gesichts, die scharfkantigen Begrenzungen seiner Teile, die klar begrenzten Sichellocken, die sich übereinander schichten und eine klare Komposition von gegenläufigen Bewegungen bilden. Dies Bildnis ist eine pro-

Abb. 129: Augustus, Kopf der Panzerstatue von Prima Porta. Nach dem Vorbild des 'Prima Porta-Typus', konzipiert 31–27 v. Chr. Roma, Musei Vaticani

Abb. 130: Augustus. Nach dem Vorbild des 'Typus Forbes', konzipiert ca. 20–17 v. Chr. (?). Paris, Louvre

grammatische Schöpfung des augusteischen 'Klassizismus'.

Für die Entstehung des Urbildes ergibt ein Bronzekopf in Meroë (Äthiopien; Andreae Abb. 213), der 25 v. Chr. von den Äthiopiern aus Ägypten als Beute geraubt worden war, einen Terminus ante quem. Wahrscheinlich ist dieser neue Typus bald nach dem Sieg von Actium 31 v. Chr., möglicherweise anläßlich des Triumphes von 29 v. Chr. oder zur Einrichtung der Prinzipatsverfassung und Verleihung des Titels 'Augustus' im Jahr 27 v. Chr. geschaffen worden.

Dies Bildnis zeigt den Kaiser in einer ganz neuen Auffassung, die fast ein Jahrhundert lang für seine Nachfolger Gültigkeit behielt. Augustus erscheint hier in altersloser Erhabenheit, bis zu seinem Tod mit 76 Jahren wird dieser Typus unverändert beibehalten. Die klassischen, an Polyklet orientierten Formen strahlen nach römischer Auffassung Würde (*gravitas*) und religiöse Weihe (*sanctitas*) aus. Dies sind Züge, die der Kaiser selbst in seinem realen Auftreten öffentlich zur Schau stellte und die in seinem Namen 'Augustus' (der Erhabene) programmatisch zum Ausdruck gebracht wurden. Die meisten Bildnisse des Augustus folgen diesem Typus.

TYPUS FORBES. Repliken Louvre (Abb. 130) und Boston (Andreae Abb. 214). Bezeichnend sind die Strähnen, die von der linken Stirnecke nach rechts gestrichen sind und knapp nach unten einbiegen. Die Gesichtszüge sind schmaler und sanft bewegt. Ein sehr viel breiterer Kopf in Ostia (Boschung Taf. 39) kann aber veranschaulichen, welch starke Veränderungen im Gesicht möglich sind: Wenn hier nicht das Lockenschema unausweichlich die Zugehörigkeit zum Typus Forbes bewiese, würde man sicher keine typologische Abhängigkeit erkennen.

Die Entstehungszeit des Urbildes ist umstritten. Terminus ante quem ist die Benutzung dieses Typus für das Bildnis des Augustus an der Ara Pacis (13–9 v. Chr.; s. unten Kapitel 18). Manche Forscher setzen diese Bildnisschöpfung früher als den Typus Prima Porta an; wahrscheinlicher ist eine spätere Entstehung, etwa aus Anlaß des Erfolges gegen

Abb. 131: Augustus. Aus Pergamon, nach 'Prima Porta-Typus' (s. Abb. 130). Istanbul, Archäologisches Museum

Abb. 132: Augustus. Aus Ariccia, nach 'Prima Porta-Typus' (s. Abb. 130). Boston, Museum of Fine Art

die Parther (20 v. Chr.) oder der Feier des neuen goldenen Zeitalters (*saeculum aureum*, 17 v. Chr.). Die milden, zurückhaltenden Züge dieses Bildnisses könnten im Sinn der damals verstärkten Friedensideologie zu verstehen sein.

Die drei Bildnistypen lassen in ihrer sukzessiven Entstehung ideologische Veränderungen im Verständnis des Herrschertums erkennen. Sie haben sich aber nicht in dem Sinne abgelöst, daß jeder aktuelle neue Typus die früheren Typen außer Kurs gesetzt hätte; die Typen wurden nebeneinander weiterbenutzt bis zum Tod des Augustus und darüberhinaus bis zum Ende der iulisch-claudischen Dynastie.

Kopien und Varianten. Keine Kopie gleicht dem Vorbild genau. Selbst bei der Intention exakter Wiedergabe ergeben sich unbewußt Unterschiede, je nach dem stilistischen Habitus und den handwerklichen Mitteln und Fähigkeiten der ausführenden Bildhauer. Besonders deutliche Unterschiede können entstehen, wenn die Bildnisse geographisch in weiter Entfernung oder chronologisch in großem Abstand voneinander entstanden sind.

Größer und absichtlicher wurden die Unterschiede, wenn das Format, das Material und damit auch die Funktion stark verändert wurden. Ein weit überlebensgroßer Marmorkopf aus Caere (Boschung Taf. 139) zeigt, dem kolossalen Format entsprechend, massige und starre Gesichtsformen; ein Glasköpfchen in Köln (Boschung Taf. 203), knapp 5 cm groß, besitzt stärker bewegte Züge.

Gelegentlich werden Bildnistypen als Grundlage für völlig neue Schöpfungen verwendet, in denen ganz eigene Auffassungen des Herrschertums Ausdruck erhielten. Ein Kopf aus Pergamon in Istanbul (Abb. 131), nach dem Haarschema zum Typus Prima Porta gehörig, ist durch starke Kopfwendung, pathetisch geöffnete Lippen, Blick aus tiefen Augenhöhlen und kontrahierte Stirn in die östliche Tradition hellenistischer Herrscher gestellt. Derselbe Typus erscheint in einem Kopf aus Ariccia in Boston (Abb. 132) durch stärkere Schwingung und Fülle der Locken an ein griechisches Jünglingsideal angeglichen.

Statuentypen und Attribute. Die Bildnistypen konnten mit verschiedenen Statuenkörpern verbunden werden. In diesen Körpern lagen wichtige Aussagen der Bildnisse. Selten ist bei Kaisern die einfache Toga, das Zeichen des römischen Bürgers. Häufiger erscheinen Herrscher in der Toga mit verhülltem Haupt (*capite velato*), z.B. in der Statue von der Via Labicana (Kleiner Abb. 41; Boschung Taf. 214,1); dies ist der rituelle Habitus beim römischen Opfer, durch den der Kaiser sich in priesterlicher Funktion, z.B. als Pontifex maximus präsentiert und das Leitbild der *pietas* (religiöse Pflichterfüllung) darstellt. Dagegen zeigt die Statue von Prima Porta (Andreae Abb. 34) Augustus im reliefgeschmückten Muskelpanzer mit dem Manteltuch des Feldherrn (*paludamentum*) als Kriegsherrn nach dem Ideal militärischer *virtus* (Mannhaftigkeit). Ebenfalls kriegerische Bedeutung hat die Darstellung des Kaisers in einer Reiterstatue in Athen, mit Tunica und Paludamentum um die Schultern sowie Schwert an der Seite (Boschung Taf. 221,1–2).

Neben solchen Typen in wirklichkeitsnaher Kleidung werden oft ideale Typen verwendet, die mehr oder minder deutlich an griechischen Vorbildern orientiert sind. Eine Bildnisstatue in Thessaloniki (Boschung Taf. 217,1) zeigt Augustus im sog. Hüftmantel, mit nacktem Körper; ein Standbild aus Otricoli im Vatikan (Boschung Taf. 219,1) stellt ihn mit einem sog. Schultermantel in fast völliger Nacktheit dar. Der nackte Körper bedeutet eine Steigerung im Sinn griechischer Ideale der männlichen Tüchtigkeit (*areté*).

Eine weitere Steigerung konnte zum Ausdruck gebracht werden, indem der Kaiser Attribute von Göttern erhielt. Eine Bronzestatue aus Herculaneum in Neapel zeigte Augustus im Hüftmantel mit Blitz und Szepter des Iuppiter (Boschung Taf. 216,1); eine Sitzstatue in Tripolis (Libyen), mit Szepter und Globus, ist im Schema dem Kultbild des Iuppiter im Tempel auf dem Kapitol nachgebildet (Boschung Taf. 220,1). Solche Darstellungsformen bedeuten nicht eine definitive Vergöttlichung des Kaisers, sondern bringen symbolisch eine weit verbreitete Vorstellung zum Ausdruck, nach der der Kaiser auf Erden mit derselben Machtfülle herrscht wie Iuppiter im Kosmos.

Unter den Attributen, die die Bildnisse der Herrscher charakterisieren, steht die sog. Bürgerkrone aus Eichenblättern (*corona civica*) an erster Stelle, z.B. bei einem Kopf in München (Boschung Taf. 150). Ursprünglich war dies eine militärische Auszeichnung „*ob cives servatos*", d.h. für Soldaten, die in der Schlacht einem römischen Bürger das Leben gerettet hatten. In der ausgehenden Republik entwickelte sie sich zu einem politischen Zeichen für den leitenden Staatsmann als Retter der Bürger und des Staates in einem ideologischen Sinn. Mit der Verleihung an Augustus zu Beginn des Prinzipats 27 v.Chr. wurde sie zu einer (nahezu) exklusiven Auszeichnung der Kaiser.

Kaiserporträts: Historische Veränderungen. Im Lauf der Jahrhunderte werden am römischen Herrscherbild starke Veränderungen deutlich. Dieser Wandel betrifft nicht nur den handwerklichen Stil, sondern vor allem inhaltliche Botschaften. Am Porträt der Herrscher sind vielfach die Privatporträts in Haarmode und Habitus orientiert. Das Bildnis des Herrschers wird zum 'Zeitgesicht'.

AUGUSTUS ist in dem Bildnistypus Prima Porta (Abb. 129) in klassizistisch ruhigen Formen dargestellt, die Erhabenheit vermitteln. In seiner zeitenthobenen Alterslosigkeit strahlt er eine feierliche Würde und fast religiöse Aura aus. Klassische Formen sind hier als Ausdruck eines hochstilisierten politischen Habitus eingesetzt. Seine Nachfolger Tiberius und Caligula schließen im wesentlichen an diese Auffassung an.

CLAUDIUS erscheint, als Angehöriger der iulisch-claudischen Dynastie, grundsätzlich nach dem Muster des Augustus dargestellt (Abb. 133). Das Gesicht ist jedoch weicher bewegt, wirklichkeitsnäher, mit deutlicheren Kennzeichen des beginnenden Alters wiedergegeben. Darin kommt eine gewandelte Auffassung von Herrschertum zum Ausdruck, die sich auch in einem anderen Regierungsstil des Claudius zeigt: Dieser berief sich zwar allgemein auf das Vorbild des Augustus, darum folgte auch sein Bildnis demselben Grundkonzept. Aber er gab die forcierte kühle Selbststilisierung des Augustus auf, trug mehr persönliche Charakterzüge zur Schau und machte seine eigene Person in der Individualität seiner Verhaltensweisen zum Gegenstand öffentlicher Verehrung. Dies wird in der größeren Wirklichkeitsnähe des Bildnisses dargestellt.

17. Porträts

Abb. 133: Claudius (41–54 n.Chr.). Braunschweig, Herzog-Anton-Ulrich-Museum

Abb. 135: Vespasian (69–79 n. Chr.). Kopenhagen, Ny Carlsberg Glyptotek

Abb. 134: Nero (54–68 n. Chr.). Roma, Museo Nazionale delle Terme

NERO war in seinen Bildnissen als vorgesehener Thronfolger noch dem Grundtypus der Dynastie gefolgt. Seine späteren Bildnistypen dagegen stellten ihn in ganz neuer, realistischer Auffassung dar, mit breitem, fleischigem Gesicht und einem kunstvoll frisierten Kranz von Sichellocken, der die Stirn wie ein Nimbus umgibt (Abb. 134). Hier kommt eine starke Abkehr von dem bisherigen Kaiserideal zum Ausdruck: Nero präsentiert sich in seiner fülligen und modischen Erscheinung als Herrscher der üppigen Lebensfülle nach dem Muster hellenistischer Könige.

VESPASIAN, in einer ungeschminkt realistischen Darstellung, mit Glatze, Altersfalten, gepreßten Lippen und nüchtern prüfendem Blick, ist der äußerste Gegensatz zum stilisierten Image des Augustus (Abb. 135). Das Konzept des Claudius ist weiterentwickelt zum Bild eines Herrschers, der als erster nicht aus der stadtrömischen Oberschicht, sondern aus einer unbedeutenden Familie im Sabinerland stammte, der sich als Mensch unter Menschen sah, sich nicht auf vornehme Abstammung, sondern auf seine persönlichen Verdienste berief, den Bürgern nahe sein wollte und sich

Abb. 136: Traian (98–117 n. Chr.). München, Glyptothek

Abb. 137: Hadrian (117–138 n. Chr.). Roma, Musei Capitolini

in Sorge um das Wohl des Staates und der Reichsbevölkerung zeigte. Diese Darstellungsweise kommt wieder Bildnissen der späten Republik nahe.

TRAIAN erscheint in seinen Bildnissen knapper in der Modellierung, aber frei von klassizistischer Stilisierung (Abb. 136). Der zielgerichtete Blick unter dachartig zusammengeschobenen Brauen und der zusammengepreßte Mund verleihen dem kräftig gespannten Gesicht den Ausdruck von Härte und Energie, die einfache Strähnenfrisur kennzeichnet den geradlinigen Heerführer. Traian wird als entschlossener Kriegsherr gezeigt, der das Imperium zu seiner größten Ausdehnung geführt hat.

HADRIAN entwickelte ohne jede Vorstufe ein völlig neues Herrscherbild, das über die antoninischen Kaiser bis zu Septimius Severus Gültigkeit behielt (Abb. 137). Wichtigste Merkmale sind Barttracht und Lockenhaar; als technische Neuerung kommt seit dieser Zeit (bei Hadrian erst teilweise) die eingeritzte Angabe der Pupillen und der Iris hinzu. Mit Bart- und Haartracht nahm Hadrian einen Habitus auf, der seit dem Hellenismus weder von den Herrschern noch von den bürgerlichen Eliten,

sondern von Philosophen und Gebildeten gepflegt wurde. Hadrian hat diese Tracht nicht im engen Sinn der Philosophie, sondern einer allgemein griechisch orientierten Bildung aufgenommen. Darin zeigt er sich als Kaiser, der sich auf ein griechisch aufgeklärtes Herrscherideal stützt und die alten Kulturländer des östlichen Imperium stärker zu integrieren versucht.

MARC AUREL folgt im Prinzip diesem Herrscherideal (Andreae Abb. 489. 491). Durch längeren Bart ist griechische Weisheit, durch aufstrebendes Stirnhaar (Anastolé) herrscherliche Hoheit noch deutlicher hervorgehoben. Stilistisch wird die Wirkung intensiviert durch die stärkere Angabe des Blickes und die Aufbohrung der Locken, deren Licht-Schatten-Wirkung in starkem Kontrast zu der glatt schimmernden Haut steht.

SEPTIMIUS SEVERUS schließt mit mehreren Bildnistypen an das antoninische Herrscherideal an (Abb. 138). Ein weiterer (früher) Bildnistypus zeigt ihn dagegen mit kurzem Haar, einer Soldatentracht, die auch von Offizieren getragen und seit antoninischer Zeit gelegentlich in Bildnissen dargestellt wurde. Marmor-

*Abb. 138: Septimius Severus (193–211 n. Chr.).
Roma, Musei Capitolini*

*Abb. 140: Maximinus Thrax (235–238 n. Chr.).
Kopenhagen, Ny Carlsberg Glyptotek*

technik und Stil werden in dieser Zeit zu stärksten Kontrasten gesteigert: Die Bohrungen lösen Haare und Bart als plastische Körper weitgehend auf. G. Rodenwaldt hat dies als den 'spätantoninischen Stilwandel' beschrieben (s. unten Kapitel 19).

CARACALLA gibt sich mit Kurzhaarfrisur, energisch kontrahierter Stirn und abrupter Kopfwendung als Herrscher zu erkennen, der sich ganz auf das Heer stützte (Abb. 139). Damit steht das Bildnis des Caracalla am Beginn der 'Soldatenkaiser'. Stilistisch gewinnt der Kopf wieder plastische Substanz.

MAXIMINUS THRAX zeigt die typische Physiognomie eines 'Soldatenkaisers': kurz geschorene Haartracht, stilistisch mit oberflächlich eingeritzter Angabe der Haare gestaltet, dazu hart eingekerbte Gesichtszüge (Abb. 140). Die Tracht des Heerführers verbindet sich hier mit der Mimik des sorgenvollen Einsatzes für den Staat.

GALLIEN schließt in der Tracht seiner Bildnisse wieder an ältere Traditionen des Herrscherbildnisses an. Ein erster Typus nimmt in der Frisur mit Zangen und Gabeln Motive von Porträts des Augustus auf, den er auch auf

*Abb. 139: Caracalla (211–217 n. Chr.). Berlin,
Staatliche Museen, Antikensammlung*

Münzen als Vorbild feiert. Später erinnert er mit langen Locken sogar an Alexander d. Gr. (Kraus Taf. 324). In der plastischen Gestaltung werden die hart markierten Formen der frühen Soldatenkaiser durch eine weicher bewegte, entspannte Oberfläche ersetzt. Man hat vielfach von einer inhaltlichen und stilistischen 'gallienischen Renaissance' gesprochen, die von der traditionellen klassischen Bildung des Kaisers ins Leben gerufen und getragen worden sei. Diese Deutung der Phänomene ist aber nicht unbestritten geblieben und bedarf weiterer Diskussion.

DIOCLETIAN und die weiteren Kaiser der Tetrarchie bedeuten in der Bildniskunst einen entscheidenden Schritt der Abkehr von der individuellen Erfassung persönlicher Physiognomien. Köpfe dieser Zeit, die durch äußere Merkmale als Herrscherbildnisse zu erkennen sind, lassen sich meist nicht aufgrund physiognomischer Züge einem bestimmten Kaiser zuweisen; in Gruppenbildnissen sind sie kaum voneinander zu unterscheiden (Kraus Taf. 328; Andreae Abb. 604–605). Darin kommt zum einen die programmatische Einheit der Herrscher zur Darstellung; darüber hinaus ist dies aber ein allgemeineres Phänomen der Entindividualisierung, die zunehmend das Menschenbild der Spätantike prägt.

CONSTANTIN D. GR. schließt mit rasierten Wangen und in die Stirn geführten Sichellocken wieder an Herrscherbildnisse der frühen Kaiserzeit, besonders an solche des Traian an. Ein Kopf von vielfacher Lebensgröße stammt von einem kolossalen Selbstbildnis in der Constantins-Basilica in Rom (Abb. 141). Seine groß gewölbten, entindividualisierten Gesichtszüge, der übernatürlich geweitete Blick und die abstrakt stilisierten Formen der Brauen und Haare geben dem Bild eine überpersönliche majestätische Wirkung, die die Herrscherauffassung der Spätantike zur Wirkung bringt.

Abb. 141: Constantin d. Gr. (306/312–337 n. Chr.). Roma, Musei Capitolini

18. Römische Staatsreliefs*

Eine charakteristische Gattung der römischen Kunst sind Reliefs, meist in größerem Format, mit Themen der Politik. Sie gehören zu öffentlichen Bauwerken und Monumenten, die durch schmückende Bildwerke eine politische Aussage erhalten.

Bereits im klassischen und hellenistischen Griechenland hatte es öffentliche Monumente gegeben, die in ihrem Bildschmuck politische und historische Themen zur Darstellung brachten. Der Tempel der Athena Nike in Athen (um 425 v. Chr.) ist mit einem Fries geschmückt, auf dem die kriegerischen Ruhmestaten Athens gegen die Perser und gegen innergriechische Gegner hervorgehoben sind. Eine andere Gattung zur Darstellung politischer Themen war die große Historienmalerei. Sie ist am besten in dem Alexandermosaik von Pompeii erhalten, einer vorzüglichen Mosaikkopie eines Gemäldes wohl aus dem späten 4. Jh. v. Chr., das eine siegreiche Schlacht Alexanders d.Gr. gegen die Perser und ihren König Dareios schildert (Abb. 162).

Solche Bildwerke, die schon in Griechenland der politischen Verherrlichung von Ruhm und Leistung dienten, stehen am Beginn der Tradition römischer politischer Monumente. Daraus ist, unter spezifisch römischen Voraussetzungen, in der späten Republik und vor allem in der Kaiserzeit die Gattung der römischen Staatsreliefs entstanden.

Situation der Forschung. Die ältere Forschung hat diese Reliefs vor allem als Darstellung konkreter historischer Vorgänge, als Zeugnisse und Illustrationen der Ereignisgeschichte betrachtet. Das kommt in dem traditionellen Begriff 'Historische Reliefs' zum Ausdruck. Diese Auffassung, bei der die bildlichen Darstellungen in die Nähe der dokumentierenden Historiographie gestellt werden, wird aber der Funktion dieser Reliefs grundsätzlich nicht gerecht. Die antike Geschichtsschreibung hat die Schilderung entscheidender Ereignisse und Vorgänge der Vergangenheit zum Thema, die Reliefs dagegen gehören zu öffentlichen Denkmälern, die der expliziten Verherrlichung von Personen der Politik, insbesondere der Kaiser dienen. Die Aufgabe ist nicht informativ, sondern zelebrativ, nicht Aufzeichnung von historischen Fakten, sondern Rühmung von Verdiensten und Tugenden. Die dargestellten Szenen, vielfach religiöse oder politische Zeremonien, haben somit weniger faktischen als repräsentativen Charakter. Die neuere Forschung ist daher verstärkt auf die Untersuchung der ideologischen Botschaften der Reliefs ausgerichtet. In diesem Sinne spricht man von römischen 'Staatsreliefs'.

a. Funktionen

Staatsreliefs sind keine selbständigen Werke. Sie gehören zu politischen Monumenten und haben an ihnen ihre Funktion. Eine grundsätzliche Voraussetzung besteht darin, daß Reliefs nicht, wie in den traditionellen griechischen Architekturordnungen, auf bestimmte Stellen am Bau (Metopen, Friese) beschränkt sind, sondern als großformatige Bilder die Wände der Bauwerke schmücken können. Durch den Bildschmuck werden diese Monumente ideologisch 'zum Sprechen' gebracht.

Folgende Typen von Monumenten wurden vor allem mit Staatsreliefs geschmückt:

Tempel. Die traditionelle Form des Tempelfrieses wurde relativ selten für politische Bildthemen genutzt, wahrscheinlich wegen des ungünstigen Formats und der hohen Position am Bau. Ein Beispiel ist der Fries des Apollo-Tempels beim Circus Flaminius in Rom aus augusteischer Zeit, der ausnahmsweise in In-

---

*Abbildungen:

Andreae	B. Andreae, Römische Kunst (1973).
Kleiner	D.E.E. Kleiner, Roman Sculpture (1992).
Kraus	Th. Kraus, Das römische Weltreich. Propyläen-Kunstgeschichte 2 (1967).
Zanker, AMB	P. Zanker, Augustus und die Macht der Bilder (3. Aufl. 1997).

Abb. 142: Ara Pacis Augustae (Altar der Friedensgöttin) in Rom (Aufbau). 13–9 v. Chr.

neren der Cella umlief. Wie in anderen Fällen ist hier das lange Friesband genutzt, um eine Prozession zu schildern, hier den großen Triumphzug des Octavian im Jahr 29 v. Chr. (Andreae Abb. 235–239).

Altäre. Die Formen römischer Altäre konnten von einfachen Blockaltären bis hin zu aufwendigen architektonischen Anlagen reichen.

Das bekannteste Beispiel eines monumentalen Altars ist die Ara Pacis, der Altar der Friedensgöttin Pax, der zu Ehren des Augustus von Senat und Volk nach seiner Rückkehr aus Gallien und Hispanien 13–9 v. Chr. errichtet wurde (Abb. 142; Andreae Abb. 263–272), als Teil einer Reihe von weiteren Ehrungen. Die Anlage besteht aus einer Einfassungswand mit Eingängen an der Front und der Rückseite, die den Heiligen Bezirk (das '*templum*') eingrenzt, sowie dem eigentlichen Opferaltar im Inneren mit Stufen und seitlichen Altarwangen. Die Einfassungswand trägt an den beiden Längsseiten einen monumentalen, bildfeldartigen Fries, der die Prozession zur Gründung der Ara Pacis schildert. Die Frontseite dagegen zeigte zu beiden Seiten des Eingangs Themen aus der mythischen Frühzeit Roms: Gut erhalten ist das Relief mit Aeneas, dem mythischen Ahnherrn des Augustus, der in Latium ankommt und dort eine weiße Sau opfert, die ihm nach einer Weissagung die Ankunft in seiner neuen Heimat anzeige. Von dem anderen Relief lassen wenige Bruchstücke die Aufzucht der Stadtgründer Romulus und Remus durch die Wölfin erkennen. Aeneas und die Zwillinge stehen als mythische Exempel für *pietas* und *virtus*. Auf der Rückseite entsprachen dem zwei allegorische Bildthemen: zum einen die Erdgöttin Tellus, in der speziellen Bedeutung als Italia, die zwischen zwei Personifikationen von segensreichen Lüften (Aurae) das goldene Zeitalter repräsentiert, das Augustus gebracht haben wollte; zum anderen Roma, auf Waffen sitzend, wohl zwischen den Genien des Senats und des Volkes. Die Herrschaft durch Siege und der Friede, den die Götter schenken, ergänzen einander. Der innere Opferaltar schließlich ist mit dem sog. Kleinen Fries geschmückt, der die jährlichen Opferriten an der Ara Pacis schildert. Insgesamt ist dies ein umfassendes Bildprogramm, zu dem neben realen Zeremonien auch Mythen und Allegorien gehören und das weit über die Darstellung von 'Historie' hinausgeht.

Häufiger sind kleine, blockhafte Opferaltäre, die oft eher bescheidenen Reliefschmuck tragen. Vielfach ist in einfachen Kompositionen das Opfer dargestellt, wie es bei dem betreffenden Kult vollzogen wurde (Andreae Abb. 335).

Ehrenbögen. Die Gattung des freistehenden Bogenmonuments geht auf Vorläufer in Griechenland zurück, hat ihre volle Ausprägung

Abb. 143: Traians-Bogen von Benevent. 109–114 n. Chr.

aber in Rom erhalten. Der übliche Begriff 'Triumphbogen' ist nicht im vollen Sinn zutreffend. Zwar wurden viele Bögen aus Anlaß oder im Zusammenhang von militärischen Siegen errichtet, etwa der Bogen des Septimius Severus in Rom nach dem Sieg und Triumph des Kaisers über die Parther (Andreae Abb. 703). Aber schon der Titus-Bogen in Rom, in dessen Durchgang zwei Reliefs den Triumphzug des Titus nach dem Sieg über die Juden 71 n.Chr. darstellen, war erst zehn Jahre später, nach seinem Tod 81 n. Chr. errichtet worden (Abb. 145; Andreae Abb. 68. 394–395). Vielfach waren sogar ganz andere Verdienste der Anlaß für einen Bogen: Der Traians-Bogen von Benevent wurde dem Kaiser für die Vollendung der Überlandstraße nach Brundisium, der Via Traiana, erbaut (109–114 n. Chr.; Abb. 143; Andreae

Abb. 406–420. 425–428). Darum ist der allgemeinere Begriff 'Ehrenbogen' vorzuziehen.

Besonders reich sind einige Ehrenbögen in Rom mit Reliefs geschmückt: insbesondere der Bogen des Septimius Severus (203 n. Chr.; Andreae Abb. 551–552. 703) und der Bogen des Constantin (315 n. Chr.; Andreae Abb. 421–424. 453–460. 523–530. 617–629. 704). Die meisten dieser Bögen überspannten wichtige Straßen. Dennoch ist ihre Funktion nicht primär die des Durchgangs, sie sind gewöhnlich nicht als Tore in Mauern eingefügt. Nach Plinius (*Naturalis historia* 34,27) war es der Hauptzweck der Bogendenkmäler, Ehrenbildnisse 'über die übrigen Sterblichen' hinauszuheben. Alle Ehrenbögen trugen zumeist vergoldete Standbilder der Geehrten; die Kaiser waren in der Regel in einer Quadriga dargestellt. Münzbilder zeigen in ihren überzogenen Proportionen, daß die Statuen die wichtigsten Motive dieser Denkmäler waren: Die Bögen waren monumentale Postamente. Der Reliefschmuck dient hier in besonders komplexer Weise dazu, den Ruhm des geehrten Herrschers in vielfältigen Szenen zu erläutern.

Ehrensäulen. Nach einer griechischen Tradition wurden römische Bildnisstatuen auch auf Säulen errichtet. Wie bei den Bogenmonumenten sollte die optische Höhe Symbol für den Rang des Geehrten sein. In der Ehrensäule für Traian ist diese Form zu der monumentalen Höhe von 100 Fuß (ca. 29,60 m) plus Sockel gesteigert (Abb. 147; Andreae Abb. 429–430). Die Säule, ursprünglich mit einem Standbild Traians darauf (jetzt Hl. Petrus), wurde nach dem Sieg über die Daker 106 n. Chr. auf dem Traiansforum errichtet und 113 n. Chr. eingeweiht. Neuartig ist der Reliefschmuck: In einem spiralförmigen Reliefband von 23 Windungen sind in fortlaufenden Szenen die beiden Kriege Traians gegen die Daker (101–102, 105–106 n. Chr.) geschildert. Eine zweite Reliefsäule wurde für Marc Aurel nach dessen Tod errichtet (180–193 n. Chr.; Andreae Abb. 431–432). In engem Anschluß an die Traianssäule sind hier die Kriege des Kaisers gegen die Markomannen und andere Nordvölker (169–176 n. Chr.) geschildert. Auch in diesen beiden Denkmälern dient der Reliefschmuck zur Erläuterung des Ruhmes, für den die Ehrung gewährt wurde.

b. Themen

Die Bildthemen der römischen Staatsreliefs haben politischen Charakter. Bezeichnend ist aber, daß nicht so sehr die Vorgänge der Ereignisgeschichte im Vordergrund stehen, sondern vor allem repräsentative Staatsakte und Zeremonien vor Augen geführt werden. Diese Hervorhebung ist nicht primär mit ihrer faktischen, realpolitischen Wirkung, sondern mit ihrer ideologischen Bedeutung begründet: Der Kaiser erscheint in diesen Szenen als Repräsentant eines Herrscherideals mit bestimmten leitbildhaften Tugenden, etwa in Opferszenen als exemplarisches Beispiel der *pietas*.

Diese begrifflichen Leitbilder des römischen Herrschertums, die in den Bildthemen der Reliefs zum Ausdruck gebracht werden, sind am sichersten aus den kaiserlichen Münzprägungen zu erkennen: Dort erscheinen vielfach ähnliche Szenen, die durch Beischriften (sogenannte Legenden) in ihrer ideellen Bedeutung erläutert werden (s. unten). Insgesamt bilden diese Leitbegriffe des römischen Herrscherideals einen einigermaßen stabilen Kanon, in dem sich im Lauf der Jahrhunderte nur begrenzte Veränderungen ergaben. Darum zeigen auch die Staatsreliefs ein verhältnismäßig konstantes Repertoire von Szenen der kaiserlichen Repräsentation, in denen diese Leitvorstellungen präsentiert werden.

Themen der zivilen Politik sind seit der späten Republik und dem Beginn der Kaiserzeit häufig, sie weisen aber ein sehr geringes Spektrum auf: religiöse Zeremonien und administrative Maßnahmen.

Religiöse Zeremonien, Opfer. Dies ist das wichtigste Thema der Staatsdenkmäler des Augustus, das durch die gesamte Kaiserzeit große Bedeutung behielt. Der große Fries der Ara Pacis zeigt die Prozession zur Gründung des Altars, mit Augustus und seinen Lictoren an der Spitze, gefolgt von Priesterschaften, in ihren speziellen Trachten, dahinter die kaiserliche Familie (Andreae Abb. 270. 272). Es ist eine Zeremonie, die bei besonderen Gelegenheiten durchgeführt wurde, mit Beteiligung über die religiösen Funktionsträger hinaus (*supplicatio*). Ein anderer Ritus wird auf dem sog. Doppelopfer-Relief in Paris (Abb. 144) geschildert, wo der Kaiser Tiberius am Altar ein Opfer aus Wein und Weihrauch vollzieht,

Abb. 144: Staatsopfer mit Stier, Schaf und Schwein (suovetaurilia). *Relief von einem Staatsdenkmal. Tiberisch. Paris, Louvre*

und hinter ihm in der Prozession ein Stier, ein Schaf und ein Schwein (*suovetaurilia*, von *sus, ovis, taurus*) als Opfertiere geführt werden. Alle solche religiösen Zeremonien galten als Beweis exemplarischer *pietas*: Auf Münzen des Septimius Severus erscheint der Kaiser beim Opfer mit der Legende *PIETAT[i] AVG[usti]*. *Pietas* war eine zentrale Herrschertugend: Sie bedeutete nicht persönliche Frömmigkeit und Gottergebenheit, sondern die Erfüllung der religiösen Pflichten, beim Herrscher die Erfüllung der Pflichten des Staates gegenüber den Göttern des Staates. Der Kaiser war der höchste Vermittler zwischen der menschlichen Gemeinschaft der Reichsbevölkerung und den Göttern. Insofern war er der Garant von Glück und Stabilität des Reiches. Dies Leitbild der *pietas* wurde vom Kaiser in realen Zeremonien vollzogen und in großen Staatsdenkmälern im Bild vor Augen geführt.

Die komplementäre Ergänzung der kaiserlichen *pietas* gegen die Götter war die *pietas* der Untertanen gegen den Kaiser. Viele Monumente mit Reliefschmuck, von verschiedener Größenordnung, führen in den weiten Bereich des Kaiserkults. Ein Altar aus Rom vom Vicus Aescleti (Zanker, AMB Abb. 108) gehört zu einem folgenreichen Kult, den Augustus selbst gestiftet hatte. Als er 7 v. Chr. die Stadt Rom neu in 265 Bezirke (*vici*) einteilte, verordnete er dort die Einrichtung von gemeinsamen Kultstätten für die Lares (Wegegötter) und den Genius Augusti (eine Art Wirkmacht des Kaisers). Die Reliefszene zeigt die Kultbeamten beim Opfer und die beiden Opfertiere: ein Schwein für die Laren, einen Stier für den Genius des Kaisers.

Administrative Maßnahmen. Szenen der Regierungstätigkeit sind seltener. Die sog. Anaglypha Traiani, zwei freistehende Reliefwerke unbekannter Funktion vom Forum Romanum, zeigen zwei Staatsakte des Traian: Verkündigung eines *congiarium*, d.h. Geldverteilung an die bedürftige Bevölkerung, und Verbrennung von Schuldtafeln, d.h. Erlaß von Schulden an den Staat (Andreae Abb. 654). Beides sind Akte zugunsten breiter Schichten der Bevölkerung, beide werden vor der Kulisse der Staatsarchitektur des Forum Romanum vollzogen. Die ideologische Bedeutung solcher Szenen ist wieder aus Münzbildern zu erkennen: Eine Münze des Nero zeigt eine Geldverteilung mit der sachlichen Erklärung *CONG[iarium]*, während etwa auf einer späteren Münze des Pertinax dieselbe Szene als Exempel der *LIB[eralitas] AVG[usti]*, der Freigebigkeit des Kaisers, umschrieben ist. *Liberalitas* war eine zunehmend wichtige Tugend der kaiserlichen Fürsorge.

Kriegszüge waren seit alter Zeit das zentrale Thema römischer Politik. In republikanischer

Zeit rühmten die Feldherren ihre Siege mit Denkmälern von unterschiedlichsten Formen. Unter Augustus trat die Begeisterung für Kriegshelden, nach den Bürgerkriegen der ausgehenden Republik, etwas in den Hintergrund, er hat sich vor allem als Friedensherrscher präsentiert (s. Ara Pacis); aber auch bei ihm blieb die Sicherung des Friedens durch militärische Stärke die selbstverständliche Grundlage der Politik. Nach ihm traten auch Kriegszüge wieder in den Vordergrund der kaiserlichen Ideologie.

Die repräsentativen Bildthemen des Krieges sind am besten in einem Reliefzyklus des Marc Aurel erhalten (Andreae Abb. 523–533). Acht dieser Reliefs sind von Constantin d. Gr. im Constantins-Bogen zweitverwendet worden; dabei wurden die Köpfe des Marc Aurel durch solche des Constantin ersetzt (und diese wiederum im 18. Jh. durch neuzeitliche Köpfe des Traian). Drei weitere Reliefs des Zyklus, im Konservatoren-Palast in Rom, wurden im originalen Zustand, mit Köpfen des Marc Aurel gefunden. Die ganze Serie, ursprünglich mindestens zwölf Reliefs, muß von einem Ehrenbogen des Marc Aurel stammen, der ihm 176 n. Chr. nach den Kriegen gegen die Markomannen errichtet wurde, unbekannt, an welchem Ort. Diese Reliefs geben keine fortlaufende Schilderung des Kriegsverlaufs, sondern bilden eine Konstellation einzelner Szenen, die typisch für die Auffassung von Politik, Geschichte und der Rolle des Kaisers im Krieg sind. Folgende Themen, weitgehend am Beispiel der aurelischen Serie erläutert, gehören zum Standard der ideologischen Repräsentation des Krieges.

PROFECTIO. Der Auszug des Kaisers in den Krieg (wie auch zu anderen Unternehmungen) wurde in der Realität als ein feierliches Zeremoniell vollzogen und in der Staatskunst entsprechend dargestellt. Das Pendant dazu ist die feierliche Rückkehr und Ankunft (*adventus*, s. unten). Die Szene zeigt einen klar gestalteten Übergang von Drinnen nach Draußen, von der Stadt in die 'Fremde', vom Zivilbereich zum Krieg. Hinter dem Kaiser steht das Stadttor, mit den Vertretern von Senat und Volk, vor ihm liegt die Personifikation der Straße (mit Rad), die Soldaten brechen auf. Die ideologische Aussage solcher Szenen wird auf Münzen des Marc Aurel formuliert, die seinen Aufbruch über die Donaugrenze gegen die Markomannen darstellen: *(vir)TVS AVG[usti]*. In der Bedeutung als militärische Tugend wird der Begriff der *virtus* in den Kriegsszenen der Staatskunst in vielen Aspekten entfaltet.

LUSTRATIO. Eine religiöse Reinigung wurde zu Beginn des Krieges nach altem Ritus zelebriert. Drei Opfertiere, Schwein, Schaf und Stier (*suovetaurilia*), wurden um die versammelten Truppen herumgeführt und dann geopfert. In der Szene erscheint der Kaiser als oberste priesterliche Instanz beim Voropfer am Altar: Seine Frömmigkeit und Voraussicht, *pietas* und *providentia*, werden als Voraussetzung für den Erfolg gepriesen.

ADLOCUTIO. Ansprachen des Herrschers an das Heer waren wichtige Momente der psychologischen Führung: vor dem Kampf zur Aufmunterung, nach dem Sieg zur Belobigung. Die häufige Darstellung solcher Szenen in der Staatskunst steht im Gegensatz zu ihrer 'faktischen' Bedeutung. Für die Ereignisgeschichte sind sie gänzlich unwichtig, um so wichtiger ist aber ihre ideologische Botschaft: Auf Münzen des Commodus wird die *adlocutio* des Kaisers mit der Legende *FIDES EXERCIT[us]* umschrieben. Sie dokumentiert Vertrauen und Treue zwischen Heer und Kaiser, eine zentrale Voraussetzung der Herrschaft.

SUBMISSIO. Die Unterwerfung von Gegnern vor dem Kaiser erscheint in der Staatskunst in zwei Aspekten: freiwillig und erzwungen. Eines der aurelischen Reliefs im Konservatoren-Palast zeigt die willige *submissio* vor dem reitenden Kaiser, dem von seinen Soldaten zwei Feinde zugeführt werden. Die Szene impliziert die unwiderstehliche Siegeskraft der Römer, sie demonstriert dabei aber vor allem die kaiserliche Tugend der *clementia*. Ein Medaillon des Marc Aurel mit dem gerüsteten Kaiser vor einer kniefälligen Personifikation eines unterworfenen Volkes erläutert die Szene mit der Legende *CLEMENTIA AVG[usti]*. Die Milde des Siegers gegenüber den willfährig sich unterwerfenden Gegnern war eine wichtige Strategie der Integration fremder Völker in die römische Herrschaft. Im krassen Gegensatz dazu steht die erzwungene Unterwerfung. Hier werden widerspenstige Gegner, mit pathetischen aber verstockten Gesichtern, gewaltsam vor den Kaiser geschleppt. Sie haben nicht *clementia* zu erwarten, sondern *iustitia*, 'gerechte Strafe'. Die von Vergil klassisch formulierte

Maxime römischer Politik „*parcere subiectis et debellare superbos*", „die sich Unterwerfenden schonen und die Aufbegehrenden unterwerfen" (*Aeneis* 6,853), hat hier noch zwei Jahrhunderte später Geltung.

SCHLACHT. In der aurelischen Reliefserie fehlt eine Schlachtszene. Sonst aber werden gelegentlich Schlachten dargestellt: am eindrucksvollsten in einem monumentalen Relieffries, dem sog. Großen Traianischen Fries, der ebenfalls, in Teile zerschnitten, am Constantins-Bogen wiederverwendet ist (Andreae Abb. 421–424). Die Szene schildert eine Schlacht von Heeresmassen, den Sieg des Traian gegen die Daker (im heutigen Rumänien) 101–106 n. Chr. Bezeichnenderweise ist keine reale Schlachtsituation dargestellt: Der Kaiser erscheint hier eindeutig nicht der Wirklichkeit entsprechend als Feldherr, der die Truppen aus der Distanz organisiert und leitet, sondern stürmt an der Spitze seines Heeres zu Pferd auf die Feinde los und wirft sie im persönlichen Einsatz nieder. Hier kommt zunächst ein altes griechisches Ideal des heldenhaften Vorkämpfers zum Ausdruck: Schon Alexander d. Gr. war im Alexandermosaik an der Spitze seines Heeres gegen den Perserkönig vorgestürmt (Abb. 162). Neu gegenüber der griechischen Auffassung ist die absolute Überlegenheit des römischen Kriegsherrn, gegen den die Feinde nicht den Hauch einer Hoffnung haben. Alexander hat einen gewichtigen Gegner, Traian reitet die Daker widerstandslos nieder. Eine entsprechende Szene wird auf einer Münze des Caracalla als Exempel der *INVICTA VIRTVS* (unbesiegte militärische Mannhaftigkeit) des Kaisers gewertet.

ADVENTUS. Ankunft und Empfang des Kaisers, vor allem in der Hauptstadt, gehörten zu den aufwendigsten Zeremonien des Herrschertums, mehr noch als das Gegenstück, die *profectio*. Auf dem aurelischen Relief ist die Szene des *adventus* durch göttliche Idealfiguren hervorgehoben: Mars als Vertreter des Heeres folgt dem Kaiser, Virtus als Grundlage seines Ruhmes geht ihm voraus. Im Hintergrund stehen Aeternitas und Felicitas: Ewigkeit und Glück der römischen Herrschaft, die der Kaiser gesichert hat, durch seine Siege, die von Victoria über der Gruppe gefeiert werden (Abb. 145). Im *adventus* kristallisieren sich die höchsten ideologischen Vorstellungen, die sich mit dem Kaiser verbinden: Die 'Erscheinung' des 'Retters' im allgemeinsten, umfassenden Sinn.

TRIUMPH. Die großen Siege der Kaiser wurden mit dem traditionsreichen Triumphzug gefeiert. Er führte durch die Porta Triumphalis (beim Forum Boarium) um den Palatin über das Forum zum Kapitol. Auf dem aurelischen Relief steht Marc Aurel auf dem zeremoniellen Triumphwagen mit Viergespann. Ursprünglich stand neben ihm sein Sohn Commodus, dessen Bild nach seiner Ermordung sorgfältig abgearbeitet wurde ('*damnatio memoriae*'). Ähnlich war schon die Darstellung des Triumphes am Titus-Bogen geschildert worden (Abb. 146): Dort wird die Gruppe des Kaisers auf einem zweiten Relief durch die Vorführung der berühmten Beutestücke aus Jerusalem, des siebenarmigen Leuchters und anderer religiöser Geräte, ergänzt. Der Triumph ist die traditionellste Demonstration von *virtus*.

SIEGES-OPFER. Der Abschluß jedes Triumphzuges war das Dankopfer auf dem Kapitol vor dem Tempel des Iuppiter Optimus Maximus. Auf dem aurelischen Relief ist die Giebelkomposition dieses Tempels sehr detailreich wiedergegeben. Der opfernde Marc Aurel wird vom Genius des Senats begleitet, der den Sieg des Kaisers zu einer Sache des Staates macht. Der Kriegsruhm wird hier wieder durch *pietas* ausgeglichen.

CONGIARIUM. Nach dem Sieg folgt eine Spende an das Volk. Der Kaiser sitzt auf einem hohen Podest, rechts von ihm ist wieder sein Sohn Commodus abgearbeitet worden. Die Bevölkerung tritt in verschiedenen Vertretern von unten heran. Die *pietas* gegen die Götter wird hier durch die *liberalitas* gegen die Untertanen ergänzt.

c. Spiralsäulen, kontinuierende Darstellung

Alle bisher betrachteten Reliefs stellen einzelne Szenen in bildartiger Rahmung dar. Eine andere, seltene Möglichkeit bilden die Spiralsäulen. Die Traianssäule ist von einem Reliefband in 23 Spiralen umwunden, auf dem die beiden Dakerkriege in über 100 fortlaufenden Szenen geschildert werden (Abb. 147; Andreae Abb. 429–430). Die erste Windung enthält etwa die Szenen des Übergangs des Heeres über die Donau, eine Beratung in einem Lager, eine Lustratio, eine Adlocutio; es

18. Römische Staatsreliefs

Abb. 145: Einzug (adventus) des Marc Aurel in Rom. Relief von einem Ehrenbogen des Marc Aurel in Rom. 176 n. Chr. Roma, Musei Capitolini

18. Römische Staatsreliefs

Abb. 146: Triumphzug des Titus. Relief aus dem Durchgang des Titus-Bogens in Rom. Nach 81 n. Chr.

Abb. 147: Kriegszüge des Traian gegen Dakien. Ausschnitt aus den Reliefs der Traians-Säule in Rom. 106–113 n. Chr.

folgen Vormärsche in das bergige Innere von Dakien, schließlich eine große Schlacht. Die Szenen gehen ohne Zäsur ineinander über; dabei erscheinen dieselben Personen, vor allem der Kaiser, immer wieder in neuen Situationen. Dafür wurde von der Forschung der Begriff der 'kontinuierenden Darstellung' geprägt. Diese geht hier mit einer Darstellungsweise zusammen, in der die Figuren nicht auf der Bodenlinie stehen, sondern einer ausgestalteten Umgebung von Landschaft und Architektur eingeordnet sind.

Das Ziel ist ein fortlaufender konkreter Kriegsbericht. Dabei werden viele individuelle Szenen geschildert: Etwa die Belagerung einer zentralen Bergfestung mit ihren gewundenen Mauern, die Auffindung des Königsschatzes in einem Wald, die Verfolgung und der Selbstmord des Dakerkönigs Decebalus. Dennoch spielen auch hier die typischen Szenen des kaiserlichen Zeremoniells eine große Rolle: Opfer, Adlocutio, Unterwerfung etc. Auch der 'sachliche' Kriegsbericht ist stark von ideologischen Leitvorstellungen durchsetzt und gegliedert.

d. Geschichtsauffassung

Insgesamt betrachtet, haben die römischen Staatsreliefs wenig herausragende Ereignisse zum Thema; im Vordergrund stehen feierliche Zeremonien und vor allem die Person des Kaisers. Staatsakte und Rituale repräsentieren seine Tugenden und ideologischen Leitbilder: das Opfer weist auf *pietas*, der Triumph auf *virtus*, die Adlocutio auf *fides* und *concordia*, das Congiarium auf *liberalitas* usw.

Diese ideellen Leitvorstellungen hatten schon unter Augustus eine große Bedeutung. Zu Beginn seiner Regierung hatte er von Senat und Volk einen goldenen Ehrenschild (*clupeus virtutis*) erhalten, auf dem seine vier Haupttugenden *virtus*, *clementia*, *iustitia* und *pietas* gerühmt wurden. Diese Herrschertugenden standen wiederum in der Tradition der hellenistischen Königsideologie. Während der Kaiserzeit bildeten diese Leitvorstellungen zwar keinen festen Kanon, einzelne Kaiser konnten neue Aspekte entwickeln. Aber insgesamt handelte es sich um ein relativ konstantes Repertoire von Bildthemen. Das entspricht der relativ statischen Ideologie von Herrscher und Reich. Der Herrscher ist Realisator einer weitgehend festen Rolle mit einigermaßen konstanten Aspekten. Letzten Endes ist das ein Ausdruck der relativ statischen Situation des römischen Reiches und seiner politischen Ordnung von Augustus bis in das 3. Jh. n. Chr.

19. Römische Sarkophage*

Sarkophage mit Reliefschmuck sind seit dem 2. Jh. n. Chr. eine dominierende Gattung der römischen Bildkunst. Von den kaiserzeitlichen Sarkophagen führen besonders enge Traditionen zur frühchristlichen Kunst. In nachantiker Zeit, vor allem seit der Renaissance, haben Sarkophage die bedeutendste Rolle für die Rezeption der antiken Kunst, sowohl der Bildmotive wie der Stilformen, gespielt.

Situation der Forschung. Die wissenschaftliche Erforschung römischer Sarkophage erhielt ihre wichtigste Grundlage seit 1890 durch das Corpus der antiken Sarkophagreliefs (ASR). Das Interesse war zunächst, entsprechend der damals engen Verbindung der Archäologie zur Klassischen Philologie, auf die mythologischen Bildthemen und ihr Verhältnis zur antiken Literatur gerichtet. Ein neuer Ansatz zur Deutung wurde von Franz Cumont (1942) vertreten, der die sepulkrale Funktion der Sarkophage in den Vordergrund stellte und die Reliefbilder, im Sinne eines 'symbolisme funéraire', als Ausdruck eschatologischer Jenseitsvorstellungen interpretierte. Diese Deutungen haben z. T. berechtigte Kritik erfahren und auch grundsätzliche Kontroversen darüber hervorgerufen, wie weit die Bilder der Sarkophage als Ausdruck religiöser Vorstellungen, gesellschaftlicher Repräsentation oder etwa als gebildeter Dekor aufzufassen sind. Die deutsche Forschung um das Sarkophag-Corpus hat diese Probleme mit einem gewissen Skeptizismus weitgehend aufgegeben und sich auf Fragen der Typologie, der Chronologie und der Erschließung lokaler Werkstätten im Römischen Reich konzentriert. Die eigentlich vordringliche Frage nach der Bedeutung der Bildthemen im Kontext des Grabes ist erst in jüngster Zeit wieder mit neuen Ansätzen aufgenommen worden. Hier liegen noch wichtige und interessante Aufgaben für die zukünftige Forschung.

a. Chronologie und Typologie

Anfänge der Sarkophage mit Reliefschmuck. Die dichte Reihe römischer Reliefsarkophage beginnt in Rom selbst in traianisch-hadrianischer Zeit. Bis dahin war die vorherrschende Form der Bestattung in Rom die Aschenurne gewesen. Damit ist zugleich die Frage nach dem Verhältnis von Brand- und Körperbestattung aufgeworfen.

Brand- und Körperbestattungen sind in der Antike nach Epochen und Regionen wechselnd, oft auch nebeneinander geübt worden (s. auch oben Kapitel 13). Dabei scheinen nicht so sehr spezifische religiöse Vorstellungen als vielmehr unterschiedliche rituelle Formen gesellschaftlicher Selbstdarstellung eine Rolle gespielt zu haben. In der griechischen Kultur dominieren Brandbestattungen; steinerne Sarkophage mit Reliefschmuck sind nur aus den Grenzgebieten zum Vorderen Orient erhalten. Das bekannteste Beispiel ist der sog. 'Alexander-Sarkophag' von Sidon, der einem lokalen, von Alexander d. Gr. eingesetzten König gehörte (Ende 4. Jh. v. Chr.; Boardman, GPspätklassZ Abb. 228,1–3). Die Reliefs stellen Szenen des Krieges und der Jagd mit Bezug auf den Grabherrn dar. Eine Tradition zu den römischen Reliefsarkophagen ist nicht zu erkennen.

In Italien hatten die Etrusker in verschiedenen Städten teils Urnen für Brandbestattungen, teils Sarkophage für Körperbestattungen benutzt. Beide Gattungen konnten mit Reliefs geschmückt sein (besonders 3.–1. Jh. v. Chr.; H. Kähler, Rom und seine Welt [1958] Taf. 41, vgl. 40).

In Rom dagegen war Brandbestattung in Urnen von unterschiedlicher Form seit der Republik vorherrschend. Seit der frühesten Kaiserzeit entwickelte sich hier eine umfangreiche Produktion von Marmorurnen, deren dekora-

---

*Abbildungen:

Boardman, GPspätklassZ	J. Boardman, Griechische Plastik. Die spätklassische Zeit und die Plastik in Kolonien und Sammlungen (1998).
Koch – Sichtermann	G. Koch – H. Sichtermann, Römische Sarkophage (1982).

tiver Reliefschmuck auf die Funktion als Grabmal bezogen ist (Koch – Sichtermann Abb. 12–59). Sie wurden in den Innenräumen großer Grabbauten aufgestellt, die jedoch vor allem nach außen z. T. mit Porträtstatuen und Reliefschmuck an den Fassaden auf öffentliche Wirkung und Repräsentation angelegt waren. Einzelne Familien allerdings, besonders die Cornelier, pflegten seit republikanischer Zeit die Tradition der Körperbestattung. Das bedeutendste Beispiel ist der Sarkophag des L. Cornelius Scipio Barbatus, um 300 v. Chr., aus dem Grab der Scipionen an der Via Appia (Koch – Sichtermann Abb. 2). Aus der frühen Kaiserzeit sind eine Reihe von schlicht geschmückten Sarkophagen erhalten; relativ aufwendig der Sarkophag Caffarelli, in Berlin, mit elegantem Girlandenschmuck (Koch – Sichtermann Abb. 3).

Im frühen 2. Jh. n. Chr. setzte dagegen in Rom eine dichte Reihe von Sarkophagen mit reichen figürlichen Reliefs ein. In den Provinzen, vor allem in Athen und Kleinasien, nahmen lokale Werkstätten diese Impulse auf. Gleichzeitig wurde allerdings vielfach weiter in Urnen bestattet. Für das Vordringen der Sarkophage wurden verschiedene Erklärungen vorgebracht: etwa neue religiöse Strömungen mit Vorstellungen vom Weiterleben nach dem Tod, die die Erhaltung des Körpers notwendig gemacht hätten; oder neu eindringende gesellschaftliche Gruppen aus dem Osten mit eigenen religiösen und sepulkralen Traditionen, die sich dann weiter verbreitet hätten. Alle diese Erklärungen stoßen auf Widersprüche in den Befunden und sind nicht haltbar. Offensichtlich handelt es sich in erster Linie um eine Begräbnisform, die mit einer Abkehr der Grabriten von öffentlicher Repräsentation und einer Hinwendung zu abgeschlossenen Feiern der Angehörigen zusammenhängt. Entsprechend verloren die Fassaden der Grabbauten an Bedeutung gegenüber den aufwendig geschmückten Grablegen im Inneren. Hierfür wurde die repräsentative Gattung der Sarkophage gewählt, die für anspruchsvolle Begräbnisse geeignet war. Für einfachere Bestattungen wurden daneben, z. T. in denselben Grabbauten, weiterhin Urnen verwendet.

Produktion, Typologie. Die Sarkophage der Kaiserzeit sind gewöhnlich keine individuellen künstlerischen Schöpfungen, sondern Produkte für einen sich immer weiter verbreitenden Brauch. Werkstätten, die z. T. in großen Mengen wenig anspruchsvolle Steinkästen herstellten, gab es an vielen Orten im römischen Reich. Die bedeutendsten Zentren aufwendiger Reliefsarkophage waren Rom, Athen und Dokimeion (Kleinasien). Von diesen und anderen Orten aus entwickelte sich ein starker Handel, auch über weite Strecken; dabei wurden die Sarkophage z. T. als Rohlinge oder als Halbfabrikate zum Bestimmungsort transportiert und dort ausgearbeitet bzw. auch in halbfertigem Zustand verwendet. Häufig wurden bei ansonsten fertig gearbeiteten Reliefsarkophagen die Porträtköpfe in Bosse stehen gelassen, um sie erst später auszuarbeiten. Die dafür denkbaren Gründe, Herstellung auf Vorrat oder dergleichen, sind alle nicht durchweg überzeugend.

Für die Formen und Verzierungen der Sarkophage haben sich in den einzelnen Werkstätten verschiedene typologische Traditionen herausgebildet. Die stadtrömischen Sarkophage, vom frühen 2. Jh. n. Chr. bis in die Spätantike, haben in der überwiegenden Mehrzahl die Form von längsrechteckigen Kästen, seltener von Wannen mit abgerundeten Seiten. Die Verzierung mit Reliefs konzentriert sich bei den Kästen auf die vordere Langseite, die Nebenseiten sind sehr viel weniger sorgfältig gearbeitet, die Rückseite bleibt gewöhnlich unverziert. Athen, mit den berühmten Marmorbrüchen vom Pentelikon, entwickelte etwa von 140 bis 260 n. Chr. eine Produktion von Sarkophagen mit 'klassischen' Themen und Stilformen; sie tragen auf allen vier Seiten Reliefs, die von waagerechten Schmuckleisten eingefaßt sind (bes. Koch – Sichtermann Abb. 411 ff.). Exporte in das ganze Reich bezeugen die Beliebtheit dieser von 'klassischer' Bildung geprägten Produktion. Dokimeion, ebenfalls mit ergiebigen Marmorvorkommen, bildete vor allem einen Typus repräsentativer Sarkophage mit architektonischer Blendordnung auf allen vier Seiten, sog. Säulensarkophage, aus, die ebenfalls weite Verbreitung gefunden haben (bes. Koch – Sichtermann Abb. 487 ff.).

Für die Reliefkompositionen wurden vielfach mehr oder minder feste Muster (Typen) entwickelt und nach Bedarf oder Geschmack modifiziert. Diese Produktionsweise ist be-

19. Römische Sarkophage

Abb. 148: Medea/Kreusa-Sarkophag. Um 160 n. Chr. Berlin, Staatliche Museen, Antikensammlung

Abb. 149: Medea/Kreusa-Sarkophag. Um 190 n. Chr. Basel, Antikenmuseum

sonders deutlich an den stadtrömischen Sarkophagen mit mythologischen Themen zu erkennen. Auf einer Reihe von Sarkophagen ist der Mythos von Medea dargestellt, deren Gemahl Iason sie verlassen hatte, um Kreusa, die Tochter des Königs von Korinth, zu heiraten. Auf einem Sarkophag in Berlin (Abb. 148) werden in vier Szenen hintereinander geschildert: die Hochzeit des Iason mit Kreusa, zu der Medea ihre beiden Kinder geschickt hat, die der Braut ein mit Brandgift getränktes Gewand überreichen sollen; die Qualen der Kreusa, die in dem Gewand verbrennt, und die Verzweiflung ihres Vaters; die Rache der Medea, die die Ermordung ihrer mit Iason gemeinsamen, nichts ahnenden Kinder plant; die dramatische Abfahrt der Medea durch die Luft auf einem von Schlangen gezogenen Wagen. Diese Folge von Szenen erscheint auf weiteren Sarkophagen, etwa einem Exemplar in Rom, Museo Nazionale (Koch – Sichtermann Abb. 180), in mehr oder minder genauer Wiederholung. Offensichtlich sind die beiden Kompositionen nicht unabhängig voneinander entstanden. Da es grundsätzlich unwahrscheinlich ist, daß eines der beiden Exemplare das direkte Vorbild für das andere ist (man muß mit großen Lücken der Erhaltung rechnen), müssen beide auf ein gemeinsames, verlorenes 'Urbild' zurückgehen. Auf anderen Sarkophagen sind die Unterschiede größer. Ein Sarkophag in Basel (Abb. 149) zeigt dieselbe Folge von vier Episoden. Doch jede dieser Szenen ist mit weiteren Figuren ausgeschmückt;

die Figuren und ihre Anordnung, etwa das Brautpaar in der linken Szene, stimmen nicht genau überein; auch der Stil ist anders, die Proportionen der Figuren sind stark gelängt, die Kontraste zwischen der hellen Oberfläche der Figuren und den dunklen Einschnitten dazwischen sind stärker. Trotz dieser Abweichungen kann jedoch kein Zweifel sein, daß auch dieser Sarkophag mit demselben 'Urbild' zusammenhängt.

Bei der Untersuchung solcher Serien sind grundsätzlich zwei Zielrichtungen möglich. Zum einen kann man versuchen, aus den verschiedenen Exemplaren und ihren Varianten das verlorene 'Urbild', den Archetypus, zu rekonstruieren. Das bedeutet, die Unterschiede der einzelnen Exemplare festzustellen und zu entscheiden, welche Motive auf das 'Urbild' zurückgehen können und welche Züge Abweichungen darstellen. Wichtige Kriterien dafür sind zunächst, welche Züge in solchen Exemplaren erscheinen, die nach ihrem Stil relativ früh zu datieren sind, ferner, welche Elemente in mehreren Exemplaren gleich oder ähnlich überliefert sind. In diesem Sinn kann man den Archetypus der Medea-Sarkophage nach den Exemplaren in Berlin und Rom rekonstruieren, die untereinander weitgehend übereinstimmen und relativ früh entstanden sind. Dagegen bleibt der Sarkophag in Basel in der Komposition isoliert, ist nach seinem Stil später entstanden und muß deshalb eine Weiterbildung des Archetypus darstellen. Die 'Urbilder' müssen vielfach in der hadrianisch-antoninischen Frühphase der Sarkophagproduktion entwickelt worden sein. Dabei wurden z. T. ältere Kompositionen in anderen Kunstgattungen verwendet und für die Sarkophage adaptiert.

Zum anderen sind die Veränderungen der Archetypen in den einzelnen erhaltenen Exemplaren aufschlußreich. Die Kompositionen wurden zunehmend inhaltlich und stilistisch den veränderten Vorstellungen neuer Epochen angepaßt. Dadurch wurden sie zu Trägern vielfältiger, sich wandelnder Aussagen über gesellschaftliche Rollen der Verstorbenen, ideale Konzepte des Lebens und verschiedene Auffassungen vom Tod und einem Fortleben danach. So betrachtet, sind die Sarkophage wichtige Quellen für die Geschichte der Bilderwelt wie der Stilformen der Kaiserzeit.

Veränderungen der Stilformen. Die Serien römischer Sarkophage lassen am besten die Veränderungen der Stilformen in der mittleren und späten Kaiserzeit erkennen. Im 2. Jh. n. Chr. kann die Chronologie an die fest datierten Staatsreliefs angeschlossen werden; seit dem späteren 2. und besonders im 3. Jh. n. Chr. bilden vor allem die Porträts ein Gerüst für die Datierung, das dann auch für die Entwicklung der übrigen Stilformen auf denselben Reliefs verwendet werden kann. Wenige Beispiele können das grundsätzlich erläutern. Eine große Zahl von Sarkophagen zeigt den Mythos von Selene, der Göttin des Mondes, die bei Nacht den von ihr geliebten schönen Hirten Endymion besucht. Ein frühes Exemplar in Rom, Musei Capitolini (ca. 130 n. Chr.; Abb. 152), zeigt die Szene in einer klar strukturierten Komposition, auf wenige Figuren konzentriert, die sich auf einem festen Reliefgrund ausbreiten. Bei einem Exemplar in New York (ca. 160; Koch – Sichtermann Abb. 156) ist der Bildraum dichter mit zusätzlichen Figuren gefüllt, die stärker vom Grund abgesetzt sind; dadurch entstehen kräftige Kontraste zwischen den hellen Körpern und den dunklen Zwischenräumen. Die weitere Entwicklung ist besser an dem Medea-Sarkophag in Basel (um 190; Abb. 149) zu erkennen: Die Figuren sind eng zusammengedrängt und fast rundplastisch vor den Reliefgrund gesetzt; die Körper sind überaus gelängt, erscheinen in ihrer Substanz stark aufgelöst, gewinnen dafür an expressiver Beweglichkeit. Die Komposition ist wie ein helles Netz vor den dunklen Grund gespannt. Diese Stilentwicklung in der Zeit um 180–190 n. Chr. hat Gerhart Rodenwaldt als den 'spätantoninischen Stilwandel' beschrieben. Erst seit dem 2. Viertel des 3. Jh. n. Chr. bekommen die Sarkophage wieder plastische Substanz, jetzt z. T. in monumentalen Formaten, etwa auf einem Endymion-Sarkophag in Rom, Palazzo Doria (um 230 n. Chr.; Koch – Sichtermann Abb. 161).

b. Bildthemen und Bedeutung

Die Bedeutung der Bildthemen auf römischen Sarkophagen wird von der Forschung z. T. sehr kontrovers beurteilt und ist in vieler Hinsicht noch unklar. Eine Grundfrage geht dahin, wieweit die Themen retrospektiv, auf das Leben der Verstorbenen, oder prospektiv, auf ihr Fortleben nach dem Tod, orientiert sind. Dabei ist in jedem Fall vor einseitigen Positionen zu warnen. Zwar gibt es eindeutige Bilder, die den Tod und die Vorstellung von der Existenz danach zum Thema haben. Andererseits aber trifft die vielfach vertretene Meinung, Themen des Grabes müßten sich immer auf Tod und Jenseits beziehen, weder für die antiken, noch für die meisten anderen Kulturen zu (s. auch oben Kapitel 13). Grab und Begräbnis haben nicht nur den Zweck, die Toten in die neue Form ihres Daseins zu überführen, sondern auch, die Gemeinschaft der Lebenden unter Einschluß der Toten zu bestätigen. Daher haben die Wertvorstellungen der Gesellschaft und die Rolle der Verstorbenen in der Gesellschaft eine oft größere Bedeutung als die individuelle Hoffnung auf ein 'Jenseits'. Dies wird bestätigt von den römischen Grabinschriften, deren Themen eindeutiger lesbar sind als die der Bilder, und die die verschiedenartigsten Aussagen enthalten: über Leistungen und Tugenden der Verstorbenen in ihrem Leben, über das Geschick des Todes, der ein unwiderrufliches Ende bedeutet, aber auch über ein Leben nach dem Tod. Und über dies 'Jenseits' gibt es ein breites Spektrum von Vorstellungen, von einem schattenhaften Dasein in der Unterwelt bis zur Entrückung in ein Elysium oder zur Versetzung unter die Sterne. All dies, und vielleicht noch anderes, kann auch in den Bildern erwartet werden. Bildwerke und Inschriften der Gräber stellen, im Angesicht des Todes, einen vielfältigen Diskurs über Themen der menschlichen Existenz dar.

Die Inschriften auf den Sarkophagen sind wichtig wegen der Namen der Verstorbenen, teilweise auch zur Bestimmung ihres sozialen Standes. Für das Verständnis der spezifischen Reliefthemen auf den betreffenden Sarkophagen ergeben sie seltener Aufschlüsse.

Von den Zentren der römischen Sarkophagproduktion hat Rom die bei weitem größte Bedeutung: Auf den stadtrömischen Sarkophagen wird ein reiches Spektrum von Bildthemen entwickelt, die auf das Leben und den Tod der Verstorbenen Bezug nehmen. Hier kann die Frage nach den bildlichen Diskursen am Grab am klarsten gestellt und beantwortet werden.

Eindeutig sind Sarkophage mit Bildern aus dem menschlichen Leben: Sie stellen retrospektiv gesellschaftliche Rollen und Leistungen der Verstorbenen vor Augen. Eine bekannte Gruppe von Sarkophagen zeigt vier Szenen aus dem Leben eines Feldherrn, die ähnlich von kaiserlichen Staatsreliefs bekannt sind (s. oben Kapitel 18). Auf einem Exemplar in Los Angeles (Abb. 150) erscheint zunächst ein Kampf von römischen Reitern gegen Barbaren; danach der Feldherr, wie er die Unterwerfung einer Familie von Barbaren entgegennimmt; sodann derselbe Feldherr, wie er vor der Front eines Tempels ein feierliches Staatsopfer darbringt, wegen der Militärtracht offenbar das Opfer vor dem Auszug; schließlich noch einmal der Feldherr im Handschlag vereinigt mit seiner Ehefrau. Für die Deutung ist es aufschlußreich, daß die Szenen nicht in chronologischer Folge angeordnet sind: Normalerweise heiratete man vor Antritt der höheren militärischen Ämter, und auch die anderen Themen ergeben keine biographische Folge. Offensichtlich sollen, wie in der kaiserlichen Staatskunst, politische Leitmuster gerühmt werden: im Kampf *virtus*, in der Unterwerfung *clementia*, im Opfer *pietas*, in der Ehe *concordia*. Dies ist ein überpersönlicher Kanon, der deshalb auf Sarkophagen, etwa einem Exemplar in Mantua (Koch – Sichtermann Abb. 93), für andere Personen nahezu unverändert übernommen werden kann. Weitere beliebte Themen aus dem Menschenleben sind Schlachten, Jagden, Beamtenstatus, Ehepaare, Kinderszenen (Koch – Sichtermann Abb. 73 – 92. 97 – 116).

Schwieriger ist die Deutung von Sarkophagen mit Bildern von Mythen. Dabei ist grundsätzlich davon auszugehen, daß die Mythen nicht als beliebig zitiertes Bildungsgut dargestellt werden, sondern in engem Bezug zu dem Verstorbenen und seiner sozialen Welt stehen. Dieser Bezug wird in den späteren Phasen, erstmals um 160 n. Chr., z. T. explizit zum Ausdruck gebracht, indem die Hauptpersonen des Mythos mit den Porträtzügen der Verstorbenen ausgestattet werden, z. B. Achill und die Amazonenkönigin Penthesilea (Abb. 153): Im Bild des Mythos wird eine Aussage über die Verstorbenen gemacht. Dieser aktuelle Bezug der Mythen muß, wenn auch weniger direkt, von Anbeginn beabsichtigt gewesen sein.

Die Themen der Mythen haben ein breiteres Spektrum als die des menschlichen Lebens.

19. Römische Sarkophage

Abb. 150: Feldherrn-Sarkophag. Um 160–180 n. Chr. Los Angeles, County Museum

Abb. 151: Feldherrn-Adonis-Sarkophag. Um 210 n. Chr. Berlin, Staatliche Museen, Antikensammlung

Auch hier gibt es retrospektive Themen. Wenn auf einem Sarkophag in Rom, Museo Nazionale (Koch – Sichtermann Abb. 95), der griechische Held Neoptolemos vor Troia wie ein römischer Feldherr die Unterwerfung von Gegnern entgegennimmt, so ist das ein deutlicher Hinweis auf die öffentliche Rolle des Grabherrn: Nach dem ruhmreichen Exempel des mythischen Heros werden auch von dem Verstorbenen Qualitäten der militärischen Führung, *virtus* und *clementia*, gerühmt. Andere Mythen bringen das Ideal der *virtus* in Szenen der Jagd zum Ausdruck, etwa die Jagd des Meleager und seiner Genossen auf den Kalydonischen Eber (Koch – Sichtermann Abb. 184–185). In einem stärker übertragenen Sinn stehen etwa auch die Kämpfe des Hercules gegen verschiedene Bestien, Monster und Unholde für die Tugend der *virtus* (Koch – Sichtermann Abb. 166–168). Auf dem Sarkophag eines Feldherrn in Berlin (um 200 n. Chr.; Abb. 151) sind in diesem Sinn zwei Szenen aus dem Leben des Verstorbenen, Gemeinschaft im Handschlag mit der Ehefrau und Siegesopfer, mit dem mythischen Eberjagd des Adonis verbunden: Der Mythos von *virtus*, Schönheit und frühem Tod ergänzt und überhöht die lebensweltlichen Leitbilder der *concordia* und *pietas*.

Ein zentrales Thema, das mit vielen Mythen in immer wieder neuen Aspekten durchgespielt wird, sind die Rollen der Geschlechter, bezogen auf die Verstorbenen: Achill und Deidameia, Achill und Penthesilea (Abb. 153), Hippolytus und Phaedra, Adonis und Venus/Aphrodite, Mars und Rhea Silvia (die Mutter von Romulus und Remus; Koch – Sichter-

19. Römische Sarkophage

Abb. 152: Endymion-Sarkophag. Um 130–140 n. Chr. Roma, Musei Capitolini

Abb. 153: Achilleus-Penthesilea-Sarkophag. Um 230–240 n. Chr. Roma, Musei Vaticani

mann Abb. 136–137. 141–142. 151–152. 170–171). Alle diese und viele andere mythische Paare stellen ein reiches Spektrum von Leitbildern vor Augen: Männlichkeit von jugendlicher Attraktivität bis zu kriegerischem Heldentum, und Weiblichkeit von bewunderter Schönheit bis zu aktiver Erotik.

Besonders vielschichtig ist der Mythos von Endymion. Ein Sarkophag in Rom, Musei Capitolini (Abb. 152) gehörte einem Mädchen Gerontia; es geht also nicht um den Schlaf des jungen Hirten als Bild für einen glücklichen Tod, wie man gedeutet hat. Sondern gemeint ist das Glück der jungen Frau mit einem schönen Jüngling in idyllischer Umgebung. Man geht wohl nicht fehl, wenn man vermutet, daß hier sowohl an das Glück in dem zu früh beendeten Leben als auch an die tröstende Hoffnung auf die Fortsetzung dieses gemeinsamen Glücks nach dem Tod gedacht ist. Auf dem

275

Sarkophag in Rom, Palazzo Doria (Koch – Sichtermann Abb. 161) ist der Vorgang nicht nur mit Porträtköpfen direkt auf die Verstorbenen bezogen, sondern auch durch die Gestalten der Erdgöttin Tellus, des Sonnengottes Sol (links oben), der neben Selene zusätzlichen Mondgöttin Luna (rechts oben) und anderer Figuren in einen kosmischen Rahmen gestellt, in dem das Weiterleben nach dem Tod gesichert ist.

Daneben wird vielfach das Schicksal des Todes zum Thema gemacht. In diesem Sinn ist auf einem Sarkophag im Vatikan (Koch – Sichtermann Abb. 189) der Mythos der Niobiden zu verstehen. Niobe hatte sich in hybridem Stolz ihrer sieben Söhne und sieben Töchter gerühmt, gegenüber der Göttin Leto, die nur Apollon und Artemis zu Kindern hatte. Die beiden Götter hatten ihre Mutter gerächt und die Kinder der Niobe allesamt mit ihren Pfeilen erschossen. Dieser Mythos wurde in der Antike als Inbegriff der Grausamkeit des Todesschicksals zitiert: in der Jugend, noch vor der Blüte des Lebens, unschuldig erlitten, von einer ungreifbaren höheren Gewalt geschickt – und gegen die natürliche Folge der Generationen müssen die Eltern die Kinder begraben.

Ein anderer berühmter Mythos des Todes ist der Raub der Persephone durch Hades, den Gott der Unterwelt. Viele Sarkophage, etwa ein Exemplar in Rom, Palazzo Rospigliosi (um 170 n. Chr.; Koch – Sichtermann Abb. 203), zeigen die Szene, wie das Mädchen, wild gestikulierend, von dem Räuber abtransportiert wird: ein Bild hilfloser Ausgeliefertheit. Ein späterer Sarkophag in Rom, Musei Capitolini (um 230 n. Chr.; Koch – Sichtermann Abb. 205), zeigt die Braut mit Bildniszügen einer römischen Frau: Hier ist der Bezug auf die Verstorbene explizit gemacht. Vor allem aber ist sie hier nicht mehr ein verzweifeltes Opfer, sondern eine würdig neben dem Gott fahrende Göttin. Damit ist die Bedeutung entscheidend verschoben: Nach der Entführung wurde Persephone als Gemahlin des Hades zur Herrscherin der Unterwelt. Nicht mehr die Brutalität des Todes, sondern die Aussicht auf ein Leben in Würde im Reich der Toten ist hier die Perspektive. Die Mythen sind polyvalent, ihr Potential wird im Lauf der Zeit immer wieder neu ausgeschöpft. Dabei geht eine der verschiedenen Tendenzen in die Richtung stärkerer Betonung von kosmischen Aspekten.

Reine Visionen eines idealen und glücklichen Lebens werden mit einer Reihe von weiteren, besonders häufigen Themen evoziert, die über die Schilderung von konkreten Szenen des Lebens oder der mythischen Welt hinausgehen. Musen und Philosophen repräsentieren ein Ideal der Bildung, das in der späteren Kaiserzeit zu einer nahezu religiösen Erfahrung gesteigert wurde (Koch – Sichtermann Abb. 260–266). Vielgestaltige Meerwesen, teils Mann, Tier und Fisch, tragen nackte Frauen über die Wasser, als Symbol unbeschwerten, der Wirklichkeit enthobenen erotischen Glückes (Koch – Sichtermann Abb. 239–244). Dionysos/Bacchus und sein Thiasos entfalten eine Glückswelt, die von bukolischer Idylle bis zu triumphalem Rausch reicht (Koch – Sichtermann Abb. 221–236). Eroten in vielfältigen Darstellungen entwerfen eine Welt voller Heiterkeit und Leichtigkeit (Koch – Sichtermann Abb. 245–252). Jünglingshafte Personifikationen von Jahreszeiten umgeben viele Sarkophage mit einer kosmischen Dimension (Koch – Sichtermann Abb. 253–259). In diesen Themen ist die Frage, ob retrospektiv oder prospektiv, wohl absichtlich in der Schwebe gehalten.

Auf den attischen Sarkophagen werden Girlanden, Eroten und der dionysische Thiasos von Satyrn und Mänaden in einprägsamer dekorativer Wirkung gestaltet (Koch – Sichtermann Abb. 447 ff., 454 ff., 467 ff.). Sehr häufig sind Themen aus den großen 'klassischen' Mythen: Szenen aus dem Krieg um Troia als Exempel für kämpferisches Ethos und Schicksal (Koch – Sichtermann Abb. 440–443); die Jagd auf den Kalydonischen Eber als Ideal männlicher Arete (Koch – Sichtermann Abb. 429–432); Hippolytos und Phädra als Drama von Liebe, Heldenhaftigkeit und Tod (Koch – Sichtermann Abb. 425–428). Bei den kleinasiatischen Säulensarkophagen hatte die architektonische Gliederung zur Folge, daß Mythen nicht in narrativen Szenen, sondern nur in einzelnen Figuren oder Gruppen dargestellt wurden, etwa die Taten des Herakles (Koch – Sichtermann Abb. 487. 489). Weit häufiger sind statuarische Darstellungen der Grabinhaber mit ihren Familien im Kreis 'gebildeter' Begleiter (Koch – Sichtermann Abb. 488. 490–491).

20. Malerei*

„Wer die Malerei nicht schätzt, verschmäht die Wahrheit und versündigt sich auch am Kunstverständnis, das die Dichtung angeht; denn beide Künste wenden sich den Taten und Gestalten der Heroen zu…". Dies schrieb im 3. Jh. n. Chr. der griechische Schriftsteller Philostratos (*Eikones* 1), dem die farbenprächtige Malerei „als eine Erfindung der Götter" galt. Bereits in archaischer Zeit nannte der Lyriker Simonides aus Keos „die Malerei eine stille Dichtkunst, die Dichtkunst aber eine redende Malerei" (Plutarch, *Moralia* 346 f.). Diese und ähnliche Aussagen antiker Schriftsteller belegen, daß die Malerei in der Antike hohes Ansehen genoß, sogar ein höheres als die Bildhauerei, der sie Variationsmöglichkeiten in der Erzählung sowie die farbige Nachahmung der Realität voraus hatte. Nachvollziehen läßt sich diese Wertung heute kaum noch, da weit weniger Zeugnisse der Malerei als der Bildhauerei erhalten sind und besonders von den literarisch überlieferten Meisterwerken kein einziges mehr existiert.

Material und Technik. Die schlechte Überlieferungslage der großen Malerei ist wesentlich durch die Bildträger und ihr Material bedingt. Für die Meisterwerke verwendete man bevorzugt Holz, darüber hinaus wurden Bilder auf Ton, Stein und Stuck, seltener auf Materialien wie Glas, Elfenbein und Leinwand gemalt; Architekturteile und verschiedene Objekte (z.B. Statuen, Reliefs) konnten farbig gefaßt, d.h. bemalt werden. Es standen unterschiedliche, in der antiken Literatur (besonders Plinius, *Naturalis historia* 35; Vitruv, *De architectura* 7,7 – 14) teilweise beschriebene Maltechniken zur Verfügung, die je nach Material des Bildträgers ausgewählt wurden:

▪ Auf Ton wurde vorwiegend mit brennfesten Erdfarben bzw. Tonschlicker gemalt (s. ausführlich Kapitel 22), seltener auch mit bunten Deckfarben.

▪ Stein bemalte man ohne Grundierung in der Temperatechnik, bei der die Farben mit wasserlöslichen Bindemitteln und Öl- bzw. Fettzusatz vermischt wurden.

▪ Auf Holztafeln bediente man sich der Temperatechnik oder Enkaustik, bei der Wachs als Bindemittel für die Pigmente fungierte. Die kalte oder erwärmte Farbemulsion wurde mit Pinseln oder Metallinstrumenten aufgetragen; für das bei Plinius erwähnte abschließende Einbrennen der Wachsfarben gibt es keine archäologischen Zeugnisse. Die aufwendige Enkaustiktechnik gewährte längere Haltbarkeit und größere Brillanz der Farben.

▪ Bei der Wandmalerei bestand der Malgrund aus Kalkmörtel, der in mehreren, immer feiner werdenden Schichten auf die Wand aufgetragen und an der Oberfläche geglättet wurde. Die reinen oder mit Bindemitteln (Leimwasser, Kasein, Marmormehl) versetzten Farben wurden auf den feuchten Putz gemalt; chemische Reaktionen während des Trockenprozesses führten zu einer Art Versinterung der Oberfläche und damit zu einer haltbaren Verbindung von Malerei und Bildträger. Besonderen Glanz erhielten die bemalten Wände durch eine abschließende Politur mit punischem Wachs. Neben dieser Technik 'al fresco' wurden die Farben auch 'al secco', d.h. auf den trockenen Kalkmörtel, aufgetragen.

Farben. Die farbliche Gestaltung, die essentiell zum Wesen der Malerei gehört, läßt sich anhand der erhaltenen antiken Bilder nur unvollständig rekonstruieren. Ergänzende Informationen bieten Schriftquellen und moderne Spezialuntersuchungen etwa mit UV- und Streiflichtaufnahmen. Farbpigmente wurden aus anorganischen Substanzen (Erd- und Mineralfarben), aus pflanzlichen und tierischen Substanzen sowie auch schon künstlich (z.B. Blau aus zerstoßenem Glas) hergestellt. Farben konnten rein oder gemischt aufgetragen werden.

---

*Abbildungen:

Scheibler, GM   I. Scheibler, *Griechische Malerei in der Antike* (1994).
Ling   R. Ling, *Roman Painting* (1991).

20.1 Griechische Malerei

Keines der in den Schriftquellen gerühmten griechischen Wand- und vor allem Tafelbilder ist erhalten geblieben. Die unterschiedlichen erhaltenen Zeugnisse können nur eine vage Vorstellung von den verlorenen Werken vermitteln.

■ Schriftquellen: Überliefert sind die Namen bedeutender Künstler, Titel bzw. Themen ihrer wichtigsten Werke, Charakteristika der Malweise und technische Errungenschaften, vereinzelt auch ausführliche Bildbeschreibungen. – Von den theoretischen Schriften der Maler selber über Kunst (ab 5. Jh., besonders 4. Jh. v. Chr.), d. h. zu Fragen der Technik, Farben, Proportionen etc., ist nichts direkt, nur weniges in Zitaten indirekt erhalten.

■ Archäologische Funde: insgesamt spärlich, überwiegend aus dem sepulkralen Kontext.

■ Reflexe in anderen Gattungen und Epochen: besonders in der zeitgenössischen Vasenmalerei, in Mosaiken (ab Ende 5. Jh. v. Chr.), in der römischen Wandmalerei (ab 1. Jh. v. Chr., besonders mythologische Bilder in den Häusern der Vesuvstädte).

a. Künstlergeschichte

Zahlreiche Namen griechischer Maler werden von antiken Autoren überliefert, besonders von Plinius (*Naturalis historia* 35), der die Maler nach ihrem Akme-Datum, dem Höhepunkt ihres künstlerischen Schaffens, chronologisch ordnet und ihre wichtigsten Errungenschaften aufführt. Aus der Fülle von Künstlern stechen drei Maler heraus, die schon in der Antike zu den berühmtesten zählten:

POLYGNOT aus Thasos, tätig um 480–440 v. Chr., war der bedeutendste aus einer Gruppe von wegweisenden Malern der frühen Klassik. Als Hauptwerk galten dem Altertum die Bilder in der Lesche (Versammlungsraum) der Knidier in Delphi, die den Untergang Troias mit dem Aufbruch der Griechen in die Heimat sowie Odysseus in der Unterwelt (Pausanias 10,25, 1 ff.; Rekonstruktion: Scheibler, GM Abb. 17) zeigten. Die Figuren waren auf verschiedenen Ebenen angeordnet, teilweise auch durch Geländelinien verdeckt. Diese Höhenstaffelung wurde als kompositorische Innovation gegenüber der zuvor verbindlichen einheitlichen Standlinie von manchen zeitgenössischen Vasenmalern übernommen. In Athen malte Polygnot mehrere mythologische Wand- und Tafelbilder, u. a. eine Iliupersis (Zerstörung Troias) in der nach ihrem Bildschmuck benannten Stoa Poikile (bunte/ausgemalte Halle) an der Agora.

ZEUXIS aus Herakleia (wohl in Unteritalien), tätig etwa 435–390 v. Chr., war berühmt für seine ausgereifte Licht-Schattenmalerei. Zu seinen bekanntesten Werken zählte die Darstellung einer Kentaurenfamilie, die sich in Athen befand und eine 'idyllische Familienszene' dieser wilden Mischwesen in freier Natur zeigte: Die Kentaurin nährt ihre Kinder, während der Vater den Nachwuchs mit einem Löwenjungen neckt (Lukian, *Zeuxis* 3ff.; Rekonstruktion: Scheibler, GM Abb. 11. 93). Für seine Helena, die er für die unteritalische Stadt Kroton oder das sizilische Agrigent malte, soll Zeuxis fünf Aktmodelle zugleich beschäftigt und von jeder nur die schönsten Körperpartien übernommen haben (Plinius, *Naturalis historia* 35,64; Scheibler, GM Abb. 1).

APELLES, um 380/70 v. Chr. im ostionischen Kolophon geboren, lernte in Ephesos und in der berühmten Malerschule von Sikyon. Er wirkte in Athen, Korinth, Rhodos, Kos und Alexandria. Seine Akme fällt in die Jahre 332–29 v. Chr., als er am makedonischen Königshof tätig war. Apelles galt als so herausragender Porträtmaler, daß Alexander d. Gr. sich angeblich allein von ihm offiziell darstellen ließ. Gerühmt wurden neben seinen zeichnerischen Fähigkeiten (hauchdünne Linien) die Grazie und Naturwahrheit seiner Werke. Als Hauptwerk galt die für Kos geschaffene Aphrodite Anadyomene, d. h. aus dem Meer auftauchend, erwähnt sind auch Allegorien und Personifikationen (u. a. 'Verleumdung': Lukian, *Diabole* 5 ff.; Rekonstruktionen: Scheibler, GM Abb. 9–10).

b. Denkmäler

Nachdem mit der minoisch-mykenischen Kultur auch die qualitätvolle monumentale Wandmalerei untergegangen war (s. oben Kapitel 10), setzte die Entwicklung griechischer Malerei erst wieder im Laufe des 8. Jh. v. Chr. ein. Die frühesten Zeugnisse bilden bemalte Tontäfelchen (*pinakes*), die hauptsächlich vom

Abb. 154: Junger Mann, ins Meer springend. Gemälde aus dem 'Grab des Tauchers' in Paestum. Um 480 v. Chr. Paestum, Museo

8.–6. Jh. v. Chr. hergestellt und als Weihgaben in Heiligtümern verwendet wurden (wichtige Fundorte z. B. Aegina, Akropolis Athen, Poseidonheiligtum in Penteskouphia bei Korinth). Sie spiegeln in ihrer rechteckigen, auf die Bildfunktion reduzierten Form deutlich die Erfindung der Tafelmalerei wieder. Hölzerne Pinakes haben sich erst aus dem 6. Jh. v. Chr. erhalten: In einer den Nymphen geweihten Höhle in Pitsa bei Korinth konnten vier kleine Holztafeln geborgen werden, auf denen neben einer Weihinschrift an die Nymphen eine vielfarbig gestaltete Opferszene zu sehen ist (Scheibler, GM Abb. 40). Bemalte Tontafeln fanden in der Architektur als Verkleidungsplatten oder Metopen Verwendung: Zu den bedeutendsten Vertretern zählen die Metopen des Tempels C in Thermos (Aitolien) aus dem 7. Jh. v. Chr.; eine der sechs erhaltenen Platten zeigt Perseus, in weitem Schritt in seinen Flügelschuhen nach rechts eilend, mit dem Haupt der Medusa in der Tasche unter dem rechten Arm (Scheibler, GM Abb. 31). Auch auf Stein wurde im 7. Jh. v. Chr. bereits gemalt: Aus dem kretischen Prinias stammen 22 Kalksteinplatten, die ursprünglich wohl in Grabbauten eingelassen waren. Sie weisen figürliche Ritzungen auf, die als gravierte Vorzeichnungen für farbig gefaßte Flächen dienten. Dargestellt sind überwiegend Krieger mit Schild und Lanze, aber auch Frauen mit Spindeln. Wandmalerei ist durch den Fund farbiger Putzfragmente im Poseidon-Tempel von Isthmia belegt, dessen Cellawände ursprünglich figürlich und ornamental geschmückt waren. Den erhaltenen Denkmälern zufolge wurde im 7. Jh. v. Chr. mit Umriß- und Binnenzeichnung sowie monochrom gefaßten Flächen und einer reichen Farbpalette das Fundament für die Entwicklung der griechischen Malerei geschaffen.

Originalzeugnisse großer figürlicher Malerei sind vor allem aus Gräbern bekannt, die sich mehrheitlich in den Randzonen der griechischen Welt erhalten haben. Schon in spätarchaischer Zeit manifestierte sich deutlich griechischer Einfluß in den Grabmalereien Unteritaliens und Etruriens. In der Tomba del Tuffatore in Paestum wurden Anfang des 5. Jh. v. Chr. die Wände mit Symposionszenen und der Deckel mit einem kopfüber in die Wellen springenden jungen Mann geschmückt (Abb. 154). Das ungewöhnliche Motiv des Kopfsprungs wird häufig als symbolischer Übergang vom Diesseits ins Jenseits, vom Leben in den Tod, gedeutet, könnte aber auch konkret als Darstellung einer sportlichen Tä-

20. Malerei

Abb. 155: Fassade des sog. Philipps-Grabes in Vergina, mit Jagdfries in der Attikazone (Rekonstruktions-Zeichnung). Um 320 v. Chr.

tigkeit verstanden werden: Schwimmen und Tauchen gehörten als athletische Übungen zur Lebenswelt jugendlicher Aristokraten, genauso wie das ebenfalls dargestellte Trinkgelage. Denselben Themenbereichen entstammt auch ein Großteil des Bildrepertoires etruskischer Gräber des späten 6. und des 5. Jh. v. Chr.

Von der Blütezeit griechischer Malerei im 4. Jh. v. Chr. zeugen besonders die makedonischen Kammergräber, allen voran drei Beispiele, die 1977 unter einem großen Grabhügel in Vergina entdeckt wurden: An der Fassade des Grabes, in dem Philipp II. oder Philipp Arridaios beigesetzt worden sein soll, ist eine vielfigurige Jagdszene dargestellt: Männer zu Pferd und zu Fuß erlegen einen Eber und einen Löwen (Abb. 155). Der stark zerstörte Fries zeichnet sich durch nuancenreichen Einsatz der Farben, Angabe von Landschaftselementen und raffinierte Schrägansichten und Verkürzungen aus. Die Entführung der Persephone durch Hades im benachbarten kleineren Grab ist fast impressionistisch rasch und einfach dargestellt, wie es literarisch für den am makedonischen Hof tätigen Nikomachos überliefert ist, der ein Bild gleichen Themas gemalt hat (Scheibler, GM Abb. 39. Taf. IV).

Sepulkralen Kontexten entstammen auch in den folgenden Jahrhunderten wichtige Beispiele für griechisch-hellenistische Malerei (Wandmalereien und Stelen z. B. in Alexandria, Demetrias in Thessalien, Kazanlak in Thrakien). Daneben mehrten sich im Hellenismus vor allem in der Wohnarchitektur die seit dem 5. Jh. v. Chr. üblichen Wandverkleidungen im sog. Mauerwerk- oder Zonenstil (s. unten Römische Malerei, sog. 1. Stil), die nun z. T. mit ornamentalen und figürlichen Friesen bereichert wurden (z. B. Pella, Priene, Delos).

c. Reflexe

Als wichtigster Reflex der verlorenen Monumentalmalerei sind die zeitgenössischen figürlich bemalten Vasen (s. unten Kapitel 22) zu werten, die bis in den Hellenismus in dichter zeitlicher Folge überliefert sind. Maßgebliche Unterschiede betreffen aber die Größe und Form der Bildträger (bei Vasen gerundete Gefäßkörper), die Farbigkeit (bei Vasen gewöhnlich deutlich reduziert) sowie die Malweise (Vasenmalerei blieb im wesentlichen Zeichenkunst). Die Vasenmalerei erlaubt demzufolge nur begrenzt Aussagen über Komposition und Kolorit der Monumentalmalerei; für Fragen der Stilentwicklung, Motivgeschichte und Erzählweise bildet sie jedoch die beste Quelle.

Der figürliche und ornamentale Schmuck von Kieselmosaiken, die in dieser Form ab dem Ende des 5. Jh. v. Chr. vor allem in Wohnbauten verlegt wurden, könnte in Anlehnung an oder sogar als Kopie zeitgenössischer Malerei entstanden sein, als Vorbilder kommen aber auch Textilien in Frage. Das gilt ebenfalls für die erst im 3. Jh. v. Chr. einsetzenden, viel feineren Tessellatmosaiken (zu Mosaiken s. unten Kapitel 21). Das prominenteste Beispiel bildet das Alexandermosaik, das Ende des 2. Jh. v. Chr. in der Casa del Fauno in Pompeii verlegt wurde und eine Schlacht zwischen Alexander d. Gr. und dem Perserkönig Dareios zum Thema hat (Abb. 162). Von der Mehrheit der Forscher wird dieses Mosaik als Kopie eines griechischen Schlachtenbildes gedeutet, das der Maler Philoxenos von Eretria in der zweiten Hälfte des 4. Jh. v. Chr. geschaffen haben soll. Jüngst wurde das Vorbild aber auf Basis der dargestellten Realia deutlich später datiert (Ende 3. – Mitte 2. Jh. v. Chr.) und entsprechend Philoxenos als Urheber ausgeschlossen.

Mehrfach versuchte man, verlorene griechische Meisterwerke aus den Mythenbildern römischer Wandmalerei zu gewinnen, auch wenn diese Nach- oder Umbildungen griechischer Originale entscheidend von der Stilentwicklung römischer Malerei geprägt sind. Meisterzuschreibung und Identifizierung literarisch überlieferter Kunstwerke sind zudem nur in wenigen Fällen begründet möglich. Relativ sicher lassen sich z. B. mehrere Darstellungen der von Argos bewachten Io in Rom und Pompeii auf ein Original des Nikias von Athen aus dem 4. Jh. v. Chr. zurückführen, das sich in der frühen Kaiserzeit wohl in Rom befand (Scheibler, GM Abb. 22. 23). Der großfigurige Fries in der Villa von Boscoreale (ca. 50–40 v. Chr.) ist eine Wiederholung eines Gemäldes, das vermutlich im späten 3. Jh. v. Chr. an einem hellenistischen Königshof entstanden ist, sich aber weder genau rekonstruieren und deuten noch einem Maler zuweisen läßt (Scheibler, GM Abb. 79). Umstritten ist die Frage des Vorbildes auch bei einem weiteren berühmten Freskenzyklus des 1. Jh. v. Chr./1. Jh. n. Chr. (2. oder 3. pompeianischer Stil, s. unten) mit Szenen aus der Odyssee, der in einem Haus auf dem Esquilin in Rom gefunden wurde (Scheibler, GM Taf. VIIIb): Kleine Figuren bevölkern plastisch gestaltete und tiefenräumlich gestaffelte Landschaftskulissen. Lange Zeit galt der Zyklus wegen der auffälligen Landschaftswiedergabe, die man als Errungenschaft hellenistischer Malerei in Anspruch nahm, als Kopie nach einem Original des 2. Jh. v. Chr. Nach jüngeren Untersuchungen zum Malprozeß sind ein Kopiervorgang und damit ein griechisches Vorbild auszuschließen.

d. Aufgaben und Bildinhalte

Themen und Inhalte der Bilder waren im allgemeinen ihrer Funktion und Verwendung bzw. Aufstellung angepaßt. Das gesamte thematische Spektrum läßt sich aus dem Bestand originaler griechischer Malerei nicht mehr ablesen; auch hier müssen ergänzend Schriftquellen und Reflexe in anderen Kunstgattungen hinzugezogen werden. In Griechenland wurden vier große Bereiche mit Bildern geschmückt: Heiligtümer, öffentliche Bauten (etwa Stoai an der Agora), private Bauten (Wohnhäuser) und Gräber. Neben polyvalenten Themen wie Götterbildern, Mythen als Exempla, gesellschaftliche Lebenswelt (Rollenbilder Mann – Frau) und Tierfiguren gab es solche, die eher für spezifische Kontexte geschaffen wurden.

Im sepulkralen Bereich wurden vor allem die Verstorbenen in ihren idealen gesellschaftlichen Rollen dargestellt; daneben treten Szenen des Totenkultes (z.B. Totenklage, Totenmahl, Leichenspiele, Totenehrung am Grab) und Bilder, die das Leben nach dem Tod thematisieren (z.B. Totenrichter, Weg in die Unterwelt, Unterwelt-Mythen). Ein Kammergrab des 3. Jh. v.Chr. im makedonischen Lefkadia wurde mit einer aufwendigen zweistöckigen Säulenfassade versehen. Zwischen den Säulen des unteren Geschosses sind zu beiden Seiten der Tür je zwei Figuren dargestellt (Scheibler, GM Abb. 62): Von links geleitet Hermes den Verstorbenen, einen Krieger, zu den inschriftlich benannten Totenrichtern Rhadamantys und Aiakos.

In Heiligtümern fanden Gemälde als Votive und – wie in den anderen Bereichen auch – als Schmuck der Gebäude Verwendung. Dargestellt wurden Götter und die zugehörigen Mythen, Themen religiösen Inhalts (z.B. Opferbräuche, Kultrituale) und vor allem Heroensagen. Die Bilder der bescheideneren Votivtäfelchen reflektieren häufig persönliche Stiftungsanlässe (z.B. Dank und Bitte für Gesundheit und Schutz, Dank für agonale Siege).

Für den öffentlichen Kontext wurden nach den Perserkriegen Gemälde politisch-historischen Inhaltes in Auftrag gegeben, besonders Schlachtengemälde, die militärische Siege der Polis feierten. In der Stoa Poikile auf der Athener Agora entstand um 460 v.Chr. ein Gemäldezyklus, der neben der Zerstörung Troias von Polygnot und einer Amazonenschlacht von Mikon Darstellungen der zeitgenössischen Schlachten bei Marathon und Oinoe enthielt. Auf dem Marathongemälde waren drei ausgewählte Abschnitte des berühmten Kampfes der Griechen gegen die Perser dargestellt: links der erste Zusammenstoß der Plataier und Athener mit den Persern im Beisein von Athena, Herakles, Theseus und Marathon (Ortsheros), in der Mitte die Verfolgung der Feinde in einer sumpfigen Gegend, rechts der Kampf an den feindlichen Schiffen. An diese Tradition knüpften die hellenistischen Herrscher seit Alexander an, die nicht nur ihre militärischen Erfolge, sondern darüber hinaus auch Jagdszenen als Beweis ihrer kriegerischen Arete (Tüchtigkeit, Vortrefflichkeit) malen ließen. In der auf dem Alexandermosaik dargestellten Schlacht stürmt Alexander von links auf seinem Pferd heran und verfolgt mit seinen Soldaten den persischen Großkönig Dareios, der mit Viergespann und Heer panisch die Flucht ergreift (Abb. 162). In die politische Kategorie gehören auch die zahlreichen Bildnisse, die Herrscher in unterschiedlichen Altersstufen, Posen und Habit, allein oder aber in genealogischen Porträtgalerien zeigten.

Aus dem privaten Bereich hat sich kaum figürliche Malerei erhalten. Der in der Wohnarchitektur dominante Mauerwerk- oder Zonenstil ließ nur wenig Platz für Bilder (auf Friesen, Aufstellung von Pinakes auf Gesimsen); die Existenz von Pinakes und Pinakotheken ist nur literarisch und durch Darstellungen in der römischen Wandmalerei bezeugt. Reichen Figurenschmuck weisen einzig die an den Außenwänden von Häusern (Delos) angebrachten sog. liturgischen Wandmalereien auf, die in Zusammenhang mit den *compitalia* (auf Straßen gefeiertes Larenfest) angebracht und häufig erneuert wurden. Sonst blieben Bilder im Haus auf andere Gattungen beschränkt: Böden (Kiesel- und Tessellatmosaiken), Plastik (Relief, Rundplastik), Möbel bzw. bewegliche Ausstattung im weitesten Sinne (z.B. figürlich verzierte Klinen, Vasen, Stoffe).

20.2 Römische Malerei

Die Quellen für römische Malerei unterscheiden sich in Anzahl und Art wesentlich von denen für griechische Malerei. Unter den erhaltenen Zeugnissen dominiert quantitativ die Wandmalerei, allen voran die aus den Wohnbauten der Vesuvstädte (Pompeii, Herculaneum und Stabiae). Diese Gewichtung zugunsten der Wandmalerei ist nicht nur dem Zufall der Überlieferung zuzuschreiben, vielmehr scheint es sich um ein spezifisch römisches Phänomen zu handeln, beklagt doch Plinius (*Naturalis historia* 35,118) ausdrücklich den Wechsel von der Tafel- zur Wandmalerei in seiner Zeit.

Schriftquellen. In den Schriftquellen werden weit weniger römische als griechische Maler mit ihren Werken namentlich erwähnt, und kaum einer wird so gefeiert wie seine griechischen Kollegen. In der Zeit der mittleren Republik muß der Malerberuf als durchaus ehrenvoll gegolten haben: 304 v. Chr. erlangte ein Fabius, Mitglied einer angesehenen Aristokratenfamilie, Ruhm durch seine Wandgemälde im Tempel der Salus in Rom; sein Beiname 'Pictor' vererbte sich anschließend sogar in der Familie (Plinius, *Naturalis historia* 35, 19). In spätrepublikanischer Zeit waren nach Ausweis der überlieferten Namen noch viele griechisch-orientalische Maler für römische Auftraggeber tätig, häufig wohl als deren Sklaven oder Freigelassene. Diese waren vermutlich nicht nur besser geschult als ihre römischen Konkurrenten, sondern beherrschten vor allem das damals bevorzugte griechische Bildrepertoire. In der Kaiserzeit wird das Gros der erhaltenen Wandmalereien von Werkstätten vor Ort ausgeführt worden sein, deren im Team arbeitende Spezialisten (Figurenmaler, Ornament- und Hintergrundmaler, Landschaftsmaler, Stuckateure) weitgehend anonym bleiben. Berühmte Künstler wie Fabullus oder Famulus, der nur wenige Stunden am Tage, aber diese mit großer Feierlichkeit und mit der Toga bekleidet in der Domus Aurea des Kaisers Nero malte, bilden die Ausnahme.

Neben der Wandmalerei seien nur zwei Gattungen römischer Malerei separat aufgeführt, die sich weniger nach dem Material des Bildträgers als vielmehr nach ihrer Funktion ordnen lassen.

Historienmalerei. Die Historienmalerei zählt neben anderen Gattungen (z. B. Staatsreliefs, s. oben Kapitel 18) zur offiziellen Repräsentationskunst; sie ist Ende des 4./Anfang des 3. Jh. v. Chr. entstanden. Faßbar ist sie nur anhand literarischer Hinweise und einiger weniger Reflexe in Grabmalereien. Siegreiche Imperatoren ließen Gemälde mit Szenen der gewonnenen Kriege anfertigen, auf denen u. a. Schlachten, eroberte Städte und Plätze, geographische Karten mit eingezeichneten Kampforten sowie Bilder der besiegten Herrscher und Völker zu sehen waren. Diese Bilder, mehrheitlich wohl Tafelbilder, wurden bei Triumphzügen mitgeführt, in öffentlichen Gebäuden und auf Plätzen zur Schau gestellt und in Tempel geweiht. Betont wird immer die wirklichkeitsnahe Schilderung dieser Malerei, aber über die Darstellung einmaliger historischer Vorgänge und namentlich gekennzeichneter Personen hinaus wurde vermutlich auf allgemeine politische Leitbegriffe wie *virtus*, *honos*, *fides* etc. hingewiesen. Dies gilt zumindest für die verwandte Gattung der Staatsreliefs wie auch für das früheste erhaltene Beispiel römischer Historienmalerei, ein Freskofragment aus dem Fabiergrab vom Esquilin in Rom, ursprünglich Teil eines großen Bilderzyklus aus dem frühen 3. Jh. v. Chr. mit Szenen aus den Samnitenkriegen (Ling Abb. 6). Die vier erhaltenen Register zeigen Kampfszenen als Demonstration römischer *virtus* und Vertragsabschlüsse als Exempla für *fides populi Romani* zwischen den namentlich gekennzeichneten Protagonisten M. Fanius und M. Fabius.

Porträtmalerei. Porträts spielten in der römischen Kunst eine wichtige Rolle, im Rahmen des Ahnenkultes wie der öffentlichen Repräsentation (s. oben Kapitel 17). Gemalt wurden Porträts auf verschiedene Materialien wie Holz, Leinwand, Glas und Stuck. In der Wandmalerei der Häuser und Gräber bildeten Porträts offenbar kein bevorzugtes Thema.

Besondere Beachtung verdienen die Mumienporträts, die im kaiserzeitlichen Ägypten (1. – Mitte 3. Jh. n. Chr.) vorwiegend auf Holztafeln gemalt und in die Mumien an Stelle der altägyptischen Masken eingebunden wurden. An diesem singulären größeren erhaltenen Komplex römischer Tafelmalerei läßt sich in einzigartiger Weise die Maltechnik (Enkaustik, Wachstempera und Wasserfarben) und Polychromie antiker Malerei studieren. Die mittlerweile 900 – 1000 bekannten Stücke wurden überwiegend im Fayum (große Oase in der libyschen Wüste) gefunden, wo sie das trockene Wüstenklima gut konserviert hat. Dargestellt sind individuell wirkende Porträts vorwiegend junger Menschen und Kinder, deren Äußeres deutlich griechisch-römischen Einfluß verrät.

Wandmalerei
Die heutige Kenntnis nicht nur römischer Wandmalerei, sondern antiker Malerei überhaupt, beruht wesentlich auf den Befunden aus den 79 n. Chr. verschütteten Vesuvstädten. Diese Überlieferungssituation hat sich deutlich in der Forschungsliteratur niedergeschlagen. Die erste fundierte wissenschaftliche Publikation legte 1882 August Mau mit seiner „Geschichte der decorativen Wandmalerei in Pompeji" vor, in der er die damals bekannten pompeianischen Wandgemälde in vier große Gruppen, die sog. 'Stile' einteilte. Der Begriff 'Stil' ist unglücklich gewählt, da Mau die Gruppen keineswegs nach formal-stilistischen Kriterien, sondern typologisch nach dem Gliederungsschema der Wände unterschied. Trotz geeigneter alternativer Benennungen wie 'Dekorationssystem' oder 'Typ' hat sich die Bezeichnung der 'vier Stile' mittlerweile in der Fachliteratur fest etabliert. Sie wurde sogar über den ursprünglichen Radius Pompeiis bzw. der Vesuvstädte hinaus für die Klassifizierung der gesamten römischen Malerei bis 79 n. Chr. übernommen. Auch die mehrfach angezweifelte Chronologie Maus ist durch jüngere Untersuchungen in den Grundzügen bestätigt worden und besitzt bis heute Gültigkeit. In der heutigen Forschung werden folgende Fragenkomplexe diskutiert:

▪ Stil und Datierung: Abgrenzung der Stile untereinander, Feinunterteilung der einzelnen Stile, Meister- und Werkstattzuschreibungen. Die chronologische Abfolge der Stile ist ein idealtypisches Modell; die Stile sind nicht zeitlich klar abgegrenzt aufeinander gefolgt, sondern es gab fließende Übergänge, zahlreiche Überschneidungen, gleichzeitige Verwendung von 'alten' und 'neuen' Stilen.

▪ Gründe für Stilwandel: Der These einer linearen Formentwicklung, nach der jeder Stil logisch aus dem vorherigen im Sinne einer eigengesetzlichen Formentwicklung hervorging, steht die Meinung gegenüber, daß Stilwandel immer auf eine Neuorientierung der Politik, Gesellschaft und Mentalität und damit auf einen bewußten Schaffensakt von Auftraggebern und Künstlern zurückzuführen ist. Diskutiert werden diese unterschiedlichen Standpunkte vor allem für den 2.–4. Stil.

▪ Technik der Malerei: Farben, Maltechnik, Arbeitsprozeß, Werkstattbetrieb.

▪ Verhältnis griechischer zu römischer Kunst: Herkunft der Stile, Einflüsse, Vorbilder; Frage nach genuin römischen Anteilen; Bilder als Kopien griechischer Meisterwerke.

▪ Bildthemen bzw. -programme und ihre Deutung bzw. Bedeutung (Ikonographie und Ikonologie): Ab der zweiten großen Phase des 2. Stils (s. unten) beherrschen gemalte Tafelbilder mit überwiegend mythologischen Themen das Zentrum vieler Wände. Die Bilder, häufig wohl als Kopien griechischer Meisterwerke entstanden oder gemeint und nach dem Vorbild griechischer Pinakotheken zu Bildersammlungen gruppiert, müssen für die römischen Auftraggeber eine wichtige Rolle gespielt haben. Deshalb wird diskutiert, nach welchen Kriterien – formal-ästhetischen oder inhaltlich-thematischen, repräsentativen oder religiösen – römische Hausherren die Bilder ausgewählt haben, ob nach individuellen Präferenzen oder Zeitgeschmack etc.

▪ Kontext der Dekoration: Verhältnis der Dekoration zu Form und Funktion des zugehörigen Raumes und zur gesamten Ausstattung des Hauses. Stilgeschichte wurde und wird in der einschlägigen Fachliteratur vor allem anhand besonders reich und sorgfältig gestalteter Wanddekorationen geschrieben, die sich überwiegend in den Prunkräumen von Villen oder vornehmen Stadthäusern befinden. Daneben gibt es aber in allen Epochen schlichte Ausstattungen, sog. Nebenzimmer-Dekorationen, die in einfachen Räumen oder bescheidenen Häusern verwendet wurden und deutlich die enge Verbindung zwischen Dekoration und Funktion bzw. Rang eines Raumes bezeugen.

1. Stil: „Incrustationsstil" (A. Mau), 'masonry style', 'Mauerwerkstil', 2. Jh. – ca. 80 v. Chr.
Dieser Stil ist die römische Version eines griechischen Dekorationssystems, dessen Anfänge bis ins 6. Jh. v. Chr. zurückreichen und das in der gesamten griechisch-hellenistischen Welt Verbreitung fand. Dabei werden auf den Wänden durch farbige Malerei, Ritzung oder plastische Gestaltung Aufbau und Aussehen einer monumentalen Quadermauer nachgeahmt:

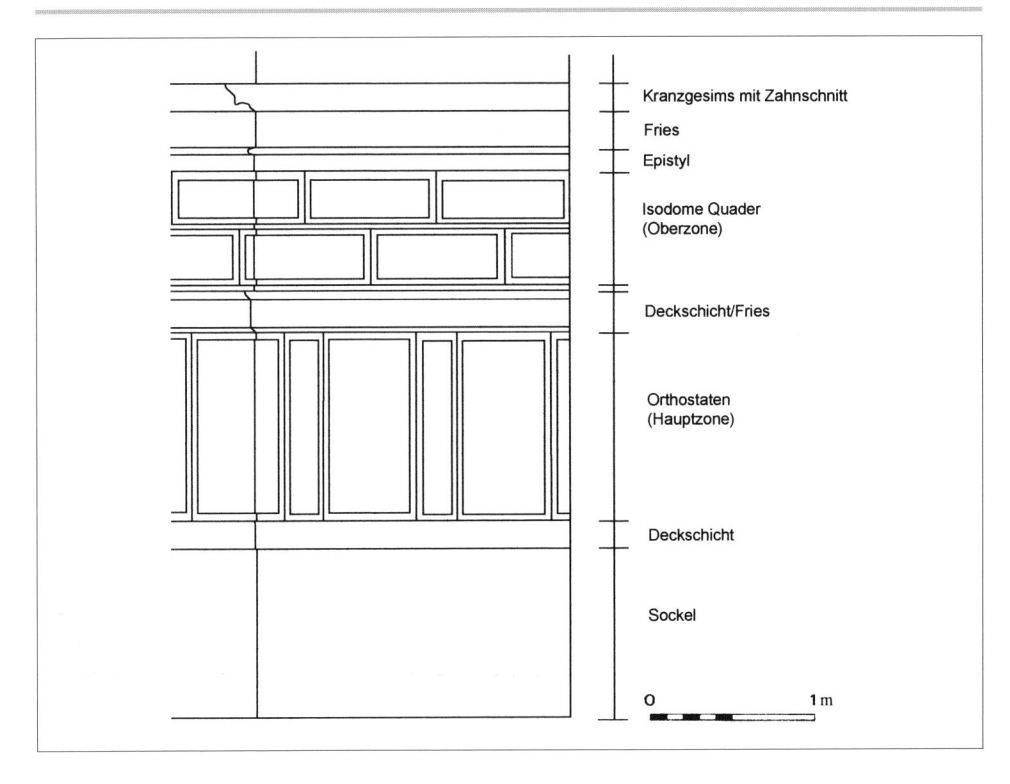

Abb. 156: Schematische Darstellung einer Wand des 1. Stils

schmale Plinthe, hochrechteckige Orthostaten, Deckschicht bzw. Frieszone, isodome Quaderlagen, Abschlußgesims (Abb. 156). Die Farbe wurde gewöhnlich nur zwischen einzelnen Schichten, nicht aber innerhalb einer Schicht gewechselt. Neben monochromen Flächen gab es auch Marmorimitation, meist auf hellem Grund in verschiedenfarbigen Abtönungen. Von dieser Praxis, bei der ein für Außenwände verwendetes Gliederungsschema als Verputz auf Innenwände aufgetragen wurde, leitet sich der Name 'Mauerwerkstil' bzw. 'masonry style' ab. Zahlreiche Varianten des griechischen Mauerwerkstils haben sich in den späthellenistischen Häusern der Insel Delos erhalten (Ling Abb. 7. 19).

Der römische 1. Stil mit seiner Blütezeit im 2. und frühen 1. Jh. v. Chr. weist einige markante Unterschiede zu den griechischen Vorbildern auf (Ling Abb. 8–14. 17–18. Taf. IA. B).
▪ Wie im Griechischen wurden die Wände reicher Räume plastisch in Stuck gestaltet, während man sich bei schlichten Räumen mit der Ritzung der Quaderfugen begnügte. Aber durch unterschiedliche Proportionierung erhielten die einzelnen Elemente eine andere Gewichtung: An die Stelle der niedrigen Plinthe tritt ein hoher Sockel, dadurch rücken die eher quer- als hochrechteckigen Orthostaten und die folgenden Quaderlagen in die Höhe. Mit dieser Gewichtung vor allem zugunsten der Sockelzone wurde die horizontale Dreiteilung der Wand in Sockel-, Haupt- und Oberzone vorbereitet, die für spätere Stile prägend werden sollte.
▪ Die strenge Ordnung der griechischen Wände wurde gelegentlich aufgebrochen, etwa durch die Rhythmisierung einzelner Zonen mittels alternierend breiter und schmaler Orthostaten oder durch die vertikale Gliederung der Wand mittels Halbsäulen und Pilastern.
▪ Die Farbgebung betont nicht mehr die logische Struktur der Wand, da die Farbe innerhalb derselben Schicht gewechselt wurde, also unterschiedlich farbige Quader und Orthostaten nebeneinander stehen. Die ungewöhn-

20. Malerei

Abb. 157: Wand des frühen 2. Stils, Casa dei Grifi in Rom (Palatin). Anfang 1. Jh. v. Chr.

lich reiche, aber völlig unrealistische Buntfarbigkeit der Quader römischer Wände sollte die Verwendung kostbarer Gesteinsorten, vor allem unterschiedlicher Marmore, vortäuschen. Da man lange glaubte, daß die Dekorationen des 1. Stils tatsächlich marmorinkrustierte, d.h. mit Marmorplatten verkleidete Wände nachahmen, wurde dieser Stil auch als „Incrustationsstil" bezeichnet. Echte Marmorinkrustationen wurden aber verstärkt erst in der 2. Hälfte des 1. Jh. v. Chr. und dann vor allem im 1. Jh. n. Chr. realisiert, sie sind damit deutlich später als die Wände 1. Stils zu datieren.

Der 1. Stil kam in den Vesuvstädten um ca. 80 v. Chr. außer Mode, wurde aber in einigen Häusern bis 79 n. Chr. konserviert und bei Bedarf sorgfältig repariert. Das prominenteste Beispiel bildet die Casa del Fauno, das größte Haus Pompeiis, in dem der vielfältig variierte Wanddekor aus der Zeit um 100 v. Chr. in den nachfolgenden Jahrhunderten kaum verändert wurde. Aufgrund dieses ungewöhnlichen Befundes hat man vermutet, daß das Haus über Generationen im Besitz einer alteingesessenen konservativen Familie blieb, die bewußt die ehrwürdige Ausstattung ihrer Vorfahren hütete.

2. Stil: „Architecturstil" (A. Mau), ca. 100–15 v. Chr. Der 2. Stil wurde aus dem 1. Stil entwickelt und in den Vesuvstädten wohl in Orientierung an Modellen aus Rom eingeführt. Die reale Architektur diente noch als Vorbild für die Dekoration der Wände („Architecturstil"), aber an die Stelle der plastischen Quaderung in Stuck trat eine rein malerische Gestaltung (Abb. 157). Der frühe 2. Stil (erste große Phase ca. 100–40 v. Chr.) ist gekennzeichnet durch die Entwicklung von der 'geschlossenen' zur 'offenen' Wand, d.h. die kompakten Quadermauern des 1. Stils wurden von immer reicheren dreidimensionalen Architekturprospekten abgelöst. In Pompeii ist keine Wand 2. Stils sicher in die Zeit vor 80 v. Chr., d.h. vor der Umwandlung der samnitischen Stadt in eine römische Kolonie, zu datieren. Vermutlich brachten erst die römischen Kolonisten, Veteranen Sullas, den neuen Stil aus Rom mit.

Eines der frühesten Beispiele für den neuen Stil bildet die im frühen 1. Jh. v. Chr. entstandene Casa dei Grifi auf dem Palatin in Rom, in der einige Wände zwei Schichten aufweisen: Der gemalten Quadermauer, die sich durch reiche Polychromie und ornamentale Verzierung einzelner Elemente auszeichnet, ist eine gleichfalls gemalte Kolonnade vorgeblendet (Abb. 157). Die nächste stilistische Stufe ist in mehreren Räumen der suburbanen Villa dei Misteri (80–50 v. Chr.) nahe Pompeii vertreten. Die Wände wurden vielschichtiger und erstmals in den oberen Zonen für Ausblicke nach 'draußen' geöffnet. So folgen z.B. im Cubiculum 16 allein fünf Schichten aufeinander: drei Pfeiler- bzw. Säulenstellungen mit Gebälk, dann erst die imitierte Quaderwand, die in der oberen Wandzone geöffnet ist und den Durchblick auf eine Tholos (Rundbau) unter freiem Himmel freigibt (Ling Taf. IIA, vgl. auch Abb. 22. 23). Die Entwicklung kulminierte in den 50er/40er Jahren des 1. Jh. v. Chr. in Wänden, die fast vollständig geöffnet bzw. aufgelöst sind und bei denen durch eine Vielzahl gestaffelter, sich partiell gegenseitig durchdringender Ebenen die Illusion einer großen Tiefenräumlichkeit erweckt wird. Im Cubiculum M der Villa des P. Fannius Sinistor in Boscoreale erscheinen hinter verschiedenen vorgeblendeten Säulen- und Pfeilerordnungen Gartenlandschaften mit Bänken und Pergolen, reich gestaffelte Stadtprospekte sowie aufwendige Propylon-Architekturen, hinter denen von Säulenhallen umgebene Rundtempel zu sehen sind (Ling Abb. 27).

Trotz des optisch verwirrenden Wechsels von Vorder- und Hintergründen sowie Ein- und Ausblicken sind diese phantastischen Architekturlandschaften geordnet, nicht selten sogar streng axialsymmetrisch aufgebaut: Das mittlere Feld der häufig dreigeteilten Wände bildet die Spiegelachse für die seitlichen Felder, ebenso sind gegenüberliegende Wände oft gleich gestaltet. Mit dem architektonisch reichen Repertoire korrespondiert ein ungeheurer, mit rein malerischen Mitteln vorgeführter Materialluxus: unterschiedlich gefärbte, mit Metallranken und Edelsteinen verzierte oder auch vergoldete Architekturglieder; kostbares Bronze- und Silbergerät, das mit zahlreichen anderen Gegenständen die Architektur belebt und bereichert. Diese ebenfalls meist symmetrisch angeordneten Gegenstände gehören zu ganz unterschiedlichen Bereichen, etwa Räucherständer, Altäre, Fackeln, Girlanden zu Heiligtum und Kult, erbeutete Schilde zur Sphäre des Krieges, Masken zum Theater oder Prunkgefäße, Fruchtkörbe und Vögel zum Gelage.

In der Forschung ist bis heute heftig umstritten, wie es nach der Jahrhunderte währenden Dominanz des Mauerwerkstils innerhalb weniger Jahrzehnte zu einer so fulminanten Entwicklung kommen konnte. Diskutiert werden dabei drei Fragen, die eng miteinander verknüpft sind:

▪ Herkunft: Zwei diametral entgegengesetzte Meinungen dominieren die Debatte: Nach Meinung einiger Forscher ist der 2. Stil in einem der hellenistischen Zentren im Osten entstanden und nach Rom importiert worden; nach anderen handelt es sich um eine in Italien entstandene genuine Schöpfung römischer Kunst. Zwischen diesen extremen Polen gibt es relativierende Positionen, die z.B. eine gleichzeitige Entstehung in verschiedenen Zentren der hellenistischen Welt bzw. in einer gleichsam hellenistisch-römischen Koine vertreten.

▪ Vorbilder, Einflüsse: In der Frage nach dem Verhältnis der gemalten zu gebauten Architekturen wurden verschiedene mögliche Vorbilder vorgeschlagen, allen voran die Bühnenbauten der Theater, aber auch etwa die zeitgenössische Villenarchitektur. Jüngst wurde u.a. anhand der zahlreichen konstruktiv unlogischen, in gebauter Architektur nicht realisierbaren Details dieser Wände nachgewiesen, daß im 2. Stil autonome imaginäre Architekturwelten vorgeführt wurden. Zahlreiche Motive sind zwar unterschiedlichster gebauter Architektur entlehnt, aber nicht in realisierbaren kohärenten Zusammenhängen eingesetzt.

▪ Gründe für Entstehung und Entwicklung des Stils: Einer sozialhistorischen Sichtweise zufolge sind die Genese und Bedeutung des 2. Stils mit der spezifischen Situation der späten römischen Republik (konkurrierende Eliten, Streben nach Macht, Demonstration von Reichtum und sozialer Position, Repräsentationsbedürfnis mit politischer Zielsetzung)

Abb. 158: *Dionysisches Ritual. Ausschnitt aus dem Wandfries in einem Oecus der Villa dei Misteri bei Pompeii. Um 80–50 v. Chr.*

zu erklären. Dem steht die These einer eigengesetzlichen Formentwicklung gegenüber; der 2. Stil habe sich logisch aus einer Vorstufe illusionistischer Architekturmalerei entwickelt, die in hellenistischer Zeit im ganzen Mittelmeerbereich auftrat. Hinsichtlich Funktion und Bedeutung des Stils herrscht weitgehend Einigkeit: Der überquellende Reichtum, die partiellen Verweise auf prunkvolle öffentliche Bauten und das reizvolle Changieren zwischen Realität und Illusion wurden dem Bedürfnis nach Repräsentation und luxuriösem angenehmen Leben gleichermaßen gerecht.

Parallel zu den architektonisch gestalteten Wänden entstanden monumentale Figurenfriese (Megalographien), deren fast lebensgroße Figuren die gesamte Hauptzone der Wand füllen. In einem Oecus 5 der Villa dei Misteri ist vor roten Orthostaten ein dionysisches Ritual in Anwesenheit des Dionysos selbst und der Ariadne dargestellt (Abb. 158). Das Vorbild des Frieses in einem Oecus H der Villa des P. Fannius Sinistor in Boscoreale wurde möglicherweise an einem der hellenistischen Königshöfe geschaffen: In der rotgrundigen Hauptzone treten zwischen Säulen u. a. Personifikationen von Ländern (Macedonia, evtl. Asia) und ein thronender jugendlicher Herrscher mit Begleiterin auf (Ling Abb. 106–107. Taf. XA).

Im späten 2. Stil (zweite große Phase ca. 40–15 v. Chr.) wurde die Wand sukzessive wieder 'geschlossen' durch die Reduktion zum flachen zweidimensionalen Gliederungsschema, das durch eine strenge horizontale und vertikale Dreiteilung sowie die Dominanz ruhiger Farbflächen und Ornamente gekennzeichnet ist. Im sog. Maskenzimmer im Haus des Augustus auf dem Palatin (36–28 v. Chr.) ist an die Stelle monumentaler Prunkarchitektur eine leichte Pavillonarchitektur mit überschlanken Architekturelementen getreten, die gegenüber den früheren Beispielen deutlich an Substanz

Abb. 159: Wand des (späten) 3. Stils. Tablinum der Casa di M. Lucretius Fronto in Pompeii. Um 35–50 n. Chr.

verloren haben (Ling Abb. 33. 34). Die Architektur wird nur durch filigrane Ornamente und phantastische Akroterfiguren belebt; die zentrale Aedikula gibt den Blick auf eine sakralidyllische Landschaft vor weißem Grund frei. An Stelle derartiger Durchblicke beherrschen im sog. Tablinum der unmittelbar benachbarten, gleichzeitig ausgemalten Casa di Livia große rechteckige gerahmte Bilder mit mythologischen Szenen, Argos und Io, Polyphem und Galatea, die Wandmitte (Ling Abb. 35).

Diese neue Entwicklung verurteilte Vitruv (*De architectura* VII,5,3) auf schärfste: Daß einst wohlproportionierte Architekturelemente zum bloßen Ornament verkommen waren und alles mit sinnlosen, völlig unrealistischen vegetabilen Formen und Figuren bevölkert wurde, führte er auf den neumodischen verdorbenen Geschmack zurück. Zu diesen phantastischen Elementen wird er sicherlich die ägyptisierenden Motive (Sphingen, Uräusschlangen, Lotuspflanzen etc.) gerechnet haben, die nach der Eroberung Ägyptens 31/30 v. Chr. in Mode gekommen waren und auf zahlreichen Wänden dieser Zeit auftauchen.

3. Stil: „Ornamentaler Stil" (A. Mau), ca. 15 v. Chr. – 50 n. Chr. Im 3. Stil wichen die letzten Anzeichen von Illusionismus und Tiefenräumlichkeit einer flachen zweidimensionalen Gestaltung der nun ganz geschlossenen, undurchlässigen Wände (Abb. 159). Großflächige Felderdekorationen mit monochromen, bevorzugt schwarzen, roten oder weißen Farbflächen wurden mit Linien, flachen Bändern oder Architekturelementen untergliedert. Letztere entbehren in ihrer überlängten Proportionierung jeglicher Realisierbarkeit. Die einzelnen Zonen der dreigeteilten Wände sowie die Gliederungselemente wurden mit filigranen, aber farblich nuancierten pflanzlichen und abstrakten Verzierungen überzogen, die diesem Stil seinen Namen, „ornamentaler Stil", gegeben haben. Ingesamt vermitteln diese Wände den Eindruck von Ruhe, Übersichtlichkeit und Ordnung; nicht selten werden zur Charakterisierung auch Begriffe wie Vornehmheit, Eleganz, Zurückhaltung und Disziplin verwendet, die häufig im Zusammenhang mit dem zeitgleichen augusteischen Klassizismus fallen. Im Zuge dieses Klassizismus soll einigen Forschern zufolge der 3. Stil wohl auf kaiserlichen Auftrag in Rom eingeführt worden sein, als Gegenprogramm zur *luxuria* und der Demonstration üppigen Reichtums im 2. Stil und damit als Mittel zur Regeneration der Moral. Demzufolge wäre der 3. Stil nicht bloß das Ergebnis eines eigengesetzlichen stilistischen Formwandels, sondern verdankte – ähnlich wie auch für den 2. Stil postuliert – seine Entstehung und Ausprägung gesellschaftlich-politischen Umständen.

Die Übergänge zwischen dem 2. und 3. Stil sowie dem 3. und 4. Stil waren jeweils fließend. In der Forschung wird der 3. Stil unterschiedlich – in zwei, drei oder fünf Phasen – unterteilt.

Zu Beginn des 3. Stils entstanden die Malereien in der Grabpyramide des Caius Cestius in Rom, die inschriftlich in die Jahre vor 12 v. Chr. datiert sind und damit zu den wenigen chronologischen Fixpunkten dieses Stils zählen. Die fast gleichzeitig (11 v. Chr.) dekorierten Wände in der Villa des Agrippa Postumus in Boscotrecase veranschaulichen exemplarisch die Neuerungen des frühen 3. Stils (Ling Abb. 55): Über dem schwarzen Sockel mit sparsamer Strukturierung durch feine Linien wird die durchgehend rotgrundige Hauptzone von feinen weißen, reich ornamentierten Bändern und Pilastern unterteilt. Filigrane Pflanzenornamente und an diesen angebrachte Täfelchen im oberen Teil der Hauptzone bilden den einzigen Schmuck der Felder. Die Wand ist auf ein zentrales hochrechteckiges Bild ausgerichtet, das auf weißem Grund eine sakralidyllische Landschaft zeigt und durch eine rahmende Aedikula mit hauchdünnen Säulen hervorgehoben wird. Hier ist deutlich ein Wandel vom Malerischen zum Zeichnerischen vollzogen, unterstützt durch eine zwar intensive, aber klare und Kontraste betonende Farbgebung.

Im Verlauf des 3. Stils trat zunehmend eine Reaktion gegen die klassizistisch strenge Gestaltung der frühen Wände ein, die sich in einer größeren Unruhe und Räumlichkeit der Komposition, plastischerer Darstellung der tragenden Glieder und Ornamente sowie gesteigerter Farbigkeit äußerte. Diese Entwicklung läßt sich anschaulich an den Malereien im Tablinum der Casa di Marcus Lucretius Fronto in Pompeii nachvollziehen, die schon gegen Ende des 3. Stils um 40–50 n. Chr. geschaffen wurden (Abb. 159). Auf den schwarzen Sockel ist jetzt eine Gartenlandschaft mit ausgeprägter perspektivischer Wirkung gemalt. Die von üppigen polychromen floralen Bändern gerahmten Felder der Mittelzone werden durch fensterartige Ausblicke auf Portiken unterteilt und mit Bildern geschmückt: Pinakes mit Villenlandschaften auf den Seitenfeldern, ein kleines, fast quadratisches mythologisches Bild auf dem Mittelfeld. Darüber zeigt sich in der oberen Frieszone eine reiche filigrane Pavillonarchitektur.

4. Stil: „Der letzte pompejanische Stil" (A. Mau), ca. 50–79 n. Chr. Da der 4. Stil die letzten drei Jahrzehnte vor dem Vesuvausbruch 79 n. Chr. umfaßt, ist er als 'modernster und modischster' Stil im archäologischen Befund der Vesuvstädte am besten von allen vier Stilen vertreten (Abb. 160). Für diese Zeitspanne sind deutlich mehr unterschiedliche Dekorationsschemata und eine breitere Qualitätsskala faßbar als für die knapp 250 Jahre des 1. bis 3. Stils. Die Variationsbreite der Wandsysteme könnte einerseits in der unvergleichlichen Materialfülle, andererseits aber auch darin begründet sein, daß der 4. Stil tatsächlich inhomogener als seine Vorgänger war. Die erheblichen Qualitätsschwankungen mit deutlichem Ausschlag nach unten versuchte man damit zu erklären, daß überhaupt erst im 4. Stil Wanddekor für fast alle Räume eines Hauses bzw. eben auch für bescheidene Häuser und Komplexe wie etwa Tabernae und Mietwohnungen üblich wurde.

Der 4. Stil wird häufig als eklektisch charakterisiert, da er Elemente seiner Vorgänger aufgriff, so z. B. das Schema der geöffneten Wand des 2. Stils mit den phantastischen Architekturen des 3. Stils kombinierte. Das am häufigsten verwendete Gliederungsschema blieb die horizontale und vertikale Dreiteilung der Wand, die mit den typischen Elementen 'Vorhang' und 'Durchblick' realisiert wurde. Die Felder der Hauptzone wirken aufgrund an-

Abb. 160: Wand des 4. Stils. Sog. Ixionzimmer der Casa dei Vettii in Pompeii. 62–79 n. Chr.

dersfarbiger Rahmung, Verzierung mit Borten und gebogener Ränder häufig wie aufgehängte Vorhänge, die zusätzlich mit kleinen Bildern, Medaillons, freischwebenden Figuren etc. verziert werden konnten. Das Bild des Mittelfeldes ist eher quadratisch als rechteckig und deutlich kleiner als die Pendants im 3. Stil geworden, zeigt aber immer noch überwiegend mythologische Themen. Es wird von fensterartigen Durchblicken mit Architekturprospekten gerahmt. Perspektivisch gestaltete phantastische Architekturprospekte, die im Gegensatz zu denen des 2. und 3. Stils mit Figuren belebt sind, füllen auch die ganze Oberzone, der Sockel bleibt dagegen eher flach und undekoriert. Gegenüber dem 3. Stil wurden zwar weniger, aber dafür wärmere Farben (typisch z. B. Gelb) eingesetzt. Alle Ornamente und Architekturelemente gewannen wieder mehr Volumen und Plastizität, wurden luxuriöser und reicher, häufig in impressionistischer Manier mit schnellem Pinselstrich und Licht-Schatten-Wirkung gestaltet. Das charakteristischste Ornament des 4. Stils sind die Bänder, die in vegetabiler Form oder in der Art von Stickerei-Borten vor allem zur Rahmung der 'Vorhang-Felder' verwendet wurden. Wegen seiner insgesamt reicheren und lebhafteren Wirkung sowie der wieder deutlicher malerischen Qualitäten wird der 4. Stil auch als 'Barock' im Gegensatz zum 'Manierismus' des 3. Stils bezeichnet.

Für den 4. Stil gibt es einige chronologische Fixpunkte: Die vor dem Brand Roms 64 n. Chr. errichtete Domus Transitoria des Nero auf dem Palatin, die nach dem Brand gebaute und weitgehend bis zum Tod Neros 68 n. Chr. ausgemalte Domus Aurea auf dem Monte Oppio, ein Erdbeben 62 n. Chr. in der Vesuvregion (Malereien mit größeren Erdbebenschäden sind sicher vor 62 n. Chr. entstanden) und der Ausbruch des Vesuv im Jahr 79 n. Chr. als Terminus ante quem für alle Malereien in den Vesuvstädten. Daß der 4. Stil mit den Vesuvstädten nicht unterging, zeigen sicher nach 79 n. Chr. zu datierende Beispiele in und um Rom. Wegen des Variationsreichtums und des zeitlich knapp beschränkten Vorkommens läßt sich der 4. Stil nicht in klar abgegrenzte Phasen unterteilen.

Das Vettierhaus in Pompeii besitzt eine Art Mustersammlung zahlreicher Varianten, die der 4. Stil zu bieten hatte (Abb. 160; Ling Abb. 75. 79–81. Taf. VII C. VIII A.B.): In den Alae sind die Felder der Mittelzone als gelbe Vorhänge vor weißem Grund mit Architekturprospekten gestaltet, im Oecus q als rote Vorhänge vor schwarzem, mit reichen Ornamenten überzogenen Grund. In letzterem ist zwischen Sockel und Hauptzone eine zweistreifige Predella eingezogen, die kleine mythologische Bilder und einen Fries mit Eroten enthält, die mit verschiedenen Handwerken und Tätigkeiten beschäftigt sind. Die beiden Triclinia n und p werden nach ihren bekannten mythologischen Bildern auch Pentheusbzw. Ixionzimmer genannt. Die jeweils drei Mythenbilder umfassenden Zyklen sind in das für den 4. Stil typische Wandsystem eingebunden, das im Pentheuszimmer durch die Farbe Gelb beherrscht wird, im Ixionzimmer dagegen polychrom und kleinteilig, insgesamt deutlich unruhiger gestaltet ist. Ganz der Mode entsprechend sind auch die Wände des Peristyls mit parataktisch gereihten Feldern und Durchblicken bemalt.

Zu dem im Vettierhaus dominant vertretenen Wandsystem gab es im 4. Stil eine Reihe von Alternativen, die allerdings deutlich seltener genutzt wurden: kleinteilige, komplizierte 'Tapeten'-Muster, die die ganze Wand bedekken; skenographische Darstellungen, bei denen phantastische, bevölkerte Architekturprospekte über die gesamte Wand ausgebreitet sind; großformatige bis wandfüllende Bilder besonders in Höfen und an Gartenwänden, auf die man z. B. Garten- oder Nillandschaften und Jagdszenen bzw. Paradeisoi mit exotischen Tieren malte.

Römische Malerei nach 79 n. Chr. Aus den Jahrhunderten nach dem Vesuvausbruch haben sich zwar zahlreiche Zeugnisse römischer Malerei aus Gräbern und vor allem aus Wohnbauten erhalten; diese stammen jedoch aus den unterschiedlichsten Teilen des Imperium Romanum, sind häufig chronologisch nur schwer einzuordnen und außerdem in der Forschung noch nicht so zusammenhängend und gründlich bearbeitet wie der geschlossene Befund der Vesuvstädte. Ein umfassender Überblick über Formen, Stile und Entwicklung nachpompeianischer Malerei ist deshalb nur schwer zu gewinnen. Daß, wie häufig zu lesen, die Blütezeit römischer Malerei zusammen mit Pompeii zu Ende gegangen und in den folgenden Jahrhunderten ein allgemeiner Verfall zu beobachten sei, ist kaum fundiert nachzuweisen. Darüber hinaus werden derartige Pauschalurteile der bewußt veränderten Bildsprache und dem expressiven Stil gerade der Spätantike nicht gerecht.

Wie schon der 4. Stil in eklektischer Weise zahlreiche Anleihen bei Vorgängerstilen gemacht hatte, wurde kontinuierlich auch nach 79 n. Chr. das gesamte Repertoire an Dekorationsschemata und Motiven weiter genutzt und neu kombiniert: mit Figuren bevölkerte Architektursysteme, Inkrustationssysteme, Paneelsysteme (Feldersysteme), Linearsysteme, 'Tapeten'-Muster und monumentale wandfüllende Bilder. Im erhaltenen Denkmälerbestand dominiert die geschlossene Wand mit der üblichen Feldereinteilung (Paneelsystem) oder einem Netz aus dünnen Linien (Linearsystem). Mythologische Themen wurden mit überkommenen ikonographischen Formen bis ins 4. Jh. n. Chr. dargestellt; ab dem 3. Jh. n. Chr. häufen sich realistische Szenen wie Jagd und Zirkusspiele, Bilder des täglichen Lebens und repräsentativ frontal abgebildete Figuren in Zeremonialgewändern und Rüstung, in denen die neue aristokratische Elite sich selbst darstellte. Welchen hohen Standard römische Malerei in der Spätantike erreichte, veranschaulichen die Deckenmalereien aus einem (kaiserlichen?) Wohnraum in Trier aus der Zeit um 320–330 n. Chr. (Ling Taf. XVI B–D): In den Kassetten der Decke sind Erotenpaare sowie Büsten von bärtigen älteren Männern und Frauen mit Schleier und Nimbus dargestellt, deren Benennung umstritten ist. Die vor blauem Hintergrund wiedergegebenen Figuren sind plastisch-voluminös mit reichen Licht-Schatten-Effekten, nuancierter Farbgebung und Verkürzungen gestaltet.

Parallel zur Bemalung wurden Wände auch mit Marmorplatten verkleidet und mit figürlichen Wandmosaiken verziert, eine Technik, die dann vor allem in der frühchristlichen und byzantinischen Architektur weite Verbreitung fand. (M.T.)

21. Mosaiken*

Mosaiken bilden eine besondere und anspruchsvolle Form der Dekoration von architektonischen Flächen: primär von Fußböden, daneben aber auch von Wänden und Decken. Sie finden sich in nahezu allen gehobenen Räumen der antiken Städte: in den öffentlichen Gebäuden wie etwa Tempeln, Basiliken oder Thermen, und in den Häusern der Wohlhabenden. Immer sind sie dabei ein Zeichen von exklusiver Raumdekoration.

a. Herstellung und Formenspektrum

In einem einfachen Verfahren werden kleinere Steinchen aus Marmor, Glas, Keramik usw. in eine speziell vorbereitete Mörtelschicht dicht neben einander gesetzt; durch die Verwendung von Steinchen unterschiedlichen Zuschnitts und unterschiedlicher Farbe entstehen Muster ornamentaler oder figürlicher Art. Je nach Form der Steinchen, Farbigkeit des verlegten Materials sowie Wahl des Musters können die antiken Mosaiken sehr unterschiedliche Gestalt annehmen. Ihr Spektrum reicht von einfachen monochromen Böden bis hin zu komplizierten farbenprächtigen Mosaiken mit reichem figürlichem Schmuck. Die Art und Weise, wie die Pavimente ausgestaltet sind, ist durch ihre Zeitstellung wie durch ihre Funktionen und Kontexte bedingt: Einerseits favorisierte man je nach Epoche unterschiedliche Techniken und Stile, andererseits wurden je nach Bedeutung und Hierarchie der zu schmückenden Räume unterschiedliche Formen der Bodendekoration gewählt (s. unten).

Die Forschung hat sich lange Zeit sehr einseitig auf die Erschließung einer chronologisch ausgerichteten Stilgeschichte der antiken Mosaiken konzentriert. Erst langsam geraten daneben Fragen nach der Abhängigkeit der Mosaiken von ihren Funktionen und Kontexten in den Blick. Hier scheint sich ein weites Feld für künftige Forschungen zu öffnen. Es erlaubt einerseits, die Fragen nach der Chronologie der Mosaiken differenzierter zu klären. Und andererseits, den Blick auf die Mosaiken von der bisher dominierenden kunstgeschichtlichen Sicht auf eine stärker historische Dimension zu heben und die Mosaiken wieder mehr als das zu verstehen, was sie in erster Linie waren: Formen der Raumdekoration, mit der Funktion, diese Räume zu definieren und sie als Lebensambiente angemessen zu inszenieren.

b. Geschichte der antiken Mosaiken: Techniken und Stile, Themen und Kontexte

In der griechisch-römischen Kultur unterscheidet man vor allem zwei Techniken der Mosaikkunst: das aus einfachen Kieselsteinchen verlegte Kiesel-Mosaik (Abb. 161) und das aus kleinen, gleichförmig geschnittenen Steinchen (*tesserae* oder *tessellae*) gesetzte Tessellat-Mosaik (*opus tessellatum*; Abb. 162). Die Techniken lösen einander im Laufe des 3. bis 2. Jh. v. Chr. ab und entsprechen so verschiedenen Zeitstufen in der Geschichte des antiken Mosaiks.

Vorläufer und klassische Zeit. Die älteste Mosaiktechnik in Griechenland ist das Kieselmosaik. Seine Anfänge sind umstritten (Entwicklung der Technik im minoisch-mykenischen Griechenland oder Import aus Kleinasien). Während die Kieselmosaiken im 7. und 6. Jh. v. Chr. zunächst meist ohne ornamentale oder figürliche Motive blieben und vornehmlich nur im sakralen Raum verlegt wurden (z. B. auf Altar- und Tanzplätzen), avancierten sie im späten 5. und vor allem im 4. Jh. v. Chr. zu einer vornehmen Bodendekoration. Zunehmend schmückten sie gehobene Innenräume und zeigten polychromen sowie figürlichen Dekor. Auch weitete sich ihr Kontext: Neben

---

*Abbildungen:

Dunbabin   K.M.D. Dunbabin, Mosaics of the Greek and Roman World (1999).
Mosaïque   M.H. Fantar (Hg.), La Mosaïque en Tunisie (1994).
Salzmann   D. Salzmann, Untersuchungen zu den antiken Kieselmosaiken (1982).

21. Mosaiken

Abb. 161: Löwenjagd. Kieselmosaik aus einem Wohnhaus in Pella. Letztes Drittel 4. Jh. v. Chr.

Abb. 162: Schlacht Alexanders d.Gr. gegen Dareios III. Sog. Alexander-Mosaik, aus der Casa del Fauno in Pompeii, Kopie eines Gemäldes (wohl vom Ende des 4. Jh. v. Chr.). Ende 2. Jh. v. Chr. Napoli, Museo Nazionale

Tempeln und öffentlichen Gebäuden waren es nun immer mehr die reichen Bürgerhäuser, für deren repräsentative Ausschmückung sie seit der Wende vom 5. zum 4. Jh. v. Chr. beliebt wurden; berühmt etwa die Mosaiken aus den spätklassischen und frühhellenistischen Häusern in Olynth und Pella (Abb. 161; Salzmann Taf. 13–16. 29–36. 101). Figürliche Mosaikbilder wurden dabei vor allem in den Andrones (Bankettträumen) verlegt. Entsprechend konzentrierte sich ihr Themenspektrum auf das ideelle Ambiente des Symposions und die dort getragenen Diskurse: vorrangig Darstellungen der dionysischen Welt, ferner Szenen der Jagd und des Tierkampfes, mythische Wesen der wilden Natur (Kentauren, Seewesen), vereinzelt auch Mythenszenen.

Das gesteigerte Interesse an den Mosaiken als Prestigeobjekt ließ den technischen Anspruch wachsen: Um kompliziertere Motive, vor allem figürliche Darstellungen, detailreich verlegen zu können, begann man im Laufe des 4. Jh. v. Chr., neben den Kieselsteinchen andere Materialien zu verwenden: zunächst Blei- und Terrakottastreifen, später und immer mehr auch kleine zugeschnittene Steinchen (Salzmann Taf. 31,2–3. 34,3. 76–77. 87. 102,4). Vor allem letztere erlaubten dank ihrer dichteren Verlegbarkeit, komplizierte oder feinere Motive präzise im Mosaik nachzuzeichnen. Die zunehmende Verwendung solcher geschnittener Steinchen führte schließlich im 3. Jh. v. Chr. zur Entwicklung einer neuen Mosaiktechnik.

Hellenismus. Das Tessellat-Mosaik bildet die geläufige Mosaiktechnik des Hellenismus und dann auch der römischen Kaiserzeit. Wann genau und in welchem kulturellen Kontext die Technik entstand, ist umstritten: Ältere Thesen setzten eine 'Erfindung' auf Sizilien oder in Alexandria im späten 4. bis 3. Jh. v. Chr. an. Plausibler ist die Annahme einer sukzessiven Entstehung über Mischformen des Kieselmosaiks im griechischen Raum während des 3. bis frühen 2. Jh. v. Chr. (s. oben). Schon bald erreichte die neue Mosaikkunst eine bis dahin unbekannte Kunstfertigkeit und Perfektion. Dank der Möglichkeiten der Tessellattechnik – kleinteiligere Setzung und präzisere Linienführung der Steinchen, feinere Farbnuancierungen – entstanden nun Mosaikgemälde von außergewöhnlicher malerischer Wirkung: so z. B. Papageien-Mosaik aus dem Palast in Pergamon, Tigerreiter-Mosaik in Delos (W. Radt, Pergamon [1999] Abb. 19; Dunbabin Abb. 33. Taf. 5). Dabei handelte es sich häufig um separat gearbeitete Mosaikbilder in der Technik des sog. *opus vermiculatum* (*vermiculus*: 'Würmchen', nach den dünnen gekrümmten Steinchenreihen), bei denen die Gemälde mittels kleinster, dicht gesetzter Tesserae von 1–2 mm Größe gelegt wurden. Als hochgeschätzte Pretiosen wurden sie nachträglich in das Zentrum gröberer Tessellatpavimente eingesetzt (*emblemata*). Nicht selten lagen diesen Mosaikgemälden berühmte Werke der Tafelmalerei zugrunde, die nun in der neuen Mosaiktechnik anspruchsvoll und selbstbewusst kopiert wurden. Wie schon bei den spätklassisch-frühhellenistischen Kieselmosaiken konzentrierten sich die Themen der Bilder vor allem auf den weiten Bereich der Gelagekultur und des Luxuslebens. Dominierend sind weiterhin die Figuren aus dem Kreis des Dionysos und der Aphrodite, als Repräsentanten eines heiterentspannten Lebens; ferner Objekte, teils sogar Stilleben, aus der Welt prächtiger Symposia und vornehmen Wohnluxus; bezeichnend etwa das berühmte Mosaik des sog. *asaratos oikos*, ein Werk des hellenistischen Mosaizisten Sosos, das den ungefegten Boden eines Speisesaales mit den Abfällen eines üppigen Mahles imitierte (nur in römischen Wiederholungen überliefert; Dunbabin Abb. 26): Alles in allem waren es starke Visionen eines anspruchsvollen und glücklich-angenehmen Lebens, die die Bilder auf den Böden beharrlich suggerierten.

Späte Republik und frühe Kaiserzeit. Im italischen und römischen Raum hatte sich zunächst unabhängig von der griechischen Mosaikkunst eine eigene Form des Bodenpaviments entwickelt: Hierbei wurden einzelne Steinchen locker in unregelmäßiger Ordnung oder aber zu schlichten geometrischen Rapportmotiven zusammengefügt in einen einfachen Estrichboden verlegt (*opus signinum*; Dunbabin Abb. 50). Im Zuge der Hellenisierung Italiens drangen jedoch auch die Errungenschaften hellenistischer Mosaikkunst schnell in die römische und italische Kultur ein: Neben den einfachen Signinum-Böden entstanden in den Häusern der wohlhabenden Bürger nun reiche Pavimente hellenistischen Stils, mit polychromen figürlichen Mosaikbildern in zentrierten Kompositionen. Teils wurden hierfür Emblemata aus dem hellenistischen Osten importiert, teils holte man griechische Mosaizisten-Werkstätten nach Italien, die die Mosaike vor Ort verlegten. Bekanntestes Beispiel für die hellenistische Mosaikkunst in Italien sind die Mosaiken aus Pompeii, z. B. das Alexander-Mosaik in der Casa del Fauno, das wahrscheinlich ein berühmtes Gemälde des späten 4. Jh. v. Chr. kopierte (Abb. 162; zu den pompeianischen Mosaiken allgemein: Dunbabin Abb. 40–46).

Jedoch schon im 1. Jh. v. Chr. wurden die reichen polychromen Pavimente wieder von einfacheren Mosaiken verdrängt – zweifelsohne in kausalem Zusammenhang mit dem Aufkommen einer zunehmend illusionistischen Wandmalerei im sog. 2. pompeianischen Stil (s. oben Kapitel 20.2). Fortan dominierten Pavimente in schlichter Schwarz-Weiß-Technik, die vorrangig einfache geometrische Rapportmuster zeigten (Dunbabin Abb. 55–56. 149). Figürlich dekorierte Bilder wurden eher selten verwendet. Als nobilitierender Bodenschmuck traten an ihre Stelle zunehmend Pavimente aus geschnittenen, verschiedenfarbigen Marmorplatten (*opus sectile*; Dunbabin Abb. 270). Dieser neue italisch-römische Mosaikstil verbreitete sich während der späten Republik und frühen Kaiserzeit weitläufig durch die verschiedenen Provinzen des Römischen Reiches; sogar in den hellenistischen Osten strahlten die neuen Mosaikformen zurück. Dabei war es vor allem die Wohnarchitektur, einer der Kristallisationspunkte forcierter 'Romanisierung', in der die neuen Formen der Mosaikausstattung vermittelt und tradiert wurden.

Hohe und späte Kaiserzeit, Spätantike. Mit dem späten 1. Jh. n. Chr. und dann zunehmend mit dem 2. Jh. n. Chr. kam es langsam zu einem erneuten Wandel in der römischen Mosaikkunst: Sukzessive drangen Polychromie und figürliche Darstellungen wieder in das konventionelle Repertoire der Tessellatpavimente ein, und auch das Mosaikgemälde als herausgehobener Bodenschmuck erreichte schließlich einen neuen Höhepunkt. Im einzelnen verlief die Entwicklung in den verschiedenen Regionen unterschiedlich. In Italien waren zunächst, besonders in der hadrianischen und antoninischen Zeit, großflächige figürliche Mosaiken in Schwarz-Weiß-Technik beliebt; berühmt hierfür sind etwa die Mosaiken in Ostia (Dunbabin Abb. 61–62). Erst langsam setzten sich daneben polychrome Mosaiken wieder durch. In den westlichen sowie in den nordafrikanischen Provinzen, gut bezeugt besonders in den reichen Befunden im heutigen Spanien und Tunesien, gewann die polychrome Mosaikkunst schneller an dichter Beliebtheit: Seit der Mitte des 2. Jh. n. Chr. bzw. seit der Wende vom 2. zum 3. Jh. n. Chr. findet sich nahezu das gesamte Repertoire an polychromer Mosaikdekoration entwickelt, das für die Folgezeit charakteristisch bleiben sollte (die genaue Datierung der einzelnen Entwicklungsstufen ist in der Forschung allerdings umstritten; z. B. Dunbabin Abb. 82–83. 109. 114–115. 121–122. 129. 161). Ähnlich gestaltet sich die Situation in den östlichen Provinzen, berühmt hier vor allem Antiochia mit seinen reichen Mosaikfunden, allerdings zum Teil mit anderen Akzentuierungen gegenüber der Entwicklung im Westen des Imperium Romanum (z. B. Dunbabin Abb. 164–167. 169–170. 238–239). Beeindruckendes Beispiel, sowohl für die Situation der spätantiken Mosaikkunst, als auch für die mögliche Vielfalt und den Reichtum in der Mosaikausstattung eines geschlossenen Baukomplexes, ist die berühmte Villa von Piazza Armerina auf Sizilien, mit einer prächtigen Mosaikdekoration aus dem fortgeschrittenen 4. Jh. n. Chr. (Abb. 163; weitere Mosaiken: Dunbabin Abb. 134–146).

Bezeichnend für die Mosaiken der hohen und vor allem dann der späten Kaiserzeit ist ihr ungewöhnlich breites Spektrum an Mosaikstilen und Mosaikkompositionen: Gleichzeitig, teilweise sogar im selben Gebäude, finden sich einfache Schwarz-Weiß-Mosaiken, polychrome Böden von mehr oder minder reichem geometrischen oder floralen Dekor, Mosaiken mit gemischt dichtem Muster aus geometrischen, floralen und eingestreuten figürlichen Motiven, bis hin zu großen und prächtigen Mosaikbildern, die entweder wie Emblemata in den umgebenden Dekor eingesetzt erscheinen oder als großflächige Mosaikgemälde den gesamten Boden des Raumes füllen. Dieser Pluralismus scheint durch die Funktion der Mosaiken im Kontext der Räume bedingt: Man hat die Vielfalt an Mosaikformen gezielt eingesetzt, um durch unterschiedliche Bodendekorationen die Wertigkeit und Bedeutung der zu schmückenden Räume zu definieren. Vor allem die herausgehobene Stellung einzelner Räume im funktionalen Gefüge eines Baukomplexes wurde durch Steigerung ihres Mosaikschmucks unterstrichen: in den Häusern etwa die Räume für den Empfang von Gästen und den Aufenthalt des Dominus, in den Thermen die großen Prachtsäle des Badebetriebs – beide in betonter Absetzung etwa von den Räumen des Durchgangs und der Sklaven. Die Struktur der Mosaiken spiegelte die Struktur der Räume wider.

Abb. 163: Jagd spätantiker Aristokraten. Mosaik der sog. 'Kleinen Jagd' aus der Villa von Piazza Armerina (Sizilien). Wahrscheinlich 2. Hälfte 4. Jh. n. Chr.

Wichtigen Anteil an diesem Diskurs um die Bedeutung der Räume, den die Mosaiken in der hohen und späten Kaiserzeit neu eröffneten, hatten die figürlichen Mosaikbilder. In einem bis dahin unbekannten Maße wurden sie als Schmuck der Böden gesucht, vor allem in den hierarchisch herausragenden Räumen. Die Bilder vermochten dabei auf verschiedenen Ebenen die Räume zu definieren. Einerseits wiesen sie durch ihre Rolle als exklusive Dekorationsform auf die besondere Stellung des Raumes im System der umgebenden Raumhierarchie. Andererseits unterstrichen sie durch ihre Themen die inhaltlich-funktionale Bedeutung des Raumes: Indem sie entweder konkret auf seine Nutzung verwiesen oder aber eine Ideenwelt evozierten, die für das Leben in dem jeweiligen Raum angemessen war: etwa Repräsentationsbilder des Dominus in den Räumen des Empfangs und der Aufwartung, Darstellungen des Gelages oder der Gelagefreuden in Triclinia, erotische Szenen in den privateren Räumen des Hauses (den sog. Cubicula), Bilder der realen oder mythischen Meereswelt in Wasserbecken oder in den Thermen etc. Immer stimmten die Bilder den Benutzer der Räume auf die Handlung in ihnen ein, stimulierten seine Phantasie und luden ihn ein, auf sich und das Leben zu reflektieren, wie es im jeweiligen Kontext angemessen war. Die Bilder schufen somit eine eigene ideelle Bühne, auf der sich das Leben vollzog – und lenkten damit letztlich auch das Leben.

Entsprechend ihrer außerordentlichen Bedeutung im und für das Leben der Gesellschaft erschloß die Bilderwelt der kaiserzeitlichen Mosaiken ein weites Spektrum an Themenbereichen. Auf der eine Seite stehen die traditionellen Bildthemen, die schon die hellenistischen Mosaiken gezeigt hatten: vor allem Bilder des Dionysos und seines Thiasos, als Visionen von Gelagefreuden und Lebensgenuß (Dunbabin Abb. 83. 167. 239; Mosaïque S. 39. 212), sowie Darstellungen von Stilleben mit Objekten meist der Gelagekultur, wie Fischen, Kleinwild, Speisen bis hin zu Speiseresten

(Mosaïque S. 57. 111. 123. 255). Daneben treten, besonders häufig seit der hohen Kaiserzeit Darstellungen griechischer Mythen auf, vor allem Bilder aus dem Leben der Heroen sowie berühmte Liebschaften der Götter, wie etwa Poseidon und Amymone, Selene und Endymion, Apollon und Daphne, Achill und die Töchter des Lykomedes, Perseus und Andromeda (Dunbabin Abb. 161; Mosaïque S. 90. 219). In diesen Bildern erschienen in mythischer Projektion zentrale Werte und Ideale der Gesellschaft vorgeführt, vor allem Rollenbilder von Mann und Frau sowie die Konstellation der Geschlechter (wie dies schon für die Mythenbilder der pompeianischen Malerei bezeichnend war). Eine dritte Kategorie bilden schließlich die sog. 'Lebensbilder', die gleichfalls in der hohen und späten Kaiserzeit besonders beliebt wurden, und die verschiedene Szenen der gesellschaftlichen Wirklichkeit in stilisierter Form wiedergaben: z. B. Darstellungen der Jagd (Abb. 163) und des Domänenlebens, des Amphitheaters und des Circus (Dunbabin Abb. 84. 115. 118. 122. 135–136. 170. 227). Ähnlich wie die Mythenbilder thematisierten auch sie Ideale und Normen der kaiserzeitlichen Gesellschaft, vor allem der Oberschicht. Alles in allem umgab sich also die römische Gesellschaft in der Bilderwelt der Mosaiken mit den zentralen Themen ihres Lebens – und sprach in ihnen über sich und ihre Welt. Die konkreten Mechanismen im Funktionieren dieser Bilderwelt sind erst in Anfängen erforscht. In den Fragen nach dem Zusammenspiel von Bildthemen und Raumkontexten liegen wichtige Aufgaben der künftigen Mosaikforschung. (S.M.)

22. Keramik*

22.1 Herstellung und Funktion

Keramik ist für die Archäologie in vieler Hinsicht eine besonders wichtige Gattung.

■ Keramik ist zum einen seit prähistorischer Zeit während aller Epochen in großen Mengen hergestellt worden. Sie ist zum anderen massenhaft erhalten geblieben, wenn auch meist in Scherben, da das Material der Gefäße, sobald sie zerbrochen sind, wertlos ist und nicht wie etwa Metall eingeschmolzen und wiederverwendet werden kann. In den Boden gelangt, bleibt gebrannte Keramik nahezu unbegrenzte Zeit erhalten. Durch die sehr reiche Erhaltung gibt Keramik wie kaum eine andere Gattung oft ein repräsentatives Bild der tatsächlichen Produktion und Verwendung in der Antike und ist auch für statistische Auswertung geeignet.

■ Aufgrund ihrer vielfältigen Funktionen ist Keramik eine reiche Quelle der Information über die Lebensverhältnisse vergangener Gesellschaften (s. unten).

■ Durch den Schmuck mit Ornamenten und figürlichen Bildern in Malerei und Relief ist Keramik ein wichtiger Träger von Kunstformen und Bildthemen. Insbesondere die griechische Keramik enthält ein sehr reiches Repertoire von Bildern aus der Lebenswelt und der mythischen Vorzeit.

■ Keramik ist aufgrund ihrer charakteristischen Veränderungen in Form und Dekor vielfach sicherer und genauer datierbar als andere Objekte. Dadurch lassen sich die Gefäße zum einen als historische Zeugnisse besonders präzise mit anderen bekannten Phänomenen der Geschichte verbinden. Zum anderen ist Keramik in Grabungen meist der wichtigste Indikator für die Datierung der Stratigraphie; dabei fällt, etwa gegenüber Münzen, ihre in der Regel kurze Gebrauchszeit ins Gewicht, durch die kein beträchtlicher zeitlicher Unterschied zwischen Herstellung und Einfüllen in den Boden veranschlagt werden muß.

a. Techniken

Grundsätzlich ist in den meisten Epochen der Antike zwischen einfacher (Grob-)Keramik für den normalen täglichen Gebrauch und Feinkeramik für herausgehobene Gelegenheiten und Lebensformen zu unterscheiden. Die Gebrauchskeramik ist von der Forschung noch zumeist ganz unzureichend aufgearbeitet worden; im Zentrum des Interesses stand die dekorierte Feinkeramik, insbesondere die figürlich und ornamental bemalten griechischen 'Vasen' von geometrischer bis spätklassischer Zeit. Diese Situation der Forschung ist in ihrer Einseitigkeit unbefriedigend. Da sie jedoch den Status quo darstellt, wird sie für die folgende Einführung zugrunde gelegt.

Die Herstellung anspruchsvoller Keramik wurde in drei großen Arbeitsgängen vollzogen: Töpfern des Gefäßes, Bemalung, Brand. Alle drei Vorgänge fanden in denselben Werkstätten statt. Es waren in der Regel Kleinbetriebe, in denen in der Blütezeit der Keramikproduktion eine Aufteilung für spezialisierte Aufgaben vollzogen wurde. In der Frühzeit waren wohl Töpfer und Maler vielfach identisch, und noch Exekias, der vielleicht bedeutendste Keramiker des 6. Jh. v. Chr., war als Töpfer wie als Maler tätig. Aber bereits in dieser Epoche ist die Teilung vielfach durch Signaturen bezeugt: Die Töpfer, die zugleich die Werkstattbesitzer

---

*Abbildungen:

Boardman, EVP	J. Boardman, Early Greek Vase Painting (1998).
Boardman, RVarchZ	J. Boardman, Rotfigurige Vasen aus Athen. Die archaische Zeit (1981).
Boardman, RVklassZ	J. Boardman, Rotfigurige Vasen aus Athen. Die klassische Zeit (1987).
Boardman, SV	J. Boardman, Schwarzfigurige Vasen aus Athen (1977).
Scheibler, GT	I. Scheibler, Griechische Töpferkunst (1983).
Sparkes	B.A. Sparkes, Greek Pottery. An Introduction (1991).
Trendall	A.D. Trendall, Rotfigurige Vasen aus Unteritalien und Sizilien (1991).

waren, signierten mit „(Name) *epoiesen*", d. h. „… hat es hergestellt"; die Maler, die nicht durchweg fest mit bestimmten Töpfern verbunden waren, sondern z. T. wechselten, schrieben „(Name) *egrapsen*", d. h. „… hat es gezeichnet". Hinzu kamen in den Werkstätten zweifellos Gehilfen für das Aufbereiten des Tons, Sammeln von Holz, Heizen des Töpferofens usw.

Töpfern. Das Grundmaterial der Keramik ist Ton, ein Verwitterungsprodukt von Feldspat und verwandten Gesteinen. Durch Windverwehungen und Abschwemmungen tritt Ton in 'Gruben' konzentriert auf, wo er abgebaut werden kann. Um verwertet zu werden, muß er durch 'Schlämmen' gereinigt und zu einer Arbeitsmasse verbessert werden. Dabei wird das Material in einem Becken mit Wasser aufgelöst, in dem die organischen Einschlüsse und Verunreinigungen obenauf schwimmen und abgeschöpft werden. Von dem somit gereinigten Ton sinken die schweren, metallhaltigen Teile auf den Boden und bilden den Arbeitston für den Gefäßkörper. Die feineren und leichteren Teile schwimmen in der Brühe darüber, können in ein anderes Becken abgeleitet werden, wo sie langsam zu Boden sinken und den sehr feinen Ton für die Bemalung bilden ('Malschlicker' oder 'Glanzton', s. unten).

Das Töpfern des Gefäßes wurde auf einer rotierenden Scheibe ausgeführt. Die Töpferscheibe wurde im 4. Jt. v. Chr. im Vorderen Orient erfunden; später wurde sie durch raschere Drehung vervollkommnet. Auf einer Trinkschale in Karlsruhe wird der Vorgang geschildert (Scheibler, GT Abb. 68): Ein Gehilfe treibt die schwere Scheibe mit der Hand an, der Töpfer formt das Gefäß mit der Hand. Für Detailformen wurden Stäbe und Schablonen verwendet. Der Gefäßkörper wurde in der Regel, außer bei sehr großen faßartigen Gefäßen, in einem Stück getöpfert. Nur die Henkel, z. T. auch der Fuß, wurden getrennt gearbeitet und angesetzt.

Für Reliefgefäße der Frühzeit wurden z. T. Appliken eigens hergestellt und vor dem Brand an das Gefäß angefügt. In hellenistischer und römischer Zeit wurden Reliefgefäße dagegen mit Hilfe von vorgefertigten Formschüsseln (mit negativem Reliefdekor) gepreßt; dadurch wurde eine neue Art der Massenproduktion ermöglicht.

Bemalung. Die Gefäße wurden normalerweise vor dem Brand bemalt. Vollständige, einheitliche Färbung, etwa bei der attischen sog. Schwarzfirnisware oder der roten hellenistischen und römischen Terra Sigillata, konnte bei kleineren Gefäßen auch durch Eintauchen in den Malschlicker gewonnen werden.

Aufwendige Dekorationen beruhen im wesentlichen auf dem Kontrast zwischen dem hellen Tongrund und der schwarzen Bemalung. Heller Grund und dunkle Bemalung bestehen aus demselben Grundmaterial Ton, nur in gröberer bzw. feinerer Schlämmung. Beim Vorgang des Malens waren sie daher nur schwer zu unterscheiden, der Kontrast und der metallisch schwarze Glanz wurden erst durch die Technik des Brandes erzielt (s. unten). Die Farbe des Tongrunds kann je nach der Eisenhaltigkeit des Tons von fahlem Beige bis zu orangefarbenem Rot gehen; das Schwarz der Bemalung erhält bei perfekter Brenntechnik und Tonqualität einen brillanten metallischen Glanz.

Der Malschlicker wurde mit einem Pinsel aufgetragen, sowohl für die Teile des Gefäßes, die ganz dunkel abgedeckt wurden, wie für die ornamentale und figürliche Bemalung. Für die Binnengliederung der schwarzen Figuren konnte ein spitzes Instrument verwendet werden, mit dem die aufgemalte Haut des Malschlickers aufgeritzt und der Tongrund als Linie wieder freigelegt wurde (s. unten).

Bemalung mit weiteren Farben ist seltener. Weiß und Rot, vor allem in der archaischen Zeit gerne verwendet, wurden ebenfalls vor dem Brand aufgetragen; andere Farben, wie Blau, Grün, Ocker, Rosa oder Gold, wurden nach dem Brand zugefügt. Diese zusätzlichen Farben sind oft nicht sehr haftfähig und daher schlecht erhalten.

Brand. Das Brennen der Keramik war ein Vorgang von hohem Risiko für die getöpferten und verzierten Gefäße und erforderte großes technisches Können. Die Töpferöfen, in der Form eines Bienenkorbes, bestanden aus zwei Teilen (Abb. 164). Unten diente der 'Feuerkeller' mit einer Schüröffnung für den Brand. Er wurde mit einer 'Lochtenne' abgedeckt, durch die die Hitze in den darüberliegenden Brennraum aufstieg. In diesem wurden die Gefäße gestapelt. Eine große Öffnung im Scheitel sorgte für den Durch- und Abzug. Die Per-

22. Keramik

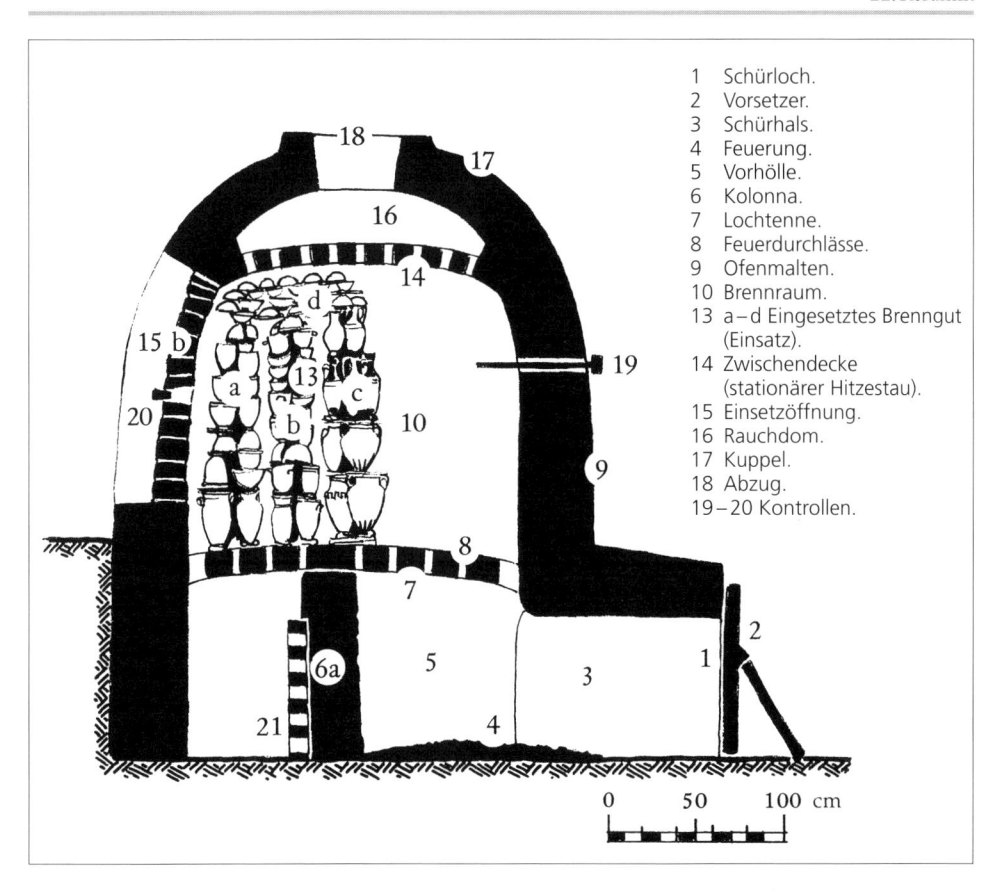

```
1   Schürloch.
2   Vorsetzer.
3   Schürhals.
4   Feuerung.
5   Vorhölle.
6   Kolonna.
7   Lochtenne.
8   Feuerdurchlässe.
9   Ofenmalten.
10  Brennraum.
13 a–d Eingesetztes Brenngut
       (Einsatz).
14  Zwischendecke
    (stationärer Hitzestau).
15  Einsetzöffnung.
16  Rauchdom.
17  Kuppel.
18  Abzug.
19–20 Kontrollen.
```

Abb. 164: Griechischer Töpferofen, Schema

fektionierung der Töpferöfen, mit einer genauen Regulierung der Brennphasen, wurde anscheinend in Korinth im 7. Jh. v. Chr. entwickelt. Sie war die Voraussetzung für die anspruchsvolle griechische Feinkeramik.

Die spezifische Kunst des griechischen Töpferbrandes hatte zum Ziel, daß die mit Malschlicker abgedeckten Teile des Gefäßes schwarz, die anderen Teile hell bzw. rötlich wurden. Dies hochkomplizierte Verfahren bestand in einem Brand in drei Phasen:

▪ Oxydierender Brand. Mit starkem Durchzug von Sauerstoff wird über 800 °C hochgeheizt. Durch den Sauerstoff verwandelt sich das Eisen, das sowohl im Tongrund wie im Malschlicker enthalten ist, in rotes Eisenoxyd (Fe_2O_3): Grund und Bemalung werden in dieser Phase gleichermaßen rot.

▪ Reduzierender Brand. Die Hitze wird über 900 °C gesteigert. Bei dieser Temperatur 'sintern' die feinen Partikel des aufgemalten Tonschlickers, d. h. sie schmelzen zu einem feinen glänzenden Überzug, der zugleich wasserdicht ist. Gleichzeitig wird der Feuerungskanal und der Abzug geschlossen, so daß kein Sauerstoff mehr zugeführt wird und Rauch, d. h. Kohlenmonoxyd, entsteht. Dadurch verwandelt sich das rote Eisenoxyd sowohl des Gefäßtones wie des Malschlickers in schwarzes Eisenoxyduloxyd (Fe_3O_4). Grund und Bemalung werden in dieser Phase gleichermaßen schwarz.

▪ Reoxydierender Brand. Diese Phase dient dazu, die Farben von Grund und Bemalung zu trennen. Durch Wiederöffnung des Feuerkanals und des Abzugs wird Sauerstoff zugeführt. Das führt zur Rückverwandlung des im Ton enthaltenen Eisens zu rotem Eisenoxyd (Fe_2O_3) – aber nur in den Teilen des unbemalten Tongrunds. Denn der aufgemalte feine Tonschlicker bildet durch die inzwischen eingetretene Sinterung eine undurchdringliche Haut, die die Oberfläche versiegelt, so daß der Sauerstoff auf diese Teile nicht einwirkt. Auf diese Weise wird der Tongrund in dieser Phase wieder rot, während die Bemalung mit Malschlicker schwarz bleibt.

Die Technik dieses Drei-Phasen-Brandes, die bereits in der Bronzezeit entwickelt worden war, ist im 7. Jh. v. Chr. in Korinth und noch einmal im 6. Jh. v. Chr. in Athen perfektioniert worden. Der Erfolg dieser beiden Zentren beim Export ihrer Keramik hängt offenbar mit diesen technischen Verbesserungen zusammen.

b. Funktionen und (kanonische) Formen

In der Antike wurde Keramik in einer ausgeprägten Differenzierung für die verschiedensten Funktionen des Lebens gebraucht: nicht nur als okkasionelle Behälter von Speisen und anderen Materialien, sondern auch zur langfristigen Aufbewahrung von Vorräten und zum Transport von umfangreichen Handelswaren. Daher gibt Keramik wichtige Einblicke in viele Bereiche der antiken Kulturen. Die primären Funktionen von Keramik standen lange Zeit weniger im Zentrum der Forschung als die sekundären Aspekte der 'künstlerischen' Form und Verzierung. Erst in jüngerer Zeit werden Gebrauch und Handel systematischer untersucht. Hier liegen noch wichtige Aufgaben der Forschung.

Funde von Keramik jeder Qualität, grobe Gebrauchskeramik wie kostbare Feinkeramik, lassen in Siedlungen die verschiedenen Funktionen von Gebäuden und Räumen erschließen. Große Vorratsgefäße bezeugen landwirtschaftliche Produktion und Speicherung. Transportamphoren für Wein, Öl und Getreide, deren Herkunft bestimmbar ist, lassen Handelstätigkeit über weite Distanzen erkennen.

In Heiligtümern sind einfache Kultgeschirre, aber auch kostbare bemalte Gefäße wichtige Zeugnisse für Rituale und andere Aktivitäten der Religion. Keramik von fremden Orten läßt den Einzugsbereich von Kultstätten erschließen.

Keramische Beigaben in Gräbern weisen durch ihre Formen auf gesellschaftliche Rollen, Männer und Frauen, Altersstufen, soziale Schichten hin. Die Bilder auf den bemalten Gefäßen sind nur selten auf die spezifische Funktion im Grabritual bezogen; meist zeigen sie Themen von allgemeinerer gesellschaftlicher Bedeutung, derer sich auch die Trauergemeinschaften beim Begräbnis versicherten.

Unter den Funktionen der Feinkeramik im gesellschaftlichen Leben spielen die Hochzeit und vor allem das Symposion eine zentrale Rolle. Im Rahmen der Gelagekultur wurde ein reiches Spektrum von Bildthemen zur Darstellung gebracht, gewissermaßen als Stimulus für Diskurse über Leitbilder und Gegenbilder, Hoffnungen und auch Ängste der eigenen Gesellschaft.

Schließlich läßt sowohl die bemalte Keramik aus den früheren griechischen Zentren als auch die Massenproduktion des Hellenismus und der römischen Kaiserzeit vielfältige kulturelle Verbindungen sowohl innerhalb der antiken Städte und Reiche als auch über ihre Grenzen hinaus verfolgen. (T.H.)

Die folgende Aufstellung führt vor allem die wichtigsten typischen Gefäßformen der archaischen und klassischen griechischen Keramik auf (Abb. 165). In anderen Epochen sind vielfach andere Gefäßtypen produziert worden, die hier nicht dargestellt werden können.

ALABASTRON. Antiker Name *alábastron* plausibel mit Vasenform zu verbinden. Gefäß für Salb-Öl und Parfum.

AMPHORA. Antiker Name *amphoreús* gesichert. Generell Vorratsgefäß (Wein, Olivenöl, z. T. auch feste Nahrungsmittel). Die Forschung unterscheidet mehrere Typen, die wiederum in Varianten unterteilt sind. Hauptypen: 1. Halsamphora: Hals deutlich vom Körper abgesetzt; 2. Bauchamphora: gleitender Übergang vom Körper zum Hals; 3. Panathenäische Preisamphoren: Spezialform zur Verleihung des Preis-Öls an die athletischen Sieger bei den Spielen der Panathenäen. Bauchige Amphora mit engem Fuß und Hals. Typischer Schmuck: Vs. Athena, gerüstet ausschreitend, die Lanze schwingend, zwischen zwei Säulen mit Hähnen; Rs. die betreffende Sportart. Maltechnik bis in die Kaiserzeit schwarzfigurig.

ARYBALLOS. Antiker Name *aryballos* in der Forschung konventionell für diese Vasenform verwendet. Gefäß für Salböl, meist von Männern gebraucht.

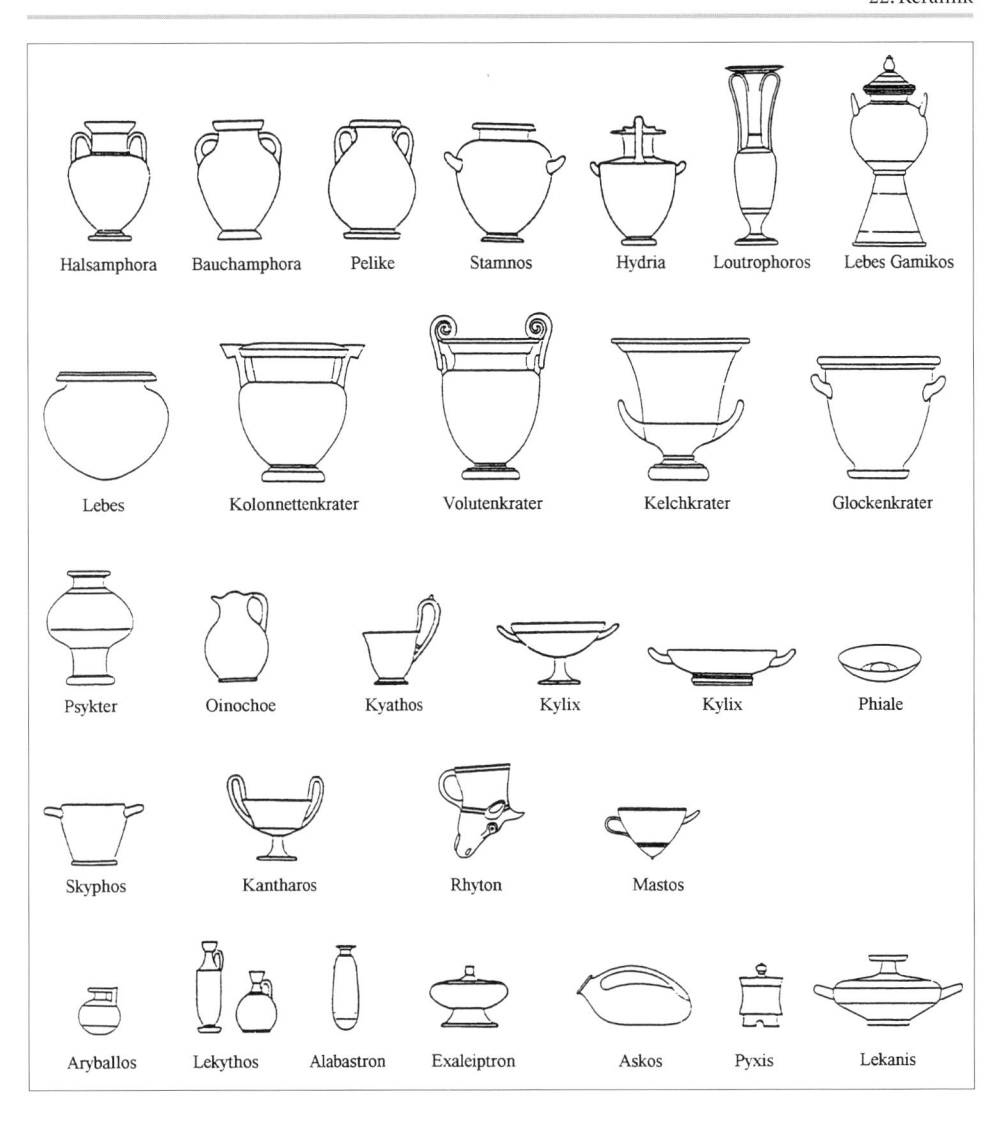

Abb. 165: Kanonische griechische Gefäßformen und ihre Namen (6.–4. Jh. v. Chr.)

Askos. Konventioneller Name der archäologischen Forschung aufgrund der an einen Weinschlauch erinnernden Form; antiker Name unbekannt. Wahrscheinlich Gefäß für Duftöl oder Parfum.

Dinos. s. Lebes.

Exaleiptron. Antiker Name *exáleiptron* plausibel mit Vasenform zu verbinden. Gefäß für Salben. Nach Landschafts- und Zeitstil große Formenvielfalt; allen Varianten gemeinsam der nach innen gebogene Mündungsrand.

Hydria. Antiker Name *hydría* gesichert. Gefäß zum Wasserholen mit zwei waagrechten Henkeln zum Tragen und einem senkrechten Henkel zum Gießen. Hals von Schulter abgesetzt oder mit gerundetem Übergang; für die gerundete Form in der Forschung z.T. der Name Kalpis verwendet, eine ebenfalls antike Bezeichnung für ein Wassergefäß, jedoch nicht speziell für diese Variante der Hydria.

Kantharos. Antiker Name *kántharos* wahrscheinlich mit Vasenform zu verbinden. Trinkgefäß; offenbar in Wirklichkeit selten verwendet, aber häufig in Darstellungen des dionysischen Kreises.

KRATER. Antiker Name *kratér* gesichert. Generell Mischgefäß für Wein und Wasser. Die Forschung unterteilt mehrere Typen: 1. Volutenkrater; griechischer Name *kratér lakonikós*; 2. Kolonnettenkrater; 3. Kelchkrater; 4. Glockenkrater.

KYATHOS. Antiker Name *kyathos* wahrscheinlich mit Vasenform zu verbinden. Gefäß zum Weinschöpfen. Orientiert sich offenbar an etruskischen Vorbildern, wurde wohl speziell für den etruskischen Markt hergestellt (selten).

KYLIX. Antiker Name *kylix* gesichert. Trinkschale. Zahlreiche Typen und Varianten.

LEBES. Antiker Name *lébes* plausibel mit Gefäßform zu verbinden. Gefäß zum Weinmischen. In der Forschung häufig auch antiker Name *dínos* verwendet, dieser kann jedoch nicht mit der Gefäßform verbunden werden.

LEBES GAMIKOS. Antiker Name *lébes gamikós* wahrscheinlich mit Gefäßform zu verbinden. Hochzeitsgefäß für das Brautbad.

LEKANIS. Antiker Name *lekanís* kann nicht sicher mit dieser Gefäßform identifiziert werden: konventioneller archäologischer Name. Gefäß für Speisen, Kosmetik etc. In antiken Quellen auch Name *lekáne*: in der Forschung für offenes flaches Gefäß ohne Deckel benutzt.

LEKYTHOS. Antiker Name *lékythos* (femininum!) für verschieden geformte Duftöl-Gefäße bezeugt, in der Forschung nur für abgebildete Vasenform verwendet. Gefäß für Öl und Parfum.

LOUTROPHOROS. Antiker Name *loutrophóros* nicht sicher mit Vasenform zu verbinden. Enthielt Wasser für das Brautbad; diente auch als Grabzeichen. Variante der Halsamphora bzw. der Hydria, mit langem, engem Hals.

MASTOS. Antiker Name *mastós* gesichert. Trinkgefäß in Form einer Frauenbrust (selten).

OINOCHOE. Antiker Name *oinochóe* allgemeine Bezeichnung für Weinkanne. Zahlreiche Typen und Varianten; darunter wichtig die bauchige Olpe.

PELIKE. Griechischer Name *pelíke* kann nicht mit dieser Vasenform verbunden werden: konventioneller archäologischer Name. Vorratsgefäß. Variante der Bauchamphora.

PITHOS. Antiker Name *píthos* für diese Gefäßform gesichert. Großes Vorratsgefäß, oft in den Boden eingelassen.

PHIALE. Antiker Name *phiále* plausibel mit Gefäßform zu verbinden. Trink- und Opfergefäß. Meist aus Metall, nur relativ selten aus Terrakotta. Häufig in Vasenbildern dargestellt.

PSYKTER. Antiker Name *psyktér* plausibel mit Gefäßform zu verbinden. Weinkühler (selten).

PYXIS. Antiker Name *pyxís* offenbar erst in römischer Zeit für diese Gefäßform üblich: konventioneller archäologischer Name. Gefäß für Schmuck und Kosmetikartikel. Stark wechselnde Formgestaltung.

RHYTON. Antiker Name *rhýton* ('Rinngefäß') bezeichnet nicht Gefäßform, sondern technische Vorrichtung: Gefäß enthält neben Einguß auch Ausgußloch. Bezeichnung in Forschung breit angewendet: umfaßt in der Regel alle Tierkopfgefäße, auch diejenigen ohne entsprechende technische Vorrichtung. Rhyton mit Ausgußloch für Spenden. Geschlossene Form Trinkgefäß; mit dem dionysischen Bereich verbunden.

SKYPHOS. Antiker Name *skýphos* kann plausibel mit Vasenform verbunden werden. Trinkgefäß.

STAMNOS. Antiker Name *stámnos* kann nicht mit Gefäßform verbunden werden: konventioneller archäologischer Name. Weingefäß.

(H.F.)

22.2 Feinkeramik: Epochen und Zentren – Dekoration und Formen

Keramik, besonders die bemalte griechische Keramik, aber auch die römische Reliefkeramik, kann heute sehr fein klassifiziert werden: nach Epochen und Landschaften bzw. Städten, bis hin zu Werkstätten und einzelnen Töpfern und Malern. Hier können nur einige grobe Linien deutlich gemacht werden.

Die Klassische Archäologie hat sich lange Zeit vor allem mit der Stilentwicklung und der Erforschung der Werkstätten bzw. der in ihnen arbeitenden Maler und Töpfer griechischer Feinkeramik beschäftigt. Eine Reihe von diesen sind uns durch ihre Signaturen bekannt, die vereinzelt seit dem Ende des 8. Jh. v. Chr. auftreten und vor allem in Athen seit dem frühen 6. Jh. v. Chr. (Sophilos, Klitias und Ergotimos) in beträchtlicher Zahl nachzuweisen sind. Ausgehend von den durch Signaturen greifbaren Meistern hat die archäologische Forschung, in erster Linie der englische Forscher Sir John Beazley, ein monumentales Ordnungssystem für Werkstätten und Meister attischer und etruskischer Vasen erarbeitet. Die Maler werden hierbei nach stilistischen Eigenheiten unterschieden und aufgrund ihrer Signatur oder, sofern diese nicht erhalten ist, mit einem archäologischen Rufnamen benannt. Letzterer orientiert sich z. B. an dem Töpfer, für den der betreffende Maler arbeitete (z. B. Andokides-Maler); andere Namen richten sich nach stilistischen Eigenheiten des Malers (z. B. Affekter; Elbows-out-Maler), nach einem wichtigen Werk bzw. seinem Standort (z. B. Berliner Maler), nach einem bestimmten Thema (z. B. Niobiden-Maler), etc. Diese sog. Meisterforschung hat eine solide Basis für die Auswertung der Vasen geschaffen, zugleich jedoch die Archäologie auch stark monopolisiert und auf diese begrenzte Fragestellung eingrenzt. Erst in neuerer Zeit ist die Forschung wieder mehr dazu übergegangen, die Bildthemen der Vasen, ihren Gebrauch und ihre Bedeutung für Wirtschaft und Handel zu untersuchen. Dabei treten auch immer mehr die Gattungen einfacherer Keramik in den Blick, die noch ein wichtiges Feld künftiger Forschungen sind.

a. Protogeometrische Epoche (ca. Ende 11. Jh. – 900 v. Chr.)

Keramik dieses Stils war nahezu über den gesamten griechisch besiedelten Mittelmeerraum verbreitet. Das wichtigste Zentrum lag in Athen.

Die Formen der Gefäße zeigen gegenüber der mykenischen Zeit eine deutliche Verfestigung (Boardman, EVP Abb. 1–12). Vegetabile und figürliche Motive, die in der mykenischen Keramik üblich waren, fehlen; die Gefäße tragen geometrischen Dekor. Typische Ornamente sind konzentrische Kreise und Halbkreise, die mit dem (Kamm-)Zirkel gezogen werden; in ihrer Mitte befindet sich meist ein solider Punkt oder ein Stundenglas. Auch Reihen von Dreiecken oder Rauten, Felder mit Schachbrettmuster und Zickzack-Ornamente sind häufig.

b. Geometrische Epoche (ca. 900 – 700 v. Chr.)

Athen blieb weiterhin führendes Zentrum. Die Formen der Gefäße straffen sich noch stärker. Die Ornamente werden reicher und überziehen allmählich, in immer komplizierterer Dekorationsweise, den ganzen Gefäßkörper, wobei Felder und vertikale Streifen den horizontalen Rhythmus unterbrechen (Boardman, EVP Abb. 26–75). Die Kreise und Halbkreise verschwinden aus dem Repertoire der Ornamente, während der Mäander (z. T. in sehr komplexer Form) als neues Hauptmotiv auftritt. Aufgrund der Entwicklung werden meist drei Phasen unterschieden: Früh- (900–850 v. Chr.), Mittel- (850–760/50 v. Chr.) und Spätgeometrisch (760/50–700 v. Chr.). Neben Athen war vor allem Argos ein Zentrum der Produktion großer Gefäße mit anspruchsvoller geometrischer Dekoration.

Seit etwa 800 v. Chr. treten wieder figürliche Motive auf: erst Tiere, seit spätgeometrischer Zeit auch menschliche Figuren. Diese werden als Silhouetten wiedergegeben, wobei der Oberkörper en face, Gesäß und Beine im Profil dargestellt sind; damit werden die Stärke der Brust und die Kraft und Beweglichkeit der Beine betont. Diese Darstellungsweise wird als 'wechselansichtig' bezeichnet. Die Themen stehen vielfach mit dem Grabkult in Verbindung: vor allem Aufbahrung und Beklagung der Toten, die sog. *prothesis*, sowie Überführung des Leichnams zum Grab, die sog. *ekphora* (Abb. 166; s. auch Boardman, EVP Abb. 44–45). Diese Thematik entspricht dem Gebrauch vieler geometrischer Vasen, die in monumentaler Form auf Gräbern aufgestellt wurden. Daneben sind Darstellungen der kriegerischen Lebenswelt, meist Szenen des Kampfes oder der Schiffahrt bzw. des Schiffbruchs, beliebt (Boardman, EVP Abb. 49–50). Ob in dieser Zeit bereits die ersten mythischen Themen auftauchen, ist umstritten: Darstellungen, die als Herakles im Kampf gegen den nemeischen Löwen (Boardman, EVP Abb. 66) oder als Entführung der Helena durch Paris bzw. der Ariadne durch Theseus (Boardman, EVP Abb. 67) gedeutet wurden, können auch als Szenen der (mehr oder minder phantastischen) Lebenswelt verstanden werden.

22. Keramik

Abb. 166: Attisch-geometrischer Krater aus Athen mit Aufbahrung (prothesis) und Leichenzug (ekphora). 3. Viertel 8. Jh. v. Chr. New York, Metropolitan Museum of Art

c. Archaische Epoche (700–480 v. Chr.)

In der früharchaischen oder orientalisierenden Epoche (ca. 700–620 v. Chr.) bildeten sich neue Zentren der Keramikproduktion heraus: Korinth, das seine Keramik in den gesamten griechischen Raum exportierte, und die ostgriechischen Städte (besonders wohl Milet, Samos, Chios). Die attischen Werkstätten dagegen entwickelten zwar einen kühnen und monumentalen Stil, hatten jedoch nur lokale Bedeutung. Andere bedeutende Werkstätten des 7. Jh. v. Chr. arbeiteten in Boiotien, auf den Kykladen und auf Kreta.

Gegenüber der geometrischen Zeit ist in der Vasendekoration ein deutlicher Bruch zu erkennen, der durch Kontakte mit dem Orient (Phoinikien, Nordsyrien, Urartu, Ägypten) hervorgerufen wurde. Beherrschendes Motiv ist der Tierfries, innerhalb dessen häufig orientalische Fabeltiere, wie Greifen und Sphingen, erscheinen. Aber auch Szenen aus dem menschlichen Leben sind jetzt in größerem Umfang vertreten, z. B. Schlachtreihen (sog. Chigi-Kanne; Boardman, EVP Abb. 178,1–3), sowie, immer häufiger und intensiver, mythologische Szenen, etwa Odysseus und seine Gefährten, die den Riesen Polyphem blenden (Amphora aus Eleusis; Boardman, EVP Abb. 208,1–2). Bei den Schmuckelementen verschwindet der Mäander, an seiner Stelle beherrschen Flechtbänder und Spiralen das Bild; Pflanzen und Blüten vermitteln den Eindruck lebendigen Wachstums.

Seit der ersten Hälfte des 6. Jh. v. Chr. übernahm zunehmend Athen die Führung in der Keramikproduktion. Die schwarzfigurige Technik wurde in ihrer konsequenten Ausprägung von Korinth übernommen und in den attischen Werkstätten weiter perfektioniert (s. unten). Später wurde in Athen die rotfigurige Malweise entwickelt. Attische Vasen gehörten während des 6. und 5. Jh. v. Chr. zu den begehrtesten Importartikeln in Etrurien, Süditalien und im Osten.

Andere Zentren der Keramikproduktion hatten eine wechselvolle Geschichte. Auf den Kykladen und auf Kreta hören anspruchsvoll bemalte Vasen gegen Ende des 7. Jh. v. Chr. auf, in Korinth fand die reich bemalte Keramik unter dem Druck der Konkurrenz aus Athen um die Mitte des 6. Jh. v. Chr. ein Ende. In Sparta entstand ein bemerkenswertes Zentrum für figürlich bemaltes Trinkgeschirr, das auch in begrenztem Umfang expandierte, aber gegen Ende des 6. Jh. v. Chr. abbrach. Andere Werkstätten hatten zumeist nur lokale Bedeutung. In Böotien läuft eine provinzielle Variante der schwarzfigurigen Malerei durch das 6. Jh. v. Chr. fort. Daneben entstanden vor allem im Westen kurzlebige Produktionen von hoher Qualität: die sog. 'Chalkidischen' Vasen, noch nicht sicher lokalisiert, vielleicht aus Unteritalien, sowie die 'Pontischen' Amphoren und die 'Caeretaner Hydrien' aus Etrurien. Im Folgenden werden nur wenige dieser Zentren der Keramik besprochen.

Korinth. Korinthische Werkstätten waren die ersten, die den neuen Stil einführten. Man unterscheidet zwei große Phasen (mit Untergliederungen): 'protokorinthisch' (ca. 720–625 v. Chr.) und 'korinthisch' (ca. 625–550 v. Chr.). Eine einfache Unterscheidung ist durch die Füllornamente zwischen den gemalten Figuren möglich: Die protokorinthische Punktrosette wird von der korinthischen Klecksrosette mit Binnenritzung abgelöst.

Eine entscheidende Neuerung der protokorinthischen Phase ist die Entwicklung der schwarzfigurigen Technik zu Beginn des 7. Jh. v. Chr.: Zunächst werden die Figuren als Silhouette gemalt, sodann wird mit spitzem Gerät die Binnenzeichnung eingeritzt (Abb. 167). Durch eine Perfektionierung der Brenntechnik mit Hilfe eines regulierbaren Brennofens wurde mit dem Malschlicker oft ein glänzendes Schwarz erreicht; es bildet einen kräftigen Kontrast zu der hellen, gelblich-beigen Färbung des Tongrundes korinthischer Keramik. Darüber hinaus wurde es bald üblich, die Binnengliederung durch den Auftrag zusätzlicher Farben zu unterstützen: zunächst Purpurrot, dann auch Weiß. Die typische Dekoration protokorinthischer Zeit besteht aus Miniaturfriesen, die meist in mehreren Reihen übereinander das Gefäß schmücken. Als Gefäßformen sind vor allem kleinformatige und äußerst dünnwandige Ölgefäße (Aryballos und Alabastron) beliebt.

Obwohl die Ritzung zunehmend vervollkommnet und der Glanzton verbessert wurde, wurde der Stil seit dem späteren 7. Jh. v. Chr. durch die massenhafte Produktion zusehends routinierter, vielfach auch gröber: Die Figuren werden immer größer und massiger, bis schließlich ein einziger Tier- oder Menschenkörper fast die gesamte Gefäßoberfläche bedecken kann. Hinzu kommt das häufige Verfahren, den leeren Raum durch Rosetten auszufüllen (unglücklich bezeichnet als 'Horror vacui'). Um die Mitte des 6. Jh. v. Chr. hören korinthische Werkstätten mit figürlicher Malerei auf. Athen hatte damals als Zentrum der Keramik den internationalen Markt erobert, Korinth produzierte nur noch für den lokalen Bedarf.

Das häufigste Thema der korinthischen Keramik sind wilde Tiere, darunter auch fabulöse Bestien wie Löwen und Panther, sowie phantastische Monster wie Sphingen und viele weitere Mischwesen aus Teilen verschiedener Tiere, die allgemein von orientalischen Vorbildern angeregt sind. Sie stellen eine Gegenwelt der wilden Natur dar, von der sich die damals entstehende Poliskultur absetzte. Daneben

22. Keramik

Abb. 167: Protokorinthische Oinochoe mit Tierfriesen. Um 640–30 v. Chr. Basel, Antikenmuseum

Abb. 168: Ostgriechische Oinochoe mit Wildziegen. Um 600 v. Chr. Karlsruhe, Badisches Landesmuseum

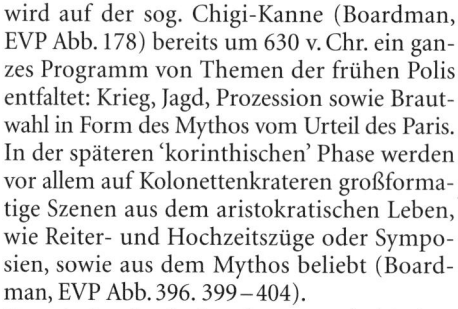

wird auf der sog. Chigi-Kanne (Boardman, EVP Abb. 178) bereits um 630 v. Chr. ein ganzes Programm von Themen der frühen Polis entfaltet: Krieg, Jagd, Prozession sowie Brautwahl in Form des Mythos vom Urteil des Paris. In der späteren 'korinthischen' Phase werden vor allem auf Kolonettenkrateren großformatige Szenen aus dem aristokratischen Leben, wie Reiter- und Hochzeitszüge oder Symposien, sowie aus dem Mythos beliebt (Boardman, EVP Abb. 396. 399–404).

Ostgriechenland. In den ostgriechischen Zentren wurde der geometrische Stil erst relativ spät von den neuen Dekorationsmustern abgelöst. Wahrscheinlich nicht vor dem 2. Viertel des 7. Jh. v. Chr. entstand der im ganzen ostgriechischen Raum verbreitete 'wild goat'-Stil, dessen Name sich von den mit Vorliebe dargestellten Steinbockfriesen herleitet (Abb. 168; Boardman, EVP Abb. 284–301). Kennzeichen des Stils ist eine Kombination aus Silhouetten- und Umrißmalerei. Während der

Großteil des Körpers als Silhouette wiedergegeben ist, werden vor allem Kopf und Bauch mit Hilfe von Umrißlinien dargestellt. Auf Ritzung wird hierbei vollständig verzichtet: Binnenzeichnung wird in den Silhouettenpartien ausgespart, in den Umrißpartien aufgemalt. Der Tongrund erhält einen gelblichen bis elfenbeinfarbenen Überzug.

Die genaue Lokalisierung der Herstellungszentren ostgriechischer Keramik ist noch unsicher. Früher galt Rhodos als wichtigste Stätte der Produktion, neuere Grabungen weisen dagegen auf Milet, wahrscheinlich auch auf Samos. Sicher zuweisbar ist eine Gruppe feinwandiger Kelchgefäße aus Chios.

Im 6. Jh. v. Chr. lebten einige Elemente des 'wild goat'-Stils im 'Fikellura-Stil' fort (Boardman, EVP Abb. 331–339), der im 2. Viertel des 6. Jh. v. Chr. im Gebiet zwischen Samos und Rhodos (Milet?) entstand, und seinen Namen nach einem rhodischen Fundplatz erhielt. Figuren sowie die Gestaltung einiger Ornamente knüpfen an die traditionelle Dekoration an, mit den charakteristischen Reihen von Halbmonden werden jedoch neue Elemente hinzugefügt. Mit dem Ende des 6. Jh. v. Chr. scheint auch die ostgriechische bemalte Feinkeramik geendet zu haben.

Athen. In Attika wurde der geometrische Stil um 700 v. Chr. von der neuen Dekorationsweise abgelöst. Für die attische Keramik der orientalisierenden Epoche wurde der Begriff 'protoattisch' geprägt. Die Figuren und Ornamente sind von einer unbändig ausdrucksstarken Monumentalität (Boardman, EVP Abb. 188–212). Auch hier ist die Kombination von Silhouetten- und Umrißmalerei typisch; im Vergleich zu den ostgriechischen Stilen wird die Umrißmalerei jedoch in geringerem Umfang angewendet. Zudem wird neben der Umrißmalerei auch die – in Korinth entwickelte, für die schwarzfigurige Malerei typische – Binnenritzung eingeführt. Im 2. Viertel des 7. Jh. v. Chr. wird neben dem schwarzen Malschlicker viel mit weißer Farbe gearbeitet, etwa auf einer bekannten Amphora mit Odysseus und Polyphem (Boardman, EVP Abb. 208,1–2); im 3. Viertel erscheint auch das vorher nur selten verwendete Purpurrot häufiger.

Attisch-schwarzfigurige Vasen. Die schwarzfigurige Technik setzte in Athen in vollem Umfang am Ende des 7. Jh. v. Chr. ein. Während zuvor nur vereinzelt mit Ritzung gearbeitet wurde (s. oben), setzte sich diese etwa seit 630 v. Chr. für alle figürlichen Darstellungen und bis zum Ende des 7. Jh. v. Chr. auch für alle Ornamente durch. In voller Ausprägung erscheint die Technik auf einer Amphora mit dem Kampf des Herakles gegen den Kentauren Nettos im Halsbild und den laufenden Gorgonen auf dem Gefäßkörper (Nettos-Maler, Athen, um 600 v. Chr.; Boardman, SV Abb. 5). In der Folgezeit wurde durch die Ritztechnik eine zunehmend detailliertere Wiedergabe der Figuren erreicht: Die Körper erhielten eine reiche Binnengliederung, die Gewänder wurden mit aufwendigen Mustern versehen; zudem setzte sich das Verfahren durch, die Hautpartien der Männer schwarz, die der Frauen weiß darzustellen. Mit diesen Mitteln wurde die Darstellung von Figurenkonstellationen und Bilderzählungen, insbesondere auch aus dem Bereich der Mythen, von steigender Komplexität möglich. Einen ersten Höhepunkt

Abb. 169: Attisch-schwarzfigurige Amphora des Amasis-Malers mit Satyrn bei der Weinlese. Um 540–30 v. Chr. Würzburg, Martin-von-Wagner-Museum

stellt in dieser Hinsicht der Krater aus der Werkstatt des Klitias und des Ergotimos dar (sog. François-Vase, nach dem Entdecker benannt; Florenz, um 570 v. Chr.; Boardman, SV Abb. 46,1–7), die in vielen Zonen ein umfassendes Repertoire von Sagenbildern entfaltet: Prozession der Götter zur Hochzeit von Peleus und Thetis, Theseus mit Ariadne und den athenischen Jünglingen und Mädchen, Jagd auf den Kalydonischen Eber, Kampf der Lapithen gegen die Kentauren, Leichenspiele für Patroklos, Überfall des Achill auf Troilos, Rückführung des Hephaistos in den Olymp. Im weiteren Verlauf entwickelte der Töpfer und Maler Amasis in seinen Figuren ein hohes Maß an körperlicher Vitalität (Abb. 169). Gleichzeitig erreichte der Töpfer und Maler Exekias eine äußerste Perfektion der Ritztechnik zur körperlichen Wiedergabe der Figuren und faltenreichen Gewänder. Seine kunstvolle Amphora im Vatikan zeigt Achill und Aias beim Brettspiel auf der einen, die Dioskuren mit ihren Eltern auf der anderen Seite (um 530 v. Chr.; Boardman, SV Abb. 100).

Die schwarzfigurige Technik war bis etwa 530 v. Chr. allein herrschend. Dann kam in Umkehrung der bisherigen Malweise die rotfigurige Technik auf (s. unten). Beide Maltechniken liefen bis zum Ende des 6. Jh. v. Chr. nebeneinander her. Dann hatte sich die rotfigurige Malweise endgültig durchgesetzt; die schwarzfigurige Technik wurde – neben Gefäßen geringerer Qualität – nur noch in einigen Sonderformen weitergeführt.

Zu diesen Sonderformen gehören vor allem die Panathenäischen Preisamphoren (s. auch oben Kapitel 5 und 22.1). 566 v. Chr. wurden die Panathenäischen Spiele neu geordnet und seitdem alle vier Jahre abgehalten. Als Preis für die athletischen Wettbewerbe dienten mit kostbarem Speise-Öl gefüllte Amphoren, die auf der Vorderseite Athena zwischen zwei Hähnen auf Säulen, auf der Rückseite eine Darstellung der jeweiligen Kampfdisziplin zeigen. Diese Amphoren wurden bis in den Hellenismus und die römische Kaiserzeit weiterhin stets in schwarzfiguriger Technik hergestellt.

Auch die häufig als Grabbeigabe verwendete Lekythos gehörte zu den weiterhin schwarzfigurig bemalten Vasenformen, allerdings nur bis um die Mitte des 5. Jh. v. Chr. Zu diesem Zeitpunkt wurde diese Gattung durch die weißgrundigen, polychrom bemalten Lekythen abgelöst (s. unten).

Die Themen der Vasenbilder bieten in dieser Zeit ein außerordentlich reiches Spektrum gesellschaftlicher Leitbilder. Aus der Lebenswelt sind zum einen Darstellungen aus dem Krieg und der Athletik, zum anderen aus dem vornehmen Symposion besonders vielfältig vertreten. Daneben wird in der Welt der Mythen ein vielschichtiges Repertoire von exemplarischen Verhaltensweisen und Schicksalen, Leistungen und Verfehlungen entfaltet. Der beliebteste Held war Herakles, wohl als Prototyp des leistungsbewußten Polisbürgers, der es durch eigene Kraft zu Ruhm und Ansehen gebracht hatte. Die damit begründete genußreiche und vitale Lebensform wird in zahllosen Bildern des Dionysos und seines Thiasos vor Augen geführt.

Attisch-rotfigurige Vasen. Etwa um 530 v. Chr. wurde durch die Umkehrung der alten, schwarzfigurigen Technik die rotfigurige Vasenmalerei entwickelt. Nicht mehr die Figuren wurden mit schwarzem Malschlicker auf den Tongrund aufgemalt, sondern der Malgrund wurde mit dem schwarzen Glanzton überzogen. Dadurch blieben die Figuren in der Farbe des Tongrundes ausgespart; die Binnenzeichnung mußte nicht mehr geritzt, sondern konnte gemalt werden. Das Ergebnis war eine weitaus geschmeidigere und organischere Körperwiedergabe, als es in der schwarzfigurigen Technik je möglich gewesen war.

Trotz der neuen Möglichkeiten verdrängte die rotfigurige Technik die traditionelle Malweise nicht sofort. Eine Reihe von Malern behielt die schwarzfigurige Technik bei (s. oben). In der ersten Generation nach 530 v. Chr. finden sich 'bilingue' Vasen, die auf einer Seite in schwarz-, auf der anderen Seite in rotfiguriger Technik bemalt waren. Eine Amphora des Andokides-Malers mit Herakles beim Gelage auf beiden Seiten macht deutlich, welche neuen Möglichkeiten derselbe Vasenmaler in der neuen Technik für die Entfaltung des menschlichen Körpers sah (München, um 530–520 v. Chr.; Boardman, SV Abb. 161). Erst mit der Jahrhundertwende wurde die neue Malweise allgemein vorherrschend.

Die ersten Jahrzehnte der rotfigurigen Maltechnik fallen noch in die archaische Epoche, die wegen anderer Phänomene bis ca. 490/80 v. Chr. angesetzt wird. Die Diskrepanz zwischen der Zäsur in der Keramik und den Epochengrenzen in anderen kulturellen Bereichen macht das Problem der Definition von Epochen deutlich (s. oben Kapitel 4). Die Entwicklung der rotfigurigen Keramik wird zusammenhängend im folgenden Abschnitt besprochen.

d. Klassische Epoche (5. Jahrhundert v. Chr.)

Im Verlauf der Entwicklung der attischen rotfigurigen Keramik lassen sich mehrere Stilstufen unterscheiden:

In der spätarchaischen Zeit (ca. 530–480 v. Chr.) ist das Experimentieren mit neuen, kühnen Ansichten des menschlichen Körpers, z. T. in starken perspektivischen Verkürzungen bezeichnend. Es dient vor allem der Darstellung von Themen, die dem gesteigerten Körpergefühl dieser Epoche entsprechen: zum einen des Lebens in der Palästra (z. B. Kelchkrater des Euphronios, Berlin, ca. 510–500 v. Chr.; Boardman, RVarchZ Abb. 24,1–3), zum anderen des rauschhaften Tanzes nach dem Symposion (z. B. Amphora des Euthymides, München, ca. 510–500 v. Chr.; Boardman, RVarchZ Abb. 33,2). Das Interesse der archaischen Maler an Farbe und prunkvollen Gewandmustern tritt dabei weitgehend in den Hintergrund. Statt dessen wird versucht, mit Hilfe der Linien den Fall der Gewänder zu betonen. Die Ritzung wird völlig aufgegeben, statt dessen wird mit präzisen Konturlinien gearbeitet.

Im Strengen Stil (480–450 v. Chr.) wird diese Entwicklung weiter vorangetrieben. Die Gewänder werden fließender und lassen durch die Faltenführung die darunter liegenden Körperformen deutlicher als bisher hervortreten. Die Profildarstellung der Gesichter wird konsequent zu Ende geführt: Das Auge wird nicht mehr in Vorderansicht gezeigt, sondern, nach vorn geöffnet und mit vorgerückter Pupille, in Seitenansicht wiedergegeben (siehe die Reihe Boardman, RVarchZ Abb. S. 18: 530–520 v. Chr. – Abb. S. 198: 480–470 v. Chr. – Boardman RVklassZ Abb. S. 13: 480–450 v. Chr. – Abb. S. 63: 440–430 v. Chr.).

Um 460 v. Chr. tritt auf einigen großen Gefäßen eine grundsätzlich neue Form der Komposition auf: Die Figuren stehen nicht mehr, wie bisher allgemein üblich, auf der gemeinsamen Grundlinie des Bildes und füllen den Bildraum mehr oder minder bis oben aus, sondern erscheinen in verschiedener Höhe auf bewegten Geländelinien im Bild verteilt. Auf einem Kelchkrater wird auf diese Weise die Tötung der Niobiden durch Apollon und Artemis im Gebirge geschildert (Niobiden-Maler, Paris, um 460 v. Chr.; Boardman, RVklassZ Abb. 4,1–2). Diese Darstellungsform wurde damals aus der gleichzeitigen großen Wandmalerei um den Maler Polygnot übernommen, die vollständig verloren ist. Sie war in Athen vor allem in einem Zyklus von Gemälden in der sog. Bunten Halle (Stoa Poikile) an der Agora vertreten, die Pausanias (1,15,1 ff.) beschrieben hat. In der Vasenmalerei wurde sie zunächst nur selten angewendet, fand aber seit dem späten 5. Jh. immer weitere Verbreitung.

In der Hochklassik (450–430 v. Chr.) strahlen die Figuren gegenüber den vielfach beweg-

Abb. 170: Attisch-rotfiguriger Stamnos des Kleophon-Malers mit Krieger beim Auszugsopfer. Um 430 v. Chr. München, Staatliche Antikensammlung

ten und aktionsreichen Bildern früherer Zeit eine deutliche Ruhe aus; gedankenvolles Stehen oder Sitzen vermitteln eine Stimmung seelenvoller Besonnenheit, etwa auf einem Stamnos mit dem Abschied eines Kriegers von seiner Frau (Kleophon-Maler, München, um 440–30 v. Chr.; Abb. 170).

Eine weitere Stilstufe zeigt der Reiche Stil (430–400 v. Chr.) mit seinen faltenreichen, z. T. verzierten und zuweilen stark bewegten Gewändern, deren Faltenführung deutlich die Körperformen herausmodelliert, besonders virtuos auf einer Hydria des Meidias-Malers mit den Dioskuren, die die Leukippiden rauben (London, um 420 v. Chr.; Boardman, RVklassZ Abb. 287).

Neben der rotfigurigen Technik wurde in seltenen Fällen für Gefäßweihungen in Heiligtümern und andere kultische Zwecke eine Malweise auf weiß überzogenem Tongrund entwickelt. Umfangreicher war die Produktion der weißgrundigen Lekythen (Abb. 171) als Grabbeigaben, die vor allem in der 2. Hälfte

22. Keramik

Dies zwang die Stadt, nach neuen Abnehmern im Osten, am Schwarzen Meer, zu suchen. Zugleich förderte dies aber auch den raschen Aufschwung einiger – bereits in ersten Ansätzen ausgebildeter – lokaler italischer Werkstätten (s. unten). Zum anderen ist auch ein Bruch im Dekorationsstil der attischen Vasen festzustellen: Die Malerei zeigt deutlich neue Züge, die über eine einfache Weiterentwicklung des Bisherigen hinausgingen.

Das Ende der rotfigurigen Malweise ist im einzelnen umstritten, doch zeichnet sich ab, daß diese Technik insgesamt im frühen 3. Jh. v. Chr. ausläuft.

Kertscher Vasen. Die attischen Vasen des 4. Jh. v. Chr. haben ihren Namen von einem Fundort an der Schwarzmeerküste erhalten, dem neuen athenischen Exportgebiet. Die Dekoration zeichnet sich durch eine neue Monumentalität, Kompaktheit und Dichte der Figuren aus, die häufig nur wenig Vasengrund sichtbar lassen. Neu ist auch der reiche Gebrauch von Deckfarben. Die Haut der Frauen wird wieder häufig weiß dargestellt; das Gleiche gilt nun auch für die Eroten. Hinzu kommt die Verwendung von Hellblau, Grün und Gold, so daß bei aufwendigen Gefäßen ein fast polychromer Eindruck entsteht (Peliken des Marsyas-Malers, London, und des Eleusis-Malers, St. Petersburg; Boardman, RVklassZ Abb. 390. 392–393).

Rotfigurige unteritalische Vasen. In Unteritalien war seit archaischer Zeit viel attische Keramik importiert worden. Seit der 2. Hälfte des 5. Jh. v. Chr. entwickelten sich jedoch daneben auch lokale Produktionsstätten, die im 4. Jh. v. Chr. den attischen Import bald völlig ersetzten. Stilistisch können fünf Manufakturen unterschieden werden, deren jeweilige Produkte größtenteils in einem eng begrenzten geographischen Gebiet abgesetzt wurden, und die aufgrund dieser hauptsächlichen Verbreitung als 'lukanisch', 'apulisch', 'kampanisch', 'pästanisch' und 'sizilisch' bezeichnet werden. Ihre Produktion endet im frühen 3. Jh. v. Chr.

Die früheste unteritalische Manufaktur von rotfiguriger Keramik entstand ab ca. 440–430 v. Chr. in Metapont (Lukanien). Der Malstil orientierte sich zunächst an der attischen Keramik, deutlich auf einer Hydria mit der Bestrafung des Amykos (Amykos-Maler, Paris, um 430 v. Chr.; Trendall Abb. 17). Wahrschein-

Abb. 171: Attisch-weißgrundige Lekythos mit Hermes und verstorbener Frau. Um 430 v. Chr. München, Staatliche Antikensammlung

des 5. Jh. v. Chr. in bunter Mattfarbenmalerei einen gewissen Eindruck von Möglichkeiten der verlorenen Wand- und Tafelmalerei geben.

e. Spätklassische Epoche (4. Jahrhundert v. Chr.)

Mit dem Ende des 5. Jh. v. Chr. tritt ein doppelter Bruch auf. Zum einen verschlossen sich nach der Niederlage im Peloponnesischen Krieg für Athen die Absatzmärkte im Westen.

Abb. 172: Apulischer Volutenkrater mit Bellerophon. Um 340–30 v. Chr. Karlsruhe, Badisches Landesmuseum

lich hatten hier übergesiedelte Töpfer und Maler aus Athen neue Werkstätten gegründet (sog. frühitaliotische Vasen). Im Lauf des 4. Jh. v. Chr. trat dann Tarent (Apulien) im Umfang und qualitativen Anspruch der Produktion in den Vordergrund. Abnehmer und Träger dieser keramischen Kultur waren vor allem auch die einheimischen Völker im Umland, bei deren aufwendigen Totenritualen die reich bemalten Gefäße als Grabbeigaben verwendet wurden. Sehr häufig wurden auf großen Krateren und Amphoren die Verstorbenen in einem kleinen tempelartigen Gebäude dargestellt. Daneben finden sich figurenreiche Kompositionen griechischer Mythen, z. B. der Kampf des Bellerophon gegen die Chimaira im Beisein von Göttern und anderen Gestalten (Abb. 172). (H.F.)

Abb. 173: Hellenistische Oinochoe, sog. Westabhang-Keramik. 3. Jh. v. Chr. Heidelberg, Archäologisches Museum der Universität

f. Hellenistische Keramik

Mit dem Beginn des Hellenismus setzte eine grundsätzliche Veränderung der Produktion von Keramik ein. In Athen wie in Unteritalien und Etrurien fand die reiche figürliche Verzierung der Vasen ein Ende. Im erweiterten Raum der griechischen Kultur entwickelten sich an vielen Orten Werkstätten, die vor allem für den lokalen Bedarf Gefäße von schlichter Eleganz herstellten. Insgesamt sind Formen, Stile und Techniken vielfältiger als zuvor. Bestimmend sind schwarzer bis brauner, später auch roter Glanzton, seltener ein heller Überzug, dazu sparsamer Dekor in Malerei oder Relief. Die Gründe für das Ende der klassischen Figurenmalerei und die Entstehung des neuen Geschmacks sind noch unklar. Ein Faktor dürfte gewesen sein, daß zunehmend Gefäße aus Metall den Stil prägten und zu Vorbildern auch für die Keramik wurden.

Die Erforschung der hellenistischen Keramik ist noch nicht so weit fortgeschritten wie die der früheren Epochen. Insbesondere die Chronologie ist weit unsicherer als in den Epochen davor. Im Folgenden werden nur wenige charakteristische Gattungen und Entwicklungen genannt.

Viele traditionelle Gefäßformen erhielten eine neue Gestalt, etwa Amphoren von stark gedrungenem Aussehen. Daneben entstanden neue Formen: z.B. die Lagynos, eine Weinflasche mit engem Hals; oder das Unguentarium, ein spindelförmiges Ölfläschchen.

Die Bemalung war in der Regel schlicht. Keramik mit ausschließlich schwarzer Bemalung (sog. 'Schwarzfirnis-Keramik'; Scheibler, GT Abb. 88; Sparkes Abb. V,5) war seit archaischer Zeit neben den figürlich verzierten Vasen hergestellt worden. Vor allem im 5. Jh. v. Chr. entstand in Athen eine Produktion eleganter Gefäße mit brillant glänzender Oberfläche, öfters mit eingeritzten und eingestempelten Ornamenten (Kreise, Rosetten und dergleichen). Seit dem 4. Jh. v. Chr. und während des ganzen Hellenismus wurde an vielen Orten einfachere Keramik, mit reduziertem und z.T. verändertem Spektrum von Formen, in dieser Technik hergestellt. Eine zukunftsweisende Veränderung wurde erst seit der 2. Hälfte des 2. Jh. v. Chr. in Pergamon und an anderen Orten des griechischen Ostens eingeführt: Statt der schwarzen Bemalung wurde ein kräftiger roter Glanzton erzeugt, mit dem das Tafelgeschirr, vor allem Schüsseln, Teller und Becher, überzogen wurde. Diese östlichen Gruppen von sog. 'Sigillata' bildeten die Voraussetzungen für die anspruchsvollere Keramik des Römischen Reiches.

Weitere Dekoration der Keramik findet sich in verschiedenen, oft lokal begrenzten Gattungen. Die sog. 'Westabhang-Keramik', benannt nach einem Fundort im Westen der Athener Akropolis, wurde um 300 in Athen entwickelt und dann auch in anderen Zentren Griechenlands und des griechischen Ostens bis ins mittlere 1. Jh. v. Chr. produziert (Abb. 173). Das Repertoire der Gefäßformen ist gegenüber der klassischen Zeit reduziert, vorherrschend sind Amphoren, Kratere, Kantharoi, Schüsseln und Teller. Die Gefäße sind dunkel überzogen, darauf können in Gelb und Weiß sparsame

Girlanden, Rechteckmuster und dergleichen aufgesetzt werden.

Weniger verbreitet sind Gattungen mit weißem Überzug. Die sog. 'Hadra-Vasen', die den Namen einer Nekropole von Alexandria tragen, haben ihr Zentrum offenbar in Kreta, wo sie von der Mitte des 3. bis ins 1. Jh. v. Chr. hergestellt wurden (Sparkes Abb. III,8). Exporte und Nachahmungen finden sich an anderen Orten Griechenlands und darüber hinaus. Die wichtigste Form ist die Hydria, die vor allem als Grabgefäß verwendet wurde. Der weiß überzogene Gefäßkörper wird mit wenigen dekorativen Motiven in schwarzer oder brauner Farbe verziert: Kränze, Girlanden, Tiere, gelegentlich Eroten oder Niken. Eine reichere Untergruppe in Alexandria verwendet polychromen Dekor.

Daneben wurden im Hellenismus neue Techniken für Gefäße mit Reliefschmuck entwickelt. Weit verbreitet waren die sog. 'Megarischen Becher', halbkugelige Trinkgefäße mit Reliefdekor in Form von Blattkelchen und anderen Motiven (Sparkes Abb. V,7). Sie wurden aus vorgefertigten Formschüsseln mit negativen Reliefs (Matrizen) hergestellt. Dies ist ein Schritt von grundsätzlicher Tragweite: Mit dieser Technik wird das einzelne Gefäß nicht mehr als individuelles Werk, sondern als massenhaft vervielfältigtes Produkt gefertigt. Werkstätten 'Megarischer Becher' müssen an verschiedenen Orten Griechenlands, des hellenistischen Ostens und Italiens vom späten 3. bis ins 1. Jh. v. Chr. gearbeitet haben.

Eine aufwendigere Sonderform sind die sog. 'Homerischen Becher', die in Relief Szenen aus Homer und den klassischen Tragödien schildern, z.T. mit erläuternden Beischriften (Scheibler, GT Abb. 15). Zentrum dieser Gattung war Makedonien. Offenbar brachte die dortige Oberschicht auf diese Weise den Anspruch auf Zugehörigkeit zu den Traditionen der griechischen Kultur zum Ausdruck.

Auch in Süd- und Mittelitalien hörte die reiche figürliche Vasenmalerei bald nach 300 v. Chr. auf. In Apulien entwickelte sich daneben vor der Mitte des 4. bis gegen Ende des 3. Jh. die sog. 'Gnathia-Keramik', kleine elegante Gefäße mit schwarzem Überzug und sparsamem Schmuck in aufgesetzten Farben (Scheibler, GT Abb. 165). Die Motive des Dekors sind Girlanden, Kränze und Ketten, Musikinstrumente und Masken, gelegentlich auch menschliche Figuren oder Eroten.

In der Produktion schwarzgefirnister Gefäße waren die Werkstätten von Campanien führend. Die sog. 'Calenische Reliefkeramik', benannt nach einem Produktionszentrum in Cales, daneben in Etrurien und an anderen Orten hergestellt, entfaltete ein reiches Repertoire von figürlichen Themen, etwa die Einführung des Herakles in den Olymp oder die im Hellenismus hochaktuellen Kämpfe gegen die eindringenden Kelten (Scheibler, GT Abb. 90).

g. Römische Keramik

In Rom werden seit der Epoche der Mittleren Republik (4.–3. Jh. v. Chr.) verschiedene Gruppen von Keramik erkennbar, die offenbar von einheimischen Werkstätten produziert wurden. Reichsweite Wirkung hatte dann, seit etwa 40 v. Chr., die Entwicklung der 'Terra sigillata', eines anspruchsvolleren Tafelgeschirrs aus feinem, hart gebranntem Ton mit glänzend rotem Überzug (Abb. 174). Diese in Italien neuartige Gattung schloß an die Sigillata-Produktion kleinasiatischer Zentren des Hellenismus wie Pergamon an, jedoch mit schärfer profilierten, an Metallgefäßen orientierten Formen. Das erste Zentrum war Arretium (Arezzo), wo erfolgreiche Werkstätten dekorative Reliefkompositionen in einem vornehmen klassizistischen Stil entwickelten, mit Formschüsseln auf die Gefäße übertrugen und ihre Produkte mit Werkstattstempeln zeichneten. Die 'Arretinische Reliefkeramik' wurde rasch zu einer Art 'Reichsgeschirr' und einem Symbol des neuen gepflegten Lebensstils unter Augustus. An anderen Orten Italiens nahmen Werkstätten diesen Stil rasch auf, es kam zu starkem Export in die Provinzen, besonders in den Norden des Reiches. In den östlichen Teilen des Imperiums paßten die ansässigen Werkstätten ihre Formen z.T. an den neuen Stil der italischen Keramik an; vor allem in den westlichen Provinzen entstanden in der frühen und mittleren Kaiserzeit bei ergiebigen Tonlagerstätten weitere große Produktionszentren mit einem weiten Radius der Lieferung, z.B. La Graufesenque in Gallien, Rheinzabern in Germanien, aber auch in Spanien und Nordafrika; im Osten blieben vor allem kleinasiatische

Abb. 174: Terra Sigillata-Schüssel. 1. Jh. n. Chr. Mainz, Römisch-Germanisches Zentralmuseum

Werkstätten aktiv. Die einfache Gebrauchskeramik wurde dagegen in kleinen Betrieben aus lokalen Tonvorkommen am Ort hergestellt.

Für die weiten Handelstransporte, vor allem von Wein und Öl, durch das gesamte Reich und über dessen Grenzen hinaus wurden Transportamphoren von standardisierten Maßen verwendet. Aus den verschiedenen Typen der Gefäße sind die Regionen der Herkunft und die Zeitstellung zu bestimmen, hinzu kommen vielfach Namensstempel der Produzenten. Dadurch werden die Amphoren, die in großen Mengen in Siedlungen und gesunkenen Schiffen zutage kommen, zu bedeutenden Zeugnissen der Wirtschaftsgeschichte.

(T.H.)

23. Götter: Aspekte, Ikonographie, Heiligtümer*

Die Griechen verehrten zwölf große 'olympische' Gottheiten, die ihren Sitz auf dem Götterberg Olympos in Nordgriechenland hatten. Hinzu kamen die Gottheiten der Unterwelt, Hades und Persephone, sowie eine Reihe weiterer Gottheiten von z. T. lokal begrenzter Bedeutung. Die Zwölfzahl ist das Produkt einer starken ordnenden Kraft der griechischen Religion im frühen 1. Jt. v. Chr.: Ursprünglich muß es weit mehr Gottheiten gegeben haben. Einige waren seit uralter Zeit in diesem Raum heimisch; andere waren von einwandernden griechischen Stämmen mitgebracht worden, mehrere der späteren Götternamen sind in Linear B-Schrift in mykenischer Zeit bezeugt; weitere Götter wurden später aus dem Orient übernommen. Diese Vielfalt wurde im Zeitalter der geometrischen und früharchaischen Kultur reduziert, indem alte und neu hinzugekommene Gottheiten gleichgesetzt wurden. Eine bedeutende Rolle bei dieser Klärung des Spektrums von Gottheiten spielten die Dichter der großen Epen: Homer (8. Jh. v. Chr.), dessen Werke „Ilias" und „Odyssee" bald über den ganzen griechischen Raum Einfluß gewannen; und Hesiod (um 700. v. Chr.), der mit der „Theogonie" die erste Systematik aller göttlichen und halbgöttlichen Wesen schuf, von den Ur-Eltern Gaia (Erde) und Uranos (Himmel) über die Generation des Kronos und der Rhea bis zum Geschlecht des Zeus mit seinen Brüdern und Schwestern, Söhnen und Töchtern. Diese hierarchisch gegliederte Götterfamilie bildete den Kern der griechischen Religion; was nicht hinderte, daß später weitere Gottheiten nach Griechenland übernommen wurden, etwa die große Muttergöttin Kybele aus Kleinasien oder Isis aus Ägypten.

Die griechischen Gottheiten hatten jeweils einen spezifischen Charakter und entsprechende Wirkungsbereiche. Doch aus der historischen Genese dieser Gestalten, die z. T. Aufgaben und Aspekte anderer, älterer Gottheiten in sich aufgenommen hatten, ergab es sich, daß die Vorstellungen, Zuständigkeiten und Formen des Kultes an verschiedenen Orten variieren konnten und sich auch vielfach überschnitten: Artemis hatte in Sparta und Ephesos durchaus unterschiedlichen Charakter, und die Bereiche von Hera, Demeter, Artemis, Aphrodite und sogar Athena konnten in manchen Aspekten zusammenfallen. Kanonische Vorstellungen von der griechischen Götterwelt sind nicht ausgebildet worden, ebensowenig wie von den griechischen Mythen. Dazu fehlte es an einer gesamtgriechischen autoritativen Priesterschaft, die ein solches Konzept hätte entwickeln und durchsetzen können.

Die römischen Götter haben eine größere Vielfalt behalten. Ursprünglich hatten die Römer sich ihre Götter nicht anthropomorph, sondern als gestaltlose Numina vorgestellt. Im Lauf der römischen Geschichte kamen viele heterogene Einflüsse zur Geltung. Besonders nachhaltig haben Elemente der etruskischen Religion auf Rom gewirkt. Daneben haben die intensiven Kontakte Roms mit der griechischen Kultur seit dem 8. Jh. v. Chr. auch die Vorstellungen der Römer von den Göttern stark beeinflußt: Einheimische Gottheiten wurden mit den großen, in menschlicher Gestalt gedachten griechischen Gottheiten gleichgesetzt und ihnen in der Ikonographie weitgehend angeglichen.

Die folgende Übersicht enthält einige wichtige Aspekte, ikonographische Merkmale und Heiligtümer der griechischen Gottheiten und ihrer römischen Äquivalente. Die Wirklichkeit der antiken Religion war unendlich viel reicher. Religion war nicht ein ausgegrenzter Bereich des persönlichen Glaubens, sondern durchdrang das gesamte öffentliche und priva-

---

*Abbildungen:

Andreae	B. Andreae, Römische Kunst (1973).
Boardman, RVarchZ	J. Boardman, Rotfigurige Vasen aus Athen. Die archaische Zeit (1981).
Simon, GG	E. Simon, Die Götter der Griechen (3. Aufl. 1985).
Simon, GR	E. Simon, Die Götter der Römer (1990).

te Leben. Da die Welt überall von Gottheiten erfüllt und beherrscht war, bedeutete jede Handlung zugleich, sich mit Gottheiten in Verbindung zu setzen. Insofern ist Religion ein umfassender Aspekt der sozialen und politischen Geschichte der Antike.

Zeus/Iuppiter. Zeus ist der oberste Gott, in den Worten Homers „Vater der Götter und Menschen". Ihm gehört der Palast auf dem Olymp. Seine wichtigste Rolle ist die des Herrschers über den Himmel, das Wetter, die Zeit. Zusammen mit seinen Brüdern Poseidon, dem Gott der Wasser und der Erde, und Hades, dem Herrn der Unterwelt, regiert Zeus den ganzen Kosmos. Als Götterkönig herrscht er allgemein über die gesamte Weltordnung, über das Schicksal der Menschen und Städte, über das göttliche Recht; darum ist er auch Gott des Eides, der 'beim Zeus' geschworen wird. Dennoch ist er nicht allmächtig: Es ist bezeichnend für die egalitäre Lebensordnung der Griechen, daß auch Zeus – wie alle anderen Götter und auch die Menschen – der Macht eines allgemeinen Schicksals unterworfen ist. Seine wichtigsten Heiligtümer in Griechenland sind Olympia mit den größten panhellenischen Spielen, Dodona mit einem alten Orakel, und Nemea, ebenfalls mit panhellenischen Agonen.

Das römische Äquivalent ist Iuppiter. Als Iuppiter Optimus Maximus bildet er zusammen mit Iuno Regina und Minerva eine Göttertrias, die in Rom auf dem Kapitol den zentralen Staatskult empfing (sog. Kapitolinische Trias). In den Städten des Römischen Reiches wurde dieser Kult zumeist am Forum eingerichtet, als Zeichen der Zugehörigkeit zum Imperium von Rom.

IKONOGRAPHIE. Als vornehmer Herrscher wird Zeus häufig auf einem Thron dargestellt (z.B. Simon, GG Abb. 20, zusammen mit Hera); langes Haar und Bart kennzeichnen den 'Vater der Götter', durch das Szepter ist er als König, durch den Adler als Herrscher der Himmelslüfte, durch den Blitz als Gott des Wetters charakterisiert. Das berühmteste Bild dieser Vorstellung des Göttervaters war das Kultbild des Zeus-Tempels in Olympia von Phidias: Es ist nur in der Wiedergabe auf Münzen erhalten (Abb. 64; Simon, GG Abb. 21. 22; s. oben Kapitel 16.3), die kaum mehr ahnen lassen, wie sehr dies Werk in der Antike als höchste Verkörperung göttlicher Würde und Schönheit galt. In dieser Tradition des thronenden Herrschergottes stand auch das Kultbild des römischen Iuppiter Optimus Maximus, das in dem Tempel auf dem Kapitol von Bildern der stehenden Iuno und Minerva eingerahmt wurde (Simon, GR Abb. 3). Daneben erscheint Zeus oft in einem Typus der kämpferischen Aktivität, als Blitzschwinger. Gut erhalten ist eine Bronze-Statuette aus Dodona (Simon, GG Abb. 18); entsprechend ist auch die Statue des 'Gottes aus dem Meer' mit dem Blitz (umstritten, alternative Ergänzung als Poseidon mit Dreizack; Simon, GG Abb. 83–84) ergänzt worden.

Hera/Iuno. Hera ist Schwester und Gemahlin des Zeus, mit ihm Herrin des Olymp (dagegen, bis auf wenige Ausnahmen, nicht Mutter der Kinder des Zeus, die er zumeist mit anderen Frauen zeugte). Heras Zuständigkeiten sind Hochzeit und Ehe, Haus und Besitz, Fruchtland, Weiden und Rinderherden. Ihre wichtigsten Heiligtümer sind das Heraion von Argos und das von Samos, beide weit außerhalb der Stadt am Rand von fruchtbaren Ebenen gelegen.

Das römische Äquivalent ist Iuno, die als Iuno Regina zusammen mit Iuppiter Optimus Maximus und Minerva die sog. Kapitolinische Trias bildet (s. oben Zeus/Iuppiter).

IKONOGRAPHIE. In Bildern ist Hera oft nicht leicht zu erkennen, da sie kaum signifikante Attribute besitzt. Als Herrin des olympischen Hauses erscheint sie oft vornehm sitzend, mit einem Schleier als Gemahlin des Zeus sowie einem Szepter als Herrscherin ausgezeichnet (z.B. Simon, GG Abb. 207). Zwei berühmte Darstellungen, auf einer Metope in Selinunt (Simon, GG Abb. 44) und auf dem Fries des Parthenon (Simon, GG Abb. 45), zeigen sie zusammen mit Zeus, als dessen Gemahlin sie sich den Schleier in einer Geste der scheuen Braut vom Gesicht zieht. Vielfach erscheint sie aber auch allein, ohne spezifische Charakterisierung, als große weibliche Gottheit: etwa in einer Holzstatuette aus Samos, die nur durch ihre Herkunft aus dem dortigen Heraion benannt werden kann (Simon, GG Abb. 49). Die römische Iuno wird weitgehend ähnlich wie Hera dargestellt.

Poseidon/Neptunus. Poseidon ist Bruder des Zeus, Herrscher über Meere, Binnengewässer und Stürme; weiterhin 'Erderschütterer', Gott der Erde und des Erdbebens. Als Verkörperung der elementaren Naturkraft von Wasser und Erde wird Poseidon oft unter freiem Himmel, vielfach am Meer verehrt. Seine Gemahlin ist Amphitrite, ihr gemeinsamer Sohn Triton. Die übrigen, mit anderen Frauen gezeugten Kinder des Poseidon sind zahlreich, oft pferdegestaltig (Pegasos) oder furchterregender Art (Polyphem, Antaios). Wichtige Heiligtümer sind Isthmia bei Korinth mit panhellenischen Spielen, Kalaureia auf der Insel Poros, Sunion an der Südspitze von Attika sowie das sog. Panionion auf dem Mykale-Gebirge in Kleinasien. Das römische Äquivalent ist Neptunus.

IKONOGRAPHIE. Auf einer Amphora des Amasis-Malers in Paris ist Poseidon mit langem Haar und Bart in herrscherlicher Weise ähnlich seinem Bruder Zeus dargestellt (Simon, GG Abb. 79; vgl. hier auch Abb. 86). Als Gott des Meeres hält er den Dreizack, eine lange Harpune mit Widerhaken, die auf den Fischfang weist, aber ein umfassendes Machtsymbol ist. Dasselbe Attribut benutzt er als Waffe im Kampf gegen die Giganten (z. B. Simon, GG Abb. 86); dazu schleudert er die Insel Nisyros in Form eines Felsens auf seine Gegner, ein mythisches Motiv seiner Rolle als Erderschütterer. Die Verwandtschaft mit Zeus in dem machtvollen Auftreten kommt besonders einprägsam auf Münzen von Poseidonia/Paestum zum Ausdruck, wo er weit ausschreitend mit dem Dreizack ausholt, ähnlich wie sein Bruder mit dem Blitz (Simon, GG Abb. 87–88). In der hellenistischen und römischen Zeit wird Poseidon/Neptunus oft als Gott der Herrschaft über das Meer, den Fuß auf einen Felsen setzend oder in einem von Meermännern (Tritonen) oder Seemonstern gezogenen Wagen fahrend dargestellt (Andreae Abb. 145. 199. 468–469).

Demeter und Persephone/Ceres und Proserpina. Demeter ist Schwester des Zeus, 'chthonische', d. h. zur Erde gehörige Göttin der fruchtbaren Erde, des Getreides, der Agrikultur. Sie ist zuständig für Saat und Ernte, die mit entsprechenden Riten und Festen für Demeter begangen werden. Der mütterliche Charakter der Fruchtbarkeit kommt in ihrer Rolle als Mutter der Persephone zum Ausdruck. Diese wurde nach dem Mythos von Hades geraubt und verbrachte seither ein Drittel des Jahres als dessen Gemahlin in der Unterwelt, um jedes Frühjahr wieder aufzuerstehen: eine Verkörperung des Wunders der Vegetation, mit dem Versenken der Saat im Boden und dem jährlichen Wachstum. Das wichtigste Heiligtum der Demeter war das von Eleusis, wo ihr Kult als Mysterien einer Gemeinde von Eingeweihten (Mysten) gefeiert wurde. Obwohl die eleusinischen Mysterien von weither besucht wurden, wurde die Schweigepflicht der Mysten so streng beachtet, daß nur sehr wenige Nachrichten darüber bekannt sind. Die römischen Äquivalente sind Ceres und Proserpina, mit ähnlichen Funktionen. Der Tempel der Ceres am Fuß des Aventin in Rom war ein zentraler Kultplatz der Plebs.

IKONOGRAPHIE. Die Bilder zeigen Demeter als mütterliche Göttin ähnlich wie Hera. Häufig wird sie bei der Aussendung des Heros Triptolemos gezeigt, dem sie Ähren reicht, damit er die Menschen den Ackerbau lehrt (z. B. Simon, GG Abb. 105). Die berühmteste Darstellung ist das große Weih(?)-Relief aus Eleusis (Simon, GG Abb. 111), auf dem Demeter und Persephone einen jungen Heros einrahmen, dessen Deutung noch umstritten ist. In Einzelbildern wird Demeter/Ceres vor allem durch Ähren und ein Szepter ausgezeichnet.

Hades/Pluto. Hades ist Bruder des Zeus; sein anderer Name ist Pluton (*ploutos*: Reichtum). Als Herr des Totenreichs gehört er nicht zu den zwölf olympischen Göttern; er nimmt weder am Leben der Götter teil, noch greift er handelnd in die Menschenwelt ein. Seine Gemahlin ist Persephone, die Tochter der Demeter (s. oben), die er mit Zustimmung des Zeus in die Unterwelt entführt hat. Der einzige Kult für Hades in Griechenland ist für Pylos in Elis (*pyle*: Tor [der Unterwelt]) bezeugt. Der Charakter der römischen Unterweltsgötter (z. B. Dispater) ist grundsätzlich verschieden; es dominieren etruskische Vorstellungen.

IKONOGRAPHIE. Hades wird selten dargestellt, zumeist beim Raub der Persephone, oder thronend als König der Unterwelt, z. B. auf Lokrischen Tonreliefs und apulischen Unterweltsvasen. Sein Aussehen gleicht dem des Zeus. Attribute sind Szepter und Füllhorn (Simon, GG Abb. 258).

Apollon/Apollo. Sohn des Zeus und der Leto, Bruder der Artemis. Apollon ist ein Gott mit vielen Aspekten, im Zentrum steht die Bewahrung der religiösen und kulturellen Ordnung der menschlichen Gesellschaft. Dazu gehören religiöse Reinheit und religiöses Recht, Sühnung und Strafe, Gesundheit, Krankheit und die Abwehr von allgemeinem Übel, ebenso der Bereich der Weissagung; ferner die traditionelle Gesellschaftsordnung, besonders die Werte der männlichen Jugend und ihrer Agone, die Kultur der religiösen Feste, insbesondere der Musik, daher ist Apollon auch Anführer der Musen. Sein wichtigstes Heiligtum ist Delphi, mit dem Omphalos als religiösem Mittelpunkt der Welt, dem Orakel der weissagenden Pythia und panhellenischen Spielen. Weitere große Heiligtümer befanden sich auf Delos und in Didyma. In Rom wurde der Gott unter seinem griechischen Namen Apollo verehrt. Hier nahm sein Kult vor allem unter Augustus einen großen Aufschwung, der ihn als seinen persönlichen Schutzgott verehrte.

IKONOGRAPHIE. In den Bildern erscheint Apollon als Protagonist des Ideals körperlicher Ausbildung und Schönheit, das mit dem Begriff des 'kalos kai agathos' bezeichnet wurde. Sein Attribut der Rache ist der Bogen, mit dem er auf einem Krater in Paris (Simon, GG Abb. 158) die Kinder der Niobe erschießt zur Strafe für die Hybris ihrer Mutter. Die berühmteste Darstellung des Gottes unter diesem Aspekt ist der Apollon vom Belvedere, der ebenfalls einen Bogen trug (Abb. 80). Sehr häufig wird Apollon beim Opfer gezeigt, als Gott der religiösen Riten und der Frömmigkeit (Simon, GG Abb. 135); der Lorbeer kommt ihm dabei als Attribut religiöser Reinigung und Sühnung zu. Seit der späten Klassik bis in die römische Kaiserzeit setzen sich vor allem zwei Aspekte durch: einerseits als Gott idealer Jugend mit entblößtem Körper (Abb. 79; Simon, GR Abb. 32–34), andererseits als Archeget der Dichtkunst und Musik im langen Gewand des Sängers (Simon, GR Abb. 31); Sakralität und musische Kunst kommen in seinen wichtigsten Attributen, Dreifuß und Kithara, zum Ausdruck (Simon, GR Abb. 34).

Artemis/Diana. Artemis ist die Schwester des Apollon. Wie ihr Bruder, hat Artemis viele verschiedene Aspekte. Eine wichtige Rolle seit alter Zeit ist die der Herrin der wilden Tiere, '*Potnia theron*'. Sie ist eine Göttin des 'Draußen', der vom Menschen unberührten Natur. Von daher ist sie zuständig für die Jagd und wacht auch über die fachgerechte Tötung der Tieropfer. Andererseits ist Artemis eine Göttin der Frauen in ihren verschiedenen Lebensstadien (und bei den entsprechenden Riten und Festen): als junge Mädchen, beim Eintritt in die Pubertät, bei der Geburt der Kinder. Sie selbst ist jungfräulich, einerseits Jägerin, andererseits Anführerin des Reigens der mädchenhaften Nymphen. Ihre wichtigsten Heiligtümer liegen bei Sparta und Ephesos, für Athen ist das Heiligtum bei Brauron von Bedeutung. Das römische Äquivalent ist Diana, mit einem berühmten Heiligtum auf dem Aventin in Rom.

IKONOGRAPHIE. Für Artemis als Potnia theron ist in archaischer Zeit ein heraldischer Bildtypus ausgebildet worden, umgeben von Tieren der Wildnis, mit Flügeln als Zeichen ihrer unheimlichen Natur (Simon, GG Abb. 139. 152–153). Als Jägerin und zugleich keusche Jungfrau erscheint Artemis im Mythos von Aktaion, der sie beobachtet hatte und nun von ihr bestraft wird (Simon, GG Abb. 160). In statuarischen Darstellungen eilt sie oft kurzgeschürzt mit Bogen und Köcher dahin (Simon, GR Abb. 70). Die römische Diana folgt meist der griechischen Ikonographie.

Athena/Minerva. Athena ist Tochter des Zeus und der Metis, aus seinem Haupt geboren, Göttin der Vernunft und Ratio, Schützerin der Städte und ihrer Akropolen, insbesondere von Athen. Einerseits ist sie von kriegerisch-agonalem Charakter, Helferin und Schützerin großer Helden, andererseits Patronin aller kulturellen, handwerklichen und kunstvollen Fertigkeiten. Ihre Heiligtümer lagen vielfach auf den Akropolen der Städte, das wichtigste auf der Akropolis von Athen. Römisches Äquivalent ist Minerva.

IKONOGRAPHIE. Die Bilder zeigen Athena fast durchweg als bewaffnete Jungfrau. Schon in Darstellungen ihrer Geburt entspringt sie voll gerüstet aus dem Haupt des Zeus (Simon, GG Abb. 165–166). Panathenäische Preisamphoren schildern deutlich ihre typische Ausrüstung: Helm, Lanze und Schild, dazu die Aegis, einen kunstvollen Brustschutz mit Schuppen und Schlangenbesatz (Simon, GG Abb. 173–174). Das berühmteste Bild der Göttin war die kolossale Statue der Athena Parthenos aus Gold und Elfenbein im Parthenon von Phidias (s. oben Kapitel 16.3; Abb. 63). In Rom wurde das Athena-Bild, das sog. Palladion, das Aeneas aus Troia gerettet und nach Italien gebracht hatte, im Tempel der Vesta untergebracht und als Unterpfand für die Ewigkeit der Stadt gehütet (Simon, GR Abb. 217). Ikonographisch schließt die römische Minerva eng an Athena an.

Aphrodite/Venus. Aphrodite ist Tochter des Uranos (Hesiod) oder des Zeus und der Dione (Homer), Göttin der Schönheit, des erotischen Reizes, der Fruchtbarkeit. Aphrodite hat ihre Wurzeln in einer alten mediterranen Naturgöttin; später kamen Einflüsse von der vorderasiatischen Göttin Ištar hinzu. Die Verbindung mit dem Orient wird in ihrem wichtigsten Heiligtum in Paphos auf Zypern deutlich. Das römische Äquivalent Venus hat vor allem seit Caesar und Augustus große politische Bedeutung erlangt: Da beide ihr Geschlecht auf Aeneas zurückführten, konnten sie dessen Mutter Venus als mythische Ahnherrin (Venus Genetrix) in Anspruch nehmen.

IKONOGRAPHIE. In den Bildern wird Aphrodite meist ohne spezifische Attribute durch ihren Liebreiz charakterisiert. Vielfach erscheint sie von Eroten umgeben als Zeichen ihres verführerischen Charakters (Simon, GG Abb. 218–220. 227. 232. 239. 241). Später wird zunehmend die Schönheit des weiblichen Körpers zur Wirkung gebracht. Im Ostgiebel des Parthenon entfalten sich die Körperformen der lässig gelagerten Göttin in starker Plastizität (Abb. 72). Die Aphrodite Louvre-Neapel bringt den Körper unter hauchdünnem Gewand zur Darstellung (Abb. 70). Praxiteles war dann der erste, der Aphrodite in einem Standbild in Knidos ganz nackt darstellte (Abb. 78; vgl. 89–90). In dieser Gestalt fand die Göttin in hellenistischer und römischer Zeit weite Verbreitung (Simon, GR Taf. 12. Abb. 290).

Ares/Mars. Ares ist Sohn des Zeus und der Hera, teilweise mit Aphrodite als Paar verbunden. Er ist der Gott des Krieges und des kriegerischen Wütens. Ares spielt in Griechenland als Kultgottheit nur eine geringe Rolle. Sehr viel bedeutender war der äquivalente Mars in Rom, der als Vater des Stadtgründers Romulus ein mythischer Ahnherr der Römer war. Augustus hat Mars mit dem Beinamen Ultor als 'Rächer' für den Mord an seinem Adoptivvater Caesar und für Roms Niederlagen gegen orientalische Feinde verehrt. Auf dem neuen Forum Augustum errichtete er ihm einen monumentalen Tempel.

IKONOGRAPHIE. In den seltenen griechischen Darstellungen erscheint Ares als gerüsteter Krieger (Simon, GG Abb. 247. 252. 253). Berühmt war der Ares des Alkamenes in Athen (Simon, GG Abb. 254–255). Der römische Mars Ultor wird als bärtige Vatergottheit in aufwendiger Panzertracht dargestellt (Simon, GR Abb. 144; Andreae Abb. 258. 261). Daneben erscheint Mars in der römischen Kunst als jugendlicher Liebhaber der Venus und Prototyp heldenhafter *virtus* (Simon, GR Abb. 180–181. 328).

Hephaistos/Vulcanus. Hephaistos ist Sohn der Hera (und, nach Homer, des Zeus); von krüppelhafter Gestalt. Die Mißbildung wird kompensiert durch handwerkliche Kunstfertigkeit: Hephaistos ist Gott der Handwerker, Schmiede und Künstler. Sein Kult kam aus Lemnos, in Athen hatte er einen großen Tempel über der Agora. Römisches Äquivalent ist Vulcanus.

IKONOGRAPHIE. Auf einer Schale in Berlin verfertigt Hephaistos die Wunderrüstung für Achilleus, die dessen Mutter Thetis in Empfang nimmt (Simon, GG Abb. 210). Berühmt war der Mythos von seiner Einführung in den Olymp, geschildert auf dem Krater des Klitias und Ergotimos in Florenz (Simon, GG Abb. 203): Hera hatte den Sohn wegen seiner Verkrüppelung aus dem Olymp geschleudert, Hephaistos schenkte ihr zur Rache einen Thron, von dem sie nicht ohne seine Hilfe aufstehen konnte. Als nicht einmal Ares die Kraft zu ihrer Befreiung hatte, zog Dionysos aus, machte Hephaistos mit Wein betrunken und holte ihn im Zug des Thiasos in den Olymp zurück. Auf das Versprechen, Aphrodite zur Gemahlin zu erhalten, erlöste Hephaistos die Mutter. Die burleske Geschichte charakterisiert die Marginalisierung und zugleich die Hochschätzung des Handwerks in Griechenland. Zumeist wird er mit der Filzkappe der Handwerker und einer Zange ausgestattet, so in dem Kultbild des Alkamenes in dem Tempel in Athen (Simon, GG Abb. 215–216). Dieser Typus blieb bis in römische Zeit vorherrschend (Simon, GR Abb. 329).

Dionysos/Bacchus. Dionysos ist Sohn des Zeus und der Semele, Gott des Weines und der rauschhaften Ekstase. Im Mythos ist er umgeben von dem Thiasos der Satyrn, Naturburschen mit Pferdeschwanz und -ohren, und

Mänaden, selbstvergessen rasenden Frauen, die die Macht des Gottes erfahren. Wahnsinn und Enthusiasmus wurden als Gegenwelt zu den geltenden gesellschaftlichen Normen der Selbstkontrolle erlebt. Dazu gehörte schrille, aufreizende Musik, vor allem von Blasinstrumenten (Doppel-Aulos). Als Herr des Symposion wurde Dionysos eine der wichtigsten Gottheiten der städtischen Oberschichten. Aus den Riten seines Kultes, bei denen auch Masken eine Rolle spielten, entwickelten sich in klassischer Zeit die sublimierten Formen des Theaters, Tragödie, Satyrspiel und Komödie. Vielfach gehörten die griechischen Theater, vor allem das in Athen, zu Heiligtümern des Dionysos. Daneben wurden seine Kulte in ländlichen Heiligtümern vollzogen. Seit dem Hellenismus gewannen Mysterienvereine zur Verehrung des Dionysos große Anziehungskraft. Römisches Äquivalent ist Liber Pater (älterer römischer Name) bzw. Bacchus (verbreiteter Hauptname griechischer Herkunft).

IKONOGRAPHIE. Vielfach wurde Dionysos in Form einer Maske verehrt (z. B. Simon, GG Abb. 266–268). Inmitten seines Thiasos erscheint der Gott auf einer Spitzamphora in München (Boardman, RVarchZ Abb. 132), im selbstvergessenen Tanz bewegt, mit Attributen des Rausches: Kranz aus Efeu, der um berauschender Wirkung willen verwendet wurde, und Kantharos, der als rituelles Weingefäß weitgehend auf den dionysischen Kreis beschränkt war. Hinzu kommt häufig der Thyrsos-Stab mit einem Büschel aus Efeu. Seit der späten Klassik, im Hellenismus und durch die römische Kaiserzeit erscheint Dionysos/Bacchus in sehr verschiedenen Gestalten als Archeget sinnlich-genußvoller Lebensformen: als verführerischer Jüngling mit effeminiertem nacktem Körper, als trunkener bärtiger Zecher auf einen Satyr gestützt, als triumphierender Gott auf einem Wagen mit Tigergespann (Abb. 106; Andreae Abb. 29. 99. 397. 560).

Asklepios/Aesculapius. Gott der Heilung von Krankheiten. Asklepios war eine Gottheit ohne bedeutende Mythen, aber mit vielen, von weither besuchten Kultstätten. Seine Verehrung breitete sich in archaischer Zeit von Thessalien aus. Seit dem späten 5. Jh. entfaltete der Kult eine außerordentliche Anziehung in vielen Heiligtümern, in denen Kranke durch Heilschlaf (Inkubation) Genesung suchten. Als Zentrum entwickelte sich Epidauros, andere bedeutende Kultstätten befanden sich in Athen und Kos. Das Asklepieion von Pergamon war in der römischen Kaiserzeit ein Zentrum der griechischen Körperkultur und Bildung. Durch die Übertragung des Kultes von Epidauros nach Rom auf die Tiberinsel im Jahr 293 v. Chr. trat Aesculapius auch in den westlichen Teil des römischen Reiches ein.

IKONOGRAPHIE. Der Gott des Heils erscheint in den Bildwerken gewöhnlich als gütige Vatergestalt. Oft ist er mit Hygieia/Hygia (personifizierte Gesundheit) verbunden. Sein Attribut ist die Schlange, die auch in seinen Heiligtümern gehalten wurde; sie windet sich entweder um seinen Stab oder wird von Hygieia/Hygia gefüttert (Simon, GR Abb. 12. 19. 21–22).

Hermes/Mercurius. Hermes ist Sohn des Zeus und der Nymphe Maia, Gott der Wege, der Grenzen und ihrer Überschreitung. Als Repräsentant des 'Draußen' wird er mit Hestia, der Göttin des häuslichen Herdes antithetisch verbunden. Im Mythos ist Hermes der Bote der Götter, seine Anwesenheit signalisiert den Willen des Zeus. Für die Menschen ist er insbesondere Schutzgott der Herolde und der Hirten, auch trickreicher Patron der Diebe. Große Bedeutung hat Hermes als Gott des Übergangs in die Welt der Toten, in die er die Seelen geleitet (Hermes Psychopompos, 'Seelengeleiter'). Seine Heiligtümer sind gewöhnlich bescheidene Markierungen an Toren, Straßen und Grenzen. Das römische Äquivalent Mercurius hat seinen Schwerpunkt stärker im Bereich des Handels, er wird vor allem als Gott der wirtschaftlichen Prosperität verehrt.

IKONOGRAPHIE. In den Bildern trägt Hermes als Gott der Wege und des Überschreitens von Grenzen zumeist einen breitkrempigen Wanderhut, den Petasos, und den Botenstab, das Kerykeion/*caduceus* (Simon, GG Abb. 288. 298). Berühmt ist die Statue des Hermes von Praxiteles, der den kleinen Dionysos zu den Nymphen bringt (Abb. 75). In die Welt der Hirten weisen Bildwerke, die ihn mit einem Widder auf dem Arm zeigen (Simon, GG Abb. 287). Eindrucksvoll sind seine Darstellungen als Geleiter der Toten, vor allem auf weißgrundigen Lekythen (z. B. Simon, GG Abb. 300). Eine Sonderform des Götterbildes ist für Hermes als Gott der Tore und Wege entwickelt worden: Der meist bärtige Kopf, oft in archaistischem Stil, sitzt auf einem Pfeiler (sog. Herme), an dem ein aufgerichtetes männliches Geschlechtsteil erscheint (Simon, GG Abb. 289–290). Beim römischen Mercurius wird der merkantile Charakter oft durch einen Geldbeutel hervorgehoben (Simon, GR Abb. 197–198).

Nike/Victoria. Göttin des Sieges. In der griechischen Kultur, die nicht nur von ständigen Kriegen zwischen den einzelnen Poleis geprägt ist, sondern in der vor allem der agonale Wettbewerb in Sport, Musik, Dichtung usw. eine zentrale Rolle spielt, war Nike von größter Wichtigkeit. Im Göttermythos war sie zwar unbedeutend, auch im Kult wurde sie kaum verehrt, ihre Funktion war die der Überbringerin des Sieges und der Siegesbotschaft. Als solche wird sie jedoch vor allem in der Bildkunst zur Hervorhebung der Sieger dargestellt. In römischer Zeit wird das Äquivalent Victoria besonders im Bereich der Politik zu einem Ausdruck der Staatsmacht.

IKONOGRAPHIE. Nike ist in der Regel geflügelt und schwebt oft durch die Luft, z. B. die Nike des Paionios (Abb. 69). Sie trägt meist Kranz oder Binde, die sie dem Sieger bringt, die römische Victoria dazu einen Palmzweig. Als Ausdruck der Weltherrschaft Roms wurde Victoria in einer berühmten Statue in der Curia des Senats in Rom auf dem Globus stehend dargestellt; Nachklänge des Typus finden sich auf Münzen und in Bronzestatuetten (z. B. Simon, GR Abb. 318). Sehr verbreitet, etwa an der Traianssäule, ist der Typus der Victoria, die die Siege des Herrschers auf einen Schild aufschreibt (s. auch Victoria von Brescia, Abb. 107).

Tyche/Fortuna. Göttin des Schicksals und des Glücks. Im archaischen und klassischen Griechenland nur vereinzelt verehrt, stieg Tyche im Hellenismus in den Rang einer großen Gottheit auf. Vor allem in den neugegründeten Reichen und Städten des Orients, mit ihren heterogen zusammengesetzten Bevölkerungen, verloren alte religiöse Traditionen ihre Bedeutung gegenüber den Erfahrungen wechselnden Schicksals und den Chancen des plötzlichen Glücks. In Antiochia wurde die Muse Kalliope als Tyche der Stadt verehrt. Das italische Äquivalent Fortuna hatte in Praeneste unmittelbar bei Rom ein großartiges Heiligtum mit Orakelfunktion.

IKONOGRAPHIE. Die kolossale Statue der 'Tyche' von Antiochia wurde zum Vorbild für viele Stadttychen des Hellenismus; ihr wichtigstes Attribut war die Mauerkrone (Abb. 88; s. oben Kapitel 16.5). Für die römische Fortuna sind vor allem Steuerruder und Globus als Zeichen der die Welt lenkenden Macht des Schicksals charakteristisch (Abb. 109; Simon, GR Abb. 74. 86).

24. Mythen*

Mythen sind ein konstitutiver Faktor der griechischen wie der römischen Kultur. Die grundsätzliche Frage, was ein 'Mythos' ist, ist Gegenstand einer langen und vielstimmigen Diskussion, die mit unterschiedlichen Ansätzen sehr verschiedenartige Aspekte hervorgehoben hat. Für Griechenland und Rom kann man zunächst von einer einfachen Definition ausgehen: Mythen sind traditionelle Geschichten, die aus der Vorzeit berichten und dabei Grundfragen und Grundwerte der Gesellschaft zum Thema machen. Die Zeitspanne der Mythen reicht von der Entstehung der Welt über die Generationen der Götter bis zu den großen Helden der Frühzeit. Die Ausbildung der großen Mythologie war eine Leistung der frühen Griechen; Rom hat dies mythologische System weitgehend übernommen und mit eigenen lokalen Traditionen und ideellen Modifizierungen ausgebaut.

Diese Geschichten wurden als tatsächlich geschehene Vergangenheit betrachtet und tradiert. Der Krieg gegen Troia wird von Herodot als Vorläufer der historischen Perserkriege zitiert, von Thukydides wird er in seinem Ausmaß mit dem Peloponnesischen Krieg verglichen. Mythische Helden wie Herakles oder Romulus werden als Gründer historischer Städte verehrt. Lange Zeit waren die Mythen die einzige Form der Vergangenheit, die man für erinnernswert ansah und im kulturellen Gedächtnis bewahrte. Als dann seit dem 5. Jh. v. Chr. die neu entstandene Geschichtsschreibung die jüngere Vergangenheit festzuhalten begann, sah man keine grundsätzliche Differenz zwischen den Vergangenheiten, die wir heute als 'Mythos' und 'Historie' bezeichnen. Der einzige Unterschied bestand darin, daß die Helden der mythischen Vorzeit als 'größer' und 'mächtiger', gewissermaßen von höherem menschlichen Format, angesehen wurden. Daher galten ihre Schicksale, Taten und Leiden durch alle Epochen der antiken Geschichte als 'Vor-Bilder' in einem elementaren Sinn: als Leitbilder des Handelns, als Warnungen vor Fehlverhalten, als Exempel anthropologischer und ethischer Erfahrungen. Götter und Heroen hatten die Welt, so wie sie noch in der Gegenwart bestand, begründet, und seither stellten sie, im Guten wie im Schlechten, Autorität und Maßstab für die Menschen der Gegenwart dar.

Seit der Zeit um 500 v. Chr. setzte zwar vereinzelt eine intellektuelle Kritik der Mythen ein, die teils auf unmoralische Aspekte, teils auf unglaubwürdige Züge in den überlieferten Geschichten hinwies, aber bezeichnenderweise bestritt sie niemals kategorisch deren Realität: Man suchte die unwahrscheinlichen Erzählungen durch plausiblere Versionen zu ersetzen, wie es 'tatsächlich' gewesen sei; man erklärte die Geschichten der Götter als steigernde Überlieferungen über mächtige und berühmte Menschen der Vorzeit; man deutete verschiedene Mythen als Allegorien über Vorgänge der Natur – aber man tastete damit nicht die grundsätzliche Autorität der Mythen an.

Griechische Mythen sind außerordentlich vielfältig und überraschend flexibel. Gegenüber anderen Kulturen ist bezeichnend, daß die Mythen nicht durch feste Institutionen sanktioniert waren: Es gab keine Priester oder staatlichen Autoritäten, die die Geltung der 'richtigen' Mythen sicherten; keine 'heiligen' Texte, die die Überlieferung stabil hielten; keine allgemein befolgten Rituale, die auf den Mythen basierten und sie durch die Zeiten transportierten. So entwickelte sich eine Vielzahl von Erzählungen, mit Varianten und Neu-

---

*Abbildungen:

Andreae	B. Andreae, Römische Kunst (1973).
Schefold, GHfrüharchK	K. Schefold, Götter- und Heldensagen der Griechen in der früh- und hocharchaischen Kunst (1993).
Schefold, GHspätarchK	K. Schefold, Götter- und Heldensagen der Griechen in der spätarchaischen Kunst (1978).

schöpfungen, wechselnd nach Ort und Zeit. Es gab Mythen von gesamtgriechischer Verbreitung und daneben solche von lokaler Begrenztheit auf einzelne Landschaften und Städte, Mythen mit langlebigen Traditionen und daneben solche mit raschen Veränderungen. Überall waren die Mythen in den verschiedensten Situationen des Lebens präsent und für die verschiedensten Zwecke verfügbar:

■ in Religion und Kult: Der Gründungsmythos des Heiligtums von Delphi besagte, daß Apollon den Python-Drachen getötet hatte und daraufhin diesen heiligen Platz in Besitz nahm. Die Gründung des Heiligtums von Delos war damit verbunden, daß Leto dort Apollon und Artemis geboren haben soll. Bei den Götterfesten konnten solche Mythen in traditionellen Hymnen gesungen, ebenso aber auch in neu geschaffenen Dichtungen vorgetragen werden.

■ in der Politik: In den politischen Reden vor der Bürgerschaft, in Athen besonders bei den Staatsbegräbnissen der Kriegstoten, wurden die Ruhmestaten der mythischen Vorfahren als Leitbilder für die Gegenwart gefeiert. In den politischen Diskussionen zwischen den griechischen Staaten konnte mit patriotischen Mythen etwa der Anspruch Athens auf einen Ehrenplatz in der gemeinsamen Heeresaufstellung gegen die Perser, später sogar eine allgemeine politische Führungsrolle in Griechenland begründet werden. Vor allem im Streit um Landbesitz wiesen die Städte oft auf die Verhältnisse in mythischer Vorzeit hin.

■ in der monarchischen Selbstdarstellung: Alexander d.Gr. hat seine Rolle als charismatischer Herrscher darin begründet, daß er mythische Helden, vor allem Herakles und Achilleus, zu Vorbildern wählte.

■ in gesellschaftlichen Institutionen: Beim Symposion, dem Kristallisationspunkt der führenden Schichten, müssen Mythen einen anregenden Gegenstand der Diskurse über die wichtigsten Themen des gesellschaftlichen Lebens gebildet haben.

In diesem vielfältigen Gebrauch erfuhren die Mythen vielfache Umformungen, je nach den Voraussetzungen und Bedürfnissen der betreffenden Gesellschaften, Personen und Situationen.

Dennoch waren die griechischen Mythen keine beliebige Kollektion von einzelnen Geschichten, sondern bildeten eine geschlossene Welt. Die meisten Mythen waren in einem großen Rahmen miteinander verbunden. Zugrunde lag ein genealogisches System: Es umfaßte die Götter in insgesamt vier Generationen; dazu die Helden der Frühzeit, die sich wiederum im wesentlichen in drei bis vier Generationen konzentrierten.

Die Traditionen vieler Mythen scheinen in die Vorgeschichte der Bronzezeit und teilweise bis ins Neolithikum zurückzugehen. Faßbar sind sie aber erst seit dem 8. und 7. Jh. v. Chr. Damals haben die Dichter der aufblühenden Helden- und Götterdichtung, allen voran Homer mit Ilias und Odyssee sowie Hesiod mit der Theogonie, verstreute einzelne Überlieferungen in großen Epen zusammengefaßt und ihre Geltung im gesamten griechischen Raum bestärkt.

In der Bildkunst erscheinen Szenen verschiedener Mythen seit den Jahrzehnten um 700 v. Chr., bald nach dem Beginn der großen epischen Dichtung Homers und Hesiods. Die bildlichen Darstellungen sind jedoch nicht einfach, wie die Forschung häufig gemeint hat, als Reflexe dieser Dichtwerke zu verstehen, denn das Repertoire der Bildwerke weicht von den Themen der Epen Homers und Hesiods weitgehend ab. Sie sind vielmehr eigenständige Zeugnisse für die Bedeutung der Mythen in dieser Epoche. Daß die mythische Vorzeit gerade zu dieser Zeit in Dichtung und Bildkunst zu herausragender Bedeutung gebracht wurde, ist kein Zufall: Es waren die neu entstehenden Stadtstaaten (Poleis) und ihre Führungsschichten, die sich in den Mythen autoritative Leitbilder, ein gemeinsames 'kulturelles Gedächtnis' und eine politische 'Identität' schufen.

Die Bildwerke sind für das Verständnis der Mythen in vieler Hinsicht von hoher – und in der Forschung vielfach noch nicht ausgeschöpfter – Bedeutung:

■ Bildwerke stellen die Mythen grundsätzlich in anderer Weise dar als Werke der Literatur. Vielfach geben sie andere Versionen wieder, die in den Schriftquellen nicht bezeugt sind. Doch auch wenn die schriftliche und die bildliche Überlieferung dieselbe Version eines Mythos zum Thema haben, stellen die Bildwerke Wertvorstellungen und Verhaltensformen vor Augen, die mit Worten nicht in dieser Weise formuliert werden können.

▪ Die Zahl der erhaltenen Bildwerke ist bei den meisten Mythen weit größer als die der Textzeugnisse. Vielfach bezeugen Bildwerke die Existenz bestimmter Mythen oder spezifischer Versionen eines Mythos viel früher oder auch noch viel später als die z. T. sehr lückenhaft erhaltenen Zeugnisse der Literatur. Insgesamt ist die zeitliche Verteilung vieler Mythen in der Bildkunst dichter und vor allem die räumliche Streuung weiter. Dadurch lassen sich genauere, auch statistisch begründete, Einsichten in die Bedeutung der Mythen in verschiedenen Epochen und in verschiedenen geographischen Teilen der antiken Welt gewinnen.

▪ Die verschiedenen Gattungen der Bildwerke ergeben ein Spektrum von Lebensbereichen, in denen die Mythen Bedeutung hatten: Öffentliche Denkmäler im politischen Bereich, bemalte Gefäße im gesellschaftlichen Bereich des Symposion, der Hochzeit oder des Begräbnisses, usw.

▪ Während literarische Werke oft sehr individuelle Vorstellungen ihrer Autoren zum Ausdruck bringen, stellen Bildwerke gewöhnlich die weithin verbreiteten Auffassungen der Mythen dar. Die großen Denkmäler in der Öffentlichkeit, etwa der Bildschmuck von Tempelbauten, sind gewöhnlich auf Beschluß der Bürgerschaft, also mit kollektiver Zustimmung entstanden; bemalte Gefäße, geschmückte Geräte und andere Produkte des Kunsthandwerks wurden dagegen in der Regel ohne spezifischen Auftrag für den Markt produziert und daher mit allgemein akzeptierten Themen geschmückt. Bildwerke sind somit in hohem Maß repräsentativ für kollektive Vorstellungen und bieten sich für sozialgeschichtliche Fragestellungen an.

Grundsätzlich waren verschiedene Mythen in verschiedenen Kontexten aktuell. Im 5. Jh. v. Chr. wurden am Parthenon, dem neuen Staatstempel auf der Akropolis von Athen, zwei Mythen für den Schmuck der Giebel gewählt, die die Superiorität der Stadtgöttin Athena demonstrierten: ihre Geburt aus dem Haupt des Göttervaters Zeus im Kreis der übrigen Götter des Olymp; und ihr Sieg gegen Poseidon im Streit um das Land Attika in Anwesenheit ehrwürdiger Heroen und Heroinen der Frühzeit Athens. Dieselben Mythen erscheinen aber so gut wie gar nicht in der gleichzeitigen Vasenmalerei, weil sie in der geselligen Atmosphäre des Symposion offenbar keine wesentliche Rolle spielten. Umgekehrt spielen viele Mythen keine Rolle im Kontext von Kulten, erscheinen daher kaum an öffentlichen Denkmälern, dagegen häufig auf dem Geschirr für die Gelage, etwa Dionysos und sein Kreis oder verschiedene Themen aus dem Krieg um Troia. Natürlich konnten viele Mythen auch in verschiedenen Zusammenhängen Bedeutung erhalten und daher in Bildwerken ganz unterschiedlicher Funktionen Verwendung finden. Die Forschung hat auf diese heterogenen Kontexte bisher oft zu wenig geachtet; hier liegt ein wichtiges Ziel für die Zukunft.

Kosmogonie und Theogonie. Die Entstehung des Kosmos und der Götterwelt ist von Hesiod in dem Epos „Theogonie" in systematischer Form beschrieben worden. Er nennt drei Generationen von Göttern, die einander in schweren Konflikten ablösen: Die Ureltern sind der Himmelsgott Uranos und die Erdgöttin Gaia, ihre Kinder sind die Titanen, darunter Okeanos, Kronos, Rhea. Im ersten, urtümlichen Kampf erhebt sich Kronos gegen den Vater und entmannt ihn mit einer Sichel. Aus dem abgetrennten Geschlecht, das er ins Meer schleudert, entstehen die Giganten, aber auch Aphrodite (zweite Version: s. unten).

Kronos vermählt sich darauf mit Rhea, aber aus Furcht vor einem ähnlichen Kampf der Generationen verschlingt er die gemeinsamen Kinder. Schließlich versteckt Rhea den neu geborenen Zeus, der später, erwachsen geworden, den Vater besiegt.

Damit kann die neue Generation die Herrschaft antreten, die bis zur Gegenwart herrscht: Zeus mit seinen Geschwistern Poseidon und Hades, Hera, zugleich seine Gemahlin, und Demeter; dazu die Kinder, die meisten von Zeus mit verschiedenen Geliebten gezeugt: Athena (Mutter Metis, s. unten), Apollon und Artemis (Mutter Leto), Aphrodite (Mutter jetzt Dione), Ares (Mutter Hera), Dionysos (Mutter Semele), Hermes (Mutter Maia), Hephaistos (Mutter Hera). Von diesen Göttern stammen die Generationen der Helden ab. Insgesamt ist diese Kosmogonie und Theogonie des Hesiod stark von orientalischen Vorbildern beeinflußt (hethitisches Kumarbi-Epos).

Alle diese Sagen erscheinen nur sehr selten in Werken der Bildkunst. Sie gehören vielmehr in den Bereich der religiösen Systematik und

Spekulation, die im wesentlichen eine Domäne der Literatur war.

Göttermythen. Die Mythen der Götter sind vielfältig, vor allem sind die Götter auch eng in die Mythen der Heroen verwoben. Reine Göttermythen, die auch in der Bildkunst eine größere Rolle spielen, handeln vor allem von der Entstehung und den gemeinsamen Taten der olympischen Götter.

In Athen gewann die Geburt der Stadtgöttin Athena zunächst auf Vasenbildern eine große Bedeutung. Zeus erwartete von seiner ersten Gemahlin Metis, der Göttin der Weisheit, ein Kind, erhielt dann aber von der Erdgöttin Gaia die Warnung, daß sie zuerst die Göttin Athena, danach aber einen Sohn gebären werde, der ein stolzer Herrscher über Götter und Menschen sein würde. Er fürchtete daher eine Fortsetzung des Generationenkampfes, verschlang die schwangere Frau – und gebar Athena aus dem eigenen Kopf. In den Bildern sitzt Zeus zumeist auf dem Thron, Athena entspringt seinem Haupt als voll gerüstete, kämpferische Göttin; die Szene wird gerahmt von verschiedenen Göttinnen, dazu oft Poseidon sowie Hephaistos, der mit seinem Hammer den Kopf des Göttervaters gespalten hat (Schefold, GHfrüharchK Abb. 219). Der Mythos wurde in Athen in der historischen Phase des frühen 6. Jh. v. Chr. aktuell, als die Bürgerschaft der Stadt eine neue politische Identität und ein neues Bewußtsein für gemeinschaftliches Handeln entwickelte, das in großen Tempelbauten auf der Akropolis, der Neuordnung des Festes für Athena und der neuen Planung der Agora zum Ausdruck kommt. Später, im 5. Jh. v. Chr., erhielt er eine zentrale Stelle in dem politischen Bildprogramm des Parthenon (s. oben Kapitel 16.3).

Ebenso im früheren 6. Jh. v. Chr. fand der Mythos vom Kampf der Götter gegen die aufrührerischen Giganten Eingang in die Vasenmalerei. In ausgedehnten Schlachtszenen kämpfen die olympischen Gottheiten als eine dichte Gemeinschaft, im Mittelpunkt Zeus und Athena, dazu Herakles, ohne den nach einem Orakel der Sieg nicht errungen werden konnte (Schefold, GHspätarchK Abb. 59. 67–69). Der Mythos bezeugt die Verteidigung und Herstellung der Weltordnung durch die rechtmäßig herrschenden Götter. Später demonstrierte er an vielen monumentalen Sakralbauten von Städten und Herrschern die Unverletzlichkeit der von den Göttern begründeten und sanktionierten Normen und Gesetze: besonders prominent am Parthenon und am Zeus-Altar von Pergamon (s. oben Kapitel 16.3 und 16.5; Abb. 94).

Heldenmythen. Die Helden der Frühzeit bildeten ein weit verzweigtes Netz von mythischen Gestalten und Vorgängen. Manche Heroen, allen voran Herakles, hatten für den ganzen Raum der griechischen und römischen Antike Bedeutung. Mehrere mythische Geschichten vereinigten Helden aus ganz Griechenland, vor allem der Krieg gegen Troia, der darum überall in Griechenland Aktualität besaß. Andere Helden und Mythen spielten nur in einzelnen Landschaften und Städten eine lokal begrenzte Rolle.

Der Kriegszug nach Troia war der wichtigste Knotenpunkt im Zeitalter der Heroen. Nachdem der troianische Königssohn Paris die spartanische Königsgemahlin Helena geraubt hatte, sammelte Agamemnon ein Heer unter der Führung von Helden aus ganz Griechenland, darunter der starke Achill und der kluge Odysseus. Er belagerte Troia zehn Jahre lang und nahm die Stadt schließlich durch die List des hölzernen Pferdes ein. Die Rückkehr der siegreichen Griechen war Gegenstand weiterer schicksalhafter Geschichten (sog. „Nostoi", Heimkehrgeschichten), darunter vor allem die Ermordung des Agamemnon durch die eigene Gemahlin mit den daran anschließenden tragischen Rachetaten der Kinder, sowie die zehnjährigen Irrfahrten des Odysseus. Die Epen Homers, „Ilias" und „Odyssee", umfassen einen sehr kurzen Ausschnitt aus dem Krieg gegen Troia bzw. die Schicksale des Odysseus. Die gesamte Überlieferung des Krieges gegen Troia mit seiner Vor- und Nachgeschichte war dagegen Gegenstand mehrerer Epen (des sog. 'Homerischen Zyklus'), die nicht erhalten und nur in knappen Zusammenfassungen späterer Zeit sowie in punktuellen Zitaten bei verschiedenen Autoren bekannt sind.

Viele Episoden der Mythen um Troia hatten paradigmatische Bedeutung, als vorbildliche oder warnende Muster von Verhaltensweisen und Schicksalen, wechselnd und sich verändernd durch alle Epochen der Antike. Die Bildwerke öffentlicher Gebäude und gehobener Gebrauchsgegenstände lassen eine große

Vielfalt solcher Leitvorstellungen erkennen. Achilleus, der den troianischen Prinzen Troilos im Heiligtum des Apollon ermordet, verkörpert den Glanz wie auch die ruchlosen Seiten archaischen Kriegertums (Schefold, GHfrüharchK Abb. 329–339). Odysseus, der mit seinen Gefährten den Riesen Polyphem blendet, ist der Prototyp des vom Schicksal geschlagenen, erfindungsreichen Seefahrers in der unheimlichen Fremde (Schefold a. O. Abb. 163–169).

An Tempeln und anderen öffentlichen Gebäuden konnten die großen kollektiven Mythen in vielteiligen Bildprogrammen mit politischen Aspekten zusammengestellt werden. Besonders komplex ist das Konzept des Parthenon, wo (neben den Mythen der Giebel, s. oben) an den Metopen die Kämpfe der Götter gegen die Giganten, der Lapithen gegen die Kentauren, der Athener gegen die Amazonen und der Griechen gegen Troia zu einem großen Panorama der Verteidigung griechischer Lebensordnung gegen äußere Bedrohungen vereinigt sind (s. oben Kapitel 16.3).

Unter den einzelnen Helden hatte Herakles die größte und vielfältigste Ausstrahlung. Aus den vielen Taten, die man von ihm erzählte, wurden zwölf zu einem kanonischen Zyklus zusammengefaßt, die dann auch in Bildwerken vereinigt werden konnten. Dabei durchmißt er, in größter Anstrengung kämpfend und siegend, den ganzen Raum der Welt in der Sicht der frühen Griechen. Im inneren Bereich der griechischen Kultur besiegt er Monster wie den Löwen von Nemea (Schefold, GHspätarchK Abb. 105–115) oder die vielköpfige Schlange (Hydra) von Lerna (Schefold a. O. Abb. 116–117), die das Leben der Menschen unsicher machen; an den Rändern der Welt bezwingt er die Königin der Amazonen weit im Osten (Schefold a.O. Abb. 131–140) und den dreileibigen Riesen Geryon im äußersten Westen (Schefold a.O. Abb. 141–148), wo er dann im Garten der Hesperiden die Äpfel der Unsterblichkeit gewinnt; sogar in die Unterwelt dringt er ein, um den Höllenhund Kerberos heraufzuzwingen (Schefold a.O. Abb. 149–153). Der Lohn ist, daß er unter die Götter aufgenommen wird (Schefold a. O. Abb. 31–44). Herakles ist ein Heros der frühen Kultur: Er verkörpert im höchsten Maß die Ideale und Hoffnungen des 'agonalen' Menschen der archaischen Zeit, der durch eigene Kraft die Ordnung der Welt sichert, sich in der Fremde bewährt, sogar den Tod überwindet.

Spätere Epochen haben neue Seiten an Herakles ausgebildet: Veränderte gesellschaftliche Normen erfordern veränderte Leitbilder. Im 5. Jh. v. Chr. wurde er zu einem Ideal ethischer Lebensführung, das dann auch seine Unsterblichkeit in einer neuen Weise begründete; seit der Sophist Prodikos das Gleichnis von Herakles am Scheideweg zwischen Tugend und Laster formuliert hatte, erhoben Philosophen ihn zu einem Muster moralischer Konzepte. Alexander d. Gr. dagegen verehrte ihn einerseits als mythischen Ahnherren der makedonischen Herrscher, andererseits vor allem als Leitbild des Eroberers, der in unendlichen Mühen bis an den Rand der bekannten Welt vordringt, dafür ewigen Ruhm gewinnt und nach dem Tod unter die Götter aufgenommen wird. In diesem Sinn wurde Herakles zum Herrscherideal hellenistischer Könige und römischer Kaiser. Zugleich aber erhob die wohlhabende Oberschicht hellenistischer Städte und des republikanischen Rom den Zecher Herakles zum Prototypen eines vitalen, üppigen Lebensgenusses. Schließlich erscheint er auf kaiserzeitlichen Sarkophagen als Garant, daß eine Lebensführung in Tugend auch einfache Bürger zur Unsterblichkeit führt (Andreae Abb. 450–452).

Rom scheint in der Frühzeit keine prägnante Mythologie ausgebildet zu haben; nur wenige Spuren haben sich erhalten. Ein wirkungsvoller Staatsmythos wurde erst aufgrund engerer Kontakte mit griechischer Kultur, im Anschluß an die mythische Welt der Griechen geschaffen. Als Stammvater der Römer galt Aeneas, ein Angehöriger des Königsgeschlechts von Troia, Sohn der Aphrodite, der nach der Einnahme der Stadt durch die Griechen geflohen, nach langen Irrfahrten in Latium gelandet war und dort die Stadt Lavinium gegründet hatte. Nach einer längeren Folge von Königen kam es später zur Gründung von Rom durch Romulus, der zum zweiten Gründer des römischen Staates wurde. Augustus hat schließlich die beiden Heroen systematisch zu einem ideologischen Paar geformt und in zentralen Staatsdenkmälern, der Ara Pacis und dem Augustus-Forum (s. oben Kapitel 15.2 und 18; Andreae Abb. 255. 257. 263. 269), einander gegenüber gestellt: Aeneas als väterliches Exempel von *pietas*, Romulus als Vorbild der *virtus*, des jugendlich heldenhaften Kriegers und Triumphators. Da er Aeneas zugleich als mythischen Stammvater seiner eigenen Familie, der Iulier, verehrte, gewann er in dessen 'Mutter' Aphrodite-Venus sogar eine persönliche göttliche Schutzpatronin. Dies Konzept des Augustus stellt vielleicht die perfekteste Staatsmythologie der Antike dar.

25. Menschen: Tracht*

Die Kleidung der Griechen und Römer unterscheidet sich grundsätzlich von der der westlich-neuzeitlichen Kulturen in ihrem Verhältnis zum menschlichen Körper. In der Regel handelt es sich um Tücher von einfachen Grundformen, mit sparsamen Nähten, die um den Körper gelegt oder gehängt und mit wenigen zusätzlichen Mitteln wie Gürtel, Nadeln und Fibeln gehalten werden. Es gibt keine komplizierte Näharbeit zur Herstellung spezifischer Körperformen wie Hosen, Kragen, Anpassung an die Taille; auch Ärmel bleiben selten. Zusätze wie angenähte Taschen fehlen, ebenso spezifische Unterwäsche. Mode war weitgehend auf Größe, Qualität und Verzierung der Stoffe sowie ihre Drapierung beschränkt. In solchen Gewändern erhielt der Körper ein hohes Maß an Freiheit der Entfaltung und Bewegung.

Nacktheit. In der griechischen Kultur spielte der athletisch trainierte männliche Körper eine zentrale Rolle: In der Bildkunst sind nackte Körper der bedeutendste Gegenstand, von den archaischen Figuren der jungen Männer bis zu späten Götter- und Heroengestalten. Selbst die römischen Kaiser sind vielfach mit nacktem Körper dargestellt worden. Die Deutung dieses Phänomens ist umstritten. Einerseits sieht man darin eine Form der Idealisierung und Heroisierung, andere erkennen darin eine konzeptuelle Hervorhebung des realen Körpers, dessen Kraft und Erscheinung ein Grundmotiv der griechischen Kulturanthropologie waren.

Im archaischen Griechenland wurde der jugendliche männliche Körper zum höchsten gesellschaftlichen Ideal ausgebildet. Dabei fielen Leistungsfähigkeit und Schönheit in eins zusammen. Das Zentrum dieses Ideals waren der athletische Sport und seine Institutionen. In manchen Städten wurde der Übergang vom Knaben (Pais) in das Alter des heranwachsenden Mannes (Epheben) mit einem Ritus des Ablegens der Kinderkleider als Demonstration des nackten Körpers gefeiert. Training und Wettkämpfe in den athletischen Sportarten, die zur allgemeinen Ausbildung der jungen Männer gehörten, wurden nackt betrieben. Die Sieger bei den Wettspielen (Agonen) anläßlich der großen Götterfeste genossen hohen gesellschaftlichen Ruhm. In den Sportstätten (Gymnasien) formierten sich auch die homoerotischen Beziehungen zwischen älteren Männern und den heranwachsenden Jugendlichen. Diese Verbindungen hatten als Einführung in die Welt der Erwachsenen eine hohe gesellschaftliche Bedeutung.

Alle diese Wertvorstellungen wurden in der Bildkunst mit dem nackten männlichen Körper zum Ausdruck gebracht. Auf Vasenbildern werden Szenen im Gymnasion geschildert, bei denen die Jugendlichen ihre schönen Körper in vielfältigen Bewegungen und Stellungen zur Geltung bringen. Nackte Körper konnten aber auch in Situationen dargestellt werden, in denen in Wirklichkeit Kleider getragen wurden. Vor allem in Schilderungen von Kämpfen, aber auch bei anderen Themen konnte die Bedeutung der physischen Leistungsfähigkeit hervorgehoben werden, indem die Gestalten entgegen der Realität nicht in Bekleidung, sondern mit unverdecktem Körper dargestellt wurden.

In diesem Sinn gibt die antike Bildkunst immer eine Selektion der realen Bekleidung wieder, je nach der intendierten Aussage. Nacktheit ist die Herausstellung eines bestimmten Aspekts, der zwar nicht immer in Wirklichkeit sichtbar war, aber dennoch eine zugleich reale und ideelle Grundlage hatte. (T.H.)

25.1 Griechische Tracht

a. Tracht der Männer

CHITON (Abb. 175a–d). Leinenkleid, das aus mehreren Teilen zusammengenäht wird. Zwei längsrechteckige Stoffbahnen werden aufein-

---

*Abbildungen:

Blanck   H. Blanck, Einführung in das Privatleben der Griechen und Römer (2. Aufl. 1996).

Abb. 175: Griechische Tracht: Männer

andergelegt und an den Längsseiten durchgehend miteinander vernäht. Die obere Schmalseite wird nur im Bereich der Schultern an zwei Stellen zusammengenäht, wodurch Öffnungen für Kopf und Arme entstehen (s. auch unten s. v. Chiton der Frauen).

Für Männer war der Chiton das bevorzugte Kleidungsstück. Als Alltagskleidung (a) und Untergewand unter dem Panzer (b) diente der kurze Chiton. Dieser differenzierte sich in den *chiton amphimaschalos* des freien Mannes, der auf beiden Schultern befestigt war (a–b), und den *chiton heteromaschalos* der Werktätigen und Sklaven, der gewöhnlich nur auf der linken Schulter befestigt war, während der nicht genestelte Teil des Gewandes frei herabhing und dem rechten Arm Bewegungsfreiheit ließ (c). Eine Sonderform bildete die *exomis*, die von vornherein so zugeschnitten war, daß sie nur auf einer Schulter befestigt werden konnte. Der lange Chiton stand dagegen vor allem Älteren und Männern vornehmer Abkunft und sodann den ehrwürdigen Göttern zu (d); von jüngeren Männern wurde er meist nur bei festlichen Anlässen getragen.

HIMATION (Abb. 175e–h). 'Mantel'-Tuch aus rechteckiger Stoffbahn, das in unterschiedlichster Weise drapiert oder mit Nadeln oder Fibeln auf der Schulter gesteckt werden konnte. Häufig fein gefaltet wie ein Schal umgelegt (e); symmetrisch über die Schultern geworfen, wobei die Hauptmasse über den Rücken hängt (f); oder (in verschiedenartiger Drapierung) den ganzen Körper einhüllend (g–h).

25. Menschen: Tracht

Abb. 176: Griechische Tracht: Frauen

CHLAMYS (Abb. 175i). Manteltuch der Krieger und Reiter, von viereckigem oder ovalem Zuschnitt, das in der Regel kürzer als das Himation ist. Um den Körper gelegt und auf der rechten Schulter mit Fibel oder Gewandnadel zusammengesteckt, so daß der linke Arm bedeckt ist, während der rechte unbedeckt bleibt. Sofern beide Arme frei sein sollten, Heftung von der Schulter auf die Brust verschoben.

PETASOS. Filzhut mit meist halbkugeliger Kopfform und breiter Krempe; für die Reise (Blanck Taf. V 11).

PILOS. Konische Kappe ohne Krempe; häufig von Handwerkern bei der Arbeit, gelegentlich auch von Bürgern zur normalen Tracht getragen (Blanck Taf. III 5.7).

KAUSIA. Flache Kopfbedeckung mit überfallendem Rand. Typisch makedonische Form, vom Herrscher in purpurner Ausführung getragen (Blanck Taf. IV 10).

b. Tracht der Frauen

CHITON (Abb. 176a–d). Der Chiton der Frauen wird auf die gleiche Weise hergestellt wie derjenige der Männer (s. oben s.v. Chiton der Männer). Er reicht in der Regel bis zu den Füßen hinab (b.d).

Bei den Frauen weist dies Kleid mehrere Varianten auf: Chiton ohne Ärmel (b); Chiton mit Scheinärmeln: An der oberen Schmalseite des Gewandes wird der Stoff über den Oberarmen an mehreren Stellen geknüpft oder ganz zusammengenäht (c); Chiton mit langen Ärmeln: Röhrenförmige Ärmel werden eigens an das Gewand angestückt (d).

PEPLOS (Abb. 176e–g). Verbindung des überlieferten antiken Namens mit dem so bezeichneten Gewand umstritten. In der Archäologie wird der Name für ein wollenes Gewand verwendet, das als Tuch um den Körper gelegt und auf beiden Schultern mit Nadeln genestelt wird.

Das viereckige Tuch wird zunächst waagerecht so gefaltet, daß oben ein Teil als Überfall (*apoptygma*) umgeschlagen wird; dann wird es, mit dem Apoptygma nach außen, um den Körper gelegt und auf den Schultern mit Nadeln zusammengenommen.

Hierbei entstehen die Varianten des seitlich offenen (sog. ionischen oder lakonischen: f.g) und des seitlich zugenähten (sog. dorischen) Peplos. Meist verleiht ein Gürtel dem Peplos zusätzlichen Halt; er kann sowohl über dem Apoptygma (übergürteter Peplos: f) als auch unter diesem (untergürteter Peplos: g) liegen. Zuweilen wird das Gewand über dem Gürtel hervorgezogen und bildet einen Bausch (*kolpos*: f).

HIMATION (Abb. 176h–l). 'Mantel' aus rechteckiger Tuchbahn, der in verschiedenartiger Weise drapiert oder gesteckt wird (s. auch oben s.v. Himation der Männer).

25.2 Römische Tracht

Römische Kleidung zeichnet sich, im Unterschied zur griechischen, durch eine stärkere sozial-hierarchische Differenzierung aus. Dadurch erhielt Kleidung eine andere kulturelle Signifikanz.

a. Tracht der Männer

TUNICA. Hemdähnliches Kleidungsstück, unter der Toga getragen. Entspricht dem griechischen Chiton: aus Vorder- und Rückenteil zusammengenäht, außerhalb des Hauses fast immer gegürtet. Zur Bezeichnung sozialen Ranges dienten rote Streifen (Sing. *clavus*), die auf den weißen Stoff aufgenäht wurden, je einer vorn und hinten von den Schultern bis zum unteren Gewandsaum laufend. Den Senatoren sowie Personen senatorischen Ranges und Beamten waren breite Clavi vorbehalten, den Rittern kamen schmalere Clavi zu. Für besondere Anlässe wurde dieses Untergewand speziell ausgestaltet (z.B. die zum Triumphornat gehörige *tunica palmata*). Für die römische Frühzeit wurde in späterer Zeit eine Tracht rekonstruiert, die auf die Tunica verzichtet haben soll (*toga sine tunica*).

TOGA (Abb. 177a). 'Mantel'-artiges Obergewand. Offizielle römische Tracht, die in der Frühzeit anscheinend von allen römischen Bürgern, auch von Frauen und Kindern, getragen wurde. In historischer Zeit öffentliches Gewand des männlichen römischen Bürgers. Personen ohne römisches Bürgerrecht, Verbannten und Sklaven stand die Toga nicht zu, ein ausdrückliches Verbot ist allerdings nicht nachzuweisen.

Die Form und Funktion der Toga entspricht grundsätzlich dem griechischen Himation. Im

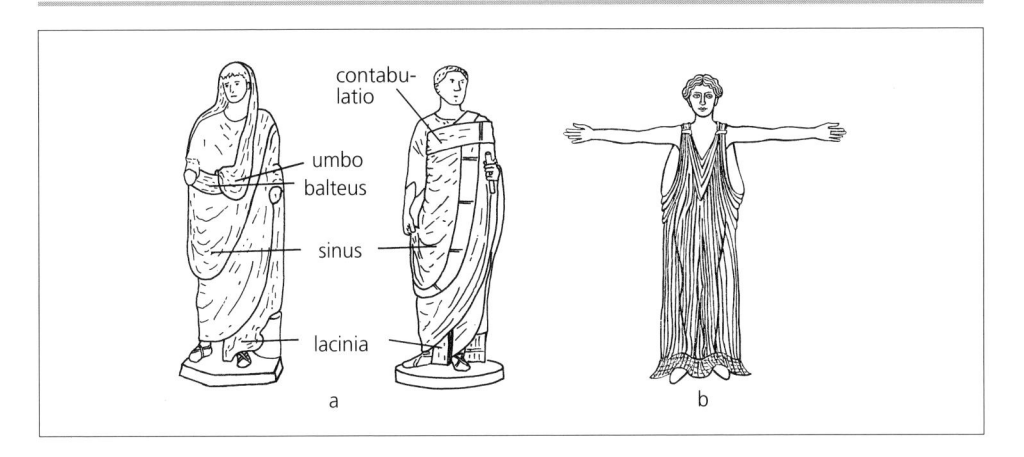

Abb. 177: Römische Tracht: Toga und Stola

Gegensatz zu diesem war sie aber nicht rechteckig, sondern rund geschnitten. Zur Zeit der Republik wurde die Toga aus einem halbkreisförmig geschnittenen Stoff mit zwei zipfelartigen Enden (Sing. *lacinia*) drapiert: Mit der geraden Stoffkante wurde das Gewand vom linken Fuß zur linken Schulter hochgeführt, hüllte die linke Körperseite ein, wurde um den Rücken um die rechte Körperhälfte gelegt und von dort quer über die Brust wiederum zur linken Schulter hinaufgezogen, von wo sie im Rücken hinabfiel. Die Arme konnten eingehüllt oder frei bleiben.

In augusteischer Zeit wurde das Halbrund an der geraden Kante durch ein Stoffsegment erweitert. Dadurch wurde es möglich, die Toga durch weitere Elemente repräsentativ auszugestalten: einen kräftigen, über die Brust geführten Wulst (*balteus*), einen daraus hervorgezogenen kleinen Bausch (*umbo*) sowie einen Überschlag vor dem rechten Bein (*sinus*). Der rechte Arm blieb nun immer frei. Es war ein kompliziert zu drapierendes und umständlich zu tragendes Staatsgewand, wie es Augustus für den Auftritt römischer Bürger auf dem Forum als Ausdruck der Würde gefordert hatte. Seit dem späten 2. Jh. n. Chr. entwickelte sich aus dem Umbo ein bandartiger Streifen, der quer über die Brust geführt wurde (*contabulatio*).

Die Toga wurde durch Stoffqualität und farbliche Ausgestaltung differenziert; die damit verbundene Kennzeichnung des sozialen Ranges und der administrativen Stellung war aus Etrurien nach Rom übernommen worden.

TRABEA. Toga-artiges Gewand, purpurgrundig gefärbt, mit scharlachroten Streifen besetzt. Festgewand der Ritter. Von Senatoren wurde das (für sie niedererrangige) Gewand beim Tod des Kaisers zum Zeichen der Trauer getragen.

LAENA. Sonderform der Toga, entstand durch Verdoppelung des halbkreisförmigen Schnittes der Toga zu nahezu kreisrunder Form. Durch das Zusammenlegen der beiden Kreissegmente entstand ein Gewand, das wie ein großer Schal um die Schultern gelegt wurde (nicht unter dem rechten Arm hindurch gezogen) und beide Arme verhüllte. Bildete mit dem *apex* (Kappe mit spitzem Stachel) zusammen das Abzeichen der Flamines (Sonderpriester einzelner Gottheiten).

PAENULA. Kegelförmiges Obergewand ohne Ärmel, meist mit V-förmigem Ausschnitt zum Durchstecken des Kopfes; vorne mehr oder minder weit zugenäht; wurde als Winter- und Reisemantel aus Wolle (gelegentlich auch aus leichteren Stoffen) über der Tunica getragen (Blanck Taf. VI 14). In der fortgeschrittenen Kaiserzeit auch Tracht der einfachen Bürger.

SAGUM. 'Mantel'-Tuch des einfachen Soldaten in der Art der griechischen Chlamys.

PALUDAMENTUM. 'Mantel'-Tuch der Offiziere, ähnlich dem Sagum; im Unterschied zu diesem von purpurner oder weißer Farbe.

CALCEUS (Abb. 178a–c). Hoher geschlossener Schuh. Gehörte zur Charakterisierung des römischen Bürgers wie die Toga; dabei wird auch über das Schuhwerk eine Standesdifferen-

Abb. 178: Römische Schuhe

zierung vorgenommen. Es existieren drei (schriftlich überlieferte) Arten:

- *calceus* bzw. *calceus equester* (c): Normaler Schuh des römischen Bürgers, auch des Ritterstandes. Geschlossener Schuh, der nur wenig über den Knöchel hinaufreicht und dort umgeschlagen ist, so daß das weiche faltige Leder wie eine Gamasche herabfällt und den relativ kurzen Schaft und einen Teil des Spanns bedeckt (keine Riemen und Knoten).
- *calceus senatorius* (b): Schuh des Senatorenstandes. Hoher geschlossener Schuh, über den Knöcheln mehrfach von Riemen (Sing. *corrigia*, Pl. *corrigiae*) umwunden, die über dem Spann gebunden sind und in zwei Enden herabfallen.
- *calceus patricius* (a): Schuh der Patrizier, besonders auch der Kaiser. Entspricht dem *calceus senatorius*, jedoch mit zweifacher Umwindung der Riemen übereinander und zwei Knoten, von denen insgesamt vier Enden herabfallen.

CALIGA (Abb. 178d). Schuh der Soldaten, Bauern und Arbeiter. Schuh mit kräftiger Sohle, Oberleder in Streifen geschnitten.

MULLEUS (Abb. 178e). Rötlich gefärbter Löwenfellstiefel (mit Tierskalp und Pfoten). Galt als Königsschuh und wurde von den Römern bis in die Zeit der Herrscher von Alba Longa zurückverfolgt. Der Mulleus blieb in der Bildkunst zunächst auf die Panzerstatuen von Angehörigen des Kaiserhauses, sowie auf Götter und Personifikationen beschränkt; später erscheint er, etwa auf Sarkophagen, auch bei Privatpersonen.

b. Tracht der Frauen

TUNICA. Die Tunica der Frauen unterschied sich durch ihre größere Länge von derjenigen der Männer (s. auch oben s. v. Tunica der Männer).

STOLA (Abb. 177b). Aus einer Stoffbahn hergestelltes, bis auf die Füße reichendes, rot gefärbtes Gewand, das auf den Schultern durch gesondert aufgenähte Streifen (Sing. *instita*) an der oberen Webkante gehalten wird; an der unteren Webkante war ein purpurner Streifen (*clavus*) angebracht. Tracht der römischen Matronen, wurde über der Tunica getragen. Wandel der Benutzung: Galt von republikanischer bis claudischer Zeit als Tracht aller Matronen; wurde in flavischer Zeit zum Kennzeichen der mit einem römischen Senator verheirateten Frauen.

PALLA. 'Mantel'-Tuch aus rechteckiger Stoffbahn; meist rot gefärbt, an unterer Webkante mit purpurnem Clavus gesäumt. (H.F.)

Einführende Bibliographie

Die hier vorgestellten einführenden Werke stellen eine bewußt sehr kleine Auswahl aus der umfangreichen wissenschaftlichen Literatur dar. Auch unter dieser Voraussetzung sind sie durchaus von heterogener Art: didaktische Einführungen, umfassende Handbücher, Nachschlagewerke oder Bilddokumentationen, aber auch abrundende Ergänzungen, theoretische Weiterführungen oder essayistische Ausblicke. Auf eine Kommentierung wurde verzichtet: Es kann dem Leser nicht erspart werden, sich selbst seine Schwerpunkte zu setzen.

Nachschlagewerke

Paulys Realencyclopädie der classischen Altertumswissenschaft, neue Bearbeitung begonnen von G. Wissowa, Bde. 1–24 (1893–1963), Bde. 1A–10A (1914–1972), Supplementbde. 1–15 (1903–1978). [abgekürzt: RE]

Der Kleine Pauly, Lexikon der Antike, Bde. 1–5 (1964–1975).

Der Neue Pauly, Enzyklopädie der Antike, Bde. 1–14 (1996 ff., noch nicht abgeschlossen).

Daremberg-Saglio, Dictionnaire des antiquités grecques et romaines, Bde. 1–5 (1877–1919).

Lexikon der Alten Welt (1965). [abgekürzt: LAW]

Reallexikon für Antike und Christentum, Bde. 1 ff. (1950 ff.; bisher bis Bd. 19, 'Kaiserpriester' [2000]), Supplementbd. 1 (1985–2001). [abgekürzt: RAC]

Speziallexika

Enciclopedia dell'arte antica classica e orientale, Bde. 1–7 (1958–1966), Supplementbde. (1970 ff.). [abgekürzt: EAA]

Lexicon Iconographicum Mythologiae Classicae, Bde. 1–8 (1981–1997). [abgekürzt: LIMC]

W. Martini, Sachwörterbuch der Klassischen Archäologie (2003).

The Princeton Encyclopedia of Classical Sites, Hg. R. Stillwell (1976).

W. H. Roscher, Ausführliches Lexikon der griechischen und römischen Mythologie, Bde. 1–6 und Supplementbde. 1–4 (1884–1937). [abgekürzt: Roscher, ML]

Einführungen in die klassische Archäologie

J. Bergemann, Einführung in die Klassische Archäologie. Was sie kann, was sie will (2000).

R. Bianchi Bandinelli, Introduzione all'Archeologia (1976). Deutsch: Klassische Archäologie. Eine kritische Einführung (1978).

A. H. Borbein – T. Hölscher – P. Zanker (Hg.), Klassische Archäologie. Eine Einführung (2000).

M. K. H. Eggert, Prähistorische Archäologie. Konzepte und Methoden (2001).

U. Hausmann (Hg.), Allgemeine Grundlagen der Archäologie. Handbuch der Archäologie Bd. VI,1 (1969).

B. Hrouda, Methoden der Archäologie. Eine Einführung in ihre naturwissenschaftlichen Techniken (1978).

H.-G. Niemeyer, Einführung in die Archäologie (4. Aufl. 1995).

A. Schnapp (Hg.), L'archéologie aujourd'hui (1980).

M. Shanks, Classical Archaeology of Greece. Experiences of the Discipline (1996).

U. Sinn, Einführung in die Klassische Archäologie (2000).

A. Snodgrass, An Archaeology of Greece. The Present State and Future Scope of a Discipline (1987).

Geschichte der Klassischen Archäologie

Das Deutsche Archäologische Institut. Geschichte und Dokumente, Bde. 1 ff. (1979 ff.).

N. Himmelmann, Utopische Vergangenheit. Archäologie und moderne Kultur (1976).

K. Junker, Das Archäologische Institut des Deutschen Reiches zwischen Forschung und Politik. Die Jahre 1929–1945 (1997).

S. L. Marchand, Down from Olympus. Archaeology and Philhellenism in Germany 1750–1970 (1996).

W. Schiering, Zur Geschichte der Archäologie. In: U. Hausmann (Hg.), Allgemeine Grundlagen der Archäologie. Handbuch der Archäologie Bd. VI,1 (1969) 11 ff.

A. Schnapp, La conquête du passé: aux origines de l'archéologie (1993).

M. Shanks, Classical Archaeology of Greece. Experiences of the Discipline (1996).
C. B. Stark, Systematik und Geschichte der Archäologie der Kunst (1880) 80 ff.
B. G. Trigger, A History of Archaeological Thought (1989).

Fragestellungen und Methoden

Hermeneutik
N. Himmelmann-Wildschütz, Erzählung und Figur in der archaischen Kunst. Abhandlungen der Geistes- und Sozialwissenschaftlichen Klasse, Akademie der Wissenschaften und der Literatur in Mainz 1967, 2.
C. Robert, Archäologische Hermeneutik (1919).

Stilforschung
H. Flashar (Hg.), Altertumswissenschaft in den 20er Jahren. Neue Fragen und Impulse (1995).
B. Schweitzer, Das Problem der Form in der Kunst des Altertums. In: U. Hausmann (Hg.), Allgemeine Grundlagen der Archäologie. Handbuch der Archäologie Bd. VI,1 (1969) 163 ff.

Strukturforschung
G. v. Kaschnitz-Weinberg, Ausgewählte Schriften I. Kleine Schriften zur Struktur (1965).
F. Matz, Strukturforschung und Archäologie. Studium Generale 17, 1964, 203 ff.
H. H. Wimmer, Die Strukturforschung in der Klassischen Archäologie (1997).

Sozialgeschichtlicher Ansatz
R. Bianchi Bandinelli, L'arte romana nel centro del potere (1969). Deutsch: Rom – Das Zentrum der Macht (1970).
F. Coarelli, Classe dirigente romana e arti figurative. Dialoghi di archeologia 4–5, 1970–71, 241 ff.
P. Zanker, Augustus und die Macht der Bilder (3. Aufl. 1997).
P. Zanker (Hg.), Hellenismus in Mittelitalien. Kolloquium Göttingen 1974 (1976).

Ikonologie
T. Hölscher, Bilderwelt, Formensystem, Lebenskultur. Zur Methode archäologischer Kulturanalyse. Studi italiani di filologia classica 10, 1992, 460 ff.
A. E. Kaemmerling (Hg.), Ikonographie und Ikonologie (1979).
E. Panofsky, Studies in Iconology (1939).

Semiotik
U. Eco, La struttura assente. Introduzione alla semiologia (1969). Deutsch: Einführung in die Semiotik (8. Aufl. 1994).

B. Fehr – H. K. Meyer – L. Schneider, Zeichen, Kommunikation, Interaktion. Zur Bedeutung von Zeichen-, Kommunikations- und Interaktionstheorie für die Klassische Archäologie. Hephaistos 1, 1979, 7 ff.

Anthropologische Ansätze
Frankreich:
Cl. Bérard – J.P. Vernant, La cité des images. Religion et société en Grèce antique (1984). Deutsch: Die Bilderwelt der Griechen. Schlüssel zu einer 'fremden' Kultur (1985).
J. Bintliff (Hg.), The *Annales* School and Archaeology (1991)
P. Schmitt-Pantel – F. Thelamon, Image et histoire. Illustration ou document. In: F. Lissarague – F. Thelamon, Image et céramique grecque. Actes du Colloque de Rouen 1982 (1983) 8 ff.
J.-P. Vernant, Mythe et pensée chez les Grecs. Études de psychologie historique, Bde. 1–2 (1974). Darin bes. Bd. 1, 124 ff.: Hestia – Hermès: Sur l'expression religieuse de l'espace et du mouvement chez les Grecs.
England:
R. Bernbeck, Theorien in der Archäologie (1997).
M. K. H. Eggert – U. Veit (Hg.), Theorie in der Archäologie. Zur englischsprachigen Diskussion (1998).
I. Hodder, Reading the Past. Current Approaches to Interpretation in Archaeology (2. Aufl. 1991).
I. Hodder (Hg.), Archaeological Theory Today (2001)
I. Hodder – M. Shanks u. a., Interpreting Archaeology: Finding Meaning in the Past (1995).
I. Morris (Hg.), Classical Greece. Ancient Histories and Modern Archaeologies (1994).
C. Renfrew, The Great Tradition versus the Great Divide: Archaeology as Anthropology? American Journal of Archaeology 84, 1980, 287 ff.
C. Renfrew – P. Bahn, Archaeology. Theories. Methods and Practice (3. Aufl. 2000).
M. Shanks – C. Tilley, Re-Constructing Archaeology (2. Aufl. 1992).
A. M. Snodgrass, An Archaeology of Greece (1987).
D. S. Whitley, Reader in Archaeological Theory. Postprocessual and Cognitive Approaches (1998).

Gegenwärtige Situation in der Kunstgeschichte
H. Belting u.a. (Hg.), Kunstgeschichte. Eine Einführung (5. Aufl. 1996).

Griechische und römische Geschichte

H.-J. Gehrke, Kleine Geschichte der Antike (1999).
H.-J. Gehrke – H. Schneider (Hgg.), Geschichte der Antike. Ein Studienbuch (2000).

Einführende Bibliographie

Griechische Geschichte

Bengtson, Griechische Geschichte. Handbuch der Altertumswissenschaft. Bd. III,4 (8. Aufl. 1994).
J. Bleicken, Die athenische Demokratie (4. Aufl. 1995).
J. K. Davies, Democracy and Classical Greece (1978). Deutsch: Das klassische Griechenland und die Demokratie (4. Aufl. 1991).
H.-J. Gehrke, Geschichte des Hellenismus (2. Aufl. 1995).
F. Gschnitzer, Griechische Sozialgeschichte (1981).
O. Murray, Early Greece (1980). Deutsch: Das frühe Griechenland (6. Aufl. 1998).
R. Osborne, Greece in the Making. 1200 – 479 B.C. (1996).
W. Schuller, Griechische Geschichte (5. Aufl. 2000).
A. M. Snodgrass, Archaic Greece. The Age of Experiment (1980).

Römische Geschichte

G. Alföldy, Römische Sozialgeschichte (3. Aufl. 1984).
J. Bleicken, Die Verfassung der römischen Republik (8. Aufl. 1995).
J. Bleicken, Verfassungs- und Sozialgeschichte des römischen Kaiserreiches (4. Aufl. 1995).
J. Bleicken, Geschichte der römischen Republik (5. Aufl. 1999).
K. Christ, Geschichte der römischen Kaiserzeit (3. Aufl. 1995).
W. Dahlheim, Geschichte der römischen Kaiserzeit (2. Aufl. 1989).
A. Heuß, Römische Geschichte (7. Aufl. 2000).
F. Millar, The Emperor in the Roman World (2. Aufl. 1992).
C. Wells, The Roman Empire (1984). Deutsch: Das römische Reich (4. Aufl. 1994).

Griechische und römische Kulturgeschichte

H. Blanck, Einführung in das Privatleben der Griechen und Römer (2. Aufl. 1996).
A. H. Borbein (Hg.), Das alte Griechenland. Geschichte und Kultur der Hellenen (1995).
J. Burckhardt, Griechische Kulturgeschichte, Bd. 1–4 (1898–1902).
L. Friedlaender, Darstellungen aus der Sittengeschichte Roms in der Zeit von Augustus bis zum Ausgang der Antonine, Bde. 1–4 (10. Aufl. 1921–23).
J. Martin (Hg.), Das alte Rom. Geschichte und Kultur des Imperium Romanum (1994).
A. Powell (Hg.), The Greek World (1995).
C. Schneider, Kulturgeschichte des Hellenismus I (1967). II (1969).
S. Settis (Hg.), Civiltà dei Romani, Bde. 1–4 (1990–1993).
S. Settis (Hg.), I Greci. Storia, cultura, arte, società, Bde. 1–4 (1996 ff.).
P. Veyne u.a., Histoire de la vie privée, 1. De l'Empire romain à l'an mil (1988).
M. Wörle – P. Zanker (Hg.), Stadtbild und Bürgerbild im Hellenismus (1995).

Griechische und römische Literatur

M. v. Albrecht, Geschichte der römischen Literatur, Bde. 1–2 (2. Aufl. 1994).
A. Dihle, Die griechische und lateinische Literatur der Kaiserzeit (1989).
A. Dihle, Griechische Literaturgeschichte (3. Aufl. 1998).
M. Hose, Kleine griechische Literaturgeschichte. Von Homer bis zum Ende der Antike (1999).
A. Lesky, Geschichte der griechischen Literatur (3. Aufl. 1999).
R. Nickel, Lexikon der antiken Literatur (1999).

Chronologie

B. Baebler, Archäologie und Chronologie. Eine Einführung (2004).

Schriftzeugnisse zur griechischen und römischen Archäologie

C. Fensterbusch, Vitruv, Zehn Bücher über Architektur (4. Aufl. 1987).
Chr. Habicht, Pausanias und seine Beschreibung Griechenlands (1985).
J. Isager, Pliny on Art and Society. The Elder Pliny's Chapters on the History of Art (1991).
K. Jex-Blake – E. Sellers, The Elder Pliny's Chapters on the History of Art (1896).
M. Muller-Dufeu, La sculpture grecque. Sources littéraires et épigraphiques (2002).
J. Overbeck, Die antiken Schriftquellen zur Geschichte der bildenden Künste bei den Griechen (1868).
E. Pernice – W. H. Gross, Die griechischen und lateinischen Zeugnisse. In: U. Hausmann (Hg.), Allgemeine Grundlagen der Archäologie. Handbuch der Archäologie Bd. VI,1 (1969) 395 ff.

Historische Landeskunde/Geographie

Allgemein
Barrington Atlas of the Greek and Roman World (2000).
K. Brodersen (Hg.), Antike Stätten am Mittelmeer (1999).
M. I. Finley (Hg.), Atlas of Classical Archaeology (1977).
The Princeton Encyclopedia of Classical Sites, Hg. R. Stillwell (1976).

Griechenland
E. Kirsten – W. Kraiker, Griechenlandkunde. Ein Führer zu Klassischen Stätten (5. Aufl. 1967).
H. R. Goette, Athen, Attika, Megaris (1993).
S. Lauffer (Hg.), Griechenland. Lexikon der historischen Stätten (1989).

Kleinasien
E. Akurgal, Ancient Civilizations and Ruins of Turkey (7. Aufl. 1990).
W. Koenigs, Westtürkei. Von Troia bis Knidos (1991).
J. Wagner, Türkei. Die Südküste von Kaunos bis Issos (2. Aufl. 1988).

Italien
Guida archeologica Laterza, Bde. 1 – 14 (1980 ff.). [Führer durch die Regionen Italiens]

Römische Provinzen
(s. auch unter Urbanistik)
S. E. Alcock, Graeca capta. The Landscape of Roman Greece (1993).
T. Bechert, Die Provinzen des Römischen Reiches. Einführung und Überblick (1999).
H. Cüppers (Hg.), Die Römer in Rheinland-Pfalz (1990).
W. Czysz – K. Dietz – Th. Fischer – H.-J. Kellner (Hg.), Die Römer in Bayern (1995).
Ph. Filtzinger – D. Planck – B. Cämmerer (Hg.), Die Römer in Baden-Württemberg (3. Aufl. 1986).
P. Gros, La France Gallo-Romaine (1991).
H. v. Hesberg (Hg.), Was ist eigentlich Provinz? Zur Beschreibung eines Bewußtseins (1995).
H. G. Horn (Hg.), Die Römer in Nordrhein-Westfalen (1987).
W. Trillmich u. a., Hispania Antiqua 2. Denkmäler der Römerzeit (1993).
S. R. Tufi, Archeologia delle province romane (2000).

Ausgrabung und Survey

Geschichte und Ziele der Ausgrabungen
C. Ph. Bracken, Antikenjagd in Griechenland 1800 – 1830 (1977).
G. Daniel, Geschichte der Archäologie (1982) 12 ff.
D. Graepler, Fundort unbekannt: Raubgrabungen zerstören das archäologische Erbe (1993).

Archäologische Geländebegehung (Survey)
H.-J. Gehrke, Historische Landeskunde. In: A. H. Borbein – T. Hölscher – P. Zanker (Hg.), Klassische Archäologie. Eine Einführung (2000) 39 ff.
C. Renfrew – P. Bahn, Archaeology, Theories, Methods, and Practice (3. Aufl. 2000) 67 ff.
S. v. Schnurbein, Ausgrabungen und archäologische Geländeerkundungen. In: A. H. Borbein – T. Hölscher – P. Zanker (Hg.), Klassische Archäologie. Eine Einführung (2000) 25 ff.
A. M. Snodgrass, An Archaeology of Greece (1987) 93 ff.

Ausgrabung
H. Becker (Hg.), Archäologische Prospektion: Luftbildarchäologie und Geophysik. Arbeitshefte des Bayerischen Landesamtes für Denkmalpflege 59 (1996).
A. Carandini, Storia della terra. Manuale di scavo archeologico (1991).
E. Harris, Principles of Archaeological Stratigraphy (2. Aufl. 1989).
M. S. Joukowsky, A Complete Manual of Field Archaeology (1981).
C. Renfrew – P. Bahn, a. O. 97 ff.
S. v. Schnurbein, a. O. 25 ff.
Sir M. Wheeler, Moderne Archäologie, Methoden und Technik der Ausgrabung (1960).

Archäologie der ägäischen Bronzezeit

Forschungsgeschichte
T. Crepon – W. Bölke, Heinrich Schliemann, Odyssee seines Lebens (1990).
S. L. Horwitz, Knossos: Sir Arthur Evans auf den Spuren des Königs Minos (1983).
W. A. McDonald – C. G. Thomas, Progress into the Past: The Rediscovery of Mycenaean Civilisation (2. Aufl. 1990).
W.-D. Niemeier, Mycenaean Knossos and the Age of Linear B. Studi micenei ed egeo-anatolici 23, 1982, 219 ff., bes. 268 ff.

Methoden der Forschung
J. Schäfer, Die Archäologie der altägäischen Hochkulturen (1998).

Darstellungen
Gesamtdarstellungen:
G. A. Christopoulos – J. C. Bastias (Hg.), History of

the Hellenic World I: Prehistory and Protohistory (1970).
O. Dickinson, The Aegean Bronze Age (1994).
S. Hood, The Arts in Prehistoric Greece (1978).
S. Marinatos – M. Hirmer, Kreta, Thera und das mykenische Hellas (1973).
D. Preziosi – L. A. Hitchcock, Aegean Art and Architecture (1999).
R. Treuil u. a., Les civilisations égéennes du néolithique et de l'âge du bronze (1989).

Frühe Bronzezeit:
R. L. N. Barber, The Cyclades in the Bronze Age (1987).
J. Maran, Kulturwandel auf dem griechischen Festland und den Kykladen im späten 3. Jahrtausend v. Chr. (1998).
C. Renfrew, The Emergence of Civilisation (1972).

Das minoische Kreta:
J. F. Cherry, Polities and Palaces: Some Problems in Minoan State Formation. In: C. Renfrew – J. F. Cherry (Hg.), Peer Polity Interaction and Socio-Political Change (1986) 19 ff.
J. Driessen – C. F. MacDonald, The Troubled Island: Minoan Crete before and after the Santorini Eruption. Aegaeum 17 (1997).
S. Hood, The Minoans (1971).
W.-D. Niemeier, Die minoische Kultur Kretas: Versuch eines historischen Abrisses. In: Kreta, das Erwachen Europas (1990) 47 ff.

Das mykenische Griechenland:
J. Chadwick, The Mycenean Age (1976). Deutsch: Die mykenische Welt (1979).
S. Deger-Jalkotzy, Die Erforschung des Zusammenbruchs der sogenannten mykenischen Kultur und der sogenannten dunklen Jahrhunderte. In: J. Latacz (Hg.), Zweihundert Jahre Homer-Forschung, Colloquium Rauricum Bd. 2 (1991) 127 ff.
R. Hampe – E. Simon, Tausend Jahre Frühgriechische Kunst (1980).
Lord W. Taylour, The Mycenaeans (2. Aufl. 1986).

Relative und absolute Chronologie
S. W. Manning, A Test of Time (1999) [hohe Chronologie].
H. Mommsen, Archäometrie (1986) 202 ff.
W.-D. Niemeier, Tabellen zur Chronologie und Bezeichnung der Kulturphasen in Zentralkreta. In: J. Schäfer (Hg.), Amnisos (1992) XXII ff. [hohe Chronologie, für eine leichte Revision der Daten s. S. W. Manning, The Absolute Chronology of the Aegean Bronze Age (1995) 217].
C. Renfrew – P. Bahn, Archaeology, Theories, Methods and Practice (3. Aufl. 2000) 111 ff.
P. Warren – V. Hankey, Aegean Bronze Age Chronology (1989) [niedrige Chronologie].

Keramikchronologie und -stile
P. P. Betancourt, The History of Minoan Pottery (1985).
P. A. Mountjoy, Mycenaean Pottery: An Introduction (1993).
W. Müller, Kretische Tongefäße mit Meeresdekor (1997).
W.-D. Niemeier, Die Palaststilkeramik von Knossos (1985).

Minoische Wandmalereien im östlichen Mittelmeer
B. u. W.-D. Niemeier, Minoan Frescoes in the Eastern Mediterranean. In: E. H. Cline – D. Harris-Cline (Hg.), The Aegean and the Orient in the Second Millenium. Proceedings of the 50th Anniversary Symposium, Cincinnati, 18–20 April 1997. Aegaeum 18 (1998) 69 ff.

Antike Urbanistik
Ch. Gates, Ancient Cities. The Archaeology of Urban Life in the Ancient Near East and Egypt, Greece, and Rome (2003).
E. Greco (Hg.), La città greca antica. Istituzioni, società e forme urbane (1999).
E. Greco – M. Torelli, Storia dell'urbanistica. Il mondo greco (1983).
P. Gros – M. Torelli, Storia dell'urbanistica. Il mondo romano (1988).
Th. Lorenz, Römische Städte (1987).
R. Martin, L'Urbanisme dans la Grèce Antique (2. Aufl. 1974).
H.-J. Schalles – H. v. Hesberg – P. Zanker (Hg.), Die römische Stadt im 2. Jahrhundert n. Chr. Der Funktionswandel des öffentlichen Raumes. Kolloquium Xanten 1990 (1992).
R. A. Tomlinson, From Mycenae to Constantinople. The Evolution of the Ancient City (1992).
W. Trillmich – P. Zanker (Hg.), Stadtbild und Ideologie. Die Monumentalisierung hispanischer Städte zwischen Republik und Kaiserzeit. Kolloquium Madrid 1987 (1990).

Historische Topographie

Athen
J. M. Camp, The Archaeology of Athens (2001).
J. M. Camp, The Athenian Agora (1986). Deutsch: Die Agora von Athen (1989).
H. R. Goette, Athen, Attika, Megaris (1993).
T. Hölscher, The City of Athens: Space, Symbol, Structure. In: A. Mohlo – K. Raaflaub – J. Emlen

(Hg.), City-States in Classical Antiquity and Medieval Italy (1991) 355 ff.
J. M. Hurwit, The Athenian Acropolis. History, Mythology, and Archaeology from the Neolithic Era to the Present (1999).
U. Knigge, Der Kerameikos von Athen (1988).
L. Schneider – Chr. Höcker, Die Akropolis von Athen. Antikes Heiligtum und modernes Reiseziel (1990).
H. A. Thompson – R. E. Wycherley, The Athenian Agora XIV. The Agora of Athens, the History, Shape and Uses of Ancient City Centers (1972).
J. Travlos, Bildlexikon zur Topographie des antiken Athen (1971).

Rom
A. Claridge, Rome (1998).
F. Coarelli, Guida archeologica di Roma (3. Aufl. 1994). Deutsch: Rom. Ein archäologischer Führer (3. Aufl. 2000).
D. Favro, The Urban Image of Augustan Rome (1996).
F. Kolb, Rom. Die Geschichte der Stadt in der Antike (1995).
E. Nash, Bildlexikon zur Topographie des antiken Rom, Bde. 1–2 (1961–1962).
L. Richardson Jr., A New Topographical Dictionary of Ancient Rome (1992).
E. M. Steinby (Hg.), Lexicon Topographicum Urbis Romae, Bde. 1–6 (1993–2000).
P. Zanker, Forum Augustum. Das Bildprogramm (1968).
P. Zanker, Forum Romanum. Die Neugestaltung durch Augustus (1972).

Weitere wichtige Städte
J.-Y. Empereur, Alexandrie redécouverte (1998).
G. Grimm, Alexandria. Die erste Königsstadt der hellenistischen Welt. Bilder aus der Nilnekropole von Alexander dem Großen bis Kleopatra VII (1998).
E. La Rocca – M. de Vos – A. de Vos, Guida archeologica di Pompei (1976). Deutsch: Pompeji. Archäologischer Führer (1990).
C. Pavolini, Ostia (1983).
W. Radt, Pergamon. Geschichte und Bauten einer antiken Metropole (1999).
F. Rumscheid – W. Koenigs, Priene. Führer durch das Pompeji Kleinasiens (1998).
P. Scherrer (Hg.), Ephesos. Der neue Führer (1995).
P. Zanker, Pompeji. Stadtbild und Wohngeschmack (1995).

Griechische Architektur

W. B. Dinsmoor, The Architecture of Ancient Greece. An Account of its Historic Development (3. Aufl. 1950).

R. Ginouvès u.a., Dictionnaire méthodique de l'architecture grecque et romaine, Bde. 1–3 (1985–98).
G. Gruben, Die Heiligtümer und Tempel der Griechen (erw. Aufl. 2001).
M.-Chr. Hellmann, L'architecture grecque 1. Les principes de la construction (2002).
W. Hoepfner – E. L. Schwandner, Haus und Stadt im klassischen Griechenland (2. Aufl. 1994).
H. Knell, Architektur der Griechen (2. Aufl. 1988).
H. Lauter, Die Architektur des Hellenismus (1986).
W. Müller-Wiener, Griechisches Bauwesen in der Antike (1988).
F. Pesando, La casa dei greci (1989).

Römische Architektur

J.-P. Adams, La construction romaine. Materiaux et techniques (1984).
I. M. Barton (Hg.), Roman Domestic Buildings (1996).
A. Boethius, Etruscan and Early Roman Architecture (1978).
S. P. Ellis, Roman Housing (2000).
R. Ginouvès (s. oben, griechische Architektur)
P. Gros, L'architecture romaine. 1. Les monuments publics (1996). 2. Maisons, palais, villas et tombeaux (2001).
H. von Hesberg, Römische Baukunst (2005).
W. L. MacDonald, The Architecture of the Roman Empire. I. An Introductory Study (1982); II. An Urban Appraisal (1986).
H. Mielsch, Die römische Villa. Architektur und Lebensform (1987).
F. Sear, Roman Architecture (1982).
J. B. Ward-Perkins, Roman Imperial Architecture (2. Aufl. 1990).

Heiligtümer

S. E. Alcock – R. Osborne (Hg.), Placing the Gods (1996).
G. Gruben (s. oben Griechische Architektur)
N. Marinatos – R. Hägg, Greek Sanctuaries: New Approaches (1993).
A. Schachter (Hg.), Le sanctuaire grec (1990).
R. Tomlinson, Greek Sanctuaries (1976).

Delphi
Guide de Delphes. J.F. Bommelaer, Le site (1991).
O. Picard (Hg.), Le musée (1991).
M. Maaß, Das antike Delphi: Orakel, Schätze und Monument (1993).

Olympia
H.-V. Herrmann, Olympia. Heiligtum und Wettkampfstätte (1972).
A. Mallwitz, Olympia und seine Bauten (1972).

Weitere wichtige Heiligtümer

Ph. Bruneau – J. Ducat, Guide de Délos (3. Aufl. 1983).
H. Kyrieleis, Führer durch das Heraion von Samos (1981).

Gräber

M. Andronikos, Archaeologia Homerica, Abschnitt W: Totenkult (1968).
R. Garland, The Greek Way of Death (1985).
G. Gnoli – J.-P. Vernant (Hg.), La mort, les morts dans les sociétés anciennes (1982).
D. Graepler, Tonfiguren im Grab. Fundkontexte hellenistischer Terrakotten aus der Nekropole von Tarent (1997).
M. Herfort-Koch, Tod, Totenfürsorge und Jenseitsvorstellungen in der griechischen Antike. Eine Bibliographie (1992).
H. v. Hesberg, Römische Grabbauten (1992).
U. Knigge, Der Kerameikos von Athen. Führung durch Ausgrabung und Geschichte (1988).
D. C. Kurtz – J. Boardman, Greek Burial Customs (1971) [abzuraten ist von der extrem fehlerhaften deutschen Version: Thanatos. Tod und Jenseits bei den Griechen (1985)].
I. Morris, Burial and Ancient Society. The Rise of the Greek City-State (1987).
I. Morris, Death-Ritual and Social Structure in Classical Antiquity (1992).
M. Parker Pearson, The archaeology of death and burial (1999).
B. Schmaltz, Griechische Grabreliefs (1983).
J. M. C. Toynbee, Death and Burial in the Roman World (1971).

Griechische Kunst (allgemein)

J. Charbonneux – R. Martin – F. Villard, La Grèce archaïque (1968). La Grèce classique (1969). La Grèce hellénistique (1970). Deutsch: Das archaische Griechenland (1969). Das klassische Griechenland (1971). Das hellenistische Griechenland (1971).
R. Osborne, Archaic and Classical Greek Art (1998).
M. Robertson, A History of Greek Art (1975).
M. Robertson, A Shorter History of Greek Art (1981).
W.-H. Schuchhardt, Geschichte der griechischen Kunst (1971).
M. Shanks, Art and the Greek City State. An Interpretative Archaeology (1999).

Griechische Skulptur (allgemein)

L. Alscher, Griechische Plastik I–IV (1954–1982).
P. C. Bol (Hg.), Die Geschichte der antiken Bildhauerkunst, Band I ff. (2002 ff.).
W. Fuchs, Die Skulptur der Griechen (4. Aufl. 1993).
H. Knell, Mythos und Polis. Bildprogramme griechischer Bauskulptur (1990).
G. Lippold, Griechische Plastik. Handbuch der Archäologie Bd. III,1 (1950).
M. Meyer, Die griechischen Urkundenreliefs (1983).
G. Neumann, Probleme der griechischen Weihereliefs (1979).
C. Rolley, La sculpture grecque. I. Des origines au milieu du Ve siècle (1994). II. La période classique (1999).
B. Schmaltz, Griechische Grabreliefs (1983).
K. Stemmer (Hg.), Standorte. Kontext und Funktion antiker Skulptur. Ausstellung Berlin 1994–95 (1995).
A. Stewart, Greek Sculpture. An Exploration (1990).

Dark Ages, Geometrische und archaische Zeit (allgemein)

J. N. Coldstream, Geometric Greece (1977).
V. R. d'A. Desborough, The Greek Dark Ages (1972).
I. Morris, Archaeology as Culture History. Words and Things in Iron Age Greece (2000).
A. M. Snodgrass, Archaic Greece. The Age of Experiment (1980).
A. M. Snodgrass, The Dark Age of Greece (1971).
A. M. Snodgrass, Homer and the Artists. Text and Picture in Early Greek Art (1998).

Skulptur der geometrischen und archaischen Zeit

J. Boardman, Greek Sculpture. The Archaic Period (1978). Deutsch: Griechische Plastik. Archaische Zeit (1981).
A. A. Donohue, Xoana and the Origins of Greek Sculpture (1988).
W. Fuchs – J. Floren, Die griechische Plastik I. Die geometrische und archaische Plastik. Handbuch der Archäologie (1987).
W. Martini, Die archaische Plastik der Griechen (1990).
G. M. A. Richter, Korai (1968).
G. M. A. Richter, Kouroi (1960).
B. S. Ridgway, The Archaic Style in Greek Sculpture (1970).

L. A. Schneider, Zur sozialen Bedeutung der archaischen Koren (1975).
H. Schrader – E. Langlotz – W.-H. Schuchhardt, Die archaischen Marmorbildwerke der Akropolis (1939). Dazu: A.E. Raubitschek, Dedications from the Athenian Akropolis (1949).

Kunst des 5. Jahrhunderts v. Chr (allgemein)

T. Hölscher, Die unheimliche Klassik der Griechen. In: H. Flashar (Hg.), Auseinandersetzung mit der Antike (1989-90) 235 ff.
J. J. Pollitt, Art and Experience in Classical Greece (1972).

Skulptur des 5. Jahrhunderts v. Chr.

J. Boardman, Greek Sculpture. The Classical Period (1985). Deutsch: Griechische Plastik. Klassische Zeit (1987).
A. H. Borbein, Polyklet [Rezension zu T. Lorenz, Polyklet (1972) und H. v.Steuben, Der Kanon des Polyklet (1973)]. Göttingische Gelehrte Anzeigen 234, 1982, 184 ff.
B. Fehr, Die Tyrannentöter (1984).
Ch. Höcker – L. Schneider, Phidias (1993).
T. Hölscher, Die Nike der Messenier und Naupaktier in Olympia. Jahrbuch des Deutschen Archäologischen Instituts 89, 1974, 70 ff.
Polyklet. Der Bildhauer der griechischen Klassik. Ausstellung Frankfurt a.M. 1990/91 (1990).
B. S. Ridgway, Fifth Century Styles in Greek Sculpture (1981).
B. S. Ridgway, The Severe Style in Greek Sculptpure (1970).
W. H. Schuchhardt, Alkamenes. 126. Winckelmannsprogramm der Archäologischen Gesellschaft zu Berlin (1977).

Skulptur des 4. Jahrhunderts v. Chr.

J. Boardman, Greek Sculpture. The Late Classical Period (1995). Deutsch: Griechische Plastik. Die spätklassische Zeit und die Plastik in Kolonien und Sammlungen (1998).
A. H. Borbein, Die griechische Statue des 4. Jahrhunderts v. Chr. Formanalytische Untersuchungen zur Kunst der Nachklassik. Jahrbuch des Deutschen Archäologischen Instituts 88, 1973, 43 ff.
A. Corso, Prassitele. Fonti epigrafiche e letterarie I. – III. Xenia, Quaderni 10, 1–3 (1988–1992).

P. Moreno, Vita e arte di Lisippo (1987).
B. S. Ridgway, Fourth-Century Styles in Greek Sculpture (1997).
G. E. Rizzo, Prassitele (1932).
A. F. Stewart, Skopas of Paros (1977).
L. Todisco, Scultura greca del IV secolo. Maestri e scuole di statuaria tra classicità ed ellenismo (1993).

Kunst des Hellenismus (allgemein)

J. J. Pollitt, Art in the Hellenistic Age (1986).
H. J. Schalles, Untersuchungen zur Kulturpolitik der pergamenischen Herrscher im 3. Jh.v. Chr. Istanbuler Forschungen 36 (1985).

Skulptur des Hellenismus

M. Bieber, The Sculpture of the Hellenistic Age (2. Aufl. 1961).
B. Conticello – B. Andreae, Die Skulpturen von Sperlonga. Antike Plastik 14 (1974).
G. Krahmer, Stilphasen der hellenistischen Plastik. Mitteilungen des Deutschen Archäologischen Instituts, Römische Abteilung 38–39, 1923–24, 138 ff.
H. P. Laubscher, Fischer und Landleute (1982).
P. Moreno, Scultura ellenistica, Bde. 1–2 (1994).
B. S. Ridgway, Hellenistic Sculpture I. The Styles of ca. 331 – 200 B.C. (1990). II. The Styles of ca. 200 – 100 B.C. (2000). III. The Styles of ca. 100 – 31 B.C. (2002).
A. Schober, Die Kunst von Pergamon (1951).
R. R. R. Smith, Hellenistic Sculpture (1991).
A. F. Stewart, Attika. Studies in Athenian Sculpture of the Hellenistic Age (1979).
P. Zanker, Die Trunkene Alte. Das Lachen der Verhöhnten (1989).

Römische Kunst

B. Andreae, Römische Kunst (1973).
R. Bianchi Bandinelli, Roma. L'arte romana nel centro del potere (1969). Deutsch: Rom – Das Zentrum der Macht (1970).
R. Bianchi Bandinelli, Roma. La fine dell'arte antica (1970). Deutsch: Rom – Das Ende der Antike (1971).
O. J. Brendel, Prolegomena to the Study of Roman Art (1979). Deutsch: Was ist römische Kunst (1990).
E. Gazda (Hg.), Roman Art in the Private Sphere (1991).
T. Hölscher, Römische Bildsprache als semantisches System (1987).

P. Stewart, Roman Art (2004).

Augustus
Kaiser Augustus und die verlorene Republik. Ausstellung Berlin 1988 (1988).
E. Simon, Augustus: Kunst und Leben in Rom um die Zeitenwende (1986).
P. Zanker, Augustus und die Macht der Bilder (3. Aufl. 1997).

Römische Skulptur

M. Bergmann, Chiragan, Aphrodisias, Konstantinopel. Zur mythologischen Skulptur der Spätantike (1999).
Ch. v. Hees-Landwehr, Griechische Meisterwerke in römischen Abgüssen. Der Fund von Baiae. Zur Technik antiker Kopisten (1982).
G. Hellenkemper Salies u.a. (Hg.), Das Wrack. Der antike Schiffsfund von Mahdia. Ausstellung Bonn 1994–95 (1994).
D. E. E. Kleiner, Roman Sculpture (1992).
H.-G. Martin, Römische Tempelkultbilder. Eine archäologische Untersuchung zur späten Republik (1987).
R. Neudecker, Die Skulpturenausstattung römischer Villen in Italien (1988).
P. Schollmeyer, Römische Plastik. Eine Einführung (2005).
K. Stemmer (Hg.), Standorte. Kontext und Funktion antiker Skulptur. Ausstellung Berlin 1994–95 (1995).
P. Zanker, Zur Funktion und Bedeutung griechischer Skulptur in der Römerzeit. In.: Le classicisme à Rome aux premièrs siècles avant et après J. C. Entretiens sur l'Antiquité Classique XXV (1979) 283 ff.
P. Zanker, Klassizistische Statuen (1974).

Antike Porträts (allgemein)

M. Bergmann, Repräsentation. In: A. H. Borbein – T. Hölscher – P. Zanker (Hg.), Klassische Archäologie. Eine Einführung (2000) 166 ff.
M. Bergmann, Die Strahlen der Herrscher. Theomorphes Herrscherbild und politische Symbolik im Hellenismus und in der römischen Kaiserzeit (1998).
L. Giuliani, Bildnis und Botschaft. Hermeneutische Untersuchungen zur Bildniskunst der römischen Republik (1986).
L. Giuliani, Individuum und Ideal. Antike Bildniskunst. In: Bilder vom Menschen in der Kunst des Abendlandes. Ausstellung Berlin 1980 (1980) 43 ff.

K. Stemmer (Hg.), Standorte. Kontext und Funktion antiker Skulptur. Ausstellung Berlin 1994–95 (1995).
S. Walker, Greek and Roman Portraits (1995). Deutsch: Griechische und römische Porträts (2003).
P. Zanker, Die Maske des Sokrates (1995).

Griechische Porträts

K. Fittschen (Hg.), Griechische Porträts (1988).
R. von den Hoff, Philosophenporträts des Früh- und Hochhellenismus (1994).
G. M. A. Richter, The Portraits of the Greeks, Bde. 1–3 (1965), Suppl. (1972).
G. M. A. Richter, The Portraits of the Greeks. Abridged and Revised by R.R.R. Smith (1984).
I. Scheibler (Bearb.), Sokrates. Ausstellung München 1989 (1989).
R. R. R. Smith, Hellenistic Royal Portraits (1988).

Römische Porträts

M. Bergmann, Marc Aurel (1978).
E-learning-Programm „Römische Porträts", Universität Göttingen.
http://viamus.uni-goettingen.de
K. Fittschen – P. Zanker, Katalog der römischen Porträts in den Capitolinischen Museen und den anderen kommunalen Sammlungen der Stadt Rom. I. Kaiser- und Prinzenbildnisse (2. Aufl. 1994). III. Kaiserinnen- und Prinzessinnenbildnisse (1983).
K. Vierneisel – P. Zanker, Die Bildnisse des Augustus. Herrscherbild und Politik im kaiserlichen Rom. Ausstellung München 1978/79 (1978).
P. Zanker, Prinzipat und Herrscherbild. Gymnasium 86, 1979, 353 ff.
P. Zanker, Provinzielle Kaiserporträts. Zur Rezeption der Selbstdarstellung des Kaisers (1983).

Römische Staatsreliefs

T. Hölscher, Die Geschichtsauffassung in der römischen Repräsentationskunst. Jahrbuch des Deutschen Archäologischen Instituts 95 (1980) 265 ff.
T. Hölscher, Staatsdenkmal und Publikum: Vom Untergang der Republik bis zur Festigung des Kaisertums in Rom (1984).
G. Koeppel, Die historischen Reliefs der römischen Kaiserzeit 1–9. Bonner Jahrbücher des Rheini-

schen Landesmuseums in Bonn 184–192 (1984–1992). [Diverse Aufsätze]

M. Oppermann, Römische Kaiserreliefs (1985).

M. Torelli, Typology and Structure of Roman Historical Reliefs (1982).

Römische Sarkophage, Urnen und Grabaltäre

P. Blome, Zur Umgestaltung griechischer Mythen in der römischen Sepulkralkunst. Alkestis-, Protesilaos- und Proserpinasarkophage. Mitteilungen des Deutschen Archäologischen Instituts, Römische Abteilung 85, 1978, 435 ff.

D. Boschung, Antike Grabaltäre aus den Nekropolen Roms (1987).

L. Giuliani, Achillsarkophage in Ost und West. Genese einer Ikonographie. Jahrbuch der Berliner Museen 1989, 25 ff.

G. Koch, Sarkophage der römischen Kaiserzeit (1993).

G. Koch – H. Sichtermann, Römische Sarkophage. Handbuch der Archäologie (1982).

M. Koortbojian, Myth, Meaning and Memory on Roman Sarcophagi (1995).

G. Rodenwaldt, Über den Stilwandel in der antoninischen Kunst. Abhandlungen der Deutschen Akademie der Wissenschaften zu Berlin 1935 Nr. 3.

H. Sichtermann – G. Koch, Griechische Mythen auf römischen Sarkophagen (1975).

F. Sinn, Stadtrömische Marmorurnen (1987).

P. Zanker – B. Ewald, Mit Mythen leben. Die Bilderwelt der römischen Sarkophage (2004).

Antike Malerei

Griechische Malerei

N. J. Koch, De picturae initiis. Die Anfänge der griechischen Malerei im 7. Jahrhundert v. Chr., Studien zur antiken Malerei und Farbgebung III (1996).

P. Moreno, Pittura greca: Da Polignoto ad Apelle (1987).

I. Scheibler, Griechische Malerei der Antike (1994).

Römische Malerei

I. Baldassarre – A. Pontrandolfo – A. Rouveret, Pittura Romana. Dall'ellenismo al tardo antico (2002). Deutsch: Römische Malerei vom Hellenismus bis zur Spätantike (2002).

A. Barbet, La peinture murale romaine. Les styles décoratifs pompéiens (1985).

F. L. Bastet – M. de Vos, Il terzo stile pompeiano (1979).

B. Bergmann, The Roman House as Memory Theatre: The House of the Tragic Poet in Pompei. The Art Bulletin 76,2, 1994, 225 ff.

H. G. Beyen, Die pompejanische Wanddekoration vom zweiten bis zum vierten Stil. I. II, 1 (1938. 1960).

B. Borg, Mumienporträts. Chronologie und kultureller Kontext (1996).

G. Cerulli Irelli u. a. (Hg.), Pompejanische Wandmalerei (1990).

J.-P. Descoeudres, Pompeii Revisited. The Life and Death of a Roman town (1994).

W. Ehrhardt, Stilgeschichtliche Untersuchungen an römischen Wandmalereien von der späten Republik bis zur Zeit Neros (1987).

A. Laidlaw, The First Style in Pompeii: Painting and Architecture (1985).

R. Ling, Roman Painting (1991).

A. Mau, Geschichte der decorativen Wandmalerei in Pompeji (1882).

H. Mielsch, Römische Wandmalerei (2001).

K. Schefold, Pompejanische Malerei. Sinn und Ideengeschichte (1952).

R. A. Tybout, Aedificiorum figurae. Untersuchungen zu den Architekturdarstellungen des frühen zweiten Stils (1989).

P. Zanker, Mythenbilder im Haus. In: Proceedings of the XVth International Congress of Classical Archaeology, Amsterdam 1998 (1999) 40 ff.

Mosaiken

K. M. D. Dunbabin, Mosaics of the Greek and Roman World (1999).

K. M. D. Dunbabin, The Mosaics of Roman North Africa. Studies in Iconography and Patronage (1978).

Ch. Kondoleon, Domestic and Divine. Roman Mosaics in the House of Dionysos (1995).

R. Ling, Ancient Mosaics (1998).

S. Muth, Erleben von Raum – Leben im Raum. Zur Funktion mythologischer Mosaikbilder in der römisch-kaiserzeitlichen Wohnarchitektur (1998).

D. Salzmann, Untersuchungen zu den antiken Kieselmosaiken (1982).

R. J. A. Wilson, Piazza Armerina (1983).

Keramik

D. A. Amyx, Corinthian Vase Painting of the Archaic Period (1988).

J. D. Beazley, Attic Black-Figure Vase-Painters (1956). [abgekürzt: Beazley, ABV]

J. D. Beazley, Attic Red-Figure Vase-Painters (2. Aufl. 1963). [abgekürzt: Beazley, ARV2]
– Zu ABV und ARV² mehrere Ergänzungsbände –
C. Bérard – J.-P. Vernant u.a., La cité des images (1984). Deutsch: Die Bilderwelt der Griechen (1985).
J. Boardman, Athenian Black Figure Vases (1974). Deutsch: Schwarzfigurige Vasen aus Athen (1977).
J. Boardman, Athenian Red Figure Vases. The Archaic Period (1975). Deutsch: Rotfigurige Vasen aus Athen. Die archaische Zeit (1981).
J. Boardman, Athenian Red Figure Vases. The Classical Period (1989). Deutsch: Rotfigurige Vasen aus Athen. Die klassische Zeit (1987).
J. Boardman, Early Greek Vase Painting (1998).
J. Boardman, The History of Greek Vases. Potters, Painters, and Pictures (2001).
A. Clark – M. Elston – M. L. Hart, Understanding Greek Vases. A Guide to Forms, Styles, and Techniques (2002).
R. M. Cook, Greek Painted Pottery (3. Aufl. 1997).
R. M. Cook – P. Dupont, East Greek Pottery (1998).
V. Grace, Amphoras and the Ancient Wine Trade (1979).
J. W. Hayes, Fine Wares in the Hellenistic World. In: T. Rasmussen – N. Spivey (Hg.), a.O. 182 ff.
J. W. Hayes, Handbook of Mediterranean Roman Pottery (1997).
Kunst der Schale, Kultur des Trinkens. Ausstellung München 1990 (1990).
F. Lissarrague, L'autre guerrier (1990).
F. Lissarrague, Vases Grecs. Les Athéniens et leurs images (1999).
Th. Mannack, Griechische Vasenmalerei. Eine Einführung (2002).
J. Noble, The Techniques of Painted Attic Pottery (2. Aufl. 1988).
D. P. S. Peacock, Pottery in the Roman World. An Ethnoarchaeological Approach (1982).
D. P. S. Peacock – D. F. Williams, Amphorae and the Roman Economy (1986).
T. Rasmussen – N. Spivey (Hg.), Looking at Greek Vases (1991).
M. Robertson, The Art of Vase-painting in Classical Athens (1992).
I. Scheibler, Griechische Töpferkunst (2. Aufl. 1995).
E. Simon – M. Hirmer, Die griechischen Vasen (2. Aufl. 1981).
B. A. Sparkes, Greek Pottery. An Introduction (1991).
B. A. Sparkes, The Red and the Black (1996).
C. M. Stibbe, Lakonische Vasenmaler des 6. Jh. v. Chr. (1972).
A. D. Trendall, Red Figure Vases of South Italy and Sicily (1989). Deutsch: Rotfigurige Vasen aus Unteritalien und Sizilien (1991).
D. Williams, Greek Vases (2. Aufl. 1999).

Religion

J. Bremmer, Götter, Mythen und Heiligtümer im antiken Griechenland (1996).
W. Burkert, Griechische Religion der archaischen und klassischen Epoche (1977).
K. Latte, Römische Religionsgeschichte. Handbuch der Altertumswissenschaft V 4 (1960).
R. Muth, Einführung in die griechische und römische Religion (1988).
M. P. Nilsson, Geschichte der griechischen Religion I – II. Handbuch der Altertumswissenschaft V 2/1 – 2 (2. Aufl. 1961).
J. Rüpke, Römische Religion (2001).
J. Scheid, Religion et piété à Rome (1985).
E. Simon, Die Götter der Griechen (3. Aufl. 1985).
E. Simon, Die Götter der Römer (1990).
G. Wissowa, Religion und Kultus der Römer. Handbuch der Altertumswissenschaft V 4 (2. Aufl. 1912).
B. Zaidman – P. Schmitt Pantel, Religion grecque (1992). Deutsch: Die Religion der Griechen. Kult und Mythos (1994).

Mythologie

W. Burkert, Structure and History in Greek Mythology and Ritual (1979).
R. Buxton, The Complete World of Greek Mythology (2004). Deutsch: Das große Buch der griechischen Mythologie (2005).
F. de Angelis – S. Muth (Hg.), Im Spiegel des Mythos. Bilderwelt und Lebenswelt. Symposium Rom 1998 (1999).
K. Dowden, The Uses of Greek Mythology (1992).
L. Giuliani, Bild und Mythos (2003).
F. Graf, Griechische Mythologie. Eine Einführung (4. Aufl. 1999).
F. Graf, Mythos in mythenloser Gesellschaft. Das Paradigma Roms. Colloquium Rauricum Bd. 3 (1993) 67 ff.
H. Hunger, Lexikon der griechischen und römischen Mythologie (8. Aufl. 1988).
G. S. Kirk, The Nature of Greek Myths (1974).
U. Kron, Die zehn attischen Phylenheroen. Geschichte, Mythos, Kult und Darstellungen (1976).
LIMC (s. oben unter Speziallexika).
F. Pfister, Götter- und Heldensagen der Griechen (2. Aufl. 1970).
Roscher, ML (s. oben unter Speziallexika)
H. J. Rose, Griechische Mythologie (7. Aufl. 1988).
K. Schefold, Götter- und Heldensagen der Griechen in der früh- und hocharchaischen Kunst (1993).
K. Schefold, Götter- und Heldensagen der Griechen in der spätarchaischen Kunst (1978).

K. Schefold, Die Göttersage in der klassischen und hellenistischen Kunst (1981).

K. Schefold, Die Sagen von den Argonauten, von Theben und Troia in der klassischen und hellenistischen Kunst (1989).

K. Schefold – F. Jung, Die Urkönige, Perseus, Bellerophon, Herakles und Theseus in der klassischen und hellenistischen Kunst (1988).

G. Schwab, Sagen des klassischen Altertums (1838–40, zahlreiche Nachdrucke und überarbeitete Auflagen).

Kleidung

M. Bieber, Griechische Kleidung (1928).

H. Blanck, Einführung in das Privatleben der Griechen und Römer (1976) 45 ff.

H. R. Goette, Studien zu römischen Togadarstellungen (1990).

A. Pekridou-Gorecki, Mode im antiken Griechenland (1989).

J. L. Sebesta – L. Bonfante (Hg.), The World of Roman Costume (1994).

Register

Um das Register nicht übermäßig auszuweiten, wurden Stichworte nicht aufgenommen, soweit sie aufgrund des Inhaltsverzeichnisses aufzufinden sind (z. B. Orte der griechischen und römischen Geographie, s. Kap. 6; Gebäude in Athen und Rom, s. Kap. 15).

Da Namen und Begriffe im Text z. T. lediglich genannt oder aufgezählt werden, sind nur die Stellen in das Register aufgenommen, an denen nähere Erläuterungen zu finden sind.

Auf ein Glossar wurde verzichtet, da Begriffe und Namen im Text erklärt werden und daher die Erklärungen zumeist nur hätten wiederholt werden können. Das Register mit seinen Verweisen kann somit als Glossar benutzt werden.

A

Abacus: 141, 144.
Achilleus: 329.
Adlocutio: 264.
Adonis-Sarkophage: 274.
Adoptiv-Kaiser: 44, 51.
Adventus: 265.
Aeneas: 329.
Aesculapius: 322.
Agora: 114–115.
Agorakritos: 200.
Aioler: 56.
Aischylos, Bildnis: 242.
Akanthus: 144.
Akkulturation: 64, 66, 68–71.
Akropolis: 115.
Akroter: 142.
Alabastron: 302.
Alae: 155.
Alexander d. Gr., Bildnisse: 212, 240.
Alexander-Mosaik: 281–282.
Alexander-Sarkophag aus Sidon: 269.
Alexandria: 214.
Alkamenes: 197, 199, 200.
Altar: 122, 260.
Alte Geschichte: 15.
Amazonen von Ephesos: 201.
Ambientale Kunst: 217.
Amphiprostylos: 147.
Amphitheater: 151.
Amphitrite: 319.
Amphora: 302.
Anastole: 213.
Andokides-Maler: 310.
Andron: 154.
Ante: 147.

Antefix: 142.
Anthemion: 145.
Anthropologie: 24–26.
Antinoos: 231.
Anuli: 141.
Äolisches Kapitell: 145.
Apelles: 278.
Apex: 335.
Aphrodite 'in den Gärten' des Alkamenes: 200.
Aphrodite: 321.
Aphrodite des Doidalses (?): 215, 218.
Aphrodite Fréjus: 202.
Aphrodite von Capua: 90, 213.
Aphrodite von Knidos von Praxiteles: 207.
Aphrodite von Melos: 218.
Apodyterion: 152.
Apollon/Apollo: 319–320.
Apollo des Timarchides: 229.
Apollon Lykeios: 206.
Apollon Sauroktonos des Praxiteles: 206.
Apollon vom Belvedere: 208.
Apoptygma: 334.
Apoxyomenos des Lysipp: 211.
Archaische Epoche: 35–36.
Archaisches Lächeln: 185.
Archaismus: 199, 231.
Architektonische Skulptur: 186, 189, 202–203, 209–210.
Architrav: 141, 144.
Ares: 321.
Ares Borghese des Alkamenes (?): 199.
Aristoteles, Bildnis: 245.
Arretinische Reliefkeramik: 315.
Artemis: 320.
Aryballos: 302.
Asaratos oikos: 295.
Aschenaltar: 122.
Aschenurne: 269–270.
Asklepios: 322.
Askos: 303.
Astragal: 145.
Athen: 109, 114–115, Kapitel 15.1.
Athen, Akropolis, archaische Giebel: 187.
Athen, Parthenon: 53, 196, 202–203.
Athen, Stoa Poikile, Gemälde: 282.
Athen, Tempel der Athena Nike: 203.
Athena: 320–321.
Athena, Geburt: 328.
Athena Lemnia des Phidias: 196.
Athena-Marsyas-Gruppe des Myron: 193.
Athena Parthenos des Phidias: 196.
Athena Promachos des Phidias: 196.
Atrium: 155.

Attalische Gallier-Denkmäler: s. Gallier-Denkmäler.
Attalos I., Bildnis: 241.
Attische Sarkophage: 270, 276.
Auaris: 104.
Aufbau (Figur): 88.
'Aufforderung zum Tanz': 218.
Augustus: 43.
Augustus, Bildnisse: 250–253.

B

Bacchus: 321–322.
Bad: 152.
Balteus: 335.
Banketthaus: 123.
Bankettraum: 154.
Basileus: 108.
Basilica: 149.
Bassai, Tempel des Apollon: 145, 203.
Bauforschung: 16.
Baumaterialien: 146.
Bauornamentik: 145.
Bauskulptur: s. Architektonische Skulptur.
Bautechnik: 146.
Beazley, Sir J. D.: 23, 305.
Bianchi Bandinelli, R.: 24.
Bildhauer: 180, 193, 205.
Bildmotiv: 86–87, 90.
Bildnistypus: 249–250.
Bildprogramm: 189, 202, 260.
Bildthema: 86.
Binford, L. R.: 25.
Biologisches Entwicklungskonzept: 21, 96.
'Blonder Kopf': 191.
Boscoreale, Villa des P. Fannius Sinistor: 281, 287.
Boscotrecase, Villa des Agrippa Postumus: 290.
Bothros: 122–123.
Bouleuterion: 150.
Brandbestattung: 132, 269–270.
Brauron, Heiligtum der Artemis: 126–127.
Brekzie: 146.
Bronzeguß: 176.
Bronzezeit: 32, 98, Kapitel 10.
Buschor, E.: 23.

C

C_{14} (Radiocarbon)-Methode: 48, 96.
Caesar, C. Iulius, Bildnis: 249.
Calceus: 335.
Caldarium: 152.
Calenische Reliefkeramik: 315.
Caliga: 335.
Capitolium: 112, 115, 121, 127.
Caracalla, Bildnis: 256.
Carceres: 152.
Cardo: 112.
Carrara-Marmor: 63.

Caules: 144.
Cavea: 150.
Cella: 122, 147.
Cenaculum: 117.
Ceres: 319.
Chiton: 331–332. 334.
Chlamys: 334.
Chora: 109, 120.
Christliche Archäologie: 17.
Chronolgie: 88, 137–138, 214–215, 269, Kapitel 5.
Chronologie, absolute: 47–48, 51, 96.
Chronologie, relative: 48–49, 95, 96.
chthonisch: 122.
Circus: 152.
Clarke, D. L.: 25.
Claudius, Bildnis: 253.
Clavus: 333, 336.
Clupeus virtutis: 172, 268.
Columbarium: 135.
Compluvium: 155.
Congiarium: 265.
Constantin d. Gr., Bildnis: 257.
Contabulatio: 335.
Corona civica: 253.
Cosa: 112.
Courbin, P.: 83.
Creuzer, G. F.: 21.
Cubiculum: 155–156.
Curia: 150.
Cursus honorum: 38.

D

Daidalos, dädalisch: 182.
Damnatio memoriae: 249, 265.
Damophon von Messene: 229.
Dark Ages: 33 ff.
Decumanus: 112.
Delos: 116.
Delphi, Heiligtum des Apollon: 124.
Delphi, Schatzhaus von Athen: 187.
Delphi, Schatzhaus von Sikyon (?): 187.
Delphi, Schatzhaus von Siphnos: 52, 189.
Delphi, Tempel des Apollon: 52–53.
Demeter: 319.
Demosthenes, Bildnis: 215.
Dendrochronologie: 48.
Deutsches Archäologisches Institut (DAI): 21–22, 27–28.
Diadumenos des Polyklet: 194.
Diana: 320.
Diana aus Pompeii: 231.
Diazoma: 151.
Dichter, Bildnisse: 241–243.
Dinos: 303.
Diocletian, Bildnis: 257.
Dionysische Sarkophage: 276.

Dionysos: 321–322.
Dionysos und Satyr: 229.
Dipteros: 147.
Diskobol des Myron: 193.
Diskophoros des Polyklet: 194.
Dokimeion: 270.
Domus: 117, 155.
Doppelopfer-Relief, Paris: 262–263.
Dorer, 'dorische Wanderung': 56.
Dorische Ordnung: 141–143.
Dorisches Kapitell, Entwicklung: 49.
Dornauszieher: 230.
Doryphoros des Polyklet: 194, 196.
Dreifuß: 182.
Dreizack: 319.
Droysen, J.G.: 37.
'Dunkles Zeitalter': s. Dark Ages.

E

Early state module: 103.
Echinus: 141, 144.
Eckkonflikt: 142.
Ehrenbogen: 260.
Ehrengrab: 130.
Ehrensäule: 261.
Ehrenstatuen: 222, 239, 241, 247.
Eierstab: 145.
Einansichtigkeit: 216.
Eirene des Kephisodot: 205.
Eisenzeit: 33.
Eklektizismus: 233.
Ekphora: 130, 305.
Elaioterion: 152.
Eleusis, Heiligtum der Demeter: 319.
Elfenbeinfiguren (Athen): 182.
Emblema: 295.
Endymion-Sarkophage: 275–276.
Enkaustik: 277.
Entasis: 141.
Ephebe Westmacott: 194.
Ephesos, Artemis-Tempel: 52.
Epidauros, Heiligtum des Asklepios: 123.
Epidauros, Tempel des Asklepios: 209.
Epidauros, Theater: 150.
Epigraphik: 15, 75.
Epikur, Bildnis: 246.
Epoche: 31–32.
Erdwiderstandsmessung: 81.
Eros, bogenspannend, des Lysipp: 213.
Eschara: 122.
Eschatiá: 109, 120.
Eschatologie: 138, 269.
Euripides, Bildnis: 243.
Euthynterie: 141.
Eutychides: 218.
Evans, Sir A.: 94–95, 101.
Exaleiptron: 303.

Exedra: 155.
Exekias: 309.
Exomis: 332.

F

Fabier-Grab vom Esquilin: 283.
Fachschriftstellerei: 75.
Fascie: 144.
Fauces: 155.
Feldherren-Sarkophage: 273.
Felsgräber: 133, 135.
Festplatz, -wiese: 122.
Figuralkapitell: 145.
Fikellura-Keramik: 308.
Fischer: 224.
Flamen: 335.
Formanalyse: 88.
Formschüssel (Keramik): 300, 315.
Fortuna: 323.
Forum: 114–115.
François-Krater: 309.
Fresco-Malerei: 277.
Fries: 142, 144, 259.
Frigidarium: 152.
Früheisenzeit (Italien): 38.
Frühitaliotische Vasen: 313.
Fundament: 141.
Fundkontext, -zusammenhang: 78.
Funktion: 86.
Furtwängler, A.: 22.

G

Gallien(us), Bildnis: 256.
Gallier-Denkmäler: 216, 226–228.
Garten: s. Hortus.
Gattung: 91.
Geison: 142, 144.
Geometrische Epoche: 33–35.
Georadar: 81.
Gerhard, E.: 21.
Gigantenkampf: 328.
Gipsabgüsse, antik: 177.
Glanzton: 300.
Globus: 323.
Gnathia-Keramik: 315.
Goethe, J.W.: 96.
Gott aus dem Meer: 193.
Grabbau: 134.
Grabbeigaben: 136–139.
Gräberluxusgesetz: 131.
Gräberstraße: 135–136.
Grabformen: 132–133.
Grabhügel: 134.
Grabmal: 133.
Grabmalereien: 279–282.
Grabrelief: 133–134, 186, 209.
Grabritual: 130.

351

Grabstatuen: 184.
Greifenkessel: 182.
Großplastik, Entstehung: 182.
Gutta: 142.
Gymnasion: 152.

H
Hades: 319.
Hadra-Vasen: 315.
Hadrian, Bildnis: 255.
Halikarnass, Mausoleum: 134, 210.
Halle: s. Stoa.
Haus: 116, 152.
Heiligtum: 115, Kapitel 12.
Heiligtum, panhellenisch: 120.
Helices: 144.
Hellenistische Epoche: 37.
Hellenistische Keramik: 314.
Hephaistos: 321.
Hephaistos des Alkamenes: 199.
Hera: 318.
Herakles: 329.
Herakles Farnese: 213.
Herakles Lansdowne: 210.
Herculaneum: 78.
Herme: 323.
Hermes: 322.
Hermes des Praxiteles: 206.
Hermes Propylaios des Alkamenes: 199.
Hermes Psychopompos: 322.
Hesiod: 326.
Hesiod, Bildnis: 243.
Hestia: 322.
Himation: 332, 334.
Hippodamos von Milet: 111.
Hippodrom: 152.
Historienmalerei: 283.
'Historische Reliefs': 259.
Hodder, I.: 25.
Homer: 326.
Homer, Bildnis: 243.
Homerische Becher: 315.
Homerischer Zyklus: 328.
Horos: 121.
Hortus: 155.
Hydria: 303.
Hygieia, Hygia: 322.
Hyksos: 103.
Hypokausten: 152.

I
Ideal, idealisierend: 237.
Idealplastik: 229.
Ideologia funeraria: 139.
Ikonographie: 24, 86–87.
Ikonologie: 24, 87.
Image: 239.

Imagines maiorum: 130.
Impluvium: 155.
Incrustationsstil: 284, 286.
Individuelle Darstellung: 235–238.
Inhumation: s. Körperbestattung.
Instituto di corrispondenza archeologica, Rom: 21.
Insula: 110, 112.
Intercolumnium: 141.
Ionier: 56.
Ionische Ordnung: 143–144.
Istar: 320.
Iuno: 318.
Iuppiter: 318.

J
Jahreszeiten-Sarkophage: 276.
Jefferson, Th.: 82.
Jenseitsvorstellungen: 138–139, 273.
Joch: 141.

K
Kairos des Lysipp: 213.
Kaiserkult. 121.
Kalathos: 144.
Kalpis: 303.
Kamares-Keramik: 100–101.
Kammergrab: 133.
Kannelur: 141, 144.
Kanon: 196.
Kantharos: 303.
Kapitell: 141, 144–145.
Kapitolinische Trias: 38, 121, 318, s. auch Capitolium.
Kausia: 334.
Keftiu: 103–104.
Kenotaph: 130.
Kenyon, K.: 82.
Kephisodot: 205.
Kertscher Vasen: 312.
Kerykeion: 322.
Kiesel-Mosaik: 293–295.
Klaros, Heiligtum des Apollon: 123.
Klassik, klassisch (Begriff): 14, 23.
Klassische Epoche: 36–37.
Klassische Philologie: 15, 73, 74.
Klassizismus: 215–216, 228–233, 251, 290.
Kleinasiatische Sarkophage: 270, 276.
Kleophon-Maler: 311.
Klitias und Ergotimos: 309.
Knossos: 94, 103.
Koilon: 150.
'Kolonien', griechisch: 33, 59, 109.
'Kolonien', minoisch: 101.
'Kolonien', römisch: 63–65, 112.
Kolpos: 334.
Komposition: 88.
Kompositkapitell: 145.

Konglomerat: 146.
Konisterion: 152.
Kontext: 86, 327.
kontinuierende Darstellung: 220, 268.
Kontrapost: 191, 194.
Kopie: 177–178, 229.
Kopienkritik: 177, 179.
Kore: 184–185.
Korfu, Giebel des Tempels der Artemis: 187.
Korinth: 115.
Korinthische Keramik: 307.
Korinthische Ordnung: 144–145.
Körperbestattung: 132, 269–270.
Korrespondenzanalyse: 48–49, 138.
Kos, Heiligtum des Asklepios: 127.
Kosmogonie: 327.
Kouros: 183–185.
Krahmer, G.: 23, 27, 215.
Krater: 304.
Kremation: s. Brandbestattung.
Krepis: 141.
'Kritios-Knabe': 189.
Kritios und Nesiotes: 192.
Kultbild: 122.
Kumarbi-Epos: 327.
Kunst (Begriff): 13–14, 17, 175.
Kunstgeschichte: 17–18.
Künstler, Begriff: 180, 206.
Kunstraub: 229.
Kunsttheorie: 196, 278.
Kunstwollen: 23.
Kurvatur: 141.
Kyathos: 304.
Kykladen-Idole: 98.
kykladische Kultur: 98.
Kylix: 304.
Kyma, Kymation. 145.
Kyniker, Bildnis: 246.

L

Lacinia: 335.
Laconicum: 152.
Laena: 335.
Lagynos: 314.
Lanciani, R.: 22.
Landschaftsveränderungen: 79.
Laokoon: 216, 221.
Lararium: 120.
Lebes gamikos: 304.
Lebes: 304.
Lefkadia, Kammergrab: 282.
Lekanis: 304.
Lekythos: 130, 304.
Leochares: 208.
Leptis magna: 115.
Lerna: 98.
Libation: 121, 131.

Liber Pater: 322.
Lindos, Heiligtum der Athena: 127.
Linear A-Schrift: 100.
Linear B-Schrift: 94–95, 106.
Lochtenne: 300.
Louterion: 152.
Loutrophoros: 304.
Luftbildarchäologie: 79–80, 110.
Lunensischer Marmor: 63.
Luni: 112.
Lustratio: 264.
Lykosura, Kultbilder: 229.
Lysipp: 211.

M

Mäander: 305.
Magnetfeldmessung: 81.
Maler: 278, 283.
Malschlicker: 300.
Mänade: 322.
Mänade des Skopas: 210.
Marc Aurel, Bildnis: 255.
Mars, M. Ultor: 321.
Marsyas, aufgehängt: 220.
Marzabotto: 112.
Maske: 322.
Masonry style: 284–285.
Mastos: 304.
Mattbemalte Keramik: 100.
Mau, A.: 284.
Maussolos: 210.
Maximinus Thrax, Bildnis: 256.
Medea/Kreusa-Sarkophage: 271–272.
Meerwesen-Sarkophage: 276.
Megalographie: 288.
Megara Hyblaia: 109.
Megarische Becher: 315.
Megaron: 107, 147.
Meidias-Maler: 311.
Meisterforschung: 180, 205.
Meleager: 210.
Meleager-Sarkophage: 274.
Menander, Bildnis: 243.
Mercurius: 322.
Metopen: 142.
Minerva: 320–321.
Minoische Kultur: 95.
Minyische Keramik: 100.
Mithras, Heiligtümer: 123.
Mochlos: 98.
monolithisch: 141.
Monopteros: 149.
Montfaucon, B. de: 20.
Motiv: s. Bildmotiv.
Mulleus: 335.
Mumienporträts: 283.
Mumifizierung: 132.

Musen-Sarkophage: 276.
Mutulus: 142.
Mykene: 93–94, 107.
Mykenische Kultur: 94.
Myron: 193.
Mythenbilder: 326–327.
Mythenbilder, Anfänge: 305, 307.
Mythologische Mosaiken: 298.
Mythologische Sarkophage: 273–275.

N
Nacktheit: 331.
Naos: 147.
Natatio: 152.
Naumachia: 152.
Nekropole: 129–130.
Nemesis des Agorakritos: 200.
Neoptolemos-Sarkophag: 274.
Neptunus: 318–319.
Nero, Bildnis: 254.
Nettos-Amphora, Athen: 309.
New Archaeology: 25.
Nike des Paionios: 200.
Nike von Samothrake: 216–217.
Nike: 323.
Niobiden, Florenz: 221.
Niobiden-Sarkophage: 276.
Nostoi: 328.
Numismatik: 15.

O
Odyssee-Fresken vom Esquilin: 281.
Odysseus: 329.
Oecus: 155.
Oikos: 154.
Oinochoe: 304.
Olpe: 304.
Olymp: 317.
Olympia, Heiligtum des Zeus: 126.
Olympia, Tempel der Hera: 141.
Olympia, Tempel des Zeus: 53, 196, 202.
Olynth: 111.
Omphalos-Apoll: 189.
Opfer: 121–122, 131.
Opferrinne: 130–131.
Opferszenen: 262, 264–265.
Opisthodomos: 147.
Opus caementicium: 146.
Opus incertum, quasi reticulatum, reticulatum, latericium, testaceum: 146.
Opus sectile: 146, 296.
Opus signinum: 295.
Opus tessellatum: 293.
Opus vermiculatum: 295.
Orange, Theater: 151.
Orchestra: 115, 150–151.
Orientalisierende Epoche: 36.

Orthostaten: 146.
Ostia: 112–113, 117.

P
Paenula: 335.
Paestum, Tomba del Tuffatore: 279.
Paionios: 200.
Palaistra: 152.
Paläobotanik: 84.
Paläozoologie: 84.
Palast (minoisch, mykenisch): 100–103, 106.
Palast, hellenistisch: 116.
Palaststil-Keramik: 101.
Palla: 336.
Palladion: 320.
Paludamentum: 335.
Panathenäische Preisamphoren: 52, 302, 310.
Panofsky, E.: 24, 87.
Papyrologie: 15.
Parascaenium: 151.
Parhodos: 151.
Pasiteles: 230.
Pasquino: 221.
Pastas: 154.
Pausanias: 74.
Peer polity system: 103.
Pelike: 304.
Peplos: 334.
Pergamon: 214.
Pergamon, Altar des Zeus: 219.
Pergamon, Heiligtum der Athena: 127.
Peribolos: 121.
Periegese: 74.
Perikles: 36.
Perikles, Bildnis: 239.
Peripteros: 147.
Peripteros sine postico: 149.
Peristasis: 141, 147.
Peristyl: 155.
Perlstab: 145.
Persephone: 319.
'Perserschutt': 53.
Petasos: 322, 334.
Phiale: 304.
Phidias: 196–197.
Phigalia, Tempel des Apollon: 145, 203.
Philosophen, Bildnisse: 243–246.
Philosophen-Sarkophage: 276.
Photogrammetrie: 83.
Pilos: 334.
Pinax: 278–279.
Pindar, Bildnis: 242.
Pithos: 304.
Plateia: 111.
Platon, Bildnis: 244.
Platon, N.: 96.
Plinius d. Ä.: 75.

Plinthe: 144.
Pluto: 319.
Polis: 33, 35, 109.
Polygnot: 278, 311.
Polyklet: 194.
Polyphem-Gruppe von Sperlonga: 222.
Pomerium: 117.
Pompa funebris: 130.
Pompeianische Stile: 284–292.
Pompeii: 78, 112, 116.
Pompeii, Casa dei Vettii: 292.
Pompeii, Casa del Fauno: 286.
Pompeii, Casa di M. Lucretius Fronto: 290.
Pompeii, Villa dei Misteri: 287–288.
Pompeii, Wandmalerei: 283–292.
Pompeius, Bildnis: 248.
Ponderation: 189–191.
Porticus: 149.
Porträtmalerei: 282.
Porträts auf Sarkophagen: 273, 276.
Poseidon: 318–319.
Poseidon von Melos: 216–217.
Post-processual Archaeology: 25–26.
Pothos des Skopas: 210.
Potnia theron: 320.
Praeneste, Heiligtum der Fortuna: 127.
Praxiteles: 206.
Priene: 111, 115.
Prinias, bemalte Kalksteinplatten: 279.
Processual Archaeology: 25–26.
Profectio: 264.
Prohedrie: 151.
Prokne und Itys des Alkamenes: 196.
Pronaos: 122, 147.
Propylon: 121.
Proscaenium: 151.
Proserpina: 319.
Proserpina-Sarkophage: 276.
Proskenion: 151.
Prospektion: 79–80.
Prostas: 154.
Prostylos: 147.
Prothesis: 130, 305.
Protoattische Keramik: 308.
Protogeometrische Epoche: 33–35.
Protokorinthische Keramik: 307.
Provinzialrömische Archäologie: 16.
Pseudodipteros: 147.
Pseudoperipteros: 149.
Psykter: 304.
Pteron: 141, 147.
Pylos: 94, 107.
Pyxis: 304.

R

Raffael: 20.
Raubgrabungen: 78, 129.

Redistribution: 102.
Regula: 142.
Reicher Stil: 192.
Reiterstandbilder: 185.
Renfrew, C.: 25, 99.
Replik: 178.
Rezeption der Antike: 17, 19 ff.
Rhodos, Heiligtum von Rhodini: 127.
Rhyton: 304.
Riegl, A.: 22–23.
Rite de passage: 130.
Rodenwaldt, G.: 23.
Rom: 109, 114, Kapitel 15.2.
Rom, Altar vom vicus Aescleti: 263.
Rom, Anaglypha Traiani: 263.
Rom, Ara Pacis: 260, 262.
Rom, Casa dei Grifi: 287.
Rom, Casa di Augusto: 288.
Rom, Casa di Livia: 289.
Rom, Großer Traianischer Fries: 265.
Rom, Marcussäule: 262.
Rom, Pyramide des C. Cestius: 290.
Rom, Reliefserie des Marc Aurel: 264.
Rom, Tempel des Apollo in circo: 259.
Rom, Traianssäule: 262, 265.
Romanisierung: 63–67, 70–71.
Romulus: 329.
Rotfigurige Vasentechnik: 310.

S

Sagum: 335.
Samos, Geneleos-Gruppe: 186.
Satyr: 321.
Satyr Baberini: 218.
Satyr und Hermaphrodit: 218.
Satyrn des Praxiteles: 206.
Scaenae frons: 151.
Schachtgräber Mykene: 104.
Schatzhäuser: 123.
Schlachtszenen: 265.
Schlämmen (des Tons): 300.
Schliemann, H.: 22, 82, 93, 94.
Schwarzfigurige Vasentechnik: 309.
Seevölker: 108.
Sekos: 147.
Seleukos Nikator, Bildnis: 241.
Selinunt: 110.
Semiotik: 24.
Septimius Severus, Bildnis: 255.
Seriation: 138.
Signaturen auf Vasen: 189, 299, 304.
Sima: 142.
Sinus: 335.
Sitzfiguren: 186.
Skene: 150.
Skopas: 210–211.
Skylla-Gruppe von Sperlonga: 222.

Skyphos: 304.
Sokrates, Bildnis: 244.
Soldatenkaiser, Bildnisse: 256.
Sophokles, Bildnis: 242.
Sosos, Mosaizist: 295.
Spätantoninischer Stilwandel: 256, 272.
Sperlonga, Skulpturengruppen: 222.
Spina: 152.
Spira: 144.
Staatsgräber: 131–132.
Stadion: 101–102, 152.
Stadt, 'geplant': 109.
Stadt, 'gewachsen':109.
Stadt, orthogonal: 110–111.
Stadtmauer: 117.
Stämme: 56.
Stamnos: 304.
Stenopos: 111.
Stephanos, Knabenfigur: 230.
Stil, Stilforschung: 23–24, 49–51, 88.
Stilanalyse: 49–51.
Stilgeschichte: 89, 91.
Stoa: 123, 149.
Stola: 336.
Stratigraphie: 51, 81–82.
Strenger Stil: 189, 192.
Struktur, Strukturforschung: 23–24, 89–90.
Stylobat: 141.
Submissio: 264.
Suburbium: 117.
Sudatorium: 152.
Suovetaurilia: 263–264.
Survey: 78–79.

T

Taberna: 117, 155.
Tablinum: 155.
Taenia: 142.
Techne: 176.
Tegea, Tempel der Athena Alea: 210.
Tell Kabri: 104.
Temenos: 121.
Tempel: 121–122, 147–149.
Tempera-Technik: 277.
Tepidarium: 152.
Terminus ante quem: 48.
Terminus post quem: 48.
Terra Sigillata: 314–315.
Tessellat-Mosaik: 293, 295.
Tessera: 293.
Tetrarchie: 44–45.
Theater: 122–123, 150–151.
Thema: s. Bildthema.
Themistokles, Bildnis: 239.
Theogonie: 327.
Thera (Santorin): 96, 105–106.
Thermen: 152.

Thermoluminiszenz-Methode: 48.
Thermos, Metopen: 279.
Thiasos: 321–322.
Tholos: 123, 149.
Tholos-Grab: 104.
Thymiaterion: 121.
Thyrsos: 322.
Timarchides: 229.
Timotheos: 209.
Tiryns: 94, 107.
Todesvorstellungen: 138–139, 273.
Toga: 253, 334.
Toichobat: 141.
Ton, Verarbeitung: 300.
Töpferofen: 300.
Töpferscheibe: 300.
Torus: 144.
Tuscanischer Tempel: 149.
Tuscanisches Kapitell: 145, 149.
Totenmasken: 247.
Trabea: 335.
Traian, Bildnis: 255.
Triclinium: 155.
Trier, Basilica: 292.
Triglyphen: 142.
Triton: 319.
Triumph: 265.
Trochilos: 144.
Troia: 93, 99.
Troianischer Krieg: 328.
Trunkene Alte: 226.
Tubulatur: 152.
Tuff: 146.
Tumulus: s. Grabhügel.
Tunica: 334, 336.
Tyche von Antiochia: 217.
Tyche: 323.
Tympanon: 142.
Typisierende Darstellung: 235–238.
Typus, Typologie: 49, 90, 178, 269–270.
Tyrannenmörder-Gruppe: 53, 192.

U

Umbildung: 178–179.
Umbo: 335.
Ur- und Frühgeschichte: 16–17.
Urkundenreliefs: 53.

V

Variante: 178–179.
Varro: 75.
Vasenmaler: 304–305.
Velum: 151.
Venatio: 151.
Ventris, M.: 94.
Venus, V. Genetrix: 321, 330.
Venus von Milo: 218.

Vergina, Gräber: 134, 280.
Vernant, J.-P.: 24.
Vespasian, Bildnis: 254.
Vestibulum: 155.
Via: 142.
Victoria (Brescia): 90.
Victoria: 323.
Vidal-Naquet, P.: 24.
Villa: 155.
Villanova-Kultur: 38.
Visconti, E.Q.: 21
Vitruv: 289.
Vorderasiatische Archäologie: 17.
Votiv: s. Weihgeschenk.
Vulcanus: 321.

W
Wagenlenker von Delphi: 193.
Wanax: 108.

Wasserspeier: 142.
Weihgeschenk: 123, 184.
Weißgrundige Keramik, Lekythen: 311.
Wessex-Kultur (England): 105.
Westabhang-Keramik: 314.
Wheeler, Sir M.: 82.
Wickhoff, F.: 22–23.
Wild goat style: 308.
Winckelmann, J.J.: 20–21, 78.
Wohnhaus: s. Haus.
Wölfflin, H.: 23.

Z
Zahnschnitt: 144.
Zeitgesicht: 253.
Zenon, Bildnis: 245.
Zeus: 318.
Zeus des Phidias: 196, 318.
Zeuxis: 278.

Abbildungsnachweise

Athen, Deutsches Archäologisches Institut: 16, 40, 45, 50, 63, 65, 69, 75, 86.
Basel, Antikenmuseum und Sammlung Ludwig: 126, 149, 167.
Berlin, Staatliche Museen Preussischer Kulturbesitz, Antikensammlung: 17, 41, 42, 93, 94, 95, 100, 112, 139, 148, 151.
Boston, Museum of Fine Arts: 132.
Braunschweig, Herzog-Anton-Ulrich-Museum: 133.
Dresden, Skulpturensammlung: 62, 82, 92.
Firenze, Archivi Alinari: 80, 85, 105, 106, 109, 110, 116, 138, 143, 145, 158, 159, 160, 161, 163.
Heidelberg, Archäologisches Institut der Universität: 44, 53, 113, 165, 173.
Heidelberg, Photo Burkhardt: 154.
Istanbul, Deutsches Archäologisches Institut: 131.
Karlsruhe, Badisches Landesmuseum: 96b, 168, 172.
Köln, Universität, Forschungsarchiv für Römische Plastik: 119, 129.
Kopenhagen, Ny Carlsberg Glyptotek: 68, 117, 127, 135, 140.
London, British Museum: 72.
Los Angeles, County Museum: 150.
Mainz, Römisch-Germanisches Zentralmuseum: 174.
München, Hirmer Fotoarchiv: 46, 49, 51, 52, 54, 55, 60, 70, 73, 81, 87, 101, 103, 108.
München, Museum für Abgüsse antiker Bildwerke: 115.
München, Photo Kaufmann: 58.
München, Staatliche Antikensammlungen und Glyptothek: 66, 74, 91, 102, 118, 122, 136, 170, 171.
New York, Metropolitan Museum of Art: 43, 166.
Paris, Chuzeville: 130.
Paris, Giraudon: 47, 77, 79, 89, 144.
Paris, Musée du Louvre: 67, 88.
Rom, Anderson: 18.
Rom, Deutsches Archäologisches Institut: 56, 57, 59, 61, 76, 78, 84, 90, 96a, 99, 147, 104, 107, 111, 114, 120, 121, 124, 125, 128, 134, 137, 141, 146, 152, 153, 162.
Rom, Musei Vaticani: 83, 98.
Wien, Kunsthistorisches Museum: 123.
Würzburg, Martin von Wagner Museum: 169.

M. Andronikos, Archaiologike Ephemeris 126 (1987) 369: 155.
Archäologischer Kalender 1968: 64.
S. Baiani – M. Ghilardi (Hgg.), Crypta Balbi – Fori Imperiali (2000) Abb. 68: 39.
M.-E. Bellet, Orange Antique (1991) 32: 27.

H. Blanck, Einführung in das Privatleben der Griechen und Römer (1976) Abb. 16c: 178.
J. Boardman, Kolonien und Handel der Griechen (1981) S. 190: 1.
J. Boardman, Reclams Geschichte der antiken Kunst (1997) Karte 1, 2: Vorsatz.
J. M. Camp, Die Agora von Athen (1989) Abb. 153: 35.
P. Demargne, Die Geburt der griechischen Kunst (1965) Abb. 290: 8.
Der neue Pauly 6 (1999) 965 s. v. Kymation (C. Höcker): 23.
O. Dickinson, The Aegean Bronze Age (1994) Abb. 5. 26: 7.
B. H. Fowler – W.G. Moon (Hgg.), Polykleitos, the Doryphoros and Tradition (1995) 250 Abb. 14.7: 71.
A. Frova – M.P. Rossignani, Luni. Guida Archeologica (1989) Abb. 59: 11.
A. Gnirs, Jahreshefte des Österreichischen Archäologischen Instituts 18 (1915) 134 Abb. 54: 33.
H.-R. Goette, Jahrbuch des Deutschen Archäologischen Instituts 103 (1988) 451 Abb. 35: 178.
H.-R. Goette, Studien zu römischen Togadarstellungen (1989) Abb. 2: 177.
V. v. Graeve, Archäologischer Anzeiger 1995, Abb. 9: 5.
G. Gruben, Die Tempel der Griechen (^{4}1986) 36 Abb. 28, 320 Abb. 259: 20, 21.
N. Hannestad, Roman Art and Imperial Policy (1986) Taf. II: 38.
R. Higgins, Minoan and Mycenaean Art (1986) 194: 6.
W. Hoepfner (Hg.), Geschichte des Wohnens 1 (1999) 222 (verändert): 34.
W. Hoepfner – E.-L. Schwandner, Haus und Stadt im klassischen Griechenland (1994) Abb. 61: 30.
W. Hoepfner, Das Pompeion und seine Nachfolgerbauten. Kerameikos X (1976) Taf. 17: 4.
L. Käppel, Jahrbuch des Deutschen Archäologischen Instituts 104 (1989) 86 Abb. 1: 26.
V. Kockel, in: H.-J. Schalles – H. v. Hesberg – P. Zanker, Die römische Stadt im 2. Jh. n. Chr. (1992) Abb. 64: 13.
D. Krencker – E. Krüger, Die Trierer Kaiserthermen (1929) Abb. 386: 28.
Lexikon der Alten Welt (1965) 2996 Abb. 217 (erweitert): 25.
M. Maaß, Das antike Delphi (1993) Plan 2: 14.
D. Mertens, in: A. H. Borbein – T. Hölscher – P. Zanker, Klassische Archäologie. Eine Einführung (2000) 236 Abb. 4: 9.
G. Moretti, Ara Pacis Augustae (1948) 115 Abb. 99: 142.

Abbildungsnachweise

I. Nielsen, Thermae et Balnea (1990) Abb. 56: 29.

N. D. Papachatzi, Παυσανίου Ἑλλάδος περιήγησις. Ἀττικά (1974) Abb. 254: 15.

A. Perikidou-Gorecki, Mode im antiken Griechenland (1989) 73-81, 88 f.: 175, 176.

F. Pirson, Mietwohnungen in Pompeij und Herkulaneum (1999) Abb. 1 und 8: 12, 32.

G. E. Rizzo, Le pitture della „Casa dei grifi" (1936) Abb. 24: 157.

F. Rumscheid, Priene (1998) Abb. 30: 10.

B. I. Scholz, Untersuchungen zur Tracht der römischen matrona (1992) Beilage 2e (Umzeichnung H. Mesmer, Heidelberg): 177.

B. Schweitzer, Das Original der sog. Pasquino-Gruppe (1936) Taf. 1: 97.

F. Sear, Roman Architecture (1982) Abb. 40: 24.

A. Snodgrass, An Archaeology of Greece (1987) Abb. 30: 3.

E. M. Steinby (Hg.), Lexicon Topographicum Urbis Romae III (1996) 484 Abb. 190: 37.

A. Stewart, in: Polykleitos, the Doryphoros and Tradition (1995) Abb. 17.7: 71.

R. Szydlak (Original): Nachsatz.

R. Tölle-Kastenbein, Das Olympieion in Athen (1994) Z. 16: 22.

J. Travlos, Bildlexikon zur Topographie des antiken Athens (1971) 71 Abb. 91: 36.

M. Trümper (Zeichnung): 156.

R. C. Westgate, Annual of the British School in Athens 95 (1995) 405 Abb. 11: 31.

A. Winter, Die antike Glanztonkeramik (1978) Abb. 9: 164.

Die Abbildungen 8, 9, 10, 13, 15, 16, 17, 18, 27, 30, 31, 32, 36, 37, 41, 177, 178, 179 und 180 wurden von Hubert Vögele überarbeitet.

20°
10°
0°
10°
50°
40°
30°
0°
10°
Luguvalium
Pons Aelius
Eboracum
Deva
Viroconium
Lindum
Britannia
Isca Silurum
Glevum
Camulodunum
Isca Dumnoniorum
Londinium
Rutupiae
Noviomagus Regnensium
Ulpia Noviomagus
Colonia Ulpia Traiana
Germania Inferior
Nemetacum
Aduatuca
Colonia Agrippina
Bonna
Gallia Belgica
Mogontiacum
Augustodurum
Aug. Treverorum
Gallia Lugdunensis
Lutetia
Durocortorum
Divodurum
Argento-ratum
Iuliomagus
Cenabum
Germania
Superior
Aug. Vindelicum
Lemonum
Avaricum
Alesia
Vesontio
Bibracte
Aug. Raurica
Raetia
Mediolanum
Forum Cl. Vallensium
Gallia
Lugdunum
Burdigala
Gergovia
Lucus Augusti
Flaviobriga
Aquitania
Vienna
Alpes Graiae et Poeninae
Forum Cl. Ceutronum
Aquileia
Bracara Augusta
Asturica Augusta
Segusio
Gallia
Alpes Cottiae
Arausio
Pompaelo
Alpes Maritimae
Tolosa
Narbonensis
Aeminium
Clunia
Arelas
Conimbriga
Calagurris
Segovia
Numantia
Narbo Martius
Cemenelum
Lusitania
Massalia
Caesaraugusta
Bilbilis
Scallabis
Emporiae
Norba
Hispania
Olisipo
Emerita
Toletum
Barcino
Alalia
Ebora
Tarraco
Tarraconensis
Pax Iulia
Saguntum
Roma
Baetica
Turris Libisonis
Italica
Corduba
Castulo
Libisosa
Valentia
Sardinia
Hispalis
Astigi
Salaria
Forum Traiani
Gades
Urso
Malaca
Acci
Baelo
Carthago Nova
Carales
Sexi
Tingis
Lixus
Rusaddir
Portus Magnus
Cartennae
Iol Caesarea
Saldae
Rusicade
Hippo Regius
Eryx
Panhorm
Utica
Lilybaeum
Volubilis
Sitifis
Cirta
Agrigentum
Mauretania
Cuicul
Numidia
Karthago
Thugga
Thamugadi
Hadrumetum
Lambaesis
Theveste
Sufetula
Leptis minus
Thapsus
Gemellae
Thysdrus
Capsa
Thaenae
Girba
Sabratha
Oea
Africa Proconsula